国家社会科学基金项目 （09BZX032）

黑龙江省哲学社会科学规划项目（08D009）

ZHONGGUO
ZHEXUESHIXUESHI

中国哲学史学史

主　编　柴文华

副主编　张圆圆　杨　辉

人民出版社

·············· 主 编 简 介 ··············

　　柴文华，哲学博士，黑龙江大学中国近现代思想文化研究中心主任，哲学学院、国学院教授，博士生导师。兼任中国现代哲学研究会副会长、中国哲学史学会常务理事、黑龙江省国学学会会长等。著有《现代新儒家文化观研究》等，主编有《冯友兰思想研究》，合作主编有《中国伦理道德变迁史稿》。发表学术论文 190 余篇。多次获黑龙江省社会科学优秀科研成果一等奖等奖励，并获全国模范教师、国务院特殊津贴专家等称号。主要研究领域为中国现代哲学和中国伦理思想史。

目　录

第二编 中国哲学史学科的创立

第三篇 中国哲学史学科的马克思主义化

第四编　港台地区的中国哲学史研究

绪　论

"中国哲学史学史"是20世纪80年代以来日益引起人们关注的一个课题,并取得了一些重要的研究成果。"中国哲学史学史"就是中国哲学史的史,也就是中国哲学史学科的发展史。它经历了前史、创立、马克思主义化和港台发展几个阶段。

20世纪30年代前后,高校历史学科中就有"中国史学史"这门课程,著名的历史学家蒙文通等都有《中国史学史》方面的论著。"中国史学史"就是中国史学发展的历史。那么与此相应,可不可以有"中国哲学史学史"? 1983年,冯友兰在为他自己的《中国哲学史》再次印刷时所作的《新序》中说:"历史学是发展的,除了它所讲的历史之外,它本身也有一个历史,这就叫做史学史。中国哲学史的研究,也有它的史学史。这部书……除了它所讲的中国哲学的历史之外,它本身又是中国哲学史的史学史的一部史料。"[1] 冯友兰还谈到了他的《中国哲学史新编》,说:"我希望将来也能成为中国哲学史的史学史的一部史料。作为史料看,它不能代替这部两卷本《中国哲学史》,理由很简单,因为它是二十世纪晚期中国社会的产物,而这部两卷本是二十世纪早期中国社会的产物。"[2] 冯友兰在这里肯定了中国哲学史学史的存在,并希望不同时代的中国哲学史著作能够成为"中国哲学史学史"的史料。张岱年在他的《中国哲学史方法论发

---

[1] 冯友兰:《中国哲学史·新序》,中华书局2014年版,第1页。
[2] 冯友兰:《中国哲学史·新序》,中华书局2014年版,第1页。

凡》一书中说:"'哲学史'这门学问也有一个发展变化的过程,对于'哲学史'这门学问的发展演变过程的研究,可以称作'哲学史学史'。研究中国哲学史,对于中国哲学史这门学问的历史也要有比较明确的认识。"①张岱年也认为存在着"哲学史学史"并指出了其意义。

进入 21 世纪以来,"中国哲学史学史"问题引起越来越多的关注,一些学者站在世纪之交的交汇点上,对 20 世纪中国哲学史学科的发展进行了回顾和总结。

张岱年认为:"20 世纪中国哲学史的研究,有四部书影响较大,第一本是胡适写的《中国哲学史大纲》(上卷),第二本是冯友兰写的《中国哲学史》(后来改成《中国哲学史新编》),第三本是侯外庐主编的《中国思想史》,第四本是我写的《中国哲学大纲》。"② 这是就社会影响的角度立论的,但显然是不周全的。

刘文英指出:"自 20 世纪初开始,中国哲学史逐渐从传统的经学史和子学史中分化出来,成为一门相对独立的学科,凸显出中国哲学史的特殊对象和特殊性质。百年来,中国哲学史伴随中国社会和中国文化的风风雨雨,走过了一条曲折的道路,但它始终在中国人文社会科学中扮演着极其重要的角色……在新世纪,中国哲学史的优秀传统将在中国现代化中发挥特殊的积极作用。同时将广泛地、深入地走向世界,而真正成为世界哲学智慧的重要资源。"③

周桂钿指出:"在这 100 年中,主要可以分为四个阶段:第一阶段,是头 20 年,基本上保持中国传统的国学研究模式。第二阶段,胡适《中国哲学史大纲》(上卷)于 1919 年出版,标志着用西方模式研究中国哲学的开始。第三阶段,侯外庐主编的《中国思想通史》出版,标志着用马克思主义哲学指导研究中国传统思想的开始。第四阶段,开始改革以后,中

---

① 张岱年:《张岱年全集》(第四卷),河北人民出版社 1996 年版,第 129 页。
② 张岱年:《二十世纪中国哲学史研究概况》,《南通师范学院学报》(哲学社会科学版) 2001 年第 4 期。
③ 刘文英:《中国哲学史百年述评与展望》,《中国哲学史》2001 年第 1 期。

国哲学的研究领域不断拓展，百花齐放，硕果累累。"①

陈来认为，"如果把 1949—1978 年称之为第一个三十年，那么紧随其后的 1979—2007 年可称之为第二个三十年。也就是说，从中华人民共和国建国到今天，我们已经走过了六十多年。从学术发展来说，在第二个三十年里，中国学术发生了巨大的变化，取得了长足的进步，中国哲学的研究也不例外。"②

宋志明认为："中国哲学史学科建立于 1919 年五四时期，以胡适的《中国哲学史大纲》为标志，至今已经九十年了。九十年大体上可以划分为三个段落，三个三十年。第一个三十年，从 1919 年到 1949 年，学科初建，老一辈学者有开创之功，取得了可观的成果。那时的哲学话语是多元的，研究者可以按照自己的理解写哲学史。第二个三十年，从 1949 年到 1979 年，由于'左'的思潮把持话语权，陷入'一元化'误区，中国哲学史研究无法正常开展。研究者无法按照自己的想法写书、写文章，必须注意'对口径'。第三个三十年，从 1979 年中国哲学史学会成立到现在，中国哲学研究进入快速发展阶段，逐步清除了'左'的思潮的干扰。……要求走出一元化话语，开启多元化话语。"③

蒋国保指出："中国哲学研究的开端，如果以胡适的《中国哲学史大纲》（上卷）的正式出版（1919 年商务印书馆出版）为标志的话，迄今恰好九十年。按照中国人以三十年为一代的算法来考量，中国哲学已走完了三代发展历程。……考量'中国哲学'的三代发展，不妨将这九十年的中国哲学发展所形成的传统概称为：以现代精神反思、梳理与判定中国古代的哲学思想。"④

① 周桂钿：《中国哲学研究一百年》，《东南学术》2000 年第 4 期。
② 陈来：《中国哲学研究三十年的回顾》，载蒋国保主编：《多元价值审视下的中国哲学》，安徽人民出版社 2012 年版，第 3 页。
③ 宋志明：《提倡多元化，开创新局面》，载蒋国保主编：《多元价值审视下的中国哲学》，安徽人民出版社 2012 年版，第 1 页。
④ 蒋国保：《近三十年中国哲学研究之我见》，载蒋国保主编：《多元价值审视下的中国哲学》，安徽人民出版社 2012 年版，第 44—45 页。

其他如臧宏的《中国哲学史研究百年反思》(《华东师范大学学报·哲学社会科学版》2001 年第 1 期)、李宗桂的《二十世纪中国哲学研究的审视和新世纪的展望》(《学术界》2002 年第 2 期)、张祥浩的《中国哲学史研究的世纪回顾》(《东南大学学报·哲学社会科学版》2000 年第 2 期)、张耀南的《从"合法性"的讨论到"中国哲学史学史"的构建》(《北京行政学院学报》2004 年第 2 期)、乔清举的《关于当代中国哲学史学史的若干思考》(《哲学动态》2008 年第 7 期)等都探讨了相关的主题。2014 年 5 月,上海古籍出版社推出了乔清举《中国当代哲学史学史》一书,对 20 世纪 50 年代以来的中国哲学史研究进行了自己的阐释。

近年来,田文军发表有《冯友兰与中国哲学史学史》(《学术月刊》1999 年第 4 期)、《谢无量与中国哲学史》(《江海学刊》2007 年第 5 期)、《张岱年与中国哲学问题史研究》(《周易研究》2009 年第 6 期)、《陈黻宸与中国哲学史》(《武汉大学学报·人文社会科学版》2010 年第 1 期)、《王国维与中国哲学史》(《人文杂志》2011 年第 5 期)等论文,还著有《萧萐父先生与现代中国哲学史学》(北京三联书店 2011 年版),从个案角度广泛研究了"中国哲学史学史"的重要内容。

柴文华也围绕"中国哲学史学史"发表了一系列论文,如《试论"中国哲学史学史"》(《求是学刊》2014 年第 4 期)、《中国哲学史方法论的近代化》(《哲学研究》1992 年第 9 期)、《论冯契对中国哲学史研究的贡献》(《哲学研究》1997 年第 2 期)、《冯友兰中国哲学史方法论的动态研究》(《哲学研究》2002 年第 11 期)、《中国哲学史研究方式管窥》(《学习与探索》2003 年第 2 期)、《论冯友兰的中国哲学观》(《河南师范大学学报》2005 年第 1 期)、《胡适和冯友兰中国哲学史研究的个性特征》(《哲学研究》2005 年第 2 期)、《论中国哲学史的建构》(《深圳大学学报》2007 年第 1 期)、《中国哲学史学科的创立及诠释框架》(《哲学研究》2008 年第 1 期)、《中国学术史方法论论纲》(《求是学刊》2011 年第 6 期)、《现代视域与传统原典的结合》(《河北学刊》2013 年第 3 期)、《略论 20 世纪上半叶胡适和冯友兰墨学观的契合点及其意义》(《哲学研究》2012 年第 9 期)、《冯友兰的老子观研究》(《哲学动态》2012 年第 10 期)、《略论任继愈的中国哲学史观》(《社会科学战线》，2004 年第 2 期)、《任继愈的老学观和道教观研究》(《江南大学学报》，2014 年第 2 期)、《任继愈的朱子学研究》(《中州学刊》2014 年第 4 期)、《萧萐父先生的船山学研究》(《船山学刊》2014 年第 4 期)、《论劳思光对冯友兰〈中国哲学史〉的评价》(《哲学研究》2015 年第 7 期)、《劳思光哲学史观和方法论解析》(《哲学动态》2015 年第 6 期)、《论方东美对中国佛学的研究》(《河南师范大学学报》2015 年第 3 期)、《论方东美对中国哲学基本精神和发展历程的研究》(《学术交流》2015 年第 7 期)、《论"二冯"对船山哲学思想的研究》(《船山学刊》2015 年第 4 期)、《论方东美对原始儒家和原始道家的阐释》(《江淮论坛》2015 年第 5 期)、《论方东美对新儒家哲学的研究》(《中原文化研究》2015 年第 5 期)等。

从严格意义上说，中国哲学史学科的诞生是 20 世纪头十年的事情，却经过了古代的长期孕育，古代的学术史、学术思想史、学术史方法论可以说是"中国哲学史学史"的前史。中国有数千年的哲学思维成果，但古代没人有过哲学视域，所以哲学史自然没人系统整理，即使是黄宗羲的《明儒学案》，也只是学术思想史。不过，这些学术思想史涉及中国哲学史的很多内容，是一种自发式、萌芽式、碎片式的书写。

20 世纪上半叶，谢无量、胡适、冯友兰、张岱年、钟泰、范寿康等人有了自己不同的哲学视域，所以才有了自觉形态的中国哲学史书写，共同创立了中国哲学史这门学科。谢无量 1916 年出版的《中国哲学史》是中国人写的第一部中国哲学史，是中国哲学史学科的开山之作。它虽然具有较浓郁的传统味道，但也不乏对哲学的现代理解，并运用西方哲学的框架对中国哲学作了初步解读，蕴涵了"以西释中"的书写倾向。胡适 1919 年出版的《中国哲学史大纲》(上卷)是第一部用现代方法书写的中国哲学史，冯友兰 20 世纪 30 年代初出版的《中国哲学史》(上、下)是第一部用现代方法书写的完整的中国哲学史，他们确立了成熟的"以西释中"的书写方式，不仅阐释了以西方哲学的框架诠释中国哲学的历史必然性与合理性，而且提出了一套中国哲学史方法论，为中国哲学史的学科建设作出了重要贡献。张岱年的《中国哲学大纲》虽然正式出版于 1958 年，但在 1937 年就完成了初稿，1943 年还印为讲义，应该算作新中国成立前的代表作。这是第一部中国哲学问题史、中国哲学范畴史，为中国哲学史的研究开辟了问题史的书写方式。书中虽然提到过"唯心主义"、"唯物主义"等概念，但从宇宙论、人生论、致知论的板块划分来看，他还是以西方哲学为参照的。钟泰 1929 年出版的《中国哲学史》，立足于中西学术的差异性和独立性，认为二者不能"强为比附"，否则容易"转失其真"，这实际上是对西方学术包括西方哲学的一种委婉拒绝。所以他要以传统的史传体裁书写中国哲学史，"一用旧文"、"一从常习"，是一种"以中释中"的中国哲学史书写方式，在当时确实有逆历史潮流而动的倾向，但他依然留给我们今天诸多的回味。新中国成立前，以郭沫若、侯外庐等为代表的一批马克思主义学者，运用历史唯物主义研究中国社会、历史、思想史，开辟了"以马释中"的中国思想史书写模式。在这一过程中，冯友兰已经开始运用马克思主义哲学的一些观点研究中国哲学史，但从总体上说是零散的，而范寿康 1937 年出版的《中国哲学史通论》则是第一部自觉运用马克思主义哲学作为诠释框架系统研究中国哲学史的著作。他运用社会历史和阶级分析方法，运用辩证分析方法对中国哲学史内容的解读，深化了人们对中国哲学史的认识，推进了中国哲学史学科的发展，开创了"以马释中"的中国哲学史书写方式。但这仅仅是初步的，在许多方面还有待于深化。不难看出，中国哲学史学科创立时期主要出现了"以西释中"、"以中释中"、"以马释中"三种典型的中国哲学史书写方式，其中"以西释中"是主流。这开辟了中国哲学史书写方式的自觉时代、现代化时代，对后来的中国哲学史书写产生了重大影响。

中华人民共和国成立以后，马克思主义哲学成为哲学史书写的唯一参照，人们接受了日丹诺夫的哲学史定义，中国哲学史变成了两个对子斗争的历史，20 世纪 80 年代以后，开发螺旋结构颇为时髦。这一时期影响较大的代表作有冯友兰的《中国哲学史新编》；张岱年的《中国唯物主义思想史》、《中国哲学史方法论发凡》、《中国哲学史史料学》；任继愈主编的《中国哲学史》、《中国哲学发展史》；冯契的《中国古代哲学的逻辑发展》、《中国近代哲学的革命历程》；萧萐父、李锦全主编的《中国哲学史》

等；另外还有杨荣国、孙叔平以及一批中国哲学史专家所撰写的大量中国哲学史著作。20 世纪 80 年代之前，人们更多侧重于中国哲学史中"对子结构"的开发，把每一个时代的哲学都描绘成唯物主义和唯心主义、辩证法和形而上学相互斗争的历史。另外还过度运用了阶级分析方法，几乎为所有哲学家都定了阶级成分，如没落奴隶主贵族的代表、新兴地主阶级的代表、门阀士族的代表、中小地主阶级的代表、资产阶级的代表、小资产阶级的代表等。20 世纪 80 年代之后，人们在反思日丹诺夫哲学史定义的同时，开始研究列宁哲学史的定义，重视"螺旋结构"的总结和哲学范畴的研究，中国哲学史的发展被描绘成大大小小的"圆圈"。"圆圈"这一概念只是一个形象的比喻，它所展示的是哲学发展的螺旋式上升的曲线轨迹。可以说，不论是"对子结构"还是"螺旋结构"，都是新中国成立之后人们运用马克思主义哲学的基本原理作为诠释框架对中国哲学史的书写，其中不乏深刻的地方，但也有教条化的偏向。

需要指出的是，同一时期的港台地区也涌现出不少中国哲学史研究的成果，如牟宗三的《中国哲学的特质》、《中国哲学十九讲》，唐君毅的《中国哲学原论》，方东美的《中国哲学精神及其发展》，罗光的《中国哲学思想史》，劳思光的《新编中国哲学史》，等等，他们的书写方式离不开中西哲学的融通，或是儒家哲学与西方哲学的对话、或是运用西方逻辑解析这个"思想上的显微镜"去探寻中国哲学的"基源问题"、或是基督教文明与中国思想的对话，这些还有待于进一步深入研究。

根据以上中国哲学史学科发展的实际情况，本书分为四编：一是中国哲学史学科的前史；二是中国哲学史学科的创立；三是中国哲学史学科的马克思主义化；四是港台的中国哲学史研究。

需要指出两点：第一，本书的主要研究对象是著名哲学史家的通史性的中国哲学史研究著作，至于断代的、专题的、学派的、个案的等研究，有待以后逐步展开。本书为第三编特别在最后增加了一个附录，收录了中国大陆 20 世纪 50 年代以来中国哲学史研究的主要书目，包括通史的、断代的、专题的、学派的、个案的，同时还有中国哲学史方法论和史料学方面的研究著作。第二，中国哲学史学史主要研究的是中国哲学史的学科发展史，中国哲学史不等于中国思想史，所以以侯外庐、徐复观等为代表的中国思想史研究方面的成果不在本书的研究范围之内，故暂时搁置，以期作中国思想史学史时再考虑。

　　"中国哲学史学史"是一个新课题，也是一个大课题，由于作者的水平所限，肯定会有这样那样的不足甚至错误，诚请方家批评指正。

第一编

中国哲学史学科的前史

引 言

中国哲学史这门学科产生于 20 世纪初，却经过了长期的中国古代学术史、学术史思想、学术史方法论的孕育，这一阶段可以称作中国哲学史的前史阶段，具有自发性、简约性、辩证性、纲领性、动态性、独创性等特点。

自发性，也可称作自在性、非自觉性等，指中国学术史思想及其方法论尚处在自在而非自觉阶段。

我们知道，儿童并不懂得语法，但他们的语言是合乎语法的；人们在没有研究思维之前就已经在思维了。但这种不懂语法规则的语言，不懂思维规律的思维只能是一种脱离理性自觉的感性自发活动。中国传统的学术史著作如《庄子·天下篇》、《荀子·非十二子》、《韩非子·显学篇》、《史记·太史公自序》、《史记·儒林传》、《史记·孔子世家》、《史记·仲尼弟子列传》、《史记·老子韩非列传》、《史记·孟子荀卿列传》、《汉书·艺文志》、《景德传灯录》、《伊洛渊源录》、《圣学宗传》、《理学宗传》、《理学备考》、《明儒学案》、《宋元学案》等，虽然涉及许多学术史思想及其方法论问题，但主要是朴素的、零散的，又大都蕴涵于学术史之中，缺乏对学术史思想及其方法论独立、系统、自觉的研究和论证。

简约性，指述作结合、高度凝练的点评式方法。

特别是在《庄子·天下篇》、《荀子·非十二子》、《韩非子·显学篇》、《论六家要旨》等早期的学术史著作中，这种简约性表现得尤为突出。它们往往通过几个字、几句或几段话概括出一个人物或一家学说的特征，同时给出价值判断。《荀子·天论》:"慎子有见于后,无见于先。老子有见于诎,无见于信。墨子有见于齐,无见于畸。宋子有见于少,无见于多。有后而无先,则群众无门。有诎而无信,则贵贱不分。有齐而无畸,则政令不施。有少而无多,则群众不化。"《荀子·解蔽》:"墨子蔽于用而不知文,宋子蔽于欲而不知得,慎子蔽于法而不知贤,申子蔽于执而不知知,惠子蔽于辞而不知实,庄子蔽于天而不知人。"荀子这里用诸如"辞"、"实"等极少的概念概括出某人学说的要旨,并用类似"政令不施"等高度凝练的语词给出价值判断。司马谈界定法家学说的要旨是:"严而少恩。然其正君臣上下之分,不可改矣。"① 为什么呢? 因为法家"不别亲疏,不殊贵贱,一断于法,则亲亲尊尊之恩绝矣。可以行一时之计,而不可长用也。故曰:严而少恩;若尊主卑臣,明分职,不得相逾越,虽百家弗能改也"。② 这里虽在回答是什么的同时,也回答了为什么的问题,但仍较笼统。早期学术史著作这种述作结合的简约方法一方面具有单刀直入、画龙点睛的优点,使人对某家、某人的学说宗旨有一个总体了解;但另一方面也具有简单粗略、笼统含混的缺点,不能使人把握某家、某人学说的整体结构,缺乏逻辑的立体穿透效果。这种方法的产生与古代的书写材料、书写方式、思维方式等都有着密切的关系,也是我们所不能苛求于古人的。

辩证性,指用两点论对研究对象进行价值评判。

《庄子·天下篇》:"墨翟禽滑釐之意则是,其行则非也",认为墨翟禽滑釐反对奢侈的立意是对的,但强调太过就不对了。

《荀子·非十二子》的理论倾向是批判十二子的种种错误与弊端,但也承认"其持之有故,其言之成理"。司马谈《论六家要旨》对除了道家外的其他五家的价值评判均体现出两点论的思维结构,既指出其短,又肯定其长:

"尝窃观阴阳之术,大祥而众忌讳,使人拘而多所畏;然其序四时

① 司马迁:《史记》(四),裴骃集解,司马贞索引,张守节正义,中华书局2011年版,第2849页。
② 司马迁:《史记》(四),裴骃集解,司马贞索引,张守节正义,中华书局2011年版,第2851页。

之大顺，不可失也。"进一步的解释是："夫阴阳四时、八位、十二度、二十四节各有教令，顺之者昌，逆之者不死则亡，未必然也，故曰使人拘而多畏。夫春生夏长，秋收冬藏，此天道之大经也，弗顺则无以为天下纲纪，故曰四时之大顺，不可失也。"① 认为阴阳家之短在于禁忌避讳多，使人拘束畏惧，其长在于揭示了四季运行秩序的道理，即"天道之大经"。

"儒者博而寡要，劳而少功，是以其事难尽从；然其序君臣父子之礼，列夫妇长幼之别，不可易也。"进一步的解释是："夫儒者以六艺为法。六艺经传以千万数，累世不能通其学，当年不能究其礼，故曰博而寡要，劳而少功。若夫列君臣父子之礼，序夫妇长幼之别，虽百家弗能易也。"② 指出儒家之短在于皓首穷经，虽广博但不得要领，虽勤劳但少见功效，其长在于规范了人伦秩序。

"墨者俭而难遵，是以其事不可遍循；然其强本节用，不可废也。"进一步的解释是："墨者亦尚尧舜道，言其德行曰：堂高三尺，土阶三等，茅茨不翦，采椽不刮。食土簋，啜土刑，粝粱之食，藜霍之羹。夏日葛衣，冬日鹿裘。其送死，桐棺三寸，举音不尽其哀。教丧礼，必以此为万民之率。使天下法若此，则尊卑无别也。夫世异时移，事业不必同，故曰俭而难遵。要曰强本节用，则人给家足之道也。此墨子之所长，虽百家弗能废也。"③ 认为墨家之短在于俭而过，生活粗鄙，丧礼体现不出等级差别，其长在于强本节用，这是人丰家富之道。

"名家使人俭而善失真；然其正名实，不可不察也。"进一步的解释是："名家苛察缴绕，使人不得反其意，专决于名而失人情，故曰使人俭而善失真。若夫控名责实，参伍不失，此不可不察也。"④ 认为名家之短在

① 司马迁：《史记》（四），裴骃集解，司马贞索引，张守节正义，中华书局 2011 年版，第 2848、2850 页。
② 司马迁：《史记》（四），裴骃集解，司马贞索引，张守节正义，中华书局 2011 年版，第 2848、2850 页。
③ 司马迁：《史记》（四），裴骃集解，司马贞索引，张守节正义，中华书局 2011 年版，第 2849、2850 页。
④ 司马迁：《史记》（四），裴骃集解，司马贞索引，张守节正义，中华书局 2011 年版，第 2849、2851 页。

于太注重名词概念，论说云山雾罩，丢失了常理和真实性，其长在于探讨了概念和对象之间的关系，并注重验证。

关于对法家的评说已见于上题，认为法家之短在于严酷刻薄，泯灭了人伦恩爱，其长在于主张主尊臣卑，明确各自的职分，不得相互逾越。

可以看出，司马谈《论六家要旨》的评判方法主要是双维的，但又是不彻底的。因为它对道家的评价是单面的褒扬，未能指出其缺失。"道家使人精神专一，动合无形，赡足万物。其为术也，因阴阳之大顺，采儒墨之善，撮名法之要，与时迁移，应物变化，立俗施事，无所不宜，指约而易操，事少而功多。"① 进一步的解释是："道家无为，又曰无不为，其实易行，其辞难知。其术以虚无为本，以因循为用。无成执，无常形，故能究万物之情。不为物先，不为物后，故能为万物主。有法无法，因时为业；有度无度，因物与合。故曰'圣人不朽，时变是守。虚者道之常也，因者君之纲'也。群臣并至，使各自明也。其实中其声者谓之端，实不中其声者谓之窾。窾言不听，奸乃不生，贤不肖自分，白黑乃形。在所欲用耳，何事不成。乃合大道，混混冥冥。光耀天下，复反无名。"② 这里除了"其辞难知"难分褒贬之外，其他一概都是溢美之词，如认为道家能够使人精神专一，行为合于大道，它是对阴阳、儒、墨、名、法各家精华的吸收，并且能够与时俱进，应用到日常生活中无所不宜，主旨精炼而容易操作，用力不多而功效不小，等等。

《明儒学案·莫晋序》云："黄梨洲先生《明儒学案》一书，言行并载，支派各分，择精语详，钩玄提要，瞭如指掌。……凡宗姚江与辟姚江者，是非互见，得失两存"③，这个"是非互见，得失两存"亦即两点论的评判方法。

辩证法有的原理可能值得推敲，但它两点论的评价视角无可挑剔，

---

① 司马迁：《史记》（四），裴骃集解，司马贞索引，张守节正义，中华书局 2011 年版，第 2849 页。

② 司马迁：《史记》（四），裴骃集解，司马贞索引，张守节正义，中华书局 2011 年版，第 2851 页。

③ 黄宗羲：《明儒学案》（上），沈芝盈点校，中华书局 2008 年版，第 12—13 页。

因为好中有坏，坏中有好往往是事实。作为一种思想、理论、学说既不可能是绝对真理，也不可能是绝对谬误，它本身包含正反两方面的因素。所以，中国传统学术史思想及其方法论中的双维性是正确的，今天的思想史、哲学史研究如果离开双维性，其价值评判的公正性就很值得怀疑。

纲领性，指抓住研究对象的学术宗旨。

《庄子·天下篇》、《荀子·非十二子》、《韩非子·显学篇》、司马谈《论六家要旨》等对各家各派的学术要旨都有把握，但局限在实际的操作上，尚未上升到学术史思想及其方法论的自觉状态。

黄宗羲《明儒学案·发凡》云："大凡学有宗旨，是其人之得力处，亦是学者之入门处。天下之义理无穷，苟非定以一二字，如何约之，使其在我。故讲学而无宗旨，即有嘉言，是无头绪之乱丝也。学者而不能得其人之宗旨，即读其书，亦犹张骞初至大夏，不能得月氏要领也。"① 这就是说，宗旨是一个学派、一个思想体系的本质。确立宗旨，是一个学派、一个思想体系建构者的"得力处"，把握宗旨是学术研究者的"入门处"。作者的学说如果没有宗旨，就如同一团无头乱丝，有网而无纲；读者、研究者把握不住一个学说的宗旨，就会坠入五里云雾，茫然不知所云，更谈不上完整、准确地把握整个思想体系。

那么，如何才能把握宗旨呢？黄宗羲认为应该反对两种倾向：一是反对"师己意"、"主先入"的主观主义态度，而要避免这一倾向，研究者必须详细占有资料，这是理论分析的前提；二是要反对兼容杂收，不做甄别的纯客观主义态度，这就应当运用新的思想方法，结合历史考证的工夫，对资料进行理性加工。只有这样，才能发现、把握一个学派或一种学说的宗旨。

以上是黄宗羲对学术研究纲领性的总结，既反映出他对学术史方法论一定程度的理论自觉，也体现出抓主要矛盾的辩证思维方式。"这种注重学术'宗旨'异同的做法，显然是比较合理的，含有较多的科学性。"②

---

① 黄宗羲：《明儒学案》（上），沈芝盈点校，中华书局 2008 年版，第 14 页。

② 陈金生：《宋元学案·点校前言》，中华书局 1986 年版，第 5 页。

动态性，即注重对研究对象发展过程的把握。

《韩非子·显学篇》站在法家的立场，运用"不相容之事不两立"（《韩非子·五蠹篇》）的范式，批判了儒墨显学，认为其为"愚诬之学"，但也描述出儒墨两家的后来发展，认为孔子之后，儒家分为八派，墨子之后，墨家分为三派，包含有对学术史的动态把握。

《史记》设《仲尼弟子列传》，记载了孔门后人的事迹，在谈到商瞿时说："鲁人，字子木，少孔子二十九岁。孔子传《易》于瞿，瞿传楚人馯臂子弘，弘传江东人矫子庸疵，疵传燕人周子家竖，竖传淳于人光子乘羽，羽传齐人田子庄何，何传东武人王子中同，同传菑川人杨何。何元朔中，以治《易》为汉中大夫。"在中国学术史上第一次记载了孔子易学流传至汉的动态过程。①

朱熹十四卷的《伊洛渊源录》以二程为叙述中心，上起周敦颐，下至尹焞，共计四十九人，勾画出二程学术的承传源流。

注重学派、学说的动态发展是黄宗羲《明儒学案》的一个重要特点，比如他对王阳明的心路历程做了非常细致地描述："先生之学，始泛滥于词章，继而遍读考亭之书，循序格物，顾物理吾心终判为二，无所得入。于是出入于佛、老者久之。及至居夷处困，动心忍性，因念圣人处此更有何道？忽悟格物致知之旨，圣人之道，吾性自足，不假外求。其学凡三变而始得其门。自此以后，尽去枝叶，一意本原，以默坐澄心为学的。有未发之中，始能有发而中节之和，视听言动，大率以收敛为主，发散是不得已。江右以后，专提'致良知'三字，默不假坐，心不待澄，不习不虑，出之自有天则。盖良知即是未发之中，此知之前更无未发；良知即是中节之和，此知之后更无已发。此知自能收敛，不须更主于收敛；此知自能发散，不须更期于发散。收敛者，感之体，静而动也；发散者，寂之用，动而静也。知之真切笃实处即是行，行之明觉精察处即是知，无有二也。居越以后，所操益熟，所得益化，时时知是知非，时时无是无非，开口即得

---

① 司马迁：《史记》（三），裴骃集解，司马贞索隐，张守节正义，中华书局 2011 年版，第 1957—1958 页。

本心，更无假借凑泊，如赤日当空而万象毕照。是学成之后又有此三变也。"① 展示了王阳明从崇奉朱熹理学到出入佛老再到体悟圣人之道，吾性自足的"其学凡三变而始得其门"。学成之后又有三变：先是"尽去枝叶，一意本原，以默坐澄心为学的"。"江右以后，专提'致良知'三字"。"居越以后，所操益熟，所得益化"。动态展示了王阳明早年学术思想的转变和后期学术思想的日益成熟。这种注重过程的动态分析能够深刻、全面、真实地揭示学术思想的发展脉络，使人"每读完一案，便觉得这个人的面目活现纸上"。②

《宋元学案》在这方面有所发展，"更多地注重人物之间的师承传授关系，并以此作为划分学派的主要根据。对所收入的人物，都要一一标明他是谁的家学、门人、私淑以至再传、三传、四传和续传（时间相隔较远、传承世次不明的称续传），同时又要标明继承他的家学、门人、私淑之类有哪些人。对同一辈人，则又区分为讲友、同调、学侣，一一标明。各学案前面的表，其主要作用更是显示这类纵的和横的关系"③，从而使学脉传承的动态性更加具体清晰。

独创性，具体包含两方面的内容：一方面是重视研究对象的理论原创性，另一方面是研究者自身的理论创造。

黄宗羲《明儒学案·发凡》云："学问之道，以各人自用得著者为真。凡倚门傍户，依样葫芦者，非流俗之士，则经生之业也。此编所列，有一偏之见，有相反之论，学者于其不同处，正宜着眼理会，所谓一本而万殊也。以水济水，岂是学问！"④ 黄宗羲十分重视"自用得著者"，即个人的创见。这些创见可能是"一偏之见"，也可能是"相反之论"，但却正是与人不同之处，也是最有价值之处。而那种"倚门傍户，依样葫芦者"，即人云亦云，拾人牙慧的理论是不足道的。

这里涉及学术史研究的一个重要方法论问题，即选择标准和价值尺

①　黄宗羲：《明儒学案》（上），沈芝盈点校，中华书局 2008 年版，第 180 页。
②　梁启超：《中国近三百年学术史》，上海三联书店 2006 年版，第 45 页。
③　陈金生：《宋元学案·点校前言》，中华书局 1986 年版，第 5 页。
④　黄宗羲：《明儒学案》（上），沈芝盈点校，中华书局 2008 年版，第 15 页。

度问题。对历史形态的学术的价值定位应该考虑有无原创性和原创性多少的问题，看这种学术与以往的学术相比提没提供、提供多少新的学术成果，提供了的就有价值，没提供的就没价值，提供多的价值就大，提供少的价值就小，这即是黄宗羲提出的有无创见问题，这对于我们今天的思想史、哲学史研究依然具有重要意义。

周汝登十八卷的《圣学宗传》，"一方面取径《伊洛渊源录》，……另一方面，著者则以'蠡测'为目，附于所辑论学语后，借以评判学术是非，抒发一己之见……显示了著者的学术倾向。"①这实际上是通过评判学术是非表达自己的学术主张和理论观点。在《伏羲传》中，周汝登借解释伏羲画卦的本意，阐发了自己的"天心合一"的哲学理念。周汝登认为"天与心不可判"②，"无极而太极，即吾心是也"。③周汝登说："伏羲画卦之意果何为者？著专以形容吾心之万事万物而已。是故一身之中头目、鼻舌、手足、肩背，以至喜怒哀乐，生死梦寤，出处进退，祸福吉凶，卦之画以形容，此固吾心中事、心中物也。天地之间，日月山川，草木虫鱼，以至寒暑昼夜，古今始终，卦之画以形容，此亦吾心中事、心中物也。"这显然是王阳明"心外无物"思想的发挥，不仅"喜怒哀乐，生死梦寤，出处进退，祸福吉凶"是"吾心中事、心中物"，而且"头目、鼻舌、手足、肩背"，"天地之间，日月山川，草木虫鱼，以至寒暑昼夜，古今始终"也都是"吾心中事、心中物"，概言之，万事万物皆是心中之事物，离开吾心，无所谓万事万物。这显然是一种物心合一，也可称作是天心合一的思想，是对陆王心本论思想的发挥。在对孟子"人皆可以为尧舜"（《孟子·告子下》）进行"蠡测"时，周汝登说："此孟子真见圣人与我不二，……孟子不轻人，人不可自轻也。"④肯定了孟子凡圣统一论，人人都有善根，只要"求其放心"，皆可成为圣人。周汝登承继"今文经"学派的解释学方式所开创的"蠡测"之体例，即"以意逆志"、"六经注

① 陈祖武：《中国学案史》，东方出版中心2008年版，第56—57页。
② 周汝登：《圣学宗传·道统录》，曹义昆点校，凤凰出版社2015年版，第14页。
③ 周汝登：《圣学宗传·道统录》，曹义昆点校，凤凰出版社2015年版，第10页。
④ 周汝登：《圣学宗传·道统录》，曹义昆点校，凤凰出版社2015年版，第73页。

我"的中国学术史方法论，对后世的学术史叙述产生了重要影响，"之后，孙奇逢的《理学宗传》，取'蠡测'意而有眉批、总评。黄宗羲的《明儒学案》更进一步，不仅有按语、总评，而且于所辑案主论学资料，亦录及诗文。"①

"在《明儒学案》中，黄宗羲对各个学派及其代表人物的学术思想、主要观点都做了具体的介绍，有时做了十分精彩的评论，表现了他既是史学家又是一位出色的思想家的特点。"② 解释活动的理论自觉应该归功于西方的哲学家，但中国自发状态的解释学传统包括一系列解释学方法有待人们更多的解释，周汝登的"蠡测"和黄宗羲等人的精彩评论即是中国学术史思想及其方法论中的"六经注我"，它不是要求人们忠实于解释客体，而是强调了解释主体的中心地位，展示了解释主体对解释客体的主动性和再创造性，从而为伸张自己的理论独创性提供了重要的平台，这也是中国传统学术史思想及其方法论留给我们的一个具有重要思考空间的问题。

① 陈祖武：《中国学案史》，东方出版中心 2008 年版，第 59 页。
② 陈金生：《宋元学案·点校前言》，中华书局 1986 年版，第 4 页。

第一章　先秦学术史研究①

　　先秦是中国文化的"轴心时代"，学在官府的局面被打破，思想界百家争鸣，涌现出许多不同的学术流派和诸如孔子、老子等影响深远的大思想家，学术发展达到了前所未有的崭新高度。这样的学术环境，触发了当时的学术史研究，由此出现了一些研究并阐述学术发展脉络、概括各家学说特质并评价其长短的具有学术史特质的著作，其中以《庄子·天下》、《荀子·非十二子》和《韩非子·显学》为主要代表，拉开了中国学术史研究的大幕。

第一节　《庄子·天下》的学术史思想

　　《庄子·天下》是目前学界公认的有史可证的中国第一篇学术史研究的著作，它拉开了中国古代学术史研究的序幕，具有开山意义。

　　《庄子·天下》阐发了对学术发展的总体规律的见解，认为古代的学术思想体系是一个由一到多、由点到面、由学术独尊走向学术多元化规律的动态发展过程，并把学术思想分为"道术"和"方术"两种，认为"方术"是由"道术"派生演化出来的。"道术"与"方术"，是整体和部分、"一"和"多"的关系。"道术"包括了天地间的一切真理，是关于认识宇宙真理的学问，而"方术"之所以由"道术"分裂而来，是由于"天下大

①　本编第一章到第四章由张圆圆执笔，柴文华修改。

乱，贤圣不明，道德不一，天下多得一察焉以自好"（《庄子·天下》）。

《庄子·天下》把天下的学说划分为六个派别，即墨翟、禽滑厘为一派；宋钘、尹文为一派；彭蒙、田骈、慎到为一派；关尹、老聃为一派；庄周为一派；惠施、桓团、公孙龙为一派。对于墨翟、禽滑厘一派，《庄子·天下》的作者概括其学说宗旨为"不侈于后世，不靡于万物，不晖于数度，以绳墨自矫，而备世之急"（《庄子·天下》）；对于宋钘、尹文一派则概括其学说宗旨为"不累于俗，不饰于物，不苟于人，不忮于众，愿天下之安宁以活民命，人我之养，毕足而止"（《庄子·天下》）；对于彭蒙、田骈、慎到这一派学说，作者则将其宗旨概括为追求公而无私、齐物和去知去虑；对于关尹、老聃一派，《庄子·天下》则将其学说宗旨概括为以精微为大道之本，以万物为道之派生，以累积为不足，追求与神明独处和淡泊等内容；对于庄周这一学派，作者则将其学说宗旨概括为变化万千、无形无相、齐万物、通神明、包万象、永无穷尽等内容；对于惠施、桓团、公孙龙一派，《庄子·天下》则认为其学说具有能言善辩却只能服人之口而不能服人之心的诡辩特点。

《庄子·天下》的作者在归纳总结各派学说宗旨特点的基础上，相应地对其作出了一定程度的评价。该篇站在维护道家学说的立场上，对关尹、老聃一派和庄周进行了有褒无贬的肯定和赞扬。其评价关尹、老聃为"古之博大真人哉"（《庄子·天下》），并评价庄周本人为"独与天地精神往来，而不敖倪于物，不谴是非，以与世俗处"（《庄子·天下》），认为庄周之学说"其于本也，弘大而辟，深闳而肆；其于宗也，可谓稠适而上遂"（《庄子·天下》），即庄周之学无止无尽，长存于天地之间。而对于其他各派，《庄子·天下》则进行了褒贬掺半、较为客观的评价。例如，对于墨翟、禽滑厘，《庄子·天下》的作者肯定了这一派的节俭和自省精神的积极意义，但对于其过于节俭以至"生不歌，死不服，桐棺三寸而无椁，以为法式"（《庄子·天下》）的节用、节葬行为持否定态度，同时《天下》的作者还批评墨翟、禽滑厘一派的非乐思想和组织上派别众多、各以巨子自称的行为，但最后仍称赞墨子为"真天下之好也"、"才士也"。（《庄子·天下》）又如对于宋钘、尹文一派，《庄子·天下》的作者既赞扬其救世精神，又批评"其为人太多，其自为太少"（《庄子·天下》）的不爱惜自己的缺点；对于彭蒙、田骈、慎到一派，既肯定了其思想在一定程度上与"道术"有相通之处，又批评该派思想"非生人之行而至死人之理"（《庄子·天下》）的错误；对于惠施、桓团、公孙龙一派则采取完全否定和批判的态度，同时对他们的错误表示惋惜。

第二节 《荀子·非十二子》的学术史思想

《荀子·非十二子》是先秦时期继《庄子·天下》之后的又一篇具有代表性的学术史著作。在这篇文章中，荀子对先秦时期的学术分野进行了一次总结性地划分。

荀子将它嚣、魏牟、史鳅、宋钘、田骈、邓析、孟轲等十二人以两人一派为组合，共划分为六派，即它嚣、魏牟为一派；陈仲、史鳅为一派；墨翟、宋钘为一派；慎到、田骈为一派；惠施、邓析为一派；子思、孟轲为一派；并站在"上法尧、禹之制，下法仲尼、子弓之义"（《荀子·非十二子》）的立场上，在"以务息十二子之说"的主观动机下，对此六派作了批判。

具体来说，在篇首，荀子对十二子学说的总结性评价是："饰邪说，文奸言，以枭乱天下，矞宇嵬琐，使天下混然不知是非治乱之所存者，有人矣。"（《荀子·非十二子》）他视十二子学说为"邪说"、"奸言"，认为十二子学说奸言的存在导致天下大乱和人们是非不分。继而他批评它嚣、魏牟一派放纵性情，与禽兽无异，不遵守礼法，更不懂得治国的道理等错误；批评陈仲、史鳅一派抑制人的本性，偏离常道，特立独行，追求新异，不遵礼法，脱离大众等缺点；评价墨翟、宋钘一派不懂得天下统一的道理，崇尚功利节俭而无上下尊卑的等级观念；批评慎到、田骈一派崇尚法度却没有法度，喜欢自作主张，终日把成文的典章制度挂在嘴边，而这些典章却不足以治理、安定国家的错误；批评惠施、邓析一派不法先王，不尊礼仪，喜欢研究毫无用处的奇谈怪论，做得多但实际功效却少，认为他们的学说不可以作为治理国家的标准；批评孟子、子思一派混淆了孔子学说的本质面貌，罪过之大。经过对十二子的一一批评，荀子得出结论，认为只有息除十二子学说，才能实现"天下之害除，仁人之事毕，圣王之迹著"（《荀子·非十二子》）的社会理想。

荀子还称孔子门徒中的子张、子夏、子游等人为"贱儒"，对此三人展开了批判，认为"禹行而舜趋，是子张氏之贱儒也。正其衣冠，齐其颜色，嘿然而终日不言，是子夏氏之贱儒也。偷儒惮事，无廉耻而耆饮食，必曰'君子固不用力'，是子游氏之贱儒也"（《荀子·非十二子》），该篇对此三人下如此论断的评判基准即荀子向往的理想人格和君子形象，荀子认为君子应为"佚而不惰，劳而不僈，宗原应变，曲得其宜，如是，然后圣人也"（《荀子·非十二子》）。

第三节　《韩非子·显学》中的学术史思想

《韩非子·显学》是先秦时期又一篇具有学术史性质的研究成果。

韩非在先秦学术史研究领域首次下了儒、墨并称为"显学"的论断。他回顾了儒、墨两派的发展，即孔、墨之后，"儒分为八，墨离为三"的学派流衍历程。他说："世之显学，儒墨也。儒之所至，孔丘也；墨之所至，墨翟也。自孔子之死也，有子张之儒，有子思之儒，有颜氏之儒，有孟氏之儒，有漆雕氏之儒，有仲良氏之儒，有孙氏之儒，有乐正氏之儒。自墨子之死也，有相里氏之墨，有相夫氏之墨，有邓陵氏之墨。故孔墨之后，儒分为八，墨离为三。"（《韩非子·显学》）这即是说，孔、墨之后，儒家和墨家两学派各有发展传承。儒家出现了八派，分别以子张之儒、子思之儒、颜氏之儒、孟氏之儒、漆雕氏之儒、仲良氏之儒、孙氏之儒和乐正氏之儒为代表，墨家则出现了相里氏、相夫氏和邓陵氏三派墨家后学。

同时，韩非也对儒、墨两派展开了批判。韩非批判儒、墨及其后学皆为"愚诬之学"，在韩非看来，儒、墨这两派学说经不起时间的推敲和事实的验证。他鉴于儒、墨两派的对立，认为儒、墨二家所主张的"孝戾"、"侈俭"、"宽廉"、"恕暴"等学说是相互之间不能两立的"杂反之学"，并指出了人主兼听儒、墨两家"杂反之词"是造成当时天下混乱的根本原因，即为人君者兼听了此二家的"杂反之词"。

第二章　汉至唐代的学术史研究

汉至唐代是中国学术史及其思想进一步发展的时代,《史记》和《汉书·艺文志》有丰富的学术史范例,魏晋至隋唐时期还出现了佛教领域的学术史研究。

第一节　汉代的学术史思想

到了汉代,随着秦末战乱的平息与新兴政权的建立,社会的经济、政治、边疆等方面的形势开始严峻。为恢复和发展社会经济,避免重蹈秦亡之覆辙,西汉初年统治者推行了轻徭役、薄赋税、慎刑罚的休养生息政策。同时为了安定人心、稳定政局,在西汉初年统治者的倡导和取法下,以道家思想为主要倾向的"黄老之说"一度在思想文化领域占统治地位。"黄老之说"在当时的社会生活和政治领域中发挥了一定的效用,但其主张的"无为"原则也产生了一些消极后果。汉初在经历了文景之治的繁荣之后,汉武帝即位,为实现大一统的政治理想,在思想文化领域,汉武帝采纳了董仲舒"罢黜百家,独尊儒术"的主张,朝中官吏至此多出自儒生,儒学也走向了思想领域的正统地位,自此直到东汉王朝,儒学在社会思想文化领域的正统与独尊地位一直延续。

与时代的学术变迁相对应,汉代的学术史研究在官方编撰的《史记》和《汉书》之中得以进行,这些学术史研究围绕着总结评价先秦诸子学术思想、以人物学行为中心梳理自先秦至汉初的学术发展、总结西汉一朝学术思想、总结归类学术著作等几个方面展开。

一、《史记》中的学术史思想

在汉代的官方正史中，首先对先秦至汉初学术发展进行总结、描述与评价的是司马迁之《史记》。

《史记》是我国二十四史之首，也是中国历史上第一部纪传体通史。它记载了上自黄帝，下至汉武帝的三千多年的历史。全书分十二本纪、十表、八书、三十世家和七十列传，共一百三十卷。

1.《论六家要旨》

在《史记》第一百三十卷《太史公自序》中，司马迁引述了其父司马谈的学术史文章《论六家要旨》。

《论六家要旨》的开篇引用了《易·大传》中"天下一致而百虑，同归而殊途"之言，揭示了天下学派众多之根源。《论六家要旨》将先秦学术归类为阴阳、儒、墨、名、法、道德六家，并分别对六家学说进行了正反两方面的评价。在司马谈看来，阴阳家虽"序四时之大顺"却危言耸听、占卜吉凶使人"拘而多所畏"①；儒家虽"序君臣父子之礼，列夫妇长幼之别"，但儒者"博而寡要，劳而少功，是以其事难尽从"②；墨家的"强本节用"值得保留，但其提倡的节俭难以令人遵循，其提倡之事也不可遍循；法家虽"正君臣上下之分"却"严而少恩"③；名家虽正名实，却烦琐缠绕，使人不能反求本意，因此"使人俭而善失真"④；而只有道家"使人精神专一，动合无形，赡足万物"⑤，兼存阴阳、儒、墨、名、法家之精华和大

① 司马迁：《史记》（四），裴骃集解，司马贞索引，张守节正义，中华书局 2011 年版，第 2848 页。
② 司马迁：《史记》（四），裴骃集解，司马贞索引，张守节正义，中华书局 2011 年版，第 2848 页。
③ 司马迁：《史记》（四），裴骃集解，司马贞索引，张守节正义，中华书局 2011 年版，第 2849 页。
④ 司马迁：《史记》（四），裴骃集解，司马贞索引，张守节正义，中华书局 2011 年版，第 2849 页。
⑤ 司马迁：《史记》（四），裴骃集解，司马贞索引，张守节正义，中华书局 2011 年版，第 2849 页。

要，顺应万物变化，简约而容易掌握，多功而少事，能为万物主。

在《论六家要旨》这篇学术史著作中，司马谈在揭示天下学派众多根源和对先秦各家学派进行总结、评价的过程中，其基本学术倾向是推崇道家思想、以道家学说为大宗，这与西汉初年官方倡导"黄老之说"的路径是一脉相承的。

2.《孔子世家》

在汉初重视黄老之学的时代背景下，司马迁打破了韩非设定的先秦时期儒、墨二家并称为"显学"的格局，专设《孔子世家》，以彰显孔子在学术发展中的历史功绩。

司马迁叙述了孔子一生中的主要学行，对孔子的主要学术主张如"君君，臣臣，父父，子子"、"名不正则言不顺，言不顺则事不成，事不成则礼乐不兴，礼乐不兴则刑罚不中，刑罚不中则民无所措手足矣。夫君子为之必可名，言之必可行。君子于其言，无所苟而已矣"、"三人行，必得我师"、"德之不修，学之不讲，闻义不能徙，不善不能改，是吾忧也"[1]等进行了列举。同时，司马迁对孔子补《诗》、《书》，兴礼乐、序《周易》，撰《春秋》，成六艺等学术活动做了充分的赞扬和肯定，并在《孔子世家》结尾之处，将孔子与其他君王或诸侯进行比较，得出"天下君王至于贤人众矣，当时则荣，没则已焉。孔子布衣，传十余世，学者宗之。自天子王侯，中国言六艺者折中于夫子，可谓至圣矣"[2]的论断，充分肯定了孔子在中国古代学术发展中的重要历史地位。

3.《孟子荀卿列传》

在《孟子荀卿列传》中，司马迁记述了以儒家大师孟子和荀卿为主、包括齐国三驺子（驺忌、驺衍、驺奭）、齐国稷下诸多学士（淳于髡、慎到、环渊、接子、田骈等）和公孙龙、惠施等在内的人物学行。

对于孟子，司马迁指出其授业于子思之门人，通晓孔道之学，在秦

---

[1] 司马迁：《史记》（三），裴骃集解，司马贞索引，张守节正义，中华书局 2011 年版，第 1712、1730、1736、1736 页。

[2] 司马迁：《史记》（三），裴骃集解，司马贞索引，张守节正义，中华书局 2011 年版，第 1741 页。

国任用商鞅富国强兵、楚魏两国任用吴起实现了军事上的胜利、齐国任用孙膑和田忌以致国力强盛之时，孟子所提倡的唐虞之道和"三代之德"却不符合其所游说之国家的需要，于是与其学生万章为《诗经》、《尚书》作序，阐发孔子之意，作《孟子》七篇的事迹。

对于荀卿，司马迁强调了荀卿为秦国丞相李斯的老师，以及荀子作数万字著作以推究儒、墨、道三家学说成功与失败之原因等学行。

对于该列传所提及的其他人物，如驺衍，司马迁则指出驺衍作怪诞之篇《终始》、《大圣》十万余字，评价其学说宏大、荒诞且不合情理，其论学必从小事推及大事，以至于无边无际，然而其学说总的要领，必"止乎仁义节俭，君臣上下六君之施"，然而其学说最终"始也滥耳"，"其后不能行之"。[①] 对于慎到、田骈、接子、环渊等人，司马迁则指出他们专攻黄帝、老子的"道德"理论，即"皆学黄老道德之术"[②]，不但对黄老的学说进行阐发，而且皆有著作。关于墨子，司马迁指出其学具有善于阐发守卫和防御之术、且提倡节俭的特征。

4.《老子韩非列传》

在《老子韩非列传》中，司马迁将老子、庄子、申不害、韩非合为一传。

首先，在对老子学行的记载中，司马迁记载了老子曾在"周"地接受孔子访学的事迹，也记载了老子著述分上、下篇、共"五千余言"之书的学行，同时，在司马迁反映老子之学与儒学二者之间"道不同不相为谋"的对立（即"世之学老子者则绌儒学，儒学亦绌老子"）的基础上，司马迁对老子之学给予了"无为自化，清净自正"的肯定和赞扬。

其次，在对庄子的记载和评价中，司马迁记载了庄子"作《渔父》、《盗跖》、《胠箧》等文章，以诋訿孔子之徒，以明老子之术"[③] 的学行，评

---

① 司马迁：《史记》（三），裴骃集解，司马贞索引，张守节正义，中华书局2011年版，第2066页。

② 司马迁：《史记》（三），裴骃集解，司马贞索引，张守节正义，中华书局2011年版，第2068—2069页。

③ 司马迁：《史记》（三），裴骃集解，司马贞索引，张守节正义，中华书局2011年版，第1901页。

价庄子《畏累虚》和《亢桑子》等文章，皆内容空旷而脱离事实，同时司马迁还指出庄子善于以言辞攻击儒、墨两家和博学之士，而其言却"自恣以适己"，不被王公大人所器重。

再次，在对申不害的事迹与学行的记载中，司马迁指出了申不害用所学之术辅佐韩昭候致使韩国国富兵强，也指出了申不害之学"本于黄老而主刑名"①。

另外，在对韩非的记载和评价中，司马迁强调了韩非口吃、不善于口才而善于著书、与李斯皆列为荀子门下等事迹，同时列举了韩非"以为儒者用文乱法，而侠者以武乱禁"②等思想观点，也列举了其《孤愤》、《五蠹》、《内外储》、《说林》、《说难》等文章。

最后，在该合传的结尾处，司马迁对老子、庄子、申不害、韩非之学作了总体性的概括和评价，即"老子所贵道，虚无，因应变化于无为，故著书辞称微妙难识。庄子散道德，放论，要亦归之自然。申子卑卑，施之于名实。韩非引绳墨，切事情，明是非，其极惨礉少恩。皆原于道德之意，而老子深远矣"③。

5.《仲尼弟子列传》

在《史记·仲尼弟子列传》中，司马迁记载了孔子诸弟子的学行。

篇首，司马迁指出孔子精通六艺的弟子共有七十七人，孔子这些弟子都是有奇特才能的人。据司马迁记载，在孔子弟子中，德行出众的有颜渊、闵子骞、冉伯牛、仲弓等人，擅长处理政事的有冉有、季路等人，口才出众的有宰我、子贡等人，擅长文章且博学的有子游、子夏二人，另外，颛孙师偏激，曾参迟钝，高柴愚笨，仲由粗鲁，颜回贫穷，端木赐善于经商和准确的预测事情。在该传中，司马迁依次记载了颜回（子渊）、

---

① 司马迁：《史记》（三），裴骃集解，司马贞索引，张守节正义，中华书局 2011 年版，第 1903 页。

② 司马迁：《史记》（三），裴骃集解，司马贞索引，张守节正义，中华书局 2011 年版，第 1904 页。

③ 司马迁：《史记》（三），裴骃集解，司马贞索引，张守节正义，中华书局 2011 年版，第 1911 页。

闵损（子骞）、冉耕（伯牛）、冉雍（仲弓）、冉求（子有）、仲由（子路）、宰予（子我）、端木赐（子贡）、言偃、（子游）、颛孙师（子张）、曾参（子舆）、宓不齐（子贱）、原宪（子思）、南宫阔（子容）、公皙哀（季次）……等孔子高徒的学行与事迹。在对子贡的记载中，列举了子贡问学于孔子何为"富而无骄，贫而无谄"的学行，也记载了田常欲作乱于齐，子贡出游，指陈利害，道理直击要害，进而往返于吴、越两地，游说君主，出谋划策，去晋国、反鲁国，以至于"子贡出，存鲁，乱秦，破吴，强晋而霸越。子贡一使，使势相破，十年之中，五国各有变"①的事迹，形象鲜明地展现出子贡机智而富有韬略，且能言善辩的性格特征与才华。

值得注意的是，在对商瞿的记载中，司马迁不仅记载了商瞿为鲁国人，字子木，小孔子二十九岁，而且还记载了"孔子传《易》于瞿，瞿传楚人馯臂子弘，弘传江东人矫子庸疵，疵传燕人周子家竖，竖传淳于人光子乘羽，羽传齐人田子庄何，何传东武人王子中同，同传菑川人杨何。何元朔中，以治《易》为汉中大夫"②的自孔子至汉初的《易》学传接历程，展现了在特定的历史时期内，孔门学说的流衍历程。

6.《儒林列传》

在《史记》具有学术史性质的列传中，特别值得一提的是《儒林列传》，《儒林列传》以孔子及其门徒和西汉初年经学大师的学行为线索，记载了自孔子活动时期至汉初这一历史阶段内的儒学传递、盛衰和重新兴起的演进历程，继而，拉开了历朝历代史学家记载各时代儒学史之序幕。

首先，该传在开篇之处冠以总序，记载了孔子"论次《诗》《书》，修起礼乐"和"记作《春秋》，以当王法"③之学行。

其次，概述了在孔子殁后的战国末年，以子路、子张、子夏、子贡

---

① 司马迁：《史记》（三），裴骃集解，司马贞索引，张守节正义，中华书局 2011 年版，第 1950 页。

② 司马迁：《史记》（三），裴骃集解，司马贞索引，张守节正义，中华书局 2011 年版，第 1958 页。

③ 司马迁：《史记》（四），裴骃集解，司马贞索引，张守节正义，中华书局 2011 年版，第 2705 页。

为代表的孔子七十多门徒，散游于诸侯各国，广收门徒传授孔子之道的事迹，也概述了儒学经孟子、荀子的继承和发扬得以"显于当世"的史实。

之后，司马迁还记载了经秦始皇焚书坑儒、儒学由衰微到重新崛起的过程。在对这一过程的记载中，司马迁按照《诗》、《书》、《礼》、《乐》、《易》、《春秋》的顺序，逐一的记人记事，人物纷繁却排列得有条有理，描述了儒学经申公、辕固生、韩生、伏生、高堂生、徐生、董仲舒和胡毋生等经学大师的传播在汉初的延续与发展轨迹。在这些人之中，"言《诗》于鲁则申培公，于齐则辕固生，于燕则韩太傅。言《尚书》自济南伏生。言《礼》自鲁高堂生。言《易》自菑川田生。言《春秋》于齐鲁自胡毋生，于赵自董仲舒。"① 其中，在对辕固生学行的记述中，司马迁生动地描述了辕固生与当时精通黄老之术的黄生，站在各自的学术立场上激烈辩论的故事，形象鲜明地反映出汉初由统治者提倡的黄老之学与儒学相互抗衡的文化背景，从而映衬了在汉初思想文化领域中，儒学由非主流意识形态一跃成为汉武帝时期"罢黜百家，独尊儒术"之主流意识形态的角色转换过程。

7.《史记》学术史著作的影响

由《史记》的《孔子世家》、《孟子荀卿列传》、《老子韩非列传》、《仲尼弟子列传》和《儒林列传》可以看出，《史记》开启了以人物为中心、以人物事迹和学行为线索，阐述或评价学者学行和学术思想，或描述某一领域学术发展脉络的纪传体学术史研究先例，甚至在一定意义上，《史记·儒林列传》堪称为一篇典型的"汉初儒学发展纲要"。《史记》所开创的纪传体学术史范式为后来的大部分官修纪传体史书所继承和发展。例如，《汉书》、《后汉书》、《晋书》、《梁书》、《陈书》、《魏书》、《北齐书》、《周书》、《隋书》、《南史》、《北史》、《宋史》、《明史》、《新元史》、《清史稿》都设有《儒林传》；《旧唐书》、《新唐书》和《元史》则设有《儒学传》；《宋史》设有《道学传》；《元史》为佛家和道家学者立传，设有《释

① 司马迁：《史记》（四），裴骃集解，司马贞索引，张守节正义，中华书局2011年版，第2707页。

老传》，这些皆从不同角度延续与发展了《史记》的学术史研究范式，以不同的人物学行为线索，带着修史者的主、客观评价，结合不同时代各异的学术背景，以某种特定的学术内容为研究对象，描绘出一条以儒家思想为主体，以释、老两家思想为补充的中国古代学术发展演变的浩浩长河。在汇集了历代官修正史的中国传统学术史画卷中，《史记》开创纪传体学术史研究体例之历史功绩不可磨灭。

二、《汉书·艺文志》中的学术史思想

在汉代的学术史研究中，延续了《史记》学术史研究传统的另一部官修史书是班固的《汉书》。《汉书》是中国古代第二部官修纪传体史籍。与《史记》的通史特质不同，《汉书》所记内容上起汉高祖刘邦，下迄王莽的历史。全书共十二本纪、八表、十志、七十列传，共一百卷，之后，又经后人整理，最终呈现的是今本的一百二十卷。

在《汉书》的学术史研究中，班固不但延续了《史记》描绘儒学发展演变历程的传统，还记录了西汉一代儒学的历史演进过程，设立《汉书·儒林传》，叙述以《易》、《书》、《诗》、《礼》、《春秋》为序的"五经"在西汉的传衍情况，而且，班固在刘向《别录》和刘歆《七略》的基础上，对历代典籍进行详细整理与分类，创立了具有学术史意义的《艺文志》。由于《别录》和《七略》都没有留存下来，所以班固的《汉书·艺文志》是我国现存最早的目录学文献。

班固的《艺文志》收书三十八种，五百九十六家，共一万三千二百六十九卷，在《艺文志》中，班固改刘歆《七略》中的《辑略》、《六艺略》、《诸子略》、《诗赋略》、《兵书略》、《术数略》和《方技略》的七分法为六分法，即依次分为《六艺》、《诸子》、《诗赋》、《兵书》、《术数》和《方技》六类。贯穿在这六分法中的是班固的尊儒学术倾向和对每略典籍的著录和评价。其中，班固对典籍的著录包括了对书名、著者、版本和卷数的介绍，并提炼"书目提要"。在《六艺》类中，共收录了儒家的六经和《论语》、《孝经》以及小学类图书一百零三家，在《诸子》类中，班固分先秦诸子为儒、墨、道、阴阳、名、法、纵横、杂、农、小说

十家。而班固本人的尊儒倾向则可从其对儒家的评价上略窥一斑，如他说道："儒家者流，盖出于司徒之官，助人君顺阴阳、明教化者也。游文于《六经》之中，留意于仁义之际，祖述尧、舜，宪章文、武，宗师仲尼，以重其言，于道为最高。"①

《汉书·艺文志》的学术史价值不仅体现在以上几个方面，还体现在其"辨章学术，考镜源流"之中。在《汉书·艺文志》的各类序中，如略前总序和略中的各类序，皆体现了《汉书·艺文志》"辨章学术，考镜源流"的学术史价值。例如，《诗经》志序说："诗分为四"到了秦代"乃燔灭"，总序又说道："汉兴，鲁申公为诗训故，而齐辕固、燕韩生皆为之传，或取春秋、采杂说，咸非其本义。与不得已，鲁最为近之，三家皆列于学官。又有毛公之学，自谓子夏所传，而河间献王好之，未得立"②，这样，将《诗》由秦代"燔灭"到汉代重新流传，并分为鲁、齐、韩、毛四家的过程鲜明地呈现出来，由此体现了《汉书·艺文志》"辨章学术，考镜源流"的学术史价值。

由于《汉书·艺文志》具有多重学术史价值，因此其目录体的著述体例和学术史功能被后世史书所延续，在正史中出现了《隋书·经籍志》、《旧唐书·经籍志》、《新唐书·艺文志》、《宋史·艺文志》、《明史·艺文志》。除正史之外，也出现了后人补写的诸史艺文志，如宋代王应麟的《汉书艺文志考证》、清代姚振宗的《汉书艺文志补拾》、《后汉艺文志》、《三国艺文志》、清代曾朴的《补后汉书艺文志》等。

第二节　汉至唐代佛教领域的学术史研究

两汉期间，佛教由印度传入我国。由于汉末以来，军阀割据纷争导致战火连绵，一方面，西汉王朝构建的儒家思想占主导地位的思想文化体系开始动摇；另一方面，在统治者的提倡下，佛教开始流行。魏晋南北朝

---

① 班固：《汉书》，中华书局 2007 年版，第 333 页。
② 班固：《汉书》，中华书局 2007 年版，第 326 页。

直至隋唐时代，是我国佛教盛行时期，尤其在隋唐期间，佛学大兴，佛教宗派种类繁多，佛学的发展一度达到鼎盛，并呈现出显学趋势。在这一文化变迁的推动下，汉魏直至隋唐，在佛经翻译和佛学传播的过程中，涌现出了僧人传记和禅宗的灯录体史籍，丰富和发展了这一历史阶段的学术史研究内容。

据文献记载，在佛教领域的学术史研究中，出现了一些僧人传记，其中，有记载佛祖释迦牟尼和印度佛教圣贤的，也有专门记载中国僧人的。前者有《释迦谱》、《诃梨跋摩传》、《婆苏盘豆传》等；后者有《佛图澄传》、《支法师传》、《安法师传》、《释道安传》、《东山僧传》、《庐山僧传》和历代僧人传等。另外，也有合记中外僧人的传记。

现存最早的僧人传记为具有通史性质的中外僧人的合传，共记录了后汉至萧齐的中外翻译佛经僧人三十多人，即梁释僧佑的《出三藏记集》，该书为经录体，其大半部分沿用了《汉书·艺文志》的编撰体例，而最后三卷则专门记载了僧人传记。与《出三藏记集》编撰体例相仿、同为经录体、合记历代僧人的传记，还有隋代费长房的《历代三宝记》（又名《开皇三宝录》）和唐代僧人智升的《开元释教录》，其中《开元释教录》共记载了汉末至唐初的一百七十多位译经僧人。

此外，除经录体的历代僧人列传之外，还有宋法进的《江东明德传》、齐王褒的《僧史》、梁宝唱的《名僧传》、梁慧皎的《高僧传》、梁裴子野的《众僧传》、梁虞孝敬的《高僧传》、北齐明克让的《续名僧传记》和唐代道宣撰的《续高僧传》等。这些僧人传记在展现僧人学行的同时，融入了佛教发展中的学术演变过程，在某种意义上可称作佛教发展史。以《隋书·经籍志》中所载的南朝梁释慧皎《高僧传》为例，该传共十四卷，为二百五十七位高僧立传，记述了由后汉至梁初的四百多年间佛教在中国的传播情况。该传分作译经、义解、神异、习禅、明律、亡身、诵经、兴福、经师、唱导十个门类，各门类中皆有立传僧人，立传前后顺序以僧人所处时代和弘法的先后早晚为依据，并在各门类后设序以提炼其宗教要旨、阐述其佛教源流、陈列其得失，充分体现出了其学术史功能。

隋唐期间，随着佛教宗派繁多局面的出现，为立佛教正统地位，各宗派之间展开纷争，反映在学术史研究层面，即一些宗派纷纷为自己编撰宗史。例如，天台宗的《国清百录》和《法华经传记》，华严宗的《华严经传记》，禅宗的《楞伽师资记》、《历代法宝记》、《宝林传》和《禅门师资承袭图》等。其中，唐代僧人智炬的《宝林传》记述了禅宗西天二十八祖和东土六祖的事迹，该书所确定的禅宗祖统说为后世禅宗所公认，也是现存最早的禅宗宗史。这些反映佛教各宗派的学术思想发展源流的宗史，丰富了隋唐时期的学术史研究内容。

第三章　宋至清初的学术史研究

宋至清初出现了《景德传灯录》、《伊洛渊源录》、《圣学宗传》、《理学宗传》等有代表性的学术史著作，构成了中国学术史研究空前繁荣的一个时期。

第一节　宋代以灯录体为核心的佛教史研究

继隋唐佛教学术史研究的繁荣，宋代佛教领域的学术史研究也迎来了其黄金期。

这一时期，该领域的研究成果主要有北宋释契嵩的《传法正宗记》，北宋释元颖的《天台宗元录》，南北宋之交释惠洪撰的《禅林僧宝传》、南宋初的《佛祖纪统》、《释门正统》，南宋祖琇撰的《僧宝正统传》等，同时也出现了包括纪传体、编年体、会要体和志乘体、以及各种佛教杂史笔记等体裁。

其中，一度流行与影响意义较大的为禅宗灯录体史籍。据资料记载，五代末"释静、绮复据此类书撰写了《祖堂集》，并成为禅宗现存最古的灯史。然而，从史学角度真正具备了灯录体史籍体例的，则是宋代道原的《景德传灯录》。"[1]"景德"是宋真宗的年号，指成书时间，"传灯"则借以灯相传，照明暗处，来比喻禅家以法传人，世代相袭，永不熄灭。就体裁

---

①　陈钟楠：《略说中国佛教史学文献》，《古籍整理研究学刊》2001 年第 3 期。

为程颐所作的《伊川先生·年谱》中，朱熹在其收录的多条资料下方写下按语，以标明这些资料的来源，如在该卷的《年谱》中的"幼有高识，非礼不动"这条收录资料下方，朱熹作按语"见《语录》"①，以标注该引用资料的出处为二程的《语录》。

朱熹《伊洛渊源录》在学术史研究中，表现出来的学术史价值体现在宏观与微观两个层面。在宏观层面上，《伊洛渊源录》确立了以周敦颐为起点，以二程为核心，以邵雍、张载、谢良佐、杨时等多位学者为线索的儒学传道统绪和程朱理学的儒学正统地位；在微观层面，它客观地展现了入传儒者的学术好尚和之间的学术渊源关系，并倾注了著述者主观的学术倾向和对具体问题的独特见解和观点。在宏观和微观两个层面共同实现了史学价值与学术价值的统一。《伊洛渊源录》所确立的宋代理学传道统绪还为之后史书所沿用，此后，元代撰修的官方史籍《宋史》在《儒林传》之外另设《道学传》，同时人们对宋代理学发展统绪的认识也多以《伊洛渊源录》为依据。

在学术史研究领域，朱熹的《伊洛渊源录》开理学史专著之端，在《伊洛渊源录》的影响下，诸多以记载理学发展史为主的学术史著作相继问世。如南宋时期出现了《道命录》、《朱氏传授支派图》、《紫阳正传校》、《伊洛渊源》等著作，明代出现了《伊洛渊源续录》、《考亭渊源录》、《新安学系录》、《道南源委》、《儒林全传》、《台学源流》、《闽学源流》、《浙学宗传》、《圣学宗传》、《元儒考略》、《吴学编》、《理学名臣录》、《道学正宗》、《圣学宗要》等理学史著作，至清初则有《理学宗传》、《圣学知统录》等著作问世，其中以明代周汝登的《圣学宗传》和清初孙奇逢的《理学宗传》影响较为深远。

---

① 朱熹：《朱子全书》（第十二册），上海古籍出版社、安徽教育出版社2002年版，第961页。

第三节　《圣学宗传》

《圣学宗传》成书于明代中期，其撰者周汝登，字继元，号海门。

《圣学宗传》是以阳明学为大宗，记述学术发展的一部具有通史性质的学术史专著。

该书共十八卷，所记述的人物上溯伏羲、神农、黄帝，下至明代心学代表人物罗汝芳，共八十九人。该书的前五卷记述了包括神农、伏羲、黄帝、尧、舜、禹、文王、武王、周公、孔子、荀子、孔子门徒、和汉唐儒者董仲舒、扬雄、王通、韩愈等在内的三十四人。卷六至卷十三记载了宋代至明代的诸儒五十五人，其中记述的宋代儒者主要有穆修、胡瑗、李之才、邵雍、周敦颐、程颢、程颐、程门众弟子、朱熹、张九成、张栻、吕祖谦、陆九渊、杨简等人，记述的元代儒者主要有许衡、吴澄、黄泽等人，明代儒者主要有薛瑄、吴与弼、陈献章、王守仁、徐爱、钱德洪、王畿、罗洪先、王栋、罗汝芳等人。

从该书的编撰形式来看，《圣学宗传》仿效了朱熹的《伊洛渊源录》，在每卷的前两部分记述了学者的学行，其中包括行状、墓志铭、学者文集摘录和论学语录等，每卷的第三部分为"蠡测"，"蠡测"的内容以撰者的议论性按语为主，展示着撰者的学术倾向和对研究对象的主观评价，同时也包含了学者的生平逸事和师友对其的评论。

从撰者的学术倾向和成书目的来看，《圣学宗传》旨在通过对古今学术传承的记述，确立阳明心学的儒学正统地位。周汝登曾师从于王畿和罗汝芳，为阳明后学，《圣学宗传》则旨在发扬阳明学。该书在卷首载有《黄卷正系图》，该图的主线为由伏羲到程颐，程颐之下并列为两条支线，一支为朱熹，另一支为陆九渊，陆九渊之下为王守仁。由此可看出，周汝登借《正系图》以表明阳明学承接伏羲至陆九渊之学而来，进而赋予阳明心学延续儒学道统的地位，指出阳明学是继承了古来圣学之宗的圣学，因此该书命名为《圣学宗传》。

《圣学宗传》对阳明学的推崇从撰者周汝登收录的材料和按语中可见

一斑。众所周知，自南宋初到明代，朱陆之学的对立一直存在，直至明末，程朱理学对陆王心学的批判愈演愈烈。立心学为"大宗"的周汝登在《圣学宗传》的按语中表现出了鲜明的扬心学抑程朱之学的学术倾向。在卷九对朱熹的记述中，撰者所收录的语录多出自王守仁的《朱子晚年定论》，且在按语中说道："夫论以晚定，则前当有所未定者存。或先生改而未逮，门人记而未详，而后人一概泥之，遂以失先生之旨。故不肖以《定论》为准，而摘其语于后。"①由此，周汝登以阳明学为是，以朱子学为非，立阳明学为宗的主旨一目了然。

然而，宋明理学援佛、道入儒，明代心学更是具有近禅的学术倾向，因此，作为阳明后学的周汝登自然脱离不开佛学对其的影响，他继承了王畿的心、意、知、物无善无恶的主张，并且在《圣学宗传》中表现出援禅入儒的特质，以致被时人和后人共同指出《圣学宗传》具有明显的门户之见。黄宗羲在《明儒学案·发凡》中评价其"海门主张禅学，扰金银铜铁为一器"，清代官修的《明史》也指责周汝登"辑《圣学宗传》，尽采先儒语类禅者以入"②，这些评价足以反映出人们对《圣学宗传》门户之见的批判态度。尽管如此，《圣学宗传》作为一部学术通史，在内容与编撰体例上皆有学术价值，为黄宗羲学术史著作的产生提供了一定的参考。

第四节 《理学宗传》

《理学宗传》成书于康熙年间。其撰者孙奇逢，字启泰，号钟元，为明末清初的著名学者。

《理学宗传》是一部试图融合儒家内部不同学说，以阐释儒学道统的学术史专著。

该书共二十六卷，共记述了汉代、唐代、宋代、元代和明代儒者一百七十人。前十一卷记述了孙奇逢所立的理学十一子和张戬、邵伯温、

---

① 周汝登：《圣学宗传·道统录》，曹义昆点校，凤凰出版社 2015 年版，第 181 页。

② 张廷玉：《明史》卷二百八十三，中华书局 1997 年版，第 1867 页。

陆九龄、陆九韶等人，其中理学十一子为北宋的周敦颐、二程、张载、邵雍，南宋的朱熹、陆九渊和明代的薛瑄、王守仁、罗洪先和顾宪成。卷十二为汉儒考，记述了董仲舒、郑玄、申培、倪宽、毛苌等人。卷十三为隋儒考，记述了王通、董常、薛收、仇璋、姚义等人。卷十四为唐儒考，记述了韩愈、李翱、赵德等人。卷十五至卷十八为宋儒考，记述了上溯杨时、刘绚、谢良佐等，中经尹焞、游酢、张绎、胡瑗、罗从彦、李侗、胡安国、张栻、吕祖谦、李燔、袁燮、沈焕等，下迄何基、王柏、金履祥的两宋儒者五十四人。卷十九为元儒考，记述了元代儒者刘因、许谦、姚枢、赵复、许衡等人。卷二十至卷二十五为明儒考，记述了上溯曹端、罗伦、陈选、章懋、吴与弼、胡居仁、陈献章等，中经明代湛甘泉、王守仁、贺钦、徐爱、钱德洪、邹守益、王艮、薛侃、欧阳德、黄绾、顾应祥、黄弘纲、徐樾、陆澄、冀元亨、蒋信、王道等，下迄明末邹元标、高攀龙、曹于汴、吕维祺、刘宗周等，共明代儒者六十四人。卷二十六为"补遗"，记述了该书之前没有提及的理学家，其中包括了张九成、杨简、王畿、罗汝芳、杨起元、周汝登等人。

从编撰形式来看，《理学宗传》主要采用了融合学者生平行事、学者著作资料选编和编撰者的评价三位一体的编撰形式。其中，撰者的评价体现在眉批、按语和总论等内容之中。这种编撰形式为之后的学案体之成型奠定了基础。

《理学宗传》的成书目的有二：一是梳理由汉代至明代的儒学源流以示儒学发展过程和不同儒者的学术面貌；二是会同与融合儒学内部的程朱理学和陆王心学，以示儒学之道统。

在融合程朱理学与陆王心学方面，孙奇逢曾指出："朱陆、王朱小有不同，正欲其偕大道"①，还说过："夫道一而已矣。天下古今，只有这一个道。"② 在孙奇逢看来，程朱理学和陆王心学，皆属儒家道统中的成分，其二者之间虽有"小异"，但从"大同"的方面"道"来看，却没有差异，

---

① 孙奇逢：《孙奇逢集》（下册），中州古籍出版社 2003 年版，第 1218 页。

② 孙奇逢：《孙奇逢集》（下册），中州古籍出版社 2003 年版，第 555 页。

是相通的，由此融合程朱与陆王之学是《理学宗传》成书的一个主旨。孙奇逢认为，阳明学之"良知"与朱子学之"格物"并非有异，二者之学是有相成而无相悖的。在孙奇逢看来陆王之学是承接周敦颐所传儒学统绪而来，与朱子之学一脉相承，无有大异。这一点从《理学宗传》的卷帙人物安排中可以看出。该书的前十一卷，所著录的人物为孙奇逢认为较重要的理学十一子，在这其中的人物安排中，陆九渊接朱熹而起，彰显了朱陆之学会同的学术倾向；同时多被人指责有入禅倾向的王畿、罗汝芳、周汝登等人被列入该书的最后一卷，则由于这些人物对会同程朱、陆王之学无积极意义，故被著者编排到"补遗"之中。

第四章　黄宗羲的学术史思想

黄宗羲既是明清之际杰出的启蒙思想家，又是中国古代最为重要的学术史家，他的两部学案，特别是《明儒学案》标志着中国古代学术史的高峰，并提出了较为丰富的学术史思想和方法论，是中国哲学史学史前史阶段的标志性成果，故列专章论述。

第一节　形成原因

黄宗羲学术史思想的形成具有多方面的原因，有客观存在着的学术背景，也有自身的主观因素。

一、学术背景

黄宗羲学术史思想形成的背景可以概括为宋明理学的发展繁荣和经世思潮之兴起两个方面。

1. 宋明理学及其发展过程

宋明理学又被称为"新儒学"、"新儒家"、"理学"、"道学"等。从称谓上来看，"新儒学"和"新儒家"是近代以来后人对宋明理学的称谓，旨在将其与先秦和汉唐时期的儒学区分开来。冯友兰在1926年出版的《人生哲学》第十章的标题为"新儒家"，云："中国宋元明所流行之哲学，普通所称为'道学'或'宋学'者，实可名曰新儒学。"[1] 冯友兰在出

---

[1]　冯友兰：《人生哲学》，广西师范大学出版社2005年版，第137页。

版于 20 世纪 30 年代初的《中国哲学史》中说："唐代佛教称盛，而宋明道学家，即近所谓新儒家之学，亦即萌芽于此。"① 冯友兰在 1948 年用英文出版的 *A Short History of Chinese Philosophy* 中说："'新儒家'这个名词，是一个新造的西洋名词。与'道学'完全相等。"② 这表明新儒家或新儒学的概念出现时间早于 20 世纪 30 年代。作为英文的"新儒家"（Neo-Confucian）概念更为晚出，是 20 世纪 40 年代末前后"新造的"。这个概念就是指陈宋明道学。冯友兰的 *A Short History of Chinese Philosophy* 大量使用了 Neo-Confucian 和 Neo-Confucianism 这两个概念。钱穆在 1931 年出版的《国学概论》中说："新儒学……则所谓宋明理学是也。"③ 此处使用"新儒学"概念的时间与冯友兰大致同时，也是指宋明理学。在成于 20 世纪 40 年代早期的《中国文化史导论》中，钱穆多次使用新儒家和新儒学的概念。关于"道学"和"理学"的称谓，"理学"是宋明理学的简称，其范畴要广于"道学"。"道学"则多指理学起源时期的名称，即指北宋时期的理学和南宋时期理学分化后的其中一派理学，即程朱理学，到了明代，阳明心学兴起，道学的名称便不流行了。然而，无论"道学"的称谓，还是"心学"的称谓，皆在"宋明理学"（"理学"）的总的称谓范畴之内，只是由于不同的历史时期的学术思想各具特殊性，便有不同的称谓罢了。

宋明理学被称作"新儒学"，首先是继承了儒家内圣外王的道统，把以"三纲五常"为核心的纲常名教提升为"天理"；其次是在辟佛老的过程中，吸收了佛老的一些思想成分，使其哲学理论更加逻辑化、体系化，探讨了无极、太极、有无、理气、道器、阴阳、一两、知行、理欲以及天地之性和气质之性等多方面的哲学问题，标志着中国哲学发展史上一个非常重要的阶段。

宋明理学有着自己的发展历程。北宋初，儒学逐渐摆脱了章句之学而转向义理之学，主要代表有胡瑗、孙复、石介、范仲淹、欧阳修等。北

①　冯友兰：《中国哲学史》，中华书局 2014 年版，第 800 页。
②　冯友兰：《中国哲学简史》，北京大学出版社 1985 年版，第 308 页。
③　钱穆：《国学概论》，商务印书馆 1997 年版，第 193 页。

宋仁宗时期，官府对儒学的推举促进了儒学发展，出现了濂学、关学、洛学等；进入南宋，以二程为代表的理学逐渐兴盛，朱熹为理学的集大成者，嘉定二年（1209 年），宋理宗赐朱熹谥号"文"，追封其为"信国公"，撰文褒扬朱熹和其理学思想，由此确立了理学作为官方哲学思想的正统地位，同时还产生了陆九渊的"心学"。元代以朱熹为代表的理学在思想界占统治地位；明初，程朱理学成了国家确立的学术思想之正宗，同时日趋僵化。明代中期，王守仁继承与发展了陆九渊的心学，形成了一套较完整的思想体系。明万历年间，朝廷下诏以胡居仁、王阳明与陈献章从祀孔庙，王学成为一种流行的学说。然而，在明代王学盛极之际，其弊端也日益凸显出来，遭到了有识之士的批判，成为人们反思和攻击的对象。

2. 经世思潮的兴起

明朝晚期，危机四伏，有识之士开始转向对学术救国问题的思考，经世思潮逐渐兴起。经世思潮，是具有救世色彩的、旨在挽救社会危机的学术潮流。在经世思潮的兴起之际，救世成为大多学者所共同探讨的一个时代课题。"风声雨声读书声，声声入耳；家事国事天下事，事事关心"，这句家喻户晓的名言，便是明末东林党人顾宪成经世救民理想的写照。黄宗羲之父黄遵素生前之志向为："以开物成务为学，视天下之安危为安危。"① 经世思潮反对空谈心性、不切实际的王学末流，也反对破坏人才、无益于经世的科举之学。在对王学末流的批判中，有识之士指出了其漠视世事、空谈误国之流弊。经世思潮具有务求实用、致力于实践的学术倾向，主要代表人物有徐光启、陈子龙、徐孚远、徐霞客、宋应星和方以智等。这无疑对挽救社会危机起到一定的积极作用。在经世思潮的背景中，一些思想家和学者们认识到了经史之学对于挽救社会危机的重要性，提倡经学的主要还有焦竑、陈第、钱谦益、薛应旗、黄宗羲等人。一些有识之士还十分重视史学的经世价值，给予史学极高的评价。在他们看来，经学为是非之本，史学通古今之变，其二者一经一纬，对改变空谈心性义

---

① 黄宗羲：《明儒学案》（下），沈芝盈点校，中华书局 2008 年版，第 1492 页。

理和科举之学的风气可以起到积极作用。

然而，事实上，明代后期兴起的经世思潮并没有扭转明朝衰落的趋势和亡国的命运，但却掀起了研究自然科学与倡导经史之学的风气，这无疑在某种程度上，体现出人们对科举之学和理学独尊地位的反思。尤其是经世思潮中所提倡的经史之学一直延续到清代。明亡之后，一些明代遗老们力图通过研究史学，以总结明亡的历史教训，或通过著史以纪念亡明，这无疑对清代撰史热潮的兴起，尤其是对学术史研究热潮的兴起起到了一定的促进作用，因此，也成为黄宗羲撰学术史的一个重要的客观学术背景。

二、主观因素

黄宗羲学术史思想形成所依托的主观因素，主要表现在遗老情怀、学者精神和史学造诣三个方面。

1. 遗老情怀

黄宗羲的学术史思想，是在遗老情怀这一内在情感的驱动下形成的。

清军入关（1644 年）之后，黄宗羲亲自参加了抗清斗争。浙江一带失陷之后，黄宗羲从南京回到家乡，与其弟黄宗炎、黄宗会变卖家产，在黄竹浦集合家乡子弟数百人，组成义军以声援抗清斗争。当时各路义军迎接鲁王朱以海到绍兴就国监位，黄宗羲等人便带领义军加入了鲁王的队伍。由于鲁王政权重重的内外矛盾和军事策略上的失误，在维持一年之后于顺治三年被清军击溃。为继续抗击清军，黄宗羲带领部分将士转入四明山。在四明山军队覆灭之后，黄宗羲携亲人避难于安化山，此时的黄宗羲已是清军悬赏捉拿的对象，他不得不逃亡于日本。顺治六年（1649 年），鲁王政权重建于浙江一带的海面之上，黄宗羲得知消息后立即前往，被任命为左副督御使。然而，此时的黄宗羲既没有掌握兵权，意见又不被采纳，沉痛于报国无门，便陈情归家。但清政府并没有停止对抗清复明人士的通缉，黄宗羲自然也在其内，为躲避清政府的搜捕，他生活居无定所，经常迁徙居地。

清朝政权稳定后，黄宗羲终生不仕，表现出一种遗老情怀。他将余下的精力和时间用在著述与讲学上，将思念故国的情怀转化为学术活动，力图通过学术研究以纪念亡明，并总结明亡的历史教训。可以说，这一时期黄宗羲的学术活动是在遗老情结中进行的，是遗老情结中的学术活动。其《明儒学案》即是在纪念明代学术和总结明代理学的情感下完成的，以《明儒学案》为中心的黄宗羲学术史思想，也是在这一内在情感的强烈驱动下形成的。

2. 学者精神

黄宗羲的学者精神，促使其具备了广博而扎实的学术视野和功底，成为其学术史思想形成的另一个至关重要的主观因素。

黄宗羲一生酷爱读书，青年时代在两年内读完二十一史，广泛涉及诸子百家、十三经、天文、地理、佛教、道教、算数、历法、音乐等诸多方面。他不但读遍了自家的藏书，而且还拜访多处藏书阁，每到一处，他都虚心借阅平日未见之书，据全祖望记载，黄宗羲"既尽发家藏书读之，不足，则抄之于同里世学楼钮氏、澹生堂祁氏、南中则千倾斋黄氏，吴中则绛云楼钱氏，穷年搜讨。游屐所至，遍历通衢委巷，搜鬻故书。薄暮，一童肩负而返，乘液丹铅，次日复出，以为常是"[1]。借书、抄书、还书成了黄宗羲一生勤奋读书的标志，对知识的无限渴求与努力探索，不仅铸造了黄宗羲的儒者风范，而且还使其具备了广博的知识，得以在各个学术领域著书立说。黄宗羲一生著述繁多，范围颇广，他于顺治十年撰写了《留书》，康熙年间撰写了《明夷待访录》，除此之外，还有《孟子师说》《易学象数论》等多达一千三百卷的著述。

黄宗羲还长期从事于讲学活动。康熙年间先后在绍兴证人书院、宁波甬人书院和海宁讲学。据黄宗羲自述，其80岁还会讲于姚江学院，足以显示其在学术活动领域的兢兢业业之精神。

一生坚持不懈的读书、著述、讲学，是黄宗羲学者精神的真实写照，这一学者精神，成就了黄宗羲广博的知识和扎实的学术功底，是黄宗羲撰

---

[1]　全祖望：《全祖望集汇校集注》（上），朱铸禹汇校集注，上海古籍出版社2000年版，第213页。

写《明儒学案》等学术史著作的一个十分重要的主观条件，是黄宗羲学术史思想得以形成的内在知识保障。

3. 史学造诣

黄宗羲是一位杰出的史学家，其后半生的学术活动是以著史为主要内容的。他不仅撰写了大量的史学著作，而且还为官方史学的编撰提供了宝贵的资料和建议，黄宗羲在治史的实践过程中，提出了宝贵的史学理论，其在史学方面深厚的造诣是其学术史思想得以形成必不可少的主观条件。

黄宗羲主要的史学成果除《明儒学案》和《宋元学案》两部学术史外，还有《行朝录》、《弘光实录》、《明史案》、《四明山志》等著作，另外，在他撰写的一些诗文、碑铭和传记中也保留了其对历史人物的记载。除了著史，黄宗羲还为官方编纂《明史》提供了宝贵的建议和资料。黄宗羲虽然以遗民身份拒绝亲自参加清朝官方主持的《明史》编修工作，但是他对《明史》的编纂仍是十分关心和重视的。出于保存和记载有明一代历史的责任感，他不但同意其高徒万斯同、万斯言与儿子黄百家加入《明史》的修纂工作，而且还向史馆提供了大量明史资料和个人著作，回答馆臣有关修史方面的咨询。

黄宗羲的史学理论主要有：首先，黄宗羲提出了治史应适于用，即治史应以经世为目的，通过著史以总结历史治乱规律，希望世人能从中吸取历史教训，以史为镜，从而实现治世的目的。其次，黄宗羲提出了治史应甄别史料，去伪存真，以成信史的思想。他曾说："桑海之交，纪事之书杂出，或传闻之误，或爱憎之口，多非事实。以余所见，唯《传信录》、《所知录》、《劫灰录》庶几与邓光荐之《填海录》可考信不诬。"[1] 黄宗羲在广泛收集资料的同时力求写出信史，对一些有出入的历史事件，包括学术史研究，他都会参照不同史书的记述，考证真伪，力图展示最客观真实的史实，这也是他一生中用大量时间治史所做的工作。这种力求信史的认真态度，作为一种方法论原则，铸造了黄宗羲在史学领域中的伟大成就。

---

① 沈善洪主编：《黄宗羲全集》（第十册），浙江古籍出版社 1993 年版，第 460 页。

《明儒学案》作为一部学术史著作，既是黄宗羲撰写的一部明代哲学史，同时也是一部以学案体体裁呈现出来的史学著作，它同时体现着黄宗羲对明代理学的总结和黄宗羲的史学成就。可以说，以《明儒学案》为中心的黄宗羲学术史思想的形成，与其史学造诣有着内在的、密切的联系，没有深厚的史学造诣，就不会有学术史著作《明儒学案》的问世，更不会有以《明儒学案》为中心的黄宗羲学术史思想的形成，因此，史学方面的深厚造诣，也是黄宗羲学术史思想得以形成的一个至关重要主观因素。

第二节　学术史规律论

黄宗羲的学术史思想首先表现在学术史规律论上。黄宗羲的学术史规律论，是指其在宏观领域对学术发展演变规律的总结，是对学术发展规律的宏观体认，后人将其概括为两个方面："一本万殊"和儒家道统思想。

一、"一本万殊"

黄宗羲将天下学术的发展演变看作为"一本万殊"的过程，"一本"是指以儒学为天下学术之"正宗"、"大本"；"万殊"是指以儒学领域内不同形态的学说思想为"万殊"之学。黄宗羲还提出"万殊总归一致"的思想，主张儒学范围内不同学说思想的融合与汇通，从而进一步丰富和发展了其"一本万殊"的学术史规律论。

1. "一本万殊"的提出及其认识论依据

黄宗羲对"一本万殊"学术史规律论的认识在先贤的学术史思想中可找到渊源。《庄子·天下》的作者将天下学术发展大势描述为由"道"到"方术"的由一到多的学术发展多元化过程，司马谈《论六家要旨》引用《易传》中"天下一致而百虑，同归而殊途"之言揭示宏观领域学术发展态势，都是对"一本万殊"学术史规律论的阐述。

黄宗羲"一本万殊"学术史规律论的提出，体现在其对"道"和"百家"之学关系的体认中。黄宗羲认为，"道"为公道、公学，为圣贤之学，非某家某派之私学和专利品，而是散殊于"百家"之学中的，"百家"之学则各自从不同侧面、在不同程度上实现着对"道"的体现。由此，黄宗羲列举了昔日程颢、朱熹由泛滥诸家，出入释、老之学，而后转向儒家六经之学的学术思想演变过程，以说明由"百家"之学到"道"的探索之艰辛，进而引申出"道"与"百家"之学的"一本"和"万殊"、整体和部分的关系。他说："昔明道泛滥诸家，出入于老、释者几十年，而后返求诸六经；考亭于释、老之学，亦必究其归趣，订其是非：自来求道之士，未有不然者。……盖道非一家之私，圣贤血路散殊于百家，求之愈艰，得之愈真。虽其得之有至有不至，要不可谓无与于道者也。"① 黄宗羲认为，求学者在经"百家"之学通往"道"的过程中，求索过程愈艰，对"道"的体认就愈真，得到的就愈有价值。作为不同流派的"百家"之学，都将会对达"道"发挥一定的作用，尽管由于认识过程的差异，有达"道"与未达"道"之分，但形态"万殊"的百家之学在"道"那里得到了统一，具有共通之处，即皆为"圣贤血路之殊散"。在黄宗羲看来，即使是其一生极力批判的"佛教"，在学术上也有真理性的见解："释氏固未尝无真见"②，更何况是其未曾批判或批判力度不大的其他学术思想，则皆为体"道"的"百家"之学了。因此，可以得出一个结论，在黄宗羲那里，"道"和"百家"之学是统摄与被统摄、被体现与体现、"一本"和"万殊"的关系。

继而，黄宗羲在《明儒学案·发凡》中提出了"一本万殊"之学的概念。"学问之道，以各人自用得着者为真。凡倚门傍户，依样葫芦者，非流俗之士，则经生之业也。此编所列，有一偏之见，有相反之论，学者于其不同处，正宜着眼理会，所谓一本而万殊也。以水济水，岂是学问！"也就是说，黄宗羲认为，学术领域中的"各人自用得着者"、"一偏之见"和"相反之见"是学术多样化的表现，是学术本体的不同表现形式，相对于作为公理、公道的"一本"之学而言，学者们的自得之学、一家之言和

① 沈善洪主编：《黄宗羲全集》（第十册），浙江古籍出版社 1993 年版，第 341 页。
② 黄宗羲：《明儒学案》（上），沈芝盈点校，中华书局 2008 年版，第 30 页。

互为相反的学术见解，构成了形态各异"万殊"之学，即"一本而万殊"。这种由"一本"而"万殊"、"万殊"反映"一本"的种种联系，即客观学术的发展规律。

黄宗羲关于"一本"之学的理念，继承了宋明理学家"公理"、"公心"、"公道"、"公学"的思想。南宋时期，陆九渊则认为理为天下之理，心为天下之心，将理与心视作天下之公，是成贤成圣的前提。明代王阳明指出："夫道，天下之公道也；学，天下之公学也，非朱子可得而私也，非孔子可得而私也。天下之公也，公言之而已矣。"① 明末心学的总结与修正者刘宗周也指出："道者，天下之达道；学者，亦天下之公言。"② 陆九渊、王阳明和刘宗周等人关于公理、公心、公道、公学、公言的思想是黄宗羲学术史思想中"一本万殊"学术史规律论的思想来源，在继承前人思想理论观点的基础上，黄宗羲提出了："道本大公，各求其是，不敢轻易唯诺以随人。"③ 即充分肯定了"公道"与"各求其是"之学的合理性。

然而，作为"公理"、"公道"、"公学"的"一本"，何以生出"万殊"之学？在黄宗羲看来，万殊之学源于人们对"心体"的不同认识。黄宗羲将"心"视为天地万物之理的载体，认为"心"是变化不测的，"心"在变化中以"万殊"的形式表现出来，同时，心也是认识主体，心的这种千变万化，反映在人们的认识活动中，表现为人们的思想见解的各异，百虑殊途，进而形成万殊之学。由此，黄宗羲说："盈天地皆心也。人与天地万物为一体，故穷天地万物之理，即在吾心之中。后之学者错会前贤之意，以为此理悬空于天地万物之间，吾从而穷之，不几于义外乎？此处一差，则万殊不能不归一。"④ 黄宗羲将与心体相通的前贤之意视作"一本"，将人们对前贤之意的不同理解和阐发看作"万殊"，从认识论的角度阐述了其"一本万殊"学术史观的成因。或者说，在心体的时刻变化之中，人

---

① 王守仁：《王阳明全集》（上），上海古籍出版社 2012 年版，第 68 页。
② 刘宗周：《刘宗周全集》（第三册上），"中央研究院"中国文哲研究所筹备处 1997 年版，第 411 页。
③ 黄宗羲：《宋元学案》（第三册），中华书局 1982 年版，第 1886 页。
④ 黄宗羲：《明儒学案》（上），沈芝盈点校，中华书局 2008 年版，第 7 页。

们认识本体和通达圣学之微言大义，需要长久的工夫，而后世学者所花工夫深浅互异，偏正互异，得到的认识也互异，进而促成了学术领域中学术思想千差万别的局面，即"一本万殊"之学的形成。

2. 以儒学为学术正宗，以儒学范围内不同学说为"万殊"之学

与对"一本万殊"学术发展规律认识相联系，黄宗羲将儒学视为学术之正宗，视儒学领域不同学说为"万殊"之学。

黄宗羲近师刘宗周，远宗王阳明，一生饱读儒家经书，刻苦钻研经史之学，对儒学有着忠贞不渝的深厚情感，视儒学为学术之正宗。儒学由孔子开创，以仁义为其学说理论的核心。黄宗羲在《孟子师说》开篇揭示了儒学的这一核心，他说："天地以生物为核心，仁也；其流行次序万变而不紊乱者，义也。仁是乾元，义是坤元，乾坤毁则无以为天地矣。故国之所以治，天下之所以平，舍仁义更无他道。"[①]在黄宗羲看来，儒学是至高无上之学，仁义则是世界之本原，是天地万物得以生成并正常运行的根源，也是实现国治民安、天下太平之道。既然由儒学所提倡之"仁义"是世界之本原、大宗，那么，在情理之中，儒学必定为学术之正宗、大公之学。

黄宗羲认为，儒学不但为天下之大本、学术之正宗，而且其价值在于经世，后世儒者应在实践中不同程度地实现了儒学经世之功效，因此，他反对以刊注儒家书籍、设立书院、聚众讲学为主要内容的脱离治世精神的空儒学。他说："余以为孔子之道……世治，则巷吏门儿莫不知仁义之为美，无一物之不得其生，不遂其性；乱世，则学士大夫风节凛然，必不肯以刀锯鼎镬损立身之清格。盖非刊注《四书》，衍辑《语录》，及建立书院，聚集生徒之足以了事也。"[②]黄宗羲结合明末清初民族危难之际的社会现实，赞扬民族气节高尚的义士们能够坚守儒学仁义之道，大义凛然不惧锯镬以保家卫国的高尚情操，认为这样才是真正的儒者，实现了儒学经世之道，而那些只知空谈心性、聚众讲学之徒完全将儒学之仁义与事功相分

---

① 沈善洪主编：《黄宗羲全集》（第一册），浙江古籍出版社 1985 年版，第 49 页。

② 沈善洪主编：《黄宗羲全集》（第一册），浙江古籍出版社 1985 年版，第 193 页。

离，并非真儒学。

黄宗羲在指出儒学为学术之大公、大本和其经世价值的同时，反对以儒学为私学，肯定儒学内部之各异学说的合理性，将儒学内不同学说的多样性看作"圣贤血路散殊于百家"，并指出孔子之道"非一家之学也，非一世之学也，天地赖以常运而不息，人纪赖以接续而不坠。"① 他反对"守一先生之言"，不赞成对某一学术执成定局，而是主张儒学领域内的学术多元化，黄宗羲指出："先儒语录，人人不同，只是印我之心体，变动不居，若执成定局，终生受用不得"②，"夫穷经者，穷其理也。世人之穷经，守一先生之言，未尝汇通以理，则所穷者一先生之言耳"③。以"心体变动不居"的认识为前提，黄宗羲认为学术领域执成定局的学说是死的学说，且"终生受用不得"，他的这一思想，在某种意义上，为打破当时学术环境中独尊某一思想的僵化局面起到了一定的积极推动作用。

黄宗羲反对"守一先生之言"、反对先儒之成说，强调在前人学说基础上的学术创新，提倡殊途百虑之学，提倡儒学内部的"万殊"之学。黄宗羲曾记述道："岁己酉，毗陵郓仲升来越，著《刘子节要》。仲升，先师之高弟子也。书成，羲送之江干，仲升执手丁宁曰：'今日知先师之学者，惟吾与子两人，议论不深不归一，惟于先师言意之所在，宜稍为通融。'羲曰：'先师之所以异于诸儒者，正在于意，宁可不为发明！'仲升欲羲叙其《节要》，羲终不敢。是则仲升于殊途百虑之学，尚有成局之未化也。"④ 郓仲升与黄宗羲共同师从于刘宗周。郓仲升著《刘子节要》一书以阐发先师刘宗周之思想，并欲黄宗羲为该书作序。黄宗羲最终拒绝了郓仲升的这一请求，原因在于二人关于刘宗周对"意"的阐发有不同看法。刘宗周对"意"的阐发不同于先儒。朱熹和王阳明皆认为"意"为"心"之所发，把"意"看作"心"的从属。朱熹说："心者，身之所主也，诚

① 沈善洪主编：《黄宗羲全集》（第一册），浙江古籍出版社1985年版，第193页。
② 沈善洪主编：《黄宗羲全集》（第十册），浙江古籍出版社1993年版，第73—74页。
③ 黄宗羲：《明儒学案》（下），沈芝盈点校，中华书局2008年版，第1222页。
④ 沈善洪主编：《黄宗羲全集》（第十册），浙江古籍出版社1993年版，第74页。

实也；意者，心之所发也"①，王阳明也说："身之主宰便是心，心之所发便是意。"② 在朱熹和王阳明看来，"意"即是"心"的一种意识活动。而刘宗周则认为，"意"不是"心"之所发，也不是"心"的从属，而是"心"存在的依托，是"心"的主宰，换句话说，在刘宗周那里，"意"是一个比"心"更基本、更重要的范畴，具有世界本原的意义。然而，正是由于刘宗周对"意"的不同理解和阐述，郓仲升认为先师关于"意"的思想与诸儒相异，应调和这一相异之处，并将这一调和体现在该书序言中。而黄宗羲反对郓仲升这一观点，认为先师对"意"的阐发之异于诸儒之处，正是其学说的宝贵创新之处，应予以保留。由此，黄宗羲对郓仲升发出"殊途百虑之学，尚有成局之未化也"的评价。

"殊途百虑之学"这一说法起源于《易传·系辞下》的"天下何思何虑，同归同殊涂，一致而百虑。"这段话的含义是人们可以在不同的见解和争论中达成一致，通过不同的途径和方式实现共同的目标。而"殊途百虑之学"则是允许在学术上存在一偏之见和相反之论，认为学术上的分歧和不同见解是对"一致而百虑"这一规律的反映，也是学术多样化、平等化的表现。黄宗羲提出"殊途百虑之学"，旨在揭示儒学内部不同学说，是从不同方面反映"一本"，或通过不同途径达成"一本"的"万殊"之学，"万殊"之学贵在自得和创新，共同推进学术的发展和进步。没有宋儒一反汉唐儒者的词章训诂之学，而转向对儒家典籍义理性的阐发，就不会有宋明理学的产生，同样，没有陆王心学派和程朱学派的"分殊"，理学也不会向前发展。儒学的发展和进步，就是在内部不同学说之间的"分殊"和异化中进行的。

3. "万殊总归一致"——主张儒学不同学说之融合贯通

在对"一本万殊"学术发展规律的认识下，黄宗羲不仅以儒学为学术之大宗，以儒学内不同学说为"万殊"之学，而且还揭示了"万殊总归一致"的学术发展规律，看到并主张儒学领域不同学说的融合贯通。

---

① 朱熹：《四书章句集注》，中华书局 2011 年版，第 5 页。

② 黄宗羲：《明儒学案》（上），沈芝盈点校，中华书局 2008 年版，第 200 页。

黄宗羲在《明儒学案·序》的开篇中揭示了"万殊总归一致"的学术发展规律。黄宗羲说："夫苟工夫著到，不离此心，则万殊总为一致。学术之不同，正以见道体之无尽也。奈何今之君子，必欲出于一途，剿其成说，以衡量古今，稍有异同，即诋之为离经畔道，时风众势，不免为黄茅白苇之归耳。夫道犹海也，江、淮、河、汉以至泾、渭蹄涔，莫不昼夜曲折以趋之，其各自为水者，至于海而为一水矣。"① 在黄宗羲看来，既然"万殊"之学源于心体变动不居和人们所著之不同工夫，那么，只要不离心体，且"工夫著到"，则"万殊"之学必然会达成共通之处，返归"一本"。他将作为"一本"之学的"道"比作大海，将千差万别的学术思想比作江河百川。在他看来，大海是容纳百川的，且汇集了江、淮、河、汉等各路江河；"道"是无尽的，散殊于百家学术之中，百家之学有着共通之处，即通过不同的路径共同体现着道体的无尽，且最终将在"一本"之学中归为一致。

在对"万殊总归一致"客观学术发展规律的体认下，黄宗羲看到了儒学领域不同学说之融合与贯通。在宋明时期，理学内部的朱、陆之异已成为学术领域一个众人皆知的话题。在人们眼中，朱、陆之间的分歧在于朱熹道问学，陆九渊尊德性，二者之分歧不可弥合。而黄宗羲则认为这种分歧"无关于学脉"。他说："非尊德性则不成问学，非道问学则不成德性，故朱子以复性言学，陆子戒学者束书不观，周、程以后，两者故未尝分也。未尝分，又何容姚江、梁溪之合乎？此一时教法稍有偏重，无关于学脉也。"② 在黄宗羲看来，朱学和陆学是两个彼此相互联系的学说，从儒学角度来看，二者相互融合与贯通，未曾有分化，朱子之"道问学"以"尊德性"为前提，陆子之"尊德性"以"道问学"为基础，所谓的不同，只不过是朱、陆二人在传授学问时各有侧重，这种彼此差异之处，并没有使朱、陆之学超出儒学之范围，更不会影响到儒学的传衍与发展。另外，在《宋元学案·象山学案》中，黄宗羲也表达了这样的看法。黄宗羲说：

---

① 黄宗羲：《明儒学案》（上），中华书局1985年版，第7页。

② 黄宗羲：《黄宗羲全集》（第十册），吴光主编，浙江古籍出版社2005年版，第210页。

"二先生（朱熹、陆九渊）同植纲常，同扶名教，同宗孔、孟。即使意见终于不合，亦不过仁者见仁，知者见知，所谓'学焉而得其性之所近'。原无有背于圣人，矧乎晚年又志同道合乎！奈何独不睹二先生之全书，从未究二先生之本末，糠秕眯目，强附高门，浅不自量，妄相诋毁！彼则曰'我以助陆子也'，此则曰'我以助朱子也'，在二先生岂屑有此等庸妄无谓之助己乎！"① 黄宗羲认为，朱、陆之学在本质上是相通融的，二者之学均承接孔、孟，其目标皆在于维护纲常名教，即使有所分歧，也不过是儒学内部不同学说之间的差异，是仁者见仁，智者见智的表现，朱、陆之学皆不离儒学之大宗，人们无须夸大此分歧并互相诋毁，在二者之学间论以高低，将彼此割裂开来，而应看到朱、陆之学相融合与统一的一面。

以揭示"一本散于万殊"和"万殊总归一致"的学术发展规律为前提，黄宗羲主张在儒学多元化发展的学术环境中消除门户之见，调和各家学说，会众以合一。为实现这一主张，他反对在《明史》的编撰中于《儒林传》之外另立《道学传》，主张将《道学传》的内容归入《儒林传》，以《儒林传》总括对明代儒学的记载。黄宗羲在致负责《明史》编纂工作的史馆诸公的信中，批评了《宋史》另立《道学传》的做法，他说："夫十七史以来，止有儒林。以邹、鲁之盛，司马迁但言《孔子世家》，《孔子弟子列传》，《孟子列传》而已，未尝加以道学之名也。儒林亦为传经而设，以处夫不及为弟子者，犹之传孔子之弟子也。历代因之，亦是此意。周、程诸子，道德虽盛，以视孔子，则犹然在弟子之列，入之儒林，正为允当。今无故而出之为道学，在周、程未必加重，而于大一统之义乖矣。统天地人曰儒，以鲁国而止儒一人，儒之名目，原自不轻。儒者，成德之名，犹之曰贤、曰圣。道学者，以道为学，未成乎名也。犹之曰志于道，志道可以为名乎？欲重而反轻，称名而背义，此元人之陋也。且其立此一门，止为周、程、张、朱而设，以门人附之。程氏门人，朱子最取吕与叔，以为高于诸公，朱氏门人，以蔡西山为第一，皆不与焉：其错乱

————
① 黄宗羲：《宋元学案》（叁），全祖望补修，陈金生、梁运华点校，中华书局1986年版，第1887页。

乖谬无所折衷可知。圣朝秉笔诸公，不自居三代以上人物，而师法元人之陋，可乎?"① 黄宗羲认为，儒学"统天、地、人"，是关于宇宙与人的学说，"儒学"是一切儒家学说的统称，"道学"自然在儒学的范围之内，而将周、程诸子之学冠以"道学"之名，并另设《道学传》加以记述，则背离了儒学大一统之义，也背离了黄宗羲对学术发展规律所作出的"万殊总归一致"的总结。在黄宗羲看来，儒学中的各学说之间有着相互贯通之处，都统一于儒学的基本精神，各种学说相互融合，形成了儒学的"大一统"局面。继而，黄宗羲认为，人们应消除门户之见，在史书的编纂中，应将各种儒学总归于"儒林"，对于学术之间的异同，无须加以过多的议论，而应留给后世学者去选择取舍。

二、儒家道统思想

儒家道统是指儒家传道的脉络和统绪，即儒家学者们为争立儒学正统地位而确立的传道系统。通常情况下，提出道统思想的儒家学者们，常以儒学传道、弘道者自居，以表明自己学说思想在儒学中的正统地位。黄宗羲接过了儒家道统说，并且将道统思想与元、亨、利、贞观念联系起来。

1. 道统思想渊源

"道统"一词最早由朱熹提出，他说:"《中庸》何为而作也? 子思子忧道学失其传而作也。盖自上古圣神继天立极，而道统之传有自来矣。"② 朱熹虽然明确提出"道统"一词，然而道统思想的渊源最早可追溯到先秦时期。孟子言必称尧、舜，以尧、舜的道德人格作为其性善论的历史依据，孟子认为孔子学说上承尧、舜、汤、文王，并以延续孔子学说的正统自居。唐代韩愈在佛教盛行的情况下，从辟佛与捍卫儒学、维护儒学正统地位的动机出发，提出了儒家道统说。在韩愈看来，儒家学说以"道"而贯之。他说:"博爱之谓仁，行而宜之之谓义，由是而之焉之谓道，足乎

① 黄宗羲:《黄梨洲文集》，陈乃乾编，中华书局 1959 年版，第 451—452 页。
② 朱熹:《四书章句集注》，中华书局 2011 年版，第 16 页。

己无待于外之谓德。仁与义为定名，道与德为虚位。"① 所谓"道"，也就是儒家所提倡的仁义道德。千百年来，人们对此"道"的继承与传播，即道统的延续过程，这一过程为：尧传至舜，舜传至禹，禹传至商汤，商汤传至文王、武王、周公而至孔子，孔子传至孟子，孟子之后不得其传而中绝。而韩愈以继承道统自任，认为其本人便是使儒家道统得以延续的儒者。

韩愈的这种儒家道统说被后来的理学家所继承和发展，与韩愈不同的是，他们将韩愈排除于道统传衍统绪之外，直接继承了孔孟之正统。如程颐则将其兄程颢尊为儒家道统中之传人，认为程颢承接了孟子之学，辨异端，辟邪说，使中绝了千百年来的儒家圣人之学得以复明而延续，有功于儒学正统思想的确立。朱熹延续了程颐的道统思想，定二程兄弟为儒家道统之正传，认为孟子之后儒家传道之人是程颢、程颐二人。陆九渊则否定了二程的道统地位，认为程颢、程颐之学，虽然有值得肯定之处，但无法与曾子、孟子和子思之学相提并论，不足以延续儒学之道统，他说道："至于近时伊、洛诸贤，研道益深，讲道益详，志向之专，践行之笃，乃汉、唐所无有，其所植立成就，可谓盛矣！然江、汉以濯之，秋阳以暴之，未见其如曾子之能信其皭皭；肫肫其仁，渊渊其渊，未见其如子思之能达其浩浩；正人心，息邪说，距诐行，放淫辞，未见其如孟子之长于知言，而有以承三圣也。"② 又说："孔门惟颜、曾传道，他未有闻。盖颜、曾从里面出来，他人外面入去。今所传者，乃子夏、子张之徒，外入之学。曾子所传，至孟子不复传矣。"③ 陆九渊与韩愈一样，以儒家传道者自居，他将孔子之后的儒家学说分为两种，认为自己直接继承孟子所传的儒家正统之圣人之学，而其他儒家学者所延续的则为子夏、子张之徒的"外入之学"。

2. 黄宗羲的儒家道统思想

黄宗羲接过了儒家道统说，并且将道统思想与元、亨、利、贞观念

① 韩愈：《韩昌黎文集校注》，马其昶校注，上海古籍出版社 1986 年版，第 13 页。
② 陆九渊：《陆九渊集》，中华书局 1980 年版，第 13 页。
③ 陆九渊：《陆九渊集》，中华书局 1980 年版，第 443 页。

联系起来。元、亨、利、贞为《周易·乾卦》的卦辞，黄宗羲在《孟子师说》中说道："道之在天地间，人人同具，于穆不已，不以一人之存亡为增损。故象山云'且道天地间有个朱元晦、陆子静，便添得些子，无了后便灭得些子。'然无添减而却又明晦，贞元之会，必有出而主张斯道者以大明于天下，积久而后气聚，五百岁不为远也。尧舜以来，其期不爽，至孟子而后，又变一局，五百岁之期，杳不可问。'然而无有乎尔'，孟子不敢以'见知'自居也。'则亦无有乎尔'，言五百岁之后，未必有'闻知'也。盖孟子已自前之，不待韩子言轲死不得其传而后信也。说者谓孟子殁千五百年而周子出，河南两程子为得其传。虽然，大醇而小疵，终不及于三代，岂世运之递降乎？吴草庐曰：'尧舜而上，道之元也，尧舜而下其亨也，洙泗鲁邹其利也，濂洛关闽其贞也。'余以为不然。尧舜其元也，汤其亨也，文王其利也，孔孟其贞也。若以后贤论，周程其元也，朱陆其亨也，姚江其利也，蕺山其贞也，孰为贞下之元乎？"[1] 在黄宗羲的道统思想中，所传为"道"，"道"作为客观存在物，不仅存在于天地之间，而且为人人所具有，而其客观性又决定了"道"体不以某一人的存亡而增减，"道"虽然不可增减，但在不同阶段却有明显与隐晦的不同显示，这是因为"道"由气的聚散而或明或隐，或显或晦，道统的传续者可或明或隐的将道呈现于众。在道统的延续中，每经一元、亨、利、贞过程为一个周期，一周期结束后会开始下一个元、亨、利、贞过程，这样一来，儒家道统的延续为一个个周而复始的循环过程。黄宗羲将以往道统延续谱系分作两个周期：第一个周期以尧、舜为元，以商、汤为亨，以文王为利，以孔子和孟子为贞；第二个周期以周敦颐和二程为元，以朱熹和陆九渊为亨，以王阳明为利，以刘宗周为贞。黄宗羲在对儒家道统延续第二周期的描述之后，又发出"孰为贞下之元乎"的疑问。既然如此，在黄宗羲看来，谁会开启道统延续下一个周期呢？似乎所有的道统思想的提出者皆以承接儒家道统为己任。孟子以"五百年必有王者兴"为内在理论依据，指出由尧舜到商汤有五百年的历史，由商汤到周文王又经历了五百年，由文王到孔

---

[1]　沈善洪主编：《黄宗羲全集》（第一册），浙江古籍出版社 1985 年版，第 165—166 页。

子又有五百多年，孟子计算了一下，由孔子到孟子生活的时代已有一百多年，离圣人出现的时代和居住地已经不远了，继承孔子的圣人也应该出现了，因此，孟子以"舍我其谁"的自信接过了由儒家圣人传下的学脉，赋予自己以承接延续孔子之学的历史使命。黄宗羲曾在《庚戌集》指出："余生于庚戌，其干支为再遇也。念六十年来所成何事，区区无用之空言，即能得千古之不变者，已非始愿。吾闻先圣以庚戌生，其后朱子亦以庚戌生，论者因谓朱子发明先圣之道，似非偶然。余独何人，以此名集，所以志吾愧也。"① 黄宗羲申明自己的生辰与孔子和朱熹相同，以此指出自己与他们的相似性，足以表现出其以儒家道统继承人自期的思想倾向。而且，众所周知，黄宗羲为刘宗周高弟，以此黄氏自期为蕺山"贞下之元"也是预料之中的事情。

在某种意义上，黄宗羲的儒家道统思想与其对"一本万殊"学术发展规律的总结有着一定的联系。儒家道统思想产生的前提是儒学的分化和儒家学者们对儒学的不同形式理解。自孔子之后，儒家内部产生了一定程度的分化，出现了"儒分为八，墨离为三"的局面。由于孔子门徒众多，散游于各地，在传授儒家思想时各有侧重，致使后来儒者对儒学的理解有着不同形式的偏重。尤其是到了宋明时期，儒家学者转向对儒家经典的义理性研究，出现了程朱理学派和陆王心学派两个理学重镇，同时在程朱理学和陆王心学内部，又可划分出不同的学派，虽然如此，但是无论儒学内部如何形式多样化、其派别如何繁多，各种形式的儒学最终没有脱离儒学之本质。儒家学说内部这种思想形式多样化和本质唯一化二者之间的关系，即"万殊"和"一本"的关系。黄宗羲所处的时代为宋明理学的发展与繁荣时期，他亲眼目睹了理学内部的分化和众多学派之林立，加之对以往学术发展的总结，黄宗羲提出了"以儒学为大本，以儒学内部各学说思想为分殊"的"一本万殊"学术史规律论。然而，从古至今，儒学内部的何种"分殊"之学更能体现出儒学的本质、更接近儒学"一本"的核心内容？为回答这一问题，黄宗羲提出了儒家道统说思想，黄宗羲以往将儒

---

① 沈善洪主编：《黄宗羲全集》（第十册），浙江古籍出版社 1993 年版，第 9 页。

家传道谱系描绘为一个个周而复始的循环过程，即由尧舜——商汤——文王——孔孟，再到周敦颐、二程——朱熹、陆九渊——王阳明——刘宗周，同时，其以接续刘宗周之学、开启下一儒学传道过程为己任，认为自己的儒学思想承接了尧、舜、商汤、文王、孔、孟、周敦颐、二程、朱熹、陆九渊、王阳明、刘宗周所传之圣人之学，体现着儒学的本质和精髓，实为"万殊"中之"一本"。

因此可以说，黄宗羲的儒家道统思想，是对其"一本万殊"的学术史思想的延续；其"一本万殊"学术史思想，是其儒家道统思想产生的原因和基础。在某种程度上，二者以"分殊"的形式，"一本"的体现着黄宗羲对以儒学为代表的学术发展规律的认识和总结，是宏观领域中黄宗羲学术史思想的展开。

第三节　学术史方法论

黄宗羲的学术史方法论大致可归纳为以下几个方面：网罗资料、认真筛选；提炼与概括学者学术宗旨；立学案以示学派；追溯学术源流以把握学术发展动态；评价学派与学者学术思想等。

一、网罗资料，认真筛选

"网罗资料，认真筛选"是黄宗羲治学术史所遵循的一条重要方法论原则，黄宗羲对《明儒学案》的编撰，就是在"网罗资料，认真筛选"的基础上进行的。《明儒学案》主要记述的是明代的儒者及其学术思想，涉及学者众多，因此，网罗宏富的资料是撰写《明儒学案》的一个重要前提，这一点可从《明儒学案》的内容和规模上窥见一斑。实际上，黄宗羲在编撰《明儒学案》之前，就开始为编纂《明文案》和《明文海》做了充分的搜集和抄录工作。《明文案》共二百一七卷，《明文海》共四百八十二卷，二者堪称明代文章总汇，为《明儒学案》的原著资料选编部分的形成提供了参考对象。可以说，没有网罗资料，就不会有黄宗羲学术史著作翔实的内容，也不会将学者的学术思想全方位具体地展现出来。然而，黄宗羲虽然博览群书、广泛收集资料，但他并不是将所有资料统统收录到其学术史著作中，他反对在编撰学术史的过程中不加取舍地将所有资料一律选录进来的轻率态度，而是主张依据一定的取舍标准，认真筛选最能反映学者"一生之精神"的资料，主张选择能够展示学者思想精华的资料。黄宗羲的这一学术史方法，是使《明儒学案》有别于以往其他学术史著作的关键之一，在他看来，对资料不加甄别取舍的学术史著作"荟撮数条，不知去取之意谓何？其人一生之精神未尝透露，如何见其学术！"①而《明儒学案》"皆从全集撮要钩玄，未尝袭前人之旧本也"②。在对比之中，黄宗羲强调了其"网罗资料、阅读全集、认真筛选"之学术史方法的独到之处。这种独到之处，主要体现在这一学术史方法，能够展现学者"真实的精神"和"真实的学术"等方面。换句话说，以网罗与筛选为重点的学术史方法，是服务于展现学者生平行事以示其人格风貌以及筛选学者著述原集以还原其学术本然面貌两方面的，因此，这两方面也是黄宗羲"网罗资料，认真筛选"学术史方法论的组成部分。

1. 展现学者生平行事，示其人格风貌

一部完善的学术史著作，不仅能够展现出某一时期、某些人物的学术思想，同时还应充分反映与刻画出作为研究对象的学者所具有的基本信息。黄宗羲在编撰学术史的过程中，十分重视对学者生平行事和人格风貌的描述。在学术史研究领域，生平行事反映的是学者的生卒信息和一生中的基本活动和主要事迹，其中也包含了学者的学术活动，而人格风貌则反映的是学者的道德品质和人格魅力。众所周知，儒家思想十分重视人们的内在道德修养和外在道德实践，因此，对于儒家学者来说，生平行事是学者学术思想付诸实践的外在表现，通过学者的所言所行，便可看到其学术思想的价值取向和真伪程度，而人格风貌既是学者学术取向的内在精神依据，也是学者学术思想的升华与结晶。可以说，学者生平行事、人格风貌是与其学术思想紧密相连的，二者如影随形，互为明镜。换句话说，结合

---

① 黄宗羲：《明儒学案》（上），沈芝盈点校，中华书局 2008 年版，第 14 页。
② 黄宗羲：《明儒学案》（上），沈芝盈点校，中华书局 2008 年版，第 14 页。

儒家学者生平行事、人格风貌而呈现的学术思想是生动的、活泼的和真实的，展现学者生平行事和人格风貌是为了更全面，更真实地呈现儒家学者学术思想，以及全方位地展现出能够反映学者学术思想的各项信息。作为一位有器识的学术史思想家，黄宗羲充分地意识到了这一点，因此，在《明儒学案》的学者传记中，黄宗羲不惜笔墨，充分刻画了学者们生平行事和人格风貌。

如在《明儒学案》卷一《崇仁学案》的传主人物传记中，黄宗羲首先交代了传主吴与弼的字、号和籍贯，"吴与弼字子傅，号康斋，抚州之崇仁人也"，并概括了其求学过程："从洗马杨文定溥学，读《伊洛渊源录》，慨然有志于道，……遂去举子业，谢人事，独处小楼，玩四书、五经、诸儒语录，体贴于身心，不下楼者二年。"① 然后，黄宗羲用简洁的文字将吴与弼刚直狷急的性格和节俭的作风一语道破："气质偏于刚狷，至是觉之，随下克之之功"，"先生往来，粗衣敝屣，人不知其为司成之子也"，同时黄宗羲还记载了辛卯年间，吴与弼乘舟，"长江遇风，舟将覆，先生正襟危坐。事定，问之，曰'守正以俟耳'"②，表现出康斋危急时刻沉着镇定、泰然自若、无所畏惧的儒者精神和人格风貌。从中可以看出，黄宗羲对传主生平行事和人格特征等方面的展现与刻画，是全面展现传主生活与学术、实践与思想的前提基础。

在《明儒学案》卷十《姚江学案》中，在王守仁的传记中，黄宗羲例举了王守仁在任兵部主事时期，违抗诏书力救南京科道官，导致得罪权阉刘瑾，从而招四十廷杖、被贬谪贵州龙场的事迹，显现出传主在正义与邪恶的对峙中，不畏强恶、坚持维护正义、刚正不阿的儒者精神和高尚人格。同时，黄宗羲还重点记述了王守仁一生中多次统军征战、平叛叛军贼寇的事功："时虔、闽不靖，兵部尚书王琼特举先生以左佥都御史巡抚南、赣。未几，遂平漳南、横水、桶冈、大帽、浰头诸寇。己卯六月，奉敕勘处福建叛军。至丰城而闻宸濠反，遂返吉安，起兵讨之。宸濠方围安庆，

① 黄宗羲：《明儒学案》（上），沈芝盈点校，中华书局2008年版，第14页。
② 黄宗羲：《明儒学案》（上），沈芝盈点校，中华书局2008年版，第14页。

先生破南昌，濠返兵自救，遇之于樵舍，三战，俘濠。武宗率师亲征，群小张忠、许泰欲纵濠鄱湖，待武宗接战而后奏凯。先生不听，乘夜过玉山，集浙江三司，以濠付太监张永。……又明年，升南京兵部尚书，封新建伯。嘉靖壬午，丁冢宰忧。丁亥，原官兼左都御史，起征思、田。思、田平，以归师袭八寨、断藤峡，破之"[①]，通过对王守仁一生驰骋沙场、赫赫战功的描述，淋漓尽致地展现出王守仁集文治武功、内圣外王等形象于一身的一代大儒风范，从而为尊阳明心学为圣学提供了现实依据。

黄宗羲不但记载能够展现学者人格风貌的事迹，还注重在人物传记中展示学者学术成就，并重点叙述了与学者学术思想的形成、发展或传播紧密相连的学术活动。在《浙中王门学案一》的徐爱传记中，黄宗羲指出了徐爱身为阳明高弟，在学术方面深有造诣，颇得阳明赏识，阳明称其为"吾之颜渊"。在《浙中王门学案二》的王畿传记中，黄宗羲交代了王畿坚持讲学四十余年，其中无日间断，足迹遍及吴、楚、越、闽、江、浙等地，年至八十犹周流不倦的传播学术过程。在《江右王门学案一》的邹守益传中，黄宗羲描述了传主初见阳明以求表父墓，无意于学，而后与文成谈学，有所省悟，遂自称阳明弟子的拜师经过。在《泰州学案一》的王艮传中，则记述了泰州学派创始人王艮自学、求学、授学等学行：少年时期家贫，从父经商，自学《孝经》、《论语》、《大学》，后遇阳明，叹服阳明之学"简易直截"，于是拜而为弟子，阳明卒后，王艮讲学授徒，远近皆至，省悟之人最多，并以"百姓日用即道"为旨，在僮仆往来动作之处示人以学，由此，黄宗羲将王艮一生中主要的学术活动简略地概括了出来。

从以上例举内容可以看出，黄宗羲"网罗资料、认真筛选"的学术史方法为的是展现学者生平行事以示其人格风貌，除此之外，黄宗羲还十分注重筛选学者著述原集以还原其学术本然。

2. 筛选学者著述原集，还原其学术本然面貌

在《明儒学案》中，除学者人物传记之外，资料选编部分占了相当大的比重，这些资料都是从学者著述原集中筛选出来的，筛选著述原集的

---

① 黄宗羲：《明儒学案》（上），沈芝盈点校，中华书局 2008 年版，第 179—180 页。

目的是为了还原学者学术本然面貌。众所周知，对某一学者学术思想的获取，主要有两个来源：一来源于二手资料，二手资料以其他人对研究对象学术思想的转述、概括或评价为表现形式；另一个来源即一手资料，一手资料是承载学者学术思想的第一文本，也就是学者的著述原集，一手资料（著述原集）能够客观地体现出学者最真实的学术思想。黄宗羲清楚地意识到了一手资料的重要性，因此他在《明儒学案》的编撰中收录了学者们的众多著述原籍。在古代，著书立说是学者们的一项重要的学术活动，《明儒学案》收录明代儒者二百余人，人数如此庞大，将每一学者理学思想方面的著作全部网罗进《明儒学案》是不可能的，因此，黄宗羲从学者的学术原著中筛选了部分具有代表性的片段，以还原学者学术本然面貌，用黄宗羲自己的话来说，即"皆从全集撰要钩玄"，也就是在阅读学者全部原著的基础上，精心辑录能够反映学者学术思想的部分原著。

　　以《明儒学案·白沙学案》为例。在《白沙学案上》的陈献章传记之后，为传主陈献章的原著选辑部分，其中共包括《论学书》、《论诗书》、《语录》、《题跋》、《着撰》五个部分。《论学书》部分选录了《复赵提学》、《复林太守》、《与顺德吴明府》、《复张东白》、《与罗一峰》、《答张汝弼》、《与林君》、《与林缉熙》、《与贺克恭》、《与谢元吉》、《与何时矩》、《论诗书》、《与张廷实》、《复李世卿》、《与崔楫》、《与李德孚》、《与湛民泽》、《示学者帖》等书信和文章中的部分内容；《语录》部分共选入了七条；《题跋》部分则选录了《书漫笔后》、《次王半山韵跋》、《赠彭惠安别言》、《题采芳园记后》等题跋中的片段；《着传》部分则辑录了《仁术论》、《安土敦乎仁论》、《无后论》、《论铢视轩冕尘视金玉》、《禽兽说》、《道学传序》、《赠容一之序》、《赠张廷实序》、《城隍庙记》、《云潭记》等篇章中的内容，其中，所选片段均出自《陈献章集》。又如在《河东学案上》的薛瑄传记后，附有薛瑄所著《读书录》一百六十一条，《诸儒学案上二》曹端先生传记后，附有《语录》三十七条，《诸儒学案上三》的黄润玉传记后，附有《海涵万象录》十七条，这些原著选辑部分皆由黄宗羲从全集"纂要勾选"而得，从不同侧面、不同程度地反映了学者学术思想的真实面貌。

二、提炼与概括学者学术宗旨

提炼与概括学者学术宗旨是黄宗羲学术史方法论的主要内容之一，也是黄宗羲对宗旨与自得之学的提倡在学术史研究中的具体体现。在对这一学术史方法的具体应用之中，黄宗羲不但揭示与概括了学者的学术宗旨，而且，还通过主、客观的形式，对所揭示之研究对象的学术宗旨进行了印证。这种以主客观的形式印证所揭示之宗旨，主要体现在通过原著辑录对所揭示宗旨进行客观的印证，和通过研究主体之解释对所揭示宗旨进行主观的印证两个方面。

1. 对宗旨与自得的提倡

基于对"一本万殊"学术发展规律的总结，黄宗羲强调了学术发展多元化的重要性，并肯定了学术之间相互差异的合理性，在黄宗羲看来，不同学说从不同的角度实现了对"道"的体现，因此，他主张宗旨与自得之学。他认为，只有做到学有宗旨，才不会使学术成为"无头绪之乱丝"，而自得之学由学者自身体会发明而得，更是学者宗旨之学的主要来源，宗旨之学与自得之学二者相互渗透，具有等同的重要性，没有"自得"的"宗旨"是倚门傍户之学，同样，没有"宗旨"的"自得"便无所谓真正的学问。

然而，何为学术"宗旨"？"宗旨"又有何重要性？黄宗羲在《明儒学案·发凡》中提到："大凡学有宗旨，是其人之得力处，亦是学者之入门处。天下之义理无穷，苟非定以一二字，如何约之，使之在我。故讲学而无宗旨，即有嘉言，是无头绪之乱丝也。学者而不能得其人之宗旨，即读其书，亦犹张骞初至大夏，不能得月氏之要领也。"① 在黄宗羲看来，"宗旨"是学者学术思想的核心与要领，是对学者学术思想的概括与总结，对学者学术宗旨的总结是由繁入简的过程，同时，"宗旨"具有双重效应：一方面学者的学术"宗旨"来自其本人的亲身体悟，为"其人之得力处"，即为其本人的自得之学；另一方面，"宗旨"既为学者学术思想之概要，

---

① 黄宗羲：《明儒学案》（上），沈芝盈点校，中华书局 2008 年版，第 14 页。

因此宗旨也为求学者了解与掌握某一学术思想的"入门之处"。黄宗羲认为，论学与求学都应以"宗旨"为着眼点和切入点，如果讲学无宗旨，所讲内容则没有条理、混作一团，同样，如果求学者不得宗旨，则无法了解学术之要领。

黄宗羲不但对何为学术"宗旨"有着深刻的理解，而且还十分重视对"学有宗旨"的提倡，黄宗羲对宗旨之学的高度重视，还表现在他对明代心学的肯定上。以"学有宗旨"为衡量学术的标准和依据，黄宗羲给予明代心学极高的评价。在明代中后期，伴随着阳明心学的兴起，以传播和普及心学为主的讲学活动风靡大江南北。黄宗羲虽然对高谈阔论心性义理的讲学风气持批判态度，但对于较前代而言有所创新的明代心学还是引以为豪的。他说："有明事功文章，未必能越前代，至于讲学，余妄谓过之。"①明代心学突破了程朱理学的樊篱，不拘泥于旧的学术思想，将程朱理学所尊奉的客观存在之"天理"移植到了人们的内心世界，提出了"心即理"的命题和人人皆可成贤成圣的理论，在中国学术发展史上留下了永久的印记，为明代阳明心学学者所自豪。然而，黄宗羲对明代心学的高度肯定没有只停留在其义理性的突破，而是更加赞扬阳明心学派的诸学者之宗旨鲜明而各异，因此他说："诸先生学不一途，师门宗旨，或析之为数家，终身学术，每久之而一变。二氏之学，程、朱辟之，未必廓如，而明儒身入其中，轩豁呈露。用医家倒仓之法，二氏之葛藤，无乃为焦芽乎？诸先生不肯以朦胧精神冒人糟粕，虽浅深详略之不同，要不可谓无见于道者也。"②他认为，明代心学在辟佛老与维护儒家思想正统地位的"卫道"方面，更加优越于程朱理学，程朱辟佛老"未必廓如"，而明儒辟佛老则"轩豁呈露"，在黄宗羲看来，这种优越之处得力于明儒学术思想宗旨鲜明而各异，即"诸先生学不一途，师门宗旨，或析之为数家，终身学术，每久之而一变"③。由此，可以看出，黄宗羲对明代心学的肯定与推崇，在很大程度上得因于心学内部各家各派多为"宗旨之学"。

① 黄宗羲：《明儒学案》（上），沈芝盈点校，中华书局 2008 年版，第 7 页。
② 黄宗羲：《明儒学案》（上），沈芝盈点校，中华书局 2008 年版，第 7—8 页。
③ 黄宗羲：《明儒学案》（上），沈芝盈点校，中华书局 2008 年版，第 7 页。

　　可见，黄宗羲主张与提倡宗旨之学，然而，正因为宗旨源于自得，所以这种对学术宗旨的提倡与对自得之学的提倡是紧密相连的，他的"学问之道，以各人自用得著者为真。凡倚门傍户，依样葫芦者，非流俗之士，则经生之业也"①，即是提倡自得之学、反对"成说"的写照。黄宗羲这种提倡"自得"之学的精神是有一定渊源所在的。孔子说："学而不思则罔"（《论语·学而》），就是要求人们读书学习应多加思考与体会，不能一味追随书本知识和现成学说，只有在现有学说基础上经自己认真思考而得的才是真正的知识、是自得之学问。陆九渊主张做学问应"自得、自成、自道，不倚师友载籍"②。王阳明则说："夫求之于自得，而后可与之言圣人之道。"③

　　黄宗羲继承了前人"学贵自得"的精神，他在《明儒学案·发凡》中记载到："胡季随从学晦翁，晦翁使读《孟子》。他日问季随'于心，独无所同，然乎？'随以所见解，晦翁以为非，且谓其读书卤莽不思。季随思之既苦，因以致疾，晦翁始言之。古人之于学者，其不轻授如此，盖欲其自得之也"④，朱熹教导胡季随读书不能鲁莽不思、全盘接受，而应认真思考、切身体会、求之以自得。这里，黄宗羲引用朱熹教胡季随读书的事例，表明黄宗羲提倡自得之学的观点。黄宗羲还指出："二程不以汉儒不疑而不敢更定，朱子不以二程已定而不敢复改，亦各求其心之所安而已矣。"⑤"更定"和"复改"是与"疑"相对应的，只有对前人成说发出疑问并进行深入思考，才会有新的学术思想之创新，这种经疑问和思考而产生的学问，即是学者自得之学，"自得"意味着标新立异和学术创新，而学术上的发展和创新则为各家学术宗旨的重要内容。在黄宗羲看来，学术宗旨与自得是一脉相连的，自得体现宗旨，宗旨由自得孕育而出，学者做学问要有学术宗旨和学术自得，其学说体系应围绕宗旨而建构，而了解和

①　黄宗羲：《明儒学案》（上），沈芝盈点校，中华书局 2008 年版，第 15 页。
②　陆九渊：《陆九渊集》，中华书局 1980 年版，第 452 页。
③　王守仁：《王阳明全集》（上），上海古籍出版社 2012 年版，第 195 页。
④　黄宗羲：《明儒学案》（上），沈芝盈点校，中华书局 2008 年版，第 15 页。
⑤　沈善洪主编：《黄宗羲全集》（第十册），浙江古籍出版社 1993 年版，第 364—365 页。

学习某人的学说更应该抓住其宗旨和自得之处。因此，黄宗羲在学术史研究中，尤其在《明儒学案》的编撰中，其在阅读入案学者原著并充分掌握学者学术思想的基础上，认真提炼与概括了学者的学术宗旨，将学者的学术思想概貌准确地展现出来，表现出黄宗羲作为学术史家所具有的深厚学术功底和对学者学术思想的充分认识和较高的概括能力。

2. 揭示学者学术宗旨

黄宗羲在《明儒学案·发凡》中提到："是编分别宗旨，如灯取影，杜牧之曰'丸之走盘，横斜圆直，不可尽知。其必可知者，知是丸不能出于盘也。'夫宗旨亦若是而已矣。"[1] 他对明代理学家学术思想的描述，很大程度上取决于对学者学术宗旨的提炼与揭示。揭示学者学术宗旨，是黄宗羲学术史著作的主要内容之一，也是其编撰《明儒学案》的重要指导原则，它体现出黄宗羲对学者学术思想的纲领性把握。

黄宗羲对学者学术宗旨的揭示，贯穿于整部《明儒学案》之中。如在《泰州学案一》的王栋传记中，黄宗羲指出："先生之学，其大端有二：一则禀师门格物之旨而洗发。言'格物乃所以致知，平居未与物接，只自安正其身，便是格其物之本。格其物之本，便即是未应时之良知。至于事至物来，推吾身之矩而顺事恕施，便是格其物之末。格其物之末，便即是既应时之良知'。故致知格物，不可分析。一则不以意为心之所发。谓'自身之主宰而言，谓之心，自心之主宰而言，谓之意。心则虚灵而善应，意有定向而中涵。自心虚灵之中，确然有主宰者，名之曰意耳'"[2]，揭示出传主学术宗旨为"禀师门格物之旨而洗发之"（致知格物，不可分析）和"不以意为心之所发"而以"意"为"心之主宰"。在《甘泉学案一》的湛若水传记中，黄宗羲指出传主的学术宗旨为"随处体认天理"。在《甘泉学案二》的何迁传记中，黄宗羲指出传主之学之要为"知止"，"止"则为心在感应之时能不思而明，且中有定律而不乱，实为一种修养工夫。在《甘泉学案五》的徐孚远传记中，指出传主以"克己"为学术之

---

① 黄宗羲：《明儒学案》（上），沈芝盈点校，中华书局 2008 年版，第 14 页。

② 黄宗羲：《明儒学案》（下），沈芝盈点校，中华书局 2008 年版，第 732 页。

要，同时在该传中，黄宗羲还提及周汝登以"无善无恶"为其学术宗旨。在《甘泉学案五》的冯从吾传记中，指出了传主于"本原处透彻，未发处得力"和"于日用常行，却要事事点检，以求舍其本体"，以调和阳明心学和程朱理学为特质的学术要旨。在《甘泉学案六》的杨时乔传记中，指出了传主"以天理为天下所公共，虚灵知觉是一己所独得"① 为学大旨。又如在《诸儒学案上三》的庄昶传记中，黄宗羲指出传主以"无言自得"② 为其学术宗旨。在《诸儒学案中二》的汪俊传记中，揭示出传主的学术宗旨为"以程、朱为的，然以阳动阴静、流行而不息者为心，而其不易之常体则性"③。在《诸儒学案中五》的黄佐传记中，黄宗羲揭示出传主以"博约"为其学术宗旨，"博"为"博学于文"，"约"为"约之以礼"。总而言之，《明儒学案》中揭示学者学术宗旨的内容不胜枚举，兹不赘述。

对学者学术宗旨的揭示同时具有主观和客观双重性。主观性表现为学术史家或哲学家都对研究对象的认识与体悟，即在充分了解与掌握研究对象之后，经自己的认识与体悟对研究对象的学术思想进行高度地概括与提炼，以点概面，进而揭示出研究对象的学术大宗、要旨；而客观性则表现为"言以达意"，即所揭示之宗旨一定要反映和符合研究对象的真实的学术面貌，而不应偏离或超出研究对象的学术思想范围。对揭示研究对象学术宗旨来说，主观性与客观性二者缺一不可，没有客观性的纯主观性是学术史家一人的宗旨，是强史就我，而没有主观性的纯客观性则是资料的杂堆，未经提炼概括而不成宗旨。黄宗羲意识到了宗旨二重性的必要性。他认为，学术史家不但应有广博的见识和深厚的学术功底，而且还应该具有敏锐的洞察能力，对研究对象学术宗旨的揭示，应在客观原则的基础上抓住要领。由此，在把握学者学术宗旨的层面上，他反对编撰者的主观色彩过于浓厚的强史就我和对资料兼容杂收、不得要领等缺点。他说："从来理学之书，前有周海门《圣学宗传》，近有孙钟元《理学宗传》，诸儒之

---

① 黄宗羲：《明儒学案》（下），沈芝盈点校，中华书局 2008 年版，第 1023 页。
② 黄宗羲：《明儒学案》（下），沈芝盈点校，中华书局 2008 年版，第 1078 页。
③ 黄宗羲：《明儒学案》（下），沈芝盈点校，中华书局 2008 年版，第 1141 页。

说颇备。然陶石篑与焦弱侯书云'海门意谓身居山泽，见闻狭陋，常愿博求文献，广所未备，非敢便称定本也。'且各家自有宗旨，而海门主张禅学，扰金银铜铁为一器，是海门一人之宗旨，非各家之宗旨也，钟元杂收，不复甄别，其批注所及，未必得其要领，而其闻见亦犹之海门也。学者观羲是书，而后知两家之疏略。"① 这里，黄宗羲引用陶石篑和焦弱侯之言，明显带有为借他人之言以申明己意的色彩。在黄宗羲看来，《圣学宗传》和《理学宗传》各有疏略，周汝登无视各家宗旨，而是通过引先儒语录类禅者的方式，将自己的宗旨强加冠于他人之思想，是"纯主观"的表现；孙奇逢编撰《圣学宗传》不复甄别、杂收资料是"纯客观"的表现，因此主观认识与体悟不足，对他人宗旨之揭示必然也"不得要领"。黄宗羲对自己的《明儒学案》甚是满意，因而发出"学者观羲是书，而后知两家之疏略"之言。也就是说，在黄宗羲看来，他对研究对象学术宗旨的概括同时兼顾了主观性与客观性双重因素。他的客观性表现为以原著辑录的形式对所揭示宗旨进行客观地印证，进而客观地反映出研究对象的真实思想，即"以客观的形式印证所揭示宗旨"；他的主观性不仅表现为通过本人的认识与体悟揭示学者宗旨，更主要地表现为对学者宗旨进行解释与说明，即以"主观的形式印证所揭示之宗旨"。一言以蔽之，黄宗羲在揭示学者学术宗旨方面所表现的双重性，可概括为"以客观和主观的形式印证所揭示之宗旨"。

3. 以客观和主观的形式印证所揭示之宗旨

黄宗羲揭示学者学术宗旨这一方法论的客观性和主观性，主要表现于其对学者学术宗旨的印证。如果说由掌握材料到揭示研究对象学术宗旨是归纳的过程，这一过程体现的是由"面"到"点"、由"博"至"约"的学术史方法动向；那么由揭示宗旨到印证宗旨则为演绎的过程，这一过程体现的是由"点"到"面"、由"约"至"博"的学术史方法动向。印证学者学术宗旨，实为解释分析过程，即通过学术史家或哲学家所列举的材料或者其本人对研究对象的主观理解，为"所揭示之宗旨"提供现实依

---

① 黄宗羲：《明儒学案》（上），沈芝盈点校，中华书局 2008 年版，第 14 页。

据，使学术史家的学术史思想变得有据可依，具有可信服性。在《明儒学案》中，黄宗羲对学者学术宗旨的印证，作为该著作的一个重要成分，体现出其揭示学者学术宗旨的过程所遵循的兼容性，即在这一学术史方法中兼容了客观性原则和主观性原则。

第一，通过原著辑录对所揭示宗旨进行客观的印证。

黄宗羲对入案学者原著的辑录不是不付甄别的杂收，而是依据一定的选取标准，这一标准就是所选资料能够反映学者学术思想之"得力处"，即以是否能够反映学者之学术宗旨为原著辑录的标准。对于这一点，其学生仇兆鳌有所认识，他说："吾师梨洲先生纂辑是书，寻源诉委，别统分支，秩乎有条而不紊。于叙传之后，备载语录，各纪其所得力，绝不执己意为去取，盖以俟世之公论焉尔。"[1] 在这段仇兆鳌对黄宗羲编撰《明儒学案》的学术史方法之总结中，"于叙传之后，备载语录，各纪其所得力，绝不执己意为去取"真实地表达出黄宗羲通过原著辑录对传主学术宗旨的印证。黄宗羲这种"客观的印证"在《明儒学案》各卷传记之后的资料选编中和学者传记中皆有充分地体现。

如在《崇仁学案二》中对胡居仁的记述。胡居仁为程朱理学的继承人，他坚持了朱熹"主敬"的学说立场，在胡居仁看来，儒家存心工夫的最基本方式就是"主敬"，因此其一生之学大力提倡"主敬"。黄宗羲在《明儒学案·崇仁学案二》的胡居仁传记中，指出了传主以"主敬"为学术宗旨，说："先生一生得力于敬，故其持守可观。"[2] 之后，黄宗羲在传主传记之后的原著选编部分，多处辑录胡居仁论及"主敬"的语录，客观的印证了这一学术宗旨。其中有胡居仁对孟子及其下学存心工夫的批评和对程颐"主敬"说起因的说明："孟子说出求放心以示人，人反无捉摸下工夫处，故程子说主敬。"[3] 有胡居仁对"敬"的解释："敬便是操，非敬之外别有个操存工夫"[4]，"敬该动静：静坐端严，敬也；随事检点致谨，亦

① 黄宗羲：《明儒学案》（上），沈芝盈点校，中华书局 2008 年版，第 5 页。
② 黄宗羲：《明儒学案》（上），沈芝盈点校，中华书局 2008 年版，第 29 页。
③ 黄宗羲：《明儒学案》（上），沈芝盈点校，中华书局 2008 年版，第 31 页。
④ 黄宗羲：《明儒学案》（上），沈芝盈点校，中华书局 2008 年版，第 35 页。

敬也。敬兼内外：容貌庄正，敬也；心地湛然纯一，敬也。"① 有胡居仁对"主敬"的四个阶段的总结："端庄严肃、严威俨恪，是敬之入头处；提撕唤醒，是敬之持续处；主一无适，湛然纯一，是敬之无间断处；惺惺不昧、精明不乱，是敬之效验处。"② 也有胡居仁区分禅家存心与儒家存心的论学语录："禅家存心有两三样，一是要无心、空其心；一是羁制其心；一是关照其心。儒家则内存诚敬，外尽义理，而心存。"③ 又如，在《浙中王门学案三》的季本传记中，黄宗羲指出"先生之学，贵主宰而恶自然"的学术要旨，紧接着，又引用传主的论学之言"理者阳之主宰，乾道也；气者阴之流行，坤道也。流行则往而不返，非有主于内，则动静皆失其则也"④，印证了季本的以"理"为主宰，以"气"为流行的"贵理"而"恶气"的理学思想。由此可见，在一定程度上，黄宗羲是通过选录能够反映学者思想"所得力"的原著部分，来对学者学术宗旨进行客观的印证的。

第二，通过研究主体之解释对所揭示宗旨进行主观的印证。

在《明儒学案》的学者传记中，黄宗羲在点明学术宗旨之后，常常附加一段黄宗羲本人对研究对象学术宗旨的理解，使学者宗旨的内涵在学术史家的语境中呈现出来，这一行为是研究对象的学术主旨在研究主体思想意识中的加工与映射，反映出黄宗羲对入案学者学术要旨的认识与体悟，使入案学者客观存在的学术宗旨带有研究主体（黄宗羲）的主观色彩，进而表达出研究主体所理解和认识的研究对象的学术宗旨，由此，使研究对象的学术宗旨不仅以单一的客观形式表现出来，而且还以被认知、被感悟的主观形式表现出来，促成了所揭示宗旨表现形式的多样化，体现了黄宗羲作为学术史家对学术史方法的娴熟运用能力。如在《江右王门学案一》的邹守益传记中，黄宗羲指出了邹守益"得力于敬"和"道器无二，性在气质"的学术要旨，其中带有黄宗羲对传主这一学术要旨的理解。在黄宗羲看来，邹守益所主张之"敬"为"良知之精明而不杂

① 黄宗羲：《明儒学案》（上），沈芝盈点校，中华书局 2008 年版，第 39 页。
② 黄宗羲：《明儒学案》（上），沈芝盈点校，中华书局 2008 年版，第 39 页。
③ 黄宗羲：《明儒学案》（上），沈芝盈点校，中华书局 2008 年版，第 41 页。
④ 黄宗羲：《明儒学案》（上），沈芝盈点校，中华书局 2008 年版，第 271 页。

以尘俗"，即"良知"的本然状态、人们先天所具有的善的道德意识。黄宗羲认为，在邹守益那里，性体流行于日用伦物之中，无有停机，性体"流行之合宜处谓之善，其蔽障而壅塞处谓之不善"，故离开"戒慎恐惧"（"敬"）便陷于壅塞之不善，而内心保持"敬"（戒慎恐惧）的状态才能保持"性体"流行顺畅无碍，才能保持内心本然之善，因此，离开"敬"便无从见"性体"，离开"性体"便无从见"日用伦物"，而"性体"之流行在于"气"之流行，"气"之流行为"性体"之流行，"性体"之流行合宜谓之"善"，谓之"良知本然"，谓之"敬"，故"道器无二，性在气质"。黄宗羲的这段理解便是对传主邹守益"得力于敬"和"道器无二，性在气质"①的学术要旨的解释，这样，黄宗羲通过自身的认识与体悟，以演绎的形式实现了对研究对象学术宗旨的带有主观色彩的印证。

由此可见，黄宗羲"提炼与概括学者学术宗旨"的学术史方法，不仅仅以单纯的"揭示学者学术宗旨"为表现形式，而是以"对宗旨与自得之学的提倡"为理论依据和前提，其中蕴涵着黄宗羲以主客观形式对所揭示宗旨展开的印证，进而使"揭示学者学术宗旨"这一学术史方法更具有合理性与系统性，从而为黄宗羲学术史思想在具体层面的展开，提供了更加完善的指导性原则。

三、立学案以示学派

立学案以示学派是黄宗羲学术史方法论的一个重要内容，这一学术史方法是在对研究对象进行派别区分与还原的基础上展开的。所谓"派别的区分"，是指在学术史研究中，以某一共同特征为参照标准，将诸多单一的研究对象进行集合与归类，从而使研究对象以系统化和条理化的面貌呈现出来；所谓"派别的还原"，是指作为研究对象集合与归类形式的"派别"是客观存在的，而学术史家或哲学史家对研究对象的"派别"的揭示，是以现实客观存在为基础的，在某种程度上，是在学术史研究中对现实的映射与还原。在中国古代传统学术史研究中，自来就有对研究对象

---

① 黄宗羲：《明儒学案》（上），沈芝盈点校，中华书局 2008 年版，第 332 页。

进行派别的区分与归类。如在先秦时期的学术史研究中，《庄子·天下》将研究对象划为墨翟、禽滑厘为一派，宋钘、尹文为一派，彭蒙、田骈、慎到为一派，关尹、老聃为一派，庄周为一派，惠施、桓团、公孙龙为一派。又如汉初学术史篇章《论六家要旨》将天下学术划分为阴阳、儒、墨、名、法、道德等流派。又如《史记》将其学术史研究对象分别列于《孔子世家》、《孟子荀卿列传》、《仲尼弟子列传》、《儒林列传》以及《老子韩非列传》中，以分门别类的形式，将研究对象的学行和思想特征展现出来。

黄宗羲十分注重对研究对象进行派别的划分，以揭示并还原明代以来理学中各学派以及各派之学者。《明儒学案》虽然涉及学者人数繁多，二百有余，但黄宗羲对入案学者之记述不是杂乱无章、毫无条理和秩序的，而是依据客观现实的学术环境和学术派别，对学者们进行合理地归类。如《明儒学案》全书六十二卷，共分十六个学案，按顺序排列，卷一至卷四为《崇仁学案》，所录学者为吴与弼、胡居仁、娄亮、谢复、郑伉、胡九韶、魏校、余佑、夏尚朴、潘润十人；卷五至卷六为《白沙学案》，所录为陈献章、李承箕、张诩、贺钦、邹智、陈茂烈、林光、陈庸、李孔修、谢佑、何廷矩、史桂芳十二人；卷七至卷八为《河东学案》，所录为薛瑄、闫禹锡、张鼎、段坚、张杰、王鸿儒、周蕙、薛敬之、李锦、吕柟、吕潜、张节、李挺、郭郛、杨应诏等十五人；卷九为《三原学案》，所录为王恕、王承裕、马理、韩邦奇、杨爵、王之士等六人；卷十为《姚江学案》，所录王守仁、许璋、王文辕三人；卷十一至卷十五为《浙中王门学案》，所录为徐爱、蔡宗兖、朱节、钱德洪、王畿、季本、黄绾、董澐、董谷、陆承、顾应祥、黄宗明、张元冲、程文德、徐用检、万表、王宗沐、张元忭、胡瀚等学者；卷十六至卷二十四为《江右王门学案》，所录邹守益、邹善、邹德涵、邹德溥、邹德泳、欧阳德、聂豹、罗洪先、刘文敏、刘邦采、刘阳、刘印山、王柳川、刘晓、刘魁、黄弘纲、何廷仁、陈九川、魏良弼、魏良政、魏良器、王时槐、邓以赞、陈嘉谟、刘元卿、万廷言、胡直、邹元标、罗大纮、宋仪望、邓元锡、张潢、冯应京等三十余人；卷二十五至卷二十七为《南中王门学案》所录黄省曾、周衡、朱得之、周怡、薛应旗、薛甲、唐顺之、唐鹤征、徐阶、杨豫孙等学者；卷二十八为《楚中王门学案》，所录蒋信、冀元亨二人；卷二十九为《北方王门学案》，所录穆孔晖、张后觉、孟秋、尤时熙、孟化鲤、杨东明、南大吉等人；卷三十为《粤闽王门学案》，所录薛侃和周坦二人；卷三十一为《止修学案》，所录李材一人；卷三十二至卷三十六为《泰州学案》，所录颜山农、何心隐、邓豁渠、方与时、王艮、王襞、朱恕、韩乐吾、夏叟、徐樾、王栋、林春、赵贞吉、罗汝芳、杨起元、耿定向、耿定理、焦竑、方渐、何祥、祝世禄、周汝登、陶望龄、刘塙等二十余人；卷三十七至卷四十二为《甘泉学案》，所录湛甘泉、吕怀、何迁、洪垣、唐枢、蔡汝南、许孚远、冯从吾、唐伯元、杨时乔、王道等十一人；卷四十三至卷五十七为《诸儒学案》，分上、中、下三部分，所录上自明初方孝孺、曹端、中经罗钦顺、王廷相、张邦奇，下迄明末黄道周、孙奇逢等共四十二人；卷五十八至卷六十一为《东林学案》，所录顾宪成、高攀龙、钱一本、孙慎行、顾允成、史孟麟、刘永澄、薛敷教、叶茂材、许世卿、耿橘、刘元珍、黄尊素、吴桂森、吴钟峦、华允诚、陈龙正等人；卷六十二为《蕺山学案》，所录刘宗周一人。

其中"诸儒学案者，或无所师承，得之于遗经；或朋友夹持之力，不令放倒，而又不可系之朋友之下者；或当时有所兴起，而后之学者无传者，俱列于此"①，即《诸儒学案》所列之学者，为或其学无所师承、或其学依友人之力而得以彰显而又不肯依于朋友门下、或其学无所后传的自成一家又不属于任何派别的学者。除《诸儒学案》之外，其他学案依次记述了明代理学中的崇仁学派、白沙学派、河东学派、三原学派、姚江学派、浙中王门学派、江右王门学派、南中王门学派、楚中王门学派、北方王门学派、粤闽王门学派、止修学派、泰州学派、甘泉学派、东林学派和蕺山学派。

在《明儒学案》所列的十五个学术派别中，《蕺山学案》记述了刘宗周单独一人的学术思想，在对其余十四个学派的记述中，均可见各派之间

---

① 黄宗羲：《明儒学案》（下），沈芝盈点校，中华书局 2008 年版，第 1041 页。

明显的师承关系，可以说，师承关系是黄宗羲在《明儒学案》中划分学派的最主要参照标准，用黄宗羲的话来概括，即"有所授受者，分为各案"，由学者之间的师承关系所至，同一学派中的学者自然具有或相同或相近的学术旨趣。除了师承关系之外，黄宗羲划分明代理学学派还以地理位置为主要的参照标准。其中浙中王门学派、江右王门学派、南中王门学派、楚中王门学派、北方王门学派和粤闽王门学派，即是在师承关系的范围内，以地理位置为学派划分的参照标准的。

虽然在以往的学术史研究中，既有对学者学术派别的划分，但黄宗羲在《明儒学案》中是以立学案的方式来呈现明代理学中各学派的，这样就形成了一个个以学术创始人和继承者为一体的、或以同一地域的同一师门中学者为一体的学案，进而以便于分门别类的揭示与评价各家学术观点，这在中国传统学术史研究中是一个历史性的突破和超越，它标志着学案体学术史编撰体例的形成，也是黄宗羲在中国古代传统学术史方法中的创新之处。

四、追溯学术源流，把握学术发展动态

学术史以学术发展的历史为主要研究对象，而学术发展是相对于静止和停滞而言的一个动态延续的过程，这一动态过程主要反映在两个方面：一是在特定历史阶段内，不同学者之间学术思想的继承与发展；二是同一学者自身学术思想之演变。黄宗羲"追溯学术源流、把握学术发展动态"的学术史方法便主要体现在这两个方面之中。

1. 揭示不同学者之间学术思想的继承与发展

黄宗羲曾指出："学在天地，有宗有翼，宗之者一人，翼之者数十人，所谓后生蔬附也"[1]，"学之盛衰，关乎师友"[2]，这两段话反映出黄宗羲对于学术发展演变规律的一个认识，即学术之发展有赖于师承授受关系的存在，在黄宗羲那里，所谓师承关系，即由为师者确立一种学术宗旨，或创

---

[1]　沈善洪主编：《黄宗羲全集》（第十册），浙江古籍出版社1993年版，第584页。
[2]　沈善洪主编：《黄宗羲全集》（第十册），浙江古籍出版社1993年版，第442页。

立一种学术观点，标新立异、独树一帜而自成一家，然后通过讲学与授徒的方式，将其学术思想传播于其门徒，进而完成学术之传衍，以促进学术发展与演变。基于对这一学术发展规律的认识，黄宗羲在《明儒学案》的编撰中，十分重视对不同学者之间学术思想的继承与发展的揭示。揭示不同学者之间学术思想的继承与发展这一学术史方法，主要体现在黄宗羲对明代理学之中各学派师承关系的描述上。

以《明儒学案·崇仁学案》所记述师承关系为例。据黄宗羲记述，崇仁学派创始人为吴与弼（康斋），黄宗羲提到"康斋倡道小陂"①，在该学案所载的其他人物中，直接师承吴与弼的共五人，为吴与弼的首传弟子，分别为胡居仁、娄谅、谢复、孔伉、胡九韶。关于胡居仁，黄宗羲记述到："弱冠时，奋志圣贤之学，往游康斋吴先生之门，遂决意科举，筑室于梅溪山中，侍亲讲学之外，不干人事"。②关于娄亮，黄宗羲记述到："（娄亮）闻康斋在临川，乃往从之"③。关于谢复，黄宗羲记述："谒康斋倡导小陂，师事之。"④对郑伉和胡九韶，黄宗羲分别记述到："（郑伉）不屑志于科举，往见康斋"⑤、"（胡九韶）金溪人，自少从学康斋"⑥。魏校和余祐则师从于胡居仁（胡静斋），为吴与弼的二传弟子。关于魏校和余祐，黄宗羲则分别记述："（魏校）先生私淑于胡静斋"⑦，"（余祐）先生之学，墨守静斋"⑧。夏尚朴和潘润二人则师从于娄亮，为吴与弼二传弟子，对此二人，黄宗羲分别记述到："（夏尚朴）从学于娄一斋谅"⑨，"（潘润）师事娄一斋"⑩。由此，一幅由吴与弼为开创者，由胡居仁、娄谅、谢复等人为

---

① 黄宗羲：《明儒学案》（上），沈芝盈点校，中华书局 2008 年版，第 14 页。
② 黄宗羲：《明儒学案》（上），沈芝盈点校，中华书局 2008 年版，第 29 页。
③ 黄宗羲：《明儒学案》（上），沈芝盈点校，中华书局 2008 年版，第 43 页。
④ 黄宗羲：《明儒学案》（上），沈芝盈点校，中华书局 2008 年版，第 45 页。
⑤ 黄宗羲：《明儒学案》（上），沈芝盈点校，中华书局 2008 年版，第 45 页。
⑥ 黄宗羲：《明儒学案》（上），沈芝盈点校，中华书局 2008 年版，第 45 页。
⑦ 黄宗羲：《明儒学案》（上），沈芝盈点校，中华书局 2008 年版，第 47 页。
⑧ 黄宗羲：《明儒学案》（上），沈芝盈点校，中华书局 2008 年版，第 64 页。
⑨ 黄宗羲：《明儒学案》（上），沈芝盈点校，中华书局 2008 年版，第 78 页。
⑩ 黄宗羲：《明儒学案》（上），沈芝盈点校，中华书局 2008 年版，第 78 页。

学术继承者的师承关系图，得以形象生动地绘制而成。

学派中的师承授受关系，意味着学术思想的传衍，意味着学术思想在同一学派不同学者之间的传递、继承和发展。黄宗羲不仅揭示出学派内不同学者之间的师承关系，还由师承关系导出不同学者之间学术思想的联系性，这一联系性即本文所指的"学者之间学术思想的继承和发展"。还以《明儒学案·崇仁学案》为例，崇仁学派的学术思想以"践履"为重，其学派创始人吴与弼之学术思想主要来自对程朱理学的继承，从《明儒学案》所选录的吴与弼论学语录来看，康斋甚是重视不断地反省、检点自己，静时涵养、动时省察，将所学的成贤成圣的知识亲身体会实践、付诸行动，如康斋言："日夜痛自点检且不暇，岂有工夫点检他人？责人密，自治疏矣"①，又言："大抵学者践履工夫，从至难至危处试验过，方始无往不利。若舍至难至危，其它践履，不足道也"②。黄宗羲概括吴与弼其学之要为"身体力验"、"敬义夹持，诚明两进"。③综合该学派其他学者学术思想来看，黄宗羲所揭示的吴与弼之门徒对其学说的继承和发展可概括为两个方面。

首先，不同学者之间学术思想之继承。这一点是指，共同师从于同一人的学者们继承了其师的学术要旨，进而促成了某一学术思想之传衍。在学术史研究中，黄宗羲十分重视揭示建立在师承关系基础上的学者之间的学术思想之传承。在《崇仁学案》中，据黄宗羲记述，胡居仁学术思想的特征为"得力于敬"、"持守可观"④；谢复之学术特征，黄宗羲揭示为"从事于践履"⑤；郑伉之学术特征，黄宗羲揭示为"一切折衷于朱子，痛恶佛、老"⑥；余祐之学术特征，黄宗羲揭示为"墨守敬斋"，并引用余祐论学之言以详明其学术思想"操存涵养，是静中工夫，思索省察，是动上

---

① 黄宗羲：《明儒学案》（上），沈芝盈点校，中华书局2008年版，第17页。
② 黄宗羲：《明儒学案》（上），沈芝盈点校，中华书局2008年版，第21页。
③ 黄宗羲：《明儒学案》（上），沈芝盈点校，中华书局2008年版，第16页。
④ 黄宗羲：《明儒学案》（上），沈芝盈点校，中华书局2008年版，第29页。
⑤ 黄宗羲：《明儒学案》（上），沈芝盈点校，中华书局2008年版，第45页。
⑥ 黄宗羲：《明儒学案》（上），沈芝盈点校，中华书局2008年版，第45页。

工夫，动静二端时节，界限甚明，工夫所施，各有所当，不可混杂"①；夏尚朴之学术要旨，黄宗羲揭示为"传主敬之学"和"认心理为二"。② 由黄宗羲对以上崇仁学派学者学术主旨的记述可看出，胡居仁之"得力于敬"、"持守可观"，谢复之"从事于践履"，郑伉之"一切折衷于朱子，痛恶佛、老"，余佑之"墨守敬斋"以及夏尚朴之"传主敬之学"、"认心理为二"等学术思想，皆是对吴与弼所主张的以重践履和"身体力验"、"敬义夹持，诚明两进"为主要特征的理学思想之继承，即与吴与弼的学说是一脉相承的，在一定意义上说，都是对程朱理学的延续。由此，"不同学者之间学术思想的继承"在《明儒学案》中清晰地呈现出来。

其次，不同学者之间学术思想之发展。这里的"发展"有两层含义：一层含义指继承意义上的发展；一层含义指创新意义上的发展。学者之间学术思想的继承意义上的发展，实际指前面所讨论的"不同学者之间学术思想之传衍和继承"，这是一种单纯意义上的学术传衍和继承，缺少学术主旨方面的创新。然而，在某种意义上说，也是一种发展。因为在学术思想之传衍和继承中，后人对前人思想的继承，并非模仿，也并非原封不动、一字不差地照抄、照搬，而是在继承前人学术思想主旨的基础上，以不同的形式和不同的侧重点表现出来，因此，在相对意义上说，也可称作"不同学者之间学术思想之发展"。学者之间学术思想创新意义上的发展，是指在学术传衍和继承的基础上，在某一问题上、或某一研究领域中，后之学者相对于前之学者学术思想有所改变，这种改变或是在前人学术思想的基础上产生了新的内容，或偏离了前人的学术思想、与前人的学术思想相对立，甚至呈现出一种新的学术倾向和学术主旨，而某一种学术思想创新可能会被时代潮流所接受，进而促成某一历史阶段内学术的创新式发展。因此，从某种意义上说，学者之间学术思想创新意义上的发展，是历史长河中学术发展与创新的主要动力之一，也是学术史家或哲学家把握学术发展内在趋势的切入点之一。

---

① 黄宗羲：《明儒学案》（上），沈芝盈点校，中华书局 2008 年版，第 64—65 页。
② 黄宗羲：《明儒学案》（上），沈芝盈点校，中华书局 2008 年版，第 66 页。

　　上面所讨论的黄宗羲对不同学者之间学术思想之发展的把握，主要是指对"学者之间学术思想创新式发展"的把握。在学术史研究中，黄宗羲十分注重揭示这种学术创新，以明学术发展之演变。如在《明儒学案·崇仁学案二》的娄谅传记中，黄宗羲先在介绍传主学行的部分中，交代了娄谅与吴与弼的师承关系，又在后面娄谅学术思想的部分中，指出："先生以收放心为居敬之门，以何思何虑、勿助勿忘为居敬要旨"①，"先生静久而明"②，道出了娄谅以收心放心为居静之入门工夫，以纯任自然为居静之要的学术倾向，揭示出娄谅偏离师门、转向心学的学术之变，与此同时，黄宗羲还引用胡居仁对娄谅思想的评价，"陆子不穷理，他却肯穷理；石斋（陈献章）不读书，他却肯读书，但其穷理读书，只是将圣贤言语来护己见耳"③，进一步揭示出娄谅的学说有偏向陆九渊之学的倾向。在黄宗羲看来，这种倾向，实为一种对师门学说的创新性发展，即"（娄谅）非仅蹈袭师门者也"④，也就是说，黄宗羲认为，这种对师门学说的创新性发展，实为于学术传衍与继承的基础上，"不同学者之间学术思想之发展"，这种发展促进了时代学术的进步。因此，黄宗羲断言："姚江之学，先生（娄谅）为发端也。"⑤ 又如，在《明儒学案二》对谢复学术思想的记述中，黄宗羲则分别引用了两条谢复与叶畏斋、陈寒谷的对话，以揭示谢复"知行合一"的思想，从某种意义上来看，谢复"知行合一"的思想，是阳明知行观的开端，对秉承宋儒之学的师门来说，实为"一个偏离和转折"，是在继承其师吴与弼之学基础上的新走向和新发展。

　　在揭示学术发展方面，黄宗羲不仅限于揭示相同学派内不同人物之间的学术发展，还记述了不同学派中不同学者之间的学术发展情况。如《明儒学案·白沙学案》中的陈献章（白沙）同样师从于吴与弼，可白沙之学最终完全偏离了师门之学，而走向心学的道路。而在黄宗羲那里，他

① 黄宗羲：《明儒学案》（上），沈芝盈点校，中华书局 2008 年版，第 44 页。
② 黄宗羲：《明儒学案》（上），沈芝盈点校，中华书局 2008 年版，第 44 页。
③ 黄宗羲：《明儒学案》（上），沈芝盈点校，中华书局 2008 年版，第 44 页。
④ 黄宗羲：《明儒学案》（上），沈芝盈点校，中华书局 2008 年版，第 44 页。
⑤ 黄宗羲：《明儒学案》（上），沈芝盈点校，中华书局 2008 年版，第 44 页。

所要指出的是，正是这种学术上偏离，体现了在继承的基础上，不同学者之间学术思想之发展，也正是这种偏离，构成了历史中学术向前发展的一部分，具有可贵之处。除此之外，黄宗羲对"不同学者之间学术思想之发展"的揭示贯穿于其整部学术史专著《明儒学案》中，兹不赘述。

同时，需要说明的是，在现实的学术思想环境中，学者之间学术思想之继承和发展，不是相互孤立的，而是相互交融和渗透的，继承是发展的前提，发展是继承之后的一种可能趋势和走向。换种方式说，在同一学者那里，可能既有对他人学术思想的继承，也有对他人学术思想的发展。这就要求学术史家或哲学史家，在学术史研究领域，兼顾对这两个方面的揭示。这一点，在黄宗羲的学术史方法论中也有充分的体现，成为黄宗羲"追溯学术源流，把握学术发展动态"学术史方法论的一个重要因素。如在对崇仁学派谢复学术思想的介绍中，黄宗羲既指出其继承了其师的学说思想"从事于践履"，又揭示出其"知行合一"、有别于师门宗旨的学术发展创新之处，从而将不同学者之间学术传承与发展的动态过程全方位地展现了出来，表现出黄宗羲学术史方法的独到之处。

2. 揭示同一学者自身学术思想之演变

在《明儒学案》的形成过程中，黄宗羲不仅探讨了学术发展之源流，揭示了不同学者之间学术思想的继承和发展，而且还十分重视揭示同一学者自身学术思想之演变，全方位地把握了研究对象的动态发展过程。

如在《明儒学案·江右王门学案三》对罗洪先（罗念菴）学术思想的记述中，黄宗羲指出："先生之学，始致力于践履，中归摄于寂静，晚彻悟于仁体"①，展示了念菴一生之中，在早、中和晚这三个不同阶段，其学由重"践履"——重"归寂"——重"体仁"的一个动态发展变化的过程。在《明儒学案·南中王门学案二》的唐鹤征传记中，黄宗羲着重描述了传主学术思想的演变："先生始尚意气，继之以园林丝竹，而后泊然归之道术。其道自九流、百氏、天文、地理、稗官野史，无不究极，而继归之庄生之逍遥、齐物，又继乃归之湖南之求仁，濂溪之寻乐，而后恍然悟

---

① 黄宗羲：《明儒学案》（上），沈芝盈点校，中华书局 2008 年版，第 386 页。

乾元所为生天地、生人物、生一生万、生生不已之理，真太和奥突也。物欲不排而自调，世情不除而自尽，聪明才伎之昭灼，旁蹊曲径之奔驰，不收摄而莹然无有矣"①，展示出唐鹤征之学由涉猎百家、庞博杂收，到转向道家逍遥、齐物，再由"湖南之求仁"和"濂溪之求乐"而有所感悟，最终归于儒家乾元之学的动态发展过程。在《明儒学案·甘泉学案四》的蔡汝楠传记中，黄宗羲记述到："先生初泛滥于词章，所至与朋友登临唱和为乐。衡州始与诸生穷经于石鼓书院。赵大洲来游，又为之开拓其识见。江西以后，亲证之东郭、念庵。于是平生所授于甘泉，随处体认天理之学，始有着落"②，揭示了蔡汝楠之学由开始之泛滥词章，中途经人指点之，转而最终归于甘泉随处体认天理之学的一个发展演变的动态过程。

　　黄宗羲对同一学者自身学术之演变的揭示，展示了学者们学术思想的产生、发展与变化的历程，将学者一生之学术思想的发展过程生动地、历史地描绘出来，实现了对学术发展动态全面地把握。

五、评价学派与学者学术思想

　　评价学派与学者学术思想，是黄宗羲的学术史方法之一，也是黄宗羲学术史思想得以展开的最主要方式之一，是黄宗羲站在特定的学术立场上，对学派和学者学术思想进行的是非价值判断，也是黄宗羲在揭示作为客体的研究对象学术思想的基础上，所进行的研究主体的学术理论创造，因此，在某种意义上说，这一学术史方法体现了黄宗羲的学术主张和学术倾向，也体现了黄宗羲的学术思想创造意识和对一些哲学基本问题的探讨。黄宗羲"评价学派与学者学术思想"的学术史方法，主要体现在以下几个方面：

1. 宏观领域对学派整体学术思想进行评价

　　在《明儒学案》中，黄宗羲对学派整体学术思想的评价，是在对各学派学术思想充分掌握的前提下进行的，较之对单个学者学术思想的评

---

① 黄宗羲：《明儒学案》（上），沈芝盈点校，中华书局 2008 年版，第 603 页。

② 黄宗羲：《明儒学案》（下），沈芝盈点校，中华书局 2008 年版，第 967 页。

价，黄宗羲对学派整体学术思想的评价属于宏观领域的总体性评价，它体现在《明儒学案》的诸学案开端之总序中。

如在《明儒学案·崇仁学案》的总序中，鉴于对崇仁学派学术思想的体认，黄宗羲对该派的主要人物和学派的学术倾向作了总评："康斋倡道小陂，一禀宋人成说。……其相传一派，虽一斋，庄渠稍为转手，终不敢离此矩矱也。……于戏！椎轮为大辂之始，增冰为积水所成，微康斋，焉得有后时之盛哉！"① 在《明儒学案·河东学案》的总序中，黄宗羲对河东学派评价到："河东之学，悃愊无华，恪守宋人矩矱……"② 在《明儒学案·江右王门学案》的总序中，黄宗羲对江右王门学派总体评价到："姚江之学，惟江右得其传，……是时越中流弊错出，挟师说以杜学者之口，而江右独能破之，阳明之道赖以不坠。盖阳明一生精神，俱在江右，亦其感应之理宜也。"③ 在《明儒学案·楚中王门学案》的总序中，对于该派的主要人物，黄宗羲说道："楚学之盛，惟耿天台一派，自泰州流入。当阳明在时，其信从者尚少。道林、闇斋、刘观时出自武陵，故武陵之及门，独冠全楚。观徐曰仁同游德山诗，王文鸣应奎、胡珊鸣玉、刘璟德重、杨衿介诚、何凤韶汝谐、唐演汝渊、龙起霄止之，尚可考也"④，接着，黄宗羲发出评论："然道林实得阳明之传，天台之派虽盛，反多破坏良知学脉，恶可较哉！"⑤ 赞叹了楚中一派林道得阳明真传，同时也批评了耿天台一支多破坏良知之学的弊端。

总而言之，在《明儒学案》中，黄宗羲在宏观领域里对学派整体学术思想展开的评价，是黄宗羲学术史思想的一个重要组成部分，反映出黄宗羲作为一名学术史家和哲学史家，能够站在一定的思想高度，带着其本人的学术倾向和好尚，对某一特定学派主要学者和学派整体学术思想的把握与判断，使明代理学各派的学术思想和诸学派内主要代表人物的学术思

① 黄宗羲：《明儒学案》（上），沈芝盈点校，中华书局 2008 年版，第 14 页。
② 黄宗羲：《明儒学案》（上），沈芝盈点校，中华书局 2008 年版，第 110 页。
③ 黄宗羲：《明儒学案》（上），沈芝盈点校，中华书局 2008 年版，第 331 页。
④ 黄宗羲：《明儒学案》（上），沈芝盈点校，中华书局 2008 年版，第 626 页。
⑤ 黄宗羲：《明儒学案》（上），沈芝盈点校，中华书局 2008 年版，第 626 页。

想，夹杂着学术史家的学术评判，在研究主体（学术史家）的学术视野呈现出来。同时，也使明代理学各流派的学术长短得失概貌，在宏观视域中鲜明地呈现出来。

2. 在微观领域对学者个人学术思想进行评价

在黄宗羲学术史思想展开的过程，如果说对学派整体学术思想的评价属于宏观领域的评价，那么，相比之下，黄宗羲对学者个人思想的评价则属于微观领域的评价。在《明儒学案》所录的诸学者人物传记中，黄宗羲不但交代了学者们的生平行事、师从关系、学术思想渊源、提炼并揭示了学者们的学术宗旨，而且还分别对学者们及其学术思想展开了长短不一的评价。

如在《明儒学案·浙中王门学案一》的徐爱传记中，黄宗羲对徐爱之学评价为得阳明学之真传，"是故阳明之学，先生为得其真"①。又如在《明儒学案·浙中王门学案五》的万表传记中，黄宗羲在交代了传主之学多得之"龙溪、念庵、绪山、荆川"之后，继而对传主之学评价到："而究竟于禅学"②，之后，黄宗羲又引传主（万表）和王畿关于"格物"的言论："先生（万表）尝言'圣贤切要工夫，莫先于格物，盖吾心本来具足，格物者，格吾心之物也，为情欲意见所蔽，本体始晦，必扫荡一切，独观吾心，格之又格，愈研愈精，本体之物，始得呈露，是为格物。格物则知自致也'。龙溪谓'古人格物之说，是千圣经纶之实学。良知之感应谓之物，是从良知凝聚出来。格物是致知实下手处，不离伦物感应而证真修。离格物则知无从而致矣。吾儒与二氏毫厘不同，正在于此'。"③ 对万表与王畿的格物之说，黄宗羲作出了一定的评价："其实先生（万表）之论格物，最为谛当。格之又格，而后本体之物呈露，即白沙之'养出端倪'也。宋儒所谓未发气象，亦即是此。龙溪之伦物感应，有岂能舍此而别有工夫？第两家之言物不同，龙溪指物为实，先生指物为虚。凡天下之物摄于本体之物，本体之物又何尝离伦物哉！然两家皆精禅学，先生所谓本体

---

① 黄宗羲：《明儒学案》（上），沈芝盈点校，中华书局2008年版，第221页。
② 黄宗羲：《明儒学案》（上），沈芝盈点校，中华书局2008年版，第311页。
③ 黄宗羲：《明儒学案》（上），沈芝盈点校，中华书局2008年版，第311页。

呈露者，真空也；龙溪离物无知者，妙有也，与宋儒、白沙之论，虽似而有差别，学者又当有辨矣"①，评价万表格物之说为真谛，与陈献章"静中养出端倪"和宋儒所谓"未发气象"同出一辙，并在反问的形式下，评价龙溪所谓的"伦物感应"离不开万表所谓的格物工夫，进而对传主万表的格物说予以认同，对王畿的格物之说发出了否定的声音。

3. 评价的方式

黄宗羲对学派和学者学术思想进行的评价，是以不同的评价方式展开的。具体而言，黄宗羲对学派和学者学术思想评价的方式，可概括为：客观辩证的评价、以主观见解为依据进行评价、引他人之言以评长短等几个方面。

第一，客观辩证的评价。

在黄宗羲的学术史方法中，客观辩证的评价，是指黄宗羲在对研究对象进行评价时，持较为客观公正的态度，能够一分为二、褒贬互现的、从正反两方面对研究对象作出评价，用莫晋的话来说，即"是非互见，得失两存"。②

如黄宗羲在《明儒学案》中，评价明初理学家吴与弼时，既指出了吴与弼墨守先儒思想、遵循宋儒之学这一弊端，发出了"一禀宋人成说"的批评声音，同时也肯定了吴与弼作为明代理学开端的这一历史功绩，继而对吴与弼发出了"微康斋，焉得有后时之盛哉"的好评。

又如在《明儒学案·泰州学案三》的罗汝芳（近溪）传记中，黄宗羲对罗汝芳进行了正反两方面的评价。黄宗羲先是对罗汝芳能在微谈剧论之中授人以学、使人能在顷刻之间顿悟体道的传道授业工夫给予了肯定的褒扬，说道："顾昐呿欠，微谈剧论，所触若春行雷动，虽素不识学之人，俄顷之间，能令其心地开明，道在现前。一洗理学肤浅套括之气，当下便有受用，顾未有如先生者也"③。在正面评价之后，黄宗羲话锋一转，指出："然所谓浑沦顺适者，正是佛法一切现成，所谓鬼窟活计者，亦是

① 黄宗羲：《明儒学案》（上），沈芝盈点校，中华书局2008年版，第311页。

② 黄宗羲：《明儒学案》（上），沈芝盈点校，中华书局2008年版，第12—13页。

③ 黄宗羲：《明儒学案》（下），沈芝盈点校，中华书局2008年版，第762页。

寂子速道，莫入阴界之呵，不落义理，不落想象，先生真得祖师禅之精者"①，对近溪之学入禅提出了批评。

黄宗羲客观辩证的评价，也体现在其对明代阳明心学的评价上。如莫晋所说"凡宗姚江与辟姚江者，是非互见，得失两存"②，黄宗羲对明代心学的评价可谓"是非得失"同时具备。黄宗羲虽然一生视阳明学为大宗，对阳明之学给予极高的评价："故无姚江，则古来之学脉绝矣"③，然而其对阳明后学的流弊也多有指责，尤其是对浙中王门学派、泰州学派等王门后学的入禅现象展开了批评，在姚江与辟姚江之间，表达了黄宗羲对明代心学的一定看法，这种看法恰如其分地体现了黄宗羲"客观辩证的评价"这一学术史方法。

可以看出，黄宗羲在其学术史思想展开的过程中，他对学者的评价不是一味的褒扬，也不是一味的贬评，而是在其中贯穿了客观、公正的原则，对研究对象进行辩证的评价，对研究对象既指其长，也指其短，使研究对象在学术史家客观公正的评价维度中呈现出来。

第二，以主观见解为依据进行评价。

与客观的辩证评价不同，黄宗羲以其本人的学术见解为依据对研究对象展开的评价，则带有明显的主观色彩。这种具有主观色彩的评价贯穿着黄宗羲本人的独立见解，具有明显的学术创造意识，是研究对象与研究主体学术思想的一种有机结合，不但反映出黄宗羲对研究对象学术思想的看法和定位，而且还反映出黄宗羲的学术观点。换言之，在黄宗羲的学术史思想中，以主观见解为依据进行的评价，是黄宗羲以自己的主观学术话语去对他人学术思想进行的是非长短判断，在某种意义上，具有以对研究对象的评价为契机，以阐发黄宗羲自己的学术观点的倾向。

如在《明儒学案·诸儒学案上二》的曹端传记中，黄宗羲引用了传主曹端论理气关系之言，即"朱子谓理之乘气，犹人之乘马，马之一出一入，而人亦与之一出一入。若然，则人为死人，而不足以为万物之灵，理

---

① 黄宗羲：《明儒学案》（下），沈芝盈点校，中华书局 2008 年版，第 762 页。

② 黄宗羲：《明儒学案》（上），沈芝盈点校，中华书局 2008 年版，第 12—13 页。

③ 黄宗羲：《明儒学案》（上），沈芝盈点校，中华书局 2008 年版，第 178 页。

为死理，而不足以为万物之原。今使活人骑马，则其出入行止疾徐，亦由乎人驭之如何耳，活理亦然"。① 从这段话可以看出，曹端继承了朱熹的理气关系思想，将"理"比作活人，将"气"比作马，将"理"统"气"比作活人驭马。对此，黄宗羲作出评价："先生之辨，虽为明晰，然详以理驭气，仍为二之。气必待驭于理，则气为死物，抑知理气之名，由人而造，自其沉浮升降者而言，则谓之气，自其沉浮升降不失其则而言，则谓之理。盖一物而两名，非两物而一体也。薛文清有日光飞鸟之喻，一时之言理气者，大略相同而。"② 黄宗羲评价曹端的理气关系思想的弊端为析理气为二，并将"气"看作死物。同时，黄宗羲认为朱熹、曹端的理气关系思想和对理气关系的比喻，与薛瑄的飞鸟日光之喻大同小异、实质相同。也就是说，黄宗羲对曹端的理气关系之论，也是持批评态度的。其评价的依据则为黄宗羲自己的理气关系思想。在上文这段黄宗羲对曹端的评价中，贯穿着黄宗羲的理气关系思想。在黄宗羲看来，"自其沉浮升降而言，则谓之气，自其沉浮升降不失其则而言，则谓之理"③，理气合一，名异而实同，实为一物。

由此可见，在黄宗羲的学术史思想中，其对研究对象进行的以主观见解为依据的评价，虽然带有明显的主观色彩，但其与黄宗羲本人对哲学基本问题的诠释是紧密相连的，使研究对象与研究主体的学术（哲学）思想同时呈现出来，使黄宗羲的学术史著作集研究对象的哲学思想与研究主体的哲学思想于一身，体现了评价主体的哲学思想理论创造的能动意识和黄宗羲在其学术史研究中的研究主体地位。

第三，引他人之言，以评长短。

在黄宗羲的学术史思想中，其对研究对象的主观性评价，不仅体现为其以主观见解作为评价的依据，而且还体现在黄宗羲引他人之言以评长短之中。引他人之言以评长短，主要是指黄宗羲在学术史编撰之中，引用他人（第三方）对研究对象的评价，以表明黄宗羲的学术立场，或作为

---

① 黄宗羲：《明儒学案》（下），沈芝盈点校，中华书局 2008 年版，第 1061 页。
② 黄宗羲：《明儒学案》（下），沈芝盈点校，中华书局 2008 年版，第 1061 页。
③ 黄宗羲：《明儒学案》（下），沈芝盈点校，中华书局 2008 年版，第 1061 页。

黄宗羲评价的依据和佐证，增强了黄宗羲对研究对象评价的说服力和可信度。

如在《明儒学案·崇仁学案二》的胡居仁传记中，黄宗羲引用了周翠渠对胡居仁之学的评价："君学之所至兮，虽浅深予有未知，观君学之所向兮，得正路抑又何疑。倘岁月之少延兮，必曰跻乎远大。痛寿命之弗永兮，若深造而未艾"①，继而黄宗羲评价周翠渠的这段话为："此定案也。其（胡居仁）以有主言静中之涵养，尤为学者津梁。"② 从中可以看出，周翠渠对胡居仁之学持肯定态度，评价胡居仁之学为"得正路抑又何疑"③、"倘岁月之少延兮，必曰跻乎远大"④，其中又对胡居仁之学虽有深造却未广泛兴起而感到惋惜："痛寿命之弗永兮，若深造而未艾。"⑤ 而黄宗羲称周翠渠评胡居仁之言为"定论"，即对周翠渠对胡居仁的评价持完全赞同的态度，又在周翠渠评价的基础上，进一步对胡居仁"静中涵养"之学评价到："为学者津梁"，由此看出，黄宗羲所引的周翠渠评价胡居仁之言，在某种意义上说，代表或等同于黄宗羲对胡居仁之学的评价，这一引言作为佐证，增强了黄宗羲评价胡居仁之学的可信度和说服力。

又如，在《明儒学案·泰州学案三》的罗汝芳传记中，黄宗羲引用了许敬庵与王塘南对罗汝芳的评价，以明黄宗羲本人对罗汝芳之学的是非判断。即：

许敬庵言先生："'大而无统，博而未纯'，已深中其病也。"⑥

王塘南言先生："早岁于释典玄宗，无不探讨，缁流羽客，延纳弗拒，人所共知。而不知其取长弃短，迄有定裁。《会语》出晚年者，一本诸《大学》孝弟慈之旨，绝口不及二氏。其孙怀智尝阅《中峰广录》，先生辄命屏去，曰'禅家之说，最令人躲闪，一入其中，如落陷阱，更能转头出

① 黄宗羲：《明儒学案》（上），沈芝盈点校，中华书局 2008 年版，第 29 页。
② 黄宗羲：《明儒学案》（上），沈芝盈点校，中华书局 2008 年版，第 29—30 页。
③ 黄宗羲：《明儒学案》（上），沈芝盈点校，中华书局 2008 年版，第 29 页。
④ 黄宗羲：《明儒学案》（上），沈芝盈点校，中华书局 2008 年版，第 29 页。
⑤ 黄宗羲：《明儒学案》（上），沈芝盈点校，中华书局 2008 年版，第 29 页。
⑥ 黄宗羲：《明儒学案》（下），沈芝盈点校，中华书局 2008 年版，第 762 页。

来，复归圣学者，百无一二'。可谓知先生之长矣。"①

其中所引许敬庵之言，表明黄宗羲对罗汝芳之学之"短"的判定，即虽庞博广大却未成体系；所引王塘南之言，则表明黄宗羲对罗汝芳之学之"长"的判定，即早年虽涉猎佛学，却能取佛学之长而避短，晚年所著《会语》一书则皆本儒家仁义慈孝之旨，闭口不谈释老之学，并告诫其孙避离禅家之学、一心归于儒家圣贤之学。由此，黄宗羲在引他人之言以评长短之中，也实现了自己对研究对象的评价。

由本节内容可以看出，黄宗羲对学派与学者的评价，主要体现为其在宏观领域对学派整体学术思想的评价，和在微观领域对学者个人学术思想的评价两个方面。其评价方式则主要表现为客观辩证的评价、以主观见解为依据的评价和引他人之言以评长短等三个方面。"评价学派与学者"这一学术史方法，体现的是在学术史研究中，黄宗羲在充分了解与掌握学派与学者学术思想的基础上，对研究对象所持的观点和态度，也体现了黄宗羲的学术价值判断标准与研究对象（学派和学者学术思想）二者之间的有机结合，因此，在一定意义上可以说，黄宗羲"评价学派与学者"的学术史方法，作为其学术史思想的主要内容之一，具有主客观双重性。

第四节　对黄宗羲学术史思想的省思

省思以《明儒学案》为中心的黄宗羲学术史思想，可以看到其既有一定的积极意义和当代价值，也具有不足之处。

一、积极意义和当代价值

以《明儒学案》为中心的黄宗羲学术史思想的积极意义和当代价值，主要表现为其对《宋元学案》产生了积极的影响、能够为中国哲学史学科之建构提供借鉴和对当代研究明代理学思想具有参考意义等三个方面。

---

① 黄宗羲：《明儒学案》（下），沈芝盈点校，中华书局 2008 年版，第 762—763 页。

1. 对《宋元学案》产生了积极的影响

以《明儒学案》为中心的黄宗羲学术史思想的积极意义，表现在其对《宋元学案》产生了积极的影响。《明儒学案》中的一些学术史方法和其中所体现出的一些原则，被《宋元学案》继承和发展，促使《宋元学案》在编撰体例和学术史方法层面更加完善，进而标志着学案体学术史体裁的进一步完善。

《明儒学案》中的学术史方法被《宋元学案》所继承。从《宋元学案》的编撰来看，全书共一百卷，分作九十一个学案。其中《明儒学案》中所包含的网罗资料并认真筛选、展现学者生平行事以示其人格风貌、筛选学者著述原集以还原学者学术本然面貌、提炼与概括学者学术宗旨、通过原著辑录对所揭示宗旨进行客观的印证、通过研究主体之解释对所揭示宗旨进行主观的印证、立学案以示学派、揭示不同学者之间学术思想的继承与发展、揭示同一学者自身学术思想之演变、在宏观领域对学派整体学术思想进行评价、在微观领域对学者个人思想进行评价，以客观辩证的态度进行评价、以主观见解为依据进行评价，以及引他人之言以评研究对象之长短等学术史方法，在《宋元学案》中皆有所体现，体现出以《明儒学案》为中心的黄宗羲学术史方法论对《宋元学案》所产生的积极影响，以及《明儒学案》和《宋元学案》二者之间的一脉相承性。

在继承《明儒学案》学术史方法的基础上，《宋元学案》在具体的层面上也有所发展和创新。

首先，是各学案编撰体例上的创新。与《明儒学案》各学案的编撰结构为案前总序——案主传记（包括黄宗羲对案主学术思想的记述和评价）——案主资料选编的设置略有不同，《宋元学案》各学案的编排顺序为：案前图表——案前总序——案主传记——经纂要勾玄的案主资料选编——付目（案主的门人、私淑、家学、学侣、同调等的传记、资料选编和对这些人物的评价）。可以说，在继承和创新的过程中，《宋元学案》在各学案的结构安排和内容设置方面，较《明儒学案》更加完善和丰富。

其次，《宋元学案》更加注重对师承传授关系和人物关系的描述。《宋元学案》在各学案前所增设的图表，揭示了学者之间的学术源流和学术传授中的复杂之关系。在师承传授关系中，新增添了讲友、学侣、同调、门人、家学、私淑、续传和别传等人物关系类别，以表明各图表中人与案主的学术关系。讲友和学侣，是指与案主有过共同讨论学术经历之人，其中，讲友的学术地位或社会地位较高，学侣的学术地位或社会地位较低，另外，与案主共同师事一师的，也被称作学侣。同调，是指与案主有相同或相似的学术观点，但在学术源流上，不出于同一师之人。门人，是指案主的及门弟子。家学，是指与案主有亲属关系，并继承案主之学之人。私淑，是指非案主的及门弟子，而又自称案主之弟子，并在学术上继承案主之人。续传，是指继承案主之学，但既非案主及门弟子，又不自称私淑之人。别传，是指学术出于案主，但另立新说之人。在每一学案的案前图表中，凡与案主属于讲学、学侣、同调关系的，则横向排列，与案主属门人、家学、私淑、续传、别传关系的，则横向排列。其中，表中人物，已经立为其他学案的，则在人名之下标注为"别为……学案"；附于其他学案的，则在人名之下标注为"别见……学案"。由此，《宋元学案》通过图表的形式，清晰地揭示了以学术传承为纽带的人物关系，更加细致地刻画了宋元时期儒学在不同学者与学派之中的发展与传续过程，为后人理清宋、元两代理学的学统传授过程，提供了一个很好的参照。

再次，《宋元学案》继承了《明儒学案》学术史方法中的客观性原则，并且在《宋元学案》中，这种客观性原则体现得更加鲜明与具体，甚至在一定程度上超越了《明儒学案》。这种更加鲜明的客观性原则，表现在《宋元学案》对有争论的学术问题，不限于一家之言，而是广泛地搜集各家文献资料，兼采各家之言。例如，《太极图说》是当时学术界备受争议的对象，《宋元学案》不仅收录了朱熹和陆九渊对这一问题的辩论资料，还收录了宋、元两代学者王鲁斋、刘静修、吴草庐、许白云等人对这一问题看法的资料，做到了客观的、全面地反映思想界对某一特定研究对象的真实看法。

另外，《宋元学案》在《明儒学案》基础上的又一个发展创新表现为增立了理学范畴以外的学案，以记述理学范围之外的重要学者和学派，力图反映出宋元时期学术界和思想界的"显学"。这主要表现为《宋元学案》

增设了《水心学案》、《龙川学案》、《苏氏蜀学略》等内容。其中《水心学案》和《龙川学案》分别主要记述了永嘉学派和永康学派的叶适和陈亮之学。在南宋时期，叶适的永嘉之学，立异于朱熹和陆九渊心性之学，而强调功利，注重事功，在学术界具有举足轻重的地位和影响，叶适之学，更是在南宋时期与朱熹和陆九渊之学三足而立。陈亮的永康学派，强调事功，反对当时理学家空谈义理，陈亮也因此与朱熹有过激烈的"王霸义利"之争。《苏氏蜀学略》主要记述了苏洵、苏轼、苏辙等人开创的蜀学，蜀学多杂于禅，因此，在名称上，较"苏氏蜀学略"，而不叫"苏轼蜀学案"。从增设理学之外的学案来看，《宋元学案》在消除门户之见方面，较《明儒学案》又是一个发展与进步。

综合《宋元学案》对《明儒学案》的种种继承、发展、进步与创新来看，《宋元学案》标志着学案体学术史研究领域的更加成熟。然而，任何发展与创新都不是凭空产生的，只有继承，才会有所发展和创新。《宋元学案》的发展、进步与创新，是继承基础上的发展和继承基础上的创新，换句话说，是在以《明儒学案》为中心的黄宗羲学术史思想影响下的继承、发展和创新。《宋元学案》在学术史方法以及编撰体例方面，所取得的超越《明儒学案》的成就，恰恰说明了以《明儒学案》为中心的黄宗羲学术史思想的卓越之处，也恰恰说明了以《明儒学案》为中心的黄宗羲学术史对《宋元学案》的影响之深。可以说，没有《明儒学案》的积极影响，就不会有《宋元学案》之完善，换句话说，《宋元学案》所承载的，不仅是其所记述的宋元学术史内容、学术史方法和编撰体例等方面的丰富，更承载着《明儒学案》学术史思想的积极意义和对《宋元学案》的积极影响。因此，通过反思以《明儒学案》为中心的黄宗羲学术史思想，可以看到其对《宋元学案》的影响之积极和深刻。

2. 为中国哲学史学科之建构提供借鉴

在多元文化发展的时代之中，如何在中国哲学史建构多元化发展的领域中，探索出一条更加完善的、独立的、具有民族特色的中国哲学史诠释模式，已成为中华民族能否在全球化激烈的文化竞争中，彰显民族文化特色、向世界传递中国文化、进一步增强民族自信心和自豪感的关键所在。这种具有民族特色的中国哲学史诠释模式，不能单纯地向马克思主义哲学或西方哲学寻求借鉴，而是应该更多地从中国传统哲学中探源，汲取精华，极尽所能的借鉴、保留中国传统哲学史中的话语体系和方法论特征，还原中国哲学和中国哲学史的本来面貌。

以《明儒学案》为中心的黄宗羲学术史思想，是中国古代哲学史领域中的学术史研究发展到一定的成熟阶段之产物，从历史发展的纵向角度来看，向上追溯，它秉承了以往哲学领域学术史研究的优良成果，向下它又影响着一代又一代学者的学术史研究，为后世的哲学领域中的学术史研究提供了宝贵的借鉴。同时，从其所处的历史时代的横断面来看，黄宗羲的学术史思想受到了同时代人的好评，其对有明一代理学中人及他们理学思想的评述，无论从广度上还是在深度上，都已达到了前所未有的高度。黄宗羲学术史思想中体现出来的方法论不仅在当时可谓比较完备，即使在当代也经得住推敲，并值得借鉴。鉴于黄宗羲学术史思想的种种宝贵之处，在有待探索出一条民族特色鲜明的中国哲学史诠释模式的今天，省思黄宗羲的学术史思想，能够发现其可值得借鉴的主要方面有以下几部分：

首先，可以借鉴黄宗羲对学术发展宏观规律的总结。黄宗羲在学术史研究领域探索了天下学术发展的走势，提出了以儒学为一本，以儒学领域各学术思想为万殊之学，和儒学道统发展的学术史规律论，从而在宏观层面描绘出一幅包含过去、现在和未来的学术发展概况图。黄宗羲对学术发展宏观规律的总结，虽然带有一定的主观因素，有出于黄宗羲自己的学术好尚之成分，然而在一定程度上，确实是对客观存在的学术背景和学术环境的一种客观反映，同时也为当时思想文化领域的学术发展多元化局面提供了一定的理论依据，具有积极的现实意义。在现当代中国哲学史学科建构领域，研究者可借鉴黄宗羲对学术发展宏观规律的总结，站在一定的理论高度，以把握整体态势的宏观视野，回顾中国传统哲学的发展历程，结合目前中国哲学研究领域的学术成果，总结出一条能够反映出中国哲学史自身发展的内在规律，以预测中国哲学未来发展方向，从而，以研究探索得出的"中国哲学发展的自身规律"的独特性，来立异于西方哲学和哲学史，使中国固有之哲学和哲学史的民族特征大放光彩。

其次，可以借鉴黄宗羲学术史方法论中的"普适"成分。黄宗羲学术史方法论，是黄宗羲在对以往学术史方法论的总结、借鉴与发展中得出来的，其中，有很多内容既适用于黄宗羲之前的学术史研究，也适用于黄宗羲时代的学术史研究，同样适用于黄宗羲之后的学术史研究，具有一定的普适意义，即使在现当代的哲学史建构中，也十分值得借鉴。例如，为学者立传、阐述学者一生中主要的事迹和学行，辑录能够反映学者学术思想的原著部分，提炼与概括学者学术宗旨，选定某种标准以划分学派，追溯学术源流、把握学术发展动态，评价学派与学者学术思想，以及黄宗羲对这些学术史方法所做的细化展开等，这些都是中国传统学术史方法论研究成果中的典型代表，具有鲜明的传统特色和民族特色，并且，都可以为现当代的中国哲学史学科建构之方法论方面提供借鉴。中国哲学史的编撰者可在适当的效仿西方哲学史方法论的同时，把目光更多地投向中国传统学术史方法论中的"普适"成分，取其精华，在对中西方的哲学史方法论的融合与对比之中，以中国传统学术史方法论为主导，凸显出传统学术史方法论的优越性和其在中国哲学史学科构建领域的重要性，以此确立一种传统色彩浓厚又不失现代意义的中国哲学史学科建构体系。

再次，可以借鉴黄宗羲学术史思想中的民族哲学话语体系。中国哲学史的研究对象是中国哲学自身的历史，而在中国哲学这一磅礴的体系中，中国古代传统哲学占据了相当大的比重，这是与中华民族有着几千年的悠久历史和文化积淀相适应的。在中国古代，西方哲学和哲学史并没有传入中国，因此，这一历史阶段的中国哲学是完全不掺杂任何外来文化影响的"本民族自己的"哲学，其哲学史领域中的学术史也完完全全的是在中华民族的哲学话语体系中展现出来的。黄宗羲的学术史思想，作为中国传统学术史思想中的精华部分，自然具备了传统学术史思想的特征（或换种更为恰当的表达方式——黄宗羲学术史思想具备了中国传统哲学史思想的特征），体现着传统学术史（哲学史）中的民族哲学话语体系。其中所包含的哲学概念、范畴和对某些哲学问题的表述方式，完全来自"中国传统哲学话语体系"，也完全来自"中国传统哲学史话语体系"。在目前中国哲学史学科建构领域中，要想探求一种具有民族特色的中国哲学史诠释模式，就应该借鉴中国古代学术史（哲学史）思想中的哲学话语体系，用中国古代学术史（哲学史）思想中的哲学语言来诠释中国哲学从古至今的自身发展历程，以弥补目前中国哲学史学科建构中所存在的民族的、传统的话语缺失之不足，最终，努力的开拓一条以中国自身的哲学话语诠释为主、以西方哲学话语为辅的中国哲学史学科建构之话语体系。

3. 对当代研究明代理学思想具有参考价值

黄宗羲学术史思想的又一个积极意义，就是其对当代研究明代理学思想具有参考价值。众所周知，在中国哲学研究领域，对任何一段历史时期哲学思想的研究，都有待于从广度进行拓展，从深度上加以深化，这样，才能够挖掘出中国哲学普遍的、深层次的精神内涵，能够更加具体的了解中国哲学的思想精髓和本质特征。明代理学是中国哲学发展历程中的一个不可逾越的阶段，是中国古代哲学发展到一定历史阶段的产物，代表着我国古代自公元 1368—1644 年长达近三个世纪历史时期内中国哲学发展的主流情况。因此，对明代理学的研究成为当今中国哲学研究领域的一个重要内容，对这一内容的研究必然需要从广度和深度上继续扩展和加深。

目前，学界对明代理学的研究通常围绕具体人物和具体学派展开，通过研究某些记载人物或学派的文本来揭示某些具体的理学思想。集中体现黄宗羲学术史思想的《明儒学案》，集黄宗羲毕生研究之心血，以学案为单位，记载了明代二百多位学者和明代理学中的十六个学派的理学思想，其中包含了黄宗羲对各个学案或学派整体学术思想的概括、对所录学者生平事迹及学行的记述、对学者学术宗旨的准确提炼与概括，包含了黄宗羲对各学派以及学者学术思想的主观评价和黄宗羲本人的哲学观点，收录了时人对某一学者或学派的理学思想之观点，同时，经过黄宗羲纂要钩玄，收录了许多能够反映明代学者学术思想原貌的部分著作，从多方面、多角度展示了明代理学思想的发展演变过程。可以说，整部《明儒学案》即一部明代理学史，它反映了黄宗羲视域中明代理学之面貌。黄宗羲作为明代伟大的思想家和学者，其学术研究涉及哲学、历史、文学、经济等多个领域，这说明了黄宗羲具有广阔的学术视野，其对明代理学研究的结果，势必是广阔视域下的明代理学史思想，因此，较一般学者的明代理学史思想而言，黄宗羲的学术史思想，必定有其真知灼见和独特之处。黄宗羲本人生活在明代，他对明代理学产生和发展的客观社会背景和学术背景有着深刻的认识和体验，因此能够从时代环境、社会基础和亲身经历的角度来领悟明代理学产生的深层次原因。也因此，黄宗羲较后来其他学者而言，更加接近明代理学的产生与发展，换句话说，黄宗羲更加接近明代理学自身。在一定程度上，从历史学角度而言，越是接近历史本身的记载，就越具有真实性和可信度，所以，从某种意义上看，黄宗羲较其之后的学者而言，其明代理学史思想和对明代理学的记述，更加贴近历史本身，具有较高的可信度。黄宗羲学术史思想对明代理学研究的参照价值主要体现在以下几方面：

其一，参照黄宗羲学术史思想家中所涉及的人物研究对象，以求在广度上拓展对明代理学思想的研究。明代理学自身经历了近三百年的发展历程，明代理学中人多达几百人，就《明儒学案》记载，已达二百余人。然而，到目前为止，现当代学界对明代理学中人物的研究，主要限于一小部分思想家和学者。这些少数人物主要有明代初期的曹端、薛瑄、胡居仁、陈献章，和明代中后期的王守仁、湛若水、罗钦顺、王廷相、王畿、钱宽、王艮、罗汝芳、刘宗周等人，而对于其他的思想家及学者或避而不谈，或有所论及但研究的深度不够。这种研究状况，造成现当代学界对明代理学的研究视域之狭窄，导致了在这一研究领域中以少数人物研究对象代替多数人物研究对象的以偏概全的学术研究偏失，从而不能在人物研究对象领域全面地、客观地反映明代理学之全貌，也就无法更好地促进这一哲学领域的研究。因此，在研究对象中，拓展和增加明代理学中人的范围和数量，或许能够成为今后哲学研究领域的一个发展趋势。既然如此，黄宗羲学术史思想就能为此提供参照。《明儒学案》涉及人物众多，从某种程度上看，其内容全面，堪称为"明代理学学者及其思想之镜子"，以其为参照来重视现当代的明代理学研究，可取其涵盖人物广泛之长，补目前研究之短，进而，从开拓研究视野的角度，逐渐完善现当代对明代理学的研究。

其二，以黄宗羲的明代理学史思想为参照，深化对特定学派或人物
的研究。黄宗羲的明代理学史思想，包括了其对明代理学主要学派和学者
的学术的宗旨提炼和评价，反映出黄宗羲对某一学派、某一学者或某一特
定问题的深刻认识和独到看法，这些认识和看法，对现当代的明代理学研
究，具有一定的参考价值。当代学界可以通过研究黄宗羲的明代理学史思
想，充分并详细掌握黄宗羲对明代理学各家各派各学者思想的认识深度，
在黄宗羲对某一问题认识的基础上，继续挖掘该问题的深层次内涵，力图
在研究中，对具体学派和人物理学思想产生新的认识和观点，深度探求明
代理学的本质内涵和特征。

其三，以黄宗羲明代理学史思想中的一些具体观点为参照，衡量与
评判现当代的明代理学研究中的一些结论。在某种意义上，黄宗羲的明代
理学史思想具有衡量与评判价值。黄宗羲对明代理学的总结，虽然是一家
之见，但是具有一定的准确性和合理性，其中很多观点被当时及之后的历
代学者所认可，甚至被一些学者所引用和借鉴，因此，就研究明代理学某
一学派或人物的某些具体问题而言，对比黄宗羲的和现当代的研究成果，
不仅能够以黄宗羲的观点为衡量标准，评判现当代对明代理学研究所得出
的一些具体结论，而且还能够丰富明代理学的研究内容，为明代理学的研
究提供新的思路。

二、不足之处

黄宗羲学术史思想的不足之处，主要表现在门户之见犹存和主观评
述比重偏小两个方面。

1. 门户之见犹存

尽管黄宗羲学术史思想有许多值得肯定和赞扬的客观性原则，但仍
然存在着门户之见，成为其学术史思想中的不足之处。

这种门户之见，首先体现在黄宗羲尊阳明心学而抑程朱理学方面。
黄宗羲一生尊崇阳明心学而贬抑程朱理学，师从于刘宗周，刘宗周是阳明
心学的得力干将，也是明末心学的总结者和修正者，因此，黄宗羲的哲学
思想，主要来源于阳明心学，他自然对心学有着浓厚的情感。在主观情

感的作用下，黄宗羲曾著《孟子师说》，借其师刘宗周之名阐发与表彰作为"心学源头"的孟子之学的微言大义。同时，黄宗羲于多处多次尊心学为圣学，认为心学是对往圣绝学的延续，是人们通往成圣之路的门径。从《明儒学案》的卷帙内容来看，全书设十九个学案，其中有十一个学案记载了明代心学中的主要学者，记述了心学在明代的发展历程，因此，在某种意义上而言，《明儒学案》不啻为一部明代心学史。与尊崇阳明心学形成鲜明对比的是黄宗羲对程朱理学的批判。黄宗羲亦在多处多次指出了程朱理学之弊端，他批判程朱理学对学术领域思想自由的禁锢，致使天下学术成为一家之学术，违背了"一本"而"万殊"之学的学术发展规律。不仅如此，黄宗羲还指责程朱之学以"理"为本的客观唯心思想是近禅的表现，力图在陈列程朱之学弊端的同时，更加鲜明地表现出阳明心学之儒学正统地位。黄宗羲的这些思想，恰恰是其门户之见的体现之一。

黄宗羲学术史思想的门户之见，还表现在《明儒学案》对入案学者的选录方面。在某种程度上，黄宗羲在选录《明儒学案》入案学者方面，以一定的主观好尚为依据。众所周知，李贽是明代的一位著名学者，是泰州学派的主要代表人物之一，其学术思想中有许多进步的因素，如李贽批判腐朽的封建统治，重视工商业发展，批判封建社会的男尊女卑思想，且提出了民本思想、不以孔子之是非为是非和与世推移的进步的历史观。但是，李贽又是泰州学派中极力张扬禅学之人，他的学术思想在当时便被人们指责为异端，而他更是自我标榜为狂禅，其思想则多有其佛学的渊源，李贽公然指出儒、释、道之学为一学，也将孔子、老子和释迦牟尼并称为"三大圣人"。至其晚年，则落发为僧，遁入空门。李贽的思想在当时及后世都极具一定的影响力。然而就是这样一位思想中带有进步因素又具有狂禅特质的学者，黄宗羲却没有将其录入《明儒学案》，其根源在于黄宗羲的学术好尚。黄宗羲对李贽持批判态度，他认为"卓吾生平喜骂人，且学术偏僻"[1]，指责李贽批判先贤、离经叛道，由儒入禅的学术思想。事实上，不仅黄宗羲指责李贽入禅，当时许多学者，如王夫之、顾炎武、冯琦

---

[1] 沈善洪主编：《黄宗羲全集》（第一册），浙江古籍出版社 1985 年版，第 206 页。

等人，皆指责李贽有损名教、皈依佛门。黄宗羲作为名教的维护者和为儒学辟佛者，自然对李贽的"异端"思想持极力否定的态度，也正是在这种否定式的情感的作用下，黄宗羲没有将李贽录入《明儒学案》。

2. 主观评述比重偏小

相对于内容较为丰富的资料选编部分来说，黄宗羲在《明儒学案》中的主观评述比重则显得偏小。虽然在学术史研究领域，《明儒学案》较以往学术史研究在规模上有所扩大，收录学者人数倍增，内容更加翔实，但具体到对某一学派或某一个别学者的评述当中，则比重略显偏小，甚至对某些学派或学者的评述几句话带过，无法充分反映出这些学者的学术思想和黄宗羲对其的认识和评价。如在黄宗羲评价不高的《南中王门学案》中，黄宗羲对周怡、薛应旂等学者的评述，皆不够详尽。又如在《东林学案三》中，黄宗羲对叶茂才、许世卿、耿橘等学者的评述则多以学行为主，而对这些学者学术思想特点的评述则字数寥寥，显示不出黄宗羲对这些学者学术思想的充分体认。即使对明代理学中重要的或产生重要影响的学者，如胡居仁、王阳明、王畿、罗钦顺、王廷相、刘宗周等人，黄宗羲的评述也有不全面之处，因此，主观评述比重偏小，为黄宗羲学术史思想的又一不足之处。

总之，黄宗羲的学术史思想尽管有一定的局限，但作为一笔宝贵的思想遗产，它在今天仍有重要的价值。可以这样说，黄宗羲是"传统时期的中国哲学史"之创始人，他的学术思想史实际上是中国哲学史学史的"前史"或"萌芽阶段"，也是中国哲学史学史的内在要素，值得我们进一步深入研究。

第二编

中国哲学史学科的创立

引　言

中国哲学史这门学科诞生在 20 世纪初至 40 年代，最主要的代表性著作有胡适的《中国哲学史大纲》（上卷）、冯友兰的《中国哲学史》（上下卷）、张岱年的《中国哲学大纲》。另外还有谢无量和钟泰分别写的《中国哲学史》、范寿康的《中国哲学史通论》等。

中国哲学史学科诞生的标志就是它的独立化。中国哲学史虽然有古代思想史的长期孕育，但一直被包容在一般的学术史之中，也就是说它是作为古代学术史的一个部分而存在，还没有真正的自己。从一般的学术史中独立出来成为一个专门学科而自立于学术之林则是 20 世纪的事情。

中国哲学史学科的独立与哲学学科的独立息息相关。我们不同意中国没有哲学的说法，但承认中国古代没有哲学学科、没有哲学这个名词。日本学者西周 1873 年用"哲学"这一词语来翻译"Philosophy"，《新民晚报》1902 年的一篇文章首次把"哲学"这一译名运用于中国传统思想方面。1914 年，北京大学设立"中国哲学门"。1919 年，蔡元培将"中国哲学门"改为"哲学系"，这标志着作为近现代教育和科研体制下一个专业门类的"哲学学科"在我国的正式确立。[①] 随着哲学学科的出现，一批经过国外专业哲学训练的哲学工作者和哲学家应运而生，这些哲学工作者和哲学家运用现代哲学意识和方法研究中国传统思想，便催生了中国哲学史

[①]　参见郑家栋：《"中国哲学"的"合法性"问题》，载《中国哲学年鉴（2001）》，《哲学研究》2001 年 12 月出版发行，第 1—2 页。

这门学科。

1916 年谢无量出版的《中国哲学史》是中国人撰写的第一部中国哲学史，是中国哲学史学科的开山之作。这部书具有初步的现代哲学意识，但传统的色彩较为浓郁，学界多数人认为它还是一部用经学方法撰写的中国哲学史著作，不能算作中国哲学史学科的真正开山之作。胡适 1919 年出版的《中国哲学史大纲》（上卷）是第一部用现代哲学意识和方法撰写的半部中国哲学史，其影响远远大于谢著，其开风气之功在蔡元培为其所作的《序》中已经充分地表达了出来。20 世纪 30 年代初冯友兰出版了上下册的《中国哲学史》，这是第一部用现代哲学意识和方法撰写的完整的中国哲学史，后来有外文译本，在世界上有着重要的影响。冯著和胡著一起，开创了"以西释中"、按历史的时间和人物顺序书写中国哲学史的范式。在胡著和冯著之间，钟泰 1928 年也出版了一部《中国哲学史》，是典型的用传统的史传方式书写的中国哲学史，虽然在当时具有不合时宜的特征，但"以中释中"的范式对今天的中国哲学史书写仍有启发价值。张岱年 20 世纪 30 年代后期完成的《中国哲学史纲要》是第一部中国哲学问题史、范畴史，开创了另一种中国哲学史的书写范式。而范寿康 1937 年出版的《中国哲学史通论》则是第一部自觉运用马克思主义哲学作为诠释框架系统研究中国哲学史的著作，开创了"以马释中"的中国哲学史书写方式。但仅仅是初步的，在许多方面还有待于深化。

正像《绪论》中提到的那样，中国哲学史学科创立时期主要出现了"以西释中"、"以中释中"、"以马释中"三种典型的中国哲学史书写方式，其中"以西释中"是主流。这开辟了中国哲学史书写方式的自觉时代、现代化时代，对后来的中国哲学史书写产生了重大影响。鉴于对中国哲学史学科的影响程度，我们还是把胡适、冯友兰、张岱年的中国哲学史研究作为叙述和分析重点，同时也论及谢无量、钟泰、范寿康的中国哲学史研究。

第五章　胡适的中国哲学史研究①

　　胡适（1891—1962 年），安徽绩溪人。原名胡洪骍，出国留学前，请二哥胡绍之帮助改名，胡绍之提议用"物竞天择，适者生存"的"适"字，由于胡适比较推崇达尔文、赫胥黎的进化论，所以欣然接受。胡适出身于官僚兼商人家庭，自幼在家攻读程朱理学，1904 年入上海公学求学，开始接触西方文化。1910 年赴美留学，先入康奈尔大学学农，后改读文科。1915 年 9 月，胡适转入哥伦比亚大学哲学系研究部，成为实用主义哲学家杜威的学生。这一阶段是胡适一生中比较关键的一个阶段，他研究和接受了皮尔士、詹姆斯特别是杜威的实用主义哲学观点和方法论，并贯彻于一生的学术生涯中。胡适 1917 年回国，任北京大学教授，从事中国哲学史教学，并参加《新青年》的编辑工作，是当时新文化运动的风云人物。五四运动以后，胡适发表了《多研究些问题，少谈些主义》，在学术界引起了一场争论，蓝志先、李大钊等人发表文章与其商榷。1920 年底，胡适与《新青年》脱离关系。1922 年起，胡适代理北京大学文科学长，和丁文江等人创办《努力周刊》。1928 年任中国公学校长，参与筹备"中央研究院"。1931 年九一八事变后，与傅斯年等人创办《独立评论》，支持蒋介石"攘外必先安内"的主张。1936 年 9 月，任国民党政府国大代表。1938 年至 1942 年，任国民党政府驻美大使。1946 年任北京大学校长，同年 11 月参加国民大会，被选为大会主席。1948 年去美国，后回台

---

① 本章由柴文华、杨辉执笔，柴文华修改。

湾。1962 年 2 月 24 日病逝于台湾。

胡适是中国近现代一位影响很大的学者，他所研究的领域比较广泛，涉及哲学、文学、历史等学科领域。主要著作有：《胡适文存》、《胡适论学近著》、《白话文学史》、《红楼梦考证》、《水浒传考证》等。

1919 年初，胡适出版了《中国哲学史大纲》（上卷），较早用现代方法研究中国古代的"哲学发展史"，标志着中国哲学史这门学科开始从一般学术思想史中分离出来而自立于学术之林，为中国哲学史这门学科的发展作出了重要贡献。

第一节　哲学和哲学史观

编写中国哲学史首先要界定哲学和哲学史，这是一个前提性和基础性的工作。

哲学的定义向来见仁见智，没有定论。胡适的定义是"凡研究人生切要的问题，从根本上着想，要寻一个根本的解决：这种学问叫作哲学"[①]。这是把哲学界定为探索人生终极问题的学问，比如善恶问题是人生的切要问题之一，哲学所要研究的是什么叫作善，什么叫作恶？人的善恶是天生的呢，还是学来的呢？我们何以能知道善恶的区别？善何以当为，恶何以不当为？因为善事有利所以当为，恶事有害所以不当为，还是只论善恶，不论利害呢？这些都是善恶的根本问题。

胡适指出，人生的切要问题不止一个，所以哲学的门类也有许多种。胡适将其分为六种：一是宇宙论，探讨天地万物怎样来的；二是名学及知识论，探讨知识思想的范围、作用及方法；三是人生哲学或伦理学，探讨人生在世应该如何行为；四是教育哲学，探讨怎样才可使人有知识、能思想、行善去恶；五是政治哲学，探讨社会国家应该如何组织、如何管理；六是宗教哲学，探讨人生究竟有何归宿。[②]

---

① 姜义华主编：《胡适学术文集——中国哲学史》（上册），中华书局 1991 年版，第 8 页。

② 参见姜义华主编：《胡适学术文集——中国哲学史》（上册），中华书局 1991 年版，第 9 页。

既然哲学是研究人生切要问题的学问，那么哲学史是什么呢？胡适指出，人生的种种切要问题，自古以来经过了许多哲学家的研究。往往是一个问题发生以后，各人有各人的见解，各人有各人的解决方法，遂致互相辩论。有时一种问题过了几千百年，还没有解决。例如孟子说性善，告子说性无善无不善，荀子说性恶。到了后世，又有人说性有上中下三品，又有人说性是无善无恶可善可恶的。若有人把种种哲学问题的种种研究法和种种解决方法，都依着年代的先后和学派的系统一一记叙下来，便成了哲学史。也就是说，哲学史就是根据年代和学派记叙历史上哲学家对各种哲学问题的种种研究方法和解决方法。

胡适指出，哲学史也有不同种类，胡适将其分为两大类：第一类是通史，比如《中国哲学史》、《西洋哲学史》等。第二类是专门史，专门史里又分类为四种：一是断代史，例如《希腊哲学史》、《明儒学案》等；二是学派史，例如《禅学史》、《斯多亚派哲学史》等；三是个案史，专讲一人学说的，例如《王阳明的哲学》、《康德的哲学》等；四是问题史，专讲哲学中部分内容的历史，例如《名学史》、《人生哲学史》、《心理学史》等等。①

在胡适之前，谢无量于1916年出版了中国人自己写的第一部《中国哲学史》，他认为哲学等于"道术"，等于"儒"，西方所说的哲学，和中国的儒学、道学、理学以及佛教的义学，"其实一也"。谢无量把哲学分为三类：形而上学、认识论、伦理学。而哲学史的任务就是描述哲学发展的大势，从历史实际出发阐论哲学家的主要学说，通过比较的方法考察各种思想的异同等。与谢无量相比，胡适对哲学的理解更加明确和贴切，对哲学史的理解更加全面，尤其对哲学史类型的划分较为科学和细密。而胡适的中国哲学史研究超越谢无量之处更明显的是体现在方法论方面。

---

① 　参见姜义华主编：《胡适学术文集——中国哲学史》（上册），中华书局1991年版，第9—10页。

第二节　方法论基础

胡适的中国哲学史研究是以他的哲学方法论为基础的。学界普遍认为，胡适在五四时期的主要贡献之一就是提出了一套方法论，这是符合历史实际的。胡适在方法论上一方面受到了西方近代科学方法的洗礼，另一方面也继承了中国传统，特别是乾嘉学派的学术方法，在当时产生了广泛影响。

胡适本人对方法是十分重视的。他在《自传》中说，他治中国思想与中国历史的各种著作，都是围绕着"方法"这一观念打转的。"方法"实在主宰了他四十多年所有的著述。胡适还在《先秦名学史·导论》中指出，哲学是受它的方法制约的，也就是说，哲学的发展是决定于逻辑方法的发展的，这表明方法对哲学的意义。胡适认为，"方法对科学也有重要意义，科学的精神全在他的方法。方法是活的，是普遍的。我们学一种科学，若单学得一些书本里的知识，不能拿到怎样求得这些知识的方法，是没有用的，是死的……古人说：'鸳鸯绣取以君看，不把金针度与人'，这是很可鄙的态度。我们提倡学术的人，应该先把'金针'送给人家，然后让他们看我们绣的鸳鸯，然后教他们大家去绣一些更好更巧妙的鸳鸯。"①这里所说的"金针"指方法，认为"金针"是绣出鸳鸯的关键所在，有了金针，才能绣出鸳鸯，否则则不然。同样，逻辑方法和科学方法的发展是哲学和科学发展的关键所在，只有掌握了逻辑和科学方法，才能在哲学和科学领域有所作为。

一、存疑的方法

胡适称，对他一生学术生涯影响最大的除杜威外，还有一个赫胥黎。因此胡适所宣传的存疑方法主要来自于赫胥黎，他又称之为"存疑主义"。

所谓"存疑"是指对一切迷信、一切传说不轻信，不盲从，依凭证

---

① 胡适：《国语文法的研究方法》，《新青年》1921 年 7 月第 9 卷第 3 号。

据作出自己的判断。赫胥黎的存疑主义是一种思想方法，它的要点在于注重证据。只有那证据充分的知识，方才可以信仰，凡是没有充分证据的，只可存疑，不当信仰，这是存疑主义的主脑。胡适认为，这种严格的不信任一切没有充分证据的东西，就是存疑主义，它是一种科学精神，是赫胥黎在哲学方法上最重要的贡献，是哲学方法上的大革命。他还指出，疑问是思想的起点。一切有用的思想，都起于一个疑问符号。一切科学发明，都起于实际上或思想界的疑惑问题。

总之，胡适所宣传的存疑方式，不信上帝，蔑视权威，只信证据，它与怀疑一切的怀疑主义是有区别的，具有科学精神；它也是对中国传统思维方法的否定，具有反对封建传统的意义。但是，胡适的这一方法也有针对马克思主义的一面，按他自己的话说，马克思主义共产共有的理想境界是一种"武断的虚悬"，他提倡存疑是要"教人一个不受人惑的方法"，以便引导青年人"不再走错了思想的路子"。因此，胡适用存疑的方法教人不要盲从马克思主义，这一点是历史的事实。

二、"评判的态度"

与存疑的方法相联系，胡适提倡一种"评判的态度"。

什么是"评判的态度"呢？胡适指出，尼采说现今时代是一个"重新估定一切价值"的时代。"重新估定一切价值"八个字是评判的态度的最好解释。就是说，所谓评判的态度就是重新估价一切价值。那么，重新估价是什么意思呢？胡适认为，"评判的态度"只认得一个是与不是，一个好与不好，适与不适，就是对重新估价的对象给出一个事实判断和价值判断。

那么，重新估价的对象是什么呢？胡适指出，一是"习俗相传下来的制度风俗"，主要指传统的生活习惯。二是"旧有的学术"，包括"古代遗传下来的圣贤教训"，胡适在这方面确实做了大量的工作。他对中国旧文学的评价，对包括孔教在内的传统学术的评价就贯穿了这种评判的态度。三是"社会上糊涂公认的行为与信仰"，包括马克思主义。上述三点，就是胡适所说的"评判的态度"，即重新估价的主要对象。

胡适进一步指出，"评判的态度"在新文化运动中还有一些具体表现：第一个表现是"研究当前具体和实际的问题"，如"以儒教为国教"问题、"以儒教为国家的道德标准"问题、语言文字问题、国语统一问题、妇女解放问题、传统贞操问题、旧剧改良问题等等。第二个表现是"输入学理"。也就是从海外输入新理论、新观点和新学说。为此，《新青年》杂志先后办了"易卜生专号"、"马克思专号"、"杜威专号"等。第三个表现是"整理国故"。胡适认为，对整个旧学术，新文化运动持的是"评判的态度"。"整理国故"是对旧有学术的一个积极主张。就是说，胡适并非全盘否定旧有学术，认为需要用科学的方法进行整理，这就是所谓的"整理国故"。第四个表现就是"再造文明"，就是通过严肃分析我们所面临的活生生问题，通过由输入的新学理、新观念、新思想来帮助我们了解和解决这些问题；同时通过以相同的批判态度对我国固有文明进行了解和重建，我们这一运动的结果，就会产生一个新的文明来。因此，胡适又称这一运动为"中国文艺复兴运动"。

胡适的"评判的态度"是一种思想方法。这种思想方法提倡独立思考的能力，它与存疑主义方法一样，其实质都是四个字——"反对盲从"，盲从恰是评判的反面，盲从的人是不会去"重新估价一切价值的"。因此，"评判的态度"包含一种与人的类价值密切相关的积极理论勇气。从内容和表现看，胡适的"评判的态度"具有双重价值趋向。一方面，胡适"评判的态度"的主要对象是旧有学术，主张不仅要用批判的眼光对待旧有学术，还要用科学方法整理旧有学术，这既有反对旧有文化的积极意义，也包含有对待传统文化的一种科学态度。胡适主张"输入学理"，表现出对西方文明的一种开放心态。他所确立的"再造文明"目标则表现了融合中西文化的一种价值理想。同时，胡适"评判的态度"有针对马克思主义的方面。

三、"科学试验室的态度"

胡适认为，"科学试验室的态度"产生于近代科学观念的变迁，即科学家对科学律例态度的变化。从前崇信科学的人，大概有一种迷信，以为科学的律例都是一定不变的、天经地义的。近几十年来，这种观念发生了变化，科学家渐渐懂得了，科学律例不过是一些最适用的假设，并不是永远不变的真理。这种对科学律例的新观念运用于哲学领域，便产生了实验主义哲学的"科学试验室的态度"。因为"科学试验室的态度"不承认永恒的真理，认为一切真理都是应用的假设，假设的真不真，全靠他能不能发生他所应该发生的效果。实用主义哲学这种对待真理的态度与科学家对待科学律例的态度是一致的。前者以后者为基础。

胡适所宣传的"科学试验室的态度"是通过杜威的思想五步法集中表现出来的。胡适认为经验就是生活，生活就是应付环境，而人应付环境关键在于思想的作用。因此，实用主义哲学非常重视思想。杜威的思想五步说实际上也就是人应付环境的方法。第一步：疑难的境地。胡适认为，这一步说的是思想的起点。人类的生活、环境会经常出现一些疑难挫折，如果没有这些疑难，便用不着思想了。概括地说，就是思起于疑。第二步：指定疑难之点究竟在什么地方？胡适举例说这就像一个医生给病人看病，要指出病人的病究竟是什么？第三步：假定种种解决疑难的方法。在疑难的境地之中，既然确定了疑难之点，就应该运用自己的经验、知识、学问，提出种种解决方法。第四步：决定哪一种假设是适用的。胡适说："有时候，一个疑难的问题能引起好几个假设的产生"，这思想的第四步就是选择其中最适用的解决办法。比如在森林中迷了路的人，他先爬上树顶，没有找到出路；又取出望远镜，也没有发现出路；经验告诉他，跟着水流能走出森林，在这三个解决法里，最后一个无疑是最适用的一个解决方法。第五步：证明。胡适指出：第四步所采用的解决法还只是假定的，究竟是否真实可靠，还不能十分确定，必须有实地的证明，方才可以使人信仰；若不能证实，便不能使人信用，至多不过是一个假定罢了。已证实的假设，能使人信用，便成了真理。又如那个迷路的人，跟着水流，果然出了险，这就证明了这个假设是真正实用的。胡适指出，科学的证明不这样简单，有些假设需要在实验室里证明，即通过实验。胡适指出，杜威五步法是归纳法和演绎法的统一，从第一步到第三步，是偏向归纳法的，即先考察眼前特别的事实和情形，然后发生一些假定的通则；但是第三步到第五步，是偏向演绎法的，是先有了通则，再把这些通则包含的意义一一演出来。胡适认为，这种归纳与演绎统一的方法是训练思想力的正当方法。另外，胡适特别指出，在杜威的思想五步法中，最重要的是第三步和第五步，即假设和证明。

根据杜威的思想五步法，胡适提出了他的十字名言，"大胆的假设，小心的求证"。这是胡适对清代学者治学方法的概括。因此，胡适对假设和证实十分重视，认为它们是"科学试验室的态度"的两个主要标志，后来，胡适还把"科学试验室的态度"称作"实验方法"、"科学方法"等，他说，科学方法是实验室里的科学家所发明的，假设和证验都是科学方法所不可少的主要分子。假设是科学发明的重要条件，证实是使假设成为真理的唯一途径。所以，胡适的结论是：科学方法只是"大胆的假设，小心的求证"十个字。

胡适所宣传的"科学试验室的态度"是对自然科学方法的一种哲学概括，充分估价了假设和验证在方法论中的地位，具有科学精神，对中国传统思维方式的改造具有一定的促进作用。胡适运用杜威思想五步法研究清代学者的治学方法，挖掘了传统学术方法的科学精神，概括出的"大胆的假设，小心的求证"十字箴言，是他在方法论上的独特贡献。胡适的方法论具有经验主义倾向。

四、"历史的态度"

胡适认为，"历史的态度"是实验主义的又一根本观念，它产生于达尔文提出的进化观念。在达尔文的进化论出现以前，普遍存在着一种物种不变、真理不变论。达尔文宣言物种都有一个由来，都经过了许多变化。不但种类变化，真理也变化。胡适认为，达尔文进化论的产生对各种学问包括哲学都产生了深刻影响。实验主义哲学家们把达尔文的进化观念拿到哲学上来应用，拿来批评哲学上的问题，拿来讨论真理，拿来讨论道德。

什么是"历史的态度"呢？所谓"历史的态度"按照胡适的话说就是要研究事物如何发生，怎样来的，怎样变到现代的样子。就是研究事情的发生、发展及其原因。在《杜威先生与中国》一文中，胡适把"历史的态度"又称作"历史的方法",形象地比喻为"祖孙的方法"。他说,这个方法从来不把一个制度或学说看作一个孤立的东西,总把他看作一个中段;一头是他所以发生的原因,一头是他自己发生的效果;上头有他的祖父,下面有他的子孙。捉住了这两头,他再也逃不出去了。认为历史的方法主要抓两头,一头是原因(即祖父),一头是效果(即子孙),抓住了两头,中段也自然清楚了。胡适接着指出,历史的方法有两方面的特征和效应:一方面是很忠厚宽恕的,因为它处处指出一个制度或学说所以发生的原因,指出他的历史背景,故能了解他在历史上占的地位与价值,故不致有过分的苛求。另一方面,这个方法是最严厉的,最带有革命性质的,因为他处处拿一个学说或制度发生的结果来评判他本身的价值,故最公平,又最厉害。就是说,历史的方法既宽容,又严厉。因为考虑到当时具体的历史条件(原因),就不会对某种学说或制度在评价时过分苛求,所以它是宽容的。因为要以效果为唯一尺度去衡量某种学说或制度,会避免情感上的干扰,做到铁面无私,所以它又是严厉的。

胡适"历史的态度"具有双重价值趋向:一方面具有科学性。历史的态度承认事物都有一个发生和发展的过程,注重历史背景、个人才性、意识形态对一个制度和学说体系的影响,这是一种符合实际的、科学的历史主义态度;另一方面,胡适在运用"历史的态度"研究问题时,有针对马克思主义的一面。因此,我们在对胡适的"历史的态度"进行事实和价值判断时,也应当持一种"历史的态度"。

可以说,胡适的中国哲学史研究是以他的哲学方法为基础,尤其是运用了"历史的态度"。

第三节　历史主义的方法

胡适在中国哲学史这门学科的发展中作出了自己的重要贡献,其原因之一,就是把"历史的态度"具体运用到了中国古代哲学的研究当中,开创了用现代方法研究中国哲学的先例,标志着中国哲学史这门学科的真正独立。

胡适哲学史研究中的"历史方法"具体表现在他对哲学史目的的论述上。

胡适认为，哲学史有三个目的：

第一，"明变"。所谓"明变"就是了解古今思想沿革变迁的线索，这在胡适看来是哲学史的第一要务，这一点与胡适关于"历史的态度"的定义，即研究事物的发生发展是一致的。胡适举例说："如孟子、荀子同是儒家，但是孟子、荀子的学说和孔子不同，孟子又和荀子不同。又如宋儒、明儒也都自称孔氏，但是宋明的儒学，并不是孔子的儒学，也不是孟子、荀子的儒学。但是这个不同之中，却也有个相同的所在，又有个一线相承的所在。这种同异沿革的线索，非有哲学史不能明白写出来。"①

第二，"求因"，即探寻哲学思想沿革变迁的原因，具体包括哲学家个人的才性，所处的时势，所受的思想影响等。胡适认为这是研究哲学史的目的之一。这一点与胡适关于"历史的态度"注重原因是一致的。

第三，"评判"，即对各家学说的价值判断。胡适称之为"客观的"评判。不是用做哲学史的人自己的眼光来批评古人是非的那样一种"主观"的、没有什么大用处的评判，而是根据每一家学说所发生的效果对该家学说作价值判断，具体包括某家学说对思想史、风俗政治、人格的影响。这一点与胡适所说的"历史的态度"重视效果是一致的。

胡适进一步指出：哲学史的研究要达到上述三个目的，还有一个根本的工夫要做，这就是"述学"，即"用正确的手段、科学的方法、精密的心思从所有的史料里面，求出各位哲学家的一生行事，思想渊源沿革和学说的真面目"，② 也就是整理史料。胡适指出，史料分原料和副料，原料指各哲学家的著作，副料指古人所作关于哲学家的传记、轶事、评论、学案、书目等。但古代的哲学史料庞杂，错漏、真伪很多，需要整理。整理史料的方法包括校勘、训诂、贯通等。校勘是书的本子上的整理，训诂是书的字义上的整理，贯通就是把每一部书的内容融会贯穿，寻出一个脉络

① 姜义华主编：《胡适学术文集——中国哲学史》(上册)，中华书局1991年版，第10页。

② 姜义华主编：《胡适学术文集——中国哲学史》(上册)，中华书局1991年版，第14页。

条理，演成一家有头绪有条理的学说。在胡适看来，通过以上述学的根本工夫，才能达到哲学史的三个目的，真正贯彻"历史的态度"。

按照胡适自己的说法，"我的理想中，以为要做一部可靠的中国哲学史，必须要用这几条方法。第一步须搜集史料，第二步须审定史料的真假，第三步须把一切不可信的史料全行除去不用，第四步须把可靠的史料细整理一番：先把本子校勘完好，次把字句解释明白，最后又把各家的书贯穿领会，使一家一家的学说，都成有条理有统系的哲学。做到这个地位，方才做到'述学'两个字。然后还须把各家的学说，笼统研究一番，依时代的先后看他们传授的渊源，交互的影响，变迁的次序：这便叫作'明变'。然后研究各家学派兴废沿革变迁的原故：这便叫作'求因'。然后用完全中立的眼光，历史的观念，一一寻求各家学说的效果影响，再用这种种影响效果来批评各家学说的价值：这便叫作'评判'。"①

在谈到审定史料的方法时，胡适特别强调了"证据"的重要，这实际上是在中国哲学史的研究领域对科学方法、逻辑方法的强调。胡适指出，研究哲学史的证据即是哲学史史料，大概分为五种：第一是书中的史事，是否与作者的年代相符。第二是文字，因为每个时代的文字是不同的，如果文字出现问题，就有作伪的嫌疑。第三是文体，这与文字是一个道理，每个时代都有特定的文体。第四是思想，凡著书立说的能成一家之言的人，他的思想总有系统脉络可寻，不至于有太大的矛盾之处。以上四个方面可以叫作内证。第五是旁证。因为前四种都是从本书里找出来的，而从别的书中找出来的证据就是旁证。旁证的重要有时不亚于内证。

总之，胡适关于哲学史目的"明变"、"求因"、"评判"的论述，是"历史方法"抓两头等原则的具体运用。因此，胡适的哲学史方法论本质上是一种历史主义的方法。但同时胡适也重视证明等科学方法、逻辑方法，体现出鲜明的科学精神，代表着中国哲学史方法论自觉化、现代化时代的到来。冯友兰曾经指出："在清朝末年，严复算是比较懂得西方哲学

---

① 姜义华主编：《胡适学术文集——中国哲学史》（上册），中华书局 1991 年版，第 20—
29 页。

的了。但是他的精力主要用在翻译，没有来得及用那个手指头（指现代方法——引者注）研究中国哲学。胡适是在哲学方面用那个指头比较早的一个成功的人。"①

第四节　中国哲学观

胡适的中国哲学观既包括对中国哲学发展的宏观描述，也包括对先秦哲学的具体阐释。

胡适的《中国哲学史大纲》参照西方哲学的分期方式，将中国哲学史分为三个时代：第一为古代哲学，自老子至韩非子，又可称之为"诸子哲学"时代。第二为中世哲学，自汉至北宋。自汉至晋是中世的第一个时期，哲学仍然围绕着古代诸子哲学展开。"例如《淮南子》，是折中古代各家的；董仲舒是儒家的一支；王充的天论得力于道家；性论折中于各家，魏晋的老庄之学，更不用说了。"②中世第二个时期是东晋至北宋，印度佛学次第输入中国，并大放异彩，成为主流哲学。"印度的宇宙论、人生观、知识论、名学、宗教哲学，都能于诸子哲学之外，别开生面，别放光彩。此时凡是第一流的中国思想家，如智顗、玄奘、宗密、窥基，多用全副精力，发挥印度哲学。那时的中国系的学者，如王通、韩愈、李翱诸人，全是第二流以下的人物。他们所有的学说，浮泛浅陋，全无精辟独到的见解。故这个时期的哲学完全以印度系为主体。"③第三为近世哲学，包括从宋到清。宋明时期印度佛学融入中国固有的思想体系中，产生了一种新的质料，也就是宋明理学。"印度哲学在中国，到了消化的时代，与中国固有的思想结合，所发生的新质料，便是中国近世的哲学。……平心而论，宋明的哲学，或是程朱、或是陆王，表面上虽都不承认和佛家禅宗有何关系，其实没有一派不曾受印度学说的影响的。这种影响，约有两方面：一面是直接的。如由佛家的观心，回到孔子的'操心'，到孟子的'尽心'、

---

① 冯友兰：《三松堂全集》（第一卷），河南人民出版社 1985 年版，第 185—186 页。
② 姜义华主编：《胡适学术文集——中国哲学史》（上册），中华书局 1991 年版，第 12 页。
③ 姜义华主编：《胡适学术文集——中国哲学史》（上册），中华书局 1991 年版，第 12 页。

'养心'，到《大学》的'正心'，是直接的影响。一面是反动的。佛家见解尽管玄妙，终究是出世的，是'非伦理的'。宋明的儒家，攻击佛家的出世主义，故极力提倡'伦理的'入世主义的。明心见性，以成佛果，终是自私自利，正心诚意，以至于齐家、治国、平天下，便是伦理的人生哲学了。"① 明代以后，佛家已衰，儒家成为一尊。但在儒家内部出现了汉学与宋学之争，汉学得以复兴。"清初的汉学家，嫌宋儒用主观的见解，来解古代经典，有'望文生义'、'增字解经'种种流弊。故汉学的方法，只是用古训、古音、古本等等客观的根据，来求经典的原意。故嘉庆以前的汉学宋学之争，还只是儒家的内讧。但汉学家既重古训古义，不得不研究与古代儒家同时的子书，用来作参考互证的材料。故清初的诸子学，不过是经学的一种附属品，一种参考书。……不料后来的学者，越研究子书，越觉得子书有价值。到了最近世，如孙诒让、章炳麟诸君，竟都用全副精力发明诸子学。于是从前作经学附属品的诸子学，到此时代，竟成专门学。一般普通学者崇拜子书，也往往过于儒书。"② 胡适将其比喻为欧洲的文艺复兴，称作"古学昌明时代"，并给予了高度评价。胡适还指出，当今的中国思想界存在着两大源头，即汉学家整理好的古书以及西洋学说，因此胡适期待着能够中西融合与贯通，从而产生一种新的哲学。

胡适的《中国哲学史大纲》采用了现代的方法"截断众流"，把先秦时期作为中国哲学的起点。胡适从考据学出发，认为先秦之前的史料除了《诗经》外，别无可考，无法确定到底有无系统的哲学思想，只能把它作为一种背景材料，称为"诗人时代"。胡适认为在先秦之前的三个世纪，政治黑暗、社会纷乱、贫富不均、民生痛苦，在这样的时势背景下，自然会生出反动思想的萌芽，这个革命的萌芽到了先秦时期开始蠢蠢欲动并逐渐成熟起来。胡适把种种反动的思想分为三种：即极端的破坏派，以老子为代表；极端的厌世派，以《论语》中曾经提过的"晨门"、"荷蓧"、"丈人"等隐士为代表；积极的救世派，以孔子为代表。正是这些对旧有思想

---

① 姜义华主编：《胡适学术文集——中国哲学史》（上册），中华书局 1991 年版，第 12—13 页。

② 姜义华主编：《胡适学术文集——中国哲学史》（上册），中华书局 1991 年版，第 13 页。

的反动，促使先秦"百家争鸣"局面的出现。胡适根据史料考据，认为老子在历史时间上先于孔子，是中国哲学史的第一人。后来，胡适在他晚年的《中国古代哲学史》（台北版）中说道："我忽然明白：这个老子年代的问题原来不是一个考证方法的问题，原来只是一个宗教信仰的问题。像冯友兰先生一类的学者，他们诚心相信，中国哲学史当然要认孔子是开山老祖，当然要认孔子是'万世师表'。"① 胡适和冯友兰的孔老年代之争有着不同的切入点，在胡适的眼中这主要是个历史问题，而在冯友兰看来这却是个哲学问题。

在论述先秦时期儒家思想的时候，胡适以孔子、孟子和荀子为主要代表人物。胡适认为孔子的哲学思想主要体现在他的《易》和《论语》两部著作中。《易》所表达的意思构成了正名主义的前提和依据。《论语》的精髓是一个"推"字，在知识论上注重推论与思考，在人生哲学上就是推己及人。对于孟子哲学，胡适突出其注重个人主体性的特点，具有尊民权的意味。胡适还将孔子与孟子的政治哲学进行了形象的比较，认为孔子是"爸爸政策"，即要人正经规矩，要人有道德，孟子是"妈妈政策"，即要人快活安乐，要人享受幸福。胡适把荀子的"天论"与培根的"戡天主义"（conquest of nature）进行比较，认为二者在实质上是不同的，荀子虽然认为人能"制天命而用之"，主张"参天地"，但他要裁制的是已成之物，故反对当时的科学。荀子的性恶论推崇"人为"过于"天然"。荀子"虚一而静"的认识论是心理学。荀子的名学完全是演绎法，它介于儒家与法家之间。

在对墨家学派和思想的研究中，胡适以发展的观点把墨学分为前期墨家和后期墨家。前期的墨家为"宗教的墨学"，其全部思想都是以"天志"为本的宗教思想。后期墨家为"科学的墨学"，以知识论为主要内容。胡适运用西方近代逻辑学的概念和方法对后期墨家的知识论与逻辑学作了详细的阐述。胡适把名学理解为逻辑，认为先秦哲学中并不存在什么"名家"，而只有名学。由此，胡适将公孙龙、惠施等这些传统称为"名家"

---

① 姜义华主编：《胡适学术文集——中国哲学史》（上册），中华书局1991年版，第8页。

的辩者归为"别墨"。

在对道家学派和思想的研究中，胡适认为老子所谓的"天道"实际就像西洋哲学的自然法（law of nature），凡深信自然法绝对有效的人，往往容易走到极端的放任主义。胡适认为"无"是对于有的名词，所指的是无形体的虚空，老子用这种无形体的空洞来代表无为而无不为之"道"是错误的。庄子在探求万物起源的问题上就比老子更进一步，他的天道观是一种生物进化论，万物都是从同一物种自生自化的，并没有什么主宰。但当庄子进一步探求关于万物变化的原因时，却认为是不可知的，从而使他的生物进化论成为完全被动的。名实关系一直是《中国哲学史大纲》关注的热点，胡适将老子作为中国哲学的开端，因此认为名实之争是老子最初提出来的，但老子探讨名实关系其目的是为了让人复归"无名之朴"。庄子的名学虽然也有建设的方面，但他持破坏的怀疑主义，不相信辩论可以定是非，其学说最终的归宿是"万物皆一"。胡适评价庄子的学说实在是社会进步和学术进步的大阻力。

胡适认为，中国古代只有法理学，只有法治的学说，而无所谓的"法家"。慎到属于老子、杨朱、庄子一系，尹文的人生哲学近于墨家，他的名学纯粹是儒家，孔子的正名论、老子的天道论、墨家的法的观念，都是中国法理学的基本内容，体现出无为主义、正名主义、平等主义、客观主义、责效主义等根本理念。胡适在论述法理学时，重点论述了韩非子的法学思想，认为他的法理学表现出与以往保守派不同的特点，主张法治观念应随历史的进化而进化，并把"参验"看作评价一切言行是非的标准。

胡适的中国哲学观既有宏观性的，也有对先秦各家各派思想的研究，开启了中国哲学史研究的先河，他的一些结论对于今天的中国哲学史研究仍有借鉴价值，但作为半部中国哲学史，胡适未及对秦以后的哲学作出系统研究，这一缺憾直到20世纪30年代初冯友兰《中国哲学史》（中国人用现代方法写的第一部完整的中国哲学史）的出版才得以弥补。

第六章　冯友兰的中国哲学史研究（上）①

　　冯友兰，字芝生，1895 年 12 月 4 日出生在河南省唐河县。从小在父母、家庭教师的督导下学习中文，熟读"四书"、古文，也学过算术，接触过一些世界知识。辛亥革命前后，曾在开封"中州公学"、武昌"中华学校"、上海"中国公学"就读，1915 年考入北京大学文科中国哲学门。1918 年回到开封，在一个中等专科学校教国文。1919 年 12 月，由河南出资赴美留学，入哥伦比亚大学的研究院，以杜威等人为师，1924 年获哲学博士学位。回国后曾任中州大学文学院院长、哲学系教授，广东大学哲学系教授，燕京大学哲学系教授。1928 年起任清华大学哲学系教授，兼任过学校秘书长、文学院院长、哲学系主任。七七事变以后，清华南迁，与北大、南开一起成立长沙临时大学。1938 年，又由长沙迁至昆明，改称西南联合大学，冯友兰任哲学系教授，并接替胡适（已任中国驻美大使）任文学院院长。1946 年赴美任本薛文尼大学（即宾夕法尼亚大学）客座教授。1947 年获普林斯顿大学名誉博士学位。回国后任清华大学校务会议主席。新中国成立前夕，自愿留在北京。1949 年冬，冯友兰曾到卢沟桥附近农村参加土地改革。1951 年秋随中国文化代表团赴印度、缅甸访问，获印度德里大学名誉文学博士学位。1952 年起任北京大学哲学系教授，中国科学院哲学社会科学学部委员、常务委员，兼任哲学研究所研究员、中国哲学史组组长。20 世纪 50 年代曾多次出国参加国际学术会

---

①　本章由柴文华、郑秋月、杨辉、程丹丹、马亚男执笔，柴文华修改。

议。并为第二、三、四届全国政协委员，第四届全国人大代表。1982 年
获美国哥伦比亚大学名誉文学博士学位。1990 年 11 月辞世，终年 95 岁。

　　冯友兰是现代中国著名的哲学家和哲学史家。早在学生时代，杜威
就称他是一个真正学者的材料。冯友兰"生活在不同的文化矛盾冲突的时
代"，他在《自序》中说："我所要回答的问题是如何理解这种矛盾冲突的
性质；如何适当地处理这种冲突，解决这种矛盾；又如何在矛盾冲突中使
自己与之相适应"。这也可以说是冯友兰一生哲学活动的目标和主旨。早
在上海中国公学上学时，冯友兰就对逻辑和哲学产生了兴趣，并志愿报考
了当时的"冷门"——北大哲学门。到了美国以后，冯友兰开始了漫长而
又艰苦的哲学生涯。冯友兰把自己的哲学生涯分为四个时期：第一时期是
1919 年到 1926 年，其代表作是《人生哲学》；第二时期是 1926 年到 1935
年，其代表作是《中国哲学史》；第三时期是从 1936 年至 1948 年，其代
表作是抗战中写的《新理学》、《新事论》、《新世训》、《新原人》、《新原道》、
《新知言》，又合称"贞元之际所著书"（贞元之际，贞下起元的意思，指
中华民族的复兴时期，即抗日战争时期），日本书店把它们合印为一部书，
题为《贞元六书》，华东师大出版社 1996 年底也以《贞元六书》为名把六
本书合印；第四时期是从 1949 年到 1990 年，其代表作是《中国哲学史新
编》（七册本）。冯友兰的所有著述被收入《三松堂全集》，共 14 卷，600
余万字，由河南人民出版社出版发行。

　　冯友兰的哲学生涯经历了一个由哲学史家到哲学家再到哲学史家的
过程，在中国哲学史研究领域，先后出版了"三史"，本章主要介绍冯友
兰 1949 年之前出版的《中国哲学史》和《中国哲学简史》对中国哲学史
这门学科的创立所作出的贡献，涉及哲学和哲学史观、中国哲学史方法
论、中国哲学概论、先秦儒家观、墨家观、道家观、名家观、法家观、玄
学观、朱子学、阳明学等诸多方面。

第一节　哲学观

　　哲学家作为哲学家的依据之一就是他的哲学观。冯友兰作为中国 20

世纪的重要哲学家和哲学史家，自始至终有着自己明晰的哲学观念。他对哲学的本质、内容、特征、功能、方法等作出了自己的阐释，并通过对哲学与科学、哲学与道德、哲学与宗教、哲学与艺术关系的分析揭示了哲学的文化地位。

一、对哲学的规范

冯友兰以反思为中心话语，系统规范了哲学的内容、特征、功能、方法等。

冯友兰认为哲学就是觉解其觉解，是思想思想的思想，即反思。所谓反思就是人类精神反过来以自己为对象而思之。人类的精神生活的主要部分是认识，所以也可以说，哲学是对于认识的认识。对于认识的认识，就是认识反过来以自己为对象而认识之，这就是认识的反思。冯友兰对哲学的界定与我们这个时代大多数人对哲学的理解是一致的，但反思的对象并非所有认识，也并非只是认识。哲学的世界是动与静的统一，它既有自己相对稳定的对象，又具有无限的开放性。哲学的本性包含对自身的超越。

冯友兰自觉接受了西方的哲学构架，用宇宙论、人生论、知识论的三位一体规范哲学的内容。他说：

> 以现在之术语说之，哲学包涵三大部：宇宙论——目的在求一"对于世界之道理"（A Theory of World）；人生论——目的在求一"对于人生之道理"（A Theory of Life）；知识论——目的在求一"对于知识之道理"（A Theory of Knowledge）。此三分法，自柏拉图以后，至中世纪之末，普遍流行。即至近世，亦多用之。①

如果再细分，宇宙论包括两方面：一方面是本体论（Ontology），研究"存在"的本体及"真实"之要素；另一方面是宇宙论（Cosmology），

---

① 冯友兰：《中国哲学史》，中华书局 2014 年版，第 4 页。

研究世界的发生、历史、归宿。人生论包括两方面：一方面是心理学，研究人究竟是什么；另一方面是狭义伦理学、政治社会哲学等，研究人究竟应该怎样。知识论包括两方面：一方面是知识论（Epistemology），研究知识的性质；另一方面是狭义的论理学，研究知识的规范。那么，这三者之间是什么关系呢？在冯友兰看来，哲学内容的各个部分是紧密相关的，比如人生论以宇宙论为根基，也连带知识问题，知识论可证宇宙论，三者"相即不离"，"互有关系"。冯友兰还对三者的关系作过形象的说明，突出了人生哲学在哲学当中的地位。他指出，哲学以其知识论之墙垣，宇宙论之树木，生其人生论之果实，讲人生哲学者即直取其果实。哲学以其论理学之筋骨，自然哲学之血肉，养其人生论之灵魂，讲人生哲学者即直取其灵魂。[1] 冯友兰在这里把人生哲学比喻为哲学中的果实、灵魂，认为人生哲学与宇宙论、知识论紧密相连，在哲学中占有重要地位。冯友兰在20世纪40年代出版的《中国哲学简史》中还表达了以人生哲学为中心的思想：

> 我所说的哲学，就是对于人生的有系统的反思的思想……宇宙论的产生，是因为宇宙是人生的背景，是人生戏剧演出的舞台。知识论的出现，是因为思想本身就是知识。[2]

冯友兰对哲学内容的看法并没有过时，我们今天的哲学如果离开这三大块，也很难说能称之为哲学。不过，建立庞大哲学体系的哲学家越来越成为历史，专门哲学家的出现势在必然。

那么，哲学作为哲学，有哪些自身的特征和功能呢？冯友兰认为，哲学所讲者有些是不可思议、不可言说的，不可思议、不可言说之物本身并非哲学，而对于不可思议、不可言说之物的言说才是哲学，这是哲学的特征之一。哲学的另外一个特征就是"无用"，因为哲学"不切实际"，

---

① 参见冯友兰：《人生哲学》，广西师范大学出版社2005年版，第5—7页。
② 冯友兰：《中国哲学简史》，北京大学出版社1985年版，第4页。

"不管事实"。这里的"无用"指哲学不能使人增加实际知识和实际才能，它本身就是"空虚之学"，它不能使人掌握开飞机、放大炮的技术，不能使人知道怎样治病救人，等等。就此而言，哲学是无用的。哲学的这个特征也正是哲学展示自身功能的逻辑前提，冯友兰由此很哲学地探讨了哲学的功能，认为哲学的无用恰恰又是大用，即所谓"无用之大用"。这种大用表现在两个方面：一方面是"内圣"，即通过提高人生境界而使人步入圣贤之林。冯友兰认为，他所讲的"理"、"气"、"道体"、"大全"这些哲学观念可以使人"知天"、"乐天"、"同天"、"事天"，摆脱自然、功利乃至道德境界的束缚，从而进入人生的最高境界——天地境界。而生活在天地境界中的人就是圣人。大用的另一个方面就是"外王"，即做社会的最高首领，他不自为，而使用群才令其自为，就能"无为而无不为"。因此，只有圣人，最适合做社会的最高首领。总之，哲学的无用之大用，就是"内圣外王"。

有着自身规定、内容、特征和功能的哲学当然也有着自身的建构方法。这就是冯友兰常说的两种方法，即"正的方法"和"负的方法"。"正的方法"即逻辑分析方法，它是冯友兰建构新理学所使用的主要方法，冯友兰主张在重新建立形上学的过程中创造性地运用维也纳学派的逻辑分析方法，即经过维也纳学派的经验主义重新建立形上学。我们知道，维也纳学派的目标之一是取消形上学和建立一种科学的哲学，在他们的理论视域中只有经验科学和形式科学的命题是有意义的。经验科学的命题对事实有所肯定，它可以用感觉经验证明其真伪；形式科学的命题虽对事实无所断定，但可以用定义和逻辑形式决定其真伪。形而上学的命题不在这两类命题之列，因此毫无意义。维也纳学派十分重视逻辑分析方法，把它看作哲学的唯一任务，主张运用数理逻辑对传统哲学和经验科学的命题进行分析。冯友兰不赞成维也纳学派取消形上学的主旨，认为哲学的目的不在于仅仅分析概念、命题的意义，而在于提高人的精神境界。而要实现这一目标，非但不能取消形上学，而且应当致力于形上学的研究，因为形上学是哲学中最重要的部分，只有它才能引导人们进入最高的人生境界。但冯友兰十分推崇维也纳学派的逻辑分析方法，认为中国哲学所缺少的正是这样一种方法。用这种方法建立的形上学在冯友兰看来才是真正意义上的既空又灵的形上学，它既区别于科学，也区别于传统形上学。冯友兰指出，哲学的建构方法除了正的方法以外，还有一种负的方法，不说不可言说的东西是什么，而只说它不是什么。冯友兰用"烘云托月"对此作了形象的解释。冯友兰又称这种方法为神秘主义的方法。认为"一个完全的形上学系统，应当始于正的方法，而终于负的方法。如果它不能终于负的方法，它就不能达到哲学的最后顶点"。① 可以看出，冯友兰的哲学方法论力图缓解科学实证和直觉证悟的内在紧张，是理性主义和非理性主义的相互结合，从方法论的角度体现出他融会中西文化的理论宗旨，值得我们认真吸取。

二、哲学的文化地位

从对哲学的规范出发，冯友兰对哲学与其他文化门类的关系进行了探讨，凸显了哲学的文化地位。

1. 哲学与科学

冯友兰批评了传统的哲学与科学关系论，阐释了哲学与科学的反差与契合。

有人认为，哲学是未成熟的科学，这在冯友兰看来是混淆了哲学与科学的分界，把哲学与科学看成了一门学问。有人认为，哲学是诸科学的综合，这实际上是把哲学看作科学大纲，但冯友兰认为，科学大纲不足以称为哲学。另外，冯友兰反对把哲学的工作界定为"批评科学所用之方法及其所依之根本假定"，这虽然对哲学与科学作了分界，但只说出了哲学的部分次要工作，没有看到哲学工作的全面，也不够客观。

在冯友兰看来，哲学与科学完全是两种学问，二者之间存在着明显的区别。第一，对象不同。一种科学所讲的只是关于宇宙间一部分事物，而哲学所讲的则是关于宇宙全体者。同是讲宇宙，但二者所讲的宇宙又是不同的，物理学及天文学中所讲的宇宙，不是至大无外的；而哲学中所讲的宇宙，一定是"至大无外"的。科学知识虽然广大精微，但与常识在同

---

① 冯友兰：《中国哲学简史》，北京大学出版社 1985 年版，第 394 页。

一层次上，是常识的延长；哲学知识明显地高于常识。第二，功能不同。科学的格物致知，能增加人的知识，但不能使人透过"梦觉关"；哲学的功能就在于提升人的精神境界，使人透过"梦觉关"，以"觉解其觉解"而步入"天地境界"，成为"内圣外王"的"圣人"。第三，发展状态不同。科学是日新月异的，哲学则是相对稳定的。主要原因在于：首先，二者知识增长方式不同。科学对于实际有所肯定，科学家的工作是"今日格一物，明日格一物"，因此新知层出不穷；而哲学家"不必将一理之内容，详加研究"，因此，它不能有日新月异的进步。其次，二者发展依赖的工具不同。科学研究大部分靠试验工具。因为试验工具的革新与进步比较迅速，所以科学的革新与进步也相应迅速。哲学依赖于人的思维能力，其工具是语言文字，而思维能力、语言文字古今的差异不大，很难在短期内有较大的改进，所以哲学的发展不易突破前人的轮廓，不可能出现"全新底哲学"，只能出现"较新底哲学"。但从价值判断的角度来看，日新月异未必都好，相对稳定未必不好，二者之间是有冲突的。按照冯友兰的说法，哲学，或最哲学底哲学，只有不以科学为根据方能永恒，"不以科学为根据，所以亦不随科学中理论之改变而失其存在之价值。"第四，分析方式不同。科学的分析方法是物质的，哲学的分析方法是理智的。物质的分析可以在实验室中进行；理智的分析则只能在思中进行。

尽管哲学与科学有着种种差异，但二者之间也存在着密切的关联。第一，哲学与科学虽然门类不同，但都和人相关，以人自身为目的，这是不言而喻的。第二，哲学的方法与科学的方法是相通的。冯友兰主张用科学的、理智的、逻辑的方法建构哲学体系，研究哲学史。当时有人认为，"研究哲学所用之方法，与研究科学所用之方法不同。科学的方法是逻辑的、理智的；哲学的方法是直觉的，反理智的。"① 冯友兰反对这种观点，认为"无论科学哲学，皆系写出或说出之道理，皆必以严刻的理智态度表出之。凡著书立说之人，无不如此"，"一个道理，是一个判断，判断必合逻辑。各种学说之目的，皆不在叙述经验，而在成立道理，故其方法

---

① 冯友兰：《中国哲学史》，中华书局 2014 年版，第 4 页。

必是逻辑的、科学的"，"科学方法即是哲学方法"。①冯友兰进一步指出，逻辑的方法实际上就是对道理的论证和证明，借荀子的话说，叫"持之有故，言之成理"。论证和证明只有使用逻辑水平的高低，不存在使不使用逻辑的问题。第三，科学工作者与哲学密切相关。冯友兰指出，觉解较低的科学家，纵使对科学有很大的成就，但其仍是在无明中。科学家作为科学家可能是自觉的，但在做人方面未必是自觉的。科学家要想提升做人的境界，必须学习哲学。换句话说，哲学对于作为人类一员的科学家来说，其作用是客观的。

科学和哲学的关系问题是伴随着科学和哲学的产生而出现的一个古老而常新的问题。谁也无法否认二者最初的原始混沌，但随着科学的发展，哲学的地盘变得越来越小，这也是不争的事实。自西方实证主义产生之后，科学与哲学之间的关系变得越来越紧张。中国 20 世纪初也曾爆发了一场规模较大的科玄论战，对早已引起人们关注的"可信的"与"可爱的"之间的关系进行了哲学的反思。冯友兰明确地注意到了这个问题，与梁漱溟、熊十力等思想家科学与哲学的二元论理路不同，他是试图协调二者之间的关系。他一方面承认科学与哲学之间的差别，为二者相对的独立存在确定了有效的范围，这种思路显然是正确的。无论将来科学怎样发达，它也不可能完全解决人的问题。换句话说，人的丰富多彩的精神世界不可能完全转换为形式化、简单化的计算机符号。科学是有所不能的，非至上的。另一方面，冯友兰看到了科学与哲学的内在关联，不仅在理论上疏通了二者的血脉，而且在自己哲学体系的建构实践中贯彻了上述意图。他明确反对维也纳学派取消形上学的哲学宗旨，但吸取了作为维也纳学派精髓之一的逻辑分析方法，以此来建构自己"一片空灵"的真正的形上学。同时，他并不排斥神秘主义，认为哲学的最后顶点不是科学、逻辑所能达到的，必须依赖于"负的方法"。应当说，冯友兰的理论努力是可贵的，虽然我们今天也不可能最终确认科学与哲学的阈域，但我们应该像冯友兰那样，珍视二者之间古老而真实的联系，并为之付出不懈

---

① 冯友兰：《中国哲学史》，中华书局 2014 年版，第 4—5 页。

的理论努力。

2. 哲学与道德

冯友兰把道德界定为人的本体论结构之一，即人之所异于禽兽的重要方面。就哲学与道德的关系而言，二者在相互联结中又有分别。

其一，二者同属于一个世界或领域，是人类存在不可或缺的精神和价值根基。冯友兰把道德定义为"社会所以存在的规律"，而哲学则"满足了人们对超乎现世的追求。人们也在哲学里表达了、欣赏了超道德价值。而按照哲学去生活，也就体验了这些超道德价值"。①

其二，二者是包含关系，研究道德的伦理学是哲学的组成部分。冯友兰在他所理解的哲学内容中有宇宙论、知识论、人生论三大块，而伦理学是人生论中的内容之一，理所当然地被包含在哲学之中。

其三，哲学统领道德。这首先表现在道德和伦理学以哲学的任务为任务。哲学的任务就是使人成为圣人，"圣人的人格即是内圣外王的人格，那么哲学的任务，就是使人有这种人格。所以哲学所讲的就是中国哲学家所谓内圣外王之道。"② 而道德和伦理学是实现或保持这种人格的手段之一，冯友兰为此还重点阐释了"敬"和"集义"等修养方法。其次，道德以哲学的目的为目的。哲学的目的是在"诸好"之中求唯一的好，在实际的人生之外求理想人生。而一套好的道德制度的确立，可以实现"最丰富最美满的人生"。另外，哲学中的人生境界决定了道德主体行为的性质。比如，自然境界中的人的道德行为出于"天然底倾向"，而不得不然；功利境界中的人将道德行为作为求私利的方法；道德境界中的人以道德行为本身为目的；天地境界中的人的合乎道德的行为具有超道德的意义。

显然，冯友兰对哲学与道德关系问题的探讨是以多元和主流相结合的文化价值论为基础的，既肯定了哲学和道德各自的存在价值，避免了文化价值上的哲学一元论和道德中心主义，又确立了哲学对道德的主导地位，避免了一盘散沙式的文化平行主义。这也是冯友兰在哲学与其他所有

---

① 冯友兰：《中国哲学简史》，北京大学出版社1985年版，第8页。
② 冯友兰：《中国哲学简史》，北京大学出版社1985年版，第12页。

文化部门关系上的一般观点，对我们具有重要的启发意义。

3. 哲学与宗教

在哲学与宗教的关系上，冯友兰虽然谈到了二者的共同点，比如，都可以满足人们"超乎现世"的追求，都不能用科学的标准去衡量和规范，等等，但更多的是强调二者的区别以及哲学对宗教的优越性。

首先，冯友兰从儒、道、释三家入手，阐明它们与宗教的区别，进而论证了哲学不等于宗教。在冯友兰看来，宗教的内容包括哲学、神话、仪节等，因此，"儒家不是宗教"。道家是一个哲学的学派，道教才是宗教。道家与道教的教义不仅不同，甚至相反。道家教人顺乎自然，而道教教人反乎自然。作为哲学的佛学与作为宗教的佛教也有区别。受过教育的中国人，对佛学比对佛教感兴趣得多。

其次，冯友兰从内容上对二者做了区分。认为哲学，尤其是形上学，若是试图给予实际的信息，就会变成废话，而宗教倒是给予实际的信息。不过宗教给予的信息与科学给予的信息不相协调。这不仅指出了哲学"不着实际"和宗教"着实际"的特点，也道明了宗教与科学在"真"的价值维度上是不相容的。

再次，就哲学与宗教和常人的思想关系来看，二者有着明显的区别。概括地讲，宗教家用"想"，哲学家用"思"。宗教是"想"的产品，哲学是"思"的产品。宗教的思想近乎常人的思想，而哲学的思想反乎常人的思想。

另外，二者对理想追求的路径不同。宗教所描绘的理想世界（比如天国）是"图画式"的，是等待我们去实现的，因而人们只能通过祈祷、礼拜、祭祀等途径去达到。而哲学则为人类提供了获得更高价值的途径——一条比宗教提供的途径更为直接的途径。因为哲学家所倡导的是通过积极的作为去不断地接近理想，无须采取祈祷、礼拜之类的迂回道路。为此，冯友兰预言"在未来的世界，人们将要以哲学代宗教"[1]，这不仅仅是因为在科学进展的面前，宗教的权威降低了，还因为"通过哲学而熟悉

---

[1]　冯友兰：《中国哲学简史》，北京大学出版社 1985 年版，第 9 页。

的更高价值，比通过宗教而获得的更高价值甚至要纯粹得多。因为后者混杂着想象和迷信"①。

尽管冯友兰为宗教的存在留下了地盘。但在谈到宗教与哲学的关系时，明显地倾向于哲学，这应当说与冯友兰整个哲学体系的理性主义特色有关，体现了他在处理哲学与其他门类文化关系上的一般倾向。

4. 哲学与艺术

和哲学与其他文化门类的关系一样，哲学与艺术既有区别，又有联系。

在冯友兰看来，哲学与艺术的区别是明显的：第一，哲学与艺术，一个是尺度，一个是对象，艺术以哲学为尺度。冯友兰以"能否上升到哲学高度"为尺度划分了"好的艺术"和"不好的艺术"。"好的艺术"是"进于道的艺术"，此艺术能以一种方法，以可觉者表示不可觉者，使人于觉此可觉之时，亦仿佛见其不可觉者。而"不好的艺术"只是技，而不能进于道。此种艺术只能使观者见此某事物之个体而不见其所以属于某类之某性。"不好的艺术"不能举一反三，不具有普遍意义。第二，哲学与艺术把握和表达事物的形式不同。哲学活动是对于事物的"心观"，而艺术活动，是对于事物的"心赏"或"心玩"。心观只是观，所以纯是理智的；心赏或心玩则带有情感。哲学家将心观之所得，以言语说出，以文字写出，使别人亦可知之，其所说所写即是哲学。艺术家将其所心赏心玩者，以声音、颜色，或语言文字之工具，用一种方法表示出来，使别人见之，亦可赏之玩之，其所表示即是艺术作品。

与此同时，冯友兰也对哲学与艺术的内在关联作了系统探讨。第一，不论是哲学家还是艺术家，他们对待事物的态度都是超然的、旁观的。哲学家对待事物，以超然的态度分析；艺术家对于事物，以超然的态度赏玩。第二，无论是哲学家还是艺术家，都会努力使自己的思想或作品为别人所理解，为社会所接受。哲学家讲哲学，是想将其自己所知者，使他人亦可知之。艺术家作艺术作品，也是想将其自己所赏所玩者，使他人亦可

---

① 冯友兰：《中国哲学简史》，北京大学出版社 1985 年版，第 9 页。

赏可玩。第三，哲学可以给艺术家的艺术创造提供启示，成为艺术创作的动力源泉之一。冯友兰以道家哲学为例，认为道家虽然没有论艺术的专著，但是他们对于精神自由运动的赞美，对于自然的理想化，使中国的艺术大师们受到深刻的启示。第四，对哲学的艺术之喻。冯友兰指出，在"满足自己之欲，以实现人自己之理想"方面，哲学与艺术有融通处。他指出，在诸种艺术中，有所谓实用的艺术，以统治改变人以外之外界事物，使其能如人之欲，以为人之利。如一切制造，工程，皆属此类。又有所谓社会的艺术，以统治改变自己之天性，使人与人之间，得有调和。如一切礼教制度及教育等，皆属此类。冯友兰把哲学中的宇宙论、知识论比喻成为"实用的艺术"，把人生论比喻成"社会的艺术"，肯定了二者在功能方面的一致性。第五，在方法上，富于暗示，而不是明晰的一览无余，是一切中国艺术的理想，诗歌、绘画以及其他无不如此。这种艺术方法与冯友兰所讲的哲学上的"烘云托月"式的"负的方法"有异曲同工之妙。

从上面可以看出，冯友兰在对哲学与艺术关系的阐释中，虽然充分肯定了艺术的多方面价值，但并没有导致用"美"的维度去通约其他一切文化门类的极端，而是坚持了哲学对艺术的主导地位，这不仅仅是因为"好的艺术"必须是可以上升到哲学高度的，而且也在于，离开哲学的境界，离开较高的觉解，一切艺术创作活动都是盲目的。

总之，冯友兰对哲学与科学、道德、宗教、艺术关系的论述，凸显了哲学在所有文化门类中的中枢地位，反映出一种鲜明的哲学中心论的观点。这种观点是富有启发意义的，它与我们所说的"哲学是文化的灵魂"是一个意思。

第二节　方法论

冯友兰的中国哲学史方法论主要体现在参照系统的选择、历史主义的方法、逻辑主义的方法三个方面。

一、参照系统的选择

参照系统的选择对于历史尤其是思想专门史的研究至关重要。冯友兰的《中国哲学史》和20世纪40年代出版的《中国哲学简史》明确选择了西方哲学为参照系统。

蔡元培在为胡适1919年2月出版的《中国哲学史大纲》所作的《序》中说："我们今日要编中国古代哲学史，有两层难处。第一是材料问题，……第二是形式问题，中国古代学术从没有编成系统的记载……我们要编成系统，古人的著作没有可依傍的，不能不依傍西洋人的哲学史"。[①]蔡元培这里所说的第二层难处，实际就是指参照系统的选择问题。

参照系统的选择对于哲学史的研究至关重要，选择不同的参照系统，完全可以写出不同的哲学史。按照冯友兰的说法，如果以中国的义理之学为参照系统，我们完全可以写出一部中国义理之学史，也完全可以写出一部西方义理之学史；如果以西方哲学为参照系统，那么，我们写出来的只能是西方哲学史、中国哲学史、印度哲学史等等。就原则上讲，这一切本无不可之处。

冯友兰在早年所选择的参照系统正是西方哲学。根据张岱年的看法，"如此区别哲学与非哲学，实在是以西洋哲学为标准，在现代知识情形下，这是不得不然的。"[②]为什么呢？冯友兰指出："就事实言，则近代学问，起于西洋，科学其尤著者。"哲学也不例外，"哲学本一西洋名词，今欲讲中国哲学史，其主要工作之一，即就中国历史上各种学问中，将其可以西洋所谓哲学名之者，选出而叙述之。""所谓中国哲学者，即中国之某种学问或某种学问之某部分之可以西洋哲学名之者。"[③]就哲学一词和近代哲学起于西方而言，中国的哲学史应当以西方哲学为参照系统，用西方哲学这一标尺和剪刀去衡量和剪裁中国传统学术，从而制作出中国的哲学史。

既然以西方哲学为参照系统，那么，这个参照系统的总体构架是

---

① 姜义华主编：《胡适学术文集——中国哲学史》（上册），中华书局1991年版，第1页。
② 张岱年：《中国哲学大纲》，中国社会科学出版社1982年版，第17—18页。
③ 冯友兰：《中国哲学史》，中华书局2014年版，第1页。

怎样的呢？冯友兰指出，尽管西方哲学家对哲学的界定不同，但从主要方面看不外乎三大部分：第一是宇宙论，目的在求一对于世界之道理（A Theory of World）；第二是人生论，目的在求一"对于人生之道理"（A Theory of Life）；第三是知识论，目的在求一"对于知识之道理"（A Theory of Knowledge）。在冯友兰看来，以西洋哲学的三大部分为参照系统，中国的魏晋玄学、宋明道学、清代的义理之学，就其研究对象而言接近于西方哲学。中国古代的学说当中，

> 研究天道之部分，即约略相当于西洋哲学中之宇宙论。其研究性命之部分，即约略相当于西洋哲学中之人生论。惟西洋哲学方法论之部分，在中国思想史之子学时代，尚讨论及之，宋明而后，无研究之者。自另一方面言之，此后义理之学，亦有其方法论，即所谓为学之方是也。不过此方法论所讲，非求知识之方法，乃修养之方法，非所以求真，乃所以求善也。①

冯友兰与胡适一起，以西方哲学和方法为参照，把中国哲学史及其方法论从传统学术中剥离出来，使它们成为近代学术的一个独立的部门和领域，把中国哲学史和中国哲学史方法论从传统的混沌形态推进到近代的独立形态，开创了中国哲学史和中国哲学史方法论的现代化时代。

二、历史主义的方法

历史主义的方法是作为中国哲学史家的冯友兰一贯使用的方法。

在中国哲学史方法论的现代化过程中，胡适较早注重历史主义方法的运用，他把哲学史研究的目的规定为"明变"、"求因"、"评判"，主张用正确的手段，科学的方法，精密的心思从所有的史料里面，求出各位哲学家的思想沿革和学说的真面目。

与胡适相比，冯友兰早年历史主义方法论的内容更为丰富，主要包

---

① 冯友兰：《中国哲学史》，中华书局 2014 年版，第 7 页。

括以下几个方面：

第一，两种历史说。冯友兰指出：所谓历史有两类：一类是"事情之自身"，他又称之为"历史"或"客观的历史"；另一类是"事情之纪述"，他又称之为"写的历史"或"主观的历史"。以此来看哲学史，哲学史也分为两类：一类是哲学史自身，另一类是写的哲学史。历史和哲学史是不依赖于知识而存在的，它只有一个；写的历史和写的哲学史则依赖于人的主体性，它是多个，正像冯友兰自己所说："西洋哲学史只有一个，而写的西洋哲学史，则何止百部，其中无有两个完全相同，中国哲学史亦只有一个，而写的中国哲学史，则有日渐加多之势"。①

第二，写的历史应以信为目的。历史既然有两类，那么，应当如何处理二者之间的关系呢？冯友兰指出，写的历史应当以信为目的，应当尽可能符合客观的历史，正如他所说："写的历史之目的，在求与所写实际相合，其价值亦视其能否做到此'信'字。"②

冯友兰指出，写的历史虽然以信为目的，但要写出完全的信史，至少有三层困难：

> 研究历史，惟凭古人之糟粕，而此糟粕亦非吾人所能完全了解。此其困难一也……历史家分析史料后，必继之以综合工作，取此片断的史料，运以想象之力，便连成一串。既然运用想象，即换入主观分子，其所叙述，即难尽合于客观的历史。此其困难二也。研究自然科学，若有假设，可以实验定其真伪。而历史家对于史料之假设，则绝对不能实验……所谓"人死无对证"。此其困难三也。③

总之，古文献的艰深、历史家的主观性、假设的不可验证性构成了写出信史的三大障碍。而"写的哲学史所凭借之史料，纯为古籍文字，则上述三种困难，则尤为难免"。那么，在这种困难重重的情况下，历史家

---

① 冯友兰：《中国哲学史》，中华书局 2014 年版，第 21 页。
② 冯友兰：《中国哲学史》，中华书局 2014 年版，第 19 页。
③ 冯友兰：《中国哲学史》，中华书局 2014 年版，第 20—21 页。

和哲学史家应该怎么办呢？冯友兰的回答是："只能尽心写出信史"，[①] 尽个人最大努力向"信"字接近。

第三，哲学史的研究要与时代背景相结合。冯友兰指出，哲学家的思想与其所处的时代是息息相关的，"盖人之思想，皆受其物质的精神的环境之限制"，"一时代有一时代之时代精神，一时代之哲学即其时代精神之结晶也"，因此，"对于一人之哲学，作历史的研究时，须注意于其时代之情势及各方面之思想状况。"[②]1935年，冯友兰在《秦汉历史哲学》一文中深化了上述思想。他赞成唯物史观的说法，认为生产工具的发明决定一个时代的经济制度。经济制度决定社会政治等制度。"有某种所谓物质文明，就要有某种所谓精神文明。"[③] 因此，研究一个时代的情势实际上就是注重一个时代的经济制度、政治制度以及其他意识形态对哲学的影响。冯友兰还把这一方法论原则贯彻于中国哲学史的研究之中，如在分析子学时代哲学发达原因时说："上古时代哲学之发达，由于当时思想言论之自由；而其思想言论之所以能自由，则因当时为一大解放时代，一大过渡时代也。"[④] 说它是解放时代、过渡时代，就是指当时政治制度、社会组织及经济制度，皆有根本的改变。冯友兰的这种方法论原则，按孟子的话说叫"论其世"。冯友兰在《中国哲学简史》中表达了相近的意思，他指出："在思想的时候，人们常常受到生活环境的限制"[⑤]，"由于这种社会制度（指家族制度——引者注）是一定的经济条件的产物，而这些条件又是其地理环境的产物，所以对于中华民族来说，这种制度及其理论说明，都是很自然的。"[⑥]

可以说，冯友兰等人通过自己的积极探索，把历史主义的中国哲学史方法论从传统形态推进到了近代形态，为中国哲学史和中国哲学史方法

---

①　冯友兰：《中国哲学史》，中华书局 2014 年版，第 21 页。

②　冯友兰：《中国哲学史》，中华书局 2014 年版，第 16 页。

③　冯友兰：《三松堂学术文集》，北京大学出版社 1984 年版，第 347 页。

④　冯友兰：《中国哲学史》，中华书局 2014 年版，第 37 页。

⑤　冯友兰：《中国哲学简史》，北京大学出版社 1985 年版，第 21 页。

⑥　冯友兰：《中国哲学简史》，北京大学出版社 1985 年版，第 28 页。

论的现代化作出了重要贡献。

三、逻辑主义的方法

从主要倾向上看，冯友兰在中国哲学史方法论领域始终是一个理性主义者，主张用逻辑的方法研究哲学和哲学史。

在现代中国哲学史中，冯友兰是比较成功地运用逻辑分析方法建构哲学体系的人。在中国哲学史方法论上，冯友兰也比较重视逻辑主义的方法。逻辑主义方法与科学主义方法、理性主义方法等概念相通。用这一方法研究中国哲学史起于胡适。胡适把实验主义方法与清代学者的治学方法结合起来，注重用证明的方式筛选史料，辨别真伪，蔡元培称其为《中国哲学史大纲》的第一个特长，"不但可以表示个人的苦心，并且为后来的学者开无数法门。"[1] 冯友兰也主张用科学的、理智的、逻辑的方法建构哲学体系，研究哲学史。当时有人认为，"研究哲学所用之方法，与研究科学所用之方法不同。科学的方法是逻辑的、理智的；哲学的方法是直觉的、反理智的。"冯友兰反对这种观点。他说："无论科学、哲学，皆系写出或说出之道理，皆必以严刻的理智态度表出之。凡著书立说之人，无不如此"，"一个道理，是一个判断，判断必合逻辑。各种学说之目的，皆不在叙述经验，而在成立道理，其方法必为逻辑的、科学的"，"科学方法即是哲学方法。"[2] 冯友兰进一步指出，逻辑的方法实际上就是对道理的论证和证明，借荀子的话说，叫"持之有故，言之成理"。论证和证明只有使用逻辑水平的高低，不存在使不使用逻辑的问题。

冯友兰曾谈过他的《中国哲学史》与胡适的《中国哲学史大纲》有一个不同点，即胡适主要采取的是"汉学"的路数，对于资料的真伪，文字的考证，占了很大的篇幅，而对于哲学家们的哲学思想，则讲得不够透，不够细。而冯友兰则主要采用了"宋学"的路数，"在对于各家的哲学思想的了解和体会这一方面讲得比较多。"在今天看来，无论是胡适所

---

① 姜义华主编：《胡适学术文集——中国哲学史》（上册），中华书局1991年版，第1页。

② 冯友兰：《中国哲学史》，中华书局2014年版，第1—5页。

采用的"汉学"方法，还是冯友兰所采用的"宋学"方法，都已超出了
"汉学"和"宋学"的本来意义，都是运用逻辑主义方法研究中国哲学史，
从而把中国哲学史方法论从传统的笼统形态推进到近代的分析形态。

第三节　对中国哲学的总体看法

冯友兰是按照西方哲学的框架来解读中国哲学的，他对中国哲学的
精神、特点等都提出了自己的看法。

冯友兰指出，所谓中国哲学"即中国之某种学问或某种学问之某部
分之可以西洋所谓哲学名之者"，所谓中国哲学家"即中国某种学者，可
以西洋所谓哲学家名之者"。①

中国哲学的基本精神或基本特点可以概括为"既入世又出世"，"不
离日用常行内，直到先天未画前"。有了这种精神，中国哲学可以说既是
最理想主义的，同时又是最现实主义的；它是很实用的，但并不肤浅。一
般来讲，入世与出世、现实主义与理想主义是对立的，"中国哲学的任务，
就是把这些反命题统一成一个合命题。"② 如何统一起来？中国哲学的精神
正是体现在对这个问题的解决中。中国哲学为人们提供了一个人格示范，
这就是"圣人"，它既入世又出世，内圣而外王，它所体现的也正是中国
哲学的精神。

冯友兰肯定了中国哲学的发展性，并对中国哲学的一些特点提出了
自己的看法，这些特点有些是长处，有些是缺失。

一、中国哲学是发展进步的

冯友兰指出，人类历史是不断进步的，中国哲学史也是这样。比如
说，就哲学所研究的问题和范围来看，汉代以后的哲学不如汉代以前的哲
学所涉猎的多和广，但就其明晰或清楚的程度来看，汉代以后的哲学确实

---

① 冯友兰：《中国哲学史》，中华书局 2014 年版，第 8 页。
② 冯友兰：《中国哲学简史》，北京大学出版社 1985 年版，第 12 页。

超过了前代。有人以孔子讲尧舜，董仲舒、朱熹、王阳明讲孔子，戴震、康有为仍然讲孔子，"遂觉古人有一切，而今人一切无有"，这是不对的。实际上，董仲舒只是董仲舒，王阳明只是王阳明。如果我们懂得了董仲舒的《春秋繁露》只是董仲舒的哲学，王阳明的《大学问》只是王阳明的哲学，也就懂得了中国哲学总在进步之中。有人以为，董仲舒、王阳明的学说在以前儒家哲学中已经见到端倪，他们只不过是发挥引申而已，不能算自己的哲学和新的贡献。冯友兰同样反对这种看法，他形象地说：

> 即使承认此二哲学家真不过发挥引申，吾人亦不能轻视发挥引申。发挥引申即是进步。小儿长成大人，大人亦不过发挥引申小儿所已潜具之官能而已。鸡卵变成鸡，鸡亦不过发挥引申鸡卵中所已有之官能而已。然岂可因此即谓小儿即是大人，鸡卵即是鸡？……由潜能到现实便是进步。[①]

冯友兰所坚持的显然是哲学上的进化论观点，强调了中国哲学史发展的客观性，具有历史辩证法因素。但冯友兰没有区分质的飞跃和量的变化，错误地把康有为、梁启超时代的哲学统归到经学时代，忽视了中国哲学走出中世纪的突破性。当然，这种阶段划分在《中国哲学史新编》中已经改变，由原来的两阶段（子学时代和经学时代）论发展为四阶段（古代、中古、近代、现代）论。

二、缺乏形式上的系统，但有实质上的系统

所谓"形式上的系统"指论理结构方面的条理、层次等，"实质上的系统"则指前后一贯的思想内容。

当时有些人通过中西哲学比较，认为中国哲学无系统。冯友兰认为这种说法不准确。实事求是地说，与西方哲学相比，中国哲学确实缺乏形式上的系统，即逻辑论证不足，"中国哲学家之哲学，在其论证及其说明

---

① 冯友兰：《中国哲学史》，中华书局2014年版，第23—24页。

方面，比西洋及印度哲学家之哲学，大有逊色。"① 这并不是因为中国哲学家没有这个能力，而是由于他们之"不为"，根本原因在于他们的价值观。中国哲学家重行，不十分重视著书立说。"太上有立德，其次有立功，其次有立言"，中国哲学家深信"内圣外王"之道，内圣即立德，外王即立功，成为圣王是他们的最高理想，不得已才去著书立说，著书立说在中国哲学家的眼里是最倒霉的事情。所以在中国哲学史上，那些精心结撰而又首尾相贯的哲学著作很少，往往都是哲学家本人或其门人后学，杂凑平时书札语录而成，虽然道理足以自立，而扶持此道理的议论，多失之于简单零碎。除此之外，冯友兰指出，中国哲学缺乏形式上的系统还可能与古代的书写质料和方式有关，古人写书用的竹简，极为夯重，故著书立说务求简短，结论鲜明而论证较少，长此以往，形成了一种著书的风尚或传统。

冯友兰承认中国哲学缺乏形式上的系统是"逊色"之处，但对这一点给予了"同情的理解"，中国哲学虽然缺乏形式上的系统，但这不能否认中国哲学确实有实质上的系统。冯友兰说：

> 中国哲学家的哲学，虽无形式上的系统，但如谓中国哲学家的哲学无实质上的系统，则即等于谓中国哲学家之哲学不成东西，中国无哲学。形式上的系统，希腊较古哲学亦无有。苏格拉底本来即未著书。柏拉图之著作，用对话体。亚里士多德对于各问题皆有条理清楚之论文讨论。按形式上的系统说，亚里士多德之哲学，较有系统。但在实质上，柏拉图之哲学，亦同样有系统。依上所说，则一个哲学家之哲学，若可称为哲学，则必须有实质的系统。所谓哲学系统之系统，即指一个哲学之实质的系统也。中国哲学家之哲学之形式上的系统，虽不如西洋哲学家，但实质上的系统，则同有也。讲哲学史之一要义，即是在形式上无系统之哲学中，找出其实质的系统。②

①　冯友兰：《中国哲学史》，中华书局 2014 年版，第 8 页。
②　冯友兰：《中国哲学史》，中华书局 2014 年版，第 13—14 页。

如果以经典的西方哲学体系为参照，中国哲学形式上的系统确实薄弱，思想上的系统则与西方哲学一样明显。就表现形式说，中国哲学和其他民族的哲学有所不同，就内容说，中国哲学和其他民族的哲学是一样的，如果不是如此，它就不能称为哲学。

冯友兰有关中国哲学这一特点的概括是合理的，它对于我们今天认识中国有无哲学依然具有重要的启发意义。"中国无哲学"的观点由来已久，黑格尔虽然在名称上不否认中国哲学的存在，但总体上是极其鄙视的。他在《哲学史讲演录》中认为，孔子的教训是一种"常识的道德"。在哪一个民族里都可以找到，"为了保持孔子的名声，假使他的书从来不曾有过翻译，那倒是更好的事。"《易经》虽然达到了"对于纯粹思想的意识，但并不深入，只停留在最浅薄的思想里面"。① 胡塞尔认为，只有希腊人才对宇宙论真正感兴趣，相应地出现了一种纯粹的理论形态。而东方哲学则不存在纯理论的生活兴趣，从本质上说依然是一种原始的、自然的、不带有普遍的概念意义的神秘主义。② 德里达认为中国只有思想，而无哲学，等等。时下，国内也有一些学者讨论中国哲学的合法性危机问题。笔者不认同"中国无哲学"的观点，因为其在理论上缺漏颇多，难以自圆其说。海德格尔、德里达等人认为，中国有思想，无哲学，在思想与哲学间划了一条无法逾越的界限。这里有三点需要说明：第一，德语、法语中的"思想"和"哲学"的界限在哪里？如果是两个完全没有重叠意义的词，中国有思想，无哲学的说法尚可理解。第二，退一步说，哲学特指概念思维，思想特指非概念思维，难道中国人仅仅有非概念思维，没有概念思维吗？第三，从汉语语义上讲，哲学与思想两个概念是一而二又二而一的，哲学本身是一种系统的思想，思想的精华部分是哲学，所以，说中国有思想无哲学，不符合汉语语言逻辑。有的论者指出，在中国传统思想史上，既没有哲学这一名词，也没有哲学这个门类。这一点是符合实际的。但没有这个名词，没有这个学科门类就等于没有哲学吗？应该着眼于

---

① 黑格尔：《哲学史讲演录》（第一册），三联书店 1956 年版，第 120 页。

② 参见张祥龙：《胡塞尔、海德格与东方哲学》，《中国社会科学》1993 年第 6 期。

内容。对中国有无哲学的判定，不是无关紧要的一家之言，而是关涉到重大的原则性或前提性问题。如果承认中国无哲学，那么就等于说，由胡适、冯友兰所开创的中国哲学史这门学科毫无意义，新中国成立以后人们用马克思主义哲学的基本观点研究中国哲学史的工作也是徒劳一场，这无疑对于近百年来的中国哲学史研究具有釜底抽薪的意味。应当承认，用西方哲学的框架研究中国哲学的确有削足适履的偏颇，但这并不等于说用西方哲学的框架研究中国哲学毫无意义。人类思想的历史是一个不断地被重新解释的历史，因此也就是一个不断地被创造的历史，运用新的参照系重新认识和解释原有的对象是合理合法的，并在很大程度上推进着思想史研究的进步。这种原则也完全适用哲学史的研究。德国哲学家恩斯特·卡西尔在他的《人论》（*An Essay on Man*）中对这一观点的表述可谓经典，他说："在哲学上属于过去的那些事实，如伟大思想家的学说和体系，如果不做解释那就是无意义的。而这种解释的过程是永无止境的。当我们的思想达到新的中心和新的视野时，我们就一定会修改自己的看法。"① 哲学历史的文本正是在这种不断地被解释中获得了永恒的价值活力。冯友兰也指出，所谓历史有两类：一类是"事情之自身"，他又称之为"历史"或"客观的历史"；另一类是"事情之纪述"，他又称之为"写的历史"或"主观的历史"。哲学史也是一样，本来的哲学史只有一个，而写的哲学史可以有多个。② 随着时代的变迁，任何人写的历史或哲学史都必须改写或重写。因此，从主流上来说，不论胡适、冯友兰用西方近代哲学的框架研究中国哲学，还是人们用马克思主义哲学框架研究中国哲学，都是具有开创性的事业，对于中国哲学史这门学科的创立和发展具有重大的意义，它标志着中国哲学研究走出中世纪的历史进步。相反，在当代解释学的大背景下，试图回归到传统的经学巢穴，运用传统的经学方法去治国学，去重新发现"原汁原味"的中国思想，其价值维度倒很令人怀疑。

---

① 卡西尔：《人论》，甘阳译，上海译文出版社 1985 年版，第 228 页。

② 冯友兰：《中国哲学史》，中华书局 2014 年版，第 16 页。

三、道德哲学及其修养方法见长，缺少知识论和宇宙论

在冯友兰看来，由于中国哲学家十分重视"内圣"，所以其所讲的多是成圣的学问和修养方法。而极为详细的修养方法即"为学之方"与西方哲学中的认识论方法不同，所反映出的是中国哲学中道德本位的倾向，这一特点与不重视知识论有关。冯友兰指出，中国哲学注重道德，不为知识而知识，圣人为圣人，恶人为恶人，在于道德上的评判，与知识多少无关。中国哲学中知识论不发达的主要原因是未实现"我"与"非我"即人与宇宙的分离。冯友兰指出，在西方近代史上有一件非常重要的事情就是"我"之自觉。"我"自觉之后，就有所谓"非我"与之对立，也就是主观和客观的对立，而二者之间的界限是分明的。这种对立自然产生"我"如何才能知道"非我"的问题，即知识论问题。在中国人的思想中，没有显著的"我"之自觉，也没有显著的"我"与"非我"的分离，所以知识论问题未能成为中国哲学中的大问题。另外，中国哲学家特别重视"人事"，所以对宇宙论的研究不能说没有，但大都比较简略。

冯友兰对中国哲学这一特点的指认应该说反映了中国哲学的一些实际情况，成为多数人能够接受的观点，比如后人用"实用理性"概括中国哲学的基本精神就明显地与冯友兰的思路相吻合。但是，这里有一个参照点问题，即何谓"逻辑"，何谓"知识论"或"认识论"，确立的参照点不同，结论自然有异，甚至南辕北辙。冯契不反对中国哲学长于伦理的说法，但反对中国哲学认识论不发达和缺乏逻辑的观点。针对中国哲学认识论不发达的观点，冯契对何为认识论的问题进行了重新厘定，提出了一种广义认识论，并由此确定中国古代哲学中的认识论相当发达，在作为人类认识史精华的世界哲学史上占有重要地位。针对中国哲学缺乏逻辑的观点，冯契指出，中国传统哲学的确缺乏对形式逻辑的研究，但这不等于缺乏逻辑，由于较早和较深入地探讨了辩证逻辑，所以中国传统哲学中的逻辑思想是很发达的。① 应该说，冯友兰和冯契的见解都"持之有故，言之

---

① 参见柴文华：《论冯契对中国哲学史研究的贡献》，《哲学研究》1997 年第 2 期。

成理"，值得我们进一步研究。

第四节　先秦儒学观

作为一个现代新儒家的代表，冯友兰对先秦儒学的看法值得关注。

冯友兰指出，所谓"儒"即"有知识材艺者之通称"，"是一种有知识、有学问之专家；他们散在民间，以为人教书相礼为生"。[①] 儒家的兴起，为子学时代的开端；儒家的独尊，为子学时代的结束。儒学在汉代的独尊有其自身的原因，因为"儒者通以前之典籍，知以前之制度，而又理想化之，理论化之，使之秩序有序，粲然可观。若别家仅有政治、社会哲学，而无对于政治社会之具体办法，或虽有亦不如儒家完全。在秦汉大一统后之'建设时代'，当然不能与儒家争胜也"[②]。因此，儒学在整个中国的中古时期独领风骚，有其内在的缘由。

在对先秦儒家哲学的看法上，冯友兰充分肯定了孔子、孟子、荀子学说的重要意义。

冯友兰指出，儒学系统的形成有赖于"以述为作"的方式。孔子虽然说过"述而不作"，但原始儒家实际上都是以述为作。"此种精神，此种倾向，传之于后来儒家，孟子荀子及所谓七十子后学，大家努力于以述为作，方构成儒家思想之整个系统。"[③] 冯友兰举例子说，《易》是儒家所述，《系辞》、《文言》等是儒家所作，而《易》在思想史上的价值，体现在《系辞》、《文言》中，而《春秋》与《公羊传》、《仪礼》与《礼记》等亦复如是。这说明他们虽然自称述而不作，实际上是以述为作，"作"的价值在"述"之上，这是儒家学术赖以成为系统的根本方式。

冯友兰反对胡适把老子作为中国哲学第一人的观点，认为《老子》一书晚出，孔子才是中国哲学的开山。"就其门人所记录者观之，孔子实有有系统的思想。由斯而言，在中国哲学史中，孔子实占开山之地

---

① 冯友兰：《中国哲学史》，中华书局 1961 年版，"附录"第 26 页。

② 冯友兰：《中国哲学史》，中华书局 2014 年版，第 486 页。

③ 冯友兰：《中国哲学史》，中华书局 2014 年版，第 92 页。

位。……以此之故，此哲学史自孔子讲起，盖在孔子以前，无有系统的思想，可以称为哲学也。"①

孔子作为中国哲学的开山由冯友兰系统提出，但对孔子的高度评价，早已见诸孟、荀。孟子从德的角度认为孔子是"集大成"，荀子从学的角度认为孔子"仁智且不蔽"。而冯友兰对他们三人在儒学发展史上的地位也作了肯定性的评价。冯友兰指出，孔子在中国历史上的地位就像苏格拉底在西方历史中的地位一样，孟子在中国历史上的地位就像柏拉图在西方历史上的地位一样，荀子在中国历史上的地位就如同亚里士多德在西方历史上的地位一样。冯友兰还具体分析了他们三人在学术上的不同之处：在对天的看法上，孔子之天是主宰之天。孟子之天有时为主宰之天，有时为运命之天，有时为义理之天。荀子之天则为自然之天。在对人性的看法上，孔子一方面注重个人性情之自由，一方面又注重个人行为之外部规范。孟子较注重个人性情之自由，也重视个人之道德判断。荀子较注重人之行为之外部规范，即所谓"礼"；在正名的问题上，孔子、孟子的正名主义"仅有伦理的兴趣"，荀子作为辩者，其所讲正名"逻辑的兴趣亦甚大"。另外，冯友兰还谈到了孟子和荀子哲学的性质，认为孟子是"软心的哲学家"，其哲学具有唯心论倾向；荀子是所谓"硬心的哲学家"，其哲学具有唯物论的倾向。从上面的论述中可以看出，冯友兰对孔、孟、荀三人的学说进行了客观的描述和公正的评价，作为第一部完整的《中国哲学史》，其所提出的观点不仅具有原创性，而且独具只眼，影响广远，即便我们今天对先秦哲学的研究，也很难说能够跳过或完全超越冯友兰的见解。在冯友兰的视域里，孔子虽是中国哲学的开山，儒学的创始人，但荀子却是原始儒学的集大成者，其所言之天是自然之天，其人性论重"礼"，其正名具有逻辑兴趣，其学说具有唯物论色彩，这些在今天看来仍为不刊之论。荀子历来被看作非正统的儒家学者，或者是一个和稀泥的乡愿型学者，但冯友兰却给予他很高的评价，反映出冯友兰作为一个严肃的学者在哲学史领域中实事求是的客观精神。

---

① 冯友兰：《中国哲学史》，中华书局 2014 年版，第 29 页。

第五节 墨家观

墨家学说以其独特的理论内容、丰富的科学知识及在逻辑学领域中的独特贡献彪炳于世。冯友兰对墨家学说的研究主要体现在他的《中国哲学史》、《中国哲学简史》、《贞元六书》当中。此外他还专门发表过一些有关墨家学说的文章，例如《原儒墨》、《原儒墨补》、《墨家论兵》等。冯友兰运用平等的眼光、科学的方法，对墨家学说进行了系统的研究。

一、墨子及前期墨家

冯友兰对墨家思想的研究是从对墨家起源的考证开始的。

1. 墨家的起源

墨家学说在先秦时期曾与儒学并称"显学"。但是在司马迁的《史记》当中，对墨家的记载却极为简略。关于墨家的起源，我们很少能找到直接的答案。冯友兰在《中国哲学史》当中，并没有详细论述。在《清华学报》10 卷 2 期、4 期上发表的两篇文章《原儒墨》、《原儒墨补》当中，冯友兰明确指出，在贵族政治未崩坏以前，出兵打仗，贵族即是将帅，庶民即是士兵。到贵族政治崩坏以后，失业的人中有以专门帮人打仗为职业的武士，这些人都有自己的团体和纪律，"墨子即自此等人中"。在《中国哲学简史》当中，冯友兰又进一步指出，"墨子及其门徒出身于侠，这个论断有充分的证据。"但他还着重强调了墨子及其门徒与普通游侠的区别。首先，普通游侠只要得到酬谢，或受到封建主的恩惠，那就无论什么仗他们都打。墨子及其门徒则不然，他们打仗是有选择性的。他们反对侵略战争，只愿参加严格限于自卫的战争。其次，普通游侠只限于信守职业道德的条规，无所发挥；墨子则详细阐明了这种职业道德，论证它是合理的，正当的。这样，墨子的社会背景虽然是侠，却同时成了一个学派的创始人。①

---

① 参见冯友兰：《中国哲学简史》，北京大学出版社 1985 年版，第 64 页。

关于墨家的起源，胡适并没有像冯友兰一样直接论述。而是通过驳斥章太炎坚持的"九流出于王官"之说，认定"墨家出于清庙之守，以法家为出于理官，则不独言之无所以据，亦大悖于学术思想兴衰之迹矣"。① "夫以'墨'名家，其为创说，更何待言？墨者之学，仪态万方，岂清庙小官所能产生？"冯友兰通过正面引用材料，论证墨家的起源，胡适则是通过反面驳斥章太炎的观点进行论述的。

2. 关于墨子的考证

欲知一家学说传授沿革的次序，不可不先考订这一家学说产生和发达的时代。冯友兰从史料的辨伪入手，然后运用可信的史料与不同的史料加以对照。他认为，孙诒让作《墨子年表》，起周贞定王元年（前468年），迄安王二十六年（前376年）。钱穆作《墨子年表》，起周敬王四十一年（前479年）即孔子卒年，迄安王二十一年（前381年）即吴起死年。钱穆所考的年代比孙诒让早，依照《吕氏春秋》所纪，"吴起死时，墨家巨子，已为孟胜，则墨子必死于吴起之前。"所以墨子生活的年代大约在前479年至前381年之间。② 与冯友兰相比，胡适更加侧重于对史料的考据，并把传统的考据学方法与现代西方实证方法相结合。他也认为墨子的生卒年代大约在前478年至前375年之间，这与冯友兰的观点基本一致。关于墨子的里籍，冯友兰和胡适都认为他是鲁国人，但关于墨子的姓氏，二人的观点却存在明显分歧。胡适认为，"墨子姓墨，名翟"③，但冯友兰则认为，墨是古代刑法之一，并非姓氏。此外，墨子节用、短丧等见解，都趋于极端，与当时的士大夫行事相反。"故从其学者，当时称之谓墨者，意谓此乃刑徒奴役之流。"④ 在考证墨子生卒年代、里籍等问题的基础上，冯友兰进而探讨和说明了儒墨两大派的师承和对立的原因。他认为，墨子既为鲁人，则"在此风气中，学《诗》《书》，受孔子的影响，乃当然应有之事。"且孔子也有尚俭、节用的主张。据此，他认定，墨学起

① 胡适：《中国哲学史大纲》，上海古籍出版社1997年版，第103页。
② 参见冯友兰：《中国哲学简史》，北京大学出版社1985年版，第67页。
③ 胡适：《中国哲学史大纲》，上海古籍出版社1997年版，第100页。
④ 冯友兰：《中国哲学史》，华东师范大学出版社2000年版，第67页。

源于鲁，与儒学同。同时冯友兰指出，墨子之为学与宋学有关。宋人以愚著称，诸子中言及愚人，常以宋人为代表，墨子之道，"其智可及也，其愚不可及也。"可见墨子学说也有宋人之风。所以冯友兰下结论说，"墨子可能先在鲁国受孔子之影响，后来又成了宋大夫，又合宋人兼爱非攻之道，遂成墨学。"① 冯友兰还十分热衷于把孔子和墨子进行比较，在《中国哲学简史》中，他把墨子当成孔子的第一个反对者加以描述。他说："孔子是古代文化的辩护者，墨子则是古代文化的批判者。孔子是文雅的君子，墨子是战斗的传教士。他传教的目的在于，把传统的制度和常规，把孔子以及儒家学说一起反对掉。"②

胡适对儒墨关系的理解与冯友兰不谋而合。他认为，墨子究竟曾否"学儒者之业，受孔子之术"，虽不能确定，但墨子所受儒家影响一定不少。他认为，"墨子生在鲁国，眼见孔子死后，那一班弟子不能传孔子学说的大端，都去讲究那丧葬小节，追求那种繁琐的礼仪的种种怪现象，怪不得他要反对儒家，自创一种新学派。"③

3. 墨子的哲学为功利主义

在冯友兰的墨家观中，对功利主义的研究占了很大篇幅。在《人生哲学》中，他把墨家归为功利派，认为功利派之哲学，虽亦以快乐为人生所应求，而但谓吾人应牺牲目前享受，以图将来快乐，此功利派注重在求最大多数之最大快乐，即所以求之之道。墨家哲学是极端的功利主义。他以功利主义为根据，对国家、社会、道德、宗教，皆有具体计划。功利主义之长处他发挥其多，功利主义之短处，他亦暴露无遗。冯友兰认为，墨家哲学与西方哲学史上的边沁及霍布斯，极为相似。同时他还把墨子和孔子进行了比较。他认为，《墨子》书中，反对儒家的地方很多，这是由于墨家哲学与儒家哲学的根本观念不同，儒家"正其谊不谋其利，明其道不计其功"，而墨家则专注重"利"，专注重"功"。就孔子和墨子的个人行为来考察，他们两人都想救世之弊，但二人对自己行为的解释则不同。孔

---

① 冯友兰：《中国哲学史》，华东师范大学出版社 2000 年版，第 67 页。

② 冯友兰：《中国哲学简史》，北京大学出版社 1985 年版，第 62 页。

③ 冯友兰：《中国哲学史》，华东师范大学出版社 2000 年版，第 106 页。

子之所以想干预政治，是因为他认为"应该如此"。而墨子对于自己行为的意见则不是这样。

《墨子·公孟》篇云：

> 公孟子谓子墨子曰："……今子遍从人而说之，何其劳也？"子墨子曰："……且有二生于此，善筮者，一处而不出者。行为人筮者，与处而不出者，其糈孰多？"公孟子曰："行为人筮者其糈多。"子墨子曰："仁义均，行说人者其功善亦多，何故不行说人也？"这就是说，为文者虽少，然有一、二人为之，其"功"犹胜于无人为之。其结果也是天下之利也。①

因此，在冯友兰看来，墨家哲学的根本就是功利。既然如此，那么功利思想在墨子哲学思想中有哪些应用呢？冯友兰认为这种应用主要体现在墨子对于三表法的论述当中。

《墨子·非命上》云：

> 子墨子言曰："必立仪。言而毋仪，譬犹运钧之上而立朝夕者也；是非利害之辨，不可得而明知也。故言必有三表。"何谓三表？子墨子言曰："有本之者，有原之者，有用之者。于何本之？上本之于古者圣王之事。于何原之？下原察百姓耳目之实。于何用之？发以为刑政，观其中国家百姓人民之利。此所谓言有三表也。"②

在冯友兰看来，墨子的这三表是很客观的，一表代表过去的经验，二表代表现在的经验，三表代表将来的经验。而在三表中，犹以第三表最为重要。"国家百姓人民之利"是墨子估定一切价值的标准，这是一种实验主义的方法论，也是墨子功利哲学的突出表现。国家百姓人民之最大利，即

---

① 冯友兰：《中国哲学史》，华东师范大学出版社2000年版，第71页。
② 冯友兰：《中国哲学史》，华东师范大学出版社2000年版，第71页。

是人民之"富"与"庶"。"凡是能使人民富庶之物，皆为有用，否者皆为无益或有害；一切价值皆依此估定。"①

此外，墨家还主张以理智反对天然，音乐美术都是情感的产物，由理智来看也应该被抛弃。因为这些对于"求富求众"也没有什么大用。从墨子极端功利主义的观点来看，人的情感也是没用的和毫无意义的。

《墨子·贵义》篇云：

> "子墨子曰：必去六辟，默则言，言则悔，动则事，使三者代御，必为圣人。必去喜，去怒，去乐，去悲，去爱，去恶，而用仁义。手足口鼻耳，从事于义，必为圣人。"

冯友兰指出，此段文字中的喜、怒、乐、悲等，都属于情感方面，也就是墨子所认为的"六辟"，所以也必须除去，从而使人们的言行都在理智的状态下，这也恰好是墨子排除情感的最好证据。《墨子·公孟》篇曰："无鬼神。"又曰："君子必学祭祀。"子墨子曰："执无鬼而学祭祀，是犹无客而学客礼也，是犹无鱼而为鱼罟也。"在此，冯友兰对比了儒墨两派对于祭祀的不同态度，并指出，儒家不信鬼神，却主张祭祀，只是求得情感的满足；而墨子则从极端功利主义角度出发，认为儒家的主张毫无意义。

总体来说，冯友兰并不赞成墨子这种牺牲一切以求富庶的做法，但同时他指出墨家这种观点的产生，也是有根据的，他运用自然科学和西方哲学的观点对此进行了分析。他认为，依生物学说，凡生物皆求保存其自我及其种族。依"析心术"的心理学所说，人的欲望中，自私之欲及男女之欲最强。墨子的观点也是想让世人都能维持生活，结婚生子，使人类日趋繁荣。这本来没有什么不对，但冯友兰强调，"牺牲一切目前享受，以达将来甚远之目的，诚则过于算账。墨学不行于后世，这也是原因之一。"

与冯友兰不同，胡适则认为，墨子哲学是应用主义或者叫实利主义。

---

① 冯友兰：《中国哲学史》，华东师范大学出版社 2000 年版，第 73 页。

"三表法"是墨子的论证方法，如果说"应用主义"哲学方法是广义上的逻辑，那么"三表法"则是逻辑的应用，胡适运用"实证主义"的哲学方法来梳理前期墨家的哲学方法，并力图把它纳入实证主义的哲学方法当中，但他过分强调了墨家思想与近代实证主义哲学方法相同的一面，而忽视了他们之间的本质差别。

4. 兼爱

冯友兰认为，"兼爱"是墨子哲学的中心概念。在《中国哲学简史》中，他指出，墨子出于游侠，兼爱正是游侠职业道德的逻辑延伸，这种道德就是，在他们的团体内，"有福同享，有祸同当。"以这种团体的概念为基础，墨子极力扩大它，方法就是宣扬"兼爱"学说，即天下每一个人都应该平等地、无差别地爱一切人。《墨子》中有三篇专讲兼爱，然后又用三表法判断兼与别的是非。其中最后一表"中国家百姓人民之利"是墨子判定一切价值的标准，也是墨子用以证明兼爱最可取的主要标准。国家人民之大害，在于人们之互相争斗，无有宁息；而其所以互相争斗，正是由于人们不相爱。

《墨子·兼爱下》曰：

> 然即国都不相攻伐，人家不相乱贼，此天下之害与？天下之利与？即必曰：天下之利也。姑尝本原若众利之所自生。此胡自生？此自恶人、贼人生与？即必曰：非然也。必曰：从爱人、利人生。分名乎天下爱人而利人者，别与？兼与？即必曰：兼也。然即之交兼者，果生天下之大利者与？是故子墨子曰：兼是也。

冯友兰认为，墨子用这种功利主义的辩论，证明兼爱绝对正确。仁人的任务是为天下兴利除害，他就应当以兼爱为他自己及所有人行动的标准，这叫作"以兼为正"。"以兼为正，是以聪耳明目，相与视听乎；是以股肱毕强，相为动宰乎。而有道肆相教诲，是以老而无妻子者，有所侍养以终其寿；幼弱孤童之无父母者，有所放依以长其身。今唯毋以兼为正，即若其利也。"（《墨子·兼爱下》）在冯友兰看来，这正是墨子的理想世界，它只能通过兼爱创造出来。这是纯就功利方面论证兼爱的必要性。这也是墨家兼爱与儒家主张的仁的不同。兼爱之道，不唯"利他"，且"利自"。

天下之大利在于人之兼爱；天下之大害，在于人之相争；所以应"非攻"。在《中国哲学简史》中，冯友兰把墨子同边沁、孟子进行了比较。他说，边沁以为道德和法律的目的，在于求最大多数的最大幸福，墨子也是这样。墨子和孟子都反对战争，但墨子非攻是因其不利，而孟子反对战争是因其不义。

冯友兰认为，墨家非攻，反对的是侵略战争，他们并不是主张不抵抗主义的和平论者。在《南渡集·下编》《墨家论兵》一文中，冯友兰详细介绍了墨家论兵的特点，他认为抵抗不是可以托诸空言的，也不是可以专靠所谓精神，就可以成功的。兵来将挡，水来土掩，这虽是小说里的套话，但也是一个自明的真理。墨家正是了解这个真理，所以他们讲究守备之法，也注重守御之具。现在《墨子》书中，有《备城门》、《备高临》、《备梯》、《备突》、《备穴》等十篇，专讲守备之法及守御之具。此外还有七篇，也是讲守备之法和守御之具，可惜已经散失。同时冯友兰强调，墨家虽注重武器，但并不轻视组织。相传墨子有弟子三百人，皆可使赴火蹈刃，死不旋踵。由于冯友兰写这篇文章时正是日军大举侵华的时候，当时的社会背景使他更深刻地领会了《墨子·备城门》篇"守围城之法"的重要性。他同时指出，军事的根本在于组织与武器，组织的根本在于政治，武器的根本在于工业和技术，这是古今中外不变的真理。

5. 宗教制裁

冯友兰认为，"墨子虽以兼爱之道为唯一救世之法，但却不认为人本能相爱。"①《墨子·所染》篇云：子墨子见染丝者而叹曰："染于苍则苍，染于黄则黄；所入者变，其色亦变；五入而已则为五色矣；故染不可不慎也！"墨子以人性为素丝其善恶全在"所染"。人们应以兼爱之道互相感染，使人们交相利而不交相害；然而普通人不容易发现"兼爱"的好处，

---

① 冯友兰：《中国哲学史》，华东师范大学出版社 2000 年版，第 79 页。

"交别"的坏处。那么如何说服人们兼爱呢？于是墨子注重种种制裁，以使人交相爱。在《原儒墨》一文中，冯友兰指出，信有人格的上帝及鬼神的存在，能赏善罚恶，这本来是下层社会人们的信仰，到了墨子时期，因为当时经济、政治、社会、思想各方面所起的变化。此等旧信仰亦渐不能维持人心。墨子以为世乱之源，起于此等旧信仰的失坠，故竭力提倡此等信仰，所以有了天志明鬼等学说作为宗教制裁以保证和说服人们彼此相爱。《墨子》有几篇讲"天志"、"明鬼"。其中说天帝存在，天帝爱人，天帝的意志是要一切人彼此相爱。天帝经常监察人的行为，特别是统治者的行为。天帝以祸惩罚违反天意的人，以福奖赏顺从天意的人。除了天帝，还有许多小一些的鬼神，他们也同天帝一样，奖赏那些实行兼爱的人，惩罚那些交相别的人。所以在《人生哲学》中冯友兰明确指出，虽有上帝鬼神，人也需"自求多福"，不可但坐而俟神佑。上帝鬼神的赏罚，都是"人之行为所自招，非命定也"。"但是对于墨家以这种天志明鬼的宗教制裁来维护旧信仰在人心中的地位，实在是和儒家通过'正名'来维护传统制度没有什么区别，他们都没有真正理解旧信仰之失坠及旧制度之崩坏，及世变之结果。在此方面儒墨同为守旧，不过一守原来上层社会之旧，一守原来下层社会之旧而已。"①

与冯友兰相比，胡适则直接把墨子当作一个宗教的创始人。他认为，墨家曾是一个活跃的，信徒众多的宗教。作为一个宗教，墨家教义否定宿命论，并认为个人的得救，有赖于自己尽力行善。它相信灵魂和鬼的存在，它们对于人有赏善罚暴的力量。它以天志为基本信条，这就是兼爱。这种教义是对孔子厚亲而薄疏的爱的原则的否定。

冯友兰认为，儒墨两家在对待鬼神和祭祀的态度上，都好像是矛盾的，但这些都不是真正的矛盾。冯友兰称之为"一种似是而非的矛盾"。②因为冯友兰认为儒家行祭祀的原因不是因为相信鬼神的真正存在，行礼祭祀只是出于对祖先的孝敬，所以礼的意义是"诗的"而不是"宗教的"。

① 冯友兰：《三松堂学术文集》，北京大学出版社 1984 年版，第 303 页。
② 冯友兰：《中国哲学简史》，北京大学出版社 1985 年版，第 70 页。

墨子要证明鬼神存在，是为了给他的兼爱学说设立宗教制裁，并不是对于超自然的实体有任何真正的兴趣。从墨子极端功利主义观点来看，天志明鬼、节葬节用都是有用的，所以也是不矛盾的。

6. 政治制裁

边沁认为，人的快乐苦痛有四种来源，即物质的、政治的、道德的、宗教的。法律及行为规则，皆利用此四者所生之苦痛快乐，以为劝惩，而始有强制力。故此四者，名曰制裁（sanction）。《墨子》中有《尚同》三篇，冯友兰认为这三篇是墨子为了要人们实行兼爱而设立的政治的制裁。在《人生哲学》和《中国哲学史》中，冯友兰引用了霍布斯的观点，因为他认为霍布斯与墨子的政治哲学极为相似，霍布斯认为，人之初生，无有国家，在所谓"天然状态"之中；与其时，人人皆是一切人之仇敌，互相争夺。人们不满意此状态，所以设立一个绝对权威的统治者，并相约服从之，国家起源如此。其权威应需绝大，不然国家解体，人又回到"天然状态"中。《墨子·尚同中》云："则此语古者上帝鬼神之建设国都，立政长也，非高其爵，厚其禄，富贵佚而错之也。将以为万民兴利，除害，富贫，众寡，安危，治乱也。"此又以为国家乃上帝鬼神所设，亦主张天志者应有之说。在没有国家刑政之时，因为是非标准的不确定而大乱。所以国家在建设以后，天子的号令应是绝对的是非标准，除此以外不应再有任何标准。在《中国哲学简史》中，冯友兰根据《尚同》三篇所阐述的墨子国家起源学说指出，国君的权威有两个来源：人民的意志和天的意志。国君的主要任务是监察人民的行动，奖赏那些实行兼爱的人，惩罚那些不实行兼爱的人，为了有效地做到这一点，他的权威必须是绝对的。那么人们为什么用这种绝对的权威统治自己呢？墨子的回答是他们无可选择。冯友兰认为，照墨子所说，在国家建立以前，人们生活在如霍布斯所说的"天然状态"之中。"国家之病"，其一起于"煽惑人之学说之毒"，此种学说以为每一个人，对于善恶行为，皆可判断。"盖其语曰天下之人异义。是以一人则一义，二人则二义，十人则十义，其人兹众，其所谓义者亦兹众。是以人是其义，以非人之义，故交相非也。""天下之乱，若禽兽然。夫明乎天下之所以乱者，生于无政长。是故选天下之贤可者，立以为天子。"(《墨子·尚同上》)如此说来，冯友兰认为，国君最初是由人民意志设立的，是为了把他们从无政府状态中拯救出来。所以墨子以为，天下一切人皆应"上同而不下比"，国家必须是极权主义的，国君的权威也必须是绝对的。因为国家的设立有其明确的目的，就是结束混乱，而混乱则是由于"天下之人异义"。因此国家的根本职能是"一同国之义"。(《墨子·尚同上》)一国之内，只能有一义存在，别的义都是不能容忍的。冯友兰看到在这种政治哲学中，墨子发展的是侠的职业道德，非常强调团体内的服从和纪律。它无疑反映了墨子时代的混乱政局，使人们向往一个中央集权的政权，哪怕是专治独裁也好。但是尚同之极，必是人之个性毫无发展的余地。除此以外，冯友兰还指出，墨子不但以为除了政治制裁以外，没有社会制裁，即使是宗教制裁也是为政治制裁服务的。要是按天子上同于天的说法，即上帝及主权者的意志，相合为一，没有冲突，那么此时墨子所说的天子，已经是君主兼教皇了。

与冯友兰不同，胡适显然把对具体的政治主张的研究放在了次要的地位。在他看来，上述这些具体的政治主张是表层的，是受具体的哲学方法支配的。相对于"应用主义"的哲学方法来说，兼爱、非攻、尚贤、尚同等主张只是根本观念的应用。[1] 胡适认为"墨子的宗教以'天志'为起点，以'尚同'为终局"[2]。"兼爱、非攻"是"天志"的体现，"明鬼"是"天志"的补充。但是就像冯友兰所认识的，"兼爱"才是墨子思想的主旨和归宿。"尚贤、尚同"是"兼爱"思想在政治主张上的延伸，而"天志、明鬼"则是实现"兼爱"的手段。胡适颠倒了手段和目的的关系，因此把墨家的政治主张看成以"天志"为本的宗教。

二、《墨经》及后期墨家

冯友兰以原始史料为基石，对《墨经》及后期墨家进行了更加深入系统的研究。

---

[1] 参见胡适：《中国哲学史大纲》，上海古籍出版社 1997 年版，第 118 页。
[2] 胡适：《中国哲学史大纲》，上海古籍出版社 1997 年版，第 119 页。

1. 战国时期墨家之情形

在《中国哲学简史》中，冯友兰就对《墨经》及其内容进行了说明。他指出：《墨子》中有六篇，《经上》、《经下》、《经说上》、《经说下》、《大取》、《小取》与其他各篇性质不同，特别有逻辑学的价值。《经上》、《经下》都是逻辑、道德、数学、自然科学的定义。《经说上》、《经说下》是对前两篇中定义的解释。《大取》、《小取》讨论了若干逻辑问题。所有这六篇有一个总的目的，就是通过逻辑方式，树立墨家的观点，反驳名家的辩论。这六篇合在一起，通常叫作《墨经》。冯友兰认为，《墨经》是战国后期的墨者所作。因为战国后期游学之风极盛。诵习简编，求简练易记，所以各家作"经"，而在战国前期还没有这种体裁的著作。冯友兰还通过分析战国诸子文体的演进指出，《墨子》书中如《大取》、《小取》篇，皆为据题抒论之著述体裁，这也不是墨子时代所能有的。由此，冯友兰把这六篇归为战国后期墨家的作品。《韩非子·显学》篇曰："子墨子之死也，有相里氏之墨，有相夫氏之墨，有邓陵氏之墨。"《庄子·天下》篇曰："相里勤之弟子，五侯之徒，南方之墨者，苦获，巳齿，邓陵子之属，俱诵《墨经》，而倍谲不同，相谓别墨。以坚白同异之辩相訾，以畸偶不仵之辞相应。以巨子为圣人，皆愿为之尸，冀得为其后世，至今不决。"冯友兰认为这就是战国后期墨家的情形。后期墨家的《墨经》之作，完全是为了拥护常识，反对当时辩者的"怪说畸辞"。然而冯友兰认为墨者是从感觉的观点解释宇宙；而辩者则是从理智的观点解释宇宙。另一方面他也看到了墨者受到了辩者的影响，使立论更精确，壁垒更森严。冯友兰对《墨经》有很高的评价，他认为《墨经》的成就比《荀子·正名》篇更高。

与冯友兰不同，胡适把《经上》、《经下》，《经说上》、《经说下》，《大取》、《小取》称为"墨辩"，又把作"墨辩"的人称为"别墨"。这一点冯友兰并不赞同。冯友兰认为，"墨辩"之名，鲁胜以前从未有过。而"别墨"一词，是由于墨家各派，"倍谲不同"，"相谓别墨"，也就是他们互相指责非墨学的正统，并不是自称别墨。此外胡适所说的《墨经》指的是墨教的经典，如《兼爱》、《非攻》之类。这与冯友兰所说的墨经的内容也是大相径庭。胡适还把墨学分为宗教的墨学和科学的墨学，这种划分与冯友兰基本相同，而且冯友兰是第一个在《中国哲学史》中把墨家划分为"前期墨家"和"后期墨家"的。虽然名称上有所不同，但他们二人把墨家分为两部分来研究的方法一直为后人所沿用。

2. 惠施、公孙龙与后期墨家的关系

在《中国哲学简史》中，冯友兰明确地指出了惠施、公孙龙是名家的创始人。"这些人所持之论，皆与吾人之常识违反"。后期墨家作《墨经》就是辩者之学的反动。胡适与冯友兰的观点完全不同。胡适认为，古代根本没有什么"名家"，无论哪一家的哲学，都有一种为学的方法，这种方法就是这一家的名学（逻辑）。因为各家都有"名学"，所以没什么"名家"。《墨辩》六篇乃是惠施、公孙龙时代争论最烈的问题，若此六篇不是他们所作，一定是他们同时的人作的。而《墨辩》是古代名学最重要的书，所谓名家的公孙龙、惠施也都归属墨家。在关于《墨经》（胡适称《墨辩》）及后期墨家的考证中，胡适比冯友兰更加细致深入。对惠施、公孙龙的归属问题，冯友兰的看法和大多数学者的观点一致，即认为他们是辩者或者叫作名家。而胡适的结论虽只是一家之言，但也是言之成理，持之有故的。

3.《墨经》中的功利主义

在《中国哲学史》中，冯友兰指出，功利主义为墨子哲学的根本。但墨子虽注重利，可是没说为什么需要注重利。与之相比《墨经》则更进一步。给予功利主义以心理的根据。《经上》云："利，所得而喜也。"《经说》云："得是而喜，则是利也；其害也，非是也。""害，所得而恶也。"《经说》云："得是而恶，则是害也；其利也，非是也。"人们喜欢的是利，讨厌的是害。趋利避害，乃是人的本性。所以功利主义是人们行为的正当标准。冯友兰又引用了边沁的话，"'天然'是人们为两种最上威权所统治；此二威权，即是快乐与苦痛。只此二威权，能指出人应做什么，决定人将做什么。功利哲学，即承认人类服从此二威权之事实，而以为哲学之基础。此哲学之目的，在以理性法律，维持幸福"，与《墨经》的观点相互印证。冯友兰认为，边沁所说的快乐、苦痛，《墨经》叫作利害，也就是可以导致快乐苦痛的事。边沁所说的理性，《墨经》中称作智。欲是盲

目的，必须在智的指导下才能趋将来之利，而避将来之害。智的作用，在于通过现在行为的结果，从而引导人们趋利避害，以舍目前之小利而避将来之大害，或者忍受暂时的小害而趋将来的大利。这种做法叫"权"。

《大取篇》云：

> 于所体之中而权轻重之谓权。权非为是也，亦非为非也；权，正也。断指以存手，利之中取大，害之中取小也。害之中取小也，非取害也，取利也；其所取者，人之所执也。遇盗人而断指以免身，利也；其遇盗人，害也。……利之中取大，非不得已也。害之中取小，不得已也。所未有而取焉，是利之中取大也。于所既有而弃焉，是害之中取小也。

冯友兰认为，功利哲学主张的是"可欲者不必即为利，必吾人依'正权'所以为之可欲者乃为利，可恶者不必即为害，必吾人依'正权'所以为可恶者，乃为害也"。在《中国哲学简史》中，冯友兰认为，墨子及后期墨家都认为"义，利也"。利是义的本质。但是什么是利的本质，墨子没有提出这个问题，而后期墨家提出了，并做了解答。《经上》说："利，所得而喜也。害，所得而恶也。"这其实是为功利哲学作出了享乐主义的解释。此外，后期墨家还以利为基础，为各种道德下定义。他们说："忠，以为利而强君也。孝，利亲也。功，利民也。""利民"的意思也就是最大多数人的最大幸福。《经上》云："义，利也。"《经说》云："义，志以天下为爱，而能能利之，不必用。""忠，利君也。"《经说》云："忠，以君为强，而能能利君，不必容。""孝，利亲也。"《经说》云："孝，以亲为爱，而能能利亲，不必得。""功，利民也。"《经说》云："功不待时，若衣裘。"

胡适对墨子功利主义的论述不多，这是因为胡适不像冯友兰那样以为功利主义是墨家哲学的根本。与冯友兰不同，胡适在谈及《墨辩》中的功利主义时，把这时的功利主义称作"乐利主义"。他认为此时的乐利主义，比墨子的功利主义更加完满。但是这种乐利主义并不是自私自利，而是一种为天下的乐利主义。

　　冯友兰在诠释《墨经》中所讲的道德时，是很赞同这种功利精神的。他说："此诸定义，则是很可用的。"[1] 冯友兰认为，"每个人都应该不怕贫穷，以求一社会的利。各个人都应该不怕贫穷，以求一社会的不贫穷。这种行为是义。在这种行为中，一社会的不贫穷，是其意向所向的好。"[2] 在冯友兰的这段话中，明确贯穿着一种以社会功利为道德的精神。

4. 论知识

　　知识论，即认识论问题在后期墨家思想中占据重要地位。随着西方哲学的输入，《墨经》中的认识论思想才逐渐为人们所重视。冯友兰受过西方哲学的训练，又具有良好的宋学功底，这为他发掘《墨经》中的知识论思想的精髓提供了方法上的保证。冯友兰对《墨经》中的知识论的研究首先是从知识的性质和起源开始的。

　　第一，知识的性质及起源。

　　冯友兰认为，《墨经》中的知识论，是一种朴素的实在论。《经上》云："知，材也。"《经说》云："知材，知也者，所以知也，而不必知，若明。"这就是说，人有认识能力，但是仅有这种能力还未必就有知识。这是因为，要有知识，则认识能力还必须与认识对象相接触。"知也者，以其之过物而能貌之。"就是说，认识能力接触了认识对象，能够得到它的形象，才成为知识。除了认识的感觉器官，还有思维器官"心"。在《中国哲学史》中，冯友兰把这种思维器官理解为"心"。也就是通过感官传入的外界事物的印象，还要心加以解释。除此以外，《墨经》中还谈到了另一种知识，这种知识不从感觉获得。《经下》云："知而不以五路，说在久。"《经说》云："知，以目见，而目以火见，惟以五路知。久，不当以目见，若以火见。"所说的"五路"即是指五官。人们获得知识多依仗五官。但是，对于"久"的知识，却不能以"五路"来完成。《经上》云："久，弥异时也。久，合古今旦莫。宇，弥异所也。宇，冡东西南北。"久，即时间；宇，即空间。人们对于时间和空间的认识，无法依靠五官，

---

[1] 冯友兰：《新原人》，三联书店 2007 年版，第 117 页。

[2] 冯友兰：《新原人》，三联书店 2007 年版，第 117 页。

只能依靠"虑"。《经上》云："虑，求也。"《经说》云："虑也者，以其知有求也，而不必得之，若睨。"虑，是有目的的知识活动，是指人们运用知识，以求达到一目的。同时冯友兰还强调了《墨经》把人能知之才能当作人生命的要素。但是他在论述"久"、"宇"的时候，只说它们指时间和空间，并且人对"久"与"宇"的认识，是"不以五路知而得之知识"，[①]对于这种知识是什么，有什么作用，他并未说及。

相比于冯友兰，胡适对知识论的研究更加系统、全面。在胡适之前还没有人清晰勾勒出墨学知识论的体系。胡适受过西方哲学的训练，又具有良好的汉学功底，这为他发掘墨学中的知识论思想提供了方法上的保证。首先，他明确地说："中国知识论起于老子、孔子，到'别墨'始有精密的知识论。"[②]"别墨"是中国历史上区别"知"字的多种用法的"第一个学派"。[③]同冯友兰一样，胡适也认为《墨辩》的"知"分三个层次，这三个层次也就是人们获得知识的三个要素或分子。要获得知识，就必须"这三物同力合作"[④]，而三物合作又要依靠"两种作用：一个是'久'，一个是'宇'"，即时间和空间的作用，人们才有记忆。这样胡适就把《墨辩》（冯友兰称《墨经》）的知识论，从取得知识的主客观条件、要素及其相互关系，知识与时空的关系等概念，做了通俗的训释和贯通分析。

第二，知识的来源及种类。

在《中国哲学史》中，冯友兰指出，"《墨经》就逻辑方面论述了吾人知识的来源及种类。"[⑤]冯友兰按知识的来源，把知识分为三类：一类是来自权威的传授，即闻。一类是来自推论的知识，即说。一类是来自亲身的经验，即亲。在《中国哲学史》中，当论述知识的这三种来源时，冯友兰更侧重对"说"和"亲"的解释和说明。他认为，人们有了"说"就可以不受时空限制，由已知推向未知。也就是所谓"夫名以所明正所不知；

---

① 冯友兰：《中国哲学史》，华东师范大学出版社 2000 年版，第 192 页。

② 胡适：《中国哲学史大纲》，上海古籍出版社 1997 年版，第 135 页。

③ 胡适：《先秦名学史》，学林出版社 1983 年版，第 79 页。

④ 胡适：《先秦名学史》，学林出版社 1983 年版，第 79 页。

⑤ 冯友兰：《中国哲学史》，华东师范大学出版社 2000 年版，第 192 页。

不以所不知疑所明"。而一切知识，推究其源，皆以亲知为本。《墨经》又按认识的各种对象，把知识分为四类：名的知识，实的知识，相合的知识和行为的知识。冯友兰认为，名、实以及名实关系，都是名家特别感兴趣的，照《墨经》讲，"所以谓，名也；所谓，实也。"（《经说上》）为了更形象地说明"名实关系"，冯友兰举了这样一个例子："这是桌子。""桌子"是名，是所以谓"这"的；"这"是实，是所谓的。这里冯友兰运用西方逻辑学的知识，进一步说明，"名"就是命题的客词，"实"是命题的主词。《经上》云："名，达，类，私。"《经说》云："名，物，达也。有实必待之名也。命之马，类也。若实也者，必以是名也。命之臧，私也。是名也，止于是实也。声出口俱有名，若姓字丽。"冯友兰经过分析指出，《墨经》中的名，可以分三类：达名，类名，私名。所谓的"达名"，也可以叫通名，为最高类的名（Sum mum Genus），凡有个体，必有此名。"马"是类名，此类的一切"实"必用此"名"。"臧"（人名）是私名，此名仅限用于此实。在《新理学》中，冯友兰还进一步把墨家的名实概念运用其中。他借用《墨经》中的达名、类名来帮助构建他关于"大共类"的概念。他在《新理学》的形上学中，运用《墨经》中关于名实关系及对于达名、类名的解释，阐明了"类"特别是"大共类"。他指出《墨经》讲名实，"实"即一件一件底事物。名，即所以谓实者。我们说，"这是马"，我们即将"这"归入于马类。马是《墨经》所谓类名，"所谓若实也者，必以是名也。"我们说"马是物"，即将马类归入物类。在这里，冯友兰把《墨经》中的"达名"称作"大共类"。他认为，凡实际的事物，皆可归入此类或彼类，有此名或彼名。从而他得出结论，实际事物皆是"有名"。道家以有名和无名相对。实际的事物是有名，其所说"道"是无名。①此外，冯友兰还运用《墨经》中关于类名，私名的定义，来说明他《新理学》中的气。他说，气是不可名状，不可言说，不可思议的。对一事物若有所思议，即是对之作出判断；若对之有所言说，则即是对之作出命题；对之作判断或命题，即是将此事物作为主词，而将其所有之性，提出一个

---

① 参见冯友兰：《新理学》，三联书店 2007 年版，第 33 页。

或数个，以为客词。气既无性，故不能对之作任何判断，说任何命题，亦即不能对之有任何思议，任何名状，任何言说。于是他给气起了一个《墨经》中所谓的私名。他认为与一事物一类名，即是对之作一判断，作一命题。但与一事物一私名则不是如此。"我们虽对于气不能有任何判断，作任何命题，但不妨与之以私名。气之名应该视为私名，不可视为与云气，烟气等气之气，有相同或相似底意义。"①同冯友兰一样，胡适也认为《墨辩》中名分为"达、类、私"三种："达名，是最普及的名字；类名，是一类事物的名称；私名，是本名。"②同时他还指出，《墨辩》的知识论继承了墨子的"应用主义"和经验主义传统，所以提出"知其所以不知，说在以名取"的论断，主张知识的真假要由它们产生的实际成果来检验。尤其值得注意的是，"别墨"还知道人生的行为，不完全是受"知识的"节制的。"知识"之外还有欲望不可忽视，胡适认为，只有懂得了这一点，才能懂得"别墨"的新乐利主义。

冯友兰认为人们对于"实"的知识就是实。实，就是名所指的个体。在《中国哲学简史》中，冯友兰指出，相合的知识，就是知道哪个名与哪个实相合，即所谓的"名实耦"之知识。就是说，名与实是彼此配对的。《墨经》中说到以名谓实时，谈到了三种方法。《经上》云："谓，移，举，加。"《经说》云："谓，命狗，犬，移也。狗犬，举也。叱狗，加也。"狗为犬之未成豪者，即犬之一种，谓"狗，犬也"。犹谓"白马，马也"。"此移犬之名以谓狗，移马之名以谓白马也。"这就是所说的"移"。"举，拟实也。"（《经上》）"举告以之名举彼实也。"（《经说上》）举狗及犬之名，以泛指狗及犬之实，此所谓"举"也。指一个体之狗而叱之曰："狗！"意谓"此是狗"，是加此狗之名于此个体，即所谓"加"也。吾人谓"狗是犬"，狗果是犬否？吾人谓"此是狗"，此果是狗否？换言之，即吾人所用之名，是否与实合，此吾人须注意的。知吾人所用之名是否与实相合之知识，即此所谓"合"也。

---

① 冯友兰：《新理学》，三联书店 2007 年版，第 33 页。

② 胡适：《中国哲学史大纲》，上海古籍出版社 1997 年版，第 140—141 页。

"志，行，为也"。人们做事情，必有做此事的目的，以及做此事的行为；前者叫"志"，后者叫"行"。合"志"与"行"，总名曰"为"。①"为"有六种。《经上》云："为，存，亡，易，荡，治，化。"《经说》云："为，甲台，存也。病，亡也。买鬻，易也。消尽，荡也。顺长，治也。蛙鼠，化也。"冯友兰经过分析指出，依照行为目的的不同，对"为"进行分类。《经上》云："已，成，亡。"《经说》云："已，为衣，成也。治病，亡也。"谓为衣以成衣为止，治病以无病为止也。制甲筑台，以其"存为目的"，即为衣以成为止之意，是以"存"为"为"也。治病以使无病为目的，是以"亡"为"为"也。买卖以交易为目的，是以"易"为"为"也。顺成长养谓之治，吾人有时对于事物欲顺成长养之，是以"治"为"为"也。《经上》云："化，征易也。"《经说》云："化，若蛙为鹑。"《列子·天瑞》篇云："田鼠之为鹑。"盖古说蛙鼠皆可化为鹑也。吾人有时对于事物欲使其逐渐变化，是以"化"为"为"也。②

此外，冯友兰认为《墨经》中还保留着墨子注重实用主义的观点。《经下》云："知其所以不知，说在以名取。"《经说》云："知，杂所知与所不知而问之。则必曰，是所知也，是所不知也。取去俱能之，是两知也。"《墨子·贵义》篇云："钜者，白也。黔者，黑也。虽明目者无以易之。兼白黑使瞽取焉，不能知也。故我曰：瞽不知白黑者，非以其名也，以其取也。"能以名取者，即能以知识应用于行为也。③这段话的意思是说，制甲筑台，是想让它"存"，治病是以无病为目的的，买卖是以交易为目的的，对于事物有时需要把它消灭，除尽，这是以"荡"为目的。对于事物想顺成长养之，是以"治"为目的；化，人们有时对待事物需要使它逐渐变化，这就是"化"。总之，冯友兰认为，人要想达到目的，就必须有与之相当的"行"，知道如何"行"的知识，也叫作"为"。

较之冯友兰，胡适对《墨经》中的知识论的论述可谓更加细致，但胡适在他的文章中并没有对"名、实、合、为"作系统论述。相反，冯友

---

① 参见冯友兰：《中国哲学史》，华东师范大学出版社 2000 年版，第 195 页。
② 参见冯友兰：《中国哲学史》，华东师范大学出版社 2000 年版，第 195 页。
③ 参见冯友兰：《中国哲学史》，华东师范大学出版社 2000 年版，第 195 页。

兰则对这部分作了详细的考证和系统的论述。

5. 论辩

墨家的逻辑学是其生产经验和生活经验的总结，但是由于墨学尘封千古，文字古奥，今人多不敢问津。随着西方逻辑学的输入，一些学者开始向中国传统文化中寻找中国自己的逻辑学。但孙诒让、章太炎等人仅浅尝辄止。梁启超是中国近代第一个试图系统发掘《墨经》逻辑思想的学者，他在 1904 年发表的《墨子之论理学》一文中曾试图运用近代逻辑体系来勾勒墨家逻辑，但还是论述得过于简单，甚至有一点牵强。胡适在前人研究的基础上，着力发掘《墨经》中的逻辑成就，他对墨家逻辑的发掘、比较，为融通中、西、印三种逻辑奠定了基础。但是，胡适的比较仍仅限于形式，忽略了逻辑现象背后的思维方式的比较，因此，他未能揭示三种逻辑的本质不同。与胡适相比较，早期的冯友兰对《墨经》中的逻辑思想的论述显得很简略，但并不简单。他把西方逻辑学中的一些概念运用到对墨家逻辑的解说当中。他把西方形式逻辑的判断和推理融入其中，并且将墨家逻辑当作一个完整体系来研究。

胡适和冯友兰关于墨家逻辑研究的相同点，是他们都运用逻辑分析方法研究中国哲学，他们都以西方哲学为参照系，用平等客观的眼光研究墨家学说。不同的是，胡适受经验主义的影响较深，而冯友兰运用的则是维也纳学派的逻辑分析方法，胡适是汉学路数，而冯友兰是宋学路数。

冯友兰接受过西方哲学的训练，又具有良好的宋学功底，这为他发掘《墨经》中的逻辑思想提供了保证。他对《墨经》的研究是从"释明"开始的。《经上》云："……言，口之利也。……执所言而意得见，心之辩也。"《经说》云："故言也者，诸口能之，出名者也。明，若画虎也。言也，谓言犹石致也。"冯友兰通过这段话来"释言"。他说吾人之知识之以言语表出者谓之"言"。[①] 而墨家主张的言犹石致，是必须遵守一定的法则的，因此他给出了《小取》篇关于"辩"的法则的论述。冯友兰把"辩"分为广义和狭义两类。狭义之辩的意思是彼此争辩。《经上》云："说，所

---

① 冯友兰：《中国哲学史》，华东师范大学出版社 2000 年版，第 196 页。

以明也。……攸不可，两不可也。……辩，争彼也。辩，胜当也。"《经说》云："彼，凡牛枢非牛，两也，无以非也。辩，或谓之牛，或谓之非牛，是争彼也。是不俱当，不俱当，必或不当，不当若犬。"《经说下》又云："辩也者，或谓之是，或谓之非；当者胜也。"冯友兰认为《小取》篇所说之"辩"，是广义之"辩"。

《小取》篇云：

> 夫辩者，将以明是非之分，审治乱之纪，明同异之处，察名实之理，处利害，决嫌疑。焉摹略万物之然，论求群言之比。以名举实，以辞抒意，以说出故，以类取，以类予。有诸己，不非诸人；无诸己，不求诸人。

他对广义之辩是重点论述的。他还分别介绍了"辩"的功用和方法。与冯友兰相比，胡适也对"辩"进行了界说。但他并没有区分广义和狭义之辩，而只是从实用主义的角度出发，认为"辩"就是分别是非真伪的方法，而冯友兰所说的广义之辩，在胡适看来，都是"辩"的用处和根本方法。冯友兰其实就是根据功用对"辩"进行划分的。

关于"辩"的功用，冯友兰和胡适的看法是相同的，他们都认为是"明是非，审治乱，明同异，察名实，处利害，决嫌疑"。而"辩"的方法是"以名举实，以辞抒意，以说出故。"所谓"以名举实"，上文已详，此处不再重述。冯友兰结合西方逻辑学的概念，解释"以辞抒意"。他说，"辞"就今人所谓"命题"。"合二名以表一意，乃谓之辞"。[1] 他还引用了荀子的一句话，"兼异实之名以论一意"来说明"以辞抒意"。胡适也认为，单有名或单有实都不能达意，只有有了"辞"才能达意。《经上》云："端，体之无厚而最前者也。"冯友兰认为，上段话中的"端"，就是小故，就是必要原因。而大故就是充足及必要原因。"小故"有之不必然，无之必不然；"大故"有之必然，无之必不然。故，就是原因。"以说出故"就

---

[1] 冯友兰：《中国哲学史》，华东师范大学出版社 2000 年版，第 197 页。

是以言语说出一事的原因。《经上》说："说，所以明也。"胡适认为"明
'故'的辞，便叫作'说'"。①

冯友兰认为，以《小取》篇所列，立说的方法有七种：

> 或也者，不尽也。假也者，今不然也。效也者，为之法也。所
> 效者，所以为之法也。故中效则是也；不中效则非也。此效也。辟也
> 者，举也物而以明之也。侔也者，比辞而俱行也。援也者，曰，子
> 然，我悉独不可以然也。推也者，以其所不取之同于其所取者予之
> 也。是犹谓也者同也，吾岂谓也者异也。

所谓"或也者，不尽也。"意思是说，有时人们对于一事物的知识是不完
全的，那么只能作出"或然判断"。"假也者，今不然也。"冯友兰认为，
人对于事物可以在虚拟条件下来判断其在此条件下当有怎样情形。"效也
者，为之法也"。冯友兰对这一点的论述比前两点要详细得多。首先，他
对"法"的概念进行了训释。"法，所若而然也。"（《经上》）他认为，法
就是适用于此一类事物中任何个体的公式。凡仿效一物而能成类此之物，
则所"效"者为法，而仿效所成之物为"效"。"故中效"之故，和上文所
说"以说出故"之"故"是同一概念。而欲知所出之故，是否是真故（有
之必然，无之必不然），莫不如用此"故"作"法"，观其是否"中效"。
"中效"者，谓效之而亦然也。冯友兰认为墨子所说的"言有三表"中的
第三表，于此说相同。不过他不是专就社会上、政治上的理论来说的。关
于"故"和"法"，胡适认为它们是《墨辩》中极为重要的概念。他用了
大量笔墨对这两个概念进行了单独训释。这是因为在胡适看来，"只有懂
得这两个大概念，方才可讲《墨辩》的名学。"②"辟也者，举也物而以明
之也。"冯友兰依孙诒让校改，认为"也物"应该是"他物"。以他物以名
此物谓之"譬"。此处冯友兰的论述略显模糊。他并没有过多的解释和阐

---

① 胡适：《中国哲学史大纲》，上海古籍出版社 1997 年版，第 145 页。

② 胡适：《中国哲学史大纲》，上海古籍出版社 1997 年版，第 138 页。

发自己的观点，只是引用了《荀子·非相》篇："谈说之术，分别以喻之，譬称以明之"来进行说明。"侔也者，比辞而俱行也。"他认为"辟"是以此物说明彼物，侔，是以此辞比较彼辞。胡适在他的《中国哲学史大纲》中，对"辟"与"侔"是这样评述的：他认为，"辟"与"侔"都是使人知之的方法。说话的人已知道那相比的两件，那听的人却知道一件。所以说话的人要用已知的比喻未知的。这两种方法是教人的方法，或谈说的方法，却不能作为科学上发明新知识的方法。"援也者，曰子然，我奚独不可以然也。"冯友兰认为，"援"就是"援例"。但援例的具体含义是什么，他并没有给出更多的解释。胡适也认为"援"就是"援例"。他认为，"援例"就是由这一件推知那一件，由这一个推知那一个。"援例"的推论的结果，大都是一个"个体"事物的是非，不能常得一条"通则"。但有时也会有与归纳法同等的效能，也会由个体推知通则，而这种由个体推知通则的"援例"，在《墨辩》中另有一个名目，叫作"擢"与"援"同义。"推也者，以其所不取之同于其所取之予之也。是犹谓也者同也，吾岂谓也者异也。"冯友兰首先对这两句话中"也者同也"，"也者异也"作了训释，他认为上两个"也"字都应该是"他"。接下来，他具体对"推"进行了论述。他说："吾人以观察若干个体的事物，知其如此，遂以为凡与所已观察之诸例同类者，亦必如此。"[①]"其所取者"，就是已观察到的事物。"其所不取"，就是未观察到的同类事物。接下来，冯友兰又对"以类取，以类予"作出了解释。他说，因其"所不取"之事物与其"所取者"相同，所以可以下一结论，凡类此者都是这样。这就是所说的"以类取，以类予"。

胡适对《墨辩》丰富的逻辑思想一向评价很高。他推崇《墨辩》为"中国古代第一奇书"，"别墨"为伟大的逻辑学家和哲学家，是发展归纳和演绎法的科学逻辑的唯一的中国思想学派。胡适运用近代西方逻辑学的概念和方法对墨家逻辑作详尽的训释。上文提到的辩论七法，胡适把它们纳入西方形式逻辑的判断和推理中加以训释，但他的这种训释比较粗

---

① 冯友兰：《中国哲学史》，华东师范大学出版社2000年版，第199页。

糙，如对"或"、"假"等的训释都比较模糊。但他试图把墨家的逻辑当作一个完整的体系来研究，比梁启超在《墨子之论理学》中的训释又前进一大步。胡适对墨家逻辑的发掘、比较，为融通中、西、印三种逻辑奠定基础，但他的比较仅限于形式，忽略了逻辑现象背后思维方式的比较，因此未能揭示三种逻辑的本质不同。

关于《大取》篇，冯友兰对其中所谓的"语经"进行了论述。他说"语经"者，言语之常经也。《大取》篇云："语经，……三物必具，然后足以生。……夫辞以故生，以理长，以类行者也。立辞而不明于其所生，妄也。今人非道无所行，唯有强股肱而不明于道，其困也可立而待也。夫辞以类行者也。立辞而不明于其类，则必困矣。"冯友兰把《大取》篇这些内容与《小取》篇进行比较后，认为这段话所说的与《小取》篇所说的大意相同，只是由于《大取》篇很多内容已散失，所以它的论述并不详细，但冯友兰把《大取》篇的内容归于《墨经》逻辑的一部分，这一点是有开创性的。胡适对《墨经》逻辑思想的研究可谓颇具成就，但他对《大取》篇中的这段文字并没有提及，这不能不说是一种遗憾，而冯友兰此处的尝试虽然只是浅尝辄止，但他为后来的研究者提供了一种借鉴。

6.《墨经》对于其他各家的辩论

早期的冯友兰把惠施公孙龙一派归为名家。他认为《墨经》中许多"辩"的内容都是拥护常识驳辩者之说的。辩者主张"合同异，离坚白"，《墨经》则主张"离同异，合坚白"。

第一，同异之辩。

冯友兰认为"辟、侔、援、推"，四法皆就物之共同点，以人们已经知道的事物的知识，扩展到所不知的事物。但是他认为，物的种类多种多样，所以这些论断容易陷入谬误。关于同异，《墨经》有详细的讨论。《经上》云："同，异而俱于之一也。"《经说》云："同，二人而俱见是楹。同，重，体，合，类。"

《经说》云：

同，二名一实，重同也。不外于兼，体同也。俱处于室，合同也。有以同，类同也。异，二，不体，不合，不类。异，二必异，二也。不连属，不体也。不同所，不合也。不有同，不类也。同异交得，放有无。同异交得，于福家良恕，有无也。比度，多少也。免蚓还园，去就也。鸟折用桐，坚柔也。剑尤早，死生也。处室子，子母，长少也。两绝胜，白黑也。中央，旁也。论行行行学实，是非也。难宿，成未也。兄弟俱适也。身处志往，存亡也。霍为姓，故也。贾宜，贵贱也。

根据这段文字，冯友兰进一步分析指出，二名俱指有实是“重同”，凡相“连属”者，是体同；“同所”即“俱处于室”是合同；同类之物，皆有相同之性质，是类同。“异”也有四种，冯友兰认为，必须首先知道所谓同物之同为哪种同；所谓异物之异为哪种异，然后才能进行推论而不陷入谬误。此外，不同类的事物，有时也可以叫同一名。比如“木”与“夜”都可以长短来说明，但它们却不是同一类。若以此认为它们是同类，“则必困矣”。这就是《墨经》所说的“同异之辩”。冯友兰认为，此“同异之辩”与辩者的“合同异”的宗旨不同。他说：“以《墨经》的观点，那么惠施与庄子‘合同异’之说实为谬误。”惠施说：“万物毕同毕异”。可是万物“有以同”，谓为“类同”是可以的，但是因此就说“万物一体”。这就是以“类同”作“体同”，是很不对的。同样的，“异”也有四种，说“万物毕异”，应该指出是那种“异”，不能混为一谈。

关于“同异交得”，冯友兰认为，《墨经》说得很不明了。其大概意思好像是说，凡事都有相反的性质，如“有、无”，“多、少”。要看人们从哪方面进行观察。“合同异”一派的辩者，就利用这一点说“白狗黑”，“龟长于蛇”。实际上，白狗可以说是黑，龟也可以说长，这里所谓的白黑、长短，是没有一定的标准的。但是在一个辩论范围内，说白黑、长短是需要一定的标准的。

从上面的论述可见，冯友兰对《墨经》驳辩者的“辩论”是持赞成态度的。

第二，坚白之辩。

《经上》云："兼白不相外也。"《经说》云："得二，坚白，异处不相盈，相非，相外也。"《经下》云："坚白，说在因。"《经说》云："坚得白，必相盈也。于一，有知焉有不知焉，说在存。于石一也，坚白二也，而在石，故有智焉有不智焉。可。不可偏去而二，说在见与俱，一与二，广与修。见不见离，一二不相盈，广修坚白。"冯友兰认为这段话的核心思想就是主张"合坚白"，即"坚白不相外"，是用来驳公孙龙"离坚白"的。《公孙龙子·坚白论》谓："视不得其所坚而得其所白者，无坚也。拊不得其所白，而得其所坚。得其坚也，无白也。……得其白，得其坚，见与不见离，见不见离，一一不相盈，故离。"公孙龙的这段话是就知识论证明"坚与白"为二独立的共相。冯友兰认为，"以《墨经》的辩论，坚白在世，实如广修之纵横相涵也。吾人视石，得白不得坚；吾人拊石，得坚不得白；然此自是吾人之知与不知耳，非关石之有无坚白也。"① 这是驳公孙龙就形上学证明坚白为二的说法。

第三，对儒家的辩论。

冯友兰认为《墨经》中有许多论证，似乎是墨家以"辩"攻击当时其余各家的。除"坚白、同异"之辩以外，儒家这个墨家的"宿敌"，首当其冲地成为他们批驳的对象。《经下》云："在诸其所然未者然，说在于是推之。"《经说》云："在，尧善治，自今在诸古也，自古在之今也，则尧不能治也。""尧之义也，生于今而处于古而异时。说在所义二。尧霍，或以名视人，或以实视人。举友富商也，是以名视人也。指是霍也，是以实视人也。尧之义也，是声也于今；所义之实处于古。"从这段文字可以看出，此处《墨经》所驳的是儒家祖述的尧舜之说。尧善治，那是在他那个时期，若是在现在，尧未必能治。说尧善治，名在于今，可他善治之实却在于古代，如何能称得上"名实合一"呢？由此可以推断，儒家所与尧舜之名，未必即合尧舜之实也。

相比于冯友兰，胡适似乎并未提及《墨辩》中对其他各家的批评。他更侧重的是对墨家逻辑思想的深入挖掘和研究。

---

① 冯友兰：《中国哲学史》，华东师范大学出版社 2000 年版，第 202 页。

第四，对告子的批判。

《经下》云："仁义之为外内也，非，说在仵颜。"《经说》云："仁，仁爱也。义，利也。爱利，此也。所爱，所利，彼也。爱利不相为内外；所爱利亦不相为内外。其为仁内也，义外也。举爱与所利也，是狂举也。若左目出，右目入。"冯友兰认为，这段话是《墨经》对于告子"仁内义外"的辩论。能爱能利是主观的能力，所爱所利是客观的对象。所爱，所利都是客观对象，都是外，不能说所爱为内，所利为外。冯友兰还进一步举例加以说明，他说："左目司出，而右目司入也，非狂举而何？"① 意思是说，讲"仁内义外"，就如同说左右眼科各司其职，一只眼只发挥看的能力，一只眼只管接收外界事物，这不是太荒谬了吗？

第五，对老庄的批判。

《经下》云："学之益也，说在诽者。"《经说》云："学也，以为不知学之无益也，故告之也。是使智学之无益也，是教也。以学为无益也，教悖。无不必待有，说在所谓。无，若无马，则有之而后无。无天陷，则无之而无。"这段是驳《老子》之说的。冯友兰认为，《老子》谓，"绝学无忧"，认为学习没有用处，可是既然学习没用，又何必以"学无益"来教人呢？有教就有学，也就是承认学有益。此外，他还举了"有无相生"来说明《墨经》对《老子》的辩论。例如说，"无马"之无，有待于有。因为世上一定有马，然后可以说"无马"。如果说"无天陷"的"无"，则不必待有，因为不必真有"天陷"之事，而后可言"无天陷也"。《经下》云："谓辩无胜，必不当。说在辩。"

《经说》云：

> 谓，所谓，非同也，则异也。同则或谓之狗，其或谓之犬也。异则或谓之牛，牛或谓之马也。俱无胜，是不辩也。辩也者，或谓之是，或谓之非。当者，胜也。以言为尽悖，悖。说在其言。以悖，不可也。之人之言可，是不悖，则是有可也。之人之言不可，以当，

---

① 冯友兰：《中国哲学史》，华东师范大学出版社 2000 年版，第 209 页。

必不审。知知之否之是同也，悖，说在无以也。智，论之，非智无
以也。非诽者悖。说在弗非。非诽，非已之非也。不非诽，非可非
也。不可非也，是不非诽也。

冯友兰认为，这段是用来驳庄子观点的。他说，庄子的学说，以为一切事
物及人的意见没有不齐的。若必执一以为是，则究竟以何者为是？若不执
一以为是，则皆是也。

　　从上面可以看出，冯友兰早期墨家观是在中西文化激荡的背景下，在
中国传统学术方法近代化的进程中形成的，因此烙上了深深的时代印痕。
他以西方哲学为诠释框架，运用比较研究的方法，采用平等的眼光研究墨
家思想，他把墨子与孔子、老子放在平等的地位加以研究，夷平各家的地
位在当时是很少见的。冯友兰是较早进行比较研究的学者，他致力于寻求
不同学说、不同文化契合点的方法有重要的意义，在今天也值得借鉴。

第六节　道　家　观

　　冯友兰道家观在《人生哲学》中已现端倪，集中体现在《中国哲学
史》、《中国哲学简史》（*A Short History of Chinese Philosophy*）以及《贞元
六书》中，主要探讨了道家的起源和发展、道家学说的主要内容等。

一、道家起源于隐士

　　关于道家的起源，《中国哲学史》语焉未详。1936 年 4 月，在给女师
学院以《先秦诸子之起源》为题的演讲中，冯友兰指出，儒家、墨家、阴
阳家、法家等学派专重于"学成致用，卖与帝王家"，"但是还有一般人
抱有技艺才能，然而不愿意责与他人，这便是隐士。道家即出于隐士"。[1]
在 1936 年 4 月出版的《清华学报》11 卷 2 期上，冯友兰在《原名法阴阳
道德》中再次谈到了这个问题："道家者流，出于隐士。……道家出于隐

① 冯友兰：《三松堂学术文集》，北京大学出版社 1984 年版，第 372 页。

士，故其理想中之人物，为许由务光之流。此等人对于政治社会，皆取旁观态度。此态度在道家思想中，随时皆可见。"①　在《中国哲学简史》中，冯友兰指出："隐者正是这样的'欲洁其身'的个人主义者。在某种意义上，他们还是败北主义者，他们认为这个世界太坏了，不可救药。……这些人大都离群索居，遁迹山林，道家可能就是出于这种人。"②　这种观点是冯友兰一直坚持的，在 20 世纪 80 年代修订本的《中国哲学史新编》（第一册）中，依然认为所谓"逸民"、"隐者"乃是道家的先驱。

　　冯友兰有关道家起源的观点与胡适、范寿康等人的观点是有差别的。胡适认为道家先秦本无，秦汉以后才有。如他在《中国古代哲学史》台北版的《自记》中所说："我不承认古代有什么'道家'、'名家'、'法家'的名称。我这本书里从没有用'道家'二字，因为'道家'之名是先秦古书里从没有见过的。"③　在成于 20 世纪 30 年代前后的《中国中古思想史长编》中，胡适说："'道家'一个名词专指那战国末年以至秦汉之间新起来的'黄老之学'……道家……毕竟有个中心思想，……所以'道家'之名也可以移到那个中心思想系统的一班老祖宗的身上，于是老子、庄子一系的思想便也叫作'道家'了。"④　范寿康在 20 世纪 30 年代出版的《中国哲学史通论》中则认为道家的缘起与《易》大有关系，他说：

　　　　儒家的哲学大体是以史官派的学说为他的出发点，道家的哲学不然，却是以筮人派的学说为他的出发点的。史官派的思想载于《书》中，筮人派的思想则载于《易》中，所以道家的思想与《易》的理论是有密切的关系的。……《易》言天道，言自然，道家因亦注重形而上学诸问题的研究。⑤

①　冯友兰：《三松堂学术文集》，北京大学出版社 1984 年版，第 381 页。
②　冯友兰：《中国哲学简史》，北京大学出版社 1985 年版，第 74—75 页。
③　姜义华主编：《胡适学术文集——中国哲学史》（上册），中华书局 1991 年版，第 6 页。
④　姜义华主编：《胡适学术文集——中国哲学史》（上册），中华书局 1991 年版，第 289—294 页。
⑤　范寿康：《中国哲学史通论》，三联书店 1983 年版，第 89 页。

冯友兰关于道家出于隐士的观点在后来的中国哲学史家中产生了较大的影响，是持之有故、言之成理的一家之言。郭沂认为："刘歆说道家源于史官，冯友兰主张源于隐者，在我看来，今天我们所说的道家，本来就是两大学派。一派源于史官……另一派源于隐者。两派的发展线索都十分清楚。"[①]

二、道家的开山为杨朱

与道家的起源密切相关，道家的开山到底应该是谁？高亨等人认为，杨朱学派是一个与道家无关的独立学派；郭沫若等人认为，杨朱后出，是老聃的学生。后来的多数研究者都把老子作为道家的开山。冯友兰在《中国哲学史》中主张杨朱开山论，认为杨朱的思想早出，它并没有像众人所传言的那样消失得无影无踪，而是被老子和庄子继承并发扬，从而形成了完整的以"为我"为中心思想的道家哲学。在《新原道》中，冯友兰指出："杨朱一派底人，就是早期的道家。'道家者流'，出于隐者。……在隐者之中，有能讲出一番理论以为其行为作根据者，这些人便是早期的道家。杨朱就是其中的领袖。"[②] 在《中国哲学简史》中，冯友兰明确把先秦道家的发展分为三个阶段，进一步伸张了杨朱开山论。他说："先秦道家哲学的发展，一共有三个主要阶段。属于杨朱的那些观念，代表第一阶段。《老子》的大部分思想代表第二阶段。《庄子》的大部分思想代表第三阶段即最后阶段。"[③]

冯友兰在《中国哲学史》和《中国哲学简史》中列举了相关的文献资料，证实杨朱存在的历史真实性，并对其思想要点进行了阐释。《孟子·滕文公下》："天下之言，不归杨，则归墨。"《孟子·尽心上》："杨子取为我，拔一毛而利天下不为也。"《韩非子·显学》篇："今有人于此，义不入危城，不处军旅，不以天下大利，易其胫一毛。世主必从而礼之，贵其智而高其行，以为轻物重生之士也。"《吕氏春秋·不二》篇："阳生

---

① 郭沂：《从郭店竹简看先秦哲学发展脉络》，《光明日报》1999 年 4 月 23 日。

② 冯友兰：《贞元六书》，华东师范大学出版社 1996 年版，第 728 页。

③ 冯友兰：《中国哲学简史》，北京大学出版社 1985 年版，第 79 页。

贵己。"《淮南子·泛论训》："夫弦歌鼓舞以为乐，盘旋揖让以修礼，厚藏久丧以送死，孔子之所立也，而墨子非之。全生保真，不以物累形，杨子之所立也，而孟子非之。"在冯友兰看来，历史上实有杨朱其人，他生活在墨子与孟子之间。《孟子》中所说的"为我"，即《吕氏春秋》中的"贵己"、《淮南子》中的"全生保真，不以物累形"、《韩非子》中的"轻物重生"，是杨朱学说的主要意思，他所倡导的是"盖天下虽大，外物也；一毛虽小，亦己之形，己之生，之一部分；故前者可轻，而后者可重也"。① 而《列子》中的《杨朱》篇是魏晋人所作，其中的极端快乐主义非杨朱本人的观点。与此相连，冯友兰认为杨朱之学并非空穴来风，而是有源可考。在孔子生活的时代，已经出现了一种"避世"之人。这些人有知识学问，但见时乱之难于挽救，遂不肯干预世事。这些消极的"隐者"正是杨朱之流的前驱，亦即道家之源。但是在孔子的时代，这些"隐者"的独善其身只是行为上的，尚未出现为此种行为提供理论根据的学说，而杨朱学说正是应运而生，为这些"隐者"的行为提供了理论依据。

在《中国哲学简史》中，冯友兰说："道家是这样的人，他们隐退了，还要提出一个思想体系，赋予他们的行为以意义。他们中间，最早的代表人物看来是杨朱。"② 冯友兰指出，杨朱之学亦非昙花一现，而是有流可考。杨朱之后，老庄之学兴盛。老庄之学承继并发展了杨朱的思想，"于是杨朱之名，遂为老庄所掩。所以杨朱之言似消灭而实未消灭也。"③ 从可靠典籍的记载来看，杨朱及其学说的存在是没有问题的，也是可以理解的。冯友兰在《人生哲学》中的解释是，杨朱所追求的是当下快乐，避免目前痛苦，拔一毛即是目前痛苦，不值得去做；得天下是遥遥无期的未来之事，不值得追求。杨朱的"一毛不拔"也许另有深意，"我"和"天下"本来不平等，但杨朱追求价值平等，一个昏天暗地、饿殍遍野、流血漂橹的"天下"是不值得人们去奉献什么的，包括身上的一根毫毛。杨朱"一

---

① 冯友兰：《中国哲学史》，中华书局 2014 年版，第 170 页。

② 冯友兰：《中国哲学简史》，北京大学出版社 1985 年版，第 79 页。

③ 冯友兰：《中国哲学史》，中华书局 2014 年版，第 173 页。

毛不拔"自有不拔一毛的道理，它所蕴涵的批判、平等、个性精神确实与整个道家精神密切相关，所以把他作为道家的先驱应该是持之有故的。但先驱和开山并不等同，作为一个学派的开山，他的学说应该是比较系统和丰富的。也许杨朱当时确实有自己的一套理论，但遗憾的是历史没有为他提供保存这套理论的机会，仅凭一个光秃秃的论点，很难作为某家某派的开山。

三、老子及道家中之老学

在 1926 年初版的《人生哲学》中，冯友兰把道家哲学规定为"损道"中的浪漫派，根据《老子》、《庄子》、向秀和郭象《庄子注》以及《列子》中的文本资料，从人生哲学的维度，对道家哲学中的道德概念、社会哲学、政治哲学、个人修养、万物一体等做了初步的阐释和分析，为以后的道家哲学研究奠定了基础。

在《中国哲学史》中，冯友兰将《老子》的思想分九个部分论述，进一步探讨了老子学说的主要内容及其相关问题。他首先对《老子》一书的出现时间及老子其人进行了推断，认为《老子》是战国时期的作品，写在惠施、公孙龙之后，而其作者很难确定。他道出了自己的看法："吾人今当依司马迁认李耳为战国时老学首领，但认李耳为历史的人物，而老聃则为传说中的人物，二者是二非一也。"[1] 其次，冯友兰探讨了老庄之学的异同，认为老庄虽经常相提并论，但老学与庄学有不同亦有同。他说：

> 大约汉人所谓道家，实即老学也。老学述应世之方法，庄学则超人事而上之……老自老，庄自庄也。道家之名，乃汉人所立，其以老庄皆为道家者，则因老学庄学虽不同，而同为当时一切传统的思想制度之反对派。再则老学与庄学所说道、德之二根本观念亦相同。此汉人所以统名之曰道家之理由也。[2]

---

[1]　冯友兰：《中国哲学史》，中华书局 2014 年版，第 213 页。

[2]　冯友兰：《中国哲学史》，中华书局 2014 年版，第 216 页。

再次，冯友兰重点阐释了老子哲学中的一系列思想。他指出，《老子》之前的"天"有主宰之天、义理之天，《老子》直谓"天地不仁"，取消天之道德和其唯心的意义。古时所谓"道"均谓人道，《老子》则赋予"道"以形上学的意义，指称天地万物所以生之总原理。"道"的作用，并非有意志的，只是自然如此。作为天地万物所以生之总原理的"道"与天地万物之"有"相比即是"无"，但非即是"零"。《老子》将"反者道之动"提升为宇宙间事物变化之通则、人世间行为处世之方法、社会中政治制度实行之规则。《老子》中多次谈到"欲"，以"寡欲"、"节欲"为根本落脚点。"然满足欲之方法愈多，欲愈不能满足，而人亦受其害，所谓'益生曰祥'，'物或益之而损'。故与其设种种方法以满足欲，不如在根本上寡欲。欲愈寡即愈易满足，而人亦愈受其利，所谓'物或损之而益'，'夫惟无以生为者，是贤于贵生'也。"① 冯友兰认为，《老子》三章、三十七章提到的"无欲"，实际上就是指"寡欲"，使人"去甚、去奢、去泰"。《老子》中明确反对知识。认为知识即是欲的对象，能使人们"不知足"、"不知止"。由于主张节制欲望，《老子》将欲望极其简单的婴儿视为理想的人格模型，将愚视为圣智修养的最高境界，将含有野蛮之文明境界视为理想的社会。

在《新理学》和《新原道》中，冯友兰指出，道家为道即是达到最高境界之方法就是去知、反知以达到无知，因为最高境界是无分别的，知是为学之知，是有分别的，必须摒弃。但"用道家之修养方法所得之无知，是经过知识之阶级者，所以其无知与动物的原来底无知，是不同底"。②

在《中国哲学简史》中，冯友兰对道家思想多维内蕴的义理分析坚持了他在《中国哲学史》中的基本观点，并有所发挥。冯友兰认为，《老子》的"道"非一物而生万物，是万物之母；道是"无名"的概念，是不可言说的；"常"是自然不变的规律，而"物极必反"即"反者道之动"

① 冯友兰：《中国哲学史》，中华书局2014年版，第233页。
② 冯友兰：《贞元六书》，华东师范大学出版社1996年版，第212页。

则是万物变化所遵循的规律中最根本的规律；处世之方和"无为而治"的政治哲学也仍是从"反者道之动"这个总学说中演绎出来的。这一切都是围绕着道家的中心问题即全生避害，躲开人世的危险展开的。《老子》对于这个问题的回答和解决，就是让人们记住——谨慎地活着的人，必须柔弱、谦虚、知足。同时，"寡欲"、"弃智"、"愚"等随之而来的道家修养之术也被再一次地强调，这就使得原有的理论更加明晰和完备。值得注意的是，由于《中国哲学简史》出版于"新理学"哲学体系的构成之后，所以对《老子》哲学思想的阐论增加了一些逻辑分析的特色，如在解释"道"和"无名"时，冯友兰指出，并不是"超乎形象"的一切事物，都是"无名"，但无名者一定超乎形象。道家的"道"就是这种"无名"的概念。"道"纯粹是一个代号，是无名之名。"无名天地之始"这个命题只是一个形式的命题，不是一个积极的命题。"有生于无"所说的属于本体论，不属于宇宙发生论。"它与时间，与实际，没有关系。因为在时间中，在实际中，没有'有'，只有万有。"①

在冯友兰之前，胡适第一次运用西方哲学的诠释框架对老子的哲学思想作了系统研究。胡适认为，老子是中国哲学的第一人，"老子观察政治社会的状态，从根本上着想，要求一个根本的解决，遂为中国哲学的始祖。"②他对老子及其著作，老子的政治思想，老子的天道、无、名与无名、无为、人生哲学等作了自己的解读。与胡适相比，冯友兰虽然坚持中国哲学的孔子开山论，但对老子哲学的探讨更注重其历史背景、理论分析且更加全面和深入，其对《老子》成书年代的推论也合情合理。范寿康的《中国哲学史通论》也对老子及其学说作了探讨，认为老子的学说是厌世的，消极的。

四、庄子及道家中之庄学

在《中国哲学史》中，冯友兰同样从九个方面探讨了庄子哲学的理

---

①　冯友兰：《中国哲学简史》，北京大学出版社1985年版，第117页。
②　姜义华主编：《胡适学术文集——中国哲学史》（上册），中华书局1991年版，第43页。

论精髓。他指出，无论是隐者之流还是老庄学派，都受楚人精神的影响较深，对传统的思想制度持反对态度。庄子哲学虽与《老子》哲学存在着一些不同，但在许多方面也继承并发扬了《老子》的哲学思想，例如关于"道"、"德"的内涵界定，关于道生万物、道法自然的思想等。庄子还发展了变化论思想，提出"物之生也，若骤若驰。无动而不变，无时而不移"（《庄子·秋水》）的"变之哲学"。冯友兰指出，庄子哲学的逻辑原点或运转主轴是他的《齐物论》和《逍遥游》中所体现出来的追求绝对的幸福、绝对的自由和绝对的平等的率性而为思想，认为苟顺其自然之性，则幸福当下即是，不须外求。也正如郭象所言："苟足于其性，则虽大鹏无以自贵于小鸟，小鸟无羡于天池，而荣愿有余矣。故小大虽殊，逍遥一也。"（《庄子注》）由此出发，庄子批判社会上的各种制度"均只足以予人以痛苦"，主张"以不治治之"，认为是人为使得"人随顺天然之幸福失"。冯友兰指出：

> 庄学中之社会政治哲学，主张绝对的自由，盖惟人皆有绝对的自由，乃可皆顺其自然之性而得幸福也。主张绝对的自由者，必主张绝对的平等……故凡天下物皆无不好，凡意见皆无不对，万物皆归于善。①

反对强加给万物的整齐划一和明辨是非的外在人为，主张一切顺其自然，此《齐物论》之宗旨也。冯友兰指出，既然一切皆无不好，那么死与不死也不过只是人由一种存在形式转为另一种存在形式，死是生之天然的结果，是顺性而行，所以死生可齐，人与宇宙合一，人应对死无所畏惧。冯友兰认为，庄子所要通过"心斋"、"坐忘"达到的无思虑知识的境界即是"无知识之经验"、"纯粹经验的世界"，人至此境界，达到了真正的无所待，可谓绝对的逍遥。冯友兰认为"此庄学中之神秘主义也"，庄学的方法，是在知识方面取消一切分别，达到"天地与我并生，而万物与我

---

① 冯友兰：《中国哲学史》，中华书局2014年版，第288页。

为一"的境界。这些概念和观点在《人生哲学》中已有论及，此处有所丰富。

　　在《中国哲学简史》中，冯友兰主要通过《逍遥游》和《齐物论》来讨论庄子的主要思想。首先，冯友兰谈到庄子眼中的两种幸福：相对幸福和绝对幸福。虽然万物的自然本性不同，其自然能力也各不相同，但有一点是共同的，即在充分而自由地发挥自然能力的时候，他们都是同等的幸福，这种幸福就是相对幸福。求得相对幸福的方法只要顺乎本性即可。但是，在人充分发挥自然能力的时候，却经常受到例如死亡、疾病等阻碍，所以这只能算是一种有限的、相对的幸福。庄子认为，只有达到对于事物自然本性的真正理解，才会减少阻碍。冯友兰讲到，正如斯宾诺莎所说："心灵理解到万物的必然性，理解的范围有多大，它就在多大的范围内有更大的力量控制后果，而不为它们受苦。"[1] 这个意思，用道家的话说，就是"以理化情"。道家认为，圣人对万物的自然本性有完全的理解，所以无情。可是这并不是说他没有情感，而是不为情所乱，而享有所谓"灵魂的和平"。这样，圣人由于对万物自然本性有理解，他的心就再也不受世界变化的影响。用这种方法，他就不依赖外界事物，因而他的幸福也不受外界事物的限制，这可以说是已经得到了绝对幸福。冯友兰指出，这是道家思想的一个方向，其中有不少的悲观认命的气氛。这个方向强调自然过程的不可避免性，以及人在自然过程中对命的默认。而要获得绝对幸福，就必须达到人与宇宙的统一，要达到这种统一，人需要更高层次的知识和理解。庄子所描述的至人、神人、圣人就是得到了绝对幸福的人，他们超越了事物的普通区别，也超越了自己与世界的区别，"我"与"非我"的区别。所以无己、与道合一。其次，冯友兰解释了庄子的两种知识："是非之知"和"不知之知"。他认为每个人都从自己的特殊的有限的观点形成意见，且总是以他们自己的意见为是，以别人的意见为非，这样既无法得出最后的结论，也无法决定真是真非。所以这些是非都是相对的、有限的，都是低一层次的知识。在看到了有限性的同时，冯友兰认为，《齐

---

[1]　冯友兰：《中国哲学简史》，北京大学出版社 1985 年版，第 132 页。

物论》转而强调从一个更高的观点看事物，即从超越有限的道的观点看事物，称之为"照之于天"。从道的观点看，每物就刚好是每物的那个样子，万物虽不相同，可是都统一为一个整体；从道的观点看，就无成无毁，区别都是相对的；"我"与"非我"的区别也是相对的，二者通为一。《齐物论》接着讨论一种更高层次的知识，即"不知之知"。实际上就是要忘了事物的一切区别，甚至忘了自己生活中的一切区别。同时，庄子取消了先秦道家固有的全生避害的问题，认为在真正的圣人那里，这已经不成其为问题。此外，冯友兰坚持了自己早期的观点，仍强调庄子哲学在方法论方面具有神秘主义的倾向。总的看来，冯友兰《中国哲学简史》中对庄学的阐论明显渗透着他"大全"、"觉解"、"天地境界"等思想的痕迹。如在解释"一"这个概念的时候，认为是不可言说、不可思议的。"因为，一对它有所思议，有所言说，它就变成存在于这个思议、言说的人之外的东西了。这样它无所不包的统一性就丧失了，它就实际上根本不是真正的'一'了。"① 这与冯友兰对"大全"的解释如出一辙。在这点上，冯友兰指出惠施的"大一"描写得很好，但他却不知"大一"不可言说、不可思议，因此，道家对"一"的理解比名家前进了一大步。又如冯友兰对绝对幸福、"不知之知"的解读与他的"觉解"、"天地境界"学说也密切相关。

胡适在《中国哲学史大纲》中探讨了庄子的名学、人生哲学，尤其是生物进化论思想，但总体评价不高，认为：

> 庄子的哲学，总而言之，只是一个出世主义。……庄子是知道进化的道理，但他不幸把进化看作天道的自然，以为人力全无助进的效能，因此他虽说天道进化，却实在是守旧党的祖师。他的学说实在是社会进步和学术进步的大阻力。②

与胡适相比，冯友兰运用古今中西相互贯通的比较方式对庄子的哲学思想

① 冯友兰：《中国哲学简史》，北京大学出版社1985年版，第138页。
② 姜义华主编：《胡适学术文集——中国哲学史》（上册），中华书局1991年版，第189—190页。

做了更为深入和系统的挖掘，其对庄子哲学精神的把握也颇为精当。范寿康则重点从老庄比较的角度探讨了庄子的本体论、人生观等。

五、道家在魏晋的发展

冯友兰在《中国哲学史》第二篇中，分两章探讨了"南北朝之玄学"，认为"自王充之后，至南北朝时，道家之学益盛。道家之学，当时谓为玄学"①。明确把玄学规定为道家之学。范寿康的《中国哲学史通论》亦持此种见解，认为：

> 清谈者，谈论玄道，剖析妙理之谓。……清谈的内容大都是道家的思想，所以清谈的学者大体也都可以说是道家的嫡系。他们里面，有人曾对老庄的哲理作过纯粹学术的研究，有人又曾把道家的理论在日常生活上加以实践。②

冯友兰从十四个方面探讨了玄学的一系列问题，涉及何晏、王弼、阮籍、嵇康、刘伶、向秀、郭象等众多哲学家的学说，还阐释了《列子》及其《杨朱》篇的思想。

虽然冯友兰把玄学规定为道家之学，但也注意到了玄学与孔子的关系，指出："此等人虽宗奉道家，而其中之一部分，仍推孔子为最大之圣人，以其学说为思想之正统。……不过此时即以孔子为最大之圣人者，其所讲孔子之学说，已道家化而为另一派之经学矣。"③认为玄学与孔学相关，但已被道家化。冯友兰指出，根据《三国志》、《晋书》等典籍所载，玄学的创始人应为何晏、王弼，二人对于道家的学说都有系统的阐释。何晏发挥老子"天下万物生于有，有生于无"（《老子·四十章》）的观点，认为道是"无"，非具体的"有"，故能遍在群"有"；唯道为"无名"，故可以天下之"名"名之。王弼亦同意此点。庄学主张以理化情，何晏发挥

---

① 冯友兰：《中国哲学史》，中华书局 2014 年版，第 602 页。
② 范寿康：《中国哲学史通论》，三联书店 1983 年版，第 175 页。
③ 冯友兰：《中国哲学史》，中华书局 2014 年版，第 603 页。

为"圣人无喜怒哀乐"，王弼进一步解释为"应物而无累于物"，对宋儒的对付情感之方法大有影响。可以说，何晏、王弼不但坚持"以无为本"，发展了道家哲学，而且开启了以道家学说注经的风气，如何晏的《论语集解》、王弼的《周易注》均是如此，而"以道家之学说，释儒家之经典，此玄学家之经学也"①。何晏、王弼之后，还出现了阮籍、嵇康、刘伶之流，他们发挥道家的批判精神，攻击君子之礼法，主张不以是非为念，虚心率性而行，而且他们也在行为上实践道家学说，"多以放达不守礼教为高……其行事皆一时风尚之代表也。"②冯友兰还阐释了"《列子》中之惟物论及机械论"、"《杨朱篇》中放情肆志之人生观"，其主要观点与《人生哲学》基本一致。冯友兰尤其对向秀、郭象的"混合作品"《庄子注》感兴趣。在冯友兰看来：

> 放情肆志之人生观，虽亦可谓道家之支流余裔，但道家老学、庄学故不主张此也。……魏晋时，道家之学盛行。在此期间，郭象之《庄子注》，为一极有价值之著作。此注不但能引申发挥《庄子》书中之思想，且亦自有若干新见解；故此注实乃一独立的著作，道家哲学中一重要典籍也。③

何晏、王弼虽然以为道是"无"，但对"无"的意义未能详述。《庄子注》把"无"规定为数学上的零，万物之所以如此如此，正因其自然即是这般这般。《庄子注》提出"独化"，认为物皆自然而然，并无所待，"物各自生而无所出焉"，但这并不是说各种事物之间没有关系，严格说来，宇宙间任何事物都与其他事物有关系。冯友兰对"独化"说做了自己的阐释和评价，认为：

> 在此种整个的情形之下，必有某情形、某事物发生，此是必然。

---

① 冯友兰：《中国哲学史》，中华书局 2014 年版，第 614 页。
② 冯友兰：《中国哲学史》，中华书局 2014 年版，第 614 页。
③ 冯友兰：《中国哲学史》，中华书局 2014 年版，第 632 页。

但吾人不能指某情形、某事物是某情形、某事物的原因，此是独化。此见解与所谓唯物史观之历史哲学，颇有相同之处。例如俄国革命，依唯物史观之历史哲学言之，乃在其时整个客观环境之下，必有之产物，非列宁个人所能使之有也。上之所引"相反而不可以相无"之言，如附会之，亦可谓系讲辩证法。①

他试图用马克思主义哲学的某些观点解释"独化"说。《庄子注》也谈变化的问题，认为万物是常变的，社会也在不断的变迁之中，一种社会制度都是为一时之用，过时就会出现弊端或成为废物。时变就需要新办法、新制度，圣人以新办法、新制度回应新的时变，正是顺其自然。依据《庄子注》，冯友兰还解释和分析了向秀、郭象的无为与有为论、圣智论、齐物论和至人论等。"恣其性内"即是无为，"纤介于分外"即是有为。因为人各有其性，各有其能。"圣智之所以为圣智，亦不过顺其性，展其能而已。若别人弃己之所能，而妄学圣智，'则性命丧矣。'李白生来即是李白，不能不是李白。无李白之'性'，而妄学李白，则'未得国能，又失故步'，必成为《儒林外史》中之诗人矣。"② 但现实生活中，人们并不那么安分顺性，小者慕大，卑者慕尊，愚者慕智等，要想摆脱这种"羡欲之累"，必须使人们明白"齐物"之义。包括齐优劣、齐尊卑、齐是非、齐大小、齐寿夭、齐死生等，忘却一切分别，最后达到至人境界。至人即"无待之人"，"与物冥"，"体天地而合变化"。

在《中国哲学简史》中，冯友兰为道家增添了一个新名词——"新道家"（Neo-Taoism），指的是公元三四世纪的"玄学"。《老子·一章》说："玄之又玄，众妙之门"，所以"玄学"这个名称表明它是道家的继续。正像《中国哲学史》中所提到的，玄学的特点之一是以道释儒，新道家，至少有一大部分新道家仍然认为孔子是最大的圣人。其原因，一是由于孔子在中国的先师地位已经巩固；二是由于有些重要的儒家经典，新道家已经

---

① 冯友兰：《中国哲学史》，中华书局 2014 年版，第 639 页。

② 冯友兰：《中国哲学史》，中华书局 2014 年版，第 647 页。

接受，只是在接受过程中按照老子、庄子的精神对它们重新做了解释。与《中国哲学史》不同的是，《中国哲学简史》打破了新道家人物的自然历史秩序，根据他们所关注的问题、研究方法以及志趣所向不同，而将新道家分为两派：一是以向秀、郭象等为代表，主张"辩名析理"、强调遵从理性而生的主理派；一是以阮籍、嵇康等为代表，崇尚"风流"、强调任从冲动而生的主情派。

向秀、郭象皆作《庄子注》，这两位哲学家为新道家主理派的代表，冯友兰并称二人对庄子的注释为"向郭注"。冯友兰认为，向郭注对于老子、庄子原来的道家学说做了重要的修正。首先，道是真正的无。虽然老庄也说道是无，但是他们说无是无名，是认为道不是一物。但是向郭注以为，道是真正的无，道"无所不在，而所在皆物也"。其次，认为道家所说的道生万物，不过是说万物自生。道家所说万物生于有，有生于无，也不过是说有生于自己，这就是"独化"。这个理论认为，万物的产生是自依其必然，而非它物所造。"比方说，社会主义是一定的一般经济条件的产物，而不是马克思和恩格斯制造的，更不是《共产党宣言》制造的。在这个意义上，我们可以说，物自生，而不是他物所生。"[①]再次，向郭继承并发展了老庄的运动变化思想。向郭认为宇宙处于不断的变化之中，社会也处于不断的变化之中。人类的需要都是经常变化的，在某一时代好的制度和道德，在另一时代可能不好。社会随形势而变化，形势变了，制度和道德应当随之而变。如果不变，就会成为人为的桎梏。新的制度和新的道德应当是自生的，这才自然。新与旧彼此不同是由于它们的时代不同。它们各自适合各自时代的需要，所以彼此并无优劣可言。冯友兰认为，向郭不像老庄那样，反对制度和道德本身，他们只反对过时的制度和道德，因为它们对于现实社会已经不自然了。又次，向郭对于先秦道家天、人、有为、无为的观念做了新的解释。认为社会形势变化了，新的制度和道德就自生了。任它们自己发展，就是顺着天和自然，就是无为，反对它们，固执过时的旧制度和旧道德，就是人和人为，就是有为。一个人在他的活动

---

① 冯友兰：《中国哲学简史》，北京大学出版社1985年版，第259页。

中，让他的自然才能充分而自由地发挥，就是无为，反之是有为。冯友兰认为向郭对于庄子的解释，的确是高明的创见。此外，与老庄不同，向郭没有反对那些有一切种类知识的圣人，他们所反对的是那些企图模仿圣人的人。认为只有那些模仿的人才有知识。向郭认为通过人为模仿是无用的、是没有结果的、是有害的来证明模仿是错误的，认为唯一合理的生活方式是"任我"，这也就是实践"无为"。由此人们也就能够去掉"偏尚之累"而懂得万物同等的道理，走上通向混沌一体境界的康庄大道。最后，冯友兰认为，一个人若能超越事物的差别，他就能享受绝对的自由和绝对的幸福。这也正是对于老庄思想的继承和发挥。总体来说，冯友兰认为："在向郭的体系里，'道'是真正的'无'。在这个体系中，'天'或'天地'才是最重要的观念。天是万物的总名，所以是一切存在的全体。从天的观点看万物，使自己与天同一。也就是超越万物及其差别，用新道家的话说，就是'超乎形象'。"① 所以向郭注除了对原来的道家做了重要的修正，还把庄子只暗示了一下的东西讲得更加明确。

冯友兰指出，"风流"二字和 romanticism 或 romantic 意义大致相当，具有一些自由自在的意味，主要与道家有关。认为新道家中的主情派就是强调一种任从冲动而生活的风流品格，代表人物主要有放纵酒性的刘伶等，他们固然追求快乐，但是对于超乎形象者有所感觉，即有超越感。冯友兰认为这种超越感是风流品格本质的东西。具有这种超越感，并以道家学说养心即具有玄心的人，必然对于快乐具有妙赏能力，要求更高雅的快乐，不要求纯肉感的快乐，像阮籍、嵇康都是具有风流品格的人。与此不同，《列子·杨朱》篇中的杨朱"感兴趣的似乎大都是追求肉体的快乐。当然，按照新道家所说，追求这样的快乐，也不是必然要遭到鄙视。然而，如果以此为唯一目的，毫不理解'超乎形象'的东西，那么，用新道家的话说，这就不够'风流'"。② 照新道家的看法，"风流"来于"自然"，"自然"反对"名教"，"名教"则是儒家的古典的传统。早在 1944 年，冯

---

① 冯友兰：《中国哲学简史》，北京大学出版社 1985 年版，第 267 页。
② 冯友兰：《中国哲学简史》，北京大学出版社 1985 年版，第 272 页。

友兰就专门写过文章《论风流》，认为风流是一种人格美，真风流的人，必须有玄心、有洞见、有妙赏、有深情。①《中国哲学简史》中的风流论即对此文观点的发挥。冯友兰指出，新道家有许多人是主理派，可也有许多人是主情派。在绝大多数情况下，他们的动情，倒不在于某种个人的得失，而在于宇宙人生的某些普遍的方面。由于有这种妙赏能力，这些有风流精神的人往往为之感动的事物，其他的普通人也许并不为之感动。他们有情，固然有关于宇宙人生总体的情，也有关于他们自己的个人感触的情。冯友兰还讲到了晋代新道家对于性的态度，他说："在西方，浪漫主义往往有性的成分在里面。中国的'风流'一词也有这种含义，尤其是在后来的用法上。可是晋代新道家的人对于性的态度，似乎纯粹是审美的，不是肉感的。"② 在胡适早期的中国哲学史研究中，很少涉及魏晋玄学。范寿康的《中国哲学史通论》虽然列专章"清谈——老庄哲学的勃兴"讨论魏晋玄学的一些问题，但多侧重于历史背景的介绍，对其哲学理论的探讨尚嫌粗陋。与他们相比，冯友兰对魏晋玄学的探讨是广泛而深入的。首先是勾勒出魏晋玄学的发展线索，发源于何晏、王弼，中经阮籍、嵇康、刘伶、《列子》及其《杨朱》篇，到向秀、郭象而蔚为大观。其次是把魏晋玄学当作道家学说的重要发展环节，对于人们把握道家的学脉具有重要启发意义。尤其是在运用 Neo-Confucianism 这个英文概念指称宋明道学的同时也运用"新道家"（Neo-Taoism）这个概念指称魏晋玄学，对于揭示整个中国哲学主流精神的发展具有深刻的认知意义。再次，把新道家划分为主理、主情两派，对于魏晋玄学的派别研究具有开创价值。此外，最为重要的是，冯友兰运用西方哲学的诠释框架和评价尺度以及古今中外相互参照的分析方法，对魏晋玄学的一系列概念和哲学问题，如"道"、"有无"、"自然"、"情理"、"独化"、"风流"、"幸福"、"快乐"、"无为有为"、"知与不知"等进行了深度的理论解读，是一种具有原生态和经典意义的哲学史研究。可以说，冯友兰的早期道家观与现代对道家哲学的研究（包括地

---

① 参见冯友兰：《三松堂学术文集》，北京大学出版社 1984 年版，第 609 页。

② 冯友兰：《中国哲学简史》，北京大学出版社 1985 年版，第 276 页。

下文物的新发现，如郭店竹简本《老子》等）相比，有一些遗漏或缺憾，但作为那一时代的道家哲学研究却具有非常重要的开拓性和前沿性，值得我们认真继承和发展。

六、道家观的落实

以上是冯友兰早期对道家及其学说的描述和阐释，实际上冯友兰早期道家观并不止于此，而是把道家学说运用到自己哲学体系的创造中，成为其哲学理念的内在要素。如果说《中国哲学史》、《中国哲学简史》等是冯友兰对道家学说的解释，那么，《人生哲学》、《贞元六书》等则内含有对道家学说的运用，主要表现在他的新理学的形上学和人生境界说中。

在新理学的形上学中，冯友兰认为道家的一些观念具有逻辑分析的特色，并将其运用到对气、道体、大全等的诠释中。冯友兰在《新理学》和《新原道》中指出，道家哲学中的逻辑观念较多，所以在先秦哲学中除名家外它是最哲学的。道家虽然经过名家的思想但又能有所超越，其思想比名家的思想高一层次。比如说，名家讲有名，道家经过名家对于形象世界的批评，于有名之外，又说无名。"无名是对着有名说底。他们对着有名说，可见他们是名家底。"[1]名家以"辩"批评了一般人的对于事物的见解。《齐物论》又以"道"批评了名家的辩。《齐物论》说："大辩不言"。不言之辩，是高一层次的辩，这是庄子比惠施更进一步之处。名家说"万物与我为一"，庄子说，一不可说。"他是真正了解一。道家知一是不可说底。这就是他们对于超乎形象底知识比名家更进了一步。"[2]冯友兰指出，道家的一些概念、命题都是形式的。比如"无名，天地之始；有名，万物之母"这两个命题：

> 只是两个形式命题，不是两个积极命题。这两个命题，并不报告什么事实，对于实际也无所肯定。……道的观念，是一个形式底观

---

[1]　冯友兰：《贞元六书》，华东师范大学出版社 1996 年版，第 751 页。

[2]　冯友兰：《贞元六书》，华东师范大学出版社 1996 年版，第 758 页。

念，不是一个积极的观念。这个观念，只肯定一万物所由以生成者。至于此万物所由以生成者是什么，它并无肯定。……万物之生，必有其最先生者，此所谓最先，不是时间上底最先，是逻辑上底最先。①

王弼所说的道、无、有、一等只是形式观念，有道、有一等命题也只是形式命题。冯友兰新理学的形上学通过四组命题推出有四个基本观念：理、气、道体、大全，他用道家的一些学说对某些观念进行了阐释。冯友兰指出，照道家的说法，具体事物是有、是有名，道非具体的事物，所以是无、是无名。"若就道是无名说，则道家所说之道，颇有似于我们所说真元之气。"②他借用《老子》的"万物负阴而抱阳"来说明气，认为每一事物都是负阴而抱阳。"一事物之阳，即是其气之动者，其阴则是对于其气之动者之阻碍。就此事物之观点说，它对于其阳是抱之，对于其阴是负之。"③冯友兰认为道家对于道体之日新和无始终有深切的认识，"《庄子》说：'道无终始，物有死生。'《庄子》所说之道，不必与我们所说同，不过此话我们可以借用。道何以无终始？道是无极而太极之'而'之程序；此'而'是无始无终底。"④大全这个概念是中西哲学中所共有的，《庄子·田子方》就有所谓"天地之大全"的说法，指"虚通之妙道"。冯友兰新理学的形上学运用道家思想解释了这一概念以及进入大全境界的人，他认为大全是无古今、不死不生的。"大全是如此，所以与大全为一底人，亦无古今，不死不生。在此种境界中底人，从大全的观点，以看事物，则见'凡物无成与毁'，亦可说是：凡物'无不成无不毁'。此之谓撄宁。撄是扰动，宁是宁静。是不废事物的扰动，而得宁静。"⑤

冯友兰的人生哲学有阶段之分，早期的人生哲学体现在他的《人生哲学》中，成熟形态的人生哲学则体现在他的《新原人》中，其代表性的

---

① 冯友兰：《贞元六书》，华东师范大学出版社 1996 年版，第 752 页。
② 冯友兰：《贞元六书》，华东师范大学出版社 1996 年版，第 50 页。
③ 冯友兰：《贞元六书》，华东师范大学出版社 1996 年版，第 65 页。
④ 冯友兰：《贞元六书》，华东师范大学出版社 1996 年版，第 85 页。
⑤ 冯友兰：《贞元六书》，华东师范大学出版社 1996 年版，第 761 页。

理论即是其人生境界说。冯友兰的人生哲学包含着对许多中国传统思想资源的运用，道家思想即是其中的重要方面。在早期的人生哲学中，冯友兰认为人的本性自然要生，非有所为，因此人生的目的就是生自身。他引用庄子的思想来说明这一观点。《庄子·秋水》云：

> 夔谓蚿："吾以一足趻踔而行，予无知矣，今子之使万足独奈何？"蚿曰："不然，子不见夫唾者乎？喷则大者如珠，小者如雾，杂而下者，不可胜数也。今予动吾天机，而不知其所以然。"蚿对蛇曰："吾以众足行，而不及子之无足，何也？"蛇曰："夫天机之所动，何可易也？吾安用足哉？"

冯友兰指出："'动吾天机，而不知其所以然'，正是普通一般人之生活方法。一般人皆不问人生之何所为自然而然的生。其所以如此，正因其生之目的即是生故耳。"[1] 冯友兰人生境界说首先确立的是意义的主体性原则，把觉解的程度看作境界划分的尺度。他认为道家的至人或圣人境界是天地境界，并对此做了多方面的说明。

第一，用自觉与不自觉区分至人境界和动物境界。有些人认为道家修养所要达到的境界是所谓动物的境界，因为他们常自比于婴儿。冯友兰不同意这种观点，认为："道家修养所到底境界，与动物本来所有底境界，之大不同处，在于有自觉与无自觉。道家之至人，于觉浑然一体之大全时，自觉其觉浑然一体之大全。至于动物，虽处浑然一体之大全中，但并不觉之，或并不自觉其觉之。有自觉与无自觉之区别甚大。"[2]

第二，在天地境界中的人自同于大全。冯友兰认为，觉解是人之为人的依据，在自然境界中的人，虽然觉解较低，但不可谓之无觉解。道家的圣人是在天地境界中的人，即有高一层觉解或有最高程度的觉解的人，这是一种同天的境界，类似于自然境界但绝不是自然境界。在天地境界中

---

[1]　冯友兰：《人生哲学》，广西师范大学出版社 2005 年版，第 164 页。
[2]　冯友兰：《贞元六书》，华东师范大学出版社 1996 年版，第 211 页。

的人的最高造诣是不但觉解其是大全的一部分，而且自同于大全，冯友兰借用庄子的思想来说明这一问题。

> 庄子说："天地者，万物之所一也。得其所一而同焉，则死生终始，将如昼夜，而莫之能滑，而况得丧祸福之所介乎?"得其所一而同焉，即自同于大全也。一个人自同于大全，则"我"与"非我"的分别，对于他即不存在。道家说："与物冥。"冥者，冥"我"与万物间底分别也。……此等境界，是在功利境界中底人的事功所不能达，在道德境界中底人的尽伦尽职所不能得底。得到此等境界者，不但是与天地参，而且是与天地一。得到此等境界，是天地境界中底人的最高底造诣。亦可说，人惟得到此境界，方是真得到天地境界。[①]

第三，在道德境界和天地境界中的人可以超越才和命的限制。冯友兰指出，在道德境界及天地境界中的人，在事实上虽受才与命的限制，但在精神上却能超过此种限制。在道德境界中，人有大才，做大事，可以尽伦尽职；有小才，做小事，也可以尽伦尽职，所以在精神上不受才的限制。在天地境界中的人，才大者做大事可以事天赞化，才小者做小事也可以事天赞化，所以他在精神上也不受才的限制。

第四，天地境界是道家所说的"无知"境界。在冯友兰看来，道家求最高知识及最高境界的方法是去知，去知的结果是无知。为了进一步说明这一问题，冯友兰区分了两种无知：一种是"原始底无知"。原始的无知是不及知。有原始无知人，也可说是在知识上与万物浑然一体，但他并不自觉其是如此。无此种自觉，所以其境界是自然境界；另一种是"后得底无知"。后得的无知是超过知。有后得的无知的人，不但在知识上与万物浑然一体，并且自觉其是如此。有此种自觉，所以其境界是天地境界。冯友兰认为道家主张的无知是"后得底无知"，其境界是天地

[①] 冯友兰：《贞元六书》，华东师范大学出版社 1996 年版，第 635 页。

境界。

第五，对道家与儒家最高境界的比较。冯友兰指出，道家反对儒家讲仁义，但并不是说人应该不仁不义。道家认为行仁义是不够的，那只是道德境界。冯友兰认为，孔孟并没有停留在道德境界，他们也追求最高境界，不过其所用方法与道家不同。道家所用的方法是去知，由去知而忘我，以达到与万物浑然一体的境界。孔孟的方法是集义，由集义而克己，以达到与万物浑然一体的境界。所以"孔孟集义的方法，所得到底是在情感上与万物为一。道家用去知的方法，所得到底是在知识上与万物为一。所以儒家的圣人，常有所谓'民胞物与'之怀。道家的圣人，常有所谓'遗世独立'之概。儒家的圣人的心是热烈底。道家的圣人的心是冷静底"。①

一个时代可以有全新的哲学家，但不会有全新的哲学，因为任何一座哲学大厦不会建立在虚无缥缈的海市蜃楼中，它与先在和他在的哲学思想密切关联着。冯友兰不仅是这样认为的，也是这样实践的。他的新理学体系是时代精神、生存感受、中西哲学相互结合的产物，饱含着对中国传统哲学资源的深情厚谊和创造性转换，尽管其中的个别观点未必符合道家、儒家等学说的文本意蕴，却成为自身哲学体系的内在因子，为中国哲学的现代化作出了切实的贡献。如果说冯友兰建立新理学形上学的方法主要是西方的，但他为人们设计的最高境界则是中国的，深深积淀着儒家和道家所共同主张的"天人合一"精神，展示了民胞物与的博大胸怀和与宇宙一体的崇高境界。

七、对道家学说的批评

冯友兰的早期道家观中包含着对道家学说的批评，主要是自私倾向、否认人为、脱离社会、混淆自然境界和天地境界、未实现高明与中庸的统一等。

第一，早期道家是自私的。在《新原道》中，冯友兰认为初期的道

---

① 冯友兰：《贞元六书》，华东师范大学出版社 1996 年版，第 764—765 页。

家只讲到功利境界，其学说也提倡自私，所以是自私的。他们重生就是重他们自己的生。正像子路批评隐者所说的那样是"欲洁其身而乱大伦"①。

第二，纯任天然是错误的。道家从人的角度把宇宙划为天然和人为，这在逻辑上没有问题。但道家以为我们必须放弃人为，纯任天然，但这在事实上不可行，在理论上也说不通。道家重视人的才，认为只要人在某方面有才，就可以不必学，而自然能在某方面有所成就。不学而自能，即所谓无为。"道家这种看法，是不对底。……人在某方面有才，是他在某方面有成就的必要条件，而不是其充足条件。……凡能在某方面有成就底人，都是在某方面有才又有学的人。其成愈大，其所需要底才愈大，学愈深。"②

第三，脱离社会是不行的。道家及佛家所说圣人，不能离开社会而又不能有用于社会，假如人人如此，则即是无社会，这是行不通也说不通的。道家以为无为的生活是快乐的，这是对的。道家又以为人因受社会制度的束缚以致人不能完全有这种生活，这也是不错的。但道家因此即以为人可以完全不要社会制度，以求完全实现这种生活，"这是一种过于简单底办法，是不可行底。"③

第四，分不清天地境界和自然境界。在冯友兰看来，在天地境界中的人，自觉其是在天地境界中，但在自然境界中的人，必不自觉其是在自然境界中。如其自觉，其境界即不是自然境界。"道家于此点，见不甚清，所以常将天地境界与自然境界相混，常将在自然境界中底人所有底原始底混沌，与在天地境界中底人的浑然与物同体混为一谈。""譬如'大鹏无以自贵于小鸟，小鸟无羡于天池'，并非大鹏小鸟所能觉解者。所以'小大虽殊，逍遥一也'，是在天地境界中底人所觉解者。他的此种觉解，即构成他的逍遥的一部分。他的此种逍遥，并不是大鹏、小鸟的逍遥。……《庄子·逍遥游》及郭象注均于此点，弄不清楚。这亦是道家常将自然境界与

---

① 冯友兰：《贞元六书》，华东师范大学出版社 1996 年版，第 730 页。
② 冯友兰：《贞元六书》，华东师范大学出版社 1996 年版，第 421 页。
③ 冯友兰：《贞元六书》，华东师范大学出版社 1996 年版，第 418 页。

天地境界相混的一例。"① 所以道家的圣人境界是天地境界，但他们有时所赞美的却只是自然境界。

　　第五，未实现高明与中庸的统一。冯友兰所认可的最高境界是儒家的"极高明而道中庸"，以此为评价尺度，道家学说尚未圆满。在《新原道》中，冯友兰指出，道家"两行"的可批评之处就在于其是"两"行。在"极高明而道中庸"的标准下，高明与中庸并不是两行而是一行。若用《新原人》中的名词说，庄子的境界是所谓知天的境界；孔子的境界是所谓同天的境界。庄子仅知与化为体，而尚未能与化为体。故其境界虽是天地境界，但仅是天地境界中知天的境界，而不是同天的境界。向郭对于庄子的批评是说庄子的哲学是"极高明"而不"道中庸"。僧肇及王弼、向秀、郭象所说的圣人，其境界是"经虚涉旷"，而其行事则可以是"和光同尘"。这是高明与中庸的统一。这是原来的道家、佛家所欠缺而玄学家所极欲弥补的，不过他们所得到的统一，还有可以批评之处。"玄学家极欲统一高明与中庸的对立。但照他们所讲底，高明与中庸，还是两行，不是一行。对于他们所讲底，还需要再下一转语。禅宗的使命，就是再下此一转语。"②

　　应当说，冯友兰对道家学说的一些批评是入情入理的，自私为我、纯任天然、脱离社会、忽视自觉的确是道家学说所本有的，在理论上说不通在操作上也行不通。但用儒家的"极高明而道中庸"评判道家的学说似有可商榷的余地。儒家的圣人境界和道家的圣人境界虽然都是天人合一的、"极高明"的，但其内容相距甚远。儒家的圣人是具有最高道德的人，即"道德之宗正"。"不遁于世，不离于群"，参与社会，建功立业。道家的圣人、真人、至人、神人是反道德的，是遁于世、离于群的。也就是说，儒家的圣人必须是"极高明而道中庸"，而道家的圣人是"极高明"而不必"道中庸"或不愿"道中庸"；儒家的圣人是济世的，道家的圣人是超世的；儒家的圣人境界更多地为人们提供的是现实的深度关切，道家

① 冯友兰：《贞元六书》，华东师范大学出版社 1996 年版，第 639、675 页。
② 冯友兰：《贞元六书》，华东师范大学出版社 1996 年版，第 813 页。

的圣人境界更多地为人们提供的是精神的纵意驰骋；二者在理论上各具特色，价值上各有千秋，不必强求一致，也不必强分高下。

第七节　朱子学

冯友兰在《三松堂自序》中说过，他 20 世纪 30 年代初出版的《中国哲学史》就其内容而言，有两点可以"引以自豪"，其中之一就是把二程的哲学思想区分开来，程颢为心学的开创者，程颐为理学的开创者。[①]在 1948 年用英文出版的《中国哲学简史》(*A Short History of Chinese Philosophy*) 中，冯友兰指出，新儒家的两个主要学派竟然是兄弟二人开创的，这"真是喜人的巧合"。[②]"陆王学派，也称'心学'，由程颢开创，由陆九渊、王守仁完成。"[③]"而道学家中，集周、邵、张、程（指程颐——引者注）之大成，作理学一派之完成者为朱子。"[④] 与中国近现代的大儒多是传承和发扬陆王学不同，冯友兰则是接着程朱理学讲，在他的"三史"及其他著述中，较系统和全面地阐释了他的朱子学思想。与同时代其他中国哲学史家的朱子学相比，具有自己的一些特点。

一、《中国哲学史》中的朱子学

在冯友兰的《中国哲学史》中，第二篇"经学时代"的第十三章从"理"、"太极"、"气"、天地人物之生成、人物之性、道德及修养之方、政治哲学、对于佛家之评论等方面专门探讨了朱子学说。

1. "理"、"太极"、"气"及天地人物生成论

在冯友兰看来，"理"、"太极"、"气"是纯粹的哲学问题，按《周易》的概念是"形而上"和"形而下"及其关系问题，按古希腊哲学的说法是"形式"(Form) 和"质料"(Matter) 及其关系问题。冯友兰认为，在

---

① 参见冯友兰：《三松堂全集》（第一卷），河南人民出版社 2000 年版，第 191 页。
② 冯友兰：《中国哲学简史》，北京大学出版社 1985 年版，第 323 页。
③ 冯友兰：《中国哲学简史》，北京大学出版社 1985 年版，第 352 页。
④ 冯友兰：《中国哲学史》，中华书局 2014 年版，第 895 页。

"形而上"和"形而下"方面，朱熹吸收了周敦颐的《太极图说》、邵雍的"数"、张载的"气"、程氏兄弟的"形上形下"及"理气之分"的部分思想并集其大成。

第一，对"理"、"太极"、"气"等概念的界定。在朱熹的话语系统中，"道"、"理"、"太极"属于"形而上"，"气"、"器"属于"形而下"。冯友兰解释说，按照现在的哲学术语来讲，所谓"形而上"者，是"超时空而潜存（Subsist）"，"无形象可见"；所谓"形而下"者，"在时空而存在"（Exist），有形有象。"道"、"理"是指抽象的原理，即天下万物的"所以然之理"，而"太极"是天地万物之理的总和，同时也是天地万物的最高标准，按照朱熹自己的话说："总天地万物之理，便是太极"①，"太极只是个极好至善的道理"②。而"气"如上所述，即如希腊哲学所说的材料，"形而下之具体的世界之构成，则赖于气。"③认为朱熹所说的"气"是"形而下"世界的构成基础。

第二，理先气后。冯友兰指出，按照朱熹的观点，"天下之物，无论其是天然的或人为的，皆有其所以然之理；其理并在物之先。……如尚未有舟车之时，舟车之理或舟车概念已先在。然其时只有概念而无实例，所谓'但有其理而已，未尝实有是物也'。所谓发明舟车，不过发现舟车之理而依之以作出实际的舟车，即舟车之概念之实例而已。"④天地未判时，虽没有物，但理已先在。因此，理先气后逻辑地蕴涵着"理"可以脱离"气"而独立存在的判断。按朱熹的话说："未有这事，先有这理"⑤，"未有天地之先，毕竟也只是理"⑥。

第三，理在气中。冯友兰解释说，虽然朱熹认为理先气后，但这是"依逻辑言"。如果"就事实言"，则理在具体的事物之中。"气不结聚，则

---

① 黎靖德编：《朱子语类》（第六册），王星贤点校，中华书局1986年版，第2375页。
② 黎靖德编：《朱子语类》（第六册），王星贤点校，中华书局1986年版，第2371页。
③ 冯友兰：《中国哲学史》，中华书局2014年版，第903页。
④ 冯友兰：《中国哲学史》，中华书局2014年版，第907—908页。
⑤ 黎靖德编：《朱子语类》（第六册），王星贤点校，中华书局1986年版，第2436页。
⑥ 黎靖德编：《朱子语类》（第一册），王星贤点校，中华书局1986年版，第1页。

理无所附著，即理不能表现为具体的物也。具体的物中之秩序条理，即理在气中之发现处。"① 从这方面说，虽然"气"依傍"理"，但"理"也需要"气"来展示自己的存在。

另外，在理气关系上，冯友兰还提到了朱熹的"理本气末"等。

冯友兰还解释了朱熹的天地人物生成论。按照冯友兰的概括，太极中有动静之理，气因此理有实际的动静。气之动流行为阳气，气之静流行为阴气。阴阳为气，五行为质。五行之中，先有水火，后有土而成地，这就是具体世界的构成。在具体的世界中，每种生物之生，都是先由"气化"而后由"形生"。就人而言，"气化是当初一个人无种，后自生出来底。形生却是由此一个人，后乃生生不穷底。"②

2. 人性和道德

在阐释朱熹天地人物生成论的基础上，冯友兰还重点探讨了朱熹的人性论和道德学说。

在朱熹看来，具体的个人是理与气合，气中之理就是所谓的"性"。"盖理是完全至善的，然当其实现于气，则为气所累而不能完全。如圆之概念本是完全的圆，然及其实现于物质而为一具体的圆物，则其圆即不能是一绝对的圆矣。实际世界之不完全，皆由为气所累也。"③ 从人的角度而言，有得气清者，得气清者为圣人；有得气浊者，得气浊者为愚人。

冯友兰指出，在朱熹看来，这种说法的发明权在张载和二程，"极有切于圣门，有补于后学"，"使张程之说早出，则这许多说话，自不用纷争。故张程之说立，则诸子之说泯矣。"④ 冯友兰认为，"朱子此处，虽谓只述张程之说，然朱子之讲气质之性，有其整个的哲学系统为根据，其说较张程完备多矣。"⑤

那么，为什么说朱熹讲气质之性更为完备呢？冯友兰认为，原因在

---

① 冯友兰：《中国哲学史》，中华书局 2014 年版，第 905 页。

② 黎靖德编：《朱子语类》（第六册），王星贤点校，中华书局 1986 年版，第 2380 页。

③ 冯友兰：《中国哲学史》，中华书局 2014 年版，第 913 页。

④ 黎靖德编：《朱子语类》（第一册），王星贤点校，中华书局 1986 年版，第 70 页。

⑤ 冯友兰：《中国哲学史》，中华书局 2014 年版，第 914 页。

于朱熹探讨了较为丰富的与人性的相关问题。首先是知觉与知觉之理的问题。"一切事物，皆有其理，故知觉亦有知觉之理。然知觉之理，只是理而已。至于知觉之具体的事物，则必'理与气合'，始能有之。……如烛火必依脂膏。吾人之知觉思虑，即所谓灵处，'灵处只是心，不是性，性只是理'①，盖心能有具体的活动，理则不能如此也。"② 对"心"、"性"、"理"（知觉与知觉之理）的关系进行了甄别。其次探讨了"心性"与"情"的关系，核心的观点是，"性"不是具体的事物，所以是纯善的，"情"是具体世界中的事物，故须从"心"上发出。"性"为气中之理，也可以说在于"心"中，所以有"心统性情"之说。此外还探讨了"心"、"性"、"情"与"才"的关系，认为"性是一定，情与心与才，便合着气了"③。

　　具体到伦理道德领域，"性"包含有道德的原理，即仁义礼智。但因为仁义礼智是"性"，无迹象可寻。所以仁义礼智必须通过"情"即恻隐、羞恶、辞让、是非才能"可得而见"，如冯友兰所解释的那样："因吾人有恻隐之情，故可推知吾人性中有恻隐之理，即所谓仁；因吾人有羞恶之情，故可推知吾人性中有羞恶之理，即所谓义；因吾人有辞让之情，故可推知吾人性中有辞让之理，即所谓礼；因吾人有是非之情，故可推知吾人性中有是非之理，即所谓智。"④

　　冯友兰指出，朱熹不仅认为人性中有仁义礼智，而且有"太极之全体"，但由于"气禀"的遮蔽，不能完全显露。人得于"理"而后有"性"，得于"气"而后有"形"。"性"即"天理"、"道心"，而"形""流而至于滥"即"人欲"、"人心"、"私欲"。"天理"为"人欲"遮蔽，就好像宝珠在浊水中。但"人欲"不能把"天理"完全遮蔽，只有努力去除水中之浊，才能使宝珠显露出来。

　　那么，如何才能使宝珠显露出来，这就进入到修养论或工夫论的领域了。冯友兰认为，朱熹在这里强调了两方面的工夫，一是程伊川的"用

---

① 黎靖德编：《朱子语类》（第一册），王星贤点校，中华书局1986年版，第85页。
② 冯友兰：《中国哲学史》，中华书局2014年版，第915页。
③ 黎靖德编：《朱子语类》（第一册），王星贤点校，中华书局1986年版，第97页。
④ 冯友兰：《中国哲学史》，中华书局2014年版，第917页。

敬"，"只谓我自有一个明底物事，心中常记此点，即用敬之工夫也。"①
第二个就是"致知"，这也是冯友兰重点解释的地方。众所周知，朱熹的
"格物致知"是"即物而穷其理"。朱熹的"格物致知"曾受到陆王派的批
评，谓其"支离"。但冯友兰辩护说："就朱子之哲学系统整个观之，则此
格物之修养方法，自与其全系统相协和。盖朱子以天下事物，皆有其理；
而吾心中之性，即天下事物之理之全体。穷天下事物之理，即穷吾性中之
理也。今日穷一性中之理，明日穷一性中之理。多穷一理，即使吾气中之
性多明一点。穷之既多，则有豁然顿悟之一时。至此时则见万物之理，皆
在吾性中。……用此修养方法，果否能达到此目的，乃另一问题。不过
就朱子之哲学系统言，朱子故可持此说也。"②认为朱熹"格物致知"的修
养方法目的是为了达到"众物之表里精粗无不到，而吾心之全体大用无不
明"③的境界，完全符合朱熹自己哲学系统的逻辑。冯友兰还专门作了一
个注，认为无论是朱熹自己所说的"格物致知"，还是陆王派的批评，都
是指一种修养方法。把朱熹的"格物致知"说成是科学精神和求知识的方
法，那不符合朱熹的原意，"则诬朱子矣"。

3. 对佛学的批评以及政治哲学思想

冯友兰指出，在朱熹眼里，佛家与儒家在学理上有很大差别，佛家
以性为空，儒家以性为实。"佛家以万物为幻有，……就太极中所具之众
理言，则众理皆超时空而永存。虽其实际的例有生灭变化，而此众理则无
生灭变化之可言也。若此，则太极真不空矣。朱子评论佛家，注意此点，
以为吾人之性，即太极之全体，其中众理皆具。故无论如何，理世界不能
是空。吾人之性，不能是空。"④认为佛学一切皆空是不对的，"理"、"太
极"虽然无形无相，但不可谓空无，相反，它们是实有而永恒的。

在阐释朱熹政治哲学的时候，冯友兰举了一个例子，比如我们必须
依据建筑学上的原理才能盖房子，这个原理即使未被人们认识和应用，它

---

① 冯友兰：《中国哲学史》，中华书局 2014 年版，第 919 页。

② 冯友兰：《中国哲学史》，中华书局 2014 年版，第 919—920 页。

③ 朱熹：《四书章句集注》，中华书局 2011 年版，第 8 页。

④ 冯友兰：《中国哲学史》，中华书局 2014 年版，第 924—925 页。

"固自亘古常存，未尝一日或亡也"，依据这个原理盖的房子，才能坚固持久。冯友兰的意思是说，每个事物都有它的"理"，这个"理"是不以人的意志为转移的，不管你认没认识到它都不妨碍它的存在。同样，国家、社会也有国家、社会之"理"，此"理"也是客观存在的，依据此"理"治国国才能治，不依据此"理"治国则国家乱。这个"理"在朱熹看来，就是亘古常存的治国平天下之道。但同是依据治国平天下之道治国，不同的人效果是不一样的，完全依据治国平天下之道治国是圣贤之君，不能完全依据治国平天下之道治国的是英雄豪杰之君。冯友兰进一步解释说：英雄豪杰之君之治国，其最大的成功，亦不过只有小康之治而已，因为其所行之政治为"霸政"，而实行"王政"的圣贤之君才能完全依据治国平天下之道治国。

最后，冯友兰对朱子的学说有一个总的分析评价，认为"朱子之哲学，非普通所谓之唯心论，而近于现代之新实在论。惜在中国哲学中，逻辑不发达，朱子在此方面，亦未著力。故其所谓理，有本只应为逻辑的者，而亦与伦理的相混。……朱子将此两方面合而为一，以为一物之所以然之理，亦即为其所应然。盖朱子之兴趣为伦理的，而非逻辑的。……中国哲学，皆多注重此方面也"。①

综上所述，冯友兰《中国哲学史》中的朱子学在中国哲学史学史上具有重要意义，提出了不少具有原创性的观点，涉及朱熹哲学的诸多方面，如形上学、人性论、道德论、政治哲学、佛学观等，解析了朱熹哲学的主要范畴，如"理"、"太极"、"道"、"气"、"器"、"道心"、"人心"、"人欲"、"性"、"情"、"才"、"格物致知"等。在对朱熹哲学的评价中，明确指出朱熹的理论兴趣在伦理方面，逻辑方面比较欠缺，这不仅是朱熹哲学的特点，也是整个中国传统哲学的特点。冯友兰的这个分析是客观的，的确抓住了包括朱熹哲学在内的中国传统哲学的一个重要特征，因为真与善、理性与道德、认识论与伦理学在中国传统哲学中是浑然天成地结合在一起的。但这一特点的另一个表征就是逻辑学的欠缺，这既是中国哲学史

①　冯友兰：《中国哲学史》，中华书局 2014 年版，第 927 页。

的事实，也为冯友兰建构"新理学"的哲学体系埋下了伏笔，"新理学"以其鲜明的逻辑特色实现了对"旧理学"的超越。① 但《中国哲学史》中的朱子学从总体上来说尚嫌笼统，有待进一步深化和细化。

二、《中国哲学简史》中的朱子学

在抗战时期，冯友兰出版了《贞元六书》，建立了"新理学"的哲学体系，从而使自己从一个哲学史家变成了哲学家。"新理学"从一定意义上讲是冯友兰对朱子学的落实，这主要体现在他对"旧理学"的承继和超越上，即"接着讲"。新旧理学的共同之处在于它们都截然划分了两个世界，即形而上的理世界，形而下的器世界。并认为理可以独立自存，并先于实际世界。这实际上就是把共相从殊相、一般从个别中分离出来，而又把一般凌驾于个别之上，放置于个别之先，是一种先验的理本论，这种共同性体现的是"新理学"对"旧理学"的承继。但新旧理学也有明显区别。比如，在"旧理学"中，"气"这个概念属于形而下，是事物的构成要素，但本身也是一种事物。"新理学"则把"气"规定为"绝对的料"，是一个不具有任何规定性的不可思议、不可言说的形而上概念，这就把"气"更加玄秘化了。另外，"新理学"提出了一个"大全"概念，这是"旧理学"当中所没有的，这种差别性反映的是"新理学"对"旧理学"的超越。总之，"新理学"与"旧理学"相比，它新就新在把旧范畴逻辑化、纯粹化、玄秘化了。

正因为冯友兰把朱子学的精髓转换为"新理学"哲学体系的内在要素，反过来又以哲学家的视域反观朱子学，这就使得他《中国哲学简史》中的朱子学更具有哲学味、逻辑味。在《中国哲学简史》中，冯友兰虽然重复了《中国哲学史》中对朱子学的一些看法，但也有一些明显的变化，除了言说方式的言简意赅和生动活泼以外，对朱子学的主要思想作了进一步的阐释和分析。在谈到"太极"与万物、一类事物之理与一类事物中的具体事物的关系时，冯友兰指出："我们知道，在柏拉图哲学中，要解释

---

① 参见柴文华：《论中国现代哲学家的形上学情结》，《哲学研究》2010 年第 5 期。

可思世界与可感世界的关系，解释一与多的关系，就发生困难。朱熹也有这个困难，他用'月印万川'的譬喻来解决，这个譬喻是佛家常用的。至于事物的某个种类之理，与这个种类各个事物，关系如何；这种关系是否也可能涉及理的分裂；这个问题当时没有提出来。假使提出来了，我想朱熹还是会用'月印万川'的譬喻来解决。"① 这里通过中西哲学相互比较的方法，揭示了朱熹在谈到"太极"与万物、一类事物之理与一类事物中的个别事物的关系时所可能产生的"太极"、"理"的自身分裂问题，以及朱熹"月印万川"的解决方式。在谈到"理气"关系时，冯友兰深化了《中国哲学史》中的认识。他认为关于理相对地先于气的问题，是朱熹和他的弟子们讨论得很多的问题。"朱熹心中要说的，就是'天下未有无理之气，亦未有无气之理'②。没有无气的时候。由于理是永恒的，所以把理说成是有始的，就是谬误的。因此，若问先有理，还是先有气，这个问题实际上没有意义。然而，说气有始，不过是事实的谬误；说理有始，则是逻辑的错误。在这个意义上，说理与气之间有先有后，并不是不正确的。"③ 认为朱熹的理先气后没有实际的意义，但有逻辑的意义。正如冯友兰在《中国哲学史新编》中所指出的那样："就存在说，理气是互相依存的。……理、气先后问题就没有意义了。但朱熹仍然认为，照理论上说应该还是理先气后，他认为理是比较根本的。……这样的在先就是所谓逻辑的在先。"④ "另一个问题是：理与气之中，哪一个是柏拉图与亚里士多德所说的'第一推动者'？理不可能是第一推动者，因为'理却无情意，无计度，无造作'。但是理虽不动，在它的'净洁空阔的世界'中，却有动之理，静之理。动之理并不动，静之理并不静，但是气一'禀受'了动之理，它便动；气一'禀受'了静之理，它便静。气之动者谓之阳，气之静者谓之阴。这样，照朱熹的说法，中国的宇宙发生论所讲的宇宙两种根本成分，就产生出来了。……太极就像亚里士多德哲学中的上帝，是不动的，但同时是一切的

①　冯友兰：《中国哲学简史》，北京大学出版社 1985 年版，第 342 页。

②　黎靖德编：《朱子语类》（第一册），王星贤点校，中华书局 1986 年版，第 2 页。

③　冯友兰：《中国哲学简史》，北京大学出版社 1985 年版，第 344 页。

④　冯友兰：《中国哲学史新编》（第五册），人民出版社 1988 年版，第 167—168 页。

推动者。"① 按照冯友兰的解释，朱熹的宇宙生成论是气禀受理也就是气和理相互结合以后产生了阴阳两种根本成分，由此衍生出宇宙万物。"理"、"太极"本身虽然不动，却是一切的推动者。这实际上揭示出"理"、"太极"与"气"相比更具有终极意义，蕴涵着理本气末的理气关系论。在谈到朱熹的心性时，冯友兰更明确地概括出二者的区别，"心是具体的，性是抽象的。心能有活动，如思想和感觉，性则不能。但是只要我们心中发生这样的活动，我们就可以推知在我们性中有相应的理。"② 在谈到朱熹的修养方法时，冯友兰增加了一些《中国哲学史》中所没有展开的内容，主要是"用敬"的问题。他说："若不用敬，则格物就很可能不过是一种智能练习，而达不到预期的顿悟的目的。在格物的时候，我们必须心中记着，我们正在做的，是为了见性，是为了擦净珍珠，重放光彩。只有经常想着要悟，才能一朝大悟。这就是用敬的功用。朱熹的修养方法，很像柏拉图的修养方法。他的人性中有万物之理的学说，很像柏拉图的宿慧说。照柏拉图所说，'我们在出生以前就有关于一切本质的知识'。（《斐德若》篇）因为有这种宿慧，所以'顺着正确次序，逐一观照各个美的事物'的人，能够'突然看见一种奇妙无比的美的本质'。（《会饮》篇）这也是顿悟的一种形式。"③ 强调了朱熹的用敬在格物中的重要意义，有了用敬，就能达到"众物之表里精粗无不到，而吾心之全体大用无不明"④ 的顿悟；没有用敬，格物就会成为一种智能练习，达不到修身养性的终极目的。

三、与同时期哲学史家的比较

冯友兰的《中国哲学史》和《中国哲学简史》是中国哲学史学科创立时期的重要代表作，但同时期也出版了其他一些中国哲学史著作，了解他们不尽相同的朱子学思想，有助于揭示冯友兰朱子学的特点。

---

① 冯友兰：《中国哲学简史》，北京大学出版社1985年版，第344页。
② 冯友兰：《中国哲学简史》，北京大学出版社1985年版，第346—347页。
③ 冯友兰：《中国哲学简史》，北京大学出版社1985年版，第351页。
④ 朱熹：《四书章句集注》，中华书局2011年版，第8页。

谢无量的《中国哲学史》从太极及理气二元论、性说、修养之工夫三个方面描述和阐释了朱熹的哲学思想。他认为，朱子的"纯正哲学"（形上学、宇宙论）来自于周敦颐和程颐，是一种理气二元论。"盖认理气为决然二物，此所以名之为理气二元论也。"[①] 朱子的太极即理，理即太极。在太极与万物的关系问题上，朱熹的核心观点有两个：一是万物统一于太极，二是万物各具一太极。朱熹的性论来源于张载和程颐，是天地之性和气质之性的二重人性论。其修养工夫以格物致知、穷理居静为主。

胡适虽然是成熟的"以西释中"诠释框架的代表者，但不论是他的《中国哲学史大纲》（上卷），还是《中国中古思想长编》、《中国中古思想小史》等，均未涉及朱子学。20 世纪 50 年代之后，才有一些对朱熹及其学说的片段研究，如《〈朱子语类〉的历史》、《考朱子答廖子晦最后一书的年份》、《〈朱子语略〉二十卷》、《朱子论"尊君卑臣"》等，但多是考证性文字，基本没有理论分析。

在胡适的《中国哲学史大纲》和冯友兰的《中国哲学史》之间，商务印书馆 1929 年还出版有钟泰著的《中国哲学史》，该书从理气、天命之性与气质之性、居敬穷理三个方面对朱熹的学说做了自己的解读，认为理气之说，发端于程颐而完成于朱子。他反对谢无量把朱熹的形上学定性为理气二元论的观点，认为这"未为真知程、朱者也"，"盖虽理、气并言，而仍以理为本。此宋儒相承之命脉"，[②] 故不能将其称作理气二元论。在人性论和修养方法方面，钟泰的解读和同时代的几位中国哲学史家的解读大同小异。

范寿康用马克思主义哲学特别是历史唯物论作为诠释框架阐释中国哲学史，于 1937 年出版了《中国哲学史通论》，谈了对朱子思想的一些看法，和同时代的几位中国哲学史家相比，虽然文字不是很多，但涉及朱子学的内容较为丰富，并且具有动态把握的特点。他先后阐释了朱熹的宇宙论、心性论、伦理学说、知识论、教育思想、政治哲学等，不少是在宋明

---

① 谢无量：《中国哲学史》（五），上海中华书局 1916 年版，第 57 页。

② 钟泰：《中国哲学史》，东方出版社 2008 年版，第 226 页。

思想演进的大背景下展开的。比如朱熹的宇宙论，范寿康认为是吸收和整合了周敦颐的无极而太极思想和程颐的理气二元论。在他看来，周敦颐没有解释清楚太极是什么的问题，朱熹解决了这个问题。"考朱子的思想之所以比较伊川更进一步的地方在于：（一）以太极来综合理气二元；（二）对理气的关系有更精密的说明；（三）对所谓本体是从目的论的立场加以解释。"① 应该说，范寿康对朱熹思想的阐释是动态的，这可能与他对唯物辩证法的欣赏有关。

与诸上几部中国哲学史学科创立时期的代表作相比，冯友兰的《中国哲学史》和《中国哲学简史》对朱子学的研究具有一些自己的特点，主要是：第一，诠释框架不同。尽管谢无量的《中国哲学史》开了"以西释中"诠释框架的先河，但仅仅是初步的，而胡适的《中国哲学史大纲》（上卷）和冯友兰的《中国哲学史》则建立了成熟的"以西释中"的诠释框架。胡适列举出哲学的六个门类：宇宙论、名学、知识论、人生哲学、教育哲学、政治哲学、宗教哲学。冯友兰则把哲学分为三大部分：宇宙论、人生论、知识论，并以此作为参照系对中国哲学史进行了现代意义的建构。但胡适未及对朱子学进行研究，而冯友兰则运用成熟的"以西释中"的框架对朱子学进行了诠释，其中进行了不少与柏拉图和亚里士多德哲学观念的比较。第二，哲学意味更浓。与以上几部中国哲学史学科创立时期的代表作相比，冯友兰的《中国哲学史》尤其是《中国哲学简史》对朱子学研究的哲学意味更为浓郁，主要是因为冯友兰是哲学门的科班出身，又有长期的西学背景，尤其是"新理学"的哲学体系完成之后，冯友兰以一个哲学家的深邃眼光审视中国哲学和朱子学，自然具有更多的哲学之思和逻辑透视，如《中国哲学史》特别是《中国哲学简史》中对朱熹形上学的分析就体现出这一特征。第三，阐释得比较详细和全面。在《中国哲学史》中，冯友兰从"理"、"太极"、"气"、天地人物之生成、人物之性、道德及修养之方、政治哲学、对于佛家之评论等方面专门探讨了朱子学说，而《中国哲学简史》对上述问题又有深化。

---

① 范寿康：《中国哲学史通论》，三联书店1983年版，第354页。

第八节　阳明学

冯友兰在1948年用英文出版的《中国哲学简史》①中，清晰地勾画出心学的谱系，认为"陆王学派，也称'心学'，由程颢开创，由陆九渊、王守仁完成"②。冯友兰虽是程朱理学一系的现代新儒家学者，但对阳明学也很重视。在他的"三史"及其他著述中，较系统和全面地阐释了他对阳明学的看法。与同时代其他中国哲学史家的阳明学相比，具有自己的一些特点。

一、《中国哲学史》中的阳明学

在冯友兰的《中国哲学史》中，第二篇"经学时代"的第十四章专门探讨陆象山、王阳明及明代之心学。冯友兰描述了王阳明一生的主要学术思想转变，阐释了《大学问》、知行合一、朱王之异、差等之爱等问题。

1. 学术经历

与所有事物都是变动不居一样，一个思想家的思想既不是与生俱来的，也不是一成不变的。黄宗羲在他的《明儒学案》中，曾运用过思想史的动态分析法，揭示出许多大儒包括王阳明一生思想的多次变化。

冯友兰根据《四部丛刊》本《年谱·阳明集要》，展示出王阳明一生思想演变的动态过程。年十八时，"过广信谒娄一斋谅，语格物之学，先生甚喜，以为圣人必可学而至也。后遍读考亭遗书，思诸儒谓众物有表里精粗，一草一木，皆具至理。因见竹取而格之，沈思不得，遂被疾。"二十七岁时，"乃悔前日用功虽勤，而无所得者，欲速故也。因循序以求之，然物理吾心，终判为二。沈郁既久，旧疾复作。闻道士谈养生之说而悦焉。"三十七岁时，谪赴之贵州龙场驿。"忽中夜大悟格物致知之旨，不觉忽跃而起，从者皆惊。始知圣人之道，吾性自足，向之求理于事物者

---

① 　该书的最早中译本由涂又光翻译，北京大学出版社1985年版。
② 　冯友兰：《中国哲学简史》，北京大学出版社1985年版，第352页。

误也。"四十三岁时,"始专以致良知训学者"①。从十八岁到三十七岁"悟道",其间差不多十年思想变化一次,描述了王阳明"悟道"的艰辛历程,也展示了王阳明对真理孜孜以求的精神。

2.《大学问》

冯友兰指出,《大学问》在阳明学中占有重要位置。阳明讲学的"主要意思"见于《大学问》,《大学问》所说也是阳明"最后的见解"。他引用阳明弟子钱德洪的话说:"《大学问》者,师门之教典也。学者初及门,必先以此授意。"②冯友兰在引用了《大学问》中对"大人之学"、"以天地万物为一体"、"明明德"、"亲民"、"止于至善"的阐释后,指出了阳明该思想的谱系,认为这种思想程明道的《识仁篇》已经说出,而阳明谈得更为"明晰确切"。陆象山有"宇宙不曾限隔人,人自限隔宇宙"的说法,不限隔宇宙的是大人,限隔宇宙的是小人。但即便是小人,他也有"一体之仁"的"本心",即孟子所谓"四端"。阳明的意思是说,"即此本心之发现,亦即所谓良知也。即此而扩充之,实行之,即是'致良知'也。"③展开来讲,"明德"的本体即是"良知",所以"明明德"、"亲民"就是"致知"或"致良知"。"致良知"必须"实有其事",致知在格物,意之所在便是物,物即事也,如意在于仁民爱物,仁民爱物便是一物。格物之"格"即"正","正其不正以归于正"。良知是天命之性,是吾心之本体,它自知善与不善。如果人不自欺其良知,即是实行格物、致知、诚意、正心,也就是实行明明德也,格之既久,一切"私欲障碍"皆除,而明德乃复其天地万物一体之本然,这在王阳明看来正是"尧舜之正传"、"孔氏之心印"。④

3. 知行合一

知行学说是具有中国本土特色的认识论和伦理学相互统一的学说,知主要指道德认识,行主要指道德践履。知行关系是宋元明清时期的热门

---

① 冯友兰:《中国哲学史》,中华书局 2014 年版,第 948 页。

② 冯友兰:《中国哲学史》,中华书局 2014 年版,第 949 页。

③ 冯友兰:《中国哲学史》,中华书局 2014 年版,第 951 页。

④ 冯友兰:《中国哲学史》,中华书局 2014 年版,第 951—952 页。

话题之一，出现了"知先行后"、"行先知后"、"知行兼举"等不同的学说类型，王阳明的"知行合一"亦是其中之一。冯友兰概括阳明"知行合一"的主要意思是"良知是知，致良知是行。吾人必致良知于行事，而后良知之知，方为完成"①。关于"知行合一"，王阳明《传习录》中有一段经典性名言："知是行的主意，行是知的工夫。知是行之始，行是知之成。若会得时，只说一个知，已自有行在。只说一个行，已自有知在。"冯友兰解释说，当心本体未被私欲遮蔽的时候，知行是一回事。比如人乍见孺子将入于井，必有怵惕恻隐之心，顺此心自然发展，必能走往救之。此走往救之是怵惕恻隐之心的自然发展，正如阳明所云："知是行之始，行是知之成。"如果此时若有转念，即不去奔走往救，则是有知而无行，但这不是知行的本体。再比如，人知父当孝，顺此知之自然发展，则必实行孝之事。其有不能行孝之事者，是因为其心被私欲遮蔽，有良知而不能致。冯友兰还从现代心理学的角度对王阳明的"知行合一"说进行了评说，认为："依心理学说，知行本为一事。如人见可畏之物即奔避，此'知行本体'也。其不奔避者，必有其他心理或生理状况以阻之，非'知行本体'矣。阳明知行合一之说，在心理学上实有根据。不过其所谓知，意多指良知，而良知之有无，则心理学不能定也。"②这实际上是把王阳明所说的知行本体或知行合一理解为人心理和行为上自然而然的一种反映，并对良知的存在与否持怀疑态度。

4. 朱王之异

朱王之异是朱陆之争的继续。关于朱陆之争，冯友兰认为不仅仅是为学和修养方法的分歧，而是哲学理念的差异，朱子一派为理学，象山一派为心学。"朱子言性即理，象山言心即理。此一言虽只一字之不同，而实代表二人哲学之重要的差异。盖朱子以心乃理与气合而生之具体物，与抽象之理完全不在同一世界之内。心中之理，即所谓性；心中虽有理而心非理。故依朱子之系统，实只能言性即理，不能言心即理也。象山言心

---

① 冯友兰：《中国哲学史》，中华书局 2014 年版，第 952 页。
② 冯友兰：《中国哲学史》，中华书局 2014 年版，第 952—953 页。

即理，并反对朱子所说心性之区别。"① 概括地讲，朱子认为心与理可以为二，象山认为心与理为一。而对于朱王之异冯友兰归结为两点：一是理能否离心而独存？根据各自的系统，朱子只能言性即理而不能言心即理，如只能言有孝之理，故有孝亲之心……不能言有孝亲之心，故有孝之理；无孝亲之心，即无孝之理。因为在朱子的学说中，理离心而独存，虽没有这种事实，但有这种可能。根据阳明的系统，在事实上和逻辑上，无心即无理。这在冯友兰看来是理学与心学的根本差异处。二是天地万物在不在人心中？在朱子看来，心可以具众理，但具体事物不具于心中。而阳明则以为天地万物皆在吾人心中。冯友兰认为王阳明此说是"唯心论"。不难看出，冯友兰对朱陆之争、朱王之异要点的把握是准确的，对于我们今天理解理学与心学的差异仍有借鉴意义。

5. 差等之爱

儒家的仁爱是差等之爱，由近及远，由亲至疏。墨家的兼爱不分等级、不分差别，是一种广博的爱。但兼爱的理想色彩偏浓，仁爱的现实感较强。冯友兰首先揭示出人生的一大矛盾，即同情心与牺牲他物的矛盾。冯友兰指出，仁者以天地万物为一体，而事实上人的生存，有时不能不牺牲他物，叔本华即持类似的观点。就佛家而言，慈悲不食肉，然不能不粒食也。也如王阳明在《传习录》中所说，大人与物同体，但亦有厚薄。这是"道理自有厚薄"，如"禽兽与草木同是爱的，把草木去养禽兽又忍得。人与禽兽同是爱的，宰禽兽以养亲与供祭祀，燕宾客，心又忍得。至亲与路人同是爱的，如箪食豆羹，得则生不得则死，不能两全，宁救至亲不救路人，心又忍得。这是道理合该如此。……《大学》所谓厚薄，是良知上自然的条理，不可逾越……"。② 冯友兰解释说，待物何者宜厚，何者宜薄，吾人之良知自知之。可见，王阳明所秉持的是儒家的差等之爱，并认为这种爱是天然合情合理的。因为仁的流行发生，只有个"渐"，所以生生不息。就好像树木的"抽芽"，是树木的生意发端处。父子兄弟之爱，

---

① 冯友兰：《中国哲学史》，中华书局 2014 年版，第 939 页。
② 冯友兰：《中国哲学史》，中华书局 2014 年版，第 960 页。

便是人心生意发端处，如木之抽芽。自此而仁民，而爱物，便是发干，生枝生叶。由此出发，他还在《传习录》中批评了墨家的兼爱，认为其"将自家父子兄弟与途人一般看，便自没有了发端处，不抽芽便知他无根，便不是生生不息，安得谓之仁"？① 冯友兰是赞成王阳明的看法的，认为儒家的仁是恻隐之心的自然发展，而墨家的兼爱是以功利主义为根据的。在恻隐之心的自然发展中，其所及自有先后、厚薄的不同，这是良知上自然的条理。

此外在《中国哲学史》中，冯友兰还谈到了王阳明对释、道的批评，恶之起源以及动静合一等。

二、《中国哲学简史》中的阳明学

在《中国哲学简史》中，冯友兰虽然重复了《中国哲学史》中对阳明学的一些看法，但也有一些明显的变化，除了言说方式的言简意赅和生动活泼以外，对阳明学的主要思想作了重新梳理，哲学、逻辑地呈现在我们面前，尤其体现在他对王阳明宇宙概念以及对《大学问》的进一步阐释中。

《中国哲学史》中曾提及王阳明的宇宙观问题，认为王阳明以为天地万物皆在吾人心中，此说是"唯心论"，但语焉未详。《中国哲学简史》谈王阳明开篇就是他的宇宙概念，且分析透彻。这可能与冯友兰的学术经历有关。20 世纪 30 年代初的冯友兰还仅仅是一个中国哲学史家，而 20 世纪 40 年代的冯友兰则是一个别开生面的哲学家了，以哲学家的目光重新审视阳明学，自然会更关注其间的哲学问题。冯友兰在引用了王阳明关于"花开花落"和"灵明"的两段论述后指出，在王阳明的宇宙概念中，"宇宙是一个精神的整体，其中只有一个世界，就是我们自己经验到的这个具体的实际的世界。这样，当然就没有，朱熹如此着重强调的，抽象的理世界的地位。"② 接下来，冯友兰重新谈到了朱王之异，虽然简略但更明确，

---

① 冯友兰：《中国哲学史》，中华书局 2014 年版，第 961 页。
② 冯友兰：《中国哲学简史》，北京大学出版社 1985 年版，第 355 页。

认为按照朱熹的系统，只能说先有某理，才有某心，一切理都是永恒地在那里，无论有没有心，理照样在那里，"不能反过来说"。但王阳明恰恰反过来说，认为无心则无理，"心是宇宙的立法者，也是一切理的立法者。"①这就把朱王学说的根本差异说得更明确，更加干脆利索。

《中国哲学史》中谈《大学问》较为简略，《中国哲学简史》在此基础上，分"明德"、"良知"、"正事"（格物）、"用敬"四个方面，对《大学问》作了深入分析。冯友兰指出，根据王阳明的论述，《大学》的三纲领可以归结为一纲领，即明明德，"明德，不过是吾心之本性。一切人，无论善恶，在根本上都有此心，此心相同，私欲并不能完全蒙蔽此心，在我们对事物作出直接的本能的反应时，此心就总是自己把自己显示出来。"②我们对事物的最初反映，使我们自然自发地知道是非，这种知识是我们本性的表现，即王阳明所说的"良知"。我们所需要做的，只是依照这种知前行。如果我们不按良知而行，就会丧失至善。在冯友兰看来，这种观点并不算新鲜，也非王阳明原创，周敦颐、程颢都说过，但王阳明的阐论，"则给予这个学说以更有形上学意义的基础。"③接下来，冯友兰还用具体的故事解释什么是本心以及人人有良知的问题。杨简曾向陆九渊讨教何谓"本心"，陆九渊结合杨简的断讼经历，说："时闻断扇讼，是者知其为是，非者知其为非，此即本心。"杨说："止如斯耶？"陆大声说："更何有也！"杨顿悟，乃拜陆为师。④另一个故事说，王阳明有个门人，夜间在房间里捉到一个窃贼。他对窃贼讲了一番有关良知的大道理，窃贼大笑问他："请告诉我，我的良知在哪里？"当时是热天，他叫贼脱光了上身的衣服，又说："还太热了，为什么不把裤子也脱掉？"贼犹豫了，说："这好像不大好吧。"他向贼大喝："这就是你的良知。"⑤冯友兰指出，这两个故事说明人人都有良知，良知是他的本心的表现，通过良知他直接知道是

---

① 冯友兰：《中国哲学简史》，北京大学出版社 1985 年版，第 356 页。

② 冯友兰：《中国哲学简史》，北京大学出版社 1985 年版，第 358 页。

③ 冯友兰：《中国哲学简史》，北京大学出版社 1985 年版，第 358 页。

④ 参见冯友兰：《中国哲学简史》，北京大学出版社 1985 年版，第 358 页。

⑤ 冯友兰：《中国哲学简史》，北京大学出版社 1985 年版，第 359 页。

非。就本性而言，人人都是圣人。这也是王阳明的弟子常说"满街都是圣人"的原故。"满街都是圣人"说的是人人都有成为圣人的潜能，如果想成为实际的圣人，只是将它的良知付诸实践罢了，这也就是王阳明学说的核心观念"致良知"。冯友兰还对王阳明的《大学问》给予了很高的评价，认为它虽然是遵循了周敦颐、程颢、陆九渊等人的系统和路线，但是表述得更为系统、更为精密，即是说其形而上意味、逻辑色彩更加浓郁。并认为王阳明将《大学》的纲目安排进他的系统中，"安排得如此之好，既足以自信，又足以服人。"① 冯友兰在《中国哲学简史》中显然比《中国哲学史》中更加认同阳明学，因为在《中国哲学史》中，冯友兰对良知的存在与否还有怀疑；而在《中国哲学简史》中，怀疑性、批判性、否定性的东西很难见到。

三、与同时代哲学史家的比较

中国哲学史学科创立时期出版了一些具有不同特色的中国哲学史著作，在这些中国哲学史著作中，都有关于阳明学的研究，了解他们不尽相同的阳明观，有助于揭示冯友兰阳明学的特点。

谢无量在《中国哲学史》中认为，王阳明是对陆学的光大者，青出于蓝而胜于蓝。他首先阐释了王阳明的"心即理"说，认为这是承继陆九渊而来，统称为心学，具有"简易直接"的优点。第二是知行合一说，认为王阳明所说的"知"，"重在事上之知，而非谓玄漠无朕之理上之知也"。② 知行合一是针对知行分离论而提出的，强调知与行不相离。它是"圣学要旨"。第三是良知说，认为"阳明论性，则承孟子，推其良知良能说，以性为善，其宇宙观虽罕所发明，亦时论一心契合天地万物之妙"。③

胡适虽然是成熟的"以西释中"诠释框架的代表者，但不论是他的《中国哲学史大纲》（上卷），还是《中国中古思想长编》、《中国中古思想小史》等，均未涉及阳明学。

① 冯友兰：《中国哲学简史》，北京大学出版社 1985 年版，第 361 页。
② 谢无量：《中国哲学史》（六），上海中华书局 1916 年版，第 10 页。
③ 谢无量：《中国哲学史》（六），上海中华书局 1916 年版，第 13 页。

钟泰著的《中国哲学史》对王阳明的学说作了自己的解读。第一，知行合一。认为"知行之不可分，程朱未尝不见及之。然阳明所以异于程、朱者，则以其主张知行合一，根据全在'心即理也'四字"。①指明了王阳明知行合一的本体论基础。第二，致良知。认为"阳明与朱子……一从致知入，一从格物入"，"以穷理归纳居敬之中，使后之学者遗弃事物，而唯以尸居静坐为务，相率入于无用。则阳明立论过于简易直接，亦不能无过也"。②对致良知说的功过持一种分析的态度。第三，存天理去人欲。认为"阳明之学，其真切处，固在存天理去人欲上。若言致良知，言知行合一，特就存天理去人欲之把柄头脑处，为学者指点尔。自后之学阳明者，抛却存天理去人欲一段工夫，而专以良知、知行合一之说腾为口论。于是王学之弊，遂为世所诟病。然岂阳明之意乎？故吾以为咎王学者，当咎其空疏，不当咎其放恣。何者？空疏，阳明之教之所不免；放恣，则阳明之教亦不之许也"。③认为王阳明的知行合一、致良知与朱熹的存天理去人欲并不矛盾，而且密切相关，后世对王学的诟病有失公允。

范寿康在《中国哲学史通论》中认为："阳明继承陆象山'心即理'的思想，建立了他的绝对的唯心论。他所树立的三大学说就是心即理说、知行合一说及致良知说。"④如果就阳明思想的内容加以考察，这三种学说却是一贯的、互相联系的。阳明学说的提出，"引起了一个革新思想的大运动，好像晴空里掷了一个霹雳一样"⑤，"就整个的心学来讲，其中的缺点固然很多。可是阳明的知行合一说确是对于一般专尚空论不切实际的人提供了一副良药，这一点是值得我们深切的注意的"⑥。阳明学的末流，"弊在放纵，在狂妄"，指出了阳明学"绝对唯心论"的本质和三大组成部分，并用形象的语言肯定了王学的价值。

① 钟泰：《中国哲学史》，东方出版社 2008 年版，第 281 页。
② 钟泰：《中国哲学史》，东方出版社 2008 年版，第 282 页。
③ 钟泰：《中国哲学史》，东方出版社 2008 年版，第 283 页。
④ 范寿康：《中国哲学史通论》，三联书店 1983 年版，第 371 页。
⑤ 范寿康：《中国哲学史通论》，三联书店 1983 年版，第 377 页。
⑥ 范寿康：《中国哲学史通论》，三联书店 1983 年版，第 378 页。

　　与诸上几部中国哲学史学科创立时期的代表作相比，冯友兰的《中国哲学史》和《中国哲学简史》对阳明学的研究具有一些自己的特点，主要是：第一，诠释框架不同。尽管谢无量的《中国哲学史》开了"以西释中"诠释框架的先河，但仅仅是初步的；而胡适的《中国哲学史大纲》（上卷）和冯友兰的《中国哲学史》则建立了成熟的"以西释中"的诠释框架，但胡适未及对阳明学进行研究，而冯友兰则运用成熟的"以西释中"的框架对阳明学进行了诠释。第二，哲学意味更浓。如《中国哲学史》中认为王阳明以为天地万物皆在吾人心中，此说是"惟心论"；《中国哲学简史》中在引用了王阳明关于"花开花落"和"灵明"的论述后，深入分析了王阳明的宇宙概念等。第三，阐释得比较详细和全面。在《中国哲学史》中，冯友兰描述了王阳明一生的主要学术思想转变，阐释了《大学问》、知行合一、朱王之异、差等之爱、恶之起源、动静合一等问题，并揭示了王阳明对释、道的批评。而《中国哲学简史》对上述一些问题又有深化。

第七章　张岱年的中国哲学史研究（上）[①]

　　张岱年（1909—2004 年），字季同，别号宇同，生于北京，原籍河北省献县。1928 年考入清华大学，但不久后便退学，又考入北京师范大学教育系。1933 年毕业后被清华大学聘为助教，开始从事哲学方面的教学工作。1937 年，七七事变爆发，清华大学南迁，张岱年和学校失去联系。抗战胜利后，张岱年重新回到清华大学，担任哲学系副教授，1951年任教授。1952 年调任北京大学哲学系。1981 年张岱年被教育部批准为首批博士学位导师，次年开始培养博士研究生。1983 年加入中国共产党。2004 年 4 月 24 日在北京逝世，享年 95 岁。

　　在 20 世纪 20 年代至 30 年代中期，张岱年先后写成了《先秦哲学中的辩证法》、《秦以后哲学中的辩证法》、《中国元学之基本倾向》、《颜李之学》、《中国思想源流》、《关于新唯物论》、《辩证唯物论的人生哲学》、《辩证唯物论的知识论》、《谭理》等重要哲学论文，较早以马克思主义哲学观点为视角，梳理和阐发了中国古代的唯物论、辩证法以及人本思想。1935—1936 年，张岱年写成 50 万字的《中国哲学大纲》，以哲学问题为线索，对各个部分的源流发展分别加以论述，展示出中国哲学问题的系统性，是第一部中国哲学范畴史。1942—1944 年间，张岱年先后著成了《知实论》、《事理论》、《哲学思维论》和《品德论》等文稿，初步形成了自己的一套独特的、完整的、系统的哲学结构框架。20 世纪 50 年代至 80 年代，

[①]　本章由柴文华、邱颖、杨辉执笔，柴文华修改。

张岱年专门从事哲学史的教学工作，著成《中国哲学史史料学》与《中国哲学史方法论发凡》，又出版论文集《中国哲学发微》、《玄儒评林》、《真与善的探索》、《求真集》、《文化与哲学》、《思想·文化·道德》、《中国伦理思想研究》及《中国古典哲学概念范畴要论》等。20世纪90年代，河北人民出版社出版了《张岱年全集》，收录了1995年以前的论著，共8卷。另外，张岱年还担任主编并最后定稿过几本书，如《中华的智慧》、《中国唯物论史》、《中国文化与文化论争》、《中国文化传统简论》等。本章重点阐释张岱年的《中国哲学大纲》及其在中国哲学史学史上的地位。

第一节　哲学思想源流

张岱年从事中国哲学问题的研究，主要受到家学的启发。

张岱年的父亲张濂，是光绪年间的进士，授职翰林院编修，国学修养十分深厚，对经史子集都有着很深的造诣。其父对中国古代哲学中老子的理论格外喜好，这也可能影响到了张岱年对老子辩证法思想的深入研究。他"从老子的辩证法中，提炼出自己辩证法的核心范畴，充分展示了事物的大化流行的过程，从《易经》的'生生之谓易'、'刚柔相推而生变化'、'一阴一阳之谓道'精湛思想中，提出了《事理论》中'延续与变化'的哲学范畴，以彰显宇宙'生生两一，一本多极'的生生不已、瞬息万变的世界；'天行健君子以自强不息；地势坤君子以厚德载物'被张岱年先生界定为中华民族精神"①。"'自强不息'就是中华民族不断进取、奋力拼搏的精神；'厚德载物'就是中华民族崇尚和平、崇尚道德、海纳百川的博大宽容精神。这既是中国古代哲学中的精湛思想，亦是中华民族的民族精神。"② 在良好的教育和传统文化的熏陶下，张岱年从小就熟读"四书五经"，中国传统文化的精髓在他的心灵中深深地扎了根，随着年龄的增长，之后又接受了正规的儒家教育，为张岱年在中国哲学研究方面打下

①　刘军平：《传统的守望者——张岱年哲学思想研究》，人民出版社2007年版，第3页。
②　刘军平：《传统的守望者——张岱年哲学思想研究》，人民出版社2007年版，第56页。

了坚实的基础。

张岱年的很多思考问题的方式和基本的价值取向深受其兄张申府的影响。张申府在中国20世纪初具有一定声誉，他主要推崇罗素的思想，并是在政治论坛上比较活跃的一分子，但也正是因为其在政治上的原因，使其在中国20世纪下半叶几乎销声匿迹。"而他主编的《世界思潮》则给了年轻的张岱年展露才华的舞台。"[①] 张岱年甚至将张申府比作20世纪30年代思想的灯塔："张申府没有把自己和传统中国思想隔离，他这样做对自己有很大的益处……在30年代中国哲学界四分五裂时，这是一个不好争取的立场。在西方唯物论教条主义者和东方维护儒家的王道之士包围下，张申府昂然独立，像一盏明灯。他对西方最新思潮了如指掌，另一方面他又能——而且有着需要——坚持儒家思想中某些重要价值观念，特别是仁。"[②]

经张申府的介绍，张岱年结识了中国哲学界的前辈如熊十力、金岳霖、梁漱溟、冯友兰等，在向这些先生的求教中，张岱年的中国哲学思想的观点也日趋成熟。张岱年先后读了诸位先生的著作，如熊十力的《新唯识论》、金岳霖的《论道》和冯友兰的《新理学》等。在《体用论》中，熊十力发表的有关中国哲学创新的观点始终激励着张岱年："东方古哲遗经，其中确有宝物在，尤望学者苦心精究。将来有哲人兴，融合上述诸学，以创立新哲学之宇宙论，是余所厚望也！熊十力创立新哲学的思想启迪着张岱年综合创新的哲学思想，其融合中、西、印的思路鼓舞着张岱年定会朝着中西的道路上走下去。"[③]

张申府主要从事现代西方哲学研究，他对罗素逻辑解析的阐释代表了当时国内的较高水平。张岱年在其兄长的引导下，广泛阅读了英国哲学家罗素、穆尔、怀特海等人的著作，令张岱年大为推崇的是罗素的著作尤其是其中的逻辑分析方法，他指出："中国哲学今后的一条新路，即将

---

① 干春松：《超越激进与保守——张岱年与综合创新文化观》，中州古籍出版社2009年版，第61页。

② 舒衡哲：《张申府访谈录》，人民出版社2008年版，第68页。

③ 刘军平：《传统的守望者——张岱年哲学思想研究》，人民出版社2007年版，第22页。

唯物论与逻辑分析方法以及孔子的仁学结合起来,建立一种综合的哲学。这包括在方法上,将唯物辩证法与形式逻辑的分析方法综合起来;在理论上,将现代唯物论哲学与中国古代哲学的传统结合起来。"①

同样,在20世纪20年代末到30年代初,也是在张申府的引导下,张岱年开始学习马克思主义著作。如《共产党宣言》、《费尔巴哈论》、《反杜林论》、《唯物论和经验批判论》、《辩证唯物论教程》、《神圣家族》、《德意志意识形态》以及《哲学笔记》等著名论著。"由于马克思主义的辩证唯物论观点新颖,富有生命力,与旧唯物论有本质的区别,张岱年完全接受了唯物论思想,认为辩证唯物论不仅正确解决了'物质与精神'的关系问题,而且正确解决了西方哲学史上的'唯理论和经验论'之争。"②"辩证唯物论既博大精深又切合中国的实际,对许多哲学问题做了正确切实的回答,使张岱年深信不疑。"③他认为辩证唯物论是当代最伟大的哲学,并且一生始终不渝地坚持辩证唯物论的观点。

第二节 宇宙论

《中国哲学大纲》中的"宇宙论"相当于中国哲学的自然观或"天论",张岱年分别论述了本根论、大化论等问题。

张岱年认为,宇宙是一个总括一切的名词,是万事万物的总和,宇宙是至大无外的。自老子开始,中国哲学史上才有了系统的宇宙论学说,老子可以说是中国宇宙论的初祖。《老子·二十五章》云:"有物混成,先天地生。……吾不知其名,故强字之曰道,强为之名曰大。……故道大,天大,地大,王亦大。域中有四大,而王居其一焉。……王法地,地法天,天法道,道法自然。"老子所谓的"天",指的是与"地"相对的物质的"天",否认了"天"为一切事物的最高主宰的意识之天。而认为道才是最根本的,道是先天地而生的,亦在上帝之先。天在道之后,而且要以道为

---

① 刘军平:《传统的守望者——张岱年哲学思想研究》,人民出版社2007年版,第14页。
② 张岱年:《张岱年全集》(第八卷),河北人民出版社1996年版,第505页。
③ 刘军平:《传统的守望者——张岱年哲学思想研究》,人民出版社2007年版,第164页。

法。当然，在老子时期，并没有"宇宙"一词，当时乃为"域"，其意思为"宇"之含义。

据张岱年考证，"宇"与"宙"最初见于《尸子》，《尸子》作者大概是战国末人。《尸子》说："上下四方曰宇，往古来今曰宙。"① 宇是整个空间，宙为整个时间。综合起来说，宇宙为整个的时空及其所包括的一切。

一、本根论

张岱年在《中国哲学大纲》中指出，中国古代哲学中就有"本根"一词，主要指宇宙中之最究竟者。"惛然若亡而存，油然不形而神，万物畜而不知。此之谓本根，可以观于天矣。"（《庄子·知北游》）本根学说最早出自老庄的道论，后来"道"字则便成了本根的代名词；之后又出现了"太极论"，则是把阴阳未分之体看作是宇宙的本根；再之后便有了"气论"，则是把无形的物质"气"看作为宇宙的本根。气论是在太极论的基础上进一步发展而来。然而"气"的观念，可以说是出自道论的，气论也可以说为理，之后便出现"为理论"或"理气论"，把理看作为气之根本。而理论又可说是理具于心中。最后出现主观唯心论，把"心"看作为一切事物的根本，认为理即是心，心即是理。因而，关于本根的学说，在中国哲学史中，可以概括为三种类型：唯理论、唯气论和主观唯心论。

张岱年所说"今所谓本体"，是指中国接受西方哲学概念之后的所谓"本体"。他认为，中国哲学的"本根"概念与西方哲学的"本体"概念意同，它们都是指"宇宙中之至极究竟者"。但张岱年又有一重要的思想，即"中国本根论之基本倾向"是与印度哲学和西方哲学不同的。他说："印度哲学及西洋哲学讲本体，更有真实意，以为现象是假是幻，本体是真是实。本体者何？即是唯一的究竟实在。这种观念，在中国本来的哲学中，实在没有。中国哲人讲本根与事物的区别，不在于实幻之不同，而在于本末、原流、根支之不同。万有众象同属实在，不惟本根为实而已。……在先秦哲学中，无以外界为虚幻者。佛教输入后，始渐有以现象

---

① 转引自张岱年：《张岱年全集》（第二卷），河北人民出版社 1996 年版，第 34 页。

为虚幻之思想，然大多数思想家都是反对佛家以外界为虚幻之思想的。中国哲学家大都主张：本根是真实的，由本根发生的事物亦是真实的，不过有根本不根本之别而已。"①

张岱年在"本根论"中明确指出，中国哲学认为"本根是真实的，由本根发生的事物亦是真实的"，因此，在本根论中包含着发生论或大化论的内容，也就是说，中国哲学的本根论是与宇宙论结合在一起的，它可称为"本体—宇宙论"。另外，中国哲学的"本原"概念与"本根"意同，如《管子·水地》篇云："水者何也？万物之本原也，诸生之宗室也，美恶、贤不肖、愚俊之所产也。""本原"不仅是始源，而且是为本、为宗、为根据的意思。因此，张岱年在《中华文化通志·哲学志》一书中将本根论表述为"世界本原论"②。

二、大化论

张岱年认为，大化论就是对于大化历程中的根本事实的探讨。大化是指整个宇宙的变化历程的意思。也就是对宇宙如何变化与其规律的研究。《荀子·天论》中最早就提出了"大化"一词，"阴阳大化，风雨博施"，指自然的变化。中国大多数哲人都认为宇宙变化的规律最普遍的事实就是变易，而且在变易当中是遵循客观规律的。而变易的基本规律是反复，变易的根源则在于两一即对待而合一。宇宙中一切都是时时刻刻在变化的，宇宙便是一个大化。张岱年把大化论分为七个方面的问题，即：变易与常则、反复、两一、大化性质、终始和有无、坚白和同异及形神问题。而中国哲学中大化论部分最主要的是反复两一说。他认为中国哲学史中反复两一的理论，与西洋哲学中的辩证法相似。

中国哲学的根本一致的倾向，就是承认变是宇宙中的根本事实。变易是根本的，一切事物都在变易之中，宇宙就是一个不断变化的大流。这一观点最早是由孔子提出，《论语·子罕》云："子在川上曰：逝者如斯夫，

---

① 张岱年：《张岱年全集》（第二卷），河北人民出版社 1996 年版，第 42—43 页。

② 李存山：《中华文化通志·哲学志》，上海人民出版社 1998 年版，第 16 页。

不舍昼夜。"事物都是逝逝不已的，宇宙就是一个如川的大流。讲宇宙变化最详密的是《易传》，《易传》认为一切事物都是在变化中，整个宇宙就是一个变化的大历程。宇宙变化是一个根本的事实。中国思想家都认为变动是实在的，这是中国哲学的一个特点。

中国哲人都认为宇宙是变化的，是一个根本的事实，也都认为这变化是有条理的，是有规律的。变化的规律，称为常。常就是在变中不变的意思。当然，而变本身也是一种常。最早提出常的观念则是老子。《老子·十六章》云："夫物芸芸，各复归其根。归根曰静，静曰复命，复命曰常，知常曰明。不知常，妄，妄作，凶。知常，害，害乃公，公乃全，全乃天，天乃道，道乃久，没身不殆。"知常，就是明智；如果不知道常，任意作为，就会有不好的结果。那么，中国哲人所讲的这种变化的规律（即"常"）就是反复，指事物在一个方向上演变，如果达到了极度，就不能再前进，就必然转为其反面，继续发展。

与反复密切相关的中国哲学概念为两一观念。两一就是指对立统一，对待合一。对待两一的观念，各家学派所说的并不相同。张岱年总结出五项中国哲学中所说的对待合一的原则，分别为："对待之必然，即对待之必然性与普遍性；对待之合一关系；对待之综合，即对待综合为一以成为更圆满的事物；对待合一与变化，亦可云对待之相推，即以对待合一解说变化；对待与合一之关系。"①

大化是有目的的，还是没有目的？有主使者，还是没有主使者？大化的动力在内在，还是在外在？在这一根本问题上，中国古代大多数哲人都承认有天帝百神为主宰，世界的变化，都是神的意志。后来又发生自然论，认为无神帝为主宰，宇宙是遵循着一定的规律而变化的，是自然而然的，如《老子·五章》云："天地不仁，以万物为刍狗。圣人不仁，以百姓为刍狗。天地之间，其犹橐籥乎？虚而不屈，动而愈出。多言数穷，不如守中。"

关于宇宙的终始、有无问题，在中国哲学史上，首次提出讨论的是

---

① 张岱年：《张岱年全集》（第二卷），河北人民出版社 1996 年版，第 140—141 页。

老子。老子认为有始，而后来哲学家则多数认为宇宙是无所谓终始的，有人认为天地是有终有始的，而前天地之终，便是后天地之始，整个宇宙实质上是没有终始、有无之说的。在老子看来，道就是天下母的本根。关于这一问题，到了王船山便结束了。因为在老子看来，所讲的无是本根，是基本。而王船山则从根本上就否认了无的存在，认为在世界中其实就无所谓无。

关于坚白之辩问题，可以说是关于事物中各要素的讨论；同异之辩，可以说是关于万物间之基本关系的讨论。张岱年认为，坚白之辩，似乎起于惠施。虽然在秦以后便无人注意了。然而，能注意到事物的分析，在中国哲学史中也可算是有特色的理论。

在本部分的介绍中，张岱年对每一问题都相应地与西洋哲学中的理论相比较。他总结道，在西洋哲学中，中国哲学所谓的大化论的中心问题也就是西洋哲学中的目的论与机械论的争辩。而在中国哲学中，既没有纯粹的目的论，也没有纯粹的机械论。天志论接近于目的论，而自然论则包含着机械论。当然，所不同之处，还在于中国哲学中所认为的变动，变易是实在的，不是西洋哲学中有认动的假相者，更不是印度哲学中所认为的变化是虚幻的理论。这些也可说成是中国哲学之特点。

第三节 人生论

"人生论"占《中国哲学大纲》中较多的篇幅，张岱年指出，"人生论是中国哲学之中心部分"[①]，他分别阐述了天人关系论、人性论、人生理想论及人生问题论。

一、天人关系论

张岱年认为，天人关系论乃是人性论的开端。从宇宙论到人生论，第一步便是天人关系论。天人关系论，即是对于人与自然或人与宇宙之关

---

① 张岱年：《张岱年全集》（第二卷），河北人民出版社 1996 年版，第 194 页。

系的探讨。

对于人与自然的关系问题，其中最主要的有两种观点。一是人在自然界中的地位，或者称为人在天地之间的位置；二是指自由与必然的问题。关于人在自然界中的地位，则有两种学说。第一种学说认为，人是渺小的，在天地间或宇宙间无足轻重。第二学说认为，人的身体虽然是渺小的，却有着优异的性质，在天地间实有卓越的位置。① 第一种观点是从形体而说的，第二种观点则是就性质而说的。关于人与自然的关系问题，《庄子》认为人在宇宙中是九牛一毛、无足轻重，但中国大多数的哲学家都肯定了人在自然界中的优越地位，如老子、荀子、董仲舒、周敦颐、邵雍、朱熹、戴震，等等。

张岱年重点探讨了中国哲学中的天人合一论，认为天人合一有两层含义：一是天人相通，二是天人相类。

天人相通的观念认为"天之根本性德，即含于人之心性之中；天道与人道，实一以贯之。宇宙本根，乃人伦道德之根源；人伦道德，乃宇宙本根之流行发现。本根有道德的意义，而道德亦有宇宙的意义。人之所以异于禽兽，即在人之心性与天相通。人是禀受天之性德以为其根本性德的"。②

天人相通的观念发端于孟子，大成于宋明。张岱年认为，孟子并没有直接提出"天人合一"，但其讲"尽心"、"知性"、"知天"，这是"天人合一"观点的开端。"孟子之天人相通的观念，至宋代道学，乃有更进的发挥"③，张载、二程、朱熹、陆九渊等对此均有论述，至清初王夫之亦有阐述。

天人相类说以董仲舒为代表，是一种牵强附会的思想，认为天人在形体性质上皆相似，即董仲舒所讲的"人副天数"。天人相类不同于天人相通，但也是天人合一说的一种。

后来，张岱年为本章增加了《补录》，增加了对以荀子、刘禹锡为代

---

① 参见张岱年：《张岱年全集》（第二卷），河北人民出版社 1996 年版，第 196 页。

② 张岱年：《张岱年全集》（第二卷），河北人民出版社 1996 年版，第 202 页。

③ 张岱年：《张岱年全集》（第二卷），河北人民出版社 1996 年版，第 204 页。

表的天人相分和天人交相胜观点的阐释。

二、人性论

张岱年认为人性是中国哲学中一个重大问题。第一个讲性的是孔子，《论语·阳货》："性相近也，习相远也。"孔子不以善恶讲性，认为人的天性都是相近的，所有的相异，皆由于习。孔子又说过："上智与下愚不移。"（《论语·阳货》）

孔子以后，孟子所谓性，指人之所以为人的特性，而非指人生来就有的一切本能。孟子其实并不赞同以生而完具的行动为性。"孟子乃以善言性，认为所谓行善，并非人生的本能者是善的，人之所以异于禽兽者，在于生来即有仁义礼智之端，故人性是善的。荀子主性恶，认为人之性是好利多欲的，性中并无礼义，一切善的行为都是后来勉强训练而成。凡性之所有，都是恶的；善是人为，是后起的。"① 于是，性是善是恶，就成为以后论性的主要争论点。

张岱年指出，性论可分几个时期，每个时期有每个时期的潮流。先秦出现性善论、性恶论、性无善恶论、性超善恶论、性有善有不善论、有性善有性不善论。同时并生或者先后发生，势力不相上下，并没有一种公认的学说。到了前汉时期，多数学者都主张性有善有恶论。而后汉到唐代，性三品论成为大部分学者之共同思想。北宋以后，性两元论有独霸的形式，其外只有性无善恶论及性超善恶论稍有势力。到明末及清代，性两元论对抗者有性一元论。"可以说，先秦是各种性论并起而无定说的时代；前汉则是性有善有恶论占势的时代；后汉至唐是性三品论占势的时代；宋至明中叶是性两元论占势的时代；明末至清是性一元论占势的时代。"②

张岱年认为各家虽同在论性，而其所说之性，意义实不相同。性最少有三项不同的意谓。性之第一意谓是"生而自然"，告子"生之性"之性，荀子"性者天之就也"之性，韩退之所谓"与生俱生"之性，及宋儒

---

① 张岱年：《张岱年全集》（第二卷），河北人民出版社 1996 年版，第 216 页。

② 张岱年：《张岱年全集》（第二卷），河北人民出版社 1996 年版，第 279 页。

所谓气质之性，都是此意谓的性。性之第二意谓是人之所以为人者。孟子所谓性即此意谓。所谓人之所以为人者，即，人之所以异于禽兽者，也可说是人之共相。性之第三意谓是人生之究竟根据。宋代张子程子朱子等所谓"天地之性"或"本然之性"，即此意谓。此是玄想的性，其意图在于给予所宣扬的道德原则以宇宙论的根据。①

三、人生理想论

张岱年认为，在中国哲学中主要问题为人生论，而人生论中的主要部分则是人生理想论。所谓人生理想论就是指关于人生最高准则的理论。"人生理想，古代称为人道。人道之观念发生的甚早，在孔子以前即已有之。如在《论语》中，所谓'道'，即专指'人道'。"②在张岱年《中国哲学大纲》旧版著作中，把关于人生最高准则的理论，称为"人生至道论"。然而后来觉得至道一词过于陈旧，因而才把"至道论"改为"理想论"，其实完全是一个意思。而"理想"一词，在中国古代哲学中则是没有的。张先生认为将中国古代关于人生最高准则的理论，称为人生理想论，虽并非完全恰当合适，但是比较容易理解的，也未尝不好。

张岱年把人生理想论分为八个问题，即仁、兼爱、无为、有为、诚及与天为一、与理为一、明心和践形。在先秦哲学中，具有人生理想论的有三家学派，即儒家、道家和墨家。其中儒家还可以分别为三说，即仁、有为和诚。

最早的人生理想论是孔子的仁说。"夫仁者，己欲立而立人，己欲达而达人。能近取譬，可谓仁之方也已。"（《论语·雍也》）从根本上讲仁就是爱人，"樊迟问仁，子曰爱人。"（《论语·颜渊》）

墨子由仁说而进一步发展为兼爱之说。兼爱即是指对一切人都无所不爱，不分远近，不分等级，广泛地去爱所有的人，也就是无差等的爱。

老子的人生论观点是从其宇宙论观点衍生而来的。老子认为，宇宙

---

① 参见张岱年：《张岱年全集》（第二卷），河北人民出版社 1996 年版，第 279—281 页。
② 张岱年：《张岱年全集》（第二卷），河北人民出版社 1996 年版，第 282 页。

的本源在于"道"。因为道是无为的，因而人也应遵循道，人也应该是无为的。无为是老子人生论中的中心观点。

与无为的思想相对立的，是荀子的有为说。荀子是不尊崇天，而注重人的，主张天合于人，认为人生的最高行为准则是改造天然。还有调和有为和无为思想的学说，则是诚说。

《中庸》大体上是综合了孟、荀两家的思想，形成了一个丰富博大精深的人生哲学系统，最重要的中心观念，则是"诚"。孟子所讲的"诚"，大概即是真实不欺之意。天是真实不欺的，人则也是思求真实不欺的。荀子言诚的思想与孟子则大同小异。

新儒家（宋明理学）也试图调和有为无为说，又有与天为一说，则实质仍可归于诚说。人与天地万物皆在生生之大流中，实质上没有间断。仁者与天地万物本为一体，只是自觉此本来的状态而已。由与天为一说而分裂，出现了与理为一说和明心说。"与理为一"是北宋道学家中程颐理论的人生之中最高境界，由其宇宙论最注重理，所以在人生论中实质上也是以理为一贯的根本观点。"与理为一"，或"已理为一"即是一切行为实践不必勉强，而自然无不合于理。南宋时期，陆九渊提出了一种专重内心的人生理想论——明心说。所谓本心，就是指人所固有的仁义礼智之心，也就是人所固有的道德意识。所谓发明本心，即是指彻底反省吾心固有的道德义理。

然而，在近古时代，由于专重"内心"的心学，而引起了一种反响，发生了一种注重"向外的发展"的新有为哲学。则"践形说"，注重形体的发展。认为人生应当尽量发展人之所以为人者，即人不同于禽兽者。"立人之道曰仁与义，在人之天道也；由仁义行，以人道率天道也。行仁义则待天机之动而后行，非能尽夫人之所以异于禽兽者矣。天道不遗于禽兽，而人道则为人之独。由仁义行，大舜存人道，圣学也。自然云乎哉？"[1]

张岱年认为，从人生理想论性质上来看，先秦哲学和近古哲学是有

---

[1]　张岱年：《张岱年全集》（第二卷），河北人民出版社1996年版，第396页。

许多不同之处的。先秦哲学中所讲的，多是人群生活之大道，即是致治之方法；而近古哲学所讲的，则多是个人的生活理想境界与修养的方法。①

四、人生问题论

张岱年认为，人生问题论，就是关于生活中各种问题的研讨。在人的一生中，包含着各种各样的问题，即多样矛盾。其在中国哲学史的研究中，总结出以下十大主要问题加以着重论述：义与利、命与非命、兼与独、自然与人为、损与益、动与静、欲与理、情与无情、人死与不朽及志功问题。中国哲学中的人生问题，就是对这一系列人生中问题的争论。

张岱年认为，对于人生的问题，各学派所注重的重点是不一样的。而且是有着先后的不同。"最早的二学派，儒家与墨家，所讨论的主要人生问题，为义与利，及命之问题。杨朱及道家既起，墨与杨根本争论在兼与独（群与己）问题。而儒家与道家的论辩，又讨论到自然与人为、损与益、动与静、欲情等问题。而人死与不朽的问题，各家亦都偶有讨论。秦、汉以后，对于这些问题的研讨，多不及先秦之丰富；惟关于动与静及欲与理的问题，较先秦为详。"②

关于义与利的问题，儒家主张义，认为做事情只要看这件事是不是应该做，或者不应该做，而无须考虑到个人的利益。墨家则注重利，认为做一切事情，都应以求得人民之大利为目的。墨家的重利，主要强调的是贵义。道家不曾讨论该问题，其态度是兼忘义利。

关于命与非命的问题，儒家讲知命而不废人事。道家也讲命，而且比儒家有过之而无不及。因为儒家讲命，但不废人事，其实是以尽人事为基本，但道家则完全是不谈人事，主要推崇天命。道家所讲求的命，是指人力所不能达到的。墨子则反对命，认为信命必至于废事。认为命只是懒人替自己解嘲的一种说法罢了，讲命有害于人。

关于兼与独的问题，换言之就是群与己的问题。在人类生活中，我

---

① 参见张岱年：《张岱年全集》（第二卷），河北人民出版社1996年版，第412页。
② 张岱年：《张岱年全集》（第二卷），河北人民出版社1996年版，第414页。

们应当为群而忘己，还是为己而不顾群，或是兼己兼群？如不能兼时，该如何呢？儒家主张"穷则独善其身，达则兼善天下"，是一种居中的学说。墨家对这一问题的态度更加积极，主张兼爱天下，为天下大众而敢于牺牲自己。而杨朱的思想，正好与墨子相反，主张"为我"，独善其身。认为只要自爱就好，如果人人都能够自爱，那么天下便自然太平了。

关于自然与人为的问题，也就是天与人的关系。换言之，就是人类的生活应该因任自然，无所作为呢，还是积极地改造自然呢？道家主张自然无为，认为一切对自然的改变都是人类的自扰，有害而无益，不如返朴任天。而荀子的观点则恰恰相反，主张制天，主张积极努力作为，改造天然。儒家是则天而有为的思想，是一种折中的观点。墨家讲"天志"，又讲"贵义"，是主张尊天有为的。

在主要论述的十大问题中，张岱年认为，损与益问题和动与静问题都可以看作是自然与人为这一问题的两个方面。"关于损与益的问题，道家主损，讲复初，宋明理学心学亦皆主损；相反的学说，是荀子的化性不返其初的理论；孟子的扩充说，是中间的。关于动与静的问题，道家及周濂溪是主静的；程朱陆王都讲动静合一；王船山颜习斋主动。"①

关于欲与理的问题，张岱年总结出六说：节欲说、苦行说、无欲说、纵欲说、存理去欲说及理存于欲说。其中，儒家的节欲说是中道的；墨家的苦行说、道家的无欲说、杨朱的纵欲说，是对立的两个极端。

关于情与无情的问题，张岱年认为，欲理问题是情与无情问题的一部分。情则是喜怒哀乐爱恶惧之情。古代儒家主张节情。道家则主张无情。而王弼和二程则主张有情而无情说。主无情之说，但又认为情是自然之性，又不能去除，只讲无情，实际上是违反了自然规律。王弼的新说，主要是综合了儒道两家的学说。后来二程和王阳明对这一问题论证更加明晰详细。

关于死与不朽的问题，各家思想大致相似，且理论学说比较简单。以古代儒家及道家的理论最为可述。儒家大体见解基于尽人事而听天命的

---

① 张岱年：《张岱年全集》（第二卷），河北人民出版社1996年版，第519—520页。

态度，道家的主要见解则是基于其自然论的思想。

中国哲学中人生问题论一般都是先出现两个极端的学说，然后出现一种折中或者兼综的思想；或者是先出现一种中道的思想，再出现两极端或者是分裂的学说。张岱年认为，"在各家学说学派中，王船山、颜习斋、戴东原的学说可以说是比较精湛，比较切合实际的。"①

第四节　致知论

张岱年《中国哲学大纲》的第三部分是"致知论"，分述了知论和方法论，包括知之性质与来源、知之可能与限度、真知问题、名与辩问题等等。

张岱年认为，中国古代哲学思想最重人生。在"知人"的基础上，不能不"知天"，进一步还要及于"知宇宙"。中国哲学之所以要论人论天，都在知中，要"闻道"，更要研讨"闻道之方"。所谓的"闻道之方"，也就是张岱年致知论中的"致知之方"。论到"致知之方"便"亦必因而论及知之所缘以起，知之可能与否，以及真知标准等问题"②。中国哲学史上的历代哲人，大多论及了知识论与求知论。不过，这两部分并不是其所特别关注的。

张岱年论及先代哲人时，认为先秦时孔、墨虽没有论及"知识"，同时也没有论及"知识论"，却论及了"闻道之方"。道家之庄子，儒家之荀子，较之孔、墨，都更加注重知的问题。而且在宋明理学中，程朱、陆王两派的争点，也是在"致知之法"上，所以张岱年指出，很多近代哲人认为的中国哲人没有论及知识论与方法论，是非常错误的。

知识论及方法论的名称，都是中国古代哲学中没有的。《大学》中有"致知"一词，在宋明理学中，"致知"逐渐演变成一个非常重要的研讨项目。在现当代哲学史上，"致知"这一词汇用来概括知识论和方法论两者。

---

① 张岱年：《张岱年全集》（第二卷），河北人民出版社 1996 年版，第 520 页。

② 张岱年：《张岱年全集》（第二卷），河北人民出版社 1996 年版，第 521 页。

张岱年认为，中国古代哲学上所谓的"知"，包括现代词汇中的认知、知觉和知识的意思。关于"方法论"一词，中国古代哲学史上更是没有，所以现在仍然用这一词。于是张岱年将过去的"知"命名为"知论"。同时认为，中国哲学史上的"为学之方"，范围上较广，包括修养及研究两种方法，不仅仅是知识方面。张岱年说："致知方法与德行涵养有相依不离的关系，这也是中国哲学的特点之一。"①

一、知论

张岱年认为，在中国哲学史上的历代哲学思想体系中，知识论并不是十分的发达，但是也不能说是完全没有，只不过是中国哲学史关于"知"的论述不是很多，不如宇宙论与人生论的论述内容丰富整齐罢了。在西方哲学史中，知识论较为发达，但这种发达也是近代西方文艺复兴之后的事情。在西方的上世纪与中世纪，关于"知识"也仅仅有只言片语的学说和论述，这一点上与中国哲学史非常类似。

中国本土的"知"论，应当是源于思辨者偏离思想常识而得出的。一般的哲学常识既然是可以违反的，那么对于知识的疑问自然也是可以产生的。在这一点上，庄子就有怀疑知识的思想。墨家思想本来是比较注重知识的，自从墨子本身就有关于真正的"知识的标准"的学说。后期墨家学派为了批判思辨者的短处，重新强调重视知识的重要性，所以对于知识同时也进行了更深的研究。荀子受到后期墨家学派的影响，其言论中也有关于知识的探索。等到哲学思想发展到宋代的时候，诸家哲学学派就已经对于"知"而各有说辞。

张岱年认为，中国哲学史上关于"知论"的问题，大体上可以分为三个，也就是"知"的性质，"知"的限度，"知"的谬误。

关于"知"的性质与起源问题，其根本争论点在于内部来源与外部来源之争。在"知识"的范畴中，内外因哪个是根本？或者说人的"知识"来源于内部还是外部？对于这个问题，中国哲学史上的各派哲学家大

---

① 张岱年：《张岱年全集》（第二卷），河北人民出版社 1996 年版，第 522 页。

致可以分为三派：第一派是主外论，承认外界的独立性，认为"知识"来源于外部，知识是起源于感观而由外界得到的。这一观点的代表认为是荀子、王充等唯物论思想家。在荀子的"认识"论中，虽然也承认心的作用，但是心的活动要以人的外部感观印象为凭借。清代颜元称作"离物无知"，也就是离开了外部感观就不会有"知"的存在，戴震的主要学说认为"知"相对的存在于外物的前提之下，都是主张外部起源说的代表论调。第二派的主要学说认为"知"的起源是内外因共同作用的，兼重内外的学说，承认外界物质感观的独立，但关于"知"的起源则来自内外共同作用与发展而成的。这一派之中又可以分为四派，或者说是四种略有差别的不同说法。一是墨家学说，二是张载观念，三是程朱理学关于"知"的论语，四是王夫之的认知论。第三派的说法就是内部原因说。这种观点认为"知"来自于内部，是主观所具有的。这也是陆王二人的主要观点。

关于知行关系，中国哲学中也大体有三种说法：一是认为行乃知的基础，离行则无知，有行则有知，这是墨家、王船山、颜渊的观点。二是认为知乃行的基础，有知则能行，无知则不能行，这是程朱的说法。三是认为知行无别，这是王阳明的学说。

关于知之可能与限度的问题，中国哲学当中所论较少。庄子疑知，道家中又有认为知识以事物为限际的。儒墨则肯定知之可能，而认为知识无绝对的限度。

关于真知标准的问题，墨家三表说最为突出。西洋哲学关于真知标准之说，大致有三，即相应说、通贯说、实用说。墨子三表说兼含此三说之长而无其短。关于谬误，庄子、荀子各有所说，而荀子较详。

总之，中国哲学史上关于"知"的各派学说，虽然大都比较简略，然而细加推敲和提炼，确实可以成为特别宏观和庞大的理论体系。[1]

二、方法论

张岱年认为，方法大致可以分为两种：一是探求真知的方法，二是表

---

[1]　参见张岱年：《张岱年全集》（第二卷），河北人民出版社 1996 年版，第 552—554 页。

述与论证真知的方法。前者是我们通常所说的方法，后者的方法论可以用一个较为现代的词汇概括：形式逻辑。

张岱年认为，中国哲学史上关于哲学的一般的方法论，先秦哲学、宋明理学、清代哲学都有相关的内容。先秦儒家学说的哲学方法，大致可以分为两类：孟子的"尽心说"，主张的是个人的反省自求。荀子和《易经》则主张"观物"。荀子一派的"方法论"的要旨，是养成客观心理境界，然后由分到全。《易经》讲的是由观察万物到研究透彻各种事物。墨家的方法，以亲身体验为主。道家的方法，以体会"道"而直接理解宇宙的根本"方法"为主。

张岱年也分析过宋以后的哲学方法，认为其大致也可分为三类。第一类就是张载和程朱理学的方法论。他们讲求的是对物的直接观察和体会的方法。张载讲的是由直观万物以"穷神知化"。二程和朱熹的方法讲求的是以物穷尽道理的方法，也就是完全要通过"物"入手的方法论。第二类是陆九渊和王阳明的方法论。此种观点综述孟子，讲究"反观内省"。第三类方法论以王夫之、戴震为代表。此种观点反观直觉，特别重视观察与辨析，当然也重视实践。

张岱年认为中国哲学史上的"名与辩"的研究，只有先秦最为兴盛，汉朝哲学和魏晋哲学中，也有关于名辩的只言片语的思想。张岱年指出，孔子重正名，墨家重辩说，这两家是名辩理论的开端，对于将"名辩"作为专门的学问进行研究的，确实是开始于惠施与公孙龙。公孙龙与惠施的主要研究兴趣，在于"名言"和"事物"的辨析。而这两个人的关于分析名与辩的方法，在现在已经不可能知道了。墨家学派后期关于"名"有较为细腻的分析，而其中论述辩说的方法更加的详尽。荀子谈论"名"最为详细，而且对于言辞的方法也有比较精美的诠释。

张岱年指出，儒、墨、道、名四家的观点都不尽相同。名墨二家重名而辩，认为"名"是方法论的起点，"辩"是实实在在的方法工具。相比之下，名家不重常识，墨家尊重常识，这也是名墨二家的细微的不同之处。道家学派鄙弃名与辩，认为"名与辩"不是以表述真知，而且还妨碍人们对于"真知"的认识。儒家对于名辩的态度较为中庸，讲求名，也承认辩的作用，但不是十分重视辩。①

综观张岱年以《中国哲学大纲》为核心的中国哲学史研究，我们可以作出如下分析。张岱年以《中国哲学大纲》为核心的中国哲学史研究有着自身的特点。与谢无量、胡适、冯友兰、钟泰、范寿康的中国哲学史著述不同，张岱年的《中国哲学大纲》是中国第一部中国哲学问题史、中国哲学范畴史。这部著作以问题为纲，把中国古代哲学建构为一个由诸多问题组成的系统，这就使得表面上没有系统的中国哲学显示出一个宏大的系统，并分解为一系列的问题，这些哲学问题都是用中国哲学史中特有的观念来表达的。张岱年认为，中国哲学主要包括宇宙论、人生论和致知论三大块。宇宙论可分为本根论和大化论，其中本根论又分为道论、太极阴阳论、气论、理气论等；大化论分为变易与常则、反复、两一、终始、有无、大化等。人生论包括天人关系论、人性论、人生理想论、人生问题论，其中天人关系论又分为人在宇宙之位置、天人合一等；人性论分为性善论、性恶论、性无善无恶论、性超善恶论等问题；理想论分为仁、兼爱、诚等；人生问题论分为义与利、命与非命、兼与独、损与益、动与静、欲与理、情与无情等。致知论则分为知论和方法论，其中知论又分为知的性质和来源、真知标准等问题；方法论分为一般方法论和名与辩等问题。作为中国第一部中国哲学问题史、中国哲学范畴史，张岱年的《中国哲学大纲》具有开创性，在中国哲学概念、范畴的研究方面，占有永久性的、不可替代的地位，是中国哲学史学史上的重要代表作。

---

① 参见张岱年：《张岱年全集》（第二卷），河北人民出版社 1996 年版，第 613—614 页。

第八章　同时代其他学者的
中国哲学史研究[①]

在中国哲学史学科的创立时期，除了胡适、冯友兰、张岱年的中国哲学史研究有着重要的影响之外，还有一批学者比如谢无量、钟泰、范寿康等人也为中国哲学史学科的建立作出了自己的贡献。

第一节　谢无量的中国哲学史研究

谢无量（1883—1964年），中国近现代著名的学者、诗人和书法家。原名大澄，字仲清，别号啬庵，四川乐至县人。谢无量18岁时考入南洋公学，后曾到日本游学。晚清时期，随着西学在中国传播的不断深入，东西矛盾日益激化，国家民族积贫积弱，残酷的社会现实激发了那个时代青年的爱国情怀。谢无量十分看重维新派人物康有为、梁启超的思想理论，心仪孙中山领导的革命事业，曾参加进步的社会活动，后来转向学术文化研究，曾任《翻译世界》、《苏报》、《国民日报》、《京报》、《民权报》、《独立周报》、《神州日报》、《国难月刊》的编辑、主笔。著有《中国大文学史》、《中国妇女文学史》、《平民文学之两大文豪》、《诗经研究与注释》、《楚辞新论》、《古代政治思想》、《再论李义山》、《纪念关汉卿》等。先后任教于四川存古学堂（国学院前身）、高等学堂、通省师范、东南大学（后改

[①]　本章由柴文华、杨辉等执笔，柴文华修改。

中央大学)、广州大学、中国公学、四川大学等多所高等学府。1924 年，谢无量被孙中山任命为大元帅大本营特务秘书、参议，后任监察委员、国大代表。中华人民共和国成立后，谢无量任川西博物馆馆长、四川省政协委员、全国政协委员、中国人民大学教授。1952 年被聘为四川省文史研究馆研究员。1960 年被任命为中央文史研究馆副馆长，1964 年逝世于北京。在中国哲学史的研究领域，谢无量出版了中国人自己写的第一部《中国哲学史》，该书自 1916 年初版后，截止到 1940 年 2 月，共印行了 12 版，说明这本书在当时还是很有影响的。

在谈到中国哲学史学科的创立时，人们更多关注的是胡适的《中国哲学史大纲》（上卷），认为这部著作具有划时代的意义，而谢无量的《中国哲学史》主要是以经解经，没有跳出经学的窠臼。如果我们尊重历史事实从文本出发的话，那么可以说，谢无量的《中国哲学史》是中国人写的第一部中国哲学史，中国哲学史学科的开山之作，它虽然具有较浓郁的传统味道，但也不乏对哲学的现代理解，并运用西方哲学的框架对中国哲学作了初步解读，蕴涵了"以西释中"的诠释倾向。

谢无量是通过哲学与科学的分别来理解"哲学"和"哲学史"的。

他在《中国哲学史》的"绪言"中指出，哲学等于"道术"，等于"儒"；科学等于"方术"，等于"伎"。他说："今世学术之大别，曰哲学，曰科学。哲学之名，旧籍所无，盖西土之成名，东邦之译语……虽然，道一而已，庄周论道术裂而后有方术。道术无所不统，方术则各明其一方。道术即哲学也，方术即科学也。古之君子，尽力于道术，得其全者，是名曰儒。扬子云曰，通天地人之谓儒，通天地而不通人之谓伎，儒即哲学也，伎即科学也。"① 总的说来，哲学是"全备之学"，是"大知"；科学是"偏备之学"，是"小知"。

就哲学与科学的关系而言，"凡科学之原理，无不出于哲学，及其日趋精密，则离哲学而独立，别树一科以去。然则科学实自哲学而分，哲学实为科学之原矣。"②

① 谢无量：《中国哲学史》（一），上海中华书局 1916 年版，第 1 页。
② 谢无量：《中国哲学史》（一），上海中华书局 1916 年版，第 2 页。

　　谢无量从哲学的普遍性出发，认为各种学术虽有时间和地域的差别，但其研究的对象，得出的结论大体相同。所以西方所说的哲学，和中国的儒学、道学、理学以及佛教的义学，"其实一也"。

　　那么，哲学包含有哪些类别呢？谢无量明确地分为三类：形而上学、认识论、伦理学。谢无量还有"纯正哲学"和"实践哲学"的说法，认为"周子太极图说，前半是纯正哲学，后半是实践哲学；前半形而上，后半形而下。然形上形下，一以贯之，非分为二截也。"① "邵子之纯正哲学，即先天学是也"。② 所谓"纯正哲学"亦即形上学，"所以明宇宙之根本原理，而万物之所由生者也。"③

　　尽管谢无量把哲学分为形而上学、认识论、伦理学三类，但从整个《中国哲学史》来看，他的叙述构架又超出了这三类，大体有宇宙论、伦理学、阴阳论、三才论、数论、修养论、实践道德论、人性论、人生观、政治论、理想之社会、死生观、定命论、辩证法、天道无知主义、破除迷信主义、世运进步主义、才性论、虚无论、崇有论、神仙论、无君论，等等。从所涵盖的内容来看，与我们今天所说的本体论、宇宙论、认识论、伦理学、人生哲学、社会历史观、政治哲学等密切相关。

　　哲学如此，那么何为"哲学史"呢？谢无量说："至于哲学史之作，则在述自来哲学变迁之大势，因其世以论其人，掇学说之要删，考思想之同异，以史传之体裁，兼流略之义旨。"④ 把哲学史的任务定义为描述哲学发展的大势，从历史实际出发阐论哲学家的主要学说，通过比较的方法考察各种思想的异同等。

　　基于对哲学的上述理解，谢无量重点对中国哲学史上的本体论、宇宙论、伦理学思想等作了考察，也涉及诸多认识论、政治思想。

　　谢无量依据古文献，认为中国哲学的本体论、宇宙论思想源远流长，"邃古哲学思想，既起于宇宙之观察，尝先究何者为宇宙之本体，何者为

---

① 谢无量：《中国哲学史》（五），上海中华书局 1916 年版，第 7 页。
② 谢无量：《中国哲学史》（五），上海中华书局 1916 年版，第 14 页。
③ 谢无量：《中国哲学史》（三），上海中华书局 1916 年版，第 36 页。
④ 谢无量：《中国哲学史》（一），上海中华书局 1916 年版，第 2 页。

宇宙发生之现象。"① 伏羲所创立的八卦"可以贯天地人之道，用之哲学焉，用之伦理焉，用之政治焉，无不统摄于此"②。凡宗教家和哲学家，都要谈到天，孔子所说的天有四层含义：（一）就其主宰言之；（二）就运命言之；（三）就形体言之；（四）就理言之。③ 道家的学说多本之于易教，喜欢推究宇宙之源。"老子之宇宙论，以道之本体，无始无终，无形无状，无声无臭，独立万古，为一元气，更发而为阴阳，乃生万物耳。"④ "庄子之宇宙观，与老子列子同为道一元论。不更于道以外立神为主宰，而所谓世界，即道之现象也。……道即实在，然非离现象而存，故亦可谓之现象即实在论。"⑤《淮南子》的学说也多本于道家，善论宇宙之大法，并由形而上学而兼为物理学之考索。"横渠宇宙论，实自树一宗。故非老子有生于无之说，又非释氏为执无而不知有。当时诸家论宇宙，如周子之言太极，邵子之言先天，程子之言理气，横渠并不取之。独由虚空即气之作用，以解释宇宙之本体及现象，故今名之曰气一元论。"⑥

谢无量把伦理学看作中国哲学史的重要内容，对历代的伦理学思想包括与伦理学相关的人性论、人生哲学等问题进行了描述、勾勒和阐释。谢无量根据古文献记载，认为黄帝时期就有了明确的"伦理之标准"，尧舜是伦理上的模范人物，并发现了"中"这一"伦理上至善之标准"。在谈到《易》的伦理思想时，谢无量从男女论、仁义论、善恶报应论诸方面作了展开。谢无量认为儒家伦理的基点在于"孝弟"，因为道德教化的切实途径应该是由近及远，从个人的身心修养开始，推及家国天下，所以孔子以家庭道德为治国平天下的根本，而孝弟又是家庭道德的根本，也是整个儒家伦理的根本。谢无量把孟子人性皆善的学说概括为"性善一元的伦理说"，把荀子人性皆恶的学说概括为"性恶一元的伦理说"。两家的人性

---

① 谢无量：《中国哲学史》（一），上海中华书局 1916 年版，第 4 页。
② 谢无量：《中国哲学史》（一），上海中华书局 1916 年版，第 7 页。
③ 参见谢无量：《中国哲学史》（一），上海中华书局 1916 年版，第 49 页。
④ 谢无量：《中国哲学史》（二），上海中华书局 1916 年版，第 10 页。
⑤ 谢无量：《中国哲学史》（二），上海中华书局 1916 年版，第 35 页。
⑥ 谢无量：《中国哲学史》（五），上海中华书局 1916 年版，第 18 页。

论虽同为性一元论，但起点相反。而杨朱的利己主义与墨子的兼爱主义绝对不相容。庄子的人生观以死生为一致，是一种厌世的人生观。汉代以后的诸家学说既来源于先秦，又有发展，尤其到宋代，哲学、伦理学说尤为发达，开创了中国哲学史上的一个重要时代。

谢无量还关注到历代的认识论、政治哲学等方面的学说思想，并对之进行了自己的描述。在谈到庄子的《逍遥游》时，谢无量认为其"以相对之差别相，而由同一律（Law of Identity）以示其绝对无差别。如甲与甲同，一切甲与一切甲同；鸟兽之逍遥自得，与万物之逍遥自得同；万物之逍遥自得，与人之逍遥自得同。如是乃为一切无障碍之逍遥自得"[1]。"各安其差别之分，而咸得绝对无差别之乐矣。"[2] 谢无量列专章探讨名家，认为名家出于墨子，并分别对尹文、惠施、公孙龙的学说进行了述评。谢无量认为中国古代的政治学说主要有德治法治二种，儒家尚礼义，以德治为本。而法家主张富国强兵、以实利导民，是一种功利主义的政治学说。二者各有其长短。谢无量提出一个"哲学之政治"的概念，认为中国上古时期的统治元首，都是"哲学之巨子"，把哲学的视野贯通于政治，探究宇宙人伦之理。后来，不仅儒家墨家崇尚哲学之政治，即使是道德名法诸家，也都崇尚哲学之政治。这表明中国的哲学与政治有一种内在的关联。

综上所述，谢无量对"哲学"和"哲学史"的界定相对宽泛，认为哲学研究的对象应是"自吾一身以至于宇宙万事万物之理"，从而通天地人；而科学的对象则主要是自然界。从谢无量对哲学与科学关系的理解看，明显的是一种哲学优越论，有他自身的肤浅和局限。但谢无量已经具有了现代哲学意识，开了"以西释中"诠释框架的先河。首先，谢无量对哲学的分类显然是一种西方哲学分类模式，与后来的胡适、冯友兰等人的分类思路近同。其次，谢无量运用了许多西方哲学语言或概念来描述中国哲学史的问题，如把道家的本体论概括为"道一元论"，把张载

[1]　谢无量：《中国哲学史》（二），上海中华书局 1916 年版，第 40 页。
[2]　谢无量：《中国哲学史》（二），上海中华书局 1916 年版，第 41 页。

的本体论概括为"气一元论",把程颐、朱熹的本体论概括为"理气二元论",把孟子的性善说概括为"性善一元说",把荀子的性恶说概括为"性恶一元说",把杨朱学说概括为利己主义,把法家的政治学说概括为功利主义,还用同一律探讨庄子的《逍遥游》等。再次,谢无量已经初步具备了中西哲学的比较意识,如认为柏拉图的哲学王理念仅仅是一种"想望",而在中国远古时代却是一种历史的事实;认为佛教的慈悲、基督教的博爱、墨子的兼爱虽有不同,但同出于"仁之一念";认为孔子的仁与佛教、基督教有所不同,佛教、基督教的仁是平等之仁,孔子的仁是差别之仁,等等。

第二节　钟泰的中国哲学史研究

钟泰(1888—1979 年),中国近现代著名学者,字讱斋,号钟山,别号待庵,江苏南京人。师从太谷学派中期宗师黄葆年,曾攻读于江南格致书院,继而留学日本,毕业于日本东京大学。归国后任两江师范学堂日文译教,辛亥革命曾入皖督柏文蔚幕,尔后历任安徽高等学堂教师、南京法政专门学校(后改法政大学)日文教席,并开老庄讲座,又任《共和杂志》社社长。1924 年转任杭州之江大学国学系教授、系主任。1939 年任湖南蓝田国立师范学院教授。1943 年任贵阳大夏大学文学院长兼中文系主任。1944 年入蜀,与熊十力并任书院主讲兼协纂。1948 年任光华大学教授。解放后入华东师范大学,后转入上海文史馆。1962 年应长春东北文史研究所礼聘讲学,1966 年返回上海文史馆,1979 年病逝于家。

钟泰毕生致力于先儒哲理之学,博采众长,成一家之言。著有《中国哲学史》、《荀注订补》、《国学概论》、《庄子发微》、《春秋正言断词三传参》、《顾诗笺校订》、《管子侈靡篇》等。其中,1929 年出版的《中国哲学史》是钟泰的代表作之一,在中国哲学这门学科创立之时,该书对中国哲学史的研究领域产生了较为重要的影响。该书从上古到曾国藩,共两卷四编八十二章,单列人物 117 位,其特点偏于"原汁原味",其诠释框架可以概括为"以中释中"。

　　钟泰可能对"哲学"和"哲学史"有自己的理解，但在《中国哲学史》中并未明言，我们只能从他列举的篇目中揣摩其思想。钟泰《中国哲学史》的第一章是上古之思想，之所以说"思想"而不说"哲学"，是因为文献缺乏，参验不足，不能"过而予之"，"以诬古人"，这是一种谨慎的态度。该章以问题为叙述方式，谈到了本天、尽人、首孝、用中、上民、大天下六个问题，兼含哲学、伦理学、政治哲学等方面的内容，在后来的章节中还谈到了法、经济、军事（农战）等方面的内容。钟泰认为，中国哲学始于周公，本于六艺。从第三章开始，该书转入以人物为主的叙述方式。在人物筛选上，数量众多，许多人物在其他哲学史书中并不多见，如魏伯阳、牟融、徐干、陶渊明、陈止斋、唐说斋、蔡西山、蔡九峰、蔡节斋、真西山、魏鹤山、吴草庐、郑师山、刘伯温、曹月川、吴康斋、张杨园、唐铸万、彭允初、汪大绅、罗台山、洪北江等。这一方面说明钟泰博览群书、知识渊博，另一方面说明他对学术、思想和哲学的把握不甚分明。钟泰所列的人物可能是一个时代的著名学者甚至是思想家，但学者、思想家并不等同于哲学家，哲学史也不尽等同于思想史甚至学术史。由此推知，钟泰的著作虽名之为《中国哲学史》，但他对"哲学"、"哲学史"、"中国哲学史"并没有清晰的概念，与其说是"中国哲学史"，倒不如称之为"中国思想史"或"中国学术史"更为恰当。这种"还原论"的叙述视角和方式在当时可能是落伍的，但在今天却受到学界的重视，它或许能给中国哲学史学科在今后的发展提供某种借鉴。

　　"以中释中"的诠释框架与经学思维方式密切相关，带有浓郁的权威崇拜色彩。但经学的解释学方式有今古文之分，钟泰秉持的主要是古文经学派的解释学方式，"述而不作"、"我注六经"。这在钟泰《中国哲学史》的《凡例》中说得非常明白："此书以史传之体裁，述流略之旨趣，故上下则详其源流，彼是亦辨其异同。……中西学术，各有统系，强为比附，转失其真。此书命名释义，一用旧文。近人影响牵扯之谈，多为葛藤，不敢妄和。……书中人物，或称子、或称君、或称生、或称公、或称名、或称号、或称谥、或称封，一从常习，意无抑扬。"钟泰立足于中西学术的差异性和独立性，认为二者不能"强为比附"，否则容易"转失其真"，这实际上是对西方学术包括西方哲学的一种委婉拒绝。所以他要以传统的史传体裁叙述中国哲学史，"一用旧文"、"一从常习"。①

钟泰虽然坚持以传统的方式解释传统，但并不是说他对其他东西完全排斥。在《中国哲学史》中，钟泰也使用过一些西方的概念，比如国家主义、民族平等、抽象名词、具体名词等。并用西方的某些哲学理念解释中国哲学，如认为老子的道论，并不是空谈宇宙本体，而是以心本体合宇宙本体，以宇宙本体证心本体。这种对老子本体论的理解与谢无量如出一辙，只是一家之言，但引入了西方的本体论、宇宙论概念，说明即使是坚持"以中释中"的学者，在某种情况下也有意或无意地"以西释中"，只不过所占的比重轻微而已。

谢无量认为程朱主张理气二元论，钟泰则认为虽然程朱理气并言，但仍以理为本，这是宋儒相承之命脉。钟泰的理解与我们今天的理解更为接近。类似这些具体的问题，钟泰也有超越谢无量和胡适之处，这也是我们所应当给予关注的。

总之，钟泰把哲学史与思想史、学术史混一，坚持"以中释中"，在当时的中国哲学史建构中确实有逆历史潮流而动的倾向，但他依然留给我们今天诸多中国哲学史学科建设和方法论方面的回味，值得我们继续探究。

第三节　范寿康的中国哲学史研究

范寿康（1896—1983年），字允藏，浙江上虞人，我国著名的教育家、哲学家、思想家和社会活动家。范寿康从小就受到良好的教育，17岁时赴日留学。1923年范寿康获得日本东京帝国大学教育与哲学硕士学位。同年回国后，在商务印书馆编译所任编辑，而后转入学界。1926年在中山大学任教授并兼秘书长。1932年在安徽大学任教，兼文学院院长；随后，应邀到武汉大学任教，主讲"现代哲学"、"中国哲学史"、"哲学概

---

① 　钟泰：《中国哲学史》，东方出版社2008年版，"凡例"第1—2页。

论"、"希腊哲学"等课程，曾任教授会主席等职。1937年后从政。抗战胜利后，范寿康到台湾从事教育行政工作，推行汉语，施行全面"中国化"政策。1947年后退出政坛，到台湾大学哲学系任教，兼图书馆馆长，1970年退休。1982年到北京定居，增补为全国政协常委，1983年2月病逝。有《哲学通论》、《教育哲学大纲》、《朱子及其哲学》、《现代哲学概论》、《希腊哲学研究》、《艺术之本质》、《卢梭》、《美学概论》等著作。

新中国成立前，以郭沫若、侯外庐等为代表的一批马克思主义学者运用历史唯物主义研究中国社会、历史、思想史，开辟了"以马释中"的路数。在这一过程中，作为一个非马克思主义学者的范寿康却用马克思主义哲学特别是历史唯物论作为诠释框架阐释中国哲学史，于1937年出版了《中国哲学史通论》，在中国哲学史领域开了"以马释中"的先河。这一点正像他自己在1983年三联书店重版的《中国哲学史通论》的《序言》中所说的那样："本书……观点却与当时各家不同，主以唯物辩证法阐述我国历代各家之思想。"① 范寿康的《中国哲学史通论》是中国第一部运用唯物论和辩证法为参照系统撰写的"中国哲学史"，在中国哲学史学科发展史上占有重要地位。

范寿康在《绪论》中，把历史唯物论的观点称作"解释历史上所应采用的新观点"。这些新观点都有哪些内容呢？第一，范寿康运用生产力和生产关系的矛盾解释社会的发展，认为："我们把生产诸力及生产诸关系也可以看作是人类的物质生活里面的被统一着的对立物。为什么是对立呢？因为生产诸力是发现于人类对自然的关系上面，而生产诸关系是发现于人类相互之间的关系上面，故二者不同，即为对立。进一步讲，这二种对立物却又是不可分离的。为什么是不可分离呢？因为我们人类利用自然时，人类相互之间，一定有一种社会的联络，所以生产诸力的发挥一定在其本身上包含有生产诸关系。假定没有生产诸关系，生产诸力的发挥就不可能。因为这二种对立物不能分离，故二者为被统一着的对立物。……所以我们一定要把社会的发展看作这两种对立物的斗争的历程时，方才对

---

① 范寿康：《中国哲学史通论》，三联书店1983年版，第1页。

于社会的发展能够彻底理解。"① 第二，范寿康指出，经济基础决定上层建筑，随着经济基础的变革，一切上层构造包括政治的与观念的，或逐渐地、或急剧地，也要随之变更，这就导致了一次次的社会革命。第三，范寿康概述了人类社会历史发展的不同阶段或形态，最早是"原始共产制的社会"，接下来依次是奴隶制、封建制、资本主义制。在资本主义时代，贫富悬殊越来越大，国际纠纷和战争愈演愈烈，因此，社会组织的根本改造是很迫切和必需的。第四，范寿康揭示了唯物论和唯心论的分歧，阐释了社会存在先于并决定社会意识的马克思主义哲学的基本观点，"所以从这种社会意识（即哲学的、宗教的、艺术的以及政治的各种理论）所构成的所谓观念的上层结构（就是通常所谓观念形态或意识形态 Ideologie）也是随着经济基础结构的变动而变动的。"②

范寿康不仅对马克思主义哲学的基本原理和方法论有相当的了解，并且运用这些观点和方法探讨了中国哲学史中的一些问题。

首先是运用社会历史和阶级分析方法分析中国哲学史中的一些问题。马克思主义哲学当中的有些结论在现在看来已经过时，但一些基本原理很难动摇。尤其是对思想史、哲学史的社会历史分析仍然是我们今天深入研究思想史、哲学史的不二法门。范寿康比较早和比较成功地运用了社会历史和阶级分析方法探讨了中国哲学史中的一些问题，从而使他的中国哲学史研究比同代人在某些方面更为深入。在研究八卦时，范寿康认为，天、泽、火、雷、风、水、山、地也许在周人眼中是八种宇宙的最基本、最神圣的东西。他们根据对自然界的观察，认为宇宙万物都在不断地变化，而这些变化可以用八卦的变化加以预测，这就是易之所以称之为易的原因。"这一种把宇宙万物看作是无一不变化的辩证观似乎可以说是当时革命时代的社会的实际的反映。因为宇宙万物既都在不绝的变化之中，则社会制度的变革也就可以依据这个理论来加说明。"③ 孔子是儒家的创始人，他以知其不可而为之的精神到处宣传自己的学说，但往往受到冷遇。为什么

① 范寿康：《中国哲学史通论》，三联书店 1983 年版，第 6—7 页。
② 范寿康：《中国哲学史通论》，三联书店 1983 年版，第 20 页。
③ 范寿康：《中国哲学史通论》，三联书店 1983 年版，第 29 页。

呢？范寿康分析道："孔子的道的不行是当然的，因为他是一个当时贵族阶级的代言人，他的政治论根本与实际社会的演进的必然的法则不相适合的缘故。"① 作为法家集大成者的韩非，其理论有过于冷酷的地方，"但我们一考当时的社会的实况，他的主张也未始不包含有一面的真理。思想家的思想要不外为社会的现实的反映，韩非当然不是例外。"② 后来汉武帝崇尚儒术，罢黜百家，我国思想界乃定于一尊，"这是因为儒家之说主复古尊王，最适于帝王的利用的缘故。"③《淮南子》的思想大体是出于老庄的，"汉初的社会背景确有使这种思想抬头的可能。"④ 综观自汉至清的我国学术思想的历史，儒、佛、道三家递相消长，"但三家俱求依附帝王以供帝王的御用则一，正如妻妾争宠，互相猜忌，而其目的要在于获得丈夫的爱怜。"⑤ 魏晋玄学的兴起与当时政治的腐败和时局的混乱关系密切。以后其他各种学派、学说的产生也无不如此，都与当时的社会历史背景息息相关。范寿康不仅用社会历史分析的方法分析历史，也运用它来分析现实。在谈到中国新思想的建立时，他表述了这样的观点，假如我们根据这现代的实际状况来谈中国的新思想的建立，"那么，儒教也好，佛教也好，道教也好，我们可以断定它们是都不适用的了。因为儒、释、道三家不过是从前旧生产关系下的产物，也不过是在那时候才可以供当时的帝王御用的。现在的中国既经世界的中国，而世界的现有的经济制度因生产力的发展，目下正在崩溃，因此，世界的思想目下也正在新旧交替的时期，所以，照私见来看，中国新思想的建立也许就是世界新思想的建立，而中国问题的解决的途径也许就是世界问题的解决的途径。"⑥

其次是运用辩证分析方法分析中国哲学史中的一些问题。马克思主义哲学中的两点论和重点论至今仍是我们认识和分析研究对象的重要方

① 范寿康：《中国哲学史通论》，三联书店 1983 年版，第 68—69 页。
② 范寿康：《中国哲学史通论》，三联书店 1983 年版，第 134 页。
③ 范寿康：《中国哲学史通论》，三联书店 1983 年版，第 23—24 页。
④ 范寿康：《中国哲学史通论》，三联书店 1983 年版，第 152 页。
⑤ 范寿康：《中国哲学史通论》，三联书店 1983 年版，第 24 页。
⑥ 范寿康：《中国哲学史通论》，三联书店 1983 年版，第 26 页。

法，我们承认绝对主义在某一方面的深刻性，但片面的深刻所导致的只能是深刻的片面。范寿康比较早和比较成功地运用了辩证分析方法分析了中国哲学史中的一些问题，不少至今仍为不刊之论。以上提到，范寿康认为由于当时社会历史的原因，孔子的道行不通，但这并不是说孔子的学说没有价值。在对待孔学上，范寿康反对绝对的尊孔派和绝对的反孔派，他说："在尊孔思想与排孔思想同时并存的今日，我们是主张尊孔者应该把孔子之所以应尊，排孔者应该把孔子之所以应排的理由，先加充分的检讨与阐明，一味妄行尊孔和一味妄行排孔，都是最无意义的事。总之，照上述的批判，孔子的为人与思想之中，有值得我们尊重的地方，同时也有值得我们排斥的地方。我们不赞成无条件的尊孔与无条件的排孔。在于今日的我们，孔子只不过是先秦诸子中的一子，他已经失却了从汉武帝以来我国社会所特别赋予他的那种神秘性了。"① 尽管如此，孔子的思想仍有他的光辉之处。在范寿康看来，"孔子……所创人生诸论，宏深精要，较著希腊苏格拉底（Socrates）、柏拉图（Plato）、亚理斯多德（Aristotle）诸家，有过之无不及。……他的哲学可以说是人本主义，他以仁为一贯之道，他以忠恕为仁的手段，他以为教育与政治的最后目的也在于仁的实现。这些见解，在中国思想史上不但别开生面，并且在于过去竟支配了中国社会至两千余年之久，就是将来对于人生取忠实的态度的人们，一接触了孔子的这些思想，恐怕也仍能感到相当的同情与兴奋的。……孔子的思想又可以说是主情主义。这一种主情的思想，我们不但在于孔子，就是在于耶稣，在于释迦，也可以碰到。在孔子是仁，在耶稣是博爱，在释迦是慈悲。后来世界上所谓三圣，其根本的见解可以说都是主情的。不过佛教和耶稣教是宗教，儒教却是一种道德哲学罢了。……就实际的社会生活讲，儒教的见解似乎比宗教更为切实，所以由我们看，在宗教逐渐崩溃的今日，孔子的地位也许是比较耶稣、释迦更能维持久远的。我们果能把孔子的思想再加纯化，换句话说，我们果能把孔子关于天的那种暧昧的信仰与思想，从他的伦理观加以排除，那么，尽管社会怎样演进，孔子的根本见解还可以

---

① 范寿康：《中国哲学史通论》，三联书店 1983 年版，第 69 页。

当作真理残存下去，并且对于人类社会是有益无害的。"① 这是运用两点论的方法对孔学至为公允的分析，使我们能够从多维视角把握孔子及其学说。范寿康还运用同样的方法分析了其他学派和思想家，如认为子思把儒家的思想深化了，建立了一种比较明显、比较充实的形而上学。但子思的人生哲学却存在着内在矛盾，他一方面承认世界上有生知安行的人，一方面却又主张教育的必要，这种理论是颇难自圆其说的。但子思把修养工夫分为"尊德性"和"道问学"，这对宋代哲学产生了具有积极意义的影响。韩非的学说，一方面条理分明，文辞顺畅，读之令人称快，但也有过于冷酷的地方，如以为父子之亲、夫妇之爱均不可靠等等。

在范寿康之前，冯友兰已经开始运用马克思主义哲学的一些观点研究中国哲学史。1927 年在燕京大学时期，冯友兰就受到过马克思主义哲学的影响。在稍后出版的《中国哲学史》中，冯友兰主张哲学史的研究要与时代背景相结合。1934 年，冯友兰从欧洲回来后作过两次演讲，其中一次的题目叫《秦汉历史哲学》②，它表明冯友兰在中国哲学史的研究中已经运用了历史唯物论和历史辩证法的某些观点。这种做法也体现在冯友兰《新事论》的写作当中。但从总体上说冯友兰运用马克思主义哲学的一些观点研究中国哲学史是零散的，而范寿康的《中国哲学史通论》则是第一部自觉运用马克思主义哲学作为诠释框架系统研究中国哲学史的著作。他运用社会历史和阶级分析方法，运用辩证分析方法对中国哲学史内容的解读，深化了人们对中国哲学史的认识，推进了中国哲学史学科的发展，开创了"以马释中"的中国哲学史建构模式。但范寿康的研究毕竟是初步的，其整体构架和部分对中国哲学精神的理解尚有待深入。

---

① 范寿康：《中国哲学史通论》，三联书店 1983 年版，第 65—66 页。
② 该文 1935 年 9 月发表在《哲学评论》第 6 卷第 2、3 期。

第 三 篇

中国哲学史学科的马克思主义化

引 言

　　20 世纪 50 年代之后，大陆的中国哲学史研究进入到马克思主义化阶段。人们运用马克思主义哲学的基本原理和方法论为参照系统和诠释框架书写中国哲学史，其中主要的代表作有：冯友兰七册本的《中国哲学史新编》；张岱年的《中国唯物主义思想史》、《中国哲学史方法论发凡》、《中国哲学史史料学》；任继愈主编的《中国哲学史》、《中国哲学发展史》；冯契的《中国古代哲学的逻辑发展》、《中国近代哲学的革命进程》；萧萐父、李锦全主编的《中国哲学史》等；另外还有杨荣国、孙叔平以及一批中国哲学史专家所撰写的大量中国哲学史著作。

　　中国哲学史书写的马克思主义化萌芽于新中国成立前，与马克思主义在中国的传播密不可分。早在 19 世纪和 20 世纪之交，中文报刊上就出现过马克思、恩格斯的名字。梁启超在 1902 年的《新民丛报》上发表《进化论革命者颉德之学说》一文，指出"麦喀士（即马克思），日耳曼人，社会主义之泰斗也"，"今之德国，有最占优势之二思想，一曰麦喀士之社会主义，二曰居志埃（即尼采）之个人主义。麦喀士谓：今日社会之弊，大多数之弱者为少数之强者所压服。"[①] 1906 年，朱执信发表《德意志社会革命家小传》，介绍了马克思、恩格斯以及《共产党宣言》、《资本论》的部分内容。以上仅是马克思主义在中国的初步传播阶段。十月革命之后，马克思主义在中国得到了广泛传播。李大钊是把马克思主义全面介绍

---

① 《新民丛报》1902 年 9 月第 18 号。

到中国的第一人。他在 1918 年和 1919 年先后发表了《法俄革命之比较》、《庶民的胜利》、《布尔什维克的胜利》、《我的马克思主义观》等文章，盛赞十月革命胜利的意义，较系统地介绍了马克思主义的唯物史观、政治经济学和科学社会主义等思想。李大钊还利用开设课程、组织学会等形式学习和宣传马克思主义。同时，陈独秀、瞿秋白等人也为马克思主义在中国的传播作出了自己的贡献。后来的李达、艾思奇等在马克思主义哲学的传播和中国化方面多有建树。20 世纪 30 年代，马克思主义哲学的中国化取得了重大成果，这就是毛泽东以《矛盾论》和《实践论》为核心的中国马克思主义哲学体系的诞生。

随着马克思主义的广泛传播，一些学者开始运用马克思主义的历史唯物论研究中国历史、思想史、哲学史，开了中国哲学史研究马克思主义化的先河。如郭沫若的《中国古代社会研究》；侯外庐的《中国古代社会史论》、《中国古代思想学说史》、《中国近世思想学说史》（上下册）；侯外庐等人合作的《中国思想通史》（第一卷）等。还有上文已经提及的冯友兰运用马克思主义哲学的一些观点解释哲学史，范寿康的《中国哲学史通论》则是一部运用马克思主义哲学基本观点系统诠释中国哲学史的著作，这些都为中国哲学史研究的马克思主义化作了重要铺垫。

中国哲学史研究的马克思主义化的真正展开是 20 世纪 50 年代以后。随着马克思主义在中国大陆成为主流意识形态之后，一些著名的哲学史家在学习马克思主义哲学的过程中开始反省和批判新中国成立前的哲学思想和哲学史写作，自觉地运用马克思主义哲学作为诠释框架和评价尺度书写中国哲学史。其中最主要的代表人物有冯友兰、张岱年、任继愈、冯契、萧萐父等。所不同的是，20 世纪 80 年代以前，人们更多关注的是中国哲学史中对子结构的演变过程；之后则更多关注螺旋结构的开发。毫无疑问，这一阶段的中国哲学史书写具有教条化的偏向，这可能是时代赋予的代征。但是，运用马克思主义哲学作为诠释框架和评价尺度研究中国哲学史也有它合理和深刻之处，这也是不容忽视的。

需要指出的是，由于我们是采用典型化的方式对这一阶段影响较大的通史性的中国哲学史研究著作进行解读和阐释，而大量的断代、专题、学派、个案等的研究还有待于进一步展开，为了弥补这一缺憾，我们搜集整理了这方面的主要书目作为附录，以期将来做扩展性的研究。

20 世纪 90 年代以来，中国哲学史的书写进入到多元化的时代，但更多的是断代、专题、学派、个案等方面的研究，这有利于中国哲学史研究的深入。近年来，也有通史性的中国哲学史著作的出版，[①] 这有助于我们做后续的研究。

---

① 如郭齐勇编著的《中国哲学史》，高等教育出版社 2006 年版；以方克立等为首席专家的"中国哲学史编写组"编写的《中国哲学史》（上、下），人民出版社 2012 年版，等等。

第九章 冯友兰的中国哲学史研究（下）①

中华人民共和国成立以后，冯友兰逐步接受了马克思主义哲学的基本观念，并以此为参照，写出了《中国哲学史新编试稿》②和《中国哲学史新编》（七册本）③，对中国哲学史作出了更加深入细密的研究，当然也包含有特定时代的痕迹。

第一节 方法论

新中国成立后，冯友兰接受了马克思主义哲学以后，在参照系统的选择、历史主义方法、逻辑主义方法三个方面都有所变化。

---

① 本章由柴文华、郑秋月、程丹丹、杨辉执笔，柴文华修改。
② 《中国哲学史新编（试稿）》共二册，分别由人民出版社出版于 1962 年和 1964 年，收录于河南人民出版社 2001 年出版的《三松堂全集》第七卷中。
③ 《中国哲学史新编》共七册。第一册完成于 1980 年，1982 年由人民出版社出版，包括《绪论》和春秋以前的哲学流派和思想；第二册完成于 1983 年，出版于 1984 年，包括战国时期各哲学流派的哲学思想；第三册完成于 1984 年，出版于 1985 年，主要包括汉代哲学；第四册大约完成于 1985 年，出版于 1986 年，主要包括魏晋玄学和隋唐佛学；第五册完成于 1986 年，出版于 1988 年，主要包括宋元明清哲学；第六册完成于 1988 年，出版于 1989 年，主要讲近代哲学；第七册完成于 1990 年，1991 年由台湾兰灯文化事业股份有限公司出版，主要讲现代哲学。收录于河南人民出版社 2001 年出版的《三松堂全集》第八、九、十卷中。

一、参照系统的变迁

冯友兰晚年以七册本《中国哲学史新编》为代表的中国哲学史研究明确选择了马克思主义哲学作为参照系统。

参照系统的变迁与冯友兰哲学观和哲学史观的变迁密切相关。在《中国哲学史》中，冯友兰对哲学和哲学史没有更多的界定。在《贞元六书》时代，冯友兰认为哲学就是觉解其觉解，是思想思想的思想，即反思。《中国哲学简史》中还表达了以人生哲学为中心的哲学观。晚年的冯友兰在《中国哲学史新编》中指出："哲学是人类精神的反思。所谓反思就是人类精神反过来以自己为对象而思之。人类的精神生活的主要部分是认识，所以也可以说，哲学是对于认识的认识。对于认识的认识，就是认识反过来以自己为对象而认识之，这就是认识的反思。"[1] 又说："人类的精神生活是极其广泛的。人类精神的反思必然要牵涉到各方面的问题，对于广泛的问题作广泛的讨论。概括地说，有三个方面：自然、社会、个人的人事。人类精神的反思包括三方面以及其间互相关系的问题。这些都是人类精神的反思的对象。"[2] 应当说，冯友兰的哲学观是以反思为中心话语的，前后精神基本一致，但后期更多地参考了列宁的哲学和哲学史观。在引用了列宁在《拉萨尔·爱非斯的晦涩哲人赫拉克里特的哲学一书摘要》中"哲学史，简略地说，就是整个认识的历史，全部知识领域的历史……"的原文后，冯友兰指出：

> 列宁在这里说：哲学史是"一般认识的历史"，又说："是全部知识领域的历史"。这两句话好像重复，又好像分歧，其实不然。第一句话是就认识的一般形式说的；第二句话是就认识的全部内容说的。第一句话说的是认识；第二句话说的是知识。认识和知识是不同的，所以两句话并不重复。照上面所讲的，人类精神的反思，本来是包

---

[1] 冯友兰：《中国哲学史新编》（第一册），人民出版社 1982 年版，第 9 页。

[2] 冯友兰：《中国哲学史新编》（第一册），人民出版社 1982 年版，第 16 页。

括认识的形式和认识的内容，包括认识和知识，所以这两句话也不分歧。列宁的两句话是从两个方面说明了哲学史是什么，也就说明了哲学是什么。①

冯友兰这种对哲学和哲学史的理解既是他长期哲学观念的自然演进，也是受到了当时哲学史界有关哲学史方法论讨论的影响。由此出发，冯友兰主张探讨哲学史中的"螺旋结构"："哲学史是哲学发展的历史。它是无限地近似一圈圆圈，近似于螺旋的曲线。每一个圆圈都是这一发展的一个环节。就其为一个环节说，它就是那个总的发展所不可少的，它是本来的哲学史的组成部分，写的哲学史也必须把它写进去。"② 认为"螺旋结构"是内在于而不是外在于哲学史的。

在主张运用"螺旋结构"研究哲学史的同时，冯友兰也坚持用"对子结构"研究哲学史。冯友兰在《中国哲学史新编》中说："主观与客观是两个对立面。这两个对立面，哪一个是主要的？是由哪一对立面决定这个统一体的性质？对于这个问题的回答的不同，就成为哲学两大派：唯物主义和唯心主义。唯物主义认为客观是主要的对立面。唯心主义认为主观是主要的对立面。"③ 又说："就动静这个对立面说……一种观点认为动是基本的……，另一种观点认为静是基本的……，第一种观点，接近于辩证法……，第二种观点，就是形而上学。"④ 以上说明，在哲学中"有唯物主义和唯心主义，辩证法和形而上学这些主要派别及其间的斗争"⑤，"相对地说哲学史还有它自己的一般规律。那就是唯物主义和唯心主义，辩证法和形而上学这些对立面的斗争和转化，以至于唯物主义和辩证法的不断胜利。"⑥ 正是运用"对子结构"作为参照系统，冯友兰探讨了中国哲

① 冯友兰：《中国哲学史新编》（第一册），人民出版社 1982 年版，第 10 页。
② 冯友兰：《中国哲学史新编》（第一册），人民出版社 1982 年版，第 34 页。
③ 冯友兰：《中国哲学史新编》（第一册），人民出版社 1982 年版，第 29 页。
④ 冯友兰：《中国哲学史新编》（第一册），人民出版社 1982 年版，第 31—32 页。
⑤ 冯友兰：《中国哲学史新编》（第一册），人民出版社 1982 年版，第 32 页。
⑥ 冯友兰：《中国哲学史新编》（第一册），人民出版社 1982 年版，第 6 页。

学史中的唯物主义和唯心主义、辩证法和形而上学思想。比如：第一章第六节，古代素朴唯物主义和自发的辩证法思想的萌芽；第二章第五节，无神论和唯物主义思想的初步发展；第六章，春秋末期军事思想和经济思想中的唯物主义和辩证法；第十一章，《老子》的客观唯心主义哲学体系；第十二章，儒家思想向唯心主义的发展；第十四章，庄周的主观唯心主义体系；第十七章，道家向唯物主义的发展；第十九章，后期墨家向唯物主义的发展；第二十二章，儒家思想向唯物主义的发展；第二十六章第六节，贾谊的唯物主义哲学思想；第三十二章，扬雄《太玄》中的唯物主义和辩证法思想；第三十三章，王充——两汉时代最大的无神论者和唯物主义哲学家；第四十二章，魏晋之际玄学以外的唯物主义和进步的社会思想；第四十七章第二节，禅宗中的客观唯心主义和主观唯心主义；第四十八章第三节，柳宗元的唯物主义思想；第四节，刘禹锡的唯物主义和法制思想；第五十三章第二节，发挥唯物主义的"有无混一"论；第三节，发挥辩证法的"二端"论；第五十四章第九节，朱熹易学中的辩证法思想；第五十七章第二节，王廷相的唯物主义哲学思想；第五十九章第十一节，王夫之的辩证法思想；等等。

尽管冯友兰七册本的《中国哲学史新编》出版年月不同，唯心主义、唯物主义、辩证法、形而上学等概念由前至后所使用的频率越来越低，甚至研究的参考坐标也有转换的迹象，但从总体上说，仍不失为一部以马克思主义哲学为参照系统和评价尺度的中国哲学发展史，这就决定了晚年的冯友兰作为一个马克思主义的中国哲学史家的历史定位。

二、历史主义方法的演进

历史主义的方法是冯友兰一贯使用的方法，晚年的冯友兰在《中国哲学史新编》中坚持了他历史主义方法论的基本精神，并增加了一些唯物史观的基本方法，形成了他历史主义方法论中的马克思主义特色。

在《中国哲学史新编》中，冯友兰重申了他在《中国哲学史》中所表述的两种历史说，认为："历史家……把过去的本来的历史描绘出来，把已经过去的东西重新提到人们的眼前，这就是写的历史……本来历史无所谓信不信。写的历史则有信不信之分……本来历史是客观存在，写的历史是主观的认识……写的历史也永远要重写。"① 所不同的是，冯友兰明确指出了历史研究中的主观唯心主义的存在，认为"为了纠正历史研究中的主观唯心主义，必须强调指出本来历史的客观存在"②，哲学史的研究也应该如此，明确坚持历史和哲学史研究中的唯物主义立场。

冯友兰在《中国哲学史》中，曾经展开论述了写出信史的三大障碍，《中国哲学史新编》继承了和发展了这一思想，认为中国哲学史的研究需要经过两道关：第一道是文字关，"但是懂得了文字，还不等于懂得这些文字所表达的义理"。第二关就是义理关，"就是要对以前的哲学家们的著作所说的义理，有一定的了解和体会。所谓了解就是能够抓住某一家的哲学体系的逻辑结构。所谓体会，就是能够在一定程度上经验到他们的哲学所能达到的精神境界，就是能够用自己的体验和他们的哲学思维相印证。"③ 只有这样，才可能把一家哲学的内容有血有肉地、活生生地写出来。冯友兰这里所强调的是哲学素养对于哲学史研究的重要性，这种观点无疑是正确的。马克思在《1844年经济学哲学手稿》中有过这样的表述，"对于没有音乐感的耳朵来说，最美的音乐也毫无意义。"④ 中国古代著名的文艺批评家刘勰在《文心雕龙·知音》篇中指出，"圆照之象，务在博观"，"操千曲而后晓声，观千剑而后识器"，"岂成篇之足深，患识照之自浅耳"，高度重视欣赏主体审美心理结构的自我调节，强调"音乐之耳"在通往审美自由中的突出意义。中国哲学史的研究也是一样，研究主体在突破文字关的同时更应该提高自身的哲学素质，只有这样，才能不断深入地解读文本，进入研究主客体圆融无碍的境界。

注重中国哲学和它的历史背景的联系是冯友兰中国哲学史方法论的一贯主张，《中国哲学史新编》作了更为明确的表述：

---

① 冯友兰：《中国哲学史新编》（第一册），人民出版社1982年版，第2页。
② 冯友兰：《中国哲学史新编》（第一册），人民出版社1982年版，第2页。
③ 冯友兰：《中国哲学史新编》（第一册），人民出版社1982年版，第8页。
④ 《马克思恩格斯文集》第1卷，人民出版社2009年版，第191页。

一个事物的发展总不是孤立的，它必然受到它的周围事物的影响或制约……哲学在历史中表现为各种派别……这些派别和当时的政治、经济是互相影响、互相制约的。这种互相影响、互相制约，是哲学发展的本来历史所固有的内容。写的哲学史都要把它们写出来，特别要说明这些哲学派别在当时所起的作用，是推动历史前进或者是阻碍历史前进。①

冯友兰还接受了马克思主义的阶级分析方法，主张从阶级和民族统一的角度研究中国哲学史。他说："历史的发展、变化的过程，可以说是以阶级斗争为经，以民族斗争为纬"，② 因此，在评价一个哲学家或哲学派别时，应该把阶级观点和民族观点结合起来。比如对孔子的评价，"他在当时基本上是反对社会前进，阻碍历史发展的思想家。从阶级观点看，不能不作这样的结论。但从民族观点看……他的形象和言论，在中华民族的形成过程中，起了很大的积极作用。这也是不能否认，不能否定的。"③

从中国哲学史方法论这个特定的角度来看，冯友兰转变为一个马克思主义的中国哲学史家的原因不仅仅是外在的，其内在思想包含着合乎逻辑的发展。早年的冯友兰就对唯物史观有着同情的理解，主张用经济观点研究社会、研究哲学史，提出了一系列具有自身特色的历史主义的中国哲学史方法论，为晚年冯友兰在中国哲学史方法论领域转向马克思主义埋下了伏笔。

三、逻辑主义方法的深化

从主要倾向上看，冯友兰在中国哲学史方法论领域始终是一个理性主义者，早年就主张用逻辑的方法研究哲学和哲学史，在晚年的《中国哲学史新编》中，又格外重视逻辑和历史相统一的方法。

在《中国哲学史新编》中，冯友兰注意到了哲学史中"圆圈"的存

---

① 冯友兰：《中国哲学史新编》（第一册），人民出版社 1982 年版，第 34—35 页。
② 冯友兰：《中国哲学史新编》（第一册），人民出版社 1982 年版，第 40 页。
③ 冯友兰：《中国哲学史新编》（第一册），人民出版社 1982 年版，第 41 页。

在，主张深入挖掘中国哲学发展的内在逻辑结构，并且主张运用逻辑与历史相统一的方法研究哲学史。

冯友兰指出，历史研究的主要目的就是要发现本来的历史过程中的"关键性的问题"、"重要的环节"、"发展的规律"（逻辑——引者注），但这些东西都是本来的历史中所固有的，这是逻辑与历史相统一的通俗表述。冯友兰在引用了恩格斯在《反杜林论》中有关唯物主义发展的圆圈（自发的唯物主义——唯心主义——现代唯物主义）的论述和列宁对西方近代哲学发展圆圈（霍尔巴赫，经过贝克莱、休谟、康德到黑格尔；黑格尔——费尔巴哈——马克思）的阐释之后指出："这里所说的逻辑就是辩证的逻辑，也就是事物发展的客观规律。事物的发展，照逻辑说，是通过矛盾对立面的斗争和统一，否定之否定的规律而进行的。事物在历史上的实际发展，也正是这样的。"① 具体到哲学史的领域，探索哲学发展的逻辑结构，可以不必以历史的自然时间为序，但历史的自然时间，正和哲学发展的逻辑相符合。这就是逻辑程序和历史程序的统一。冯友兰还引用了马克思《资本论》中的一段话，认为："这里所说的现实运动以及材料的发展形式，就是历史的东西。可是'材料的生命一旦观念地反映出来'，这就好像是'先验地'处理一个结构；这个结构就是逻辑的东西。他是跟历史的东西是一致的；这就是逻辑和历史的统一。"②

冯友兰进一步指出，坚持哲学史研究中的逻辑和历史相统一的方法论原则，就是要求我们正确处理哲学史中一般和个别、必然和偶然之间的关系。在冯友兰看来，逻辑和历史的统一是矛盾的统一，历史中的逻辑所表现的是历史发展的规律或必然性，这个表现与历史的偶然性密切相关，"它们的统一在于历史的必然性只能在偶然性的堆积中表现出来；一般必须在个别中表现出来。"③ 因此，写的历史不能脱离这些偶然性的东西，应该对它们的发展过程加以摹绘。当然也不能停留在这些摹绘上，还要通过对这些过程的分析发现历史的规律。在冯友兰看来，哲学史也是历史的一

---

① 冯友兰：《中国哲学史新编》（第一册），人民出版社 1982 年版，第 3 页。
② 冯友兰：《中国哲学史新编》（第一册），人民出版社 1982 年版，第 4 页。
③ 冯友兰：《中国哲学史新编》（第一册），人民出版社 1982 年版，第 5 页。

种，这些方法论原则对它也是适用的。哲学史的一般规律在具体的历史中有着十分丰富的内容和变化多端的形式，必须通过这些内容和形式，一般规律才能充分地表现出来。所以，哲学史的研究"必须对这些丰富的内容和变化多端的形式有充分的认识，才可以更好地了解这个规律（指唯物主义和唯心主义，辩证法和形而上学的斗争转化以及唯物主义和辩证法的不断胜利——引者注）的意义，更好地认识马克思主义哲学史的方法和原则的正确性"①。

综上可见：第一，20 世纪 80 年代初《中国哲学史新编》第一册第 3 版出版时的冯友兰是一个非常明显的马克思主义的中国哲学史家，他认真研读了马克思、恩格斯、列宁的著作，并参照英文译本改译了列宁的有关论述，实现了他包括逻辑主义在内的中国哲学史方法论的马克思主义化。第二，冯友兰所阐释和坚持的马克思主义的逻辑和历史相统一的方法论原则对于研究中国哲学史具有特别重要的意义。因为这一方法论原则体现的是哲学史研究中的唯物主义和辩证法的统一，历史主义方法和逻辑主义方法的统一，特别符合作为哲学和历史相互结合的哲学史研究。第三，冯友兰对中国哲学发展的内在逻辑结构以及逻辑和历史相统一方法的重视，与当时中国哲学史研究的整个方法论走向密切相关。20 世纪 70—80 年代之交，人们开始摆脱"左"的思维方式的羁绊，思想越来越活跃。中国哲学史界的一批学者在继续反思日丹诺夫哲学史定义的同时开始深入挖掘列宁的哲学史定义，在运用历史唯物论和哲学基本问题研究哲学史的基础上充分估价唯物辩证法对于哲学史研究的意义，着重研究了中国哲学范畴史和中国哲学发展的逻辑结构，并取得了突出成就。与当时整个中国哲学史研究的方法论趋向相一致，冯友兰关注到中国哲学发展的螺旋结构，主张用逻辑和历史相统一的方法研究中国哲学史，和这一时期的中国哲学史家一起为中国哲学史研究的马克思主义化增添了新的内容，作出了重要贡献。

---

① 冯友兰：《中国哲学史新编》（第一册），人民出版社 1982 年版，第 6—7 页。

第二节　先秦儒学观

在《中国哲学史新编》第一册和第二册中，冯友兰对以孔、孟、荀为代表的儒家及其思想进行了阐释，构成他晚期中国哲学史研究的重要内容之一。

一、孔子的学说

在《中国哲学史新编》第一册中，冯友兰分八节全面阐释了孔子的思想：孔子的阶级立场及其对于周制的态度；孔子对于古代道德生活的反思——关于"仁"的理论；孔子对于古代道德生活的反思——关于"礼"的理论；孔子对于古代道德生活的反思——论完全的人格；孔子对于古代宗教生活的反思；孔子对于古代文艺生活的反思；孔子对于古代学术生活的反思；孔子对于他自己的精神境界的反思。

冯友兰指出，孔子所处的春秋时代，正是中国社会的大转变时期。孔子认为这种转变是"天下无道"。"天下无道"有三种情况：一是"礼乐征伐"的大权层层下移；二是政在大夫，甚而至于在"陪臣"手里；三是庶人也议论政事。当时的情况引起孔子对于周礼以及对于古代文化的反思。孔子认为礼是有变化、有损益的，殷礼以夏礼为基础而有所损益，周礼以殷礼为基础而有所损益，由此推论，继周的一代也必须以周礼为基础而有所损益。这是"因"，与"革"的一种统一。但孔子基本上是拥护周礼的，"周，监于二代，郁郁乎文哉，吾从周。"（《论语·八佾》）就是说周礼已经借鉴于夏礼和殷礼，做了损益，在文化上达到相当高的程度，所以他还是要"从周"。总体上来说，"孔子基本上是拥护周礼的，但他也认为对于周礼也要有所损益，经过损益的周礼，才合乎他的理想，这个理想，他称为'道'。"①

冯友兰认为，孔子的反思是很广泛的，其中最突出的是对于"人"

---

① 冯友兰：《中国哲学史新编》（第一册），人民出版社 1982 年版，第 128 页。

的反思，也是对古代道德生活的反思。孔子和学生们谈到道德上各种类型的人。这些类型的分别，表示孔子对于人的反思，也可以说是对于人的道德生活的反思。就人的道德生活说，两个最普通的类型是君子和小人。"君子"是有高贵的道德品质的人；"小人"是没有道德或不道德的人。在对人的反思中，孔子认为，对于人的评价标准，应该是人的道德品质的高低，而不是他的政治地位的贵贱。孔丘认为"仁"是最高的道德品质，具有这个道德品质的人称为"仁人"。孔子论仁的话很多，大概可以分为四类：一类是"仁"的基础，即"为仁"的人，所必需有的素质；二是"为仁"的方法；三是"仁"的内容；四是"为仁"的成就。① 孔子认为，人必须有真性情，有真情实感，这就是"仁"的主要基础。孔子提到"刚毅木讷"和"巧言令色"两种人，成为鲜明的对比。前者是以自己为主，凭着自己的真性情、真情实感做事的老老实实的人。后者是以别人为主，做事说话，专以讨别人喜欢的虚伪的人。孔子提倡"刚毅木讷"，反对"巧言令色"。

在冯友兰看来，孔子不但重仁，也重礼。从孔子的全部思想体系看，在"非礼勿视，非礼勿听，非礼勿言，非礼勿动"这四目之外，还应该加上第五目，那就是"非礼勿思"。孔子主张"复礼"，即回归于"礼"。当时"礼坏乐崩"，人们都不照周礼行事。不仅社会下层的人不照"礼"行事而"犯上作乱"，即使社会上层的人也不照"礼"行事。孔子认为，其所以不照礼行事，因为人们都愿意满足他们自己的欲求，照着自己的欲求行事。所以"复礼"必须"克己"。"克"就是战胜的意思。"克己"就是要用"礼"战胜自己的欲求，能"克己"自然就能"复礼"了。孔子对于周礼所补充的具有关键性、根本性的理论还有两条：一条是"正名"的理论，一条是"中"的理论。孔子认为，"礼"的一个重要作用是"正名"。名的意义，就是周礼所规定的那些条条框框。照他看来，应该用这些条条框框来纠正当时不合乎这些条条框框的事，这就叫正名。孔子说："中庸之为德也，其至矣乎！民鲜久矣。"（《论语·雍也》）孔子所讲的"时中"，

---

① 参见冯友兰：《中国哲学史新编》（第一册），人民出版社 1982 年版，第 131 页。

可能没有孟轲所发挥的那样多的意思，可能只是说，君子要时时刻刻守着"中"。

那么，"仁"与"礼"是什么关系呢？冯友兰指出，孔子有的时候用"仁"规定"礼"，有的时候用"礼"规定"仁"。这是因为在他的思想中，一个完全的道德品质，是"仁"和"礼"的统一。"仁"和"礼"是互相矛盾的。"仁"是属于个人的自由这一方面的东西，"礼"是属于社会的制裁这一方面的东西。"仁"是属于自然的礼物这一方面的东西；"礼"是属于人为的艺术这一方面的东西。自然的礼物和人为的艺术是对立的，对立必然相反，相反就矛盾。但是相反而又相成，矛盾而又统一。没有真情实感为内容的"礼"，就是一个空架子，严格地说，就不成其为"礼"。没有礼的节制的真情实感，严格地说，也不成其为"仁"。所以真正的礼，必包含有"仁"；完全的"仁"也必包含有"礼"。这就是两个对立面的互相渗透。所以一个完全的道德品质，就是"礼"和"仁"的统一。一个完全的人格，就是这个统一的体现。①

冯友兰认为，孔子也有对天明鬼神的看法，这是对古代宗教生活的反思。《论语》记载孔子讲天的地方很多，他所说的天，基本上仍然是当时的传统的宗教所说的天，帝或上帝，是宇宙的最高主宰者。孔子也讲"天命"："君子有三畏：畏天命，畏大人，畏圣人之言。"（《论语·季氏》）"上帝"是宇宙的最高主宰者，"大人"是社会的最高统治者，"圣人"是个人所信奉的权威。"圣人之言"是圣人所说的话，"天命"是上帝的命令。孔子认为，人的生死，贫富，贵贱，以及成功，失败，都是由天命决定的。但是，人还是可以尽自己的力量做他自己所认为是应该做的事，不管成功或失败，这就是"知其不可而为之"。孔子对于鬼神的问题的态度大概是：不明确地否认鬼神的存在，但也不强调鬼神的存在。他认为，承认有天和天命是最主要的，承认有天命，顺天命而行，这就不需要求鬼神的帮助保护。总体而言，就是"敬鬼神而远之"。

此外，冯友兰还阐发了孔子对古代文艺生活和他自己精神境界的反

---

① 参见冯友兰：《中国哲学史新编》（第一册），人民出版社 1982 年版，第 145 页。

思，等等。

二、孟子的学说

孟子是子思的学生的学生。他一生的志愿就是学孔子，"乃所愿，则学孔子也"（《孟子·公孙丑上》）。冯友兰在《中国哲学史新编》第二册中分八节解读了孟子的学说，分别是孟子的时代及其对于当时政治的态度、政治思想、王霸、井田制、仁和忠恕之道、性善论和伦理学、历史观及其对于道家墨家的斗争、对于人类精神生活的理解和体会。

冯友兰指出，在孟子政治思想中，民是最重要的因素。"民为贵，社稷次之，君为轻。是故得乎丘民而为天子，得乎天子为诸侯，得乎诸侯为大夫。"（《孟子·尽心下》）照孟子的这种说法，只有为人民所喜欢的人才能做天子，为天子所喜欢的人不过是做诸侯，为诸侯所喜欢的人不过是做大夫。在必要的时候，诸侯或社稷都可以变换，天子也是可以变换的。所不能变换的，就是"丘民"，即民众。孟子所说的"贵"字有尊贵的意思，同它相对的是"贱"。孟子的下文说"君为轻"。可见这个"贵"字是和"轻"相对的。何以见得民重君轻呢？天子之所以为天子，是因为他得到民众的拥护。如果他的行为不合"为君之道"，民众就要对他进行"征诛"，把他废为"一夫"。这个事实也说明了统治者是为了被统治者而存在，而不是被统治者为了统治者而存在。有了这个说明，"民为邦本"就有了新的意义，这就是发展。[①]

在谈到王霸之辨时，冯友兰解释说，孟子所说的"王"与"霸"的根本区别在于"以德"和"以力"的不同，"以力加人者霸，以德行仁者王。以力服人者，非心服也，力不瞻也，以德服人者，中心悦而诚服也，如七十子之服孔子也。"（《孟子·公孙丑上》）他所谓"力"即暴力，法家主张对内用刑赏推行法令，对外以武力进行兼并，这都是孟子所说的"以力服人"。这些都被孟子贬为"霸道"。像儒家所宣扬的，用礼乐教化对老百姓说服教育的一套，孟子誉为"以德服人"，称作"王道"。孟子在这里

---

① 参见冯友兰：《中国哲学史新编》（第二册），人民出版社 1984 年版，第 67 页。

所讲的就是孔子所讲的"导之以德，齐之以礼"和"导之以政，齐之以刑"的那两种统治术的不同。①

冯友兰接着指出，在孟子那里，"王道"也称"王政"，他认为"王政"的根源是统治者的"仁"，所以"王政"也称为"仁政"。他认为"仁"的重要内容是"不忍人之心"，就是不忍看见别人痛苦的心。他说："人皆有不忍之心。先王有不忍人之心，斯有不忍人之政矣"。(《孟子·公孙丑上》)他认为"仁政"就是统治者根据自己的"不忍人之心"推己及人的结果。"老吾老以及人之老，幼吾幼以及人之幼，天下可运于掌。……故推恩，足以保四海；不推恩，无以保妻子。古之人所以大过人者，无他焉，善推其所为而已矣"。(《孟子·梁惠王上》)孟子所说的以自己的心加于别人，这就是孔子所说的"能近取譬"。孟子和孔丘一样，也认为这是"为仁"的主要方法。②

冯友兰在谈到孟子性善论时认为，性善论的性并不只是生物学所说的本能，例如饮食、男女之类。饮食是一个生物所以维持其本身存在的；男女是一个种类的生物所以维持其种类的存在的。这些都是本能，都是各种生物所皆有的。孟子所说的"性善"的那个"性"有逻辑和道德的意义，但也不完全排斥生物学的意义。孟子所谓性善，也不是说每个人生下来都是道德完全的人。而是说，每个人生下来，在其本性里面都有善的因素或原则；这些因素或原则，孟子称为"端"，就是苗头的意思：每个人生下来都有"恻隐之心"、"羞恶之心"、"辞让之心"、"是非之心"，这些他称为"四端"。"四端"如果能发展起来，就成为"仁"、"义"、"礼"、"智"的"四德"。他认为"四德"是"四端"的发展，所以这"四德"都是"我固有之"。他认为所谓"圣人"，也就是能把"四端"发展到最完全的程度。人人既都有"四端"，要是能把"四端""扩而充之"，都可以成为"圣人"。"人皆可以为尧舜"(《孟子·告子下》)，孟子认为，在这一点上，所有的人都是一样的。在孟子的思想中，"四端"不是平行的，"四德"

---

① 参见冯友兰：《中国哲学史新编》(第二册)，人民出版社1984年版，第71页。

② 参见冯友兰：《中国哲学史新编》(第二册)，人民出版社1984年版，第75页。

也不是平行的。"恻隐之心"是"四端"之首，也是"四端"的根本；"仁"是"四德"之首，也是"四德"的根本。①

在冯友兰看来，孟子思想的一个主要贡献是他从人类的道德生活中得来的对于人类精神生活的理解和体会。这在《孟子》中的《尽心上》可以看出来。第一段说："尽其心者，知其性也。知其性则知天矣"。这里所说的"心"就是他所说的人人都有的"恻隐之心"、"羞恶之心"、"辞让之心"、"是非之心"这"四端"。尽其心就是把这"四端"尽量扩充。扩充以后，人的本性就可以显现出来，发挥作用，所以说："尽其心者，知其性也"。孟轲认为"性"是"天之所与我者"（《孟子·告子下》）。照他看起来，天的本质有"仁"、"义"、"礼"、"智"等道德属性，所以说"知其性则知天矣"。他这里所说的"天"是道德之天。在第一段里，孟轲接着说："存其心，养其性，所以事天也"。"存其心，养其性"，就是扩充"四端"，发挥"仁"、"义"、"礼"、"智""四德"的作用。②

冯友兰重墨阐释了孟子的"浩然之气"，认为它不是讲道德教条，而是概括地讲一种精神境界。孟子不仅概括地描述了这种精神境界，而且比较详细地阐述了达到这种境界的方法。孟子认为"浩然之气"是靠"养"出来的，就像树苗一样，养树的人只能给树苗安排好的生长条件，至于生长还得它自己生长，不能拔之使高。高是不能用拔的方法得的，拔高就是"助长"。"浩然之气"并不是一种外在的物质，而是一种内在的精神境界。"浩然之气"的主要内容是不动心，"富贵不能淫，贫贱不能移，威武不能屈"，这就是不动心。冯友兰认为这是一种很高的精神境界，一种很高的精神生活，是孟子对于这种精神生活概括的叙述和深刻的分析。这是人类精神生活在中国的深刻的反思。孟子的"浩然之气"在历史上产生过重要影响，文天祥作了一首《正气歌》，用诗的形式和形象的语言讲"浩然之气"："天地有正气，杂然赋流形。在下为河岳，在上为日星。于人曰浩然，沛然塞苍冥。"文天祥的《正气歌》也不仅是用墨汁写的，而且是用

---

① 参见冯友兰：《中国哲学史新编》（第二册），人民出版社 1984 年版，第 79 页。
② 参见冯友兰：《中国哲学史新编》（第二册），人民出版社 1984 年版，第 89 页。

鲜血写的。无论如何，"浩然之气"这四个字到现在还是一个常用的词汇，这是中国文化中的一个词汇。懂得了这个词汇，才可以懂得中国文化和中华民族的精神。①

三、荀子的学说

冯友兰在《中国哲学史新编》第二册中分十一节解读了荀子的学说，分别是：荀况与《荀子》、论王霸、法先王和法后王、礼和法、自然观、认识论和思想方法、逻辑思想、社会思想、"文"的理论、人性论、统一思想。

冯友兰指出，荀子学说的重要内容之一是"天人之分"。荀子说："故明于天人之分，则可谓至人矣。"（《荀子·天论》）这就是所谓天人关系的问题，也就是人与自然的关系的问题。"分"读如职分的分，也有分别的意思。荀子所说的"天"就是自然界。这个唯物主义的"天"与孔子和孟子所说唯心主义的"天"是对立的。荀子肯定了自然界的客观性之后，接着指出，人也是自然界的一部分，是自然界所直接产生出来的，人的各种活动体现着自然的规律。荀子描写了一幅自然界的画图，在这个画图中，物质世界和其中的自然物都按着自己的规律生长变化。人也是万物之一，人的身体及其机能也是自然界的直接产物。在自然界中，人也跟其他动物一样，在自然状态中竞争生存。这个图画彻底否定了上帝的存在。这是《荀子·天论》的一大贡献，也是他"明天人之分"的一个主要收获。荀子自然观的一个重要的思想，是进一步批判了道家的宿命论，提出了人利用和改造自然的思想。他所说的"与天地参"，就是发挥人的主观能动性，与自然进行斗争，使自然为人类服务。自然是无意志的，自然界的规律是不以人的意志为转移的。但是，人可以利用这些规律，生产自然界所没有的东西为自己所用（"制天命而用之"）。这是唯物主义的"与天地参"，它能指导人类走上战胜自然的光明大路。总之，《荀子·天论》一方面指出，人依靠于自然，自然是第一性的，由此批判了唯心主义和神秘主义；另一

---

① 参见冯友兰：《中国哲学史新编》（第二册），人民出版社 1984 年版，第 94 页。

方面又指出，人可以控制自然，改造自然，又批判了因循自然的宿命论。他比较正确地处理了天人关系的问题。这是荀子在哲学史上的一个最大的贡献。①

在冯友兰看来，荀子的认识论也是中国哲学史上辉煌的一页。

荀子接受以前唯物主义认识论的一些正确的观点而又加以提高和发展。他说："凡以知，人之性也；可以知，物之理也"。（《荀子·解蔽》）这是"明于天人之分"的原则在认识论上的应用。根据这个原则，荀子明确了人的主观认识能力和认识对象的关系。荀子说："所以知之在人者谓之知，知有所合谓之智。"（《荀子·正名》）"所以知之在人者"即人所有的认识能力，"有所合"即是与外物，即认识对象相接触。人的认识能力与认识对象相接触，即有认识发生。这里所谓"智"即指认识。荀子认为，人对于外界的不同事物的认识，都起始于人的各种感官所有的不同的感觉（"缘天官"）。荀子肯定认识的本原是外物，也肯定从感觉器官得来的对于外物的感觉是认识的初级形式，认为人的认识并不停止于此。荀子指出，还需要思维的器官"心"加以辨别、证明；经过辨别、证明的认识，荀子叫作"征知"，"征知"必须以感觉所得的材料为根据。荀子说："征知必待天官之当簿其类，然后可也"。②

在知行关系上，荀子强调了"行"的重要性。荀子指出，从别人的经验（"闻"）得来的知识，不如从亲身经验（"见"）得来的知识。一个人虽有某种经验但对于它未必能有了解（"知"），所以"见"还不如"知"。或者虽有了解而还不能实行（"行"），这样的知识还不是十分明确。只有能够实际运用的知识才是完备的知识。如果仅"闻"而不"见"，所闻虽多，也必有荒谬，仅"见"而不"知"，虽经验很多，也必然有虚妄；仅"知"而不"行"，虽了解切实，还是不免于失败。这在知行关系上可以说是重行而不轻知。

荀子认识论的另一个重要论点，反对认识过程中的片面性和主观性。

① 参见冯友兰：《中国哲学史新编》（第二册），人民出版社 1984 年版，第 376 页。
② 冯友兰：《中国哲学史新编》（第二册），人民出版社 1984 年版，第 378 页。

他认为，当时各家的学说的共同缺点在于只见到题的一个方面，因此都不能得到真理。他作有《解蔽》篇专讨论这个问题。荀子说："人何以知道？曰：心。心何以知？曰虚壹而静。"（《荀子·解蔽》）"虚壹而静"是"心"知"道"的必要条件。荀子认为，如果心能保持"大清明"的状态，就可以认识事物全面的情况，而不为片面所"蔽"。冯友兰指出，荀子认识论论点，大部分都是正确的，他的《解蔽》篇集中地讨论了关于真理性质问题，实际上是从认识论的角度，对当时的"百家争鸣"做了一个总结。①

冯友兰指出，荀子发展了古代的逻辑思想。荀况有《正名》篇专门讨论与逻辑有关的问题。他分名为四种：一刑名，即刑法上用的名词；二爵名，即分别等级的名词；三文名，即社会礼节上用的名词；四散名，即一般事物的名称。关于名的讨论，荀子提出三个问题：一、"所为有名"；二、"所缘以同异"；三、"制名之枢要"。②荀子还从另一种意义上把名分为"单名"、"兼名"、"共名"、"别名"等。冯友兰指出，荀子对于名的这种分别与《墨经》是一致的。荀子所说的"大共名"，《墨经》称为"达名"。荀子所说的"大别名"，《墨经》称为"类名"。荀子所说的"至于无别"的"别名"，《墨经》称为"私名"。冯友兰认为，荀子的逻辑思想，有一根红线贯穿于其中，那就是认为，客观实在是基本，是第一性的；名、辞和辩说都必须以客观实在为基础，是第二性的。在这一点上，荀子的唯物主义思想是很彻底的。③

冯友兰还谈到荀子的人性论，认为荀子主张"性恶"："人之性恶，其善者伪也"。（《荀子·性恶》）荀子关于性恶的学说，从表面上看也是一种抽象的人性论。但是他的主要意思是说，道德不是属于天，而是属于人。道德不是自然界所本有的东西，而是社会的产物。荀子所谓"性伪之分"，也就是"天人之分"，"伪"的意思就是人为。荀子所说的"伪"是跟自然相对立的，不是跟真实相对立的。荀子主张"化性而起伪"（《荀子·性恶》）。这有用人力改变自然的意义，和他的"制天命而用之"（《荀子·天

---

① 参见冯友兰：《中国哲学史新编》（第二册），人民出版社 1984 年版，第 385 页。

② 参见冯友兰：《中国哲学史新编》（第二册），人民出版社 1984 年版，第 389 页。

③ 参见冯友兰：《中国哲学史新编》（第二册），人民出版社 1984 年版，第 393 页。

论》）的思想是一致的。

总之，在冯友兰看来，荀子的主要的贡献是建立了一个比较完整的唯物主义的哲学体系，其中包括对于自然、社会、认识论和逻辑学各方面的唯物主义的理论，他是先秦最大的唯物主义哲学家。

四、简要分析

从冯友兰的先秦儒学观来看，他对孔、孟、荀思想的把握是准确的、细密的。有以下几个重要特点：

第一，突出逻辑主线。冯友兰在对孔、孟、荀思想的论述中都能找出他们自身的一条逻辑主线，从而把他们思想的方方面面统起来。在对孔学的阐释中，冯友兰以反思为逻辑主线，揭示了孔子对道德生活、宗教生活、文艺生活、学术生活、精神境界等的反思；在对孟学的阐释中，冯友兰以王道为逻辑主线，揭示了孟子的王霸之辨、王道的物质条件——井田制、王道的精神条件——仁和忠恕之道，并以"仁"为基础，阐释了孟子的人性论、历史观、修养论等；在对荀学的阐释中，冯友兰以荀子的自然观为逻辑主线，揭示了荀子的认识论、逻辑学、人性论、社会观等。

第二，知人论世。冯友兰运用了历史唯物论社会存在决定社会意识的观点，揭示了孔、孟、荀思想产生的历史情境，认为他们学说的产生与他们生活的时代息息相关。孔子所处的春秋时代，正是中国社会的大转变时期。孔子认为这种转变是"天下无道"，孔子基本上是拥护周礼的，但他也认为对周礼要有所损益。荀子的唯物主义哲学的出现，也不是偶然的。在战国后期，自然科学知识和生产技术已发展到很高的程度。当时并且有许多人力改造自然的辉煌实例，这使荀子得出"制天命而用之"的哲学结论。这种结论，解放人的思想，提高生产，也为将来的发展生产开辟道路。战国后期，科学知识及生产技术的发展都已达到前所未有的高度，荀子的唯物主义哲学思想就是这个发展的理论上的总结。

第三，在对孔孟荀的评价上，冯友兰更推崇荀子。历史上对荀子的评价褒贬不一，有人称之为儒学的歧出，有人称之为乡愿之学。但新中国成立以后，人们通过认真研究，普遍倾向于把荀子视作先秦思想的总结者或集大成者，冯契还把荀子与王夫之、毛泽东并列，称之为中国哲学不同阶段实现唯物论与辩证法统一的大哲学家。因此，冯友兰对荀子在哲学史上重要地位的肯定是符合历史实际的，是正确的。

第四，当然，冯友兰由于受到特定时代的影响，生硬地运用了哲学上的党派斗争和过度的阶级分析对孔、孟、荀进行了自己的评价，但总体而言，这些属于皮毛，揭开这些皮毛，仍能显现出孔、孟、荀学说活生生的血肉。

第三节　墨家观

新中国成立以后，冯友兰以其深厚的哲学学术功底和饱满的热情，积极投入到新中国的文化建设事业之中。在此期间，他在已有历史唯物论知识的基础上，努力钻研唯物辩证法，运用马克思主义的诠释框架，重写了一部中国哲学史，即 20 世纪 60 年代的《中国哲学史新编》（又称《中国哲学史新编试稿》）和 80 年代以后修订本的《中国哲学史新编》（七册本）。后者是在前者的基础上发展而来。基本观点大致相同，但更加翔实，是研究冯友兰晚期墨家观的主要资料。

一、墨子及前期墨家

战国时期，生产关系的激烈变革使生产力得到进一步发展，手工业者的队伍进一步产生了分化，其中之一是铺子的主人即手工业主，他们虽然对奴隶制度有所不满，但他们并没有力量推翻奴隶制度，而只想通过改良的方式达到自己的目的，主张兼爱、非攻的阶级调和论。对于墨子及前期墨家，冯友兰晚期墨家观是从墨家的起源开始论证的。

1. 墨家起源于独立的手工业者

与前期不同，晚期的冯友兰对墨家的起源问题提出了新的看法。他不再坚持墨家起源于游侠，而是运用阶级分析的方法指出墨家起源于独立的手工业者。

马克思主义的哲学观点认为，社会存在决定社会意识，生产力是社会发展的决定力量。冯友兰分析指出，在春秋时代，随着生产工具与生产技术的进步及商品经济的发展，人们对手工业产品的需要逐渐增长。手工业的分工也加细，独立的手工业者也逐渐加多。在奴隶制度下，"工商食官"。那就是说，工商业大部分控制在奴隶主贵族的手里。奴隶主养有专为他们服务的工奴，又有管理工奴的工官。在奴隶制崩坏的时候，工奴得到了解放，一部分变成了独立的手工业者。这个独立的手工业者的队伍就是墨子所说的"凡天下群百工"。冯友兰认为墨子就是一个能制造工具的木工，有时被称为"贱人"。在修订本的《中国哲学史新编》中，冯友兰进一步强调，墨子并不是一个普通的木工，而是一个木工手工业主，他不直接参加劳动。由于墨子是一个博通古书的人，他本人后来也上升为"士"，到处发表主张，要求参加政治。墨子的学生和信徒，称为"墨者"。墨者是一个有严密组织的团体，他们多半来自社会下层，有的从事生产劳动。《淮南子》说："墨子服役者百八十人，皆可使赴火蹈刃，死不旋踵。"冯友兰认为，这些墨者团体，可能是根据当时手工业行会的习惯组织成的。学生相当于手工业行会中的徒弟。"巨子"相当于老师傅或手工业主，墨子是第一个"巨子"。在此冯友兰进一步分析指出，墨子和他所创始的墨家，反映了当时的小私有生产者，特别是手工业主的要求和愿望。墨子是在当时阶级分化和阶级斗争激化的时期壮大起来的小生产者阶层中涌现出来的思想家。

晚期的冯友兰关于墨家的起源问题之所以会发生改变，是因为他试图用马克思主义的诠释框架重写中国哲学史，这是与时俱进的做法。

2.《墨子》其书和墨子其人

在 80 年代陆续出版的《中国哲学史新编》中，冯友兰认为，《墨子》一书是从汉朝传下来的，是一部墨家思想的丛著。它也像其他大多数的"子"一样，不是一个人所写，也不是一个时期的人所写。《墨子》这部书可以分为四部分：一部分是记载墨翟本人活动的，《耕柱》、《贵义》、《公孟》、《鲁问》、《公输》五篇属于这一部分。《墨子》的另一部分，记载墨家所研究的防御战术及守城的兵器与工具，有《备城门》等十一篇。另一部分是墨翟所创始及宣传的思想的记录，有《天志》、《明鬼》等三十一篇。这一部分所记载的思想，冯友兰称之为前期墨家的思想。其余一部分是关于认识论、逻辑学和自然科学的思想。《经上》、《经下》、《经说上》《经说下》、《大取》、《小取》六篇属于这部分。冯友兰认为，这一部分所讨论的问题都是春秋末战国初所没有的，其哲学思想也与前期不同，因此冯友兰把这部分称之为"后期墨家思想"。

关于墨子的里籍，冯友兰更倾向于墨子是鲁国人这一说法。据传说，墨子的手工业生产技术与当时著名的工匠公输般齐名。二人都曾用木料制成一种器械，能飞三天而不落。公输般善造攻城器械，墨翟善造守城器械，二人曾进行比试，结果公输般输了。此外，冯友兰认为，墨家思想的许多观点都是反对儒家的，可见墨子受儒家思想影响之深。

晚期的冯友兰从墨子思想阶级性的角度出发，对墨子进行了更加细致深入的剖析。他认为，因为墨子所代表的阶级与儒家不同，所以其思想也与儒家不同。墨子非常重视劳动和劳动成果。他认为人与动物是不同的。人只有出力劳动生产才能生存，不出力劳动生产就不能生存。（"赖其力者生，不赖其力者不生"）冯友兰认为墨子这里所谓的"力"，包括"农夫"的"耕稼树艺"、"妇人"的"纺绩织纴"，也包括"王公大人"的"听狱治事"以及"士君子"的"治官府"等。而人因为没有羽毛、蹄爪等天然的防卫工具，才被迫从事生产劳动来维持生活。冯友兰进一步分析指出，人类因为能生产劳动，所以才逐渐脱离了其他动物完全依靠自然的状态，才把自己从其他动物中分别出来。这是墨子当时的知识所不能知道的。

冯友兰还指出了墨子思想的局限，认为墨子只看到生产劳动在维持人的生活中的重要性，没有看到生产劳动改变和支配自然界的重要意义。冯友兰强调说这样的意义只有工人阶级才能认识到，但冯友兰同时也肯定墨子能看出人与其他动物在对待自然上的区别，这在当时也算是一个伟大的发现。冯友兰还肯定墨子保护劳动成果的要求，认为这有一个深远意义就是把道德和劳动联系起来，把劳动也看成是评价人的道德行为的一个尺度。冯友兰更进一步强调，"不与其劳获其实"，"亏人自利"，这两句话所说的，其实就是剥削的本质，墨子虽然没有认识到这深层次的意义，但他这两句话确实包含了这样的意思，冯友兰对这一点给予充分的肯定。

3. 功利主义的道德观和经验主义的真理论

冯友兰认为，墨子把"利"当作衡量善恶的标准，实际上牵涉到了一个伦理学的根本问题，即动机论和效果论的问题。无论是在 60 年代版的《中国哲学史新编》，还是在 80 年代版的《中国哲学史新编》中，冯友兰都引用了儒家对"义"和"利"的观点与墨子的功利主义进行比较。他指出，儒家把"义"和"利"对立起来，这种对立主要表现在物质利益和道德修养的对立及行为的效果和动机的对立。求"利"是"小人"的事，冯友兰引用了《论语》中的一句话，"君子喻于义，小人喻于利"，来指出"君子"剥削老百姓的劳动果实，享尽物质上的利益，还装出不在乎物质利益的神气，认为只有他们不计较物质利益，只注重道德修养，其实这只不过是剥削阶级虚伪的说教而已。在此，我们可以明确地看出，晚期的冯友兰是站在马克思主义的立场上，对以孔子为代表的儒家持批判态度。与之对立，冯友兰认为，墨子所说的"义"则是和劳动果实联系起来的，是讲物质利益的。劳动果实是财产所有权的根据，劳动果实应该被尊重。尊重别人的劳动果实是"义"，否则就是"不义"。这里的义与利是分不开的。

冯友兰在 60 年代版《中国哲学史新编》中指出，这是直接生产者的思想。手工业者和农民都是直接生产者，所以他们重视劳动果实。由此，冯友兰认为，墨子对于行为的判断，是注重效果的，但也不是片面注重效果。为说明动机和效果的关系，冯友兰引用了这样一个故事，"鲁国的国君问墨子说，我有俩儿子，一个喜欢读书，一个喜欢把自己的财产分给别人，你看哪一个可为太子？墨子说，这也很难确定；他们也许是为了赏赐和名誉而这样做的。钓鱼的人恭敬的站着，并不是为了鱼的利益。用虫做饵引诱老鼠，并不是爱它。君主应把志、功合起来看。"[①] 冯友兰认为，"志"是行为的动机，"功"是行为的效果。墨子注重效果，同时也注重动机。墨子的伦理学思想还是效果论，说不上动机和效果的统一，不过在这

---

① 冯友兰：《中国哲学史新编》（第一册），人民出版社 1982 年版，第 211 页。

方面有所窥见。冯友兰又进一步分析指出，墨子能把"义"和"利"统一起来，又能初步地把"志"和"功"统一起来，这在中国哲学史上是有所贡献的。

在功利主义的道德观之外，墨子又提出一个认识标准的问题，就是判断一个言论是否代表真理，究竟以什么为标准。在 60 年代版《中国哲学史新编》中，冯友兰首先把墨子和儒家关于"命"的辩论说成是唯物主义与唯心主义的辩论。冯友兰指出，真理的标准问题是人类认识发展史上的重要问题。《墨子·非命上》云："言必立仪。言而毋仪，譬犹运钧之上而立朝夕者也。是非利害之辩，不可得而明之也。"冯友兰认为，在这里墨子提出的就是真理标准的问题，冯友兰还进一步把人的知识分为三个方面，即关于自然、关于社会和关于思想本身。而关于思想本身的认识出现最晚，因为它表示人的思想的自觉。因此，冯友兰给予墨子很高的评价，他说："在中国哲学史中，墨子首先提出关于真理的问题，这说明他在理论思维方面达到了相当的高度。"① 他在理论思维方面达到了相当的高度。那么真理的标准到底是什么呢？总结 60 年代版和 80 年代版的《中国哲学史新编》可以看出，冯友兰对此的认识是一贯的。那就是"三表法"是墨子判断真理是非的标准。《墨子·非命上》说：

> 言必有三表。何谓三表？自墨子言曰：有本之者，有原之者，有用之者。于何本之？上本之于古者圣王之事。于何原之？下原察百姓耳目之实。于何用之？发以为刑政，观其中国家百姓人民之利。此所谓言有三表也。

冯友兰指出，墨家所谓的"法"也是标准的意思，后期墨家的著作《经上》说："法，所若而然也。""所若而然"的东西即是标准。三表法中的第一表是根据过去经验的历史教训，第二表是考察现在群众的感官经验，第三表是在实践上考察其效果，有实践的意义。冯友兰认为这是墨子的方

---

① 冯友兰：《中国哲学史新编》（第一册），人民出版社 1982 年版，第 212 页。

法论而且是比较全面的。这种方法论注重经验，注重实践，最后归结于墨子的中心思想"利"。这样的方法论是唯物主义的，但也是经验主义的。《非命中》于第一表中加上"考之天鬼之志"。这也是墨子没有摆脱宗教唯心主义的表现，冯友兰既发现了墨子认识论中朴素唯物主义的闪光点，又指出其时代和阶级立场的局限。在60年代版《中国哲学史新编》中，他结合了恩格斯对有些著名的自然科学家同时也是有鬼论的宣传者这一现象的原因的分析指出，从科学到神秘主义的最确实的道路是经验，他蔑视一切理论，不相信一切思维，而只相信最简单的经验，从而导致了《明鬼》篇以有人见过鬼的传说证明鬼的存在，而以无人见过命而论证命的无有。冯友兰说见鬼的传说是不可信的，即使有人见鬼也只是一种幻觉，可是墨子不懂得区分幻觉与真正的感觉，这是经验主义常犯的错误。在60年代版的《中国哲学史新编》中，冯友兰指出，没有一个比较正确的自然作为理论基础，思维便不可避免地是自然主义的，这样的思维是不正确的，因此就把墨子引到跟出发点恰恰相反的地方去了。注重实践、注重经验本来是唯物主义的方法论，可是由于狭隘经验主义的片面性，导致了他错误的认识论。

4. "天志"、"明鬼"的宗教思想

"天志"、"明鬼"是墨子所创立和宣传的思想中消极一面的表现。墨子在《尚同上》里，只说到"选择天下之贤可者，立以为天子"，没有说"天子"是由谁来"选择"的。《尚同中》说："古者上帝鬼神之建设国都立正长也，非高其爵，厚其禄，富贵游侠而错之也，将以为万民兴利、除害、富贫、众寡、安危、治乱也。"根据这段文字，冯友兰分析指出，"天子"还是"天"（上帝）所立，"上帝"立"天子"，并非让他享受，而是要他为百姓办事。这是墨子对当时的统治者提出的要求。墨子认为有"上帝"的存在，"上帝"有明确的意志，即所谓天志。在60年代版和80年代版《中国哲学史新编》中，冯友兰始终坚信墨子所说的"天志"的内容就是"兼爱"。关于"兼爱"的具体内容，本文将在下文论述。冯友兰认为，在墨子的宗教思想中，除上帝之外，还有鬼神。鬼神也是以上帝的意志为意志的，他们的任务是帮助上帝赏"兼相爱"的人，罚"别相恶"的

人。墨子不仅利用了传统宗教中的上帝与鬼神，还给了他们以新的内容和新的意义。冯友兰还从阶级分析的角度出发，认为墨子把"天志"当作一个标准，目的是批判当时统治者政治上的措施，并批判别家的学说。而这个"天志"的内容，正是他自己所反映的手工业主的要求。

在60年代版《中国哲学史新编》中，冯友兰运用阶级分析方法分析指出，传统宗教的"天"，是奴隶主意志的表现，是奴隶主剥削、压迫奴隶的精神武器。奴隶主在"天"的名义下，宣称奴隶社会的一切制度都是永恒的、不可侵犯的，奴隶的命运是天注定的。冯友兰又从主宰目的的不同这个角度着重强调了墨子所说的"天"的主宰目的是"兼爱天下"。在墨子看来，国与国，人与人，在"天"的面前都是平等的，谁也不应该压迫谁。这也正反映了墨子代表的手工业主的要求，从冯友兰的论述中，我们可以发现墨子思想中闪现的要求平等的进步火花。在两版《中国哲学史新编》中，冯友兰经常把墨家和儒家在一些问题上的不同看法进行比较。关于"命"的问题，就是双方斗争的焦点。儒家宣扬的是"生死有命，富贵在天"，而墨子则认为个人的富贵及国家的治安，都是由于人的努力（力），而不是由于什么预先决定的命运（命）。

墨子简单地认为，劳动越多越强，冯友兰认为这只是事实的一个方面。在剥削阶级统治的社会中，农民努力耕种但吃不饱，妇女努力纺织但穿不暖。墨子没有认识到阶级压迫的这一方面。

冯友兰进一步分析指出，墨家的"天志"、"非命"，与儒家的"命定论"实际上是一种"似是而非的矛盾"。照墨子所说，人努力的成功也是由于"天"的赏赐。"天"喜欢努力的人，所以使他们必然成功。照这样说，最后决定人们祸福、生死的还是"天"。因此，墨子的"非命论"实质上还是一种"天命论"，只不过他认为，上帝不是预先决定人们祸福生死的，而是事后依照人们的努力程度而赏赐或责罚他们。冯友兰认为，墨子之所以信仰"天志"和"鬼神"，是因为于人有利。照墨子的逻辑，人必须信仰上帝和鬼神，并不仅是因为他们存在，而且是因为这样的信仰于人有利。所以冯友兰最后得出结论，墨子关于"天"和"鬼神"的学说，不只是一种宗教思想，还是一种宗教观。冯友兰在60年代版的《中国哲学史新编》中对墨子的宗教思想进行了总结，他把墨子思想说成是以自己的思想为内容、以"意志之天"为形式，并以这种形式作为阶级斗争的工具。他认为墨子是幻想通过宗教形式，以限制残暴的统治者，使统治阶级能够采纳符合他们的利益的学说。在80年代版《中国哲学史新编》中，冯友兰除继续坚持上述观点以外，还补充到，墨子无论怎样改造传统宗教，都总是以"上帝"存在为根本教义。墨子主观上是要以自己的思想为内容改造宗教，实际上是以自己的思想为依据，为上帝的存在做新的论证。从冯友兰的这些论点我们不难看出，此时的他完全是以马克思主义哲学的诠释框架解读墨子思想的，认为"天志"、"明鬼"思想处在当时科学与宗教、唯物主义与唯心主义的斗争中。

5."尚贤"、"尚同"的政治思想

冯友兰认为"兼爱"是墨子思想的主旨和归宿。《吕氏春秋》说："墨子贵兼。""尚贤"、"尚同"是墨子思想在政治上的延伸，而"天志"、"明鬼"则是实现"兼爱"的一种假想的外部力量，是手段。冯友兰认识到了"尚贤"、"尚同"是推行"兼爱"的政治上的保证，而墨子提出的"尚贤"的主张是与儒家的"贵贵、亲亲"的思想直接对立的。墨子主张："尚贤者政之本也。"（《尚贤上》）治国的根本措施就是在于"尚贤"、"使能"。冯友兰从尚贤的原因和方法的角度进一步分析指出，墨子认为要使国家"贤良之士众，国家之治厚"，就要把国家中的贤能之士都挑出来，"高予之爵，重予以禄，任之以事，断予之令"，要做到这样还必须坚持"以德就列，以官服事，以劳殿赏，量功而分禄"。原来贫贱的人，只要是贤能的人就应该上升为富贵的人；而原来富贵的人，如果不贤无能，也应降为贫贱。他认为，墨子的这种"尚贤"思想，主要打破奴隶主贵族的等级制度，打破宗法的"亲亲制度（不义不亲）"，同时也是当时手工业主这一阶层要求参加政权的反应。

在60年代版和80年代版《中国哲学史新编》中，冯友兰都认为"尚同"的主张是"尚贤"主张的发展。他认为"尚贤"的主张只是要求当时的国君不分等级，举用贤才；而"尚同"的主张则认为最高统治者的职位，也应该由"贤者"担任，同时他还把"尚同"同国家起源联系在一起。冯友兰对于墨家思想的这种理解是因为他受边沁和霍布斯的影响较多（关于这一点本文在前文已详细论述，此处不再赘述）。他认为墨子对于国家的起源问题的认识与霍布斯是一致的，都认为国家起源于"同一"思想的必要。以前由于没有政治组织，每个人都有他自己的是非标准，由于意见不一致，所以互相争夺。后来的人"明乎天下之所以乱者，生于无正长，是故选择天下之贤可者立以为天子"（《尚同上》），墨子认为这就是国家的起源。冯友兰从阶级分析的角度出发，认为墨子的这种观点是一种唯心主义的说法，并明确指出国家起源于社会分裂为敌对的阶级，国家是阶级统治的工具。但同时，冯友兰也肯定了墨子"尚同"思想的积极方面。他认为墨子认识到了国家是历史的产物，起源于社会的需要，在当时来说是一种新的思想。但是，事实上实行"尚同"的结果，只是对最高统治者有利。以最高统治者所谓的是非为是非，加强了统治者的专制统治，是被统治者"皆恐惧、振动、惕栗，不敢为淫暴"（《尚同中》）。这是墨子作为保守的小生产者的代表，希望有一个贤者作为他们的保护人的幻想。冯友兰认为这是一种幻想，他更进一步指出，这虽是一种幻想，但也倾向于中央集权专制主义，中央集权是当时历史进步的趋势，墨子的这种思想也就是这种趋势在当时的思想战线上的反应。

6. "兼爱"、"非攻"的阶级调和论

无论是哪一时期的冯友兰，都始终坚持认为"兼爱"是墨子思想的核心问题。他认为墨子之所以提出"兼爱"的主张，是由于当时的"大害"，即国与国之间的战争，人与人之间的争夺。墨子"兼爱"理论的阶级根源是当时以墨子为代表的手工业主，这一阶层软弱无力，在春秋战国这一大转变的时期中，他们虽有提出自己要求的机会，但没有改变现状的力量，他们只幻想当时各种政治势力和社会势力相安无事，不妨碍物质财富的生产和劳动力的生产。

冯友兰对"兼爱"的论述是通过儒墨两家的对比进行的。他认为墨子的"兼爱"也称为"仁"，孔子也说："仁者爱人。"在表面上看，儒墨都注重"仁"，但在具体内容上，他们所说的"仁"，有相当大的差异。

在60年代版《中国哲学史新编》中，冯友兰认为孔子注重"仁"，也

注重"孝"。"孝"是以血缘关系为基础的宗法道德，"仁"则是要冲破宗法的范围，这其间是矛盾的，所以后来的儒家提出了一个解决办法，那就是"爱有差等"，这是"孝"和"仁"的折中。儒家企图用这种方法维护封建的宗法关系。而墨家主张"爱无差等"，不分轻重、薄厚，一律"视人之国，若视其国；视人之家，若视其家；视人之身，若视其身"（《兼爱中》）。除此以外，冯友兰认为，儒墨两家关于"仁"的问题还有一个先后问题。儒家主张先爱自己的"亲"，然后推及别人的"亲"。墨子主张"必吾先从事于爱利人之亲，然后人报我以爱利吾亲也"（《兼爱下》），这是"爱有差等"和"爱无差等"的表现，也是儒墨两家斗争的一个主要问题。冯友兰还引用了儒家一个叫巫马子的人和墨翟的一段辩论。他运用辩证分析的方法分析后认为，墨子所批判的"爱有差等"理论的内在矛盾，恰恰暴露了他也是以"爱我"为出发点的，他没有也不可能超越这个界限。墨子希望在现存的阶级关系下，以兼爱的学说使"君臣惠忠，父子慈孝，强不执弱，众不劫寡，富不侮贫，鬼不傲贱，诈不欺愚"（《兼爱中》）。这是替弱者、贫者、贱者、愚者提出的要求。从此可以看出，墨子的"兼爱"含有反对压迫和种族歧视的意义。

　　冯友兰认为在墨子的整个理论体系当中，无论是尚贤、尚同的政治学说，还是"天志"、"明鬼"的宗教思想，都与"兼爱"学说密切联系，是推行"兼爱"学说思想上和政治上的保证。但是墨子的"兼爱"思想实际上体现的是他作为小生产者、小私有者的软弱性和妥协性。他们虽以普遍的形式提出"兼爱"，但却不主张废除阶级，而只是希望各阶级之间能"兼相爱，交相利"。墨子的这种思想在客观上会有稳定当时社会现状的作用。

　　最后冯友兰得出结论，墨子的"兼爱"学说具有阶级调和的意义。这在客观上维护了奴隶制社会，在当时激烈的阶级斗争中起着消极的作用。这种阶级调和的理论还往往容易被反动阶级利用，起到瓦解斗志的作用，因此也起到了阻碍社会发展的消极作用。众所周知，如果真做到了"天下之人皆相爱"，社会阶级矛盾就会泯灭，这在阶级社会里是脱离现实的，无从实现的天真的幻想。墨学在后世成为一门"绝学"，大概也与

"兼爱"学说有关。

在60年代版《中国哲学史新编》中，冯友兰把"非攻"一节归入到了"尚同"、"尚贤"的政治思想。他认为墨子痛恨当时的贵族们为了推广自己的统治而进行的战争，因此主张"非攻"。但墨子并不是简单的和平主义者，他只主张"非攻"，而不是主张"非战"。他擅做守城的器械，并曾帮助宋国守城。墨子区分了"攻"与"诛"的不同，伐"无罪之国"是"攻"，伐"有罪之国"是"诛"。"攻"是不能允许的，"诛"不但是可允许的，而且在适当的情况下也是必要的。冯友兰认为，照《尚同》篇所说，墨子也是主张统一的，只是反对以攻战的方法进行统一，而是主张以和平的方法进行统一，这在当时也是一种幻想。实际上，墨子的这种主张与儒家的主张有相同之处。他们都承认，得到人民的拥护的政权的力量，以用在战争的费用，改良政治，从事建设，就可以无敌于天下。两家主张都表现了改良主义的观点，只不过其内容不同而已。在80年代版《中国哲学史新编》中，冯友兰基本沿用了他上部《中国哲学史新编》所阐发的观点。但冯友兰进一步分析指出，以"攻守"为标准仍然不能区分战争的正义性与非正义性，在某种程度上反而阻碍了当时新兴地主阶级所进行的统一战争，是不符合历史潮流的。"攻"与"诛"的标准很难评断。所以墨子实际上主张的还是"非攻"。"兼爱、非攻"是一种思想的两个方面，冯友兰把这种思想称作"非暴力论"，并认为"兼爱"是"非暴力论"在内政方面的表现。"非攻"是非暴力论在外交方面的表现。在前文已经提到，冯友兰自己已经承认墨子不是简单的和平主义者，他并不主张"非战"，这样就不能简单地把"兼爱、非攻"思想归结为一种"非暴力论"。如果我们认真考察"兼爱、非攻"的内容就不难发现，墨子其实奉行的是一种"人不犯我，我不犯人，人若犯我，我必犯人"的理论。如果他真的是一个非暴力论者，那他为何还创造那么多守城的器械？况且，早期的冯友兰还专对墨家的兵法作了详细论述，他曾明确地说，墨家反侵略，但并不是主张不抵抗主义的和平论者，并且众所周知的是墨家有一整套完整的军事理论。可见冯友兰晚年这种认识上的改变，是有一定的局限的。

二、墨家的支与流

关于墨家的支与流，早期的冯友兰没有详细论述过。

在 60 年代版《中国哲学史新编》中，冯友兰首次把宋钘、尹文学派当作墨家的一个支流加以研究。这是具有开创性的举措。在 60 年代版《中国哲学史新编》中，冯友兰从荀子对宋钘的批评上，进一步论证了宋钘在当时的影响，及宋钘学说作为墨家一派的合理性问题。他指出，荀子对宋钘作了很多的批评，可见宋钘在当时是很有影响的，也可见荀子对宋钘的重视。在许多地方，荀子称宋钘为"子宋子"，由此冯友兰推断，荀子和宋钘可能有一定的关系。荀子认为，宋钘的学说和墨子是一派的，所以把墨子与宋钘并称。他对墨子与宋钘的总的批评是"大俭约而慢差等"。冯友兰还列举了《天下》篇对宋钘、尹文的批评，认为他们"其为人太多，其自为太少"。他对于墨子也有类似的批评，可见《天下》篇也认为宋钘、尹文跟墨子接近。在 80 年代版《中国哲学史新编》中，冯友兰进一步强调，荀况对宋钘作了很多的批评，这是当时思想战线上两条路线斗争的表现。在此处我们可以看出，冯友兰是把荀子对宋钘的批评看作是唯物主义与唯心主义较量，这是运用对子结构进行的分析。对于冯友兰的这种界定，我们要用客观的、辩证的方法来分析，不能全盘否定，也不能全盘接受。

冯友兰的研究是从《庄子·天下篇》关于宋钘、尹文的记载开始的。《庄子·天下》篇说：

> 不累于俗，不饰于物；不苟于人，不忮于众。愿天下之安宁，以活民命；人我之养，毕足而止，以此白心。古之道术有在于是者，宋钘、尹文闻其风而悦之。作为华山之冠以自表，接万物以别宥为始。语心之容，命之曰心之行，以聏合欢，以调海内。请欲置之以为主。见侮不辱，救民之斗。禁攻寝兵，救世之战。以此周行天下，上说下教；虽天下不取，强聒而不舍者也。故曰：上下见厌而强见也。虽然，其为人太多，其自为太少。曰："请欲固置，五升之饭足矣"。先

生恐不得饱，弟子虽饥，不忘天下，日夜不休，曰："我必得活哉！"
图傲乎救世之士哉！曰："君子不为苛察，不以身假物"，以为无益于
天下者，明知不如己也。以禁攻寝兵为外，以情欲寡浅为内。其小
大精粗，其行适至是而止。……其为人太多，其自为太少。

据此，冯友兰总结了宋钘、尹文学派的六个要点："一、接万物以别宥为
始。二、语心之容，命之曰心之行。三、情欲寡。四、见侮不辱，救民
之斗。五、禁攻寝兵，救世之战。六、愿天下之安宁，以活民命；人我之
养，毕足而止。"[1] 然而，只凭对宋尹学思想内容的掌握，又如何判断他们
是归属于墨家呢？冯友兰从他们学说与墨子及墨家学说的联系出发，从三
个方面进行了具体论证，冯友兰认为，第六点是宋钘、尹文"周行天下，
上说下教的总目的"。为救世之战，所以"禁攻寝兵"，这完全是墨家的
主张。

据孟子所说，宋钘将见秦楚之王，说令罢兵，其所持理由，为战之
不"利"。冯友兰认为这也正是墨家"非攻"的说法。

墨子不仅非攻，也非斗。"非斗"也是儒墨之间斗争的一个问题。"救
民之斗"也是宋钘、尹文对墨子的继承。为"救民之斗"，宋钘、尹文提
出"见侮不辱"之说。这是宋钘、尹文对墨子思想的发展，也是宋、尹一
派的重要口号。冯友兰还引用了荀子对"见侮不辱"的批判。荀子指出，
如果一个人发现有人偷他的猪，他则"援剑戟而逐之，不避死伤。是岂以
丧猪为辱也哉？然而不惮斗者，恶之故也"（《荀子·正论》）。就是说，人
之所恶侮，也有客观的原因，不可只在人的主观方面作宣传。冯友兰十分
赞同荀子的评论，他还进一步补充到，这些辩论也牵涉到唯物主义与唯心
主义之间斗争的问题。他还把宋钘、尹文的见解归为唯心主义，把荀子的
见解归为唯物主义。

庄子曾说，宋钘"定乎内外之分，辩乎荣辱之境"。宋钘似乎是认为
荣辱是属于"外"的东西，不应该以此妨害内心的平静。荀子对于宋钘

---

① 冯友兰：《中国哲学史新编》（第二册），人民出版社 1984 年版，第 97 页。

的这个见解也提出了批判。荀子认为，"有义荣者，有势荣者；有义辱者，有势辱者"（《荀子·正论》）。

1. 对墨翟"非斗"、"非攻"的理论补充

宋钘、尹文"语心之容，命之曰心之行"。冯友兰认为这里的"容"就是"诎容"的意思。诎，就是蜷缩，嘴笨，屈服的意思。在宋钘、尹文看来，争强好胜并不是人心的自然趋向。诎屈宽容才是。韩非所说的"宋荣之恕"、"宋荣之宽"，也都是指此而言。冯友兰经过分析指出，宋钘、尹文的这种观点是他们所创造的唯心主义的理论，也是对墨翟"非斗"、"非攻"所作的理论补充。但这种补充也只是他们的幻想。

2. "尚俭"的理论根据——情欲寡浅

在 80 年代版《中国哲学史新编》中，冯友兰指出，宋钘、尹文"以禁攻寝兵为外，以情欲寡浅为内"。上文中的"请欲固置"，应该是"情欲固寡"。这里的"欲"是动词，就是说人类本性就是要少而不要多。所以荀子批判宋钘说："宋子有见于少，无见于多"，"宋子蔽于欲而不知得"。意思是说，宋钘为"人的要求少"这个幻想所蔽了，不知道人总是要求更多。冯友兰认为，荀子对宋钘"情欲寡"的批判是很对的。同时荀子还把"情欲寡"归为当时的一种诡辩，认为他在"用实以乱名"，就是说用个体（"实"）在某种条件下的特殊情况作为一类东西（"名"）的一般情况。可能有些人在某种情况下不欲多，但不可以此视为人类的心理的一般情况。冯友兰指出，从这方面看，宋钘又是以特殊代替一般。

3. 兼爱思想的发展

《吕氏春秋》有《去宥》篇，冯友兰认为，"去宥"就是"接万物以别宥为始"就是"别宥"。"宥"同"囿"，就是有成见、偏见。这一篇的内容很可能就是从宋钘的著作《宋子》中抄下来的。那么，"接万物以别宥为始"这句话究竟是什么意思呢？冯友兰讲述"齐人夺金"这个故事并引用了《吕氏春秋》中的一段评论加以说明：齐国有个人，非常想要金子，他来到卖金子的铺子，见人拿着金子，他夺了就走，人们把他抓住，问他为什么这么做，他说："我没有看到人，只看到金子。"《吕氏春秋》评论说："此真大有所宥也。夫人有所宥者，故以昼为昏，以白为黑。……故人必别宥然后知。"就是说,人若是为其偏见、成见所蔽,他看到的事物都是颠倒的。人必须破除自己的成见、偏见,方能认识事物的真相。宋钘、尹文认为,人以见侮为辱,以情为欲多,这都是偏见、成见,并不是人的本性如此。这都是"宥"。假如能识别此等"宥",就可认识到"见侮本无可辱",情本不欲多,人皆知此,则自无竞争战斗。如此"天下"可"安宁","民命"可"活"。所以,他们主张,"接万物以别宥为始",冯友兰认为,宋钘的这一理论,正是墨子兼爱思想的发展。

根据以上几条,冯友兰认为,宋钘、尹文就是墨家的一个支流,他们宣扬了"兼爱"、"非攻"的主张,并企图进一步从人的主观意识方面为这些主张补充理论的根据,由此陷入了唯心主义和诡辩,为荀况所批判。[①] 冯友兰还从宋钘、尹文学说所起的社会作用,分析了他们学说的弊端,认为他们的主张,"情欲寡浅,见侮不辱",主张"不斗"提倡"宽容"。这些学说阻止当时的兼并战争,消除当时的阶级矛盾和阶级斗争,实际上是把前期墨家学说的落后部分进一步发展了。

4. 宋钘、尹文未作《管子》

有些学者认为《管子》中的《白心》、《内业》、《心术》(上、下)等四篇是宋钘、尹文的著作。冯友兰对此并不认同。他主要从这四篇的内容出发,结合宋钘、尹文的主要观点,对此进行了考证。冯友兰认为那些说这四篇是宋钘、尹文的著作的人,他们的主要依据就是《天下》篇有"以此白心"的话,《白心》篇也由此二字名篇。这一点还只是一个孤证,或许只是一种巧合。对这四篇的考证,不能只看其中一篇的题目,主要是看它们的内容。从内容看,这几篇跟《天下》篇所讲的宋钘、尹文是不合的。照《天下》篇所说,宋钘、尹文"以禁攻寝兵为外,以情欲寡浅为内"。这是他们思想的两个方面,可是《白心》等四篇中,就没有提到"禁攻、寝兵",虽然这四篇讲了不少"寡欲"的话,但这都是从表面看问题,《管子》四篇认为人应该"寡欲",不是说人本来"寡欲"。这四篇讲"寡欲"是为了保存"精气"以求长生。宋钘、尹文讲"寡欲",目的在于

---

① 参见冯友兰:《中国哲学史新编》(第二册),人民出版社 1984 年版,第 100 页。

"禁攻寝兵"，这是有很大的不同的。所以冯友兰认为此四篇并不是宋钘、尹文所作。

从冯友兰讲宋钘、尹文的文字可以看出，他总是把所有的材料尽量罗列起来然后解说，很多内容如果不是用他自己的话来代替或铺垫，则普通读者很难得到要领。而且，他对墨家支流的总结和解说，对全面解读墨家思想提供了宝贵的资料。

三、墨辩——后期墨家

在后期墨家的思想中，墨辩的逻辑思想是与"印度因明学"、"西方三段论"并称的三大古典逻辑学之一。晚期的冯友兰对"墨辩"即后期墨家的研究也是从对后期墨家的考证开始的。

1.墨家在战国时期的发展

"子墨子之死也，有相里氏之墨，有相夫氏之墨，有邓陵氏之墨，……取舍相反不同，而皆自谓真墨。"（《韩非子·显学》）《庄子·天下》也说："相里勤之弟子五侯之徒，南方之墨者苦获、巳齿、邓陵子之属，俱颂墨经，而倍谲不同，相谓别墨。"冯友兰认为，这些是战国时期墨家内部分化的情况。墨家的这些支派虽有内部的争执，但是他们"俱诵墨经"，而且还都"以巨子为圣人"，这就是说他们在学术观点上虽有一些分歧，但都还是属于墨家，在组织上也都还是统一的。冯友兰还从阶级分析的角度进一步指出，后期墨家的主力，其阶级根源仍然是手工业者、工艺和技术工作者阶层。关于阶级根源的认识，冯友兰对前后期墨家的看法是一致的。他认为后期墨家是在继承了前期墨家学说中的唯物主义思想和重视辩论的精神，反对部分名家中的诡辩学说、公孙龙一派的唯心主义和庄周的相对主义、不可知论的斗争中形成和发展起来的。他们在斗争中对中国古代逻辑学的发展作出了巨大的贡献，并建立了唯物主义的思想体系。后期墨家的唯物主义的发展，是在战国时期工商业空前发展，手工业生产技术空前提高的大背景下进行的。这一时期被称为"百工"或"工肆之人"的地位也随着手工业产品需要的增长而提高了。后期墨家的思想是当时地位提高了的手工业者意识的反映。

冯友兰对《墨经》的考证沿用了他一贯的主张。在这一点上,早晚期的冯友兰基本一致。所不同的是,早期的冯友兰更像一位满口之乎者也的教授老儒,而晚期的他更像一个忠诚的共产主义战士。

《墨子》中有《经上》、《经下》、《经说上》、《经说下》、《大取》、《小取》。冯友兰认为这六篇性质相同,前后相承;其中所谈的有一部分是关于"坚白同异之辩";所用的词句都可以说是"畸偶不仵之辞"。其中四篇又都称为"经"。可见它们就是《天下》篇所说的《墨经》。① 早期的冯友兰只用了"墨经"二字,但没有说明原因。此处冯友兰给予了详细说明,他同时还强调,这六篇,特别是《经》和《经说》,是后期墨家用来跟别家辩论的一种手册,所以墨家各派俱习之。但这并不意味着这些篇必出于后期墨家之手。

冯友兰还批驳了认为《经》和《经说》是墨子自己所作,或是其弟子对其日常讲学的记录的观点。他指出,从《墨经》六篇的内容来看,其中有许多地方批评"名家",尤其是公孙龙一派的理论,也有许多地方批评告子、老聃、庄周和五行家的某些观点。由此可知六篇的形成应在名家和庄周以后。它们不是作于同一年代,也不是出于同一人之手。同时冯友兰也承认,这六篇同时保存了墨翟本人的某些思想,但大体上还是后期墨家的作品。《墨经》包括《经上》、《经下》、《经说上》、《经说下》共 180多条,是墨家科学思想的精华,包含了政治、经济、哲学、教育、逻辑学、语言学、数学、光学、力学等方面的知识,在中国和世界学术史上皆享有声誉。

2.《墨经》中的功利主义

后期墨家继承了墨子的"兼爱"、"尚同"等政治思想,其中特别强调讲实际功利,这一点我们在《墨经》中能找到充分的证据。但这种继承不是简单的照搬、照抄。冯友兰认为,原来墨子社会思想中所有的重要观念,《墨经》都加以分析,作出了定义。"利,所得而喜也",《经说》:"得是而喜,则是利也;其害也非是","害,所得而恶也","得是而恶,则是

---

① 参见冯友兰:《中国哲学史新编》(第二册),人民出版社 1984 年版,第 252—253 页。

害也，其利也非是"。冯友兰认为，在利害有了定义之后，《墨经》又以"利"的定义为基础，给各种道德下了定义。"忠，利君也；孝，利亲也；功，利民也。""义，利也。"这是一种功利主义的社会伦理观点，它反映了后期墨家代表上升的手工业者和商人的阶级特性。此外，冯友兰站在无产阶级的立场上，对后期墨家的这种社会伦理观点作了评价。他认为手工业者和商人的特性都是唯利是图的。然而后期墨家这种强调实际功利的道德理论，虽与他们的阶级立场有关，但我们也不能忽视其社会背景，那就是与其观点根本对立的孟子宣扬的天赋道德观念。

　　功利主义是墨子哲学的根本，冯友兰认为，墨子重利，但并未说明原因，而后期墨家则给予了这种功利主义以心理的根据。冯友兰引用了西方近代唯物主义伦理学家的思想来说明《墨经》中对这种心理根据的阐释。普列汉诺夫叙述霍尔巴赫的理论思想说："照霍尔巴赫看来，人走进世界的时候，只带着感觉的能力；从感觉能力中，发展出一切的所谓心智能力。人从对象感受到一些印象或感觉，其中有一些使他愉快，有一些使他痛苦。他认为使他愉快的感觉是合理的，希望它们永远存在，或者在他身上推陈出新。他认为使他痛苦的感觉是不合理的，并且尽可能避免它们。换句话说，他喜爱使他愉快的感觉和造成这种感觉的对象，厌恶使他痛苦的感觉和产生这种感觉的东西。……他们把一切使他们快乐的叫作好，把一切使他们痛苦的叫作坏。他们把一切经常对他们有益的叫作德行。"[1] 英国功利主义者边沁说："'天然'使人类为二种最上威权所统治；此二威权，即是快乐与苦痛。只此二威权能指出人应做什么，决定人将做什么。功利哲学即承认人类服从此二威权之事实，而以之为哲学的基础。此哲学之目的，在以理性法律维持幸福。"[2] 冯友兰认为霍尔巴赫和边沁所谓快乐、苦痛，就相当于《墨经》所说的"喜"、"恶"，即对于快乐与苦痛的感受。他们所谓理性，相当于《墨经》所说的"智"。欲望是盲目的，必须有"智"的指导，方可趋利而避害。"智"的作用在于推测现

---

① 冯友兰：《中国哲学史新编》（第二册），人民出版社 1984 年版，第 276 页。

② 冯友兰：《中国哲学史新编》（第二册），人民出版社 1984 年版，第 276—277 页。

在行为的结果，根据预料的结果，"智"就可以引导人以"趋利避害"，使人有所为，有所不为，这就是"谋"。"谋"的结果，人可以舍目前的小利而避将来的大害，或受目前的小害而趋将来的大利。这种斟酌取舍也称为"权"。《大取》篇说："于所体之中而权轻重之谓权。"《经上》说："欲正权利，恶正权害。"冯友兰进一步分析指出，对于目前利益，必须从长远利益的角度加以考虑，以定取舍。做这种决定的是"智"，取舍的标准是"权"。[①]《墨经》所讲的其实就是个人的眼前利益和长远利益的关系问题，《墨经》所说的"智"的指导，相当于霍尔巴赫所说的"选择情欲的艺术"。《墨经》所说的在"智"的指导下的"欲"，相当于边沁所说的"正确理解了的利益"。当然，冯友兰承认，《墨经》所说的远没有霍尔巴赫和边沁所说的那样详细、明确。他也不是想把《墨经》和霍尔巴赫、边沁相提并论，而主要是想说明，墨家特别是后期墨家的道德学说属于唯物主义阵营。冯友兰还引用了普列汉诺夫在《唯物论史论丛》中所谓的道德学说，来论证后期墨家这种趋利避害的功利主义是一种唯物主义观点，因为它肯定了肉体的感受对人类行为所起的重要作用。同时，冯友兰还从马克思主义的观点出发，认为后期墨家把人看成是自然人，但是没有看到人的行为的社会根源，他运用阶级分析的方法分析指出，"在阶级社会中，决定人的行为的选择最后的原因是一个人的阶级性。这是马克思以前的唯物主义者所不能了解的。"[②] 他认为，后期墨家的伦理思想是和当时的宗教道德以及孟子一派的唯心主义道德学说根本对立的，是对于他们的反击。后期墨家继承了前期墨家的功利主义，而抛弃了它的宗教意味，否定了"上帝"、"鬼神"在人类生活中的地位。在冯友兰看来，这是一个重大的改正，在中国伦理学史上具有重大的意义。从冯友兰的这些观点可以看出，他是力图把马克思主义的诠释框架运用到对后期墨家思想的解读上的。

3. 对兼爱学说的补充

"爱人不外己，己在所爱之中。己在所爱，爱加于己，伦列之爱己，

---

① 参见冯友兰：《中国哲学史新编》（第二册），人民出版社 1984 年版，第 277 页。

② 冯友兰：《中国哲学史新编》（第二册），人民出版社 1984 年版，第 279 页。

爱人也。"（《大取》）就是说适当的"爱己"和"爱人"并不矛盾。爱人而
己亦在所爱之中，由此可见，公众利益与个人利益并不是矛盾的，而是相
结合的。[①] 在冯友兰看来，《墨经》的这个意思是正确的。不过，他认为
《墨经》的辩论形式可能类似于诡辩。他之所以这样认为，是根据荀子所
批判的"诡辩"的第一种中，有"圣人不爱己"这个例子，而且他认为，
这可能就是《墨经》所说"伦列之爱己，爱人也"的辩论形式。而这种形
式正是荀子所批判的"惑于用名以乱名"。冯友兰赞同荀子的批判，并进
一步说明与"己"相对的"人"跟人类之"人"，意义不同。"爱己"可以
是爱人类中的一员，因此也是爱人，但绝不能是爱与"己"相对的"人"。
这个"人"照定义就是不包括"己"在内的。[②] 离开《墨经》的这个辩论
形式，专就其思想实质说，冯友兰认为这个思想也是唯物主义的。后期墨
家所讲的关于个人利益与公众利益相结合的思想，其意义是反对奴隶主贵
族抹杀个人利益的道德学说，其在当时的社会作用是进步的。关于个人利
益与公众利益的关系，冯友兰还举了儒家的孔孟关于义利关系的论述，用
以说明后期墨家关于义利关系的进步意义。儒家把义利完全对立起来，是
因为他们相信个人利益和公众利益是矛盾的，为了维护没落奴隶主阶级的
利益，他们提倡"去利存义"，企图使个人的行为完全符合奴隶主阶级的
要求。而后期墨家则把"义和利"统一起来。冯友兰认为，他们站在当时
进步阶级的立场，对中国哲学史上十分重要的"义利之辩"做了具有唯物
主义因素的解释。可见，冯友兰对后期墨家的"义利之辨"是持肯定的态
度的，并给予了较高的评价。

　　如何才能做到个人利益与公众利益相结合呢？那就要实行墨子所提
倡的"交相利"。冯友兰认为，"交相利"是"兼相爱"的表现。有了"兼
相爱"的情感，必然发生出"交相利"的实际表现。"兼相爱"是"仁"，
"交相利"是"义"。"兼相爱"是主观上的一种道德情操；"交相利"是由
这种道德情操发生出来的实际行为。同时，因为爱只是主观上的一种道德

①　参见冯友兰：《中国哲学史新编》（第二册），人民出版社1984年版，第279页。
②　参见冯友兰：《中国哲学史新编》（第二册），人民出版社1984年版，第280页。

情操，所以爱一切人是可能的，而且必须是爱一切人才可以算是爱人。而不爱人，则不须不爱一切人。《小取》篇说："爱人必待周爱人，不爱人不待周不爱人。"冯友兰认为，"利人"实际上是作出于人有利的行为；利一切人是不可能的，譬如对于过去的人，就没有办法使他受利。所以《墨经》只说必须周爱人才算爱人，不说必周利人才算利人。① 墨子和前期墨家认为，爱人和利人就是一件事。《墨经》则把爱和利分开，认为"爱"是一种心理状态。冯友兰认为，后期墨家虽然对"爱"和"利"作了进一步分析，但也陷于烦琐。他指出，《墨经》中讨论最多的，不是用什么具体的措施实际上去利人，而是用什么辩论以证明"周爱人"是可能的。冯友兰还根据《墨经》中的材料，提出了当时对于墨家"周爱人"的两种疑难，一种是"无穷害兼"，就是说天下的人数是没有穷尽的，如何能"尽爱之"？一种是"杀盗即杀人"，就是说，墨家既主张兼爱，何以又主张杀盗？《墨经》对这种疑难的回答总是先提出疑难者的话，然后回答。由此，冯友兰推断这些辩论在当时是很激烈的。但是《墨经》的回答，并没有解答疑难者提出的问题。以冯友兰的观点来看，《墨经》把爱人限于一种心理状态，把"兼相爱"和"交相利"割裂开，这是一种抽象的、脱离实际的"爱"，这种辩论也就成了文字上的争执了。从这一点看，后期墨家的伦理思想又陷入唯心主义。在60年代版《中国哲学史新编》中，冯友兰明确指出，这种"杀盗非杀人"的辩论，实际上就是一种诡辩。他还运用阶级分析的方法，对《墨经》中强调抽象的"兼爱"和"杀盗非杀人"的观点的阶级根源进行了剖析。他认为，后期墨家所代表的是从小生产者阶层中分化出来的富足上升的手工业者和与他们相联系的商人的利益。他们在自己富足上升后，对其他被压迫的阶级或阶层，就不如前期墨家那样关心。他们只讲抽象的"周爱人"，不再讲有财相分等具体的"交相利"的办法。在80年代版《中国哲学史新编》中，冯友兰还强调把"爱"与"利"分开，也是前期墨家的宗教迷信和阶级调和论的思想残余，这些都是手工业者阶层局限性的表现。从冯友兰的这些评论可以看出，冯友兰对

① 参见冯友兰：《中国哲学史新编》（第二册），人民出版社1984年版，第282页。

代表富足手工业者和与他们相联系的商人的阶级局限性是持批判态度的。而他本人是站在马克思主义的立场进行分析和评述的。相比早期的冯友兰，此时的他，对史料的分析更多了，自己的评价也更多了。但这些分析和评价难免会有一定的历史局限性。

4.《墨经》中的科学知识

冯友兰对《墨经》中的科学知识给予了极高的评价。依照不同学科对其进行分类和系统梳理。他首先指出，《墨经》中有许多几何学的定义和定理，例如："平，同高也。"对于光学，冯友兰做了更细致的梳理。他指出，《经下》和《经说下》有依次连续的八条，论述关于影和反射镜的理论，形成了一个相当完整的光学体系。这也是极其珍贵的古代科学史料。他认为《墨经》两千多年前在数学、物理学方面的贡献可比于古代希腊许多学者的贡献。墨子论述"力，重之谓下"，是引力学说的最早发现者。

5.《墨经》中的认识论

认识论的问题在后期墨家思想中占据重要地位。随着西方哲学的输入，墨学中的知识论逐步被人们重视，冯友兰是研究墨学知识论体系较有成就的学者之一。认识论也称知识论。冯友兰对《墨经》中的知识论的研究是从阐述认识的过程开始的。他指出，《墨经》中的认识论基本上是唯物主义的。就认识的来源和过程来说，《墨经》肯定认识是由于人的认识能力跟外界的事物相接触而起的。但人都有所以知的能力，仅有这种能力还未必就有知识，还必须有合适的对象，才能有认识的发生。有了以上几步，冯友兰认为，那都还只是认识的初步，还需要进一步深化。"知，明也"（《经上》）；"智也者，以其知论物而其知之也著，若明"（《经说》）。这是说，更进一步的认识是以感官所得的认识为基础的，再加上思维的作用，使认识提高一步。冯友兰认为，有了这样进一步的认识，我们才能对某一认识对象，不但能摹写其态貌，还能知其是什么东西。他从马克思主义认识论的角度对《墨经》中论述的这一认识过程进行了评价。《墨经》的认识论承认感觉的作用，也承认思维的作用。"知，以目见，而目以火见，而火不见；惟以五路知。"（《经说下》）五路就是人的感觉器官，人对于外界的知识，都是经过感觉器官得来的，好像有五条通路。但是有些知识，不是以感觉直接得来的。"知而不以五路，说在久。"（《经下》）久，就是时间，对于时间的知识，是一种抽象的知识，抽象主要是思维的作用。① 总的来说，虽然《墨经》的话是很简略的，也经过了冯友兰的解释和加工，但他的解释基本上是《墨经》的认识论的主要观点。同时冯友兰认为，这种认识论是一种自发的唯物主义反映论的观点。

"知、闻、说、亲、名、实、合、为。"（《经上》）这是《墨经》对于知识所作的分类。冯友兰又进一步按知识的来源把认识分为三类："闻、说、亲。"按照内容可把认识分为"名、实、合、为"四类。冯友兰运用毛泽东《实践论》的一些观点来解释"闻、说、亲"。"传授之，闻也；方不障，说也；身观焉，亲也。"（《经说上》）毛泽东说："一切真知都是从直接经验发源的。但人不能事事直接经验，事实上多数的知识都是间接经验的东西，这就是一切古代的或外域的知识。这些知识在古人在外人是直接经验的东西"。② "亲知"就是直接经验的知识；"身观焉"就是本身亲自看到，古人外人所直接经验的东西，用语言文字等方式传授给我们。这些知识，就他们说是"亲知"，就我们说是"闻知"。《墨经》又把"闻知"分为"传闻"和"亲闻"两种。"说知"是由"已知"推到"未知"的知识。《经说》以"方不障"解释"说知"。"方"是比方，有比方、类推的意思。"说知"不受时空的障碍，所以叫"方不障"。冯友兰用通俗易懂的语言对文字古奥的《墨经》知识论进行解释，使这样一种晦涩的学说被普通人所读懂。冯友兰认为，后期墨家总的来说不是非常重视"亲知"。认识虽有三种，但归根到底，一切都要以"亲知"为源泉。正如《实践论》所说，"一切真知都是从直接经验发源的。"

冯友兰认为，就知识的内容可以把认识分为四类。《经说》："所以谓，名也；所谓，实也；名实耦，合也；志行，为也。""名知"是对于名词或概念的知识。某些人对于名词或概念分析得很清楚，可是遇到这些名词所

---

① 参见冯友兰：《中国哲学史新编》（第二册），人民出版社1984年版，第259页。

② 《毛泽东选集》第一卷，人民出版社1991年版，第288页。

指的东西，他倒不认识。而像小孩子遇见这些东西，看得很仔细但是不知其名，此时他们的知识就仅只是"实知"。名是所以谓实的。"实"是主体，"名"是称谓它的宾词。见了一个东西，认识它，知道它叫什么名字。这就是能把"名实"正确地配合起来，也就是"名实耦"即"合知"。最后一种关于行为的知识，就是"为知"。相比于前三种类型的知识，很显然冯友兰更侧重于对"为知"的论述。他还依《墨经》中"志"的不同，把"为"分为六种，即存、亡、易、荡、治、化。他认为，我们做一件事情，必有一定的目的，也必有一定的行动，前者谓之"志"，后者谓之"行"。两者合起来就谓之"为"。"为"有以"存"为目的，例如制甲、修台，目的是使其能经久耐用。"为"有以"亡"为目的，例如治病，目的是要使人无病。做生意买卖目的是在于交易（"易"）。消灭一个东西目的是使它能正常发展（"治"）。对于事物有时需要使其自己变化（"化"）。这样，本来十分难理解的内容，在冯友兰的训示下变得浅显易懂。冯友兰认为，"名、实、合、为"四种知识的排列，"名"在最先，"为"在最后。这种排列并不是偶然的。这表示，知识开始于对于"名"的知识，而完成于对于"为"的知识。仅有对于"名"的知识还不算完全的知识，必须能"以名取"，"去取俱能之"，才算完全的知识。这表明《墨经》十分重视实践对认识的检验作用。

最后，冯友兰还站在马克思主义的立场，对儒墨两家关于行为的观点进行了对比。他认为，儒墨两家对行为的重视有原则的不同。儒家重视的"行"是对于封建道德的实践；墨家重视的"为"是变革客观现实的实践。这样的不同是唯心主义与唯物主义对立的一种表现。但是，冯友兰的这种认识未免有些迁强。能不能简单地把儒家归为"唯心主义"，把墨家归为"唯物主义"，这还是需要进一步商榷的问题。然而，我们必须看到，墨家所了解的改革现实，其范围还是狭小的，还不能算是科学意义上的生产实践和社会实践。但是，冯友兰认为，他们毕竟认识到了改革现实的重要性，而且承认改变现实的知识是人类知识的重要部分。这在当时是很进步的思想，是中国唯物主义思想的优良传统。

相比于早期的冯友兰，他对知识论的论述添加了更多的评价。语言更直白，更浅显易懂，不像早期那种半文半白的叙述。

6."辩"及后期墨家的逻辑思想

"墨辩"，包括《大取》、《小取》，是墨家逻辑学理论和体系的大纲，也是第一个中国古代较为完整的逻辑学体系。在中国逻辑史上第一次提出了"辩"、"类"、"故"等逻辑概念。论述了"辩"的作用、立"辩"的方法、辩者应遵守的原则，并提出了"辟"、"侔"、"援"、"推"四种论辩方式的逻辑要求与常见逻辑错误。

墨家的逻辑学是其对生产经验和生活经验的总结。但由于它尘封千古，文字古奥，人们多不敢问津。冯友兰在前人研究的基础上，着力发掘《墨经》的逻辑成就。晚期的冯友兰更是运用马克思主义的诠释框架，对《墨经》中的逻辑思想进行了剖析。

首先，他认为《墨经》中的逻辑思想产生于战国时代，社会阶级矛盾异常尖锐、阶级斗争异常激烈的社会大背景之下。"各家各派所进行的思想斗争，就是阶级矛盾与斗争的反映，同时也就是阶级斗争的工具。"①接着冯友兰对"辩"进行了系统的评述，他从儒墨斗争的角度出发，认为"辩"就是进行思想斗争的一种武器。当时的孟子是一个"好辩"的人。孟子为自己解释说："余岂好辩哉，余不得已也。"（《孟子·滕文公下》）并且认为凡是批判他所卫护的东西的学说，都是"诐辞，淫辞，邪辞，遁辞"，都要进行反击。冯友兰认为墨子第一个向儒家展开了反"周道"的思想斗争，这也就成为了庄周所说的"儒、墨之是非"。《墨经》继续墨子的精神，强调"辩"的重要，并且在名家的影响下，在反对各种诡辩学说和庄周的相对主义思想的斗争中，把墨翟所已有的关于方法论的思想发展成一个逻辑体系，成为中国哲学史中的光辉一页。

那么，"辩"是如何产生的呢？冯友兰认为"辩"产生于双方对于一个命题有不同的意见，"辩"的结果是与事实相符合的一面胜利。他还从马克思主义认识论出发，明确指出，《墨经》深信客观世界是可知的，真理是有客观性的，客观事实是真理的最后标准。

---

① 冯友兰：《中国哲学史新编》（第二册），人民出版社 1984 年版，第 262 页。

冯友兰认为，"这些论点都是根据庄周的相对主义不可知论提出的。"①
《墨经》中的观点认为，两个是非相矛盾的论题不可能都正确，其中必有
一个不正确。冯友兰运用西方逻辑学的理论说明，"是不俱当"、"必或不
当"接触到了形式逻辑中的矛盾律；"不可两不可"接触到了形式逻辑中
的排中律。《墨经》中的这些论断，接触到了形式逻辑中的两个重要规律，
从思想斗争说，表现了不妥协的精神。②

关于"辩"的功用和方法，冯友兰认为，《小取》篇对于其进行了系
统的说明。"夫辩者，将以明是非之分，审治乱之纪，明同异之处，察名
实之理，以说出故，以类取，以类予，有诸己不非诸人，无诸己不求诸
人。"（《小取》）对于这段话，冯友兰又进行了深入细致的剖析。他认为，
前六项是"辩"的功用和目的。而"蕃略万物之然，论求群言之比"是
"辩"胜利的先决条件。墨家辩论的目的在于追求真理，依据的是客观事
实，这些都是和诡辩思想坚决对立的。关于《墨经》中的逻辑思想，冯友
兰重点论述了"辩"的方法和原则。其中原则共有四项，本文将分述之。

第一，以名举实。

冯友兰对《墨经》关于"名"的含义及其在获取知识中的作用等问
题做了释义和评述。他说，《墨经》把"名"分为三类：达、类、私。"达
名"是最高类的名。即所有的东西都必用此名（"有实必待之名也"）。"类
名"是指仅这一类的东西用这个名（"若实也者，必以是名也"）。"私名"
是指仅一个人可用（"是名也，止于是实也"）。冯友兰认为这样对"名"
的分类，也完全是以"实"为基础的。而关于"名实"的关系问题，在先
秦一直是认识论中的一个主要问题。很显然，《墨经》是认为"实"是第
一性的，"名"是第二性的。这是认为概念是客观事物的反映，是由客观
事物决定的。这是一种难得的唯物主义见解。早期的冯友兰对"名"的具
体论述是在认识论中完成的。但无论在哪里的论述，他都没有改变自己的
观点，那就是"名"是关于概念的知识。

---

① 　冯友兰：《中国哲学史新编》（第二册），人民出版社 1984 年版，第 263 页。
② 　参见冯友兰：《中国哲学史新编》（第二册），人民出版社 1984 年版，第 263—264 页。

第二，以辞抒意。

"以辞抒意"是冯友兰所讲的"辩"的四原则中的第二项。"辞"是由"名"构成的，即语句或命题。"辞"所表达的"意"就是判断，"判断"是反映客观实际的。"判断"符合客观实际，表达判断（抒意）的语句或命题（辞）也符合客观实际，这个判断就是"当"，也就是真的；不然就是"不当"，也就是不真。

第三，以说出故。

在辩论中，辩者不仅要用一个"辞"表达判断，还要说出所以得到这个判断的理由。冯友兰认为，这就是"以说出故"。他运用了大量篇幅对"以说出故"进行了论述。他还结合西方逻辑学的一些基本概念和方法来进行解释。他认为，"故"是根据或理由。"说"是把一个"辞"所以是"当"的理由阐述出来的论证。这个"辞"就是这些论证的结论，这个论证就是这个"辞"的前提，在推论过程中，结论是依赖前提的。① 关于"故"，冯友兰首先分析了《经上》中所给出的"故"的定义。"故，所得而后成也。"就是说有它某一现象才能成其为某一现象。接着，他又分别分析了"大故、小故"。"小故，有之不必然，无之必不然"；"大故，有之必然，无之必不然，若见之成见也"。他说，"小故"只是这一现象所依赖的许多条件中的一部分，有了它，这一现象还不一定发生。"大故"是一现象所依赖的所有条件的总和，有了"大故"，这一现象必然发生，没有它，这一现象必然不能发生。

关于辩论所必须遵守的规律，冯友兰认为正是《大取》篇中的《语经》所讲的内容。但由于《大取》篇辞句散乱，所以他照下文推测了《语经》的内容，"三物必具，然后足以生。""夫辞，以故生，以理长，以类行者也。"他认为，所谓"三物"就是"故、理、类"。所谓"故"，上文已详细说明，此处不再赘述。关于"理"，冯友兰认为它就是能证明结论（"辞"）的"故"所根据的与结论相联系的客观规律。"理"使我们确信，从这样的"故"一定可以得出这样的结论来。"类"即类推。它使我们得

---

① 参见冯友兰：《中国哲学史新编》（第二册），人民出版社 1984 年版，第 266 页。

到客观规律并且知道它是可靠的。人的知识从个别开始，对于某一类的个别有了认识，就推到同类的其他事物。冯友兰认为，在演绎的推论中，"理"就是大前提，"故"就是小前提，"辞"就是由大前提、小前提推出来的结论。结论是直接依靠小前提的，所以"辞"是"以故生"。再加上大前提，结论的可靠性就增长了，所以是"以理长"。再加上附加举例，更有说服力，这就是"以类行"。冯友兰把《墨经》的逻辑，同印度因明的论式和形式逻辑相结合。他指出，"辞"，因明学称为"宗"，形式逻辑称为"结论"。"以故生"，因明称为"因"，形式逻辑称为"小前提"；"以理长"，因明包括在"因"之内，形式逻辑称为"大前提"。他还引了毛泽东的一段讲话，"我们的事业是正义的。正义的事业是任何敌人也攻不破的。"① 得到的结论是"我们的事业是任何敌人也攻不破的"，按照印度因明学的论式列为演绎推论："我们的事业是任何敌人攻不破的，因为我们的事业是正义的，正义的事业是任何敌人也攻不破的。"在这里，我们可以发现，冯友兰对墨家逻辑、印度因明学和西方三段论有所涉及，并试图把它们做比较，这是一种可贵的努力。

第四，类比、推论。

冯友兰认为，"类"是《墨经》中的一个主要概念，推论要用"类"，辩论也要用"类"。"以类取，以类予，有诸己，不非诸人，无诸己，不求诸人。"这是辩论中的类比推论。他还运用简单直白的语言，对此进行解释说：甲与乙同类，对方承认了甲，就不得不承认乙；不承认甲，就不能承认乙。这是"以类取"。甲与乙同类，对方承认了甲，我就把乙提出来，看他是不是也承认，这是"以类予"。甲与乙同类，我承认了甲，对方主张乙，我就不能反对，这就是"有诸己，不非诸人"。甲与乙同类，我不承认甲，我就不能要求对方承认乙，这就是"无诸己，不求诸人"。②

早期的冯友兰区分了广义之辩和狭义之辩。晚期的冯友兰则没有对"辩"进行区分。他总结《小取》篇关于"辩"的方法的论述后指出，

---

① 《毛泽东文集》第六卷，人民出版社1999年版，第350页。
② 冯友兰：《中国哲学史新编》（第二册），人民出版社1984年版，第268页。

"辩"的具体方法有七种，分别是：或、假、效、辟、侔、援、推。其中，他对第一、二、四、五、六种方法的叙述较为简略，而把重点放在第三、七种方法上。

第一种方法是"或"。"或也者，不尽也。""尽，莫不然也。"冯友兰引用了西方逻辑学中的主词、谓词的概念加以说明。他说，"尽"表示全称命题，即主词的外延尽包括在谓词的外延之中。"或"表示特称命题，这种命题的主词的外延只有一部分包括在谓词的外延之中，例如说："马或白"。

第二种方法是"假"，即表示假言命题，假设一种现在还没有发生的情况而预言其后果，例如："如果天要下雨，地就要湿。"

第三种方法是"效"。冯友兰首先引用《墨经》中关于"效"的一些定义。《小取》篇说："效者，为之法也；所效者，所以为之法也。故中效则是也，不中效，则非也。"《经上》说："法，所若而然也"；《经说》："法，意、规、圆，三也，俱可以为法。"《经下》说："一法者之相与也尽类，若方之相合也，说在方。"《经说》："一方尽类，俱有法而异，或木或石，不害其方之相合也。尽类犹方也。物俱然。"冯友兰认为，从这些定义来看，法就是公式，可以适用于这一类中的任何个体。他还对此加以引申，他说，凡仿效一物而能成为那类事物中一物（"所若而然"），其所效者就是"法"。仿效所成之物就是"效"。"故中效"的故，即上文"以说出故"的"故"。"故"是成事的原因，也是立论的理由。要想知道"故"的真假，最好是以此故作为"法"，看它是否"所若而然"。如果是"所若而然"就是"中效"，则这个"故"就是真故，反之则不是真故。在此冯友兰强调，这个方法就是墨子所说的第三表的发展。

第四种方法是"辟"。《小取》篇说："辟也者，举也物而以明之也。"冯友兰认为，"譬"就是用一个别的东西作为说明，按冯友兰的理解，"辟"（譬）就是我们今天所说的比喻。

第五种方法是"侔"。《小取》篇说："侔也者，比辞而俱行也。"冯友兰认为，"侔"式推论就是形式逻辑中所说的直接推论，即从"乘白马"可以直接推论出来"乘马"。但是冯友兰指出，"侔"式推论没有注意到《小取》篇自己所说的"夫物有以同而不率遂同，辞之侔也有所至而止"。"侔"是"比辞而俱行"，"俱行"有一定的限度，过度就会成为错误，"杀盗非杀人"之所以成为诡辩，就是因为"俱行"过了一定的限度。

第六种方法是"援"。《小取》篇说："援也者，曰：'子然，我奚独不可以然也？'"冯友兰认为，墨家主张"兼爱"，但又主张"杀盗"。批评墨家的人认为这两个主张是矛盾的。《墨经》则认为并不矛盾。因为承认"多盗非多人"就应该承认"杀盗非杀人"。冯友兰说："《墨经》的这种推论是错误的。"①"多盗非多人"跟"杀盗非杀人"是一类的论断。"白马非马"跟"楚人非人"是一类的论断。你既然承认前者，也就需承认后者，这正是"以类取"的应用。可是这种辩论使墨家自己也陷入了诡辩。那是因为，判断某地的盗的多少与判断某地的人的多少，所用的标准是不同的。"爱盗非爱人也"这个命题中的"人"是泛指，可能就是指人类。"杀盗非杀人也"这个命题中的"人"就是指被杀的这个人。两个命题中的"人"所指不同。这两个命题不能相提并论。冯友兰赞同荀子把"杀盗非杀人"列为诡辩的第一种认识。他还强调这个辩论犯了偷换概念的错误。

第七种方法是"推"。《小取》篇说："推也者，以其所不取同于其所取者予之也。是犹谓者也，同也；吾岂谓也者，异也。"就是说我把对方的主张用作类比推理的前提，得出一个本质上与之相类似但是荒谬的结论，提出来给对方，看他接受不接受。这样的荒谬结论也是对方所不能承认的，这样，对方也就不能坚持了。在这个辩论中，"是犹谓"表示两个命题相同，"吾岂谓"表示两个命题相异。

《墨经》说："止，因以别道"；《经说》："以人之有黑者，有不黑者也，止黑人；与以有爱于人者，有不爱于人者，止爱人，是孰宜止？"止，就是反驳使之停止，用此以分别正确和错误的道理。有人用这个办法反驳墨家"兼爱"之说，企图用"有的人不兼爱"这个特称命题"止之"。冯友兰认为，这种反驳是不正确的。因为墨家主张"兼爱"，是说人都应该兼

① 冯友兰：《中国哲学史新编》（第二册），人民出版社1984年版，第270页。

爱，不是说人都实际上已经兼爱。①

在上面论述的七种方法中，冯友兰认为辟、侔、援、推，都是依靠不同命题的相同之点，以作推论。正如《小取》篇指出的，这样的推论很可能犯错误。因为语言的意义是多方面的，事物的性质也是多方面的，不可以用片面的观察概括全面。如果以"偏观"概全面，则原本正确的命题就可以转化为错误的命题。"行而异，转而危，远而失，流而离本"（《小取》），都是转化的各种形式。《小取》篇指出了辩论和事物本身的复杂性、片面观点的危险性，也提出了正确和错误转化问题，是《墨经》中有辩证法因素的思想。

总体来说，冯友兰对后期墨家给予了较高的评价。他认为《墨经》对中国古代逻辑学的发展作出了重大的贡献。《墨经》对于概念、判断和推理都进行了研究，其中有很多合乎科学的论断。其整个体系是建立在唯物主义认识论的基础上的，这是中国古代逻辑学的优良传统。冯友兰对墨家逻辑的发掘、整理和解释，对于我们理解《墨经》中的逻辑思想，特别是在马克思主义的诠释框架之下进行的深入研究有重要意义。同时，他还把西方逻辑学和印度因明学运用在对墨家逻辑的解释当中，力图找到三者的相通之处。虽然他的比较过于简单，而且并未揭示出三者本质上的相通之处和不同点，但他毕竟为今后的学者提供了借鉴。

7. 对其他各家的辩论

《小取》篇提出的，"杀盗非杀人"，冯友兰认为完全是从错误的"侔"式推论推出来的，是一种诡辩。但他对《墨经》的总体评价还是好的，认为其中的诡辩只是个别的。他还从辩证唯物主义的角度给予《墨经》较为客观的评价说："《墨经》基本上是站在唯物主义的立场对当时所流行的诡辩进行批判的。"

第一，"合同异，离坚白"。

冯友兰认为，名家中的惠施用"合同异"的辩论来证明事物是经常变化的，事物的性质是相对的。他认为惠施的这种思想是辩证的。但是

---

① 参见冯友兰：《中国哲学史新编》（第二册），人民出版社1984年版，第271页。

"辩者二十一事"中的"合同异"辩论，就有些诡辩了。[①] 而《墨经》对于"同"、"异"的定义，则包含辩证法的因素。《经说》："同：二名一实，重同也；不外于兼，体同也；俱处于室，合同也；有以同，类同也。""异：二，必异，二也；不连属，不体也；不同所，不合也；不有同，不类也。""同"、"异"分别有四种，关于"同异"的辩论必先说清楚，所谓"同"是哪一种"同"，所谓"异"是哪一种"异"，这样才能有所推论而不至于陷入错误。在60年代版《中国哲学史新编》中，冯友兰指出《墨经》的这些辩论与"合同异"一派辩者"同异之辩"相反。《墨经》不是要"合同异"，而是要在某种意义上说"离同异"。关于"同异交得"一节，冯友兰认为，《经说》的错字很多，但他还是总结了其大意，那就是一切东西都有相反的性质，如"有无，多少，生死等"。一个人可以以身在此而志在彼，按"身"说为"存"，按"志"说为"亡"。"合同异"一派的部分辩者，正是利用此点，作"白狗黑"、"龟长于蛇"等诡辩。冯友兰认为，白狗虽然可以说是黑的，龟也可以说是长，蛇也可以说是短，黑白长短虽无绝对的标准，但在一定范围内的比较，必须使用统一标准。他指出，《墨经》所讲的是事物同一性本身中差别性的问题。这与"合同异"完全是两回事，它对"同、异"作了比较细致的分析，既明确指出了事物的性质是相对的，又封闭了由此倒向相对主义的后门。

冯友兰认为，"合同异"派的部分辩者和庄子利用事物性质的相对性，歪曲客观辩证法，宣传他们的相对主义和诡辩思想。而《墨经》则肯定事物性质的相对固定性，这正是针对他们的相对主义进行的批判。在60年代版《中国哲学史新编》中，冯友兰运用辩证法和西方形式逻辑，对相对主义和诡辩思想进行了批评。

公孙龙一派的辩者，主张"离坚白"，《墨经》则主张"合坚白"。"坚白不相外"，"坚白异处不相盈，相非，是相外也"。这是主张"合坚白"，即"坚白不相外"。冯友兰认为，《墨经》的这些观点是从唯物主义出发的，"坚"、"白"都是客观事物所固有的属性。"不坚白，说在无久与宇。"

---

① 参见冯友兰：《中国哲学史新编》（第二册），人民出版社1984年版，第284页。

就是说，如果没有时间和空间，也就没有"坚"、"白"。冯友兰认为这是在驳公孙龙的"天下未有若坚而坚藏"的论断。公孙龙的这些论断都是客观唯心主义的。"于一，有知焉，有不知焉，说在存。""于石一也，坚白二也，而在石，故有智焉，又不智焉，可。""见不见离，一二不相盈，广修坚白。"冯友兰认为，这是对公孙龙的"坚白论"的批评。"离坚白"论的辩者，也就"坚白论"在认识论上做了论证。《坚白论》说："视不得其所坚，而得其所白者，无坚也。拊不得其所白，而得其所坚者，无白也。……得其白，得其坚，见与不见离，一、二不相盈，故离。"冯友兰还列举了《坚白论》中叙述难者的一段话："目不能坚，手不能白，不可谓无坚，不可谓无白。……坚白域于石，恶乎离？""石之白，石之坚，见与不见，二与三，若广修而相盈也，其非举乎？"他认为这段话引自《墨经》。因为《墨经》认为坚白相盈，不相外，同在于石；这就是"存"。我们用眼睛看石，得白不得坚；用手拊石，得坚不得白。这是我们的"知与不知"。与石之有无"坚与白"无关。因为"见不见离"，就说"一二不相盈"；但见与不见，与石之有无坚白无关。一块石头有一定的宽度（"广"）和一定的长度（"修"）。坚白在石，犹如广修之纵横相涵；这就是所谓"不可偏去而二"。冯友兰认为，以上这些都是《墨经》反驳公孙龙对于"离坚白"的客观唯心主义的论证。

第二，"指物论"。

"有指于二而不可逃，说在以二絫"。（《经下》）

《经说》：

> 有指，子智是，有智是吾所无举，重。则子智是而不智吾所无举也，是一谓，有智焉，有不智焉，可。若智之，则当指之智告我，则我智之。兼指之，以二也。衡指之，参直之也。若曰，必独指吾所举，毋指吾所不举，则者固不能独指，所欲指不传，意若未校。且其所智是也，所不智是也，则是智是之不智也。恶得为一谓，而有智焉，有不知焉？

《经下》又说："所知而弗能指，说在春也"；《经说》："所，春也，其执固不可指也"。这两条似乎是对公孙龙的《指物论》的批判。他说，公孙龙所谓的"指"，就是"名"所指的共相。"名"一方面指个体，一方面指寓于个体中的共相。公孙龙一派的观点认为，我们只知其"名"所指的"共相"，不知其所指的个体；这就是所谓"必独指吾所举。毋指吾所不举"。但是《墨经》认为，共相即在个体之中，共相不能单独为名所指，"名"若是仅指"共相"，则其意义就不完备。公孙龙一派认为，个体可以指以示人，共相不可指以示人。这里公孙龙所说的"共相"，是不可以指以示人的。《墨经》则认为，既不可指以示人，而又执其为有，这是蠢事。冯友兰认为，从这段批判可以看出，后期墨家肯定一般是寓于个体之中的，不能脱离个体独立存在。上述批判是一种尊重感觉经验的唯物主义认识论的观点，它排斥了关于共相独立存在的虚构。冯友兰的这段评价，是他站在马克思主义认识论的立场作出的。

　　第三，正名实。

　　在 80 年代版《中国哲学史新编》中，冯友兰认为，后期墨家与公孙龙一派的名家，在关于"共相"的问题上，存在着唯物主义与唯心主义的对立，但是在"正名实"的问题上，有些观点却是相似的。《墨经》中有"狂举不可以知异"，这与《公孙龙子·通变论》中所谓"狂举"相合。此外，《墨经》正名的主张，与公孙龙相似。"彼，正名者，彼此。彼此可，彼彼止于彼，此此止于此。彼此不可，彼且此也。彼此亦可，彼此止于彼此，若是而彼此也，则彼亦且此此也。"（《经说下》）冯友兰认为这段文字跟《公孙龙子·名实论》大致相同。但这些论点，在公孙龙的体系中，是用以论证"实"要符合于"名"，而在墨家的体系中，是用以论证"名"要符合"实"。这同样表现了唯物主义与唯心主义的对立。冯友兰还举了《庄子·齐物论》中关于"彼是"的评论。《齐物论》说："物无非彼；物无非是。……故曰：彼出于是，是亦因彼，彼是方生之说也。"专就事物的个体说，各种东西都互为彼此，但也不是固定不变的。庄子一派将这一点片面夸大，以宣扬其相对主义，从而否定了"辞"或"概念"相对的固定性，认为大的东西也可称为小，小的东西也可叫作大，这样就成了"诡辩"。而墨家认为，尽管事物的彼此是相对的，并非固定不变，但彼此之名的意义，还是可以使之确定下来，否则人们就无法称谓事物，使彼此的"名"的意义确定下来，就是"正名"的事。

第四，儒家。

儒家"言必称先王"，认为尧、舜是最大的"圣王"。《墨经》针对这种复古倒退的思想进行了批判。"在诸其所然未者然，说在于是推之。"《经说》："在，尧善治。自今在诸古也；自古在之今，则尧不能治也"。"在诸其所然"一条的意思是说，即使承认尧"善治"，那也是由今看古；如果把古代看成现代，尧也是不能"治"的。尧的"善治"只是一种名声，名声在今，而实际行为在古代。古今异时，名声和实际完全是两回事。对于儒家这种复古倒退的思想，冯友兰认为，《墨经》是从两个方面进行批判的。一是，古今的情况不同，在古代合适的东西在现代未必合适。二是，古今时间上距离很远，传说中的古代人的名声未必与古代的实际相符合。这样的批判表明墨家所代表的阶级走的是当时革新、前进的路线。

第五，五行家。

五行家认为，水、火、木、金、土，五行"相生"也"相胜"。无论在任何条件下，水总是胜火，土总是胜水等等。冯友兰认为，这是一种神秘思想，也是形而上学的观点。《墨经》则指出"五行无常胜"。五行中哪种多，就可以胜其他种。《墨经》的这个批判，不仅驳斥五行家对于五行的神秘思想，也驳斥他们的形而上学思想。

第六，庄子。

冯友兰认为，《墨经》中批判最多的是庄子的相对主义观点。《庄子·齐物论》提出了一大篇诡辩，企图论证"辩无胜"，也就是"辩"不能决定是非。针对这个诡辩，《墨经》驳斥说，凡一个辩论，总是有不同的意见，成为对立面。对于它们辩论的东西，一个方面认为它是如此，另一个方面认为它不是如此。这两方面的意见只能有一方面跟事实相合，这一方面就是胜利的一方。冯友兰认为这条辩论是根据唯物主义的反映论和形式逻辑的排中律驳斥庄子的相对主义和不可知论观点。"以言为尽悖，悖。说在其言"；《经说》："以悖，不可也。之人之言可，是不悖，则是有可也；之人之言不可，以当，必不审。"这段文字是对庄子的批判。冯友兰认为，庄子的这些论点，是以相对主义为基础的诡辩。《墨经》虽然从逻辑上揭露了这些说法自身中的矛盾，肯定一个命题或论断有是非、正误的区别，表现了一种追求真理的积极态度，但这并不能彻底驳倒庄周一派的诡辩，因为一个命题所论断的是它的对象；它的对象不能反过来又包括它自己。《墨经》的批判则假定这个命题也包括它自身，由此才得出结论："以言为尽悖，悖。"

综上所述，晚期的冯友兰，力图用马克思主义的诠释框架解读后期墨家的逻辑思想，注重阶级分析方法和历史主义方法的运用。冯友兰对墨家学说的战斗精神是十分赞赏的，他还从阶级根源和方法论的角度，给予《墨经》客观的评价。他认为就阶级根源来看，前期墨家是手工业小私有者，即手工业主思想上的代表，这个阶层是较弱的，所以前期墨家只有依靠宗教的力量，推行它的理想。但宗教和科学是相违背的，而科学又是手工业生产依据。因此，后期墨家是直接从事劳动的手工业者思想上的代表，逐渐抛弃了宗教，而以自然科学知识为基础，使墨家思想终于成为先秦唯物主义思想的一个重要堡垒。科学知识坚定了他们唯物主义的观点，在一定程度上也表现出辩证法的因素。但是冯友兰认为，墨家的唯物主义思想在某些问题上比较突出地表现出一种机械性和形而上学性。不过这也是和当时的自然科学知识的水平相适应的。

就方法论来看，冯友兰认为后期墨家主要采取了形式逻辑的思维方法，作为他们的战斗武器，也正因为如此，他们提出了不少的逻辑学理论，冯友兰对这些理论采取了辩证分析的的态度。他说，《墨经》中的逻辑学理论，是中国逻辑学史中的一个重要环节，但他们的思想常会受到形式逻辑的限制，而这些形式逻辑的思维方法绝对化，就会导致形而上学的观点。《墨经》中虽有一些辩证法思想，但总体来说，他们的思想体系和指导他们体系的理论思维并不是从辩证法出发，这也导致他们对于部分名家的诡辩能提出正确的批判，而对于名家中合乎辩证法的部分则认识不足。[1] 总

<hr>

① 参见冯友兰：《中国哲学史新编》（第二册），人民出版社 1984 年版，第 298 页。

体来说，冯友兰对后期墨家的评价是客观的、辩证的。《墨经》中的科学思想及逻辑学都是中国哲学史的宝贵遗产。

<h2 style="text-align:center">第四节　道家观</h2>

20 世纪 50 年代以后，冯友兰以马克思主义哲学为诠释框架，提出了他的晚期道家观，对先秦道家的合法性、道家的起源和发展、老子哲学、庄子哲学、稷下黄老之学的精气说等进行阐释，既有对早期道家观的继承，也有新的探讨，展示出冯友兰道家观的动态过程。

一、主要内容

冯友兰的晚期道家观包含着丰富的内容，主要体现在对先秦道家的合法性、道家的起源和发展、老子哲学、庄子哲学、稷下黄老之学的精气说等方面的阐释上。

1. 先秦道家的合法性论证

20 世纪 50 年代以后，冯友兰对道家的哲学思想做了进一步思考和探究，凸显道家的合法性问题，介入到"先秦有无道家"的哲学论争中，在驳斥"先秦无道家"之说的同时证明了先秦道家的存在。

冯友兰认为，要证明先秦道家的存在，应该确立其资料依据。先秦道家思想的资料，除了《老子》和《庄子》之外，还有《韩非子》中的《解老》和《喻老》，《管子》里的《内业》、《白心》、《心术》上、《心术》下等。《楚辞》里面也有一些先秦道家思想的资料，《天问》篇展示了一些当时的哲学问题，《远游》篇是根据先秦道家思想写成的一篇游仙诗。《吕氏春秋》对于道家思想的记述占了很大的篇幅。《淮南子》也以道家的思想为主要部分。

1959 年，冯友兰在《北京大学学报》上发表了《先秦道家哲学主要名词通释》一文，集中探讨了先秦道家的合法性问题。

首先，冯友兰三破"先秦无道家"之说。冯友兰指出，"有人说，先

秦没有道家，这话没有什么意义。"① 他从名称、组织、中心思想三个方面
逐层批驳：其一，有人认为先秦没有道家，是因为先秦没有这个名称，这
个理由是不充足的。所谓六家这些名称，本来是后代的历史学家对于先秦
的哲学派别进行分析研究以后给予它们的。除了儒、墨两家是用先秦已有
的名称之外，其余各家也都是新立的名称。不仅道家这个名称是先秦没有
的，就是名家和法家等名称，也是先秦所没有的。其二，有人认为先秦没
有道家是因为没有组织，这个理由也是不充足的。先秦的哲学派别，除了
墨家有严密的组织之外，儒家都宗奉孔子，可以说是有一定的师承关系，
但是像名家和法家，既无组织，也难说其中的人有什么师承关系。其三，
有人认为先秦没有道家，是因为没有一个思想可以称为道家的中心思想，
这个说法，倒是有道理的。每一个学派，都有一个中心思想，围绕着这个
中心思想，同别家进行斗争。一方面捍卫自己的中心思想，一方面驳斥跟
这个中心思想不同的思想；一方面是"立"，一方面是"破"。先秦道家是
不是有一个中心思想呢？冯友兰认为是有的。②

　　其次，冯友兰立"先秦有道家"说。他指出，先秦道家有一个中心
思想，这个中心思想就是"为我"，并由此建立起先秦道家及其分派。冯
友兰讲道，杨朱是道家的创始人之一。在孟子的时代，他的影响最大，
所以孟子就把他当作道家的领袖进行批判。孟子说："杨氏为我。"（《孟
子·滕文公》）他这一句话就抓住了道家思想的中心。"为我"就是把个人
利益放在第一位。主张"为我"的人，把追求个人最大的利益作为人生的
目的。③ 冯友兰指出，从个人最大利益出发，道家分出许多派别：第一派
认为人生最重要的东西就是生命，认为这是人生一切的基础，个人最大的
利益，就是保全自己的生命（"全生"）。要想保全生命，就要适当地限制
欲望，轻视外界的利益。人与人之间保持和平的关系，人不犯我，我不犯
人。这样，就可以保全生命。冯友兰指出，杨朱本人的思想，可能就是这
个样子，《吕氏春秋》所记载的詹何和子华子的思想，也就是这个样子。

① 　冯友兰：《三松堂全集》（第十二卷），河南人民出版社 2001 年版，第 352 页。
② 　参见冯友兰：《三松堂全集》（第十二卷），河南人民出版社 2001 年版，第 352—353 页。
③ 　参见冯友兰：《三松堂全集》（第十二卷），河南人民出版社 2001 年版，第 281 页。

第二派认为个人最大的利益，不在于生命的延长，而在于欲望的满足。如果为了保全和延长生命而限制欲望的满足，甚至于否定一些欲望，这种办法，即使能够达到延长生命的目的，也是得不偿失的。人并不是为生存而生存，人是为享受而生存。冯友兰指出，《庄子·盗跖》篇有这种思想，后来《列子·杨朱》篇就发挥这种思想，并把它挂在杨朱的名下。第三派认为个人最大的利益在于生命的延长，但是延长生命，专靠限制欲望是不够的，还可以用一种修养的方法，使生命不但可以"终其天年"，而且可以无限制地延长，以至于"长生久视"。冯友兰指出，宋尹学派（《管子》的《内业》、《白心》、《心术》上、《心术》下等四篇）的思想就是这样。第四派认为要想全生，就得避害，有来自自然方面的害，也有来自社会方面的害；要想避害，就必须了解自然界中和社会中的事物发展的规律，即所谓"天道"、"人道"。了解这些规律，照着这些规律行事，自然可以免害，如果不了解这些规律，盲目地行动，那就一定要受害。冯友兰指出，《老子》一派的思想，基本上就是这样。第五派认为即使了解自然界中和社会中事物发展的规律，也还是不能保证人必定不受害。因为，在自然界中和社会中，事物的发生，除了有必然性之外，还有偶然性，了解事物发展的规律，可以避免由事物发展的必然性所发生的害，但是不能避免由事物发展的偶然性所发生的害。所以还是不能保险。最好的办法，就是"忘我"，或者"无我"。用一种阿Q式的方法，不以害为害，就完全可以避害。这样，忘我正是所以为我，忘生正是所以全生。冯友兰指出，庄子一派的思想基本上就是这样。① 从以上的论述中可以看出，这些派别虽然有一些不同，但是有一个共同的中心思想就是"为我"。因此他们有一个共同的倾向，那就是，怎样能使"我"得到最大的利益。上面所说的这些派别都围绕这个中心思想，提出他们自己的看法。因此，他们就构成了一个大的派别，这个派别就是道家。

再次，冯友兰从意识形态的角度进行论证，指出阶级意识是先秦道家产生的重要依据。冯友兰讲道，每一家都有中心思想和共同倾向，因

① 参见冯友兰：《三松堂全集》（第十二卷），河南人民出版社2001年版，第283页。

此，每一家的思想家在思想体系上都有必然联系，这是因为他们所代表的大体上是同一阶级或同一社会集团，其思想体系上的联系，正是这种阶级关系的反映。道家的思想确实在当时的思想战线上代表一个阶级的利益，反映一个阶级的要求和希望。①冯友兰分析了这种阶级意识产生的背景，认为在春秋战国这个社会大转变时期，原来作为统治阶级的奴隶主逐渐失去统治的地位，这个阶级也归于消灭，新兴地主阶级逐渐成长壮大起来，最后取得了统治的地位。在奴隶占有制的崩坏过程中，小奴隶主贵族和已经破产没落的奴隶主贵族受到两方面的压迫。他们一方面受还在当权的大贵族的压迫，一方面又受新兴地主阶级的威胁，旧的和新的制度与他们的利益都有矛盾，他们的主要的要求和希望，就是怎样在这种局势中保全他们自己。冯友兰从"全生"、自发辩证法、社会历史观等方面具体分析了致使道家产生的阶级意识。他指出，没落贵族已经没落，还没有没落的小贵族也意识到自己一定要没落的命运。他们失掉或将要失掉他们过去所有的一切，除了他们自己的身体。于是他们自己安慰自己说：身体是最宝贵的东西，身外之物，本来是无足轻重的。因此，他们致力于"养生"，认为保全自己的生命是人生最后的目的。没落的贵族，在没落的过程中，认识到事物的矛盾性，认识到事物都是向相反方向转化；一个事物，如果发展到极点，就要转化为它的反面。这是他们本身所经历的过程，因此，反映没落阶级意识的道家，对于客观辩证法有一定程度的认识。《老子》书里的辩证法思想，在中国哲学史中成为光辉的一页。没落贵族对于奴隶主贵族的社会秩序（礼）表示憎恨，因他们已经失掉了在其中的特权地位。他们对于新兴地主阶级的社会秩序（法）也表示憎恨，因为正是这种新秩序使他们丧失了原有的特权地位。他们一方面说，"夫礼者忠信之薄而乱之首"（《老子·三十八章》）；一方面也说，"法令滋彰，盗贼多有"（《老子·五十七章》）。他们幻想一个没有"礼"也没有"法"的社会。作为一个没落阶级，他们不能向前看，只能向后看。他们认为过去的原始公社社会，就是他们所幻想的社会，他们想把历史的车轮向后倒转。这种社会思

---

① 参见冯友兰：《三松堂全集》（第十二卷），河南人民出版社 2001 年版，第 281—282 页。

想，在当时，或在以后，都是反动的。①

冯友兰对先秦道家合法性的论证是富有启发意义的，我们判定一个事物的存在与否，不能仅仅停留在名称、组织形式等表面化的东西上，应该挖掘其思想实质。这就像我们今天讨论"中国有无哲学"这个问题时，不应该仅仅依据中国古代有无"哲学"这个名词，而应当依据有无哲学思想上。冯友兰曾经指出中国哲学缺乏"形式上的系统"，却有"实质上的系统"。同理，先秦虽然没有"道家"这个名称，不等于先秦没有道家思想或道家哲学。冯友兰的这个判断显然是有说服力的。冯友兰对道家产生的阶级基础的分析，反映了他哲学史方法论的转向，具有特定时代的时代特征。

2. 道家的起源和发展

道家起源于"隐者"是冯友兰一贯的主张。他在 80 年代修订本的《中国哲学史新编》（第一册）中，指出"逸民"、"隐者"之流是道家的前驱。所谓"逸民"，实际上就是失去奴隶主贵族地位的奴隶主。冯友兰指出，他们对于"乱世"的态度和对付的方法是以逃避的办法向新兴地主阶级的统治进行消极的抵抗。"贤者避世、其次避地、其次避色、其次避言。"（《论语·宪问》）这些"逸民"大概都可以说是"不降其志，不辱其身"。② 他们对于新兴地主阶级的统治，在思想上不认输，在政治上不合作，抱着一种悲观失望的态度"避世"、"避地"，所希望的只是保存自己的生命，认为最好的办法就是"隐"。但他们还只是各自随时地发一些牢骚，发表一些对新社会不满的言论，只是消极的独善其身，还没有形成一贯的思想和群体性的行为，尚未成为一个学派。

首先为隐者创立一种学说、一个派别的人是杨朱。冯友兰在 60 年代版《中国哲学史新编》中反对杨朱是春秋末期老聃的学生的说法，他认为从战国初期思想斗争的情况看出道家思想的出现应在墨子以后，并以墨子的学说证明杨朱先于老聃。冯友兰以"杨朱、田骈、慎到，老子，庄子，

---

① 参见冯友兰：《三松堂全集》（第十二卷），河南人民出版社 2001 年版，第 284—285 页。

② 参见冯友兰：《三松堂全集》（第八卷），河南人民出版社 2001 年版，第 231 页。

代表道家哲学思想发展的三个阶段"①的论断进一步表明了自己的立场。冯友兰指出，关于杨朱本人的历史，我们知之甚少，大都是从先秦典籍中搜寻出来的。其中心思想是"为我"、"轻物重生"，口号是"不拔一毛"、"不利天下"。杨朱所重的"生"即生命、身体。生命的内容是欲望，但是满足欲望也要有节制，不然的话，就要伤生命。冯友兰指出：

> 专就全生保身，满足欲望这一点说，是有困难的，困难在于人的欲望是多方面的，是互相矛盾的。究竟满足哪一种欲望好呢？杨朱一派认为要"早啬"，要克制，但也可能有另一种想法，认为人生的意义就在于眼前的欲望的最大的满足，不需要任何限制，从而倒向纵欲主义。……在春秋战国时期有这一种纵欲主义的思想。《列子·杨朱篇》所讲的杨朱思想正是这种思想。这并不是杨朱本身的思想，但也是从"为我"发展出来的。"为我"的思想，可以从"贵生"发展到它的反面，从"贵生"转化为找死。②

冯友兰在60年代版《中国哲学史新编》中也列举了相关史料，用以证实《老子》和《庄子》哲学中亦有"为我"、"贵生轻利"、"全形葆真，不以物累形"等思想。"《老子》说：'贵以身为天下，若可寄天下；爱以身为天下，若可托天下。'……《庄子》认为所有的有用之木，'以其能苦其生'，'故不终其天年而中道夭'。只有它自己，'无可所用'，所以才免于被伐。对于别人的无用，正是他的大用。"③一个人的首要任务就是保护他自己，这种思想虽出现在《老子》和《庄子》中，但冯友兰认为这并不是老子和庄子的主要思想，而是杨朱的主要思想，但这些话出现在《老子》和《庄子》中，可见"为我"是贯穿于各派道家的一个重要思想。

冯友兰同时指出，杨朱的"人人不拔一毛，人人不利天下，天下治矣"这句话，似乎也表达了杨朱企图以"为我"的思想解决个人和社会的

---

① 冯友兰：《三松堂全集》（第七卷），河南人民出版社2001年版，第169页。
② 冯友兰：《三松堂全集》（第八卷），河南人民出版社2001年版，第237页。
③ 冯友兰：《三松堂全集》（第七卷），河南人民出版社2001年版，第168页。

关系问题的一个办法。"但社会真正的进步主要的是靠社会的成员的积极合作，以及他们对于社会利益的关心。'为我'的基本精神是不合作，至多也不过是互不干涉，不关心社会的利益。这种独善其身的消极的个人主义，正是没落阶级思想的反映。"① 这是冯友兰站在当时社会的角度对杨朱的思想作出的评价，虽是一家之言，但仍可见其合理之处。

冯友兰指出了早期道家思想的一个特点，就是其自然观有无神论的倾向和唯物主义的因素，但认为其对于人生的态度是消极的。

> 他们学说中有无神论的性质和唯物主义的成分，主要不是由于对于传统宗教的反抗，而是由于对于传统宗教的失望，他们思想中无神论的倾向所表示的，不是对于过去的批判而是对于将来的绝望。在激烈的阶级斗争中，他们突然掉了下来，失去了既得的利益和统治的地位，使其中一部分人感到上帝和鬼神并没有保佑他们，因此对传统的宗教信仰表现了厌弃的态度……表面上看杨朱等是追求快乐，实际上也充满了悲观的情绪。②

冯友兰的结论是，归根结底唯物主义和无神论思想是与道家的阶级性有矛盾的，所以最后不能不转化为庄子的哲学体系，追求神秘主义，成为战国时期唯心主义的高峰。

与早期道家思想的发展脉络略有不同，冯友兰在两种版本的《中国哲学史新编》中皆在道家的发展过程中增加了彭蒙、田骈、慎到三个人物，将他们当作早期道家发展的重要代表。关于他们的思想主张散见于《庄子·天下》篇和《荀子》、《吕氏春秋》等史料之中。冯友兰指出，《庄子·天下》篇是战国末年一个道家的人所写的先秦哲学发展史。他以道家为主，认为其发展有三个阶段。他没有讲杨朱，可能是认为杨朱的思想还不够一个体系。照他的看法，先秦道家发展的第一阶段的代表人物是

---

① 冯友兰：《三松堂全集》（第七卷），河南人民出版社 2001 年版，第 169 页。

② 冯友兰：《三松堂全集》（第七卷），河南人民出版社 2001 年版，第 171 页。

彭蒙、田骈、慎到，第二个阶段是老聃，第三个阶段是庄周。冯友兰通过对《庄子·天下》篇的探究，总结出彭蒙等的哲学思想的五个要点：第一，"齐万物以为首"；第二，"公而不党，易而无私，决然无主"；第三，"弃知去己，而缘不得已"；第四，"无用贤圣"；第五，"块不失道"。认为这皆是道家"齐万物"、"顺自然"、"绝圣弃智"、"无己无待"、"无我"等思想的真实体现。冯友兰又从"舍是与非，苟可以免"、"动静无过，未尝有罪"、"动静不离于理，是以终身无誉"[①] 等史料中得出了彭蒙、田骈、慎到的中心思想还是"为我"的结论。冯友兰指出，彭蒙、田骈、慎到所特别注重的是"我"的全生免祸的方法。这正是没落奴隶主贵族，在没落过程中，怕受迫害的失败情绪在思想战线上的反映，表现他们对现实社会无可奈何的没落意识。此外，冯友兰着重讲了慎到的哲学思想，一方面是如《天下》篇所说，是道家的思想；另一方面是如《慎子》所说，是法家的思想。二者是很难统一起来的。冯友兰指出，作为道家的慎到是为没落奴隶主贵族服务的。

晚期冯友兰关于道家起源和发展阶段的阐释包含着一些新的见解，如对杨朱思想的评价，对早期道家思想特点的分析、对彭蒙等人的增列等，这些问题都值得我们进一步探讨。

3. 老子哲学

在60年代版《中国哲学史新编》和80年代修订本《中国哲学史新编》中，冯友兰明确将《老子》的客观唯心主义哲学体系当作道家哲学体系形成和发展的里程碑。在早期《中国哲学史》和《中国哲学简史》的基础上，对《老子》各个方面的思想进行了更为深入细致的分析，补充了一些以前没有涉及的思想资料，进一步拉近了后人与冯友兰眼中的《老子》的距离。

在两版的《中国哲学史新编》中，冯友兰分别从五个方面、九个方面对《老子》的思想进行论述，进一步探讨了老子学说的主要内容及其相关问题。修订本是在原本的基础上发展而来，很多思想都沿袭了原本的内

---

① 冯友兰：《三松堂全集》（第七卷），河南人民出版社2001年版，第180页。

容，后又增加了几个原本中没有涉及的方面，使得冯友兰的《老子》哲学观的全貌基本展现出来。

第一，对老子其人和《老子》其书出现时代的推断。

冯友兰运用了司马迁的记述中没有涉及的一种判断方法，"那就是，把《老子》书跟春秋和战国时期的学术发展一般的情况和思想斗争的情况作一比较，看它是跟哪个时期的联系比较密切。这样就可以直接帮助决定《老子》书是哪一时期的产物，也可以间接帮助决定作《老子》的老子是什么时期的人。"①冯友兰分别以先秦一般的学术发展情况和思想斗争作为切入点，以相关史料和逻辑分析证明《老子》中的重要概念和主要原则是战国时期的产品，并证明作《老子》的老子是战国时期的人。在80年代修订本《中国哲学史新编》中，冯友兰重申60年代版《中国哲学史新编》中的判断方法和结论。他最后指出，"总的看起来，后来所谓《老子》一派的思想有许多部分，有些是出于老莱子，有些出于太史儋，这些思想，都以韵文的形式流传于世。李耳把它们收集起来，再加上他自己的创作，编辑成这部书，题名为《老子》。其所以这样的题名，或许因为书中的材料开始于老莱子。《老子》的这个'老'，就是老莱子的那个'老'。《老子》书中的资料，是从老莱子到李耳这个长时期内积累起来的，其中有比较早的，也有比较晚的。但是最早不能早于孔丘，因为据说老莱子与孔丘同时。最晚不能晚于李耳……这是《老子》思想的发展、形成的时间的上限和下限。《老子》书中可能保存有春秋末期一些隐者的思想，但《老子》书中的中心思想和基本原则，却是战国时代的产物。"②

第二，老子的自然观。

冯友兰在60年代版的《中国哲学史新编》中重点讲到了老子的自然观，这是他对《老子》的自然观进行的较为系统的论述。他指出，《老子》之前的杨朱隐者之流，彭蒙、田骈、慎到等，在世界观方面都没有建立起完整的哲学体系。《老子》是一部正式的哲学著作，它总结以前道家思想

---

① 冯友兰：《三松堂全集》（第七卷），河南人民出版社2001年版，第242页。
② 冯友兰：《三松堂全集》（第八卷），河南人民出版社2001年版，第273页。

的发展，为道家学说建立起完整的哲学体系。这个体系，反映了战国中叶以前奴隶主贵族走向没落但又不甘心没落，企图挽救自己命运的要求和愿望。冯友兰指出，《老子》以"道"为宇宙本原，但此处突出了"万物的形成和变化不是受超自然的意志支配的，也不是有某种预定的目的。这是一种唯物主义和无神论的思想。它不仅否定了上帝创世说和目的论，而且表明了'道'不是精神性的实体"①。他讲道，"自然"这一中国唯物主义思想中的一个重要概念，是老子首先提出的。"老子提出的'道法自然'的思想意味着人不应该将自己的意识和作为强加于自然界使之为自然界的属性。"② 冯友兰认为这是中国古代哲学史上，第一次从理论上否定"天人感应"的迷信，并成了后来的无神论和唯物主义者用以反对唯心主义的目的论和神秘主义的"天人感应"的有力的武器。

在80年代修订本《中国哲学史新编》中冯友兰将老子的自然观改称为宇宙观，指出有三个主要的范畴：道、有、无。但实际上，因为道就是无，且道是有、无的统一，所以虽然道、有、无是三个名，但说的是一回事。冯友兰指出，对于有无，在《老子》中实际上有三种不同的理解和解释，形成为三种说法。第一种是带有原始宗教性的说法。第二种说法的主要意思还是"有"生于"无"，但是说法比第一种精致得多了。第三种说法，把"无"理解为无名，"无"就是无名。冯友兰认为，上面的三种说法，《老子》中都有，但是，书中讲得多的，还是第二种说法。"对于《老子》全书来说，第一种说法是太低了，第三种说法是太高了。以后讲《老子》的人，韩非和淮南王都是用第二种说法。王弼开始用第三种说法，所以他的《老子注》能别开生面。"③ 冯友兰最后指出，无论从哪一种说法看，《老子》的哲学体系都是客观唯心主义的。第一种说法是原始宗教迷信的残余，那就不必说了。第二种说法，虽然摆脱了原始宗教迷信，但没有能够说明"道"、"有"、"无"究竟相当于客观世界中的什么东西，那它们也即是一种主观的虚构。以一种主观的虚构作为天地万物的来源，这也

① 冯友兰：《三松堂全集》（第七卷），河南人民出版社2001年版，第255页。
② 冯友兰：《三松堂全集》（第七卷），河南人民出版社2001年版，第255页。
③ 冯友兰：《三松堂全集》（第八卷），河南人民出版社2001年版，第288—289页。

是一种客观唯心主义。第三种说法对于共相和殊相、一般和特殊的关系没有正确的认识，把它们的关系说成是母子的关系，这也是客观唯心主义。

与之相符，冯友兰在60年代版《中国哲学史新编》中指出老子素朴唯物主义的漏洞。老子说"道"是尚未分化为特殊事物的原始物质，"无形"、"无名"且"无始无终"，这种说法很容易被理解为"道"是超乎经验的、非物质的存在，由于过多地强调"道"和"无"而否定"有"，这就给客观唯心主义开了后门。"因此后来继承老子的哲学家分成了两大派。一派肯定'道'的物质性，并认为'道'就是原始未分化的'气'。这样就使'道'不至于被认为是抽象的物质一般，封闭了走向客观唯心主义的后门。这就是稷下唯物派的路线。这是老子哲学的唯物主义的发展。另一派把'道'了解为抽象的物质一般，或没有任何属性甚至不可思议的虚无的'本体'。他们认为'道'既然不是具体的物质，因而也就没有物质性，结果把作为万物始基的无限性的原始物质看成是物质的否定，这就是庄子的路线。这是老子哲学向唯心主义的转化。"[①] 冯友兰指出，老子的素朴唯物主义哲学还有一个漏洞，他所说的"道"和他所说的"一"也有一种神秘的意义。很多注释家都认为"一"就是"道"。老子在这里所说的"一"是可以这样解释，也可以照上面所说的，老子认为"一"是道所最先分化出来的东西。无论如何，照上面所引的，"一"有一种神秘的作用，因此，"道"也有一种神秘性。因为老子哲学有这个漏洞，所以后来被道教所利用。

冯友兰指出，老子哲学自然观的这种情况，正是他所代表的阶级的情况在思想上的反映。正因为老子认为"天地不仁"，所以对传统宗教产生绝望，试图去寻求一个别的东西当作世界的始基，这样就使老子的自然观具有了无神论的性质。冯友兰认为，没落贵族在阶级斗争中损失了原有的地位和特权，为了要保持现在还未失去的一点东西，他们对于事物变化的规律，不能不有所承认，否则会受到更大的损失，生命且将不保。代表他们的哲学家也认识到事物的发展变化是无意识而有规律的。他们企图发

---

① 冯友兰：《三松堂全集》（第七卷），河南人民出版社2001年版，第257页。

现这些规律，以使他的阶级中的成员保全自己，避免更大的损失。冯友兰进一步指出，这样的自然观在当时具有否定宗教世界观的意义，也建立了以后唯物主义哲学中的一些主要范畴。这对于以后唯物主义的发展，发生了一定的影响。但是，因为老子哲学是没落贵族阶级意识的反映，虽然他的自然观基本上是唯物主义的，具有无神论的性质。但他对于人生的态度不是积极进取的，而是消极退缩的。在这一点上，老子跟早期道家是一致的。

　　由此可知，老子哲学是向后看的而不是向前看的。"老子对于原始的混沌的追慕，就是他向后看的集中表现。"① 冯友兰认为，老子的素朴唯物主义不是从征服自然的态度出发，也不是以改造自然界为目的的科学为基础和前提，而是对"上帝"的失望，对人的精神力量和主观能动性失去信心和向后看的结果。他的素朴唯物主义与其说是对物质的肯定，不如说是对精神的否定。由于他所代表的阶级没落了，梦想恢复过去的生活，但在实际的生活中却又得不到什么，因此，不能不走向对现实世界的消极否定，这样，就使老子的哲学又夸大了"无"的作用。他所讲的无形和无名的"道"不能不含有否定一切客观存在性质的因素，从而使他的素朴唯物主义的自然观有不可避免的漏洞，为唯心主义开了后门。冯友兰又指出老子"道法自然"思想进步性的一面。他认为，老子所讲的事物变化的规律有些也是正确的。但是老子的这些思想也反映了没落阶级无力应付现实的一种无可奈何的情绪。老子认为人只可以消极地服从客观事物的变化，主观能动性没有什么作用，由此陷入机械宿命论。

　　第三，老子的辩证法思想。

　　冯友兰以"反者道之动"、"祸兮福之所倚，福兮祸之所伏"等文本资料为依据，肯定老子认识到宇宙间的事物都是在运动变化之中的，宇宙间没有永恒不变的东西；事物都有它的对立面，对立面是经常相互转化的。冯友兰认为，在中国哲学史中，从《周易》以降，即有辩证法的思想，但用一般的规律形式把它表达出来，这还是老子的贡献。但是老子还没有把

---

① 冯友兰：《三松堂全集》（第七卷），河南人民出版社 2001 年版，第 259 页。

客观辩证法当作自然界和社会中的最一般的规律提出来。在时代的限制和阶级的限制下，老子不可能有再进一步的认识。

除此之外，冯友兰指出老子辩证法思想的很多严重缺点，认为其对形而上学①思想做了很大的让步。第一，老子虽然认识到宇宙间的事物都在运动变化之中，但是认为这些运动变化基本上是循环的，不是上升和前进的过程。他所谓"周行"有循环的意义。第二，老子承认事物经常在变化之中，但是认为"道"也有其"静"的一方面；而且认为"静"是主要的。因此，他在实践中特别强调清净无为，认为"静为躁君"，实际上表示对事物变化运动的厌弃。第三，对立面必须在一定的条件下才相互转化，但老子却只希望对立面会自动地转化。老子认为对立面既然互相转化，因此就很难确定哪一方面是正，哪一方面是负。这样的"其无正"的思想，就为相对主义开了一个大门。后来庄子即由此落入相对主义。第四，对立面相互转化以它们之间的斗争为基础。而老子却着重讲对立面的转化，不着重讲对立面的斗争，并且把对立面的调和看成是事物发展的应有归宿。第五，老子认为要防止自己不灭亡，最好是自己不要强大，因为强大了，就要向其对立面转化，为了避免向对立面转化，最好是保持柔弱的状况。所以老子对事物的发展采取了消极退缩的态度。②冯友兰指出，老子讲这些话的目的是要维持现状，不要使事物向其对立面转化，不是促进事物的发展而是阻止事物向前发展。但是，他指出，这些话也有一些合理的因素，如果把它批判地改造，以事物的发展前进为前提，还是有用的。"如我们说，为了更好的前进，可以暂时的退却，为了发挥更大的干劲，应该适当地'劳逸结合'，这还是正确的。"③

冯友兰最后指出，总之，老子认识到一些辩证法的规律和与之有关的一些现象。但是，由于他所代表的没落阶级梦想恢复旧有的生活，因此使老子哲学中的辩证法思想不能不受到很大的限制，在许多点上不能不倒

---

① "形而上学"是一个多义概念，此处指与"辩证法"相对的用孤立、静止、片面的观点看待和解释世界的一种哲学理论或思维方法。

② 参见冯友兰：《三松堂全集》（第七卷），河南人民出版社2001年版，第262—264页。

③ 冯友兰：《三松堂全集》（第七卷），河南人民出版社2001年版，第265页。

向形而上学的泥坑。

第四，老子的认识论思想。

冯友兰在 60 年代版《中国哲学史新编》中指出，在认识论上，老子分别了"为学"与"为道"两种方法，提出"为学日益，为道日损"（《老子·四十八章》）。老子虽然也讲求得事物知识的方法，但是他并不重视事物的知识。他所注重的是"为道"而不是"为学"。"老子所谓'为道'，就是一种内省体验的修养方法。以这种方法作为认识的基础，就成为完全唯心主义的认识论。"① 这种唯心主义的认识论即是老子所讲的"静观"，认为想要认识事物的真相，必须保持内心的安静，要照事物的本来面貌，不要受感情欲望的影响，所以说："致虚极，守静笃。"冯友兰讲道，老子所谓的"观"，首先是一种旁观。老子认为这种"观"，应尽量排除人的情感和欲望，应顺着外物的本来样子，并且要抓着它们的特征和要点，这是老子认识论中合理的因素，也正是如此，他才能在自然观上具有唯物主义和辩证法的观点。但从反面观之，冯友兰指出，老子所讲的静观，其主要方面并不是建立在尊重感觉经验的感性认识基础之上，也不是建立在尊重理性作用的基础之上，而是一种神秘主义的直观。这种观察完全是一种消极的态度，不是从积极研究和改造客观世界的前提出发。从这里可以看出，老子的认识论不承认实践在认识中的作用，由于他排斥实践，也就在很大程度上否认了感觉经验的认识作用，由旁观转入内心观照，在认识论上终于陷入了神秘主义。这样，老子的这种静观就具有很大的局限，其结果必然走向对外物观察的否定，陷入唯心主义。冯友兰在 80 年代的修订本《中国哲学史新编》中也指出老子的"不行而知，不为而成"是轻视感性认识的唯心主义的认识论。冯友兰认为，旁观的态度是隐者态度。"隐者"的思想就是这种态度的表现。《老子》把它发展成为了一个有系统的理论。"这正是没落贵族对世界的变化由冷眼旁观走向内心冥想的心理写照。"② 也正因为如此，老子的哲学在自然观方面，不能不具有神秘主义性

① 冯友兰：《三松堂全集》（第七卷），河南人民出版社 2001 年版，第 268 页。
② 冯友兰：《三松堂全集》（第七卷），河南人民出版社 2001 年版，第 268 页。

质和唯心主义的漏洞。

冯友兰指出，老子认为"万物得一以生"。一个物所得到的"一"就是它的"德"。老子认为人生来本有他的"德"，可是后来由于他有很多的知识和欲望，他的"德"就有所丧失了。因此，老子认为，赤子或婴儿是人生中最好的时期；人应该永远保持着赤子或婴儿的状态。由此，老子认为世界起初是一个混沌，婴儿也是一个混沌。他认为混沌是最好的状态，也就是在混沌之中，才能有更高的智慧。他把这种状态中的人说成具有最高的智慧，实际上却是对认识的否定。

冯友兰在80年代修订本《中国哲学史新编》中对老子的认识论思想又有所发挥。他指出，《老子》中说"为道"，不说"学道"，因为道是"无名"，没有任何规定性，是不可以用思考、言语那样的方法去学的。对于道只能体会，照着它的那个样子生活。人要想照着道那个样子去生活，那就需要把那些多的东西渐渐地减少，这就叫"日损"。《老子》说："为学日益，为道日损。损之又损，以至于无为，无为而无不为。"（《老子·四十八章》）《老子》不说"以至于无"，而说"以至于无为"，是不是多了一个"为"字呢？不是的，就是只能"以至于无为"。人毕竟是一个具体的个体，如果把这一点也损了，"以至于无"，那就需要把这个具体个体也损去，那就没有人了。没有人还有什么人生呢？既然谈人生，那就不能"以至于无"，就只能"以至于无为"。"无为"并不是什么事情也不做，而是无所为而为，就是顺乎自然。《老子》认为，一个很小的小孩子的生活，就是无为的生活。冯友兰指出，这是"为道"的方式，"为学"的方式就不然了，它是要"日益"。"为学"就是求对于外物的知识，知识要积累，越多越好，所以要"日益"。"为道"是求对于道的体会。道是不可说、不可名的，所以对于道的体会是要减少知识，"见素抱朴，少私寡欲"（《老子·十九章》），所以要"日损"。最后，冯友兰指出，《老子》虽然也不废"为学"，但是它还是以"为道"为主。《老子》认为，人生中最主要的事情是提高精神境界，对于外界的知识的积累同人的精神境界没有直接的必然的关系。所以它说："绝学无忧"（《老子·二十章》），它认为，人生的指导原则应该是顺自然。"为学"可能导致这个原则的反面。"大道废，有仁义；智慧出，有大伪。"（《老子·十八章》）所谓"伪"的意思是人为，人为和自然是对立的。"为学"增加人的知识，知识的增加可能导致人为的增加，那就走到顺自然的反面去了。冯友兰指出，总的说起来，《老子》确实是对于一个真正的哲学问题有所认识。这个问题就是一般和特殊，共相、殊相的分别和关系的问题。《老子》所讲的道、有、无都是一般、共相，它所讲的天地万物是特殊、殊相。它能看出来一般和特殊、共相和殊相的分别，这说明它的思辨能力是很高的。但是，它对于一般和特殊，共相和殊相的关系认识得不很清楚，或者不很正确。它的本体论的说法，还没有和宇宙形成论的说法划清界限。对于一般和特殊、共相和殊相的关系的正确认识，是一般寓于特殊之中、共相寓于殊相之中。但是，照《老子》的说法，好像是一般居于特殊之上，先于特殊，共相居于殊相之上，先于殊相。因此，一般和特殊、共相和殊相的关系就成为母子关系。它说：道、有、无是异名同谓，这个有是抽象的有，与天地万物的有是不同的。这个不同，一直到魏晋玄学才分辨清楚。魏晋玄学称抽象的有为有，天地万物为众有或万有。这个分别《老子》没有弄清楚。

第五，老子的政治思想。

在 60 年代版《中国哲学史新编》中，冯友兰指出，老子站在没落阶级的立场上，对于新兴地主阶级的措施和代表新兴地主阶级的哲学家的思想持反对意见。老子的理想社会是"小国寡民"，是没有礼法，也没有文化的原始社会。老子认为这样的社会是好的，因为它不发展，少矛盾，其中的人民少私寡欲，可以保持着他们的"德"。冯友兰认为，老子所提出的"小国寡民"的社会，实际上是幻想恢复到一种孤立的完全闭塞的自然经济的时代，这是一种倒退的、反动的、复古主义的历史观。

在 80 年代修订本的《中国哲学史新编》中，冯友兰进一步指出，《老子》的历史哲学指出，可悲的是历史的进程是一个从"无为"倒退到"有为"的进程，整个社会时时刻刻都在退化，在这个过程中，善的、美的东西一步一步地失去，代之以恶的、丑的东西。及其理想社会就是否定一切文明、文化，剔除人为，复归到结绳记事的原始社会时代。冯友兰指出，《老子》认为，对于一般所谓文明，它的理想社会并不是为之而不能，而是能之而不为。

第六，其他问题。

冯友兰在80年代修订本的《中国哲学史新编》中增添了关于《老子》哲学的其他几个方面的内容，这是60年代版《中国哲学史新编》中所不曾涉及或涉及甚少的。他在这次修改中加入了《老子》哲学思想的阶级根源、《老子》对于地主阶级政权的攻击及其应付的策略、《老子》的兵法等新问题的思考与探讨。关于《老子》哲学思想产生的阶级根源，冯友兰指出，在第一次社会大转变时期，被推翻、被打倒的阶级——没落奴隶主贵族和他们的知识分子不甘心被历史淘汰，但是却抵挡不住历史的大势所趋，所以只能选择一种"以退为进"、"逃避现实"的态度来面对一切，来消极地反抗新政权，以求得自己的生存之路。而《老子》对付新兴地主阶级斗争的策略的主要原则亦是以退为进、以弱胜强、以少胜多等。为了给这些策略原则以理论根据，《老子》提出了一个哲学体系。这个体系有两个主要部分。一个部分是《老子》对于客观辩证法的一些认识。这是《老子》的素朴的辩证法思想，它在一定程度上是可以肯定的。另一部分是它的客观唯心主义的宇宙观，这是应该批判的。根据以退为进、以弱胜强、以少胜多等原则，《老子》建立了他的军事思想即兵法。先自处于被动，为的是争取主动，先后退，为的是进攻。《老子》把它对于辩证法的认识应用于战争，这就成为它独特的兵法。

晚期冯友兰的老子观有着鲜明的时代烙印，他站在马克思主义哲学的立场上对老子的自然观、辩证法、认识论等作了深入分析，为我们进一步研究老子哲学提供了可资借鉴的理路，但从现在的角度看，冯友兰晚期老子观包含着值得进一步商榷的东西，尤其是对老子哲学性质的判定以及阶级属性的划分等。

4. 庄子哲学

冯友兰在60年代版的《中国哲学史新编》和80年代修订本《中国哲学史新编》中皆从九个方面探讨了庄子的哲学思想，内容大致相同，略有增减。在早期道家观论庄子的基础之上深化了对庄子哲学思想的理论化、系统化、全面化研究，形成了他本人对庄子哲学思想的最终总结。

第一，对庄子其人和《庄子》其书以及庄学总体思想的看法。

冯友兰指出，庄子是一个破落贵族的知识分子，是战国时期的著名隐士。他持"为我"的观点"终身不仕"，意欲过一种"游戏"的生活以"自快"。

冯友兰对关于《庄子》一书的传统观点提出质疑，他说："现在存在的《庄子》这部书共三十三篇，其中分为内篇、外篇、杂篇。有一种传统的说法，认为内篇是庄子所自著，其余是其弟子后学所著。这只是一种揣测，没有什么根据。"[①] 他指出，《庄子》是战国以至汉初道家，尤其是庄子一派著作的总集，现在的《庄子》是郭象编辑，认为在唐以前并没有一个定本《庄子》，在其中有固定的内篇。唐朝以后，《庄子》郭象注的影响越来越大，《庄子》郭象本无形之中成了定本。但他认为郭象也没有明确地说内篇是庄子所著，外篇、杂篇是后学所著。在郭象以前整理古籍的人，如司马谈、司马迁父子，刘向、刘歆父子和班固都没有这样说。所以冯友兰认为后人的说法只是一种揣测，并没有什么根据。"《庄子》这部书是一个总集。其中各篇的观点和论点并不完全一致。究竟其中哪些篇是代表庄子哲学思想的基本特征，即庄子之所以为庄者；我们讲庄子哲学，究竟应该以哪些篇为主要的资料；这却是一个可以讨论的问题。"[②] 冯友兰明确提出了自己的观点，他认为，庄之所以为庄者，突出地表现在《逍遥游》和《齐物论》两篇之中，这两篇恰好在郭象本的内篇之内。但郭象本内篇中的有些篇，例如《人间世》就不代表庄之所以为庄者。因为《人间世》所讲的"心斋"和《大宗师》所讲的"坐忘"就不同。"坐忘"是代表庄之所以为庄者，"心斋"就不然。冯友兰指出，《庄子》中有些篇章不一定都是庄周写的，但为了避免不必要的烦琐，在引用的时候，都姑且写上庄周的名字。冯友兰将《天下》篇当作一个有力的证据来证明"逍遥"和"齐物"是庄之所以为庄者。他在80年代修订本的《中国哲学史新编》中提出了两条理由：一条是其后来的影响，在后来的封建社会中，庄学中

---

① 冯友兰：《三松堂全集》（第七卷），河南人民出版社2001年版，第346页。

② 冯友兰：《三松堂全集》（第七卷），河南人民出版社2001年版，第348页。

影响最大的是"逍遥"和"齐物",魏晋时代最为明显;另一条理由是战国时人对庄学的评论,也都是以这两篇为根据的。冯友兰指出,《天下》篇比较晚出,但它是作为一个哲学史性质的论文写的。《天下》篇讲庄子哲学的那一段,其中一部分讲庄子的文章风格,一部分是讲庄子哲学思想的内容。关于内容,《天下》篇说:"死与?生与?天地并与?神明往与?芒乎何之?忽乎何适?万物毕罗,莫足以归。古之道术有在于是者,庄周闻其风而悦之……独与天地精神往来,而不傲倪于万物;不遣是非,以与世俗处。"冯友兰认为,这些话即说明了庄之所以为庄者,说明了庄子哲学的要点,但实际上,其中也包括了庄子的逃避现实的混世主义、相对主义等思想。这些思想在《逍遥游》和《齐物论》中,有充分的论证。① 因此,冯友兰认为,研究庄子哲学,应该打破郭象本内、外篇的分别,以《逍遥游》和《齐物论》为主要线索,参考其他各篇,以期对庄子哲学思想有全面的了解。

冯友兰从总体上对庄学做了概括,认为庄子哲学是战国时代的一个重要流派。以老子为代表的道家哲学,随着阶级斗争的激化,向两个方面发展。稷下唯物派适合新兴阶级的要求,将老子的学说加以改造,明确地走上了唯物主义的道路。另一方面,庄子一派站在没落阶级的立场,发展了老子思想中的消极部分,明确地走上了唯心主义的道路。庄子把老子和惠施学说中关于对立面转化的辩证思想引向了相对主义和不可知论;把老子学说中关于原始物质(混沌)的思想引向了虚无主义、蒙昧主义和神秘主义;把老子学说中消极无为和因循自然的思想引向了宿命论。在社会政治观点上,庄子从老子对现实社会的诅咒和不满,走向了对人类社会生活和政治生活的厌弃和否定。庄子幻想在自己的主观意识中,消灭现实世界中的一切差别和对立,追求一种不为现实社会的变革所苦恼和不受现实世界所约束的虚构的"自由"境界,以安慰自己的没落遭遇。老子的学说反映了一部分没落贵族并不甘心没落、还企图挽救自己前途的思想和要求。庄子的学说反映了没落贵族在奴隶制度彻底瓦解和新兴封建势力已取得绝

① 参见冯友兰:《三松堂全集》(第七卷),河南人民出版社 2001 年版,第 349 页。

对优势的情况下，已无法挽救自己的命运，因而对自己的前途完全绝望的悲观情绪。①

第二，庄子的认识论思想。

冯友兰探讨了庄子哲学的相对主义和不可知论的认识论问题。冯友兰指出，庄子的相对主义的认识论是在老子哲学和惠施哲学的相对主义认识论的基础上发展而来的。冯友兰讲道，老子对对立面相互转化的规律有一定的认识，但他没有看到转化是有条件的，从而为相对主义开了后门。惠施对于对立面的转化也有一定的认识，但由于他强调同一性本身中的差异，以至于否定事物本身的同一性，由此也否定了事物之间的差异性，同样为相对主义开了后门。庄子一派的哲学正是发挥了这些消极的方面，明确地走上了相对主义，从相对主义倒向了不可知论和怀疑论，而最终陷入了神秘主义。② 冯友兰指出，在《逍遥游》和《齐物论》两篇文章中，《齐物论》更能表现庄子哲学在这一方面的特点。他将这一篇看作是庄子哲学的相对主义和不可知论的一个总结性的概论。冯友兰在这里列举了《齐物论》中的一些例证，例如客观世界中大风的千变万化、主观世界中心理现象的变化，这一切都是"咸其自取"，自然地如此，不需要有使之然的"真宰"。他指出，《齐物论》认为在各种各样的心理现象中，有一种现象就是"成心"，也就是主观的偏见，有了偏见就有"是非"。《秋水》篇说："以差观之，因其所大而大之，则万物莫不大，因其所小而小之，则万物莫不小。"每一个东西都比比他小的东西大，也都比比他大的东西小，所以一切的东西都是大的，也都是小的。照这个例子推下去，就是："以功观之，因其所有而有之，则万物莫不有，因其所无而无之，则万物莫不无。""以趣观之，因其所然而然之，则万物莫不然，因其所非而非之，则万物莫不非。"③ 既然事物的性质和人的认识都是相对的，大小、是非就没有差别。冯友兰得出结论说，庄子夸大了对立面相互转化的辩证法规律，得出了完全错误的相对主义的结论。冯友兰进一步阐论了庄子认识论中的

①　参见冯友兰：《三松堂全集》（第七卷），河南人民出版社 2001 年版，第 349—350 页。

②　参见冯友兰：《三松堂全集》（第七卷），河南人民出版社 2001 年版，第 350 页。

③　冯友兰：《三松堂全集》（第七卷），河南人民出版社 2001 年版，第 352 页。

局限性，认为站在道的立场上，就能超出一切相对而走向绝对的齐万物、齐是非、齐生死等是不对的。在两版的《中国哲学史新编》中，冯友兰皆提出了三个论点，对《齐物论》中的"是非"问题进行了详细的讨论，从中揭示庄子的相对主义和不可知论的观点。

> 关于第一个论点，是说一切的见解和主张都是片面的；代表这些主张的言论，必然都是错误的……关于第二个论点，是说一切人的见解和主张虽然都是一偏之见，但都自以为是，以别人为非。既然认识都是相对的，也很难说哪一方面的意见是正确的。辩论仅能使各方面继续发挥其一偏之见，并不能决定是非……关于第三个论点，是论证知跟不知是没有甚么分别。自以为有知的人，若果认真地反省一下，就觉得自己也搞不清究竟是有知或无知。①

冯友兰分析说，庄子的这些思想肯定了人的认识是相对的，人的认识只是一定条件下的产物，就这一点包含有一些辩证法的因素。但是庄子由此认为认识绝对真理是不可能的，这就成为相对主义。冯友兰认为，庄子正是在否定客观真理的意义上，片面夸大我们一切知识的相对性，从而把人的意见和观点完全看成是个人主观的偏见，陷入了主观唯心主义。从这一方面看，庄子《齐物论》的思想在中国哲学史上是典型的相对主义。这种相对主义的思想推到最后，就会认为一切事物之间都没有分别。

冯友兰认为，庄子的这种思想的产生是有根源的。在庄子的时代，没落贵族已无力反抗新的社会势力。他们只能在主观幻想中否认新的事物应有的地位。庄子以相对主义思想，企图取消客观事物之间的差别和对立。这种思想正是当时没落贵族意识的反映。此外，冯友兰指出，庄子的相对主义的思想也是战国时期学术界"百家争鸣"的反动。从相对主义的观点看，当时儒墨各家争辩，都"是其所非而非其所是"，不能决定谁是谁非，也无须决定谁是谁非。庄子企图以这种理论取消当时思想战线上的

---

① 冯友兰：《三松堂全集》（第八卷），河南人民出版社 2001 年版，第 349—350 页。

斗争。

同时，冯友兰指出，庄子提出了很多的哲学问题。"可以说，差不多所有的哲学问题，在《庄子》里都已经提出来了。"[1]但他认为，庄子对于这些问题的处理，不是积极地解决，而是企图用相对主义和不可知论的观点消极地取消这些问题。庄子企图以这样的态度表示他自命为超阶级、无党性、超然于各家之上的地位。冯友兰指出，其实取消某一问题也是解决某一问题的一种方法。他的取消某一问题的辩论，同样地暴露了他的阶级立场、哲学观点和思想方法。

总之，冯友兰认为，庄子的相对主义思想的目的和实质，是企图取消对立面的对立和斗争。这种思想根本上是和辩证法相对立的，是形而上学，不是辩证法。没落贵族的哲学家由于自己的阶级地位的转化，对于辩证法的某一方面有所认识。但是，作为一个没落阶级的哲学家，他不可能认识到辩证法的本质方面。他所最注意的是事物在发展过程中的不稳定性。他把这种不稳定性片面地绝对化，把事物的转化片面地绝对化，这就把他所见到的辩证法的某一方面转化为形而上学，走向辩证法的否定。这是因为，辩证法，就其本质说，是和没落的、保守的阶级的利益相矛盾的。从老子到庄子的转化，充分说明了哲学史的发展的这一规律。[2]

第三，庄子的自然观。

冯友兰在60年代版的《中国哲学史新编》中指出，庄子的哲学在自然观方面，在关于世界起源等问题上陷入了虚无主义和神秘主义，由此和唯物主义思想对立，由相对主义走向虚无主义和神秘主义是庄子哲学的一个特点。冯友兰指出，庄子和老子一样，也认为"道"是世界的根源。他纯粹从逻辑上了解所说的"道"的未规定性和无限性，把"道"了解为物质性的否定，归结为一种逻辑的虚构。庄子把老子的原始物质的"道"转化为一种逻辑虚构的"道"。这种虚无主义和神秘主义的思想，同样是没落贵族对现实生活绝望的情绪在哲学上的反映。冯友兰讲道，从庄子哲学

---

[1]　冯友兰：《三松堂全集》（第七卷），河南人民出版社2001年版，第356页。

[2]　参见冯友兰：《三松堂全集》（第七卷），河南人民出版社2001年版，第356—357页。

中也可以看出来，如果把世界的物质始基看成是"不定的自然"，那就会为唯心主义所歪曲，把它转化成它的对立面，对自然的否定。在此基础上，冯友兰在 80 年代修订本《中国哲学史新编》中进一步指出：

> 《庄子》中所讲的宇宙观，实际上有二种。一种是合乎我所说的庄之所以为庄者；一种是下章所说的稷下黄老之学。就庄周本人说，他只能有一种宇宙观，那就是庄之所以为庄者的一部分。其他一种似乎是编《庄子》的人所混入的，庄之所以为庄者的那一种宇宙观是与《老子》第一章的说法相同的。它也发挥了有、无、异名同谓那个说法的意义。庄周没有用异名同谓这四个字，但是他有那样的意思。①

此外，冯友兰指出，《庄子》中也有许多地方讲到"气"和"精"，并且也把它们看成是构成万物的要素。认为天地万物是由气构成的，万物的生成是由于气的凝聚，万物的死亡是由于气的消散。他认为，这是《庄子》中的另一种宇宙观，就是稷下黄老学派的唯物论的宇宙观，认为无就是气，气是一种没有规定性的物质，它有了规定性，就成为具体的物了。冯友兰分析了《庄子》中存在的这两种宇宙观，指出：

> 大概有些道家的人或者庄周一派的人，企图把庄之所以为庄者和稷下黄老学派的说法统一起来。他们的办法是同时接受这两种说法，而把它们摆在不同的地位上，认为庄之所以为庄者所说的无是第一性的，稷下黄老学派所说的气或精气是第二性的。这样的摆位置，就把稷下黄老学派的唯物主义思想变为庄之所以为庄者的唯心主义思想了。②

---

① 冯友兰：《三松堂全集》（第八卷），河南人民出版社 2001 年版，第 359 页。
② 冯友兰：《三松堂全集》（第八卷），河南人民出版社 2001 年版，第 363 页。

此外，《庄子》书中提出了一个更根本的问题，即宇宙间的万物都是怎样生出来的？冯友兰指出，这个问题照《则阳》说有两家的答案。一家是稷下的一个叫季真的学者主张"莫为"，认为万物都是自然而然地生出来的，不是由于什么力量的作为。另一家也是稷下的一个叫接子的学者主张"或使"，认为总有个什么东西使万物生出来。稷下黄老学派主张的是"或使"，而《老子》主张的是"莫为"。冯友兰指出，照庄周及其一派的逻辑，"道"不是"物"，所以万物的变化不能说是"或使"；"道"虽是"无有"但又不等于零，所以万物的变化也不能说是"莫为"。"道"是"全"，但又什么也不是，所以对于"道"就不能有所思议、言说。[①]

第四，庄子的人生理想。

冯友兰通过庄子的《逍遥游》来探讨其人生理想。冯友兰指出，道家有一个一贯的精神，就是"为我"。为了保全自己不受损失，道家各派想出了许多办法。从杨朱到庄子，这些办法越来越精细，也可以说是越来越没有办法。这是没落贵族在战国时期越来越走投无路的情况在哲学战线上的反映。冯友兰认为，庄子保全自己的办法和理论是，抱一种旁观、"超然"的态度，对事物的变化漠然无动于衷，这样就可以从人生的苦恼中解脱出来，以得到精神上的，也就是主观的"自由"、"幸福"。这种办法和理论就是庄子所讲的"逍遥游"。上面所讲的认识论中的相对主义和虚无主义就是为这种办法和理论提供哲学的根据。

与早期的道家观相似，冯友兰在两版《中国哲学史新编》中皆指出，庄子提倡"无待"、"无己"。但他认为，实际上，庄子所谓"无己"，其实还是有己。庄子是把"己"看成是天下，认为天下总是存在的，所以"己"也就永远存在。冯友兰指出，庄子其实是想在无可奈何的情况下，保存自己。因为当时的没落贵族已经完全处于"失"的地位。他们不但失了以前的富贵，有时生命也恐难保。他们的哲学家于是就讲究所谓"神全"，就是说，过去的一切虽都已丧失了，但还可以幻想在精神领域内，也就是在自己的主观世界中，创造"自由"、"幸福"的条件。他认为庄子

[①]　参见冯友兰：《三松堂全集》（第八卷），河南人民出版社 2001 年版，第 365 页。

的这种思想，是对没落阶级的一种安慰，使他们承认大势已去，只可"安时而处顺"，但不必悲哀，美其名曰"悬解"。① 冯友兰指出，照庄子一派看起来，"同于大通"就是认识"道"了。所谓认识道也就是与道同体，所谓与道同体，实际上就是在自己的思想中创造出来一个混沌的境界，在其中什么都没有，而自以为什么都有。这种与道同体，是用"无己"的方法得到的；因为有这样意境的人，必须取消我和非我的分别。可是照庄子所说，这个同体还是以"我"为主。《齐物论》说："天地与我并生，而万物与我为一。"他还是以"我"为主。这是他的唯心主义之所以为主观唯心主义的一个特征。

冯友兰指出，有这一种境界的人，庄子称为"圣人"或"真人"。这些实际上是自己创造一种主观的意境，自我陶醉，同时又认为这种主观的意境具有客观的意义，认为所谓宇宙的原始就是这个样子。庄子一派认为，所谓"圣人"、"真人"或"至人"是"道"的体现者，其实，他们所讲的"道"是没落贵族主观意识的化身。冯友兰认为，无论是"圣人"也罢，"真人"也罢，他总还是个人；既然是个人，他就不能不生存于社会之中。所以庄子认为"圣人"在已达到了"万物与我为一"的"混沌"以后，还必须回到"世俗"之中。这就是《天下》篇所说的"不遣是非以与世俗处"，也就是《齐物论》所说的"两行"。冯友兰指出，没落贵族阶级已经从统治的地位转化到被统治的地位。原来是支配别人阶级，现在转化为被别人所支配。他们失掉了过去的特权，失掉了一切。在他们看起来，社会上的任何东西都不属于他们，都与他们无干。他们只好随顺大流，得过且过。社会上一切的东西，都听其自生自灭，反正与我无干，这就是"撄宁"和"两行"思想的阶级根源。

第五，庄子的宿命论思想。

冯友兰通过阐述庄子论自然和人为、必然和自由的关系，揭示了庄子哲学的宿命论思想。冯友兰指出，庄子哲学的主张和理论接触到两个哲学中的重要问题：一个是人与自然的问题，一个是自由与必然的问题。庄

---

① 参见冯友兰：《三松堂全集》（第八卷），河南人民出版社 2001 年版，第 355—356 页。

子一派所讨论的"天"和"人"的关系接触人和自然的关系的问题。他们所讨论的"命"和"故"的关系的问题，接触到自由和必然的问题。

冯友兰认为，庄子一派在讲到"天"、"人"关系的时候，放弃了宗教所说的有意志的主宰之天，这说明当时科学和唯物主义哲学的影响越来越大，唯心主义哲学在说法上不能不有所改变。他指出，在自然和人的关系这个问题上，如果庄子一派就这一方面发展下去，他们可以得到这样的结论：有独立于人类，不以人的意志为转移的自然，自然是第一性，人是自然的产物。但是，庄子一派在这一方面的论证，其目的不在于证明这些可能达到的结论，而在证明人在自然面前的无力。他们不知道，人和自然是对立面的统一：一方面，人是自然的产物，必须依靠自然；另一方面，人在生产实践和劳动过程中也能逐渐地改变自然。自然是本来如此的，但并不是不可改变的。自然本来是"人所不与"的，但并不是人不能"有所与"的。庄子一派的论证，主要在于否认人的主观能动性及其对自然的影响。冯友兰指出，"庄子一派对于自然没有正确的了解，对于人也没有正确的了解，对于人与自然的关系当然也不会有正确的了解。"[1]

冯友兰指出，庄子一派所说的"命"的意义，并不是宗教所说的"上帝的命令"，而是指人力所无可奈何的、自然的和社会的力量。这即是说，"命"是无法理解、无法抗拒，也无法逃避的，人只可以顺从。冯友兰认为，庄子一派主张"无以故灭命"，这是认为人生存的最好办法是安于自己的遭遇，承认人生是由不可抗拒的力量决定的；这样，就可以在主观上从不幸的处境中解脱出来，得到"自由"和"幸福"。冯友兰指出，庄子承认人是自然的产物，在自然规律的面前人是很渺小的，自然发展的规律是人之所不能与的，社会虽然是人的产物，但在有了社会以后，它也有自身发展的规律，这也是人之所不能与的。在社会发展的过程中，有些情况也是个人所不能抗拒的。人所遇到的这些人所无可奈何的遭遇，庄子都称之为"命"。冯友兰认为，在这里庄子所说的就是必然和自由的矛盾斗争。在这种矛盾斗争中，庄子完全否定了人的主观能动性，认为在自然和

---

[1]　冯友兰：《三松堂全集》（第八卷），河南人民出版社2001年版，第366页。

社会面前，人只能屈服，不能抗拒也不能逃避。"知其所不可奈何而安之若命，德之胜也。"① 冯友兰认为，他们强调"命"的力量，含有承认自然和社会的发展的必然性的问题。但是，他们从不可知论的观点，认为必然性是不可理解的。他们没有认识，也不求认识事物发展的客观规律，这就是说，他没有真正地认识必然。另一方面，他们也希望从必然中解放出来，得到自由；但是他们从唯心主义的观点出发，认为服从必然就是自由。他们不知道，也不求知道，只有在了解事物发展的规律的基础上，通过斗争的胜利才能得到自由，这也就是说，他们也没有真正地了解自由。因此，庄子一派所了解的必然，就成为人力所无可奈何的盲目的力量。他们所追求的自由，不过是一种主观的虚构。真正的自由，本来是人的主观能动性，在了解事物的客观规律的基础上创造出来的；可见，庄子一派所说的"自由"是出于对主观能动性的否定。

这种在客观上完全屈服于自然和社会的现状而在主观上虚构的"自由"就是庄子所讲的"逍遥游"。冯友兰指出，《庄子·逍遥游》篇，除去其美丽的词句和神秘外衣，其本质就是这样的一种宿命论的思想。他认为，庄子的这种宿命论，尽管在表面上不承认人的遭遇受上帝和神灵的意志支配，而归为一种机械的决定，实质上是神秘主义的一种表现形式，而且在客观上同样起着宗教的麻痹作用，成为宗教神秘主义命定论的支柱。

第六，庄子的社会政治思想。

冯友兰认为，庄子一派的社会、政治思想是老子的社会、政治思想的进一步的发展。他们更加明确地主张社会应该向后退，历史的车轮应该倒转，对人类的社会、政治制度和文化生活采取了全盘否定的态度。冯友兰指出，庄子一派先从相对主义出发，不承认有判断社会、政治制度是非善恶的客观标准。庄子一派认为社会、政治制度本身无所谓好坏，一个统治者的行为也无所谓善恶，由此否认判断社会政治的好坏有客观的标准。冯友兰认为，庄子的这种社会、政治思想，不仅反映了没落贵族对社会、政治生活的绝望，也反映了对新的政治制度和新的社会势力的诅咒。按着

---

① 冯友兰：《三松堂全集》（第八卷），河南人民出版社 2001 年版，第 367 页。

这种说法，既然一切制度都无所谓好坏，新的政治制度和社会制度也就不一定是好的。冯友兰指出，庄子一派又从他们所讲的"天"、"人"关系出发，认为自然就是最完善的，如果人为加以改变，这就损害了事物的本性。庄子一派认为人类社会应该保持原始混沌的状态。认为道德、制度以及一切文化，都是对于人类原始混沌的破坏。这些东西都是违反人性的，其结果只是带来了社会的混乱，造成了人与人的争夺。这就是说，一切社会制度和文化都应该取消。在他们看来，取消这些东西以后，社会就恢复了它的正常状态。这样的社会，庄子一派称为"至德之世"。而庄子所向往的社会更是一种人兽同居、没有文化的原始社会世界。这种混沌的社会，实质上是对人类社会生活的否定。

冯友兰指出，庄子一派所讲的关于天人关系的说法，成了他们宣扬历史倒退论的理论基础。他们从对人的能动作用的否定，最后走向对人类社会生活的否定。他们的"至德之世"比老子的"小国寡民"的社会更原始。冯友兰指出，《庄子》中讲的理想社会和《老子》中讲的理想社会好像是相同的，其实不同。《老子》所讲的理想社会是守其素朴知其文明，在其中亦有舟车、亦有文字，不过无所用之。《庄子》中所讲的理想社会只是有素朴的一面。在它所描写的理想社会中，不但用不着舟车、甲兵及文字，它本来就没有这些东西，也不知道有这些东西。这是《庄子》比《老子》更进一步地主张社会倒退的表现。[①] 冯友兰指出，庄子一派的思想实际上就是政治、社会思想中的虚无主义，跟他们本体论方面的虚无主义在阶级根源和认识根源上都是相联系的。

第七，庄子哲学对后世的影响。

冯友兰指出，庄子的哲学是没落阶级的唯心主义哲学的典型代表，这种唯心主义哲学对后来中国古典哲学的发展产生了相当大的影响。到了魏晋时代，代表世家大族利益的玄学家进一步发展了庄子的虚无主义哲学理论，建立了更思辨的唯心主义的玄学，并且和佛教的唯心主义理论结合起来，形成了当时占统治地位的官方的哲学体系。隋唐以后，某些唯物主

---

① 参见冯友兰：《三松堂全集》（第八卷），河南人民出版社 2001 年版，第 371—372 页。

义者的哲学思想正是在反对这种唯心主义哲学体系的斗争中发展起来的。另一方面，庄子一派所讲的关于生死气化和天道无为等说法，对于汉代的唯物主义者和无神论者也有一定的影响。庄子把"道"说成是"无有"，甚至是"无无"。这在庄子哲学的体系中是一种极端的虚无主义思想。到了魏晋的时代，反对虚无主义的哲学家由此认为"道"就是等于零，因此否认"道"的存在。这样，庄子关于"道"的说法又转化为"独化"的理论。这是唯心主义哲学后来向唯物主义变化的一个例证。

冯友兰指出，后来的统治阶级都把庄子的学说作为麻痹人民群众反抗意识的有力武器。庄子哲学中的消极的人生观和宿命论，的确可以取消人民革命反抗的斗志，使人民在精神上安于统治阶级的统治。庄子的许多思想是一个走向绝路的没落阶级的悲观、绝望的情绪的集中反映，跟汉以后没落、不得意的"士大夫"的情绪有强烈的"共鸣"。

最后，冯友兰强调，在后来的历史条件下，必须结合各时代的具体情况，才可了解庄子哲学所起的作用，但其主要作用是消极的、反动的。

总而言之，冯友兰综合并发展了自己以往对于庄周哲学的很多看法，其中既包括能够给予我们启示的许多理论分析，如对庄子相对主义认识论、人生观等的解剖，也包含一些值得商榷的地方，如对庄子自然观的理解、对庄子哲学的阶级分析等。

5. 稷下黄老之学的精气说

在80年代修订本《中国哲学史新编》中，冯友兰讲到了稷下黄老之学的精气说——道家向唯物主义的发展。冯友兰指出，稷下是齐国的一个区域，是当时的知识分子（"士"）居住和聚会的地方，是一个国际的学术中心。在稷下讲学或学习的人各家各派都有，其中有一个比较突出的派别，那就是汉朝人所说的黄老之学。[①] 冯友兰认为，黄老之学大概可以说是道家和法家的统一。道家讲保全身体、性命的道理，这是道家的一个主题，黄老之学以此为"内"；又把保全身体、性命的道理推广到"治国"，以此为"外"。它所讲的"治国"的道理，也就是法家的道理，这样，就

---

① 参见冯友兰：《三松堂全集》（第八卷），河南人民出版社2001年版，第427页。

改造了道家思想，使之向法家转化，这即是黄老之学。同时，冯友兰看到了老庄与稷下黄老学派的差异。从老子到庄子是道家向唯心主义的发展，这就是魏、晋人所说的老庄。老庄也讲治身与治国，但它讲治身是要达到一种精神境界，讲治国是要使社会回到原始状态。黄老讲治身是要保持身体以达到长生不死，白日飞升；讲治国是要继续齐桓、晋文的事业，使之发展下去。黄老与老庄，在哲学上说，是唯物主义和唯心主义两大派别的对立；在政治上说，是革新、前进和保守、倒退两条道路的斗争。[①]

冯友兰认为，《管子》中的《白心》、《内业》、《心术上》、《心术下》是一个体系，这个体系就是稷下黄老之学。因为这几篇所讲的就是黄老之学的要点，即治身和治国是一个道理。此外，冯友兰指出，稷下黄老之学开始用"气"来说明"道"，认为"道"就是"气"或"精气"，万物都是从"气"生出来的。稷下黄老之学正是从对气的这种认识上，建立起以气为基础的唯物主义的自然观。冯友兰在《先秦道家哲学主要名词通释》中讲道，关于人生命的来源及性质，《管子·内业》篇说："气道（戴云：即通字）乃生，生乃思，思乃知，知乃止矣。"这就是说，人的思维（思、知）是依靠于生命，有了生命才有思维，生命又依靠于气；气是第一性的，生命是第二性的。此处用气来解释生命和意识的起源以及构成生命和精神的要素是稷下黄老之学的独特之处。《内业》篇又说，"化不易气"，就是说，事物时常在变化，但是不能离乎气。气本身就能变化而生出各种各样的东西。[②]冯友兰又谈道"精气"，指出，《内业》篇中说："人之生也，天出其精，地出其形，合此以为人。和乃生，不和不生。"什么是"精"呢？《内业》篇说："精也者，气之精者也。""精"字的本义是细米，引申指细微的东西。……"精"是"气之精者"，就是说，"精"是气中更细微的部分。[③]冯友兰指出，稷下黄老学派认为人所有的"精"是从天得来的，人所有的形是从地得来的。精及形配合恰好，人就生存，不然人就死亡。他认为，这种说法，有把精神和身体割裂的危险，没有完全跳出灵魂独立

---

① 参见冯友兰：《三松堂全集》（第八卷），河南人民出版社2001年版，第427页。

② 参见冯友兰：《三松堂全集》（第十二卷），河南人民出版社2001年版，第359页。

③ 参见冯友兰：《三松堂全集》（第十二卷），河南人民出版社2001年版，第362页。

于身体的旧框子。① 冯友兰指出，稷下黄老学派认为，生物所有的精气越多，它的生命力就越大；人所有的精气越多，他的智力就越高。因此他们认为人的精神作用也是由精气产生的。人不但要保持自己身体中所本有的精气，使之不要散失，并且还要争取吸收更多的在身体外运动着的精气，集中在自己的心中。这样，自己的生命力就可以更加丰富，自己的聪明智慧就可以更大更高，而且可以更加清楚明白地认识天地万物的变化。冯友兰指出，稷下黄老之学根据精气的学说，对道家的两个主要观念"道"和"德"也作出了解释。《心术上》篇说："虚而无形谓之道，化育万物谓之德。"② 《心术下》篇说："气者，身之充也。"《内业》篇说："夫道者，所以充形也，而人不能固。其往不复，其来不舍。……不见其形，不闻其声，而序其成，谓之道。"由此可见，"道"就是"精气"，本来是要住在人的身体中的，假使人不能保持它，它就"往而不复，来而不舍"了。气是细微的物质，不可为感官的对象，作为"气之精"的道更是不可闻见的。这里冯友兰认为，道实际上就是精气，也称为灵气，也就是精，也就是神，也就是明，也就是极细微的物质。"其小无内，其大无外"是道所特有的属性。"德者道之舍"，德是万物得于道的一部分，是得于道的"精"和"气"，以此构成人和万物。

冯友兰在 80 年代修订本的《中国哲学史新编》中单列出一节来评价稷下黄老之学的"精"、"气"说。他指出，稷下黄老之学关于"精"、"气"的思想在以后的影响巨大。他们所讲的气是一种极其细微的流动性的物质。这种物质没有固定的形式，本身又能运动，可以在任何地方存在，也可以转化成各种具体的东西。用它来说明万物的物质性和世界统一的物质性，在古代自然科学知识尚不发达的阶段具有重要的意义。所以，以后的唯物主义思想都认为"气"是构成天地万物的根源，并且进一步提出了"元气"、阴阳之气、五行之气等，作为万物构成的物质原素。就这个意义说，稷下黄老之学奠定了中国哲学中唯物主义的基础。在以后的哲学发展

---

① 参见冯友兰：《三松堂全集》（第八卷），河南人民出版社 2001 年版，第 433 页。

② 冯友兰：《三松堂全集》（第八卷），河南人民出版社 2001 年版，第 435 页。

中，凡是主张"气"是第一性的，都属于唯物主义的阵营。① 此外，冯友兰指出，稷下黄老之学的另一个重要的贡献，就是第一次对形、神关系的唯物主义的解决做了尝试。他们认为人的精神意识是由物质的原素——精气组成的。精神能力的强弱决定于体内贮藏的物质原素——精气的多少。这实际上是肯定物质现象是第一性的，精神现象是派生的、第二性的。把精神现象看成是某种特殊物质，这是古代素朴唯物主义共同的特点。冯友兰认为，稷下黄老之学关于精气的学说正是中国古典哲学中自发的唯物主义的代表。在以后的发展中，许多的唯物主义者都用精气说来阐明人的精神现象和意识作用的起源和发展，就这一点说，稷下黄老之学同样为中国唯物主义思想奠定了基础。② 但冯友兰同时也指出了稷下黄老之学精气说的局限性。首先，他们把精气看成是带有一种生命的活力，或是有精神的性能，因此，又称精气为"灵气"或"神"。他们用这样的精气来说明万物的构成，就会导致物活论，即认为自然界的一切东西都是有生命的。冯友兰认为，这个命题可以把精神归结为物质，由此导致唯物论，也可以把物质归结为精神，由此导致唯心论。它好比一把两刃刀，可以两面割。其次，稷下黄老之学用精气来说明精神现象，并不能正确地解决物质和意识、形体和精神的关系问题。冯友兰指出，他们把精神意识简单地归结为一种特殊物质，这是错误的。冯友兰指出精神现象是物质高度发展的结果，是物质的作用和性能，它本身不是物质。这是稷下黄老之学所不能了解的。此外，冯友兰认为，稷下黄老之学是跟宗教做斗争的。他们认为所谓鬼神，也就是精气之流于宇宙间者，实际上是不承认鬼神是有人格的主宰，把鬼神也看成是物质的产物。他们还认为人有了精气，就有高度的智慧，用不着依赖鬼神，这实际上是对鬼神权威的否定。但冯友兰又指出，稷下黄老之学似乎也承认"神"附在身体上越多的人有更多的聪明智慧。稷下黄老之学认为所谓鬼神不过是流行于宇宙间的精气，它可以"入于胸中"，使人成为"圣人"。"圣人"能使一切东西各得其所，这种超人的

---

① 参见冯友兰：《三松堂全集》（第八卷），河南人民出版社2001年版，第438页。
② 参见冯友兰：《三松堂全集》（第八卷），河南人民出版社2001年版，第439页。

"圣人"思想，正是宗教思想残余的表现。①

冯友兰对稷下黄老之学的描述和分析是"持之有故"的，对我们认识道家思想的发展富有启发意义。冯友兰站在马克思主义哲学立场上对"精气说"的评判全面而贴切。我们虽然不能机械地运用西方哲学的范式包括唯心主义、唯物主义去简单地附会中国古代哲学，但从人类理性共同性的层面来看，哲学自然有其世界性和共同性。中国古代哲学家虽然没有西方意义上的整全的唯物主义或唯心主义体系，但却包含着唯物主义或唯心主义的思想因素，否定这一点也是非历史主义的。因此，冯友兰对"精气说"唯物主义本质以及局限性的分析至少是"言之成理"的一家之言。

二、对早期道家观的继承

如前所述，以 20 世纪 50 年代为界，冯友兰的道家观经历了早晚两个时期。早期道家观在《人生哲学》中已现端倪，集中体现在《中国哲学史》、《中国哲学简史》以及《贞元六书》中，主要探讨了道家起源于隐士、道家的开山为杨朱、老子及道家中之老学、庄子及道家中之庄学、道家在魏晋的发展等问题。20 世纪 50 年代后，冯友兰在早期道家观的基础之上对道家的哲学思想做了进一步的深入思考和探究，形成了他的晚期道家观，主要体现在 60 年代版《中国哲学史新编》和 80 年代修订本《中国哲学史新编》中，主要探讨了先秦道家的合法性、道家的起源和发展、老子哲学、庄子哲学、稷下黄老学等。与早期道家观相比，冯友兰的晚期道家观发生了一些重大变化（这将在下个问题详述），但由于冯友兰对道家思想的梳理和研究是以原始史料为基石的，这就使得他早晚期的道家观有着千丝万缕的联系，其基本思路有一脉相承之处。可以说，冯友兰晚期道家观的不少思想都来源于早期道家观，体现出冯友兰道家观的连续性或前后一致性，即晚期道家观对早期道家观的继承。为避免重复，以下主要围绕道家起源问题、老子观、庄子观等做简要说明。

---

① 参见冯友兰：《三松堂全集》（第八卷），河南人民出版社 2001 年版，第 441 页。

1. 道家起源问题上的继承

冯友兰的晚期道家观继承了早期道家观关于"隐士"为道家起源的学说，仍以"逸民"、"隐者"作为道家哲学的先驱。在《中国哲学简史》中指出的"隐者正是这样的'欲洁其身'的个人主义者"的基础之上，更加明确地提出他们的思想即是独善其身，"不降其志，不辱其身"，主张避世、避地、避色、避言的归隐倾向。冯友兰一直站在杨朱开山论的立场上，始终如一地反对诸多学者的老子开山论。他在早晚期的道家观中都强调了杨朱一派的中心思想是"为我"、"轻物重生"，口号是"不拔一毛"、"不利天下"。并将"为我"作为贯穿道家哲学的主线，认为无论是老子、庄子，还是后来的道家人物的思想中皆有所体现。

2. 老子观的继承

冯友兰晚年对老子哲学的论述也是以早期阐释的老子思想为基础的。冯友兰早期从人生哲学的维度，对道家哲学中的道德概念、社会哲学、政治哲学、个人修养、万物一体等作了初步的阐释和分析，并从九个方面梳理了老子的主要思想。晚期的道家观对老子哲学的论述同样是遵循着此种理路。具体表现在以下几个方面：

第一，对老子其人和《老子》一书出现时间推断上的一致。冯友兰在早期以司马迁的史料作为判断依据的基础上，进一步指出一个司马迁的记述中没有涉及的判断方法，就是把《老子》书，跟春秋和战国时期的学术发展一般的情况和思想斗争的情况做一比较，看它是跟哪个时期的联系比较密切。他用这样的方法做了进一步的推断，得出与早期大致相同的结论。

第二，对自然观、宇宙论的共同重视。冯友兰晚期老子观继承了早期对老子的"道"、"天"、"无"等范畴的探讨理路，进一步阐释了老子哲学中有关自然观、宇宙论方面的问题。尽管其中增加了"对子结构"的分析，但在对具体范畴的阐释上依然保留了早期道家观的一些分析特色。

第三，对辩证法思想的共同提炼。冯友兰在早晚期的道家观中都对老子的辩证法思想进行了详细的论述，突出强调了"反者道之动"是宇宙间事物变化的通则、人世间行为处世的方法、社会中政治制度实行的规则等。同时也客观地评价了其辩证法的积极影响和局限性。他指出，"无为而治"的政治哲学也仍是从"反者道之动"这个总学说中演绎出来的。"寡欲"、"弃智"、"愚"等随之而来的道家修养之术也被再一次地强调，这就使得原有的理论更加明晰和完备。冯友兰在早晚期都认为老子代表的是没落阶级，因此老子哲学中的辩证法思想不能不存在很大的局限性，在许多点上，不能不倒向辩证法的反面。

第四，对以"为道"为核心的认识论的共同理解。早期的《新理学》和《新原道》指出了道家"为道"即达到最高境界的方法就是通过去知、反知以达到无知，因为最高境界是无分别的，知是为学之知，是有分别的，必须摒弃。晚期冯友兰对老子认识论的阐释同样继承了此种思想。老子提出："为学日益，为道日损。"冯友兰认为，老子说"为道"，不说"学道"，是因为道没有任何规定性，超感觉，超名相。对于道只能体会，照着它的本来样子生活。老子所注重的是一种内省体验的修养方法，也即是老子所讲的"静观"。这些与冯友兰早期老子观的观点密切相连。

第五，在社会政治思想方面的阐释一致。在早期道家观中，冯友兰论述了老子"小国寡民"的社会理想，晚期道家观继承了这一思路，对老子的社会政治思想进行了进一步分析。冯友兰认为老子的理想社会是"小国寡民"，是没有礼法也没有文化的原始社会，是否定一切文明、文化，剔除人为，复归到结绳记事的原始社会。老子的历史哲学认为历史的进程是一个从"无为"倒退到"有为"的进程，整个社会时时刻刻都在退化，在这个过程中，善的美的东西一步一步地失去，代之以恶的、丑的东西。冯友兰认为，老子所提出的"小国寡民"的社会，实际上是幻想恢复到一种孤立的完全闭塞的自然经济的时代，这是一种倒退的历史观。

3. 庄子观的继承

在早期道家观中，冯友兰大致从九个方面探讨了庄子哲学的理论精髓。晚期所探讨的问题大多是对早期观点的继承和发展，基本上都是以《齐物论》和《逍遥游》作为逻辑原点或运转主轴来揭示庄子哲学思想的丰厚内蕴的，较之早期道家观中的庄子观更为深入、系统。

首先，冯友兰早晚期的庄子研究都格外重视《逍遥游》和《齐物论》。

在早期的道家观中，冯友兰通过《逍遥游》和《齐物论》来探讨庄子的主要思想，比较相对幸福、绝对幸福，是非之知、"不知之知"的关系，强调庄子一派要追求绝对的幸福、绝对的自由和绝对的平等；提倡那种忘了事物的一切区别，甚至忘了自己生活中的一切区别的"不知之知"。在晚期的道家观中，冯友兰依然对《逍遥游》和《齐物论》格外重视，认为"逍遥"和"齐物"即是庄之所以为庄者，是庄学中对后世影响最大的部分；认为研究庄子哲学应该打破郭象本内、外篇的分别，以《逍遥游》和《齐物论》为主要线索，参考其他各篇，以期对庄子哲学思想有全面的了解。

其次，冯友兰早晚期的庄子研究都非常关注庄子对"道"的理解。在早期道家观中，冯友兰认为庄子的"道"与老子的"道"相同，是天地万物所以生之总原理，有物即有"道"，"道"自本自根，无所不在，无始无终。在晚期的道家观中，冯友兰仍然关注庄子的"道"，只不过加入了一些新的评价，认为庄子纯粹是从逻辑上了解所说的"道"的无规定性和无限性，把"道"了解为物质性的否定，归结为一种逻辑的虚构，是一种虚无主义和神秘主义的思想，是没落贵族对现实生活绝望的情绪在哲学上的反映。庄子所讲的这种宇宙观是一种合乎庄之所以为庄者的宇宙观，是庄之所以为庄者的一部分。

再次，冯友兰早晚期的道家观都注重对庄子认识论的阐释。在早期道家观中，冯友兰解释了庄子的两种知识："是非之知"和"不知之知"。认为"是非之知"是相对的、有限的，是低一层次的知识。而"不知之知"是一种更高层次的知识，就是要忘了事物的一切区别，甚至忘了自己生活中的一切区别。在晚期道家观中，冯友兰运用一些新的观念讨论庄子的认识论，认为相对主义和不可知论是庄子认识论的核心，是把老子和惠施学说中关于对立面转化的辩证思想引向了相对主义和不可知论。

此外，冯友兰早晚期的道家观都探讨了庄子的社会政治思想，其结论大同小异，都认为庄子明确主张社会应该向后退，历史的车轮应该倒转，对人类的社会、政治制度和文化生活采取全盘否定的态度。冯友兰指出，庄子一派称这样的社会为"至德之世"，其实是一种人兽同居、没有文化的原始社会。庄子一派的"至德之世"比老子的"小国寡民"的社会更原始,《庄子》比《老子》更进一步地主张社会倒退。庄子一派的思想实际上就是政治、社会思想中的虚无主义,跟他在本体论方面的虚无主义有着密切关系。

总体来讲,冯友兰晚期道家观发生了不小的变化,但与早期道家观中的理路密切相关,不论是在宇宙观、方法论、认识论、人生观,还是社会政治思想方面,均有一些早期道家观的痕迹,表明冯友兰的道家观的连续性特征。

三、道家观的转变

随着社会经济、政治、文化背景的变迁,所有的思想和学说都会发生或多或少的变化,冯友兰的道家观也不例外。冯友兰早期的道家观主要是以西方哲学为诠释框架,晚期道家观则是以马克思主义为诠释框架,主要包括历史主义方法的深入、对子结构和阶级分析方法的运用等,由此带来了冯友兰晚期道家观的一系列转变。

1. 冯友兰中国哲学史研究的方法论转向

冯友兰晚期道家观诠释框架的变化内含于他整个中国哲学史观的变化之中,与他整个中国哲学史研究的方法论转向密切相关。冯友兰早年以20世纪30年代出版的《中国哲学史》和40年代出版的 *A Short History of Chinese Philosophy* 为代表的中国哲学史研究明确选择了西方哲学为诠释框架,而晚年以七册本《中国哲学史新编》为代表的中国哲学史研究则明确选择了马克思主义哲学为诠释框架。冯友兰在60年代版《中国哲学史新编》的《自序》中将自己的学习和写作过程分为三个阶段:第一个阶段是五四以前他在北京大学当学生的时代,在这个阶段所学的主要是封建的学术观点和历史方法;第二个阶段是从五四以后到新中国成立以前,在这个阶段所学的、所用的以至所教的,都是资产阶级学术观点和历史方法;第三个阶段是1949年新中国成立后,从此时才开始学习马克思主义的学术观点和历史方法。[①]

---

① 参见冯友兰:《三松堂全集》(第七卷),河南人民出版社2001年版,第5页。

冯友兰在早年所选择的诠释框架是西方哲学，总体构架是宇宙论、人生论、知识论。在中国哲学史的马克思主义化阶段，冯友兰与时俱进，他所编写的《中国哲学史新编》对中国哲学思想的研究即是以马克思主义哲学为理论基础和根本方法论原则，基本实现了他在该书《自序》中所表达的愿望："就是用马克思主义的立场、观点和方法重写一部《中国哲学史》。"①

与冯友兰整个中国哲学史研究的方法论转向相一致，他道家观的诠释框架也用对子结构重新解读了道家学说。他在晚期道家观中对于道家哲学的阐释就运用了这种方法，例如他在80年代修订本的《中国哲学史新编》的第十一章对《老子》的客观唯心主义哲学体系的论述，第十四章对庄周的主观唯心主义体系的探讨，以及第十七章涉及的道家向唯物主义的发展等等。

2. 历史主义的深入

早在20世纪20—30年代，冯友兰就提出了自己的历史主义方法论，这种与历史唯物论相通的方法晚年被运用于他的中国哲学史包括道家学说的研究中，尤其强调社会历史环境对于哲学产生的重要意义。

冯友兰早年历史主义方法论主要包括两种历史说、写的历史应以信为目的、哲学史的研究要与时代背景相结合等。晚年的冯友兰在《中国哲学史新编》中坚持了他历史主义方法论的基本精神，并增加了一些唯物史观的基本方法，形成了他历史主义方法论中的马克思主义特色。所以他对道家思想的阐释无疑也是以这种方法为指导原则的，特别是他对道家思想产生根源的追溯，对道家不同派别的厘析，以及在不断变化的时代背景之下对道家思想作出的适时的评价等，皆体现了历史主义方法的运用。

3. 对子结构的运用

冯友兰运用"对子结构"作为诠释框架，探讨了中国哲学史中的唯物主义和唯心主义、辩证法和形而上学思想，自然涉及对道家哲学的解读问题。较之早期的道家观，冯友兰在晚期的道家观中对道家各派哲学的定

---

① 冯友兰：《中国哲学史新编》（第一册），人民出版社1982年版，《自序》。

性问题给予了更加清楚的阐释。从以下几个方面，我们可以体会到冯友兰是如何将"对子结构"运用到他对道家哲学的阐论之中的。

首先，运用"对子结构"阐释早期道家哲学。冯友兰将早期道家哲学自然观中所体现出来的无神论倾向和唯物主义因素视为这一时期道家哲学的一个特点，但他认为，这些倾向和因素并不是早期道家之流的积极态度，而是他们消极人生观的反映。他们在激烈的阶级斗争中成为失败者，就使得他们中的一部分人感到上帝和鬼神并没有保佑他们，因此对传统的宗教信仰产生了怀疑和失望，他们思想中的无神论和唯物主义因素也随之而生。冯友兰得出结论：归根结底，唯物主义和无神论思想是与道家的阶级性有矛盾的，所以最后不能不转化为追求神秘主义的庄子的哲学体系，成为战国时期唯心主义的高峰。

其次，运用"对子结构"阐释老子哲学。"对子结构"的核心——唯物主义和唯心主义、辩证法和形而上学思想在冯友兰论述和评价老子哲学的宇宙论、辩证法中皆有体现。

冯友兰指出，《老子》以"道"为宇宙本原，突出了万物的形成和变化不是受超自然的意志支配的，也不是有某种预定的目的，这是一种唯物主义和无神论的思想。冯友兰突出强调了老子提出的"道法自然"的思想，认为这意味着人不应该将自己的意识和作为，强加于自然界使之成为自然界的属性。在他看来，这是中国古代哲学史上第一次从理论上否定"天人感应"的迷信，并成了后来的无神论和唯物主义者用以反对唯心主义的目的论和神秘主义的"天人感应"的有力的武器。与此同时，冯友兰还指出老子素朴唯物主义的漏洞。老子将"道"说成是尚未分化为特殊事物的原始物质的说法，很容易被理解为"道"是超乎经验的、非物质的存在，给客观唯心主义开了后门。因此冯友兰指出，后来的稷下唯物派和庄子哲学，正是老子哲学分化出来的两大派别，即以"气"为本原的老子哲学的唯物主义的发展和以非物质性的道为本原的老子哲学的唯心主义的发展。

冯友兰亦将"对子结构"运用到对老子的素朴辩证法思想的论述之中。他以"反者道之动"、"祸兮福之所倚，福兮祸之所伏"等为依据，肯定老子已经认识到宇宙间的事物都是在运动变化之中，宇宙间没有永恒不变的东西；事物都有它的对立面，对立面是经常相互转化的。除此之外，冯友兰指出了老子辩证法思想的很多严重缺点，认为其对形而上学思想作了很大的让步。第一是循环论；第二是主静；第三是希望对立面自动转化；第四把对立面的调和看成是事物发展的应有归宿；第五是保持柔弱的状况。冯友兰指出，老子的目的实际上是要维持现状，不要使事物向其对立面转化，不是促进事物的发展而是阻止事物向前发展。冯友兰认为，老子虽然提出了丰富的辩证法思想，但由于阶级基础的限制，在不少方面倒向了形而上学。

再次，冯友兰以"对子结构"为诠释框架，对庄子哲学中的自然观、认识论等作出进一步审视。

在 60 年代版《中国哲学史新编》中，冯友兰指出，庄子哲学在自然观方面，在关于世界起源等问题上，陷入了虚无主义和神秘主义，由此和唯物主义思想对立起来。此外，冯友兰又指出，庄子一派在讲到"天"、"人"关系的时候，放弃了宗教所说的有意志的主宰之天，这说明当时科学和唯物主义哲学的影响越来越大，唯心主义哲学在说法上不能不有所改变。

冯友兰认为，庄子认识论中的某些思想肯定了人的认识是相对的，认为人的认识只是一定条件下的产物。就这一点来说含有一些辩证法因素。但庄子由此认为认识绝对真理是不可能的，这就成为相对主义。冯友兰认为，庄子正是在否定客观真理的意义上，片面夸大了一切知识的相对性，从而把人的意见和观点完全看成是个人主观的偏见，陷入了主观唯心主义。庄子的相对主义思想的目的和实质，是企图取消对立面的对立和斗争。这种思想根本上是和辩证法相对立的。这是形而上学，不是辩证法。庄子这位没落贵族的哲学家由于自己的阶级地位的转化，对于辩证法的某一方面有所认识。但是，作为一个没落阶级的哲学家，他不可能认识到辩证法的本质方面。他所注意的是事物在发展过程中的不稳定性。他把这种不稳定性片面地绝对化，把事物的转化片面地绝对化，就把他所认识到的辩证法的某一方面转化为形而上学，走向辩证法的否定。

冯友兰运用"对子结构"探讨了庄子哲学对后世的影响。他指出，庄子哲学是没落阶级的唯心主义哲学的典型代表，它对后来中国古典哲学的发展影响很大。例如后来的魏晋玄学家就进一步发展了庄子的虚无主义哲学理论，建立了更思辨的唯心主义的玄学；隋唐以后，某些唯物主义者的哲学思想正是在反对这种唯心主义哲学的斗争中发展起来的。此外，冯友兰指出，庄子一派所讲的关于生死气化和天道无为等说法，对于汉代的唯物主义者和无神论者也有一定的影响。

又次，冯友兰运用"对子结构"来阐明老庄与稷下黄老学派的差异。他认为，从老子到庄子是道家向唯心主义的发展。黄老与老庄，在哲学上说，是唯物主义和唯心主义两大派别的对立，在政治上说，是革新、前进和保守、倒退两条道路的斗争。稷下黄老之学开始用"气"来说明"道"，认为万物都是从"气"生出来的，在此基础上建立起以气为基础的唯物主义的自然观。冯友兰认为，可以说，稷下黄老之学奠定了中国哲学中唯物主义的基础。此外，冯友兰指出，稷下黄老之学的另一个重要的贡献，就是第一次对形、神关系的唯物主义的解决做了尝试。他们认为人的精神意识是由物质的原素——精气组成的。精神能力的强弱决定于体内贮藏的物质原素——精气的多少。这实际上是肯定物质现象是第一性的，精神现象是派生的、第二性的。把精神现象看成是某种特殊物质，这是古代素朴唯物主义共同的特点。冯友兰认为，稷下黄老之学关于精气的学说正是中国古典哲学中自发的唯物主义的代表。在以后的发展中，许多的唯物主义者都用精气说来阐明人的精神现象和意识作用的起源和发展。就这一点说，稷下黄老之学同样为中国唯物主义思想奠定了基础。

最后还要说明一点，冯友兰在早期的道家观中将魏晋玄学作为道家哲学发展的一个阶段，但是在晚期的论述当中，冯友兰指出，玄学是中国历史中的一个时代思潮，"玄学"是一个时代思潮的名称，并不是一个哲学派别的名称，凡是一个历史时期的时代思潮，都有一个特殊的哲学中心问题，一种特殊的思想方法，一种特殊的精神面貌，围绕着这个中心问题唯物主义和唯心主义这两大派别进行斗争。在冯友兰看来，玄学中是有派别的，玄学家们对于有无的了解有所不同，因此就分为三派，都是围绕有无问题立论的。一派是王弼、何晏的"贵无论"，一派是裴頠的"崇有论"，一派是郭象的"无无论"。玄学这个时代思潮，它的特殊的哲学中心问题，是有无问题，它的特殊的思想方法是名理，贵无论是其中的唯心主义派别，崇有论是其中的唯物主义派别，这两大派别用名理的方法进行斗争，构成了这段时代思潮。① 由此可见，冯友兰在晚期的论述中同样是运用了"对子结构"去分析魏晋玄学的哲学思想，但并没有将其列入到道家哲学发展的体系之中，或许认为其思想是由道家发展而来的，但他强调的是玄学只是一个思潮，而并不是一个哲学派别的名称。这是冯友兰早晚期很大的不同之处。

4. 阶级分析的引入

冯友兰接受了马克思主义的阶级分析方法，主张从阶级和民族统一的角度研究中国哲学史。他说："历史的发展、变化的过程，可以说是以阶级斗争为经，以民族斗争为纬"②，因此，在评价一个哲学家或哲学派别时，应该把阶级观点和民族观点结合起来。比如对孔子的评价：

> 他在当时基本上是反对社会前进，阻碍历史发展的思想家。从阶级观点看，不能不作这样的结论。但从民族观点看……他的形象和言论，在中华民族的形成过程中，起了很大的积极作用。这也是不能否认，不能否定的。③

冯友兰同样用阶级分析方法分析了道家学者和学说的阶级属性问题，认为逸民、隐者之流、老子哲学、庄子哲学等，基本上都代表了没落阶级的利益。他指出，老子的学说反映一部分没落贵族并不甘心没落、还企图挽救自己前途的思想和要求。庄子的学说反映了没落贵族，在奴隶制度彻底瓦解和新兴封建势力已取得绝对优势的情况下，已无法挽救自己的命运，因而对自己的前途完全绝望的悲观情绪。

---

① 参见冯友兰：《三松堂全集》（第九卷），河南人民出版社 2001 年版，第 484 页。

② 冯友兰：《中国哲学史新编》（第一册），人民出版社 1982 年版，第 40 页。

③ 冯友兰：《中国哲学史新编》（第一册），人民出版社 1982 年版，第 41 页。

首先，冯友兰指出，以杨朱为代表的"逸民"、"隐者"之流，他们的思想核心就是"为我"，基本精神是不合作，至多也不过是互不干涉，不关心社会的利益。冯友兰认为，这种独善其身的消极的个人主义，正是没落阶级思想的反映。此外，冯友兰指出，早期道家发展过程中的彭蒙、田骈、慎到三个人物的中心思想也是"为我"，他们所特别注重的亦是"我"的全生免祸的方法。这也是没落奴隶主贵族在没落过程中，怕受迫害的失败情绪在思想战线上的反映，表现了他们对现实社会无可奈何的没落意识。这样看来，冯友兰对道家思想的评析，从一开始就遵循了阶级分析的方法，并贯穿在阐释道家哲学思想的始终。

其次，冯友兰总结出老子作为一个没落阶级的代言人所以能有的素朴唯物主义的阶级根源：没落贵族在阶级斗争中损失了原有的地位和特权。为了要保持现在还未失去的一点东西，他们对于事物变化的规律，不能不有所承认，否则会受到更大的损失，生命且将不保。代表他们的哲学家也认识到事物的发展变化是无意识而有规律的。他企图发现这些规律，以使他的阶级中的成员保全自己，避免更大的损失。冯友兰指出，这样的思想在当时具有否定宗教世界观的意义，也建立了以后唯物主义哲学中的一些主要范畴。这对于以后唯物主义的发展，发生了一定的影响。但是，因为老子哲学是没落贵族阶级的意识的反映，虽然他的自然观基本上是唯物主义的，具有无神论的性质，他对于人生的态度却不是积极进取的，而是消极退缩的，由此陷入了机械宿命论。冯友兰指出，老子的理想社会是"小国寡民"，这实际上是幻想恢复到一种孤立的完全闭塞的自然经济的时代，是一种倒退的、反动的、复古主义的历史观。冯友兰认为老子哲学代表了没落奴隶主贵族这一阶级的立场，但在杨朱一派思想的基础上有所发展，形成了自己的哲学体系。

最后，冯友兰指出，庄子一派站在没落阶级的立场上，发展了老子思想中的消极部分，明确地走上了唯心主义的道路。在他看来，老子的学说反映了一部分没落贵族并不甘心没落、还企图挽救自己前途的思想和要求。庄子的学说则反映了没落贵族，在奴隶制度彻底瓦解和新兴封建势力已取得绝对优势的情况下，已无法挽救自己的命运，因而对自己的前途完全绝望的悲观情绪。庄子实际上是从老子对现实社会的诅咒和不满，走向了对人类社会生活和政治生活的厌弃和否定。冯友兰指出，庄子企图以其相对主义的认识论来取消客观事物之间的差别和对立。这种思想正是当时没落贵族的意识的反映，表现出庄子自命为超阶级、无党性、超然于各家之上的地位，暴露了他的阶级立场、哲学观点和思想方法。冯友兰认为，庄子一派的社会、政治思想是老子的社会、政治思想的进一步的发展。他们更加明确地主张社会应该向后退，历史的车轮应该倒转，对人类的社会、政治制度和文化生活采取了全盘否定的态度。冯友兰认为，庄子的这种社会、政治思想，不仅反映了没落贵族对社会、政治生活的绝望，也反映了对新的政治制度和新的社会势力的诅咒。在此基础上，冯友兰指出，后来的统治阶级都把庄子的学说作为麻痹人民群众反抗意识的有力武器。庄子哲学中的消极的人生观和宿命论，的确可以取消人民革命反抗的斗志，使人民在精神上安于统治阶级的统治。庄子的许多思想是一个走向绝路的没落阶级的悲观、绝望的情绪的集中反映，跟汉以后没落、不得意的"士大夫"的情绪有强烈的"共鸣"。

可见，在冯友兰的晚期道家观中，阶级分析的方法贯穿始终，冯友兰基本上是通过史料的分析和梳理，认定道家的思想是没落的奴隶主贵族的代表，是与新兴的地主阶级相抗衡的反动势力的体现。

第五节　朱子学

20世纪80年代之后，冯友兰陆续出版了七册本的《中国哲学史新编》，在第五册中，他以马克思主义哲学的基本理论为诠释框架，对朱子学做了进一步研究，既体现出与《中国哲学史》和《中国哲学简史》的连续性，但在不少地方又有深化，结构上更加严谨、完备。分别描述和解析了北宋道学所引起的哲学问题、朱熹的生平及其著作、理、太极、气、宇宙形成论、性、心、情、才、修养方法、"王霸之辨"、辩证法思想、前期道学的高峰等。

在"道学的发展阶段"、"北宋道学所引起的哲学问题"和"前期道学的高峰"等章节中，冯友兰对朱熹哲学进行了历史定位。他认为，用现在的哲学术语说，道学的中心问题是关于一般和特殊的关系问题。"理"是"形而上"，是一般；"气"或"器"是"形而下"，是特殊。北宋道学专从"无形"和"有形"来理解"形而上"和"形而下"是不够的。对这一问题进行进一步的充分的讨论，道学的体系才能更完全地建立起来，完成这个历史任务的是朱熹。从道学的整个发展阶段来看，朱熹哲学占有重要的历史地位："程氏兄弟……创立了道学，也分别创立了道学的两派：理学和心学。张载以气为体，可以称为'气学'。朱熹以理、气并称，可以说是集大成者，这是道学的前期，也可以称为宋道学。用黑格尔的三段法说，二程是肯定，张载是否定，朱熹是否定之否定。从三段法的发展说，前一段落的否定之否定，就是后一段落的肯定。朱熹是前期道学的否定之否定，到了道学后期就成为肯定了。在后期中，朱熹是肯定，陆、王是否定，王夫之是否定之否定。……后期道学可以称为明道学。"① 在这里朱熹哲学既是前期道学的否定之否定阶段，也是后期道学的肯定阶段，其历史地位十分显赫。

在"朱熹的生平及其著作"一节中，冯友兰提到了朱熹的《诗集传》，认为这本书从一个新观点提出了一个完全反传统的说法，这在当时是一种"非常可怪之论"。在《诗经》的《国风》中有许多篇明显的是谈恋爱的情诗，可是一般注《诗经》的人囿于儒家"严男女之防"，都不敢这样说，都把情诗解释为政治诗，说是"比也"。朱熹大胆地揭穿了这种假面具，明确地说这些情诗讲的是"男女相悦之事"或"淫奔之事"。按照儒家的说法，"男女之防"是"礼"的一个根本要求，"男女相悦"也许还不是"非礼"，至于"淫奔"，那就显然是"非礼"了。但是，据说《诗经》是孔子删定的，为什么会把这些"非礼"的诗保存下来，并使之成为经典呢？这个问题朱熹没有回答。冯友兰从民俗学的角度寻找到了答案，认为"男女相悦之事"是当时的"礼"，而不是"非礼"，《诗经》的《国风》也是把这些情诗作为"礼"而不是"非礼"保存下来的。朱熹用"淫

① 冯友兰：《中国哲学史新编》（第五册），人民出版社1988年版，第19—20页。

奔"来形容这种"礼"，这是他封建思想的偏见。① 在这一节中，冯友兰
还提到了朱熹其他的许多重要著作，为研究朱子学提供了史料学方面的重
要参考，这些也是《中国哲学史》和《中国哲学简史》中所缺乏的。

在"理、太极"一节中，冯友兰深入地阐释了朱熹的理气关系学说，
肯定了朱熹在这方面的贡献，并对"太极"做了形象的解释。冯友兰指
出，朱熹不但说明了"理"和"气"这对范畴的分别，而且也说明了他是
怎样认识这些分别的。用现代哲学的话说，他首先对普通的事物做逻辑的
分析，从这样的分析中得到了这样的认识。逻辑的分析是在思维中进行
的。比如一个方的东西，逻辑思维不能分析出构成它的成分，但可以分析
出它有两个方面，一个方面是它的形，另一个方面是它的性。方的东西必
然有方的规定性，这就是它的方性。方性是方的东西的主要性质，这就是
朱熹所说的"生物之本也"。一个方的东西是一个具体存在的东西，它必
定有一些东西作为存在的基础，这就是朱熹所说的"生物之具也"。任何
具体存在的东西，都有形和性两个方面，这就是朱熹所说的"其性其形，
虽不外乎一身"。但从逻辑分析看，这两方面的分别很明显，这就是朱熹
所说的"道器之间分际甚明，不可乱也"。当然，朱熹未必想得这样清楚，
他更不会知道逻辑分析这个名称，但是上边所说的那些意思他是有的。②
冯友兰指出，朱熹在个别的地方、个别的时候也不一贯地主张理在事先，
也有"理在事中"的观点。朱熹说明一般和特殊的不同，这个不同说明形
上和形下的不同，道和器的不同，理和事的不同也就明白了。"在这一点
上，朱熹比他的前人都认识得更清楚，说得更明白。"③ 冯友兰还对朱熹所
说的"太极"进行了形象的说明："'太极'这个'太'字就比如'太上
皇''老太爷'那两个'太'字，有更高一层的意思。在封建制度下，皇
帝在一国中是最高的，'太上皇'比皇帝更高一层；'老爷'在一家之中是
最高的，'老太爷'比他更高一层。对于一类事物说，其类的理是最高标
准，'总天地万物之理'者，比一类事物的标准更高一层，所以称为'太

① 参见冯友兰：《中国哲学史新编》（第五册），人民出版社 1988 年版，第 158 页。

② 参见冯友兰：《中国哲学史新编》（第五册），人民出版社 1988 年版，第 159—160 页。

③ 冯友兰：《中国哲学史新编》（第五册），人民出版社 1988 年版，第 162 页。

极'."① 通过形象生动的语言把"太极"的本质和地位以及与一类事物之理的关系说的清楚明了。

在另一些章节中，冯友兰还阐释和分析了朱熹其他多方面的思想，提出了一些《中国哲学史》和《中国哲学简史》中没有或缺乏的东西。在"气"这一节中，冯友兰指出，在西方哲学中有所谓"第一动者"的问题，在道学中没有这一问题。照道学的说法，整个的宇宙是一个"流行"，道学称之为"大用流行"，它的动力就在它的本身之中。这个"流行"是无始无终的，它本来没有一个开始的时候，所以也不需要"第一动者"。② 这指出了道学和西方哲学在形上学问题上的一个不同点。在"朱熹的宇宙形成论"中，冯友兰指出："本体论是宇宙的逻辑构成论，主要的是用逻辑分析法看宇宙是怎样构成的。宇宙形成论是以当时的科学知识为根据，讲具体的世界是怎样发生和发展的。"③ 宇宙形成论首先要说明的是天地如何起源的问题，其次是现在的世界有没有始终的问题，朱熹对这两个问题的回答借鉴了"浑天说"、"元气说"以及阴阳五行说的思想资源，他虽然认为宇宙是大化流行，无始无终，但现在的这个世界却是有始有终的。在人性论方面，虽然朱熹自己说采纳了张载和程颐的说法，但冯友兰认为他是以他的整个哲学体系为依据的，所以讲得更详细，他是发展了张、程，而不是照抄张、程。在"修养方法"一节中，冯友兰重点分析了朱熹的《格物补传》，认为"从理论上说，增进人对于客观上各个具体事物的知识是一回事，提高人在主观上的精神境界又是一回事。二者虽有相通之处，但基本上是两回事。……朱熹的这篇《补传》实际上分为两段。前段的要点是'即物而穷理'，说的是增进知识，后段的要点是'吾心之全体大用无不明矣'，说的是提高境界。这本来是两回事，分开来讲是可以的。朱熹……把两回事混为一回事，……这就讲不通了"。④ 批评朱熹把增进知识和提高境界混为一谈，在理论上说不通，对于问题的认识不够全面。实

① 冯友兰：《中国哲学史新编》（第五册），人民出版社1988年版，第163页。
② 参见冯友兰：《中国哲学史新编》（第五册），人民出版社1988年版，第167页。
③ 冯友兰：《中国哲学史新编》（第五册），人民出版社1988年版，第168页。
④ 冯友兰：《中国哲学史新编》（第五册），人民出版社1988年版，第169页。

际上，穷物理和穷人理不但没矛盾，而且可以融为一体。冯友兰举例说：
"在五十年代，中国知识界有所谓红、专问题，这和穷物理和穷人理是一
类的问题。当时批判的白专道路，这种道路是有的，为个人的名利而求专
的道路就是白专道路。白专道路固然不是红，'空头'的红也不是真红，
又红又专才是真红。在又红又专的人看来，求专就是所以求红，穷物理就
是所以穷人理。"① 在政治思想方面，朱熹继承了儒家"尊王贱霸"的思想
传统，并把王霸之辨与义利之辨联系了起来。冯友兰分析说："'三代'的
本源是统治者的'道心'，汉唐的本源是统治者的'人心'。……所谓英雄
豪杰，固然有过人的才干，能办成很大的事业，但是他们的精神境界并不
高，他们所追求的是个人的成功，这就是从'利'出发，不是从'义'出
发。汉唐的统治者，都是这一类的人物，所以他们的政治只能是'霸政'，
'三代'统治者所追求的不是个人的成功，而是被统治者的幸福，……所
以他们的政治自然是'王政'。……因为他们是为义，而不是为利。"② 这
就从更深的层面揭示了王霸的本质差别。

　　冯友兰《中国哲学史新编》中朱子学研究的最大特色是接受了马
克思主义哲学的诠释框架，力图对朱子学作出辩证唯物主义和历史唯物
主义的评价。冯友兰曾经指出："理学是客观唯心主义，这是不成问题
的。"③ "虽然在存在上不存在一个没有阴阳的太极，但在理论上却是有的，
这是朱熹哲学体系的唯心主义的根本。"④ 最为明显的例子就是《中国哲学
史新编》增加了一节《中国哲学史》和《中国哲学简史》中没有的《朱熹
易学中的辩证法思想》，认为朱熹易学的价值在于"尚其变"。他把《周
易》的"易"字理解为"变易"和"交易"，又指出"变"的基本内容是
"流行"和"对待"，这就抓住了《周易》的要点，那就是辩证法。⑤ 众所
周知，中华人民共和国成立之后，冯友兰与时俱进，逐步转变为一个马克

---

① 冯友兰：《中国哲学史新编》（第五册），人民出版社 1988 年版，第 182 页。
② 冯友兰：《中国哲学史新编》（第五册），人民出版社 1988 年版，第 185 页。
③ 冯友兰：《中国哲学史新编》（第五册），人民出版社 1988 年版，第 223 页。
④ 冯友兰：《中国哲学史新编》（第五册），人民出版社 1988 年版，第 168 页。
⑤ 参见冯友兰：《中国哲学史新编》（第五册），人民出版社 1988 年版，第 195 页。

思主义者。他的《中国哲学史新编》，是以马克思主义哲学为理论基础和根本方法论原则的，基本实现了他在《中国哲学史新编·自序》中所表达的愿望，"就是用马克思主义的立场、观点和方法重写一部《中国哲学史》。"① 尽管这套著作出版年月不同，唯心主义、唯物主义、辩证法、形而上学等概念由前至后所使用的频率越来越低，甚至研究的参考坐标也有转换的迹象，但从总体上说，仍不失为一部以马克思主义哲学为参照系统和评价尺度的中国哲学发展史，这就决定了晚年的冯友兰作为一个马克思主义的中国哲学史家的历史定位。学界有一种观点认为这种转变的原因是外在的，是被迫的。这种因素是有的，但我们不能由此而否认冯友兰哲学立场转变的内在因素。而且，冯友兰接受马克思主义的诠释框架是历史的必然，也是他理性的选择，其积极性大于消极性。因为历史唯物论为我们深刻地把握历史包括哲学史提供了新的方法论，对于揭示中国哲学发展的内在逻辑结构以及深层的社会原因具有重大意义。冯友兰从20世纪二三十年代就接受和运用了历史唯物论的基本思想研究中国哲学史，他晚年的《中国哲学史新编》是中国哲学史研究的马克思主义化阶段的重要代表作之一，也是对他早年中国哲学史研究的一种发展和超越。当然其中也有教条化和贴标签的偏向，这是特定时代的代征，我们不能仅仅苛求于个人。

第六节　阳明学

冯友兰在《中国哲学史新编》第五册中，以马克思主义哲学的基本理论为诠释框架，对阳明学作了进一步研究。

在《中国哲学史新编》第五册中，能明显地看到冯友兰阳明学研究的连续性，但在一些地方也有深化。与《中国哲学史》一样，冯友兰描述了王阳明一生的学思转变历程，探讨了《大学问》、致良知、知行合一、良知、爱有差等、动静合一、理学和心学的异同等问题，并揭示了王阳明

---

① 冯友兰：《中国哲学史新编》（第一册），人民出版社1982年版，第1页。

对释、道的批评。冯友兰认为："《大学问》这部著作是王守仁哲学体系的纲领，是他教学生的入门，也是他的最后的著作，代表他在哲学上的最后见解。"① 冯友兰指出，《大学问》讲的是《大学》的"三纲领"，三纲领可以归结为一纲领，即"明明德"。王守仁认为，"明德"的主要内容就是"以万物为一体"之"仁"，并举了许多例证加以说明。冯友兰重点分析了程颢与王守仁在这个问题上的异同，认为王守仁"以万物为一体"之"仁"，程颢以"浑然与物同体"为"仁"，二人的基本观念是完全一致的，甚至在细节上也是完全一致的，这并不是说王守仁抄袭程颢，只是说有那么一个客观的道理，二人对于这个道理都有所见。程颢是道学中心学的开创者，王守仁是心学的完成者，他们所表述的相同的道理，是心学一贯的中心思想。不过，程颢没有把这个思想与《大学》中的"三纲领"结合起来，而王守仁这样做了，这就使这个中心思想有了经典上的一个理论根据。② 冯友兰还试图澄清人们对王守仁良知、致良知、知行合一等思想的一些误解。他指出，良知并不是全知，它的能力就是分辨善恶。王守仁并不是说，人有了良知就无所不知、无所不能了，人可以不研究飞机的原理，而就能制造飞机，不学习开汽车的技术，而就能开汽车，这完全是误解。道学认为人和其他动物的区别就在于人能分辨善恶，并做道德的判断，所以要穷人理。要穷人理就要尽量发挥良知的作用，这就是致良知。王守仁讲良知，并不是一般地讲认识论。他讲知行合一，并不是一般地讲认识和行为的关系，也不是一般地讲理论和实践的关系。他讲知行合一也就是致良知。③ 在人们接受了西方的认识论的理念后，总是试图挖掘出传统知行学说的认识论意义，往往掩盖了他本质上的伦理学意义。冯友兰在这里试图澄清人们的某些误解，还原王守仁知行合一学说的本来面貌，其间的见解是实事求是的。

　　冯友兰晚年阳明学研究的最大特色是接受了马克思主义哲学的诠释框架，力图对王阳明的学说作出辩证唯物主义和历史唯物主义的评价。在

---

① 冯友兰：《中国哲学史新编》（第五册），人民出版社1988年版，第209页。
② 参见冯友兰：《中国哲学史新编》（第五册），人民出版社1988年版，第211页。
③ 参见冯友兰：《中国哲学史新编》（第五册），人民出版社1988年版，第215页。

分析理学和心学的异同时，冯友兰指出："理学是客观唯心主义，这是不成问题的，心学是不是主观唯心主义，这是一个可以讨论的问题，主观唯心主义和客观唯心主义的主要分别在于承认不承认有一个公共的世界。……王守仁的代表作是《大学问》。这篇的主题是阐明与天地万物为一体的'人'。所谓天地万物是公共的，有天地万物的世界是公共的世界。《大学问》所讲的是客观唯心主义。"① 冯友兰的结论是："可以说王守仁的哲学思想基本上也是客观唯心主义，但有主观唯心主义的倾向和色彩。"②

① 冯友兰：《中国哲学史新编》（第五册），人民出版社 1988 年版，第 223—224 页。
② 冯友兰：《中国哲学史新编》（第五册），人民出版社 1988 年版，第 225 页。

第十章　张岱年的中国哲学史研究（下）①

　　张岱年在新中国成立前写了《中国哲学大纲》一书，开辟了中国哲学问题史、范畴史的研究领域或方向，为中国哲学史学科的建立和发展作出了重要贡献。新中国成立后，张岱年一直工作在中国哲学史教学和科研第一线，运用马克思主义哲学的基本原理和方法论，对中国哲学史做了深入研究，在中国哲学史方法论、中国唯物主义思想史、中国哲学史史料学等多个领域或方面取得重要成果，成为中国哲学史学科马克思主义化阶段的杰出代表。

第一节　中国哲学史方法论

　　中国哲学史方法论是一个学术领域，它为中国哲学史的研究提供有效的工具，涉及哲学和哲学史观以及众多的研究方法。张岱年以马克思主义哲学的基本原则为基础，系统探讨了中国哲学史方法论问题。

一、哲学和哲学史观

　　对于哲学的定义和哲学的性质，学界向来有很多的诠释。张岱年认为，人们应该从辩证唯物论和历史唯物论的基本观点来看哲学的性质。②

---

①　本章由王月执笔，柴文华修改。
② 　参见张岱年：《张岱年全集》（第四册），河北人民出版社 1996 年版，第 111 页。

他指出，从唯物主义反映论来看，哲学是客观存在的一种反应，属于理性认识范畴。从历史唯物论来看，哲学是社会存在的反映，属于社会意识。从马克思主义的观点出发，张岱年认为哲学与阶级属性是分不开的。他说，当一个阶级的利益与社会发展的要求相一致时，这一阶级的哲学思想对客观世界的反映是比较正确的。由此可见，哲学既反映客观事实，又反映某一阶级的利益。

从历史上看，哲学的范围是一个发展演变的过程。而哲学史是理论思维发展的历史。张岱年认为研究哲学史就是要分析每个时代每个哲学家的理论思维的不同形式和所具有的不同内容。哲学具有一个基本问题和两个基本派别。张岱年指出，中西方的哲学都是以思维与存在的关系问题为主要问题，分成唯物主义与唯心主义两个派别。其中唯物主义代表真理，是按照世界的本来面目来解释世界，方向是正确的，要肯定唯物主义是哲学发展的主流。唯心主义不肯承认世界的实在性，方向是错误的，但是唯心主义强调主观能动性，在哲学发展中也起到了一定作用，要正确地评价唯心主义对于哲学的贡献。中国古代的各个阶段有着不同的核心问题。先秦时代天道问题，魏晋时代有无问题，宋明时代心性问题、理气问题。中国古代的唯物论的基本范畴是气，唯心论的基本范畴是理。二者也有共同特点，即天道论、伦理学、方法论是紧密结合的，宇宙的第一原理是道德最高准则。

二、阶级分析方法

不可否认，政治对于哲学有一定的直接影响，一定的哲学思想是一定的阶级利益在哲学上的反映。所以对哲学进行阶级分析具有必要性。政治、经济决定着哲学的发展，但哲学又有其相对的独立性，对经济、政治的发展有一定的反作用。

那么，在中国哲学史研究中要如何正确运用阶级分析方法呢？张岱年指出，首先要考察思想学说的阶级意义。全面考察每一个时代的生产关系状况和当时的阶级斗争形势、生产方式的性质、生产力与生产关系的适应情况、社会阶级既对立又相互依存的情况。这里要重点分析每一时代占统治地位的思想，也就是代表统治阶级的根本利益。但是要注意阶级关系的复杂情况。比如在阶级社会中，对抗阶级利益是相反的，但是也有社会共同利益。要考察一个思想家的主张符合哪一个阶级的利益，以及思想家对于当时现存制度和对于各阶级的态度。其次，要正确认识唯物主义与唯心主义的阶级基础。一般唯物主义思想家集中于小地主阶级，代表统治阶级中下层不当权派；唯心主义代表保守阶级的利益，或统治阶级中保守层的利益。最后，要正确认识劳动人民对哲学发展的推动作用。农民有着革命的要求，农民的起义可以打击当时统治思想的权威，也能够使进步思想家认识到人民的力量。但又有落后的情况，不可过分夸大其作用。

三、理论分析方法

哲学体系作为某一时代的产物，总有其一定的理论内容。不同时代的哲学体系，有其不同的内容。所以，只有深入分析它的理论内容，才能找出理论思维发展的历史线索及每个重要思想家的理论贡献。而这些理论贡献正是对于客观世界的相对正确的反映。

对于哲学的理论分析，张岱年分为三个方面，即哲学的概念范畴的分析、哲学命题分析、哲学体系的分析。

1. 哲学的概念范畴分析

任何学术理论都是由命题组成的，命题由许多名词组成。每一个思想家的哲学思想都包含很多哲学概念、观念、范畴。概念是对事物本质的反映，对客观事物类型和规律的反映，包括一类事物的共同性，表示事物的规律。观念是观察事物而有的思想，观念不一定是概念。范畴则是一个基本概念，它是关于世界事物的基本类型概念。而名词可以分为普遍、特殊、个别三个层次，与墨子的达名、类名、私名类似。普遍是抽象的，特殊与普遍相对而言是具体的。概念和范畴在哲学发展的过程中也有一个演变的过程。新发现的事物放在旧概念里面，概念的内涵和外延就不同了。而唯物主义与唯心主义对于同一个概念也会有不同的理解。对于哲学的概念和观念，要分析其理论意义和阶级意义。概念反映客观事物的规律性，这是它的理论意义；有些概念又反映一定阶级的利益，这是它的阶级意义。这样才能对哲学思想进行恰当的评价。

2. 哲学命题分析

首先要注意哲学命题的普遍意义与特殊意义。一方面，哲学命题反映某一客观的普遍规律，这是它的普遍意义；另一方面，当一个思想家提出一个命题的时候，他是根据某些特例而提出的，这个命题是某些特例的总结，是这些特例的概括，这就是它的特殊意义。[①] 其次，中国古代哲学有一个特点，即宇宙观、方法论、道德论的统一。所以，中国古代有些哲学命题，具有宇宙观、认识论、道德论的多层意义。我们在分析的时候，应当特别注意。

3. 哲学体系分析

张岱年指出，要深入考察一个哲学家的思想，首先要联系他所处的历史时代，考察他要解决什么实际问题和理论问题。一个思想家提出的哲学思想具有一定的阶级性，代表了一定的阶级利益，他的思想是为当时所代表的阶级利益服务的。考察每一个思想家哲学理论的基本倾向，确定其基本性质，尤其是其对哲学基本问题的解答。每个不同的历史时代有不同的核心问题，对于核心问题的不同解答，充分反映了一个思想家的立场和对于世界的看法。要注意考察哲学体系中概念范畴的层次。每一哲学体系包含很多命题，很多概念范畴。这些命题之间有一定的逻辑联系，这些概念范畴之间有一定的层次。总起来说，也可以称为这个哲学体系的逻辑结构。张岱年认为，中国古代哲学著作中没有形式的系统，在形式上，层次是不够明显的；但在实际上却是有其内在的层次。因此，研究中国古代哲学家的思想必须更加精确地考察其中的概念范畴的固有层次。

最后，在对中国哲学史的研究中，我们要抱有"好学深思，心知其意"的端正态度，无论对于唯物主义还是唯心主义，都要深刻理解思想家哲学体系的内在含义，不能盲目地迷信或轻率地蔑视。

---

① 参见张岱年：《张岱年全集》（第四册），河北人民出版社 1996 年版，第 154 页。

四、历史与逻辑统一方法

历史的与逻辑的统一，是黑格尔提出来的。他认为，历史上出现的哲学概念范畴的先后次序，就是绝对理念中诸概念的逻辑次序。张岱年将黑格尔的思想放置在唯物论的基础上，他认为哲学思想发展的历史过程与哲学思想发展的规律是一致的；哲学思想发展的历史与概念、范畴的发生、发展、演变的历史也是一致的，要注意概念、范畴发展演变的历史。我们要依据这个观点来研究中国哲学史。[①] 张岱年认为，运用历史的与逻辑的统一的方法研究中国哲学史，要把对于哲学发展基本规律的认识与对于思想发展的丰富内容的考察两者结合起来。[②] 什么是哲学发展的基本规律呢？张岱年说，中国哲学的发展过程中有两条基本路线：一是以存在说明思维，也可称"气本论"、唯物论；二是以思维说明存在，也称"心本论"、唯心论。这两条基本路线、两种基本倾向的相互对立与联系，就是哲学思想发展的基本规律。中国古代的哲学有自己的一系列概念范畴，同一概念范畴在不同时代，不同思想家那里有不同的含义。这些概念范畴都有其发展演变的过程，要研究这些复杂的过程，从而发现思想发展的规律。哲学思想的发展也是一个否定之否定的，螺旋式发展的过程。

五、整理史料的方法

对于哲学思想进行阶级分析和理论分析，都要以对哲学史料的正确了解为依据。张岱年认为整理史料的方法，分为五个问题：

第一，史料的调查与鉴别。研究哲学史，要尽可能地全面掌握史料，对史料进行广泛的调查。首先要泛观博览。依次查阅图书目录，历代史籍的论述，总集类书和古典著作的注释。之后要对这些学术著作进行深入的考察和细心的钻研。对于史料的辨伪和证真要有充足的理由，充分的依据。对于古书的辑佚需要根据可靠的资料，如果资料有问题，则所辑难免

---

① 参见张岱年：《张岱年全集》（第四册），河北人民出版社 1996 年版，第 165 页。

② 参见张岱年：《张岱年全集》（第四册），河北人民出版社 1996 年版，第 166 页。

有误。

第二，校勘。校勘之学最早是从刘向开始的，无论是最早抄写的书还是后来印刷的书都常有错误，所以需用古本、善本来校勘。校勘的主要方法有三种：对校法，即多本互校，要寻求善本、古本、原本，考察传本源流；内校法，即根据本书的前后文句校对；参校法，即根据他书引文校对，这也是最常用的一种方法。校勘一定要有一个确定的本子，不要随意更换。并且不可轻易改动原字，即使改正也要注明原来是什么字。最后也要注意异读非异文。

第三，训诂。"训"、"诂"二字出于《尔雅》，"释古今之异言曰诂，道物之貌以告人曰训"。中国的训诂之学源远流长，有一个发展的过程，张岱年认为对于清儒的训诂之学的成就，我们要批判的继承。训诂的基本原则，第一要广征博考，寻古训通义。即不一定要寻求本字，而是了解其一般通用的意义。第二要注意本篇文义，力求贯通。既要考虑本篇的上下文意，还要照顾全书的基本思想。第三要注意旁证和反证，避免主观臆断。不应根据孤证下判断，要博求旁证，考虑反证。

第四，史事的考证。因为哲学史应该包含哲学家的传记，因而也要研讨关于历史事实的考据方法。其一，要广泛搜集有关的史料。关于哲学家的生平和年代，有些问题需要进行考证。其二，要鉴别史料的真伪。其三，要解决史料的矛盾。其四，严守史料所证明的限度。超过限度，应该阙疑，抱有"信则传信，疑则传疑"的谨慎态度。要全面考察每一时代不同学派的关系。张岱年指出，研究哲学史，应根据丰富的史料，力求达到对每一时代的哲学思想的全面情况有一个总的认识，要确定一个时代各学派的异同离合以及先后的关系。要正确认识思想家之间的关系，不要虚构联系，也不要虚构争辩的关系，这样才能具有科学性。

第五，史料的诠次。张岱年指出，我们研究哲学史，除了要调查、搜集、鉴别、考辨有关史料外，还要考察有关资料的内在联系，厘定其间的先后主次关系。诠次即审择材料并确定其顺序。中国古代的一般学术著作大多是泛论宇宙、人生、政治、教育以及文化等问题，我们要把关于哲学问题的言论选择出来，并且要注意避免割裂。选出一个思想家关于哲学问题的言论之后，还要加以会综，把同一问题的资料汇集起来，按问题分类，要做到"分析与综合的统一"。在将有关资料区分归类之后，要厘定资料的次序。哲学资料的次序有二：一是时间上的先后次序；二是理论体系的逻辑结构的层次。最后，对于史料的考察要发扬实事求是的学风，做到博览、深观、严谨、了解历史的特点。

第二节　中国唯物主义思想

中国古典唯物主义哲学，从西周末年到清代中期，经历了一个长期的发展过程。唯物主义是在与唯心主义的交互斗争中成长发展起来的。张岱年认为，中国古典唯物主义，可以分为四个发展阶段。

第一阶段是周秦时期，这是唯物主义萌芽与成长的时期。这一时期的哲学思想斗争环绕的中心问题是天、神与道、气哪个是根本的问题。第二阶段是两汉时期，这是唯物主义与唯心主义进行激烈斗争的时期。两汉时期的哲学思想斗争所环绕的中心问题是"天人感应"与"自然"的对立问题。第三阶段是魏晋南北朝隋唐时期，这是唯物主义与唯心主义斗争复杂化的时期。其中心问题是"有无问题"。第四阶段是宋元明清时期，可以说是唯物主义与唯心主义的发展都达到高峰的时期。这一时期的根本问题是"气"、"理"与"心"何者是根本的问题。

一、先秦唯物主义思想

据现存资料，中国哲学可以说起源于西周时代。春秋战国时期，哲学思想空前活跃，出现了许多不同的学派、见解，即第一次百家争鸣。从西周到战国时代，唯物主义有高度的发展。中国古代的唯物主义可以说萌芽于西周末期，那时就有人提出了"天地之气"、"阴阳"、"五行"等具有唯物主义倾向的概念。

1. 儒家的唯物主义观点

孔子作为儒家的代表，他的一些唯物主义观点对以后唯物主义的发展起到了一定的推动作用。孔子不赞成日月星辰与人事成败有关系的天道论，并对鬼神的存在抱有怀疑态度。张岱年认为，应该承认孔子的思想中已经有了无神论的因素，他的宇宙观可以说是从有神论到无神论的过渡形式。①

在认识论方面，他肯定了"学"的重要性，注重"多见"、"多闻"。孔子看重感性认识，这对唯物主义认识论具有一定的贡献。

在社会生活中，他提出"先富后教"的理论，孟子也继承了这一思想，说明了物质生活对道德教育的重要性。

《易传》的宇宙观中有一些唯物主义思想。《易传》中说，万物都是以天地交互作用为生成基础的。天地从太极中分化，有天地万物后才有人类的家庭以及社会诸关系。并且肯定了一阴一阳的交互作用是一切变化的根源，这种变化是复杂无穷的，体现了唯物主义思想。

荀子是战国末期最伟大的唯物主义者，是先秦儒家中唯物主义的主要代表。他认为，自然过程有不随人的意志而改变的客观规律；现象可以区分为四个基本类别，即有"气"的、有"生"的、有"知"的、有"义"的，"气"是生命与意志的基础；人的精神以人的形体为根本；鬼神只是人的幻觉。荀子肯定了改造自然的可能性与必要性，他要求变革万物，使万物都有益于人。在认识论方面，他也肯定了知识的来源是感觉，感觉是于外在现象的辨别。

2. 道家的唯物主义宇宙观

道家的唯物主义观点多体现在宇宙观上。

老子提出了"道"为万物根源的学说，道是浑然未分的原始整体，没有属性，没有形状，但却是实际存在的，具有实在性；与此同时，"道常无为而无不为"，道没有目的、意识，不具有精神性。并且他否认了上帝的最高主宰地位，宣称"道"是象帝之先。老子探讨了存在、运动与规律的关系。张岱年对其评价为：道的观念就包含了"存在与过程之统一的思想"，存在就是过程。二者是统一的。道是最先存在的，它本身就是过程，就是运动的过程。它的运动包含一定次序。事物的变化都有其"常"，

---

① 参见张岱年：《张岱年全集》（第四册），河北人民出版社 1996 年版，第 15 页。

即自然规律。①

与老子相似的还有庄子关于道与气的学说。庄子认为"道"是构成万物的统一整体，是离开人的意识独立存在的客观实体。他更建立了以"气"为中心观念的唯物主义思想，以气来说明世界和人的生死。

3. 墨家的唯物主义认识论

墨家的认识论肯定了人有认识外物的能力，肯定了人的认识以外物的存在为条件，肯定了知识的起源在于主体与客体的相互接触，更指出在知觉之上还有理性的认识。

二、汉唐唯物主义思想

1. 汉代唯物主义反对宗教唯心主义的斗争

随着汉朝封建地主阶级统一政权的建立与巩固，儒家的唯心主义逐渐成为占统治地位的思想。董仲舒宣传的"天人感应"这种唯心主义的目的主义宗教思想非常盛行，成为唯物主义者反对的主要对象。

西汉末年，扬雄提出老子"自然"的观念，要求以自然为著书立说的依据。桓谭提出"人死如烛灭"，反对谶纬和灵魂不灭的宗教思想。东汉初年的思想家王充是汉代唯物主义的集大成者，他提出天是没有意志生成万物的，万物是自然生产、自然竞争的。他发挥先秦时代关于"气"的学说，批判了"天人感应"，认为灾异是自然界的变化，与人的行动无关。在认识论方面，他反对"圣人生知"，肯定了经验是知识的来源。同时，他还区别了感觉经验的真假，他指出，专靠感觉，不一定能获得正确的认识。真理的标准是"效验"，就是感觉经验上的证明。在历史观方面，他批判了"古不如今"的观点，宣传"今胜过古"，包含了历史进化论的观念。

2. 魏晋时代的唯物主义

魏晋时代是豪门世族掌握特权的时代，维护豪门世族利益的思想家们就建立了一套"无"的哲学。他们认为"无"是一切的根本，"有"是

①　参见张岱年：《张岱年全集》（第四册），河北人民出版社1996年版，第21页。

依靠"无"产生的。拥有世袭特权的豪门大地主不管事务，却掌握经济上和政治上的实权，"无"的哲学便是为他们的社会地位做理论上的辩护。

与豪门大地主并存的中小地主阶级，受到大地主阶级的压迫，了解民间疾苦，比较重视实际，提出了"有"的哲学。如裴𬱟的《崇有论》，就是肯定了物质存在的第一性。同一时期的郭象，也论证了"无不能生有"与"有"的永恒性，批判了"造物者"和"先物者"的思想，肯定了世界的变化性和物质存在的根本性、永恒性。

3. 南北朝隋唐时代唯物主义反对佛教唯心主义的斗争

这一时期，佛教已经传入，并在思想上形成一定影响。佛教一方面以"一切唯心"的唯心主义对抗唯物主义；另一方面，又以灵魂不死、生死轮回、因果报应等宗教思想来诱惑人民、恐吓人民，让人民屈服于多灾多难的现实生活，幻想来世的幸福。此时唯物主义者起来展开了反佛教斗争。

南北朝时期的范缜的著作《神灭论》，反对"灵魂不灭"的说教，提出"形质神用"，即精神从属于实体，科学地论证精神随身体死亡而消灭的真理。唐代的刘禹锡反对天能赏善罚恶的宗教思想，批判天干预人事，提出天人有"交相胜"的关系。天生成物，人制定法度，按此行事。天发挥它"生植"的作用，并不干预人的治乱；人发挥他的"法制"特点，也不能干预天的"寒暑"。他还提出无不是一无所有，而是需要依靠别的东西才能显现出来。

三、宋元明清唯物主义思想研究

1. 宋明时代的唯物主义

北宋时代，豪门贵族和佛教势力衰微，反佛教的思想达到高潮。这一时期唯物主义者主要批判的是佛教的"一切惟心所造"的学说。

北宋时期的张载在宇宙观上对此加以批判。他认为天地是根本，人心是从生的，肯定了物质的第一性，精神的第二性。认为一切的存在都是气，气是实体、物质，所以天也是物质性的实体，物质世界没有非物质性的根源。他强调"太虚"是气的本来实体，气散为太虚，气有聚散而无生灭，万事万物都是由气凝聚而成，所以万物是"有"，气是"有"，太虚也是"有"，那么就无所谓"无"了。即《正蒙》所谓"知太虚即气则无无"。他还提出了一些概念的新解释。如，道是气的运动变化过程，也叫"太和"；气自己运动变化的本性，叫作"神"；气聚散变化的规律，叫作"理"；等等。这些都是客观的，张载强调了规律的客观性。

周敦颐的太极学说中，也包含了一部分唯物主义思想，他以太极为根源，建立了一套唯物主义的世界生成论。在形神关系上，他也肯定形体是精神的基础。

后来唯心主义逐渐发展壮大，北宋的程颐和南宋的朱熹建立了完整的客观唯心主义体系；同一时期的陆九渊继承程颢的观点，建立了主观唯心主义学说。当时反对这些唯心主义观点的唯物主义者有陈亮和叶适。陈亮主张"以阴阳来说明道理"，反对离开事物去讲道理。叶适讨论了"道"与"物"的关系，提出道不能离开物，道与物是相结合的，并指出对事物精密的考察是认识原理的唯一途径。

明代初期，程颐、朱熹的客观唯心主义被奉为正统哲学，唯物主义在与其的斗争中也得到一定的发展。唯物主义思想家罗顺钦肯定气是唯一的实体，理在气中，批判了朱熹等人的客观唯心主义。他还指出物质世界是离开人的意识而独立存在的，批判了陆九渊的主观唯心主义。同时期的王廷相继承了张载的哲学观点，提出气是唯一普遍的实体，"元气"是世界的根本；理存在于气中，依据于气，不能独立存在。

2. 明清之际至明代中期唯物主义的高涨

明清之际，爱国思想家们反思明朝灭亡原因，认为明代末期主观唯心主义支配下的"不务实际"的学风必须改革，他们看到必须宣扬唯物主义真理，建立新学风，才能在学术思想方面奠定民族复兴的基础。

明清之际最伟大的唯物主义者是王夫之。王夫之分析了主体与客体的关系问题，指出客体是不依靠主体的作用而独立存在的，主体的认识是客体所引起的，从而证明了物质世界的独立存在。他还分析了认识活动与认识对象的关系，指出认识的对象是自然世界和社会生活，认识活动是"耳目心思"的作用，物质世界的内容是无穷无尽的，不以人已感到的为界限。王夫之还提出了"天下惟器"的学说，指明了物质与规律的关系。他认为物质是实体，规律是物质所表现的，没有物质就没有规律。王夫之更论证了物质世界的永恒性，说明了物质不灭的事实。他说"无"只是一个相比较而提出的否定词，没有纯粹的无。世界无所谓始终，是永恒存在的，特殊事物虽然有生成毁坏，不过是变成别的东西，它所包含的元素还是存在的。在知行问题上，王夫之提出了知行统一的观点，肯定了行是知的基础，认为认识必须通过行为才能得到。最后，在方法论方面，他提出研究宇宙观问题要先从观察现象开始，然后达到对本体的认识，本体是现象的根源。这是他对唯物主义的重要贡献。

明清之际的黄宗羲提出理不是实体，只是气的调理顺序的宇宙观。顾炎武则承认充满于世界观中的是气，道理不能离开物体。颜元提出"理气融为一片"即统一的学说，在认识论上，他也肯定知识的来源是实际行动。颜元的弟子李塨发挥老师的学说，认为"理在事中"。

清代中期卓越的唯物主义者是戴震。戴震认为，世界是气的变化的永无止境的过程，气的变化过程就是道，气的内容是阴阳五行，所以阴阳五行就是道的实体。戴震还重新解释了"形而上"、"形而下"的概念，认为无形无象的"气化"是形而上，而气化而成的有固定形状的"品物"是形而下的。他还说气的变化的基本内容是理"生生"，即不断有新的物体产生出来，新的形象呈现出来。这生生不息的变化过程具有一定的规律，这规律就是理。戴震提出对于理的新解释，他认为理是事物中的区别。求理的方法就是分析，分析每一事物不变的规律就是理。最后在认识论上，他肯定物质世界是感觉的来源，感觉是对外在世界的反映。他断言心中没有理，心中只有认识作用，能够认识客观事物中的理。

第三节　中国哲学史史料学

一、史料学的基本任务

史料学是历史科学中的一个部门，是专门研究史料的一门学科。张岱年指出，中国哲学史史料学的任务，就是对中国哲学史的史料作全面的调查，考察各种史料的来历，确定其作为真实史料的价值。[①] 史料学的任务之一是对有关史料进行广泛的调查和探索，包括实物史料，文字史料；之二是对史料的考订和鉴别，就是要考订史料的确实年代，鉴别真伪。

二、先秦哲学史料

张岱年介绍和分析了以下文献史料：《尚书》、《诗经》、《春秋左氏传》、《国语》、《周易》、《论语》、《孝经》、《中庸》、《老子》、《管子》、《孙子》、《墨子》、《孟子》、《申子》、《慎子》、《商君书》、《庄子》、《公孙龙子》、《荀子》、《韩非子》、《吕氏春秋》等。战国时期的几部儒家经传：《仪礼》、《周礼》、《礼记》、《大戴礼记》、《公羊传》、《谷梁传》。先秦时代百家之学的史料：邓析、李悝、吴起、公孟子、董无心、告子、宋鈃、尹文、杨朱、关尹、列御寇、环渊、季真、接子、华子、詹何、魏牟、田骈、漆雕子、子莫、世硕、公孙尼、陈仲子、许行、儿说、鲁仲连、长卢子、郑长者、邹衍、邹奭、尸子、《黄帝书·经法》、《鶡冠子》、屈原、纵横家（张仪、苏秦）。伪子书：《鬻子》、《邓析子》、《列子》、《尹文子》、《关尹子》、《文子》、《亢仓子》、《子华子》、《鬼谷子》、《燕丹子》、《阴符经》。

三、汉唐哲学史料

1. 汉代哲学史料

张岱年介绍和分析的两汉哲学及相关史料有：《新语》、《新书》、《淮南子》、《春秋繁露》、《举贤良对策》、《史记》、《盐铁论》、《黄帝内经》、《太玄》、《法言》、《纬书》、《白虎通义》、《论衡》、《灵宪》、《潜夫论》、《申鉴》、《中论》、《昌言》、《太平经》等。

2. 魏晋南北朝时代哲学史料

张岱年介绍和分析的魏晋南北朝时代的哲学及相关史料有《世语新说》、《弘明集》、《人物志》、《四本论》、《道德论》、《论语集解》、《周易注》、

---

① 参见张岱年：《张岱年全集》（第四册），河北人民出版社 1996 年版，第 273 页。

《周易略列》、《老子注》、《老子指略》、《论语释疑》、《通易论》、《通老论》、《达庄论》、《大人先生传》、《嵇康集》、《庄子注》（向秀、郭象）、《物理论》、《崇有论》、《言尽意论》、《傅子》、《列子》、《钱神论》、《抱朴子》、《报应问》、《达性论》、《范缜集》、《辨命论》、《法性自然论》、《举秀才对策》、《刘子新论》、《邢子才集》等。

3. 隋唐哲学史料

张岱年介绍和分析的隋唐时期的哲学及相关史料有《中说》、《老子注》、《叙葬书》、《叙宅经》、《叙禄命》、《析滞论》、《卜论》、《史通》、《元次山文集》、《长短经》、《韩昌黎集》、《李文公集》、《柳河东集》、《刘宾客集》、《皮子文薮》、《无能子》、《化书》、《两同书》等。

四、宋元明清哲学史料

张岱年介绍和分析的宋元明清时期的哲学及相关史料有《近思录》、《伊洛渊源录》、《性理大全书》、《圣学宗传》、《理学宗传》、《宋元学案》、《明儒学案》、《周易口义》、《欧阳文忠集》、《易论》、《周礼致太平论》、《礼论》、《太极图说》、《通书》、《皇极经世》、《正蒙》、《易说》、《周官新义》、《老子注》、《字说》、《梦溪笔谈》、《二程全书》、《知言》、《诚斋易传》、《四书集注》、《周易本义》、《诗集传》、《太极图解说》、《通书解》、《象山语录》、《慈湖遗书》、《黄氏日钞》、《去一说》，《文山集》、《伯牙琴》、《文献通考》、《鲁斋遗书》、《静修文集》、《辨惑编》、《郁离子》、《草木子》、《薛文清集》、《康斋集》、《白沙集》、《甘泉集》、《王文成公全书》、《困知记》、《王氏家藏集》、《呻吟语》、《王心斋集》、《焚书》、《藏书》、《出谭集》、《顾端文遗书》、《高子全书》、《刘子遗书》、《通雅》、《物理小识》、《梨洲遗著汇刊》、《大学辨》、《周易外传》、《尚书引义》、《诗广传》、《思问录》、《日知录》、《晚村文集》、《潜书》、《四存编》、《大学辨业》、《周易传注》、《戴氏遗书》、《通艺录》、《文史通义》、《小仓山房文集》等。

五、近代哲学史料

张岱年介绍和分析的近代时期的哲学及相关史料有《定庵文集》、《汉儒通义》、《东塾读书记》、《需时眇言》、《新学伪经考》、《大同书》、《谭嗣同全集》、《饮冰室合集》、《严几道先生遗著》、《章氏丛书》、《革命军》、《陈天华集》、《孙中山选集》等。

综上所述，新中国成立后，张岱年在中国哲学史研究方面取得了重要成就，并有着自身的特点：一是涉猎的面比较广，在中国哲学史方法论和中国哲学史史料学方面都有专著；二是专门研究了中国唯物主义思想的发展史。当然，张岱年的中国哲学史研究也有特定时代的一些偏向，主要是过分强调了中国哲学史研究中党性原则以及阶级分析方法，这很难完全符合中国哲学史自身的实际。

第十一章　任继愈的中国哲学史研究[①]

任继愈（1916—2009年），山东平原人。中国当代马克思主义哲学家、哲学史家、宗教学家、历史学家。1934年考入北京大学哲学系，1941年毕业，获硕士学位。师从于著名哲学家汤用彤、贺麟等，学习、研究佛学和中国哲学。1942年任教于北京大学哲学系，1964年任中国科学院世界宗教研究所所长，1987年任国家图书馆馆长。曾当选为第四届至第八届全国人大代表。

任继愈多年来以马克思主义哲学的视域研究中国哲学，主编有《中国哲学史》、《中国哲学发展史》、《中国佛教史》、《中国道教史》等影响广泛的著作，在中国哲学史学史上占有重要地位。

第一节　中国哲学史观

中国哲学史观以哲学观、哲学史观为理论前提，包括对中国哲学的总体看法、中国哲学史方法论等。

一、对哲学和哲学史的界定

任继愈对哲学、哲学史、中国哲学史都有自己的界定。

任继愈指出，哲学不同于自然科学、社会学、历史学等具体学科，

---

① 本章由柴文华、杨辉、李迪、张圆圆执笔，柴文华修改。

它是一门世界观的学问，所涉及的领域是人类对自然、社会和思维的一般规律的认识。① 任继愈在宗教和哲学的对比中进一步说明哲学的特点，他认为，哲学与宗教不同，它是人们通过实践而产生的理性思维，是生产斗争知识和阶级斗争知识的概括。② 哲学必须对自然现象和社会现象作出规律性的解释，它一开始就注意物质和精神的关系问题，由于解释的不同而划分为唯物主义哲学和唯心主义哲学。宗教反对科学实践，而唯心主义哲学则歪曲科学实践。在历史上，宗教和唯心主义哲学经常结成同盟军。宗教是粗糙的唯心主义，唯心主义是精致的神学，这两者的任务和目的相同，只有高低精粗的差别。代表人类正确思维的哲学是唯物主义，它可以称为哲学的主流。但是，人类认识世界不是沿着直线前进的，走过不少的弯路，唯心主义和唯物主义也存在着互相转化和互相促进的复杂情况。不过从总的方面来看，哲学每前进一步，特别在古代，都要和宗教发生冲突。但也有宗教渗入哲学，哲学屈服于宗教的情况。③ 任继愈既是哲学家，也是宗教学家，所以，他喜欢在哲学和宗教的对比中说明问题。任继愈在这里把哲学界定为世界观的学问，是人们通过实践而产生的理性思维，是生产斗争知识和阶级斗争知识的概括。而宗教反对科学实践，是粗糙的唯心主义，哲学和宗教经常处在冲突之中，但也有相互渗透的情况。

有了对哲学的界定，哲学史的界定也就顺理成章了。任继愈指出，哲学史就是哲学发展的历史，讲的是各个历史时期人们对自然界发生、发展的认识，即自然观；对社会历史发生、发展的认识，即社会历史观；对思维规律的认识，即逻辑学和认识论。把这些概括起来，哲学史的研究对象就是整个人类认识的历史。认识是不断发展、不断深化的，在各个认识领域里，认识过程中总有先进与保守、正确与错误的斗争。④ 哲学史作为人类认识的发展史，唯物主义和唯心主义的斗争史，在古代社会具体表现为哲学和宗教、理性和信仰的斗争史。哲学的发展过程，就是一步一步摆

---

① 参见任继愈：《任继愈自选集》，首都师范大学出版社 2009 年版，第 11 页。
② 参见任继愈：《任继愈自选集》，首都师范大学出版社 2009 年版，第 9 页。
③ 参见任继愈：《任继愈自选集》，首都师范大学出版社 2009 年版，第 10 页。
④ 参见任继愈：《任继愈自选集》，首都师范大学出版社 2009 年版，第 11 页。

脱宗教的束缚的过程，征诸中外历史，没有例外。① 根据对哲学、哲学史的界定，任继愈谈到了中国哲学史，他说："中国哲学史实际上是中华民族的精神文明的一面总的镜子。它以逻辑的形式记录了中华民族认识世界的经历，它的历史经验为人类认识史提供了极可宝贵的丰富的内容。"②

自从有了哲学以后，人们对哲学的解释就五花八门，正像存在的本质正在创造中一样，哲学也总在途中。任继愈所坚持的马克思主义的哲学观、哲学史观是众多哲学、哲学史界定中的一种，这种界定相对来讲比较全面，比较通俗。但再好的东西一旦教条化就会产生负面效应，如果认为马克思主义的哲学观、哲学史观是唯一正确的哲学观、哲学史观，就有走向僵化的可能。任继愈不是这样，他既坚持了马克思主义的哲学观和哲学史观，又坚决反对把马克思主义教条化。他指出，不能把阶级分析简单化、公式化，给哲学家贴标签不能如实地反映哲学家本来面目。"应当看到，唯物与唯心是哲学概念，表示认识路线上两种世界观的对立；进步与反动是政治概念，是对政治行为所做的肯定与否定的评价。两者有时一致，有时不一致。"③ 他指出，1957年以后有些讨论是以政治运动代替学术讨论，以讨论开始，以批判告终。这种风气造成了学术界的不安定、不团结。学术界出现了极不正常的现象，有一派人"一贯正确"，是专门批判别人；另一派人则是只能受批判，无权答辩，成了学术上被专政的对象。关锋的《反对哲学史方法论上的修正主义》一书，充分表现了这一时期的蛮横学风。④ 有些人在研究中形式主义、教条主义相当严重，他们往往不自觉地用对待封建帝王那样的态度来对待马、恩、列、斯，"写在本本上的绝不敢有疑问，本本上没有写的更不敢多想。思想停止活动，就是僵化的开始。"⑤ 所以，"如果脱离了具体分析，不顾时间、地点、条件，把几条原则或个别词句生搬硬套，把马克思主义的词句当成包医百病的灵丹，

① 参见任继愈：《任继愈自选集》，首都师范大学出版社2009年版，第8—9页。
② 任继愈：《任继愈自选集》，首都师范大学出版社2009年版，第8页。
③ 任继愈：《任继愈自选集》，首都师范大学出版社2009年版，第22页。
④ 参见任继愈：《任继愈自选集》，首都师范大学出版社2009年版，第48页。
⑤ 任继愈：《任继愈自选集》，首都师范大学出版社2009年版，第50页。

或当作驱疫防邪的符咒，那不是尊重马克思主义，而是糟蹋了马克思主义。"① 可以说，这种对待马克思主义哲学的基本态度贯穿于任继愈整个的中国哲学史观中。

二、中国哲学史的特点

在界定哲学、哲学史概念的基础上，任继愈探讨了中国哲学史的特点。任继愈认为，哲学史作为认识史，在不同国家和地区的表现形式是不一样的，这样就形成了不同国家和地区哲学史的各自特点。任继愈结合中国社会历史的特点，指出中国哲学史有如下特点：

1. 封建社会的哲学历史最长

任继愈指出，中国有文字记载的历史绝大部分是封建社会的历史，中国哲学的主要发展过程是在封建社会进行的。如果把中国封建社会的哲学史研究清楚了，找到它的基本规律，中国哲学史的主要研究任务也接近完成了。②

2. 神学化了的儒学占有极大优势

中国封建社会是宗法制社会，它要求建立与之相适应的意识形态。中国同欧洲的封建社会一样，都是宗教神学在意识形态中占统治地位，但是中国封建社会占统治地位的宗教不是佛教，不是道教，也不是基督教和伊斯兰教，而是一种具有特殊形态的适合于中国封建社会历史特点的宗教，即儒教。表面上看来，儒教这种宗教不同于一般的宗教，甚至它还打出反对佛、道的幌子，缺少一般宗教的外在特征，但是却具有宗教的一切本质属性。

儒教的思想基础是孔子所创立的儒家学说。儒家学说虽然是直接继承了殷周时期的天命神学和祖宗崇拜的宗教思想发展而来，但是在先秦它还不是宗教，只是作为一种政治伦理学说与其他各家进行争鸣。由于这种学说强调尊尊、亲亲，维护君父的绝对统治地位，巩固专制宗法的等级制

---

① 任继愈：《任继愈自选集》，首都师范大学出版社 2009 年版，第 51 页。

② 参见任继愈：《任继愈自选集》，首都师范大学出版社 2009 年版，第 13 页。

度，能够对广大民众起麻醉作用，汉代开始把它推崇为占统治地位的意识形态。为了使这种意识形态有效地稳定封建社会秩序，更好地发挥控制人心的作用，汉以后的历代封建统治者及其思想家们不断地对它加工改造，用政治手段不断扩大它的影响，使它朝着宗教神学的方向发展。他们进行了儒学的造神活动，把孔子偶像化，把儒家经典神圣化，到了宋代又吸收佛教、道教的思想，将儒家学说变成了体大思精的宗教神学。它在整个中国封建社会时期一直占据着正统地位，对于巩固封建制度和延长其寿命，起着十分巨大的作用。

儒学发展为儒教经历了千余年的过程，孔子的学说共经历了两次大的改造。第一次改造在汉代，它是由汉武帝主持、由董仲舒倡导，这就是中国历史上所谓"罢黜百家，独尊儒术"的措施。……第二次改造在宋代，宋代统治者从唐末五代分散割据的混乱局面中捞到了政权，鉴于前朝覆亡的教训，要求强化中央集权的封建宗法专制制度，思想文化领域里也要有与它相适应的意识形态相配合，于是产生了宋代理学。如果说汉代董仲舒和《白虎通》的神学目的论是一种比较粗糙的宗教神学，经过第二次改造后产生的宋代的理学就精致得多了。它是儒、释、道三教合一的产物。它以儒家的封建伦理为中心，吸取了佛教、道教的一些宗教修行方法，加上烦琐的逻辑思辨的论证，形成了一个体系严密、规模庞大的宗教神学结构。它既是宗教又是哲学，既是政治准则又是道德规范，将四者融合为一体。理学的建立，标志着中国儒教的完成。①

3. 有光辉的唯物论和无神论传统

中国是文明古国，殷周时代就有了高度文化。进入封建时代以后，这种文明继续昌盛发达，造就了优秀的唯物论和无神论传统，它的朴素唯物论和朴素辩证法达到了古代的最高水平。②"中国哲学史上有许多伟大的唯物论者、无神论者和辩证法思想家，这是中华民族的骄傲。不过我们也不能过分夸大他们的贡献；比资产阶级的唯物论和辩证法来说，他们的

---

① 参见任继愈：《任继愈自选集》，首都师范大学出版社 2009 年版，第 13—15 页。

② 参见任继愈：《任继愈自选集》，首都师范大学出版社 2009 年版，第 16 页。

学说毕竟处在朴素、自发的水平，低了一个历史阶段。而且在儒教影响遍及全国以后，从唯物论者身上，或多或少都可以看到儒教的烙印。这种历史的局限性，我们也要给以足够的注意。"①

应该说，任继愈对中国哲学史特点的概括持之有故，言之成理。总体来讲，他是站在马克思主义哲学的立场对中国哲学史作的总结，把中国哲学史的特点与中国社会的特点紧密结合起来，表明了对中国唯物论、无神论、辩证法的重视，同时指出了其朴素性和局限性。任继愈对中国哲学史特点的概括有自己的独到之处，就是认为儒学经过改造成了宗教。儒教有其历史的合理性，它是中国哲学思维发展的一个不可缺少的环节，儒教的产生作为一种历史必然，有其存在的合理性，符合中国古代社会的实际需要。但儒教也有很多消极性，它限制了科技的发展、以理杀人、束缚了人们的思想等。应该说，任继愈对中国哲学史特点的把握是基本符合中国哲学史的实际的，对于我们今天理解中国哲学史的本来面目依然具有重要的启示。

三、中国哲学史方法论

中国哲学史方法论是研究中国哲学史的重要工具，也是中国哲学史观的重要内容。任继愈站在马克思主义哲学的立场上，阐释了自己对中国哲学史方法论的理解。

任继愈指出，运用历史唯物主义方法研究中国哲学史可以使人们透过各种现象的迷雾，看到一些真相或者说更接近于真相。他说："全国解放后，开始学习马克思主义，学着用历史唯物主义来观察社会和分析历史现象。初步学到了这个方法，使我十分振奋。回头来再剖析我中华民族的文化，就有了下手处，过去看不清楚的，现在看得比较清楚了。"② 认为历史唯物主义的方法是剖析中国传统文化的"下手处"。根据这一总的原则，任继愈提出了一些具体的中国哲学史方法论。

---

① 任继愈：《任继愈自选集》，首都师范大学出版社 2009 年版，第 17 页。
② 任继愈：《任继愈自选集》，首都师范大学出版社 2009 年版，"自传"第 2—3 页。

1. 把问题提到一定的历史范围

任继愈反对脱离具体历史条件的中西比较，他指出，我们不能按照西方哲学史的图式来写中国哲学史。老子的"道"绝不同于黑格尔的"绝对理念"，王阳明的心学也不能与贝克莱的主观唯心论相比附。老子和王学属于封建时代的哲学体系，贝克莱和黑格尔属于资本主义时代的哲学体系。把不同时代的哲学强拉在一起机械相比，就是犯了不知类的错误。即使是时代相同或相近，中西的具体历史条件也有差异。孔子不是苏格拉底，孟子不是柏拉图，荀子也不是亚里士多德。不顾中国和西欧古代的历史特点，强行比较，不是一种科学的态度。[1] 任继愈也反对用实用主义的态度研究古代哲学。他指出，我们不能根据今天某种需要去塑造古代哲学家的形象，不论这种实际需要是否正当。实际需要是经常起变化的，而历史是不能改变的。历史事实是不应涂抹，也涂抹不掉的。否则，我们和实用主义就划不清界限，哲学史的研究就不成为科学，我们只有在揭示历史上客观存在的规律性的前提下，才能正确总结历史经验教训，决不是任意截取或歪曲历史资料以满足眼前的需要。还有，彻底的唯物主义者只需要老老实实地做事，明明白白地讲话，毫不含糊地表明自己的观点，不需要戴着古人的脸谱、穿着古人的服装，来演出历史的新场面。[2]

任继愈之所以反对"不知类"的中西比较和实用主义的态度，因为这种比较和态度有可能脱离古代哲学产生的具体的历史情境，很难揭示中国哲学史的本来面貌。我们只有把问题提到一定的历史范围，尊重历史或哲学史的客观存在，才有可能写出有价值的符合历史实际的中国哲学史。

2. 进行具体的阶级分析

任继愈认为，阶级分析是历史唯物主义观察社会、认识历史的主要方法。但是不能把阶级分析简单化、公式化。[3] 哲学战线上的斗争，就是各个时期阶级斗争（包括地主阶级内部的斗争）或明或暗的表现。但认为中小地主阶级产生唯物论，大地主阶级产生唯心论，这不能被认为是一个

---

① 参见任继愈：《任继愈自选集》，首都师范大学出版社 2009 年版，第 18 页。

② 参见任继愈：《任继愈自选集》，首都师范大学出版社 2009 年版，第 19 页。

③ 参见任继愈：《任继愈自选集》，首都师范大学出版社 2009 年版，第 19 页。

普遍适用的公式。① 历史事实表明，一个阶级不仅会有许多主义，这些主义甚至有唯物与唯心的差别；而一个具体的哲学家，由于带着各自的现实条件的烙印，他只能表现特定阶级众多属性中的某些属性，在共同的阶级属性之外，他总还有着自己的个性，并以此在哲学史上表现出自己鲜明的个性。②

任继愈在这里是运用辩证的态度对待阶级分析方法，既主张坚持这种方法，又反对这种方法在运用中的简单化和公式化；主张既要重视哲学家共同的属性，也要重视哲学家自己的个性，等等。正像任继愈自己所说："为了把具体问题具体分析的原则贯彻到底，在哲学史研究中，不仅要注意哲学家的阶级性、时代性、地区性，也还要分析哲学家个人经历、性格特征给哲学理论形态带来的个性差异。这些问题如不注意，就把哲学史写成千篇一律、千人一面。"③

3. 重视地区性和多种文化的融合过程

任继愈指出，根据历史唯物论的观点，哲学思想和学术流派都是在特定的社会环境中产生的，不同的国家和地区有不同的社会环境，这就给哲学思想带来了国别的、民族的、地域的特点。哲学上众多学派的百家争鸣，固然反映了不同阶级不同阶层的利益和要求，同时也与各家所在地区的文化传统有关。"当时有四个文化区，分别产生了四种文化类型，即邹鲁文化、荆楚文化、三晋文化、燕齐文化。"④ 我们既要看到哲学史上地区性的差异，但同时也要注意哲学的融合过程。隋唐以后，儒、释、道三教合流的趋势相当明显。唐朝由政府明令禁佛、道两教互相攻击，三教都得到朝廷的大力支持，三教在内容上由互相诋毁而变成互相补充。关注哲学的地区性可以把握不同地域哲学的特征，注重多种文化的融合可以动态把握哲学的共同性。

---

① 参见任继愈：《任继愈自选集》，首都师范大学出版社 2009 年版，第 21 页。

② 参见任继愈：《任继愈自选集》，首都师范大学出版社 2009 年版，第 20 页。

③ 任继愈：《任继愈自选集》，首都师范大学出版社 2009 年版，第 26 页。

④ 任继愈：《任继愈自选集》，首都师范大学出版社 2009 年版，第 23 页。

4. 详细地占有历史资料，认真地进行审查和鉴别

任继愈指出，对于中国哲学史的研究工作来说，从实际出发，就是从真实的中国哲学史史料出发，所以研究工作的第一步是全面地搜集资料，去伪存真，确定时代和作者。资料根据不充分就难免陷于空谈和武断；使错误的资料，同样也得不出正确的结论。搜集资料即使不能"竭泽而渔"，基本的和主要的事实也不能漏掉。这些资料便是我们用以作出论断的依据，我们要尊重它，使自己的观点与之相一致；我们反对为了适应主观的需要去剪裁历史事实，取其一点，不及其余。"有许多学术上的争论，是由于不能全面地处理资料，而是片面地引用资料引起的。"①

中国哲学史方法论和中国哲学史学科一样，经历了漫长的发展历程。古代的学术史思想涉及不少的学术史方法论问题，如黄宗羲《明儒学案》就涉及史料整理中客观性与主观性的关系问题，既反对纯客观主义的态度，又反对纯主观主义的态度，主张尊重史料的客观性又注重甄别的必要性。黄宗羲还主张抓主要矛盾，即把握宗旨；注重过程分析，动态把握思想家和学派自身的演化过程；反对照葫芦画瓢，提倡"一己之见"、"一得之见"等。这些学术史方法论与中国哲学史方法论息息相通，可以看作萌芽形态的中国哲学史方法论。20世纪上半叶，胡适、冯友兰等大力提倡用科学方法、逻辑方法、历史方法研究中国哲学史，使中国哲学史方法论的研究进入到自觉时代或现代化时代。20世纪50年代之后，大陆中国哲学史界围绕方法论问题进行过多次讨论，20世纪80年代以后由过去重视"对子结构"开始转向"螺旋结构"的开发和范畴史的研究，但主线和依据都是马克思主义哲学所提供的基本原则和方法，任继愈的中国哲学史方法论就是这一时期中国哲学史方法论的重要代表，尽管近年来中国哲学史方法论进入到多元化的状态，但任继愈所坚持的马克思主义的中国哲学史方法论依然是我们今天的可能选择之一。

---

① 任继愈：《任继愈自选集》，首都师范大学出版社2009年版，第29页。

第二节 儒教观和朱子学

有关儒学是否是宗教问题的争论由来已久，任继愈认为，儒学几乎具有宗教的所有构成要件，因此是一种宗教。他说："君亲师是封建宗法制度的核心，'四书'、'五经'、'十三经'是儒教遵奉的经典，祭天、祭孔、祭祖是封建社会君主制下的从上到下，按等级制度的一套祭祀仪式。儿童入学，对孔子牌位行跪拜礼，中央到地方按行政区划建立的文庙，是儒教徒定期聚会的场所。"[1] 认为儒教有教主孔子，有教义如"四书"、"五经"等，有祭祀活动如祭天、祭孔、祭祖，有宗教活动场所如文庙，又有众多的信徒，这些信徒不限于读书识字的文化人，也包括不识字的渔人、樵夫、农民等。正是具备了上述宗教的元素，所以儒学是一种宗教。

一、儒教的发展和特征

任继愈指出，儒教并不是一开始就有的，而是经历了漫长的发展过程。

先秦儒学只是作为一种政治伦理学说与其他各家争鸣，还不是宗教，但明显的包含有发展为宗教的可能。因为它直接继承了殷周的天命神学和祖宗崇拜的宗教思想，强调尊尊、亲亲，维护君父的绝对统治地位，巩固专制宗法的等级制度。所以这种学说稍加改造就可以适应统治者的需要，本身就具有再进一步发展成为宗教的可能。[2]

由儒学发展为儒教是伴随着君主专制制度的建立和巩固而逐渐展开的，曾经历了千余年的过程。孔子的学说经历了两次大的改造：第一次是在汉代，它是由汉武帝支持，由董仲舒推行，这就是所谓"罢黜百家，独尊儒术"。汉代大一统的中央集权专制国家需要一套在意识形态上和它紧密配合的宗教、哲学体系。孔子被推到了前台，董仲舒、《白虎通》借孔

---

① 《任继愈宗教论集》，中国社会科学出版社 2010 年版，第 541 页。

② 参见《任继愈自选集》，首都师范大学出版社 2009 年版，第 103—104 页。

子的口，宣传适合汉代统治者要求的宗教思想。第二次改造在宋代，宋统治者集团鉴于前朝覆亡的教训，把政治、军事、财政、用人的权力全部集中在中央，思想文化领域里也要有与它相适应的意识形态相配合。汉唐与宋明都是中央集权的封建宗法专制制度的国家，但中央权力却是越来越集中，思想文化方面的统治方法也越来越周密。为了适应宋朝统治者的需要，产生了宋明理学，即儒教。儒家的第二次改造，虽说完成于宋代，但追溯上去，可以上溯到唐代。韩愈推崇《大学》，用儒家的道统对抗佛教的法统。李翱用《中庸》来对抗佛教的宗教神秘主义。到宋代，朱熹则把《论语》、《孟子》、《大学》、《中庸》定为"四书"，用一生精力为它做注解。朱熹的《四书章句集注》被宋以后的历代封建统治者，定为全国通用的教科书。"四书"从"十三经"中凸显出来，受到特殊的重视。① 就是说，儒学发展为宗教经历过两大高潮，也就是对孔子及其儒学的改造。第一次是汉代，董仲舒起了关键性作用；第二次是宋代，朱熹起了关键性作用。宋朝经过二程，再经过朱熹，使儒教终于完成，朱熹制造了一个庞大的儒教体系。

那么，儒教具有哪些主要特征呢？任继愈对此做了多方面阐释。

第一，把孔子和儒家经典神圣化。任继愈指出，为了使儒家更好地发挥巩固封建经济和政治制度的作用，历代封建统治者及其思想家们不断地对它加工改造，逐渐使它完备细密，并在一个很长时间内，进行了儒学的造神活动：把孔子偶像化，把儒家经典神圣化；又吸收佛教、道教的思想，将儒家搞成了神学。这种神学化了的儒家，把政治、哲学和伦理三者融合为一体，形成了一个庞大的儒教体系，一直在意识形态领域占据着正统地位，对于巩固封建制度和延长其寿命，起了十分巨大的作用。② 任继愈进一步指出，近代社会把哲学仅仅当作一种纯理论、一种学说来传播讲授，听讲者可以接受，也可以不接受。古代的儒教却不是这样。儒教的经典是圣人之言，经典上的每一句话都是绝对真理。圣人的教条是不允许

---

① 参见《任继愈自选集》，首都师范大学出版社 2009 年版，第 104 页。

② 参见《任继愈自选集》，首都师范大学出版社 2009 年版，第 103 页。

讨论的。因为圣人之言是天理，非圣就是犯法犯罪。① 把孔子和儒家经典神圣化体现了宗教有教主、教义的基本特征，孔子乃儒教教主，儒家经典即儒教教义，而教主和教义对一种宗教来说毫无疑问是神圣的、不可亵渎的。但以孔子为教主，以儒教为国教，这是孔子生前没有料到的，正如老子被道教奉为教主没有被老子料到一样，它们都经过了一个历史的塑造过程。

第二，政教合一。任继愈指出，儒、佛、道三教同为古代传统宗教。唯有儒教利用政教结合的优势得以成为国教，儒教的神权与皇权融为一体，不可分割。② 所谓政教合一就是指政教不分，政教一体。"中国自十世纪以后，建成了儒教，形成了完整的政教合一的封建机制，皇帝是教主，教主也是皇帝。欧洲皇帝即位，要教皇加冕才算取得上帝的批准，中国的皇帝即位，自己给自己任命就够了，历代皇帝的诏书都自己宣称'奉天承运'。政教合一，政教不二，是中国国家的特点，也是中国宗教的特点。"③ 政教合一的结果使神权王权之间没有尖锐的矛盾，温和地发展着，没有发生过像欧洲中世纪那样的教权与王权长期的战争。政权的各级官吏是通过参加国家考试（内容即儒家经典）选拔出来的，各级官吏除了管理民政、司法以外，同时具有神职人员的职能，祭祀地方山川诸神祇，祈雨、禳灾。④ 认为儒教和皇权是紧密结合在一起的，皇帝本人集皇权和神权于一体，各地方官吏也同时兼有行政人员与神职人员的职能。

第三，提倡宗教道德修养和禁欲主义。任继愈指出，宗教世界观认为物质欲望是罪恶之源，要求人们过着禁欲的生活。安于贫困，以贫为乐的人才算道德高尚，人品卓越。以朱熹为代表的宋明理学所普遍关心并反复辩明的几个中心问题是双重人性、孔颜乐处、主敬与主静、存天理灭人欲、理一分殊、致良知等问题。这些问题虽以哲学的面貌出现，却具有中世纪经院神学的实质和修养方法。程颢的《定性书》被宋明理学家公认为

---

① 参见任继愈：《朱熹格物说的历史意义》，《南昌大学学报》2001 年第 1 期。

② 参见《任继愈宗教论集》，中国社会科学出版社 2010 年版，第 536 页。

③ 任继愈：《二十一世纪的中国哲学》，《中国哲学史》2001 年第 1 期。

④ 参见任继愈：《现代文明与宗教对话》，《中国宗教》2004 年第 12 期。

经典性的权威著作。这种"定性"与佛教禅宗的宗教修养方法一脉相承，所谓"动亦定，静亦定，无将迎，无内外"，即是禅宗的"运水搬柴，无非妙道"。把人性区别为义理之性与气质之性，人欲又是挟气质以具来的罪恶，实质上是宗教的原罪观念。程颐的《颜子所好何学论》是一篇典型的宗教修养方法论，是一篇宗教禁欲主义的宣言书。张载的《西铭》也是一篇歌颂"天地君亲师"的儒教宣言，他认为人生的一切遭遇天地早安排定了，享受富贵福泽是天地对你的关怀，遭受贫贱忧戚是天地对你的考验。天地与君亲本是一家人。二程教人主敬，程颐终日"端坐如泥塑人"。"存天理，灭人欲"更是理学家全力以赴的修养目标，他们所谓"天理"，无非是封建宗法制度所允许的行为准则，内容不出"三纲五常"这些儒教教条。儒教除了有一般宗教的共同性之外，又有它自身的特点。孔子被奉为教主，具有半人半神的地位。儒教追求的精神境界更偏重于封建道德修养，巩固宗法制度。比如儒教孝道除了伦理义外，还有宗教性质。儒教没有入教的仪式，没有明确的教徒数目，但在中国社会的各阶层都有大量信徒。"专横的族权，高压的夫权，普遍存在的家长统治，简直像毒雾一样，弥漫于每一个家庭，每一个社会角落。它简直像天罗地网，使人无法摆脱。"①10世纪后形成的新儒教（即宋明理学），吸收了佛、道两教的心性修养方法，建立了自己的思想体系，佛、道两教看起来似乎被削弱了，但它们的宗教思想方法和宗教修养训练被儒教吸收了。"儒、佛、道的思想融为一体，这种状况一直持续到鸦片战争，才开始了新的变化。"② 任继愈还指出，朱熹的为学，不是口头讲论，确实从体验中得来，它不是纯思辨之学，而是指导行为的学问，它是宗教而不是哲学。宗教不是教人会说，而是教人去做的。儒教不同于其他的宗教，甚至打出反对宗教的旗帜。儒教以气质之性为恶的起源，即宗教的"原罪"说；儒教宣传禁欲主义，教人轻视物质生活，教人屈服于"天理"；不去改善外部世界，而教人涵养省察内心的一念之差。③ 认为以朱熹为代表的宋明理学（新儒教）的种种

① 《任继愈自选集》，首都师范大学出版社2009年版，第133—134页。

② 《任继愈谈文化》，人民日报出版社2010年版，"代序"第3页。

③ 参见《任继愈自选集》，首都师范大学出版社2009年版，第168页。

学说虽然以哲学的面貌出现，却具有神学的实质和修养方法。

二、朱子学

任继愈把朱熹定位为儒教发展史上的关键人物，看作"新儒教"的代表，给予了特别关注，著有《朱熹与宗教》、《论白鹿洞书院学规》、《论朱熹的〈四书集注〉——儒家经学的一大变革》、《〈朱熹思想研究〉序》等，对朱熹的学说观点、历史影响等做了广泛探讨，对于我们今天的朱子学和儒学乃至整个中国传统哲学的研究都有着重要的启示。

任继愈的朱子学主要包含如下内容：

1. 本体论和宇宙论

任继愈指出，朱熹继承和发挥了周敦颐《太极图说》中"无极而太极"的思想，提出了"理一分殊"的学说，论证事物的多样性与统一性的关系，比较完整地阐发他的唯心主义本体论。在宇宙论上，朱熹既继承了二程"性即理"的命题，突出了"理"的客观性及普遍性，也吸收了张载"太虚即气"的学说，但做了改造，使"气"从属于"理"，理为气的主宰。这就使朱熹把宇宙论的框架建造得比过去任何一个哲学家都完整。① 他认为朱熹的本体论主要来源于周敦颐并有所发展，朱熹的宇宙论是对二程及张载思想的继承与发展，在本体论和宇宙论的建构上具有空前完整的特点。

2. 人性论

在对朱熹本体论和宇宙论进行分析的基础上，任继愈重点阐释了朱熹的人性论。

第一，双重人性论。任继愈指出，朱熹在人性论方面，既吸取了前人的成果而又有新的发挥。朱熹说："人之有生，性与气合而已。即其已合而析言之，则性主于理而无形，气主于形而有质。"② 这是说天命之性通过气质之性才形成具体的人。区分天命之性和气质之性，是试图在理论上

---

① 参见《任继愈自选集》，首都师范大学出版社 2009 年版，第 159 页。
② 朱熹：《朱子全书》（第二十二册），上海古籍出版社、安徽教育出版社 2002 年版，第 1989 页。

解决中国哲学史上长期存在的性善性恶的争论。朱熹认为孟子主张性善，是指天命之性，但孟子不知道人还有气质之性，因而不能很好地解释"人性既善，恶从何来"的问题，所以说他对人性的解释不够完备。荀子主张人性恶，扬雄主张善恶混，韩愈主张性三品，都是指气质之性而言，他们不懂得极本穷源的天命之性是善的，所以他们对人性的解释也不透彻。朱熹认为只有严格区分天命之性和气质之性，才能作出圆满的解释。所以朱熹对张载、二程的人性论给予极高的评价："故张程之论立，则诸子之说泯矣"。①"讲天命之性是人的本性，即可以为性善说找出本体论的依据。照朱熹的体系，万事万物都是太极的体现，太极体现在人，叫作性，太极是最完美无缺的本体，一切事物都分享了太极的光辉。太极完善无缺，它体现到人性，也应当是完美无缺的。既然本性是善的，即使气质上有缺陷，经过努力是可以把差距缩小的。"②认为二程和张载的二重人性论是对先秦以来所有人性论的继承和超越，朱熹承接并发扬了这一理论。

第二，天命之性的内容。任继愈指出，朱熹人性论的重点在于论证封建道德规范（如仁、义、忠、孝等）是天命之性，人人都有这些道德品质，只是由于气质的偏蔽，使得有些人没有很好地把这个天命之性（道德）充分实现出来。经过朱熹的论证，孟子的性善说得到了本体论的证明，才确立起来，它给人以努力的方向，又给目前还不尽符合封建道德标准的人以信心。所以朱熹说划分天命之性与气质之性"有功于圣门"。朱熹还认为天命之性的内容包含着"仁、义、礼、智"。仁、义、礼、智不只是人的本性，甚至也是宇宙的本性（天地之德）。"盖天地之心，其德有四，曰元亨利贞……故人之为心，其德亦有四，曰仁义礼智。"③"既从理论上论证人人接受封建道德的必要性（吸收荀子性恶说对人民改造的思想），又从理论上指出改造成为圣贤的可能性（发挥孟子性善说的思

---

① 黎靖德编：《朱子语类》（第一册），王星贤点校，中华书局 1986 年版，第 70 页。

② 《任继愈自选集》，首都师范大学出版社 2009 年版，第 159—160 页。

③ 朱熹：《朱子全书》（第二十三册），上海古籍出版社、安徽教育出版社 2002 年版，第 3279 页。

想)。"① 认为在朱熹那里，天命之性和宇宙本性是一体的，其主要内容就是以仁义礼智为核心的伦理价值系统，从而既为性善论提供了本体论证明，也同时肯认了人们后天修为的必要性与可能性。

第三，心、性、情的关系。任继愈认为，在心、性、情的关系方面，朱熹也有新的发展。朱熹说："性者心之理，情者性之动，心者性情之主"。② 形象地说，"心如水，性犹水之静，情则水之流"③。性中有仁、义、礼、智，发为情，则为恻隐、羞恶、是非、辞让。"仁、义、礼、智根于心"，是从性上见得心。"恻隐之心，仁之端也"，这是从情上见得心。性只是理，故无不善；发而为情，则有善有不善。本体的心，是"道心"；为情所累的心，是"人心"。与"道心"、"人心"相适应的是"天理"与"人欲"。朱熹说："只是人之一心，合道理底是天理，徇情欲底是人欲"④。任继愈指出朱熹与二程的不同之处在于，"二程认为道心即天理，人心即人欲。朱熹认为道德即天理，人心不尽同于人欲，人心有为善为恶两种可能，人欲则一定是恶的。战胜人欲恢复了天理，便是'仁'"。⑤ 指出朱熹发展了二程的思想，在心、性、情的关系上有自己独到的见解。

第四，人的终极目的是求仁。任继愈指出，在朱熹看来，人的最终目的是求仁。如朱熹所说："克己复礼为仁，言能克去己私，复乎天理，则此心之体无不在，而心之用无不行也。"⑥ "仁"是"心之德，爱之理"⑦。又说："盖仁之为道，乃天地生物之心，即物而在……诚能体而存之，则众善之源，百行之本，莫不在是，此孔门之教，所以必使学者汲汲于求仁

---

① 《任继愈自选集》，首都师范大学出版社 2009 年版，第 160 页。
② 黎靖德编：《朱子语类》(第一册)，王星贤点校，中华书局 1986 年版，第 89 页。
③ 黎靖德编：《朱子语类》(第一册)，王星贤点校，中华书局 1986 年版，第 93 页。
④ 黎靖德编：《朱子语类》(第五册)，王星贤点校，中华书局 1986 年版，第 2015 页。
⑤ 《任继愈自选集》，首都师范大学出版社 2009 年版，第 160 页。
⑥ 朱熹：《朱子全书》(第二十三册)，上海古籍出版社、安徽教育出版社 2002 年版，第 3280 页。
⑦ 朱熹：《朱子全书》(第二十三册)，上海古籍出版社、安徽教育出版社 2002 年版，第 3279—3280 页。

也。"① 求仁的方式是格物穷理。格物就是"即物而穷其理",教人们从认识具体事物入手,穷理的对象既包括穷究一草一木的理,也包括哲学上最根本的原理。朱熹虽说穷究天下万物之理,而着力于教人穷究封建道德原则,……可见他的格物说虽然包含求知于外物的因素,但重点不在于认识自然界,并发现其规律,而是一种封建道德修养方法。他要的不是一件一件事物的理,而是要达到"众物之表里精粗无不到,吾心之全体大用无不明"的境界。这种思想境界是一种顿悟的境界,是全知全能的精神境界。"从自然界到人,朱熹把它打通了。天人共理,天人一贯,天人相通。他比秦汉的天人合一的神学目的论前进了,董仲舒讲天人合一,讲天有意志,有喜怒,能赏罚,人若违天,必遭谴责。朱熹沿着这条路线前进,却在道理上讲得更加圆通。朱熹的'天'、'理'不是那么露骨的人格化,而更多的地方表现为理性化、人性化、合理化。"② 总之,虽然朱熹的哲学体系从天地万物说起,从格物致知入手,说到底,落脚点却回到人伦日用之常规,归结到封建道德修养,归结为求仁。③ 他指出,朱熹哲学的归宿是"仁",也就是"天"、"理"、"太极"等等,比董仲舒时代的人格之天更理性化了。

3. 白鹿洞书院学规

白鹿洞书院始建于南唐,是中国四大书院之一。朱熹出任知南康军时重建书院,亲自讲学,并确定了书院的学规,多是先贤遗训,如"父子有亲,君臣有义,夫妇有别,长幼有序,朋友有义"(《孟子·滕文公上》)、"博学、审问、慎思、明辨、笃行"(出于《中庸》第十九章,原文为"博学之、审问之、慎思之、明辨之、笃行之")、"言笃信,行笃敬,惩忿窒欲,迁善改过"(《论语·卫灵公》和周敦颐《通书》)、"正其谊不谋其利,明其道不计其功"(《汉书·董仲舒传》)、"己所不欲,勿施于人;行有不得,反求诸己"(《论语·卫灵公》和《孟子·离娄上》)。

---

① 朱熹:《朱子全书》(第二十三册),上海古籍出版社、安徽教育出版社 2002 年版,第 3280 页。

② 《任继愈自选集》,首都师范大学出版社 2009 年版,第 161—162 页。

③ 参见《任继愈自选集》,首都师范大学出版社 2009 年版,第 164 页。

任继愈指出，白鹿洞书院学规有更深一层的社会含义，与其说是朱熹的办学方针，不如说是他的施政方针；与其说是朱熹的哲学思想，不如说是他的宗教思想；与其说是朱熹的政治学的大纲，不如说是他政教合一的体现。[①] 这显然是从儒教的含义来解释白鹿洞书院学规。从大的背景来看，北宋开始，三教鼎立逐步走向三教合一，在这方面，北宋诸儒做了大量工作。朱熹是成就最大的学者，也是政教合一的集大成者。任继愈指出，白鹿洞书院学规是人生哲学和宗教禁欲主义的结合，比如有人认为朱熹讲格物，教人穷万物之理；王守仁讲格物，教人格自家内心。实际上，朱熹教人为学的最终目标还是充实内心修养，"言忠信，行笃敬，惩忿窒欲，迁善改过"。这里有人生哲学，也有宗教的禁欲主义。[②]

4.《四书集注》

《四书集注》是朱熹"穷其一生"的杰作，对后世乃至东亚影响至深。

任继愈指出，《四书集注》博采众长，体现了朱熹的全部哲学体系。《四书集注》解释孔孟的话，有些是孔孟原有的意思，朱熹予以发挥，也有孔孟没有的意思，朱熹自己给加上去的。《四书集注》强调为人处世的道理，主要教人如何修身养性、涵养性情，正心诚意。在家为孝子，做官为忠臣，成圣成贤，不离于人伦日用之间。《四书集注》以心性论解经，是中国经学史上前所未有的一大变革。

任继愈概括了《四书集注》的历史地位和作用：第一，《四书集注》吸收了唐宋以来的文化积累，达到了当时可能达到的理论高度，建立了完整的儒教体系，它把各等级的人排到一个被认为适当的社会位置上，建立了封建社会成员的全方位的岗位教育，对安定社会起着极为重要的作用。第二，《四书集注》是一部强化内心修养、涤除心灵杂念的儒教经典。把"正心诚意"、"主敬"、"守一"、"格物致知"、"存诚"作为人生修养内容，最终目的在于教人成圣成贤，使人们在社会生活、人伦日用之中得到精神

---

① 参见《任继愈自选集》，首都师范大学出版社 2009 年版，第 174 页。
② 参见《任继愈自选集》，首都师范大学出版社 2009 年版，第 177 页。

解脱。"极高明而道中庸",贯彻"内圣外王"之道。第三,《四书集注》
打破传统注释的旧模式。简明通脱,新人耳目。宋儒自称得尧、舜、禹的
"心传"及文、武、周公、孔子、孟子以下千古不传之秘。朱熹的注解,
有的有根据,有的根据不多,也有的直抒胸臆,不要古代书本的根据。它
的特点是摆脱依傍,不受古人的束缚。第四,《四书集注》被指定为国家
教科书,元明清各代用来开科取士,作为选拔政府官吏的标准。除了用它
的学术影响以外,它还得到历代政府强迫性的灌输。读书人参加国家的各
级考试,不能背离《四书集注》的观点,否则难以被录取,这也是《四书
集注》流传久远的一个因素。第五,如果把汉代的经学称为前一时期的神
学经学,后一时期的经学可称为"儒教经学"。前一时期的经学以宇宙论
的形式出现,后一时期的经学(儒教经学)以心性论的形式出现。中间经
过魏晋南北朝佛教经学的补充,使儒教经学增加了体现时代特点的新内
容。它超越了宇宙论和本体论,上升到心性论的理论高度,它达到了中国
封建社会经学的高峰,同时也表明中国封建社会的经学已走到了尽头,经
学的历史使命已完结了。① 任继愈在这里高度概括了朱熹《四书集注》的
核心思想、突出特征、历史影响等,并从经学史的角度对其进行了定位,
认为它实现了经学的转变,达到了经学的高峰,同时也走到了尽头。

三、对朱熹和儒教的评价

既然儒学是宗教,既然朱熹是儒教发展史上的关键人物,那我们
应该如何看待朱熹和儒教呢?任继愈总的态度是辩证的,就是要批判地
吸收。②

1. 朱熹和儒教的合理性

第一,任继愈从多方面肯定了朱熹及其学说的合理性。首先,朱熹
在中国哲学史上占有重要地位。他指出,朱熹是孔子以后影响最大的哲学
家,是中国哲学发展史上一个重要的里程碑,旧的理学家称朱熹"致广

---

① 参见《任继愈自选集》,首都师范大学出版社 2009 年版,第 187—188 页。

② 参见《任继愈自选集》,首都师范大学出版社 2009 年版,第 177 页。

大，尽精微，综罗百代"，也并非全是夸张，朱熹在哲学史上确实有其重
要性。[1] 其次，从经学史的角度看，朱熹不仅开创了经学史上的心性时代，
还把自身的理论创造寓于经典的注疏之中。任继愈指出，朱熹一生心血凝
聚于儒家经典注释中，他于"五经"、"四书"用力最勤，与王夫之的《尚
书引义》、《周易》内外传、《读四书大全说》都是寓创造于注疏之中。朱
熹的注释，有的开始于中年，有的贯穿他的全部著述生涯，有的直到晚年
尚未完成。其著述的先后过程与他思想的发展脉络至为密切，如细加分
疏，必将对于了解其哲学全貌有所裨益。再次，朱熹多才多艺，遗留文学
作品不少，其中有吟风弄月的，有感事咏怀的，也有通过形象思维发挥他
的哲学观点的，这也是宋诗不同于唐诗的一个特点。如能适当注意，取精
用宏，那么我们对朱熹的哲学理解又增加了一个侧面。哲学文学都是朱熹
的思想的表现，若能合并考察，就更可以加深了解朱熹思想的全貌。[2] 另
外，宋朝经过二程，再经过朱熹，终于完成了儒教。儒教建立后，中国传
统文化把人民的内心修养、家庭生活、社会生活、政治理念打成一片，融
为一体，构成稳定政教合一的体制。如此广土众民的大国，它经过多少风
吹浪打、天灾人祸、内忧外患的侵扰，都一一克服，继续前进。朱熹完成
的这个体系满足了中国古代分散的小农经济社会的需要。[3]

　　第二，任继愈还充分肯定了儒教的历史合理性。首先，从中国哲学
史上来看，儒教哲学是中国哲学思维发展的一个不可缺少的环节。它继承
了魏晋玄学的成果，经过儒、释、道三教哲学思想的融合，把唯心主义本
体论推进到一个新阶段，丰富了哲学史的内容。有了程朱和陆王的儒教哲
学，才有可能诱发出王夫之、戴震的唯物主义元气本体论来。[4] 其次，儒
教的产生作为一种历史必然，有其存在的合理性。从宏观来讲，儒教在古
代曾有过功劳，因为它对巩固大一统的封建王朝起过积极作用。古代封建
大一统的成就已经证明儒教符合中国古代社会的实际需要。再次，展开来

---

[1]　参见《任继愈自选集》，首都师范大学出版社 2009 年版，第 191 页。

[2]　参见《任继愈自选集》，首都师范大学出版社 2009 年版，第 192 页。

[3]　参见任继愈：《朱熹格物说的历史意义》，《南昌大学学报》2001 年第 1 期。

[4]　参见《任继愈自选集》，首都师范大学出版社 2009 年版，第 149—150 页。

讲，中国传统宗教的核心信仰是"敬天、法祖"，秦汉以后的中国传统宗教核心信仰是"忠孝"、"三纲"。"忠孝"、"三纲"的信仰与"敬天、法祖"的古代信仰一脉相承，只是使敬天法祖的宗教内容更趋完善化，它是宗教信仰，又是政治思想，更能适应大一统国家的生存要求。先秦敬天法祖的信仰，与当时中央政权的统治不太集中，中央统摄力还不够强大的政治形势相适应。秦汉以后，地上王国势力强大了，上帝的统摄范围也扩大了，不但山川、日月，连人们的内心活动、一念善恶也要受宗教神学的管束。秦汉以来，由皇帝直接管理天下的郡县，参与管理的有丞相、三公。但皇帝经常受到大臣、权臣的干扰，甚至发生宫廷政变，皇权有时遭到篡夺。为了加强中央集权，巩固社会秩序，宋朝以后，加强了儒教的教化作用。宋以后，有权臣而没有篡臣。儒教以教化力量巩固了中央集权，使它更趋稳定。曹操在唐以前有能臣的形象，宋以后，曹操成为奸臣；唐以前，扬雄在思想界有较好的声望，宋以后，由于扬雄做过王莽的官，声望下降。特别是明清两代，以科举取士，官方用考试制度强力推行儒教思想，以宋儒程朱思想体系作为取士的准绳，等于用行政命令强化普及儒教信仰。科举考试是明清两代读书人仕进的必由之路，凡是走这条路的士人都要系统地接受儒教思想的培训，这对儒教的普及起了很大的作用。①

2. 朱熹和儒教的消极性

任继愈指出，五四时代提出了"打倒孔家店"的口号，实际上孔子是代人受过。五四时代要打倒旧的习惯势力，与其说是针对孔子，不如说是针对朱熹。因为五四时代人们声讨的孔家店的罪状，几乎都是朱熹和儒教的，和孔夫子没有什么直接关系。② 因此，朱熹和儒教存在着多方面的消极性。

第一，从历时态的角度看，宋代对孔子的改造消极作用是主要的。任继愈认为，董仲舒对孔子的改造，已经使孔子的面目不同于春秋时期的孔丘。汉代中国封建社会正在上升时期，统一的封建王朝富有生命力，适应

---

① 参见《任继愈宗教论集》，中国社会科学出版社 2010 年版，第 536 页。

② 参见《任继愈自选集》，首都师范大学出版社 2009 年版，第 166 页。

当时的政治要求应运而生的儒教虽有其保守的一面，但也有积极因素。宋朝以后，中国的封建社会已进入后期，有几次资本主义萌芽都不幸没有得到正常发展的机会。宋明封建王朝的统治者推动儒教的发展，朱熹对孔子的改造，与孔子本人的思想面貌相去更远。如果说汉代第一次对孔子的改造，其积极作用大于消极作用，那么宋代第二次对孔子的改造，其消极作用则是主要的。儒教的建立标志着儒家的消亡，这是两笔账，不能混在一起。说孔子必须打倒，这是不对的；如果说儒教应当废除，这是应该的。①

第二，儒教限制了中国的科技发展。任继愈指出，敌视科学、轻视生产，这些中世纪经院哲学所具备的落后东西，儒教（唯心主义理学）也应有尽有。儒教限制了中国的生产技术、科学发明。以后中国科技成就在世界行列中开始从先进趋于落后。"造成这种落后，主要原因在于中国的资本主义没有得到发展的机会，而儒教体系的完善和它对人们探索精神的窒息，也使得科学的步伐迟滞。"②中国科学技术落后，有多种原因，而宋代儒教思想对人民的禁锢的作用，决不能低估。"朱熹的格物说产生不了科学家，它只能为封建宗法制度服务；朱熹的仁说，训练不出改革家，更不会有革命家。他的格物穷理，身心性命之学，是为了保卫封建伦理秩序。"③

第三，儒教以理杀人。任继愈指出，朱熹制造了一个庞大的儒教体系。佛教禅宗曾把僧侣变成俗人，以求得与封建宗法制度的配合；儒教则把俗人变成僧侣，进一步把宗教社会化，使宗教生活、僧侣主义渗透到每一个家庭。有人认为中国不同于欧洲，没有专横独断的宗教；我们应当看到中国有自己的独特的宗教，它的宗教势力，表面上比欧洲松散，而它的宗教势力影响的深度和广度、控制群众的牢固性更甚于欧洲中世纪的教会。中国的儒教不用火烧，不用肉刑，它"以理杀人"。被儒教残害的群众，连一点呻吟的权利也被剥夺干净，丝毫同情、怜悯也得不到。千百年来，千千万万男男女女无声无息地被儒教的"天理"判了死刑，"视人之

---

① 参见《任继愈自选集》，首都师范大学出版社 2009 年版，第 137 页。

② 《任继愈自选集》，首都师范大学出版社 2009 年版，第 134—135 页。

③ 《任继愈自选集》，首都师范大学出版社 2009 年版，第 169 页。

饥寒号呼，男女哀怨，以至垂死冀生，无非人欲"①，"杀人如草不闻声"，精神的镣铐比物质的镣铐不知道严酷多少倍。②

第四，儒教束缚人们的思想。任继愈认为，在儒教的长期熏陶下，社会上形成了麻木不仁的状态，正如鲁迅所痛切抨击的"国民性"。这种"国民性"当然不是中华民族的固有精神，是儒教桎梏所造成的畸形、变态。一个人长期囚禁在幽室，必然苍白失色；一株树生在大石缝中，其根枝必然盘结扭曲。儒教压制了追求个性解放的人本主义思想的抬头，禁锢人们的思想，束缚人们的心灵。鲁迅面对旧中国灾难深重的中华民族，曾"哀其不幸"、"怒其不争"，对儒教消极作用的认识是十分深刻的。③

四、简要分析

总观任继愈的儒教观和朱子学，我们可以作出如下分析：

1. 任继愈诠释朱子学的立场是马克思主义的

任继愈是一位马克思主义哲学家，他对马克思主义的信仰是发自内心的。诚如他自己所言："全国解放后，开始学习马克思主义，学着用历史唯物主义来观察社会和分析历史现象。初步学到了这个方法，使我十分振奋。回头来再剖析我中华民族的文化，就有了下手处，过去看不清楚的，现在看得比较清楚了，这个选集的文章都是用历史唯物主义观点来观察中国文化、说明中国哲学发展的习作。"④ 所以，任继愈朱子学乃至整个中国哲学史的诠释框架和评价尺度是马克思主义的。他认为哲学史是唯物主义和唯心主义的斗争史，离开唯物主义和唯心主义的斗争来讲认识的发展是讲不清楚的。哲学思想和学术流派都是在特定的社会环境中产生的，不同的国家和地区有不同的社会环境，这就给哲学思想带来了国别的、民族的、地域的特点。阶级分析是历史唯物主义观察社会、认识历史的主要方法。

---

① 戴震：《孟子字义疏证》，中华书局1982年版，第53页。
② 参见《任继愈自选集》，首都师范大学出版社2009年版，第136—137页。
③ 参见《任继愈自选集》，首都师范大学出版社2009年版，第149页。
④ 《任继愈自选集》，首都师范大学出版社2009年版，"自传"第2—3页。

任继愈虽然是马克思主义哲学家、哲学史家，但反对把马克思主义形式化、教条化。他指出，不能把阶级分析简单化、公式化，给哲学家贴标签不能如实地反映哲学家本来面目。"应当看到，唯物与唯心是哲学概念，表示认识路线上两种世界观的对立；进步与反动是政治概念，是对政治行为所作的肯定与否定的评价。两者有时一致，有时不一致。"[1] 他指出，1957 年以后有些讨论是以政治运动代替学术讨论，以讨论开始，以批判告终。这种风气造成了学术界的不安定、不团结。学术界出现了极不正常的现象，有一派人"一贯正确"，是专门批判别人；另一派人则是只能受批判，无权答辩，成了学术上被专政的对象。关锋的《反对哲学史方法论上的修正主义》一书，充分表现了这一时期的蛮横学风。[2] 有些人在研究中形式主义、教条主义相当严重，他们往往不自觉地用对待封建帝王那样的态度来对待马、恩、列、斯，"写在本本上的绝不敢有疑问，本本上没有写的更不敢多想。思想停止活动，就是僵化的开始。"[3] 所以，"如果脱离了具体分析，不顾时间、地点、条件，把几条原则或个别词句生搬硬套，把马克思主义的词句当成包医百病的灵丹，或当作驱疫防邪的符咒，那不是尊重马克思主义，而是糟蹋了马克思主义。"[4]

2. 任继愈对儒教的评价是对五四批判精神的继承

五四运动是中国近现代史上一次民族意识觉醒的政治运动，更是一次破旧立新的思想运动。五四时期的风云人物如陈独秀、胡适、鲁迅、吴虞、钱玄同等展开了对以儒学为核心的中国传统文化的激烈批判。陈独秀认为儒家三纲造就了奴隶道德；鲁迅认为仁义道德的本质是吃人；吴虞指出儒家伦理与专制主义有密切的联系；钱玄同主张"废除汉字"，认为这是摒弃中国传统文化的关键所在；胡适认为中国传统文化是知足的文化，造成了当时的中国"百事不如人"，等等。[5]

---

① 《任继愈自选集》，首都师范大学出版社 2009 年版，第 22 页。

② 参见《任继愈自选集》，首都师范大学出版社 2009 年版，第 48 页。

③ 《任继愈自选集》，首都师范大学出版社 2009 年版，第 15 页。

④ 《任继愈自选集》，首都师范大学出版社 2009 年版，第 51 页。

⑤ 参见柴文华：《五四时期的激进思潮及其反思》，《求是学刊》2009 年第 5 期。

任继愈对儒教消极作用的批评，即认为儒教是统治阶级的工具，阻碍中国科技的发展，造就了古人的奴性人格等是对五四新文化运动时期批判精神的继承和发扬，揭示了以儒教为代表的传统文化的内在缺失和消极影响，对我们今天正确认识中国传统文化仍有重要的启发意义。

3. 对朱子学应持的基本态度

20 世纪 30 年代以来，学界对待朱子学的态度大体分为三类：第一类是继承创新，以冯友兰"新理学"为代表；第二类是奉陆王学为儒家正宗，判朱熹"别子为宗"，以牟宗三等为代表；第三类是对朱子学的马克思主义分析，以任继愈等为代表。

立足当代，我们应该以更为宽广的视域看待朱子学，在这一点上，第三代新儒家的代表杜维明的观点值得借鉴。他认为，在人类文明的发展史上，儒学在宋明时期的发展对东亚文明所产生的影响，可能要比马丁·路德的宗教改革对西方文明的影响还要大。因为它是使得东亚社会之所以成为东亚社会的主要动源。[①]"在过去的八百年间，朱熹是儒学传统最权威的诠释者，并且他的思想启示的影响在整个东亚仍持续不断。事实上，我们可以这样说，在受到西方的思想文化冲击之前，东亚社会和政治上占主宰地位的价值取向是朱熹传统的儒学。中国明清两朝政府、日本德川幕府时期及朝鲜李氏王朝时期，不仅在思想上都采用了朱熹的观念，且在客观上实行着朱熹的思想。我们可以毫不夸张地说朱熹的世界观是在近代以前东亚社会中占统治地位的意识形态。"[②] 认为以朱熹为代表的"新儒学"不仅属于中国，也属于东亚，对整个东亚文明产生了重大影响，这是对朱熹及其儒学评价的新视域，也是符合历史事实的。

当然，在重新审视朱子学时，我们依然应该坚持任继愈所主张的辩证观点，不能回避朱子学及其儒学的消极作用。比如有人认为朱子学是人文主义，是对人的主体性的弘扬等，这在一定程度上否定了朱子学所代表的儒学精神对人们思想的束缚作用；还有人为朱熹"存天理、灭人欲"的

---

① 参见《杜维明文集》（第一卷），武汉出版社 2002 年版，第 297—298 页。

② 《杜维明文集》（第四卷），武汉出版社 2002 年版，第 113 页。

观点进行辩护，认为朱子学所要灭的人欲不是人们正当的感性欲望，而是不正当的私欲，这种观点恐怕也不尽合乎朱子学的原意。朱子学所要灭的人欲也是指私欲，但主要是指人们的超自然的欲望，即所谓的"要求美味"。《朱子语类》卷十三载：问："饮食之间，孰为天理，孰为人欲?"曰："饮食者，天理也；要求美味，人欲也。"①《朱子语类》卷九十六载："盖天只教我饥则食，渴则饮，何曾教我穷口腹之欲?"② 人们对美味、美声、美色等的追求恰恰是人的自然感性欲望中的文化要素，这是人以外的任何生物都不具有的。而朱子学所要去的、灭的正是这部分具有人文价值的人的感性欲望。而所谓饥则食、渴则饮的"天理"却是无法把人与动物区别开来的最原始的自在感性欲望。因此，无论从哪个角度来看，朱子学"存天理，灭人欲"的主张都是对人的感性或物质欲望的否定，与人类对自身丰富内涵不断实现的追求是背道而驰的。③

总之，"金无足赤，人无完人"，任何理论、学说都不可能是绝对的好，也不可能是绝对的坏，我们应该继承以任继愈为代表的马克思主义的哲学史家所坚持的辩证分析方法，结合朱子学和儒教的具体观点，对其作出实事求是的多维分析。

第三节 老学观和道教观

任继愈对老学和道教有专门的研究，著有《老子新译》、《老子绎读》、《道藏提要》、《中国道教史》等，对老学的源流及贡献、道教的发展史等做了深入的探讨，对于我们今天的老学和道教乃至整个中国传统哲学的研究都有着重要的启发意义。

一、老学观

任继愈对老子之学的源流、内容等方面进行了系统的梳理和阐发。

① 黎靖德编：《朱子语类》（第一册），王星贤点校，中华书局1986年版，第224页。
② 黎靖德编：《朱子语类》（第六册），王星贤点校，中华书局1986年版，第2472页。
③ 参见柴文华：《真善美的哲学寻踪》，黑龙江人民出版社2003年版，第216—217页。

1. 老子其人

对于老子的生卒年代，学术界存有不同看法。任继愈认为，老子比孔子略早。据《史记》记载，孔子曾问礼于老聃。估计老聃比孔子大10—20岁。五四时期也有人根据思想内容推测，认为老子时代晚于孔子，还有人说老子比庄子还迟。也有人从世系上推算老子的八代孙，与孔子十二代孙同时，断定老子晚于孔子。任继愈指出，从思想内容来推算时代，有时会出现不同的结果，过硬的根据还是文献、实物。自从湖北荆门出土战国楚墓竹简《老子》，老子的时代已有了比较明朗的轮廓。任继愈在四十多年前所提出的观点也有了更为有力的实证支持，他认为老子是春秋时代的人。①

2. 老学之源

老学发轫于荆楚，但老子不是乡曲之士，他曾到过北方，当过守藏史，熟悉历史文献，接触过社会现实。根据老子的生活经历，任继愈将老子的思想概括为以下三个来源：

第一，老学继承荆楚文化的特点，贵淳朴自然，反雕琢文饰。任继愈指出，老子思想来源于荆楚文化，集中表现为对"水"的歌颂。荆楚水乡，水是万物生存和人类生活的依托，老子对水性有着深刻的体悟和高度的赞美，如云"上善若水，水善利万物而不争，处众人之所恶，故几于道"（《老子·八章》），"大道氾兮，其可左右"（《老子·三十四章》）。老子把水比作道，又说："江海之所以能为百谷王者，以其善下之，故能为百谷王之。"（《老子·六十六章》）"天下莫柔弱于水，而攻坚强者莫之能胜，以其无以易之。"（《老子·七十八章》）

第二，老子博学多闻，善于吸取古代文化遗产，总结前人经验。任继愈指出，《老子》书中常借用植物生长的例子，说明贵柔的道理。植物幼苗柔弱而有生命力，植物壮大后，则枯槁而接近死亡。此外，《老子》书中还经常从前人经验和古文献中吸取有用的东西。如："古之善为士者（马王堆本作'善为道者'），微妙玄通，深不可识。夫唯不可识，故强为

① 参见《任继愈宗教论集》，中国社会科学出版社2010年版，第601页。

之容"(《老子·十五章》)，"建言有之：明道若昧，进道若退，夷道若纇，上德若谷，广德若不足，建德若偷，质真若渝。大白若辱，大方无隅，大器晚成，大音希声，大象无形"(《老子·四十一章》)，"盖闻善摄生者，陆行不遇兕虎，入军不被甲兵。兕无所投其角。虎无所措其爪，兵无所容其刃。夫何故？以其无死地"(《老子·五十章》)，"故圣人云：'我无为，而民自化；我好静，而民自正；我无事，而民自富；我无欲，而民自朴'"(《老子·五十七章》)，"古之善为道者，非以明民，将以愚之"(《老子·六十五章》)，"用兵有言：'吾不敢为主，而为客；不敢进寸，而退尺'"(《老子·六十九章》)。《老子》书中的"建言有之"、"盖闻"、"圣人云"、"古之善为道者"，表明这些说法都有来历。①

第三，老子亲眼看到春秋时期社会的混乱，旧秩序的崩溃，仁义口号的虚伪性。任继愈认为，老子为亲眼看到当时从周王朝到地方诸侯的混乱无序而失望，他激烈地抨击当时的社会弊端，如："夫佳兵者，不详之器。"(《老子·三十一章》)"天下有道，却走马以粪。天下无道，戎马生于郊。"(《老子·四十六章》)"民之饥，以上食税之多，是以饥。"(《老子·七十五章》)"大道废，有仁义；慧智出，有大伪。"(《老子·十八章》)"绝圣弃智，民利百倍；绝仁弃义，民复慈孝。"(《老子·十九章》)老子深刻地看到在仁、义、礼等口号下产生的种种弊端，他放弃仕途而走向隐逸的道路。②

3. 老子的主要思想

任继愈着重从尊道、贵无、尚柔等方面阐释了《老子》的思想内容。

第一，尊道。"天道观"是先秦时期的热门话题，许多哲学家都对"天"和天道提出了自己的看法。任继愈指出，老子是第一个把"道"当作最高范畴进行阐发的人，他的天道观具有以下特点：一方面，"天"是无为的、自然的、没有意志，开始对天神上帝的崇高地位提出了怀疑；另一方面，"天道"是循环的。老子是周朝的史官，史官通晓天文学，观察

---

① 参见《任继愈宗教论集》，中国社会科学出版社 2010 年版，第 584 页。
② 参见《任继愈宗教论集》，中国社会科学出版社 2010 年版，第 585 页。

天象。"大曰逝，逝曰远，远曰反。"（《老子·二十五章》）道是混沌的，是朴素的；道是自然的，本来就存在；道是构成万物的原始材料；道无形象，肉眼看不见，感官不可触摸；道是事物的规律，人、物、自然、社会都离不开道。它表达起来有困难，不好描述，它是"无名"、"朴"、"无象"、"无形"、"无状之状"、"无物之象"。① 任继愈指出，"道"是精神性的还是物质性的，老子本身没有说清楚，当时的人类认识只能到这个水平。老子的认识已经是处在人类认识的最前沿。后人可以用自己的认识来解释老子，代替老子发言。但是老子没讲清楚的问题，代替老子讲得再清楚，也不能认为是老子的思想。总体来说，老子的哲学使人从宗教、神学中初步摆脱出来，在当时是了不起的贡献。②

第二，贵无。任继愈指出，老子的另一个贡献即是提出了"无"的概念，这是中国哲学史上第一座里程碑。一个民族思维成长的过程，与儿童成长的过程、与儿童心理发展的过程大体相似。儿童认识外部世界，总是先从身边的事物开始，由近及远。③ 任继愈认为，人类认识从有形开始，由具体到抽象，才形成了"有"的概念，西方谓之"存在"。"有"有大小、形象、颜色等，"有"有软硬、轻重、香臭等性质，"有"能得到也可能失去，各种"有"都可见闻、可感知、可推得结果，这都属于人类认识的幼年期。随着人类生活实践、社会实践的不断深化，人们从"有"认识到"有"的对立面"没有"。把"没有"抽象到概念的高度，作为认识的客体对待，达到这个认识水平，只有具有先进文化的民族，才有这种可能。"没有"在未曾上升到概念时，只是一次性的客观描述，人类千百万年早已重复了无数次，老子提出了"无"，是一次飞跃。"无"这个概念具有"有"所不具备的"实际存在"，总称为"无"。"无"并非空无一物，它与"有"都具有总括万有的品格。老子称之为"无状之状，无物之象"。它不同于有，所以"视之不可见，听之不可闻，搏之不可得，此三者不可致诘，故混而为一"（《老子·十四章》）。对这个"负概念"给以

① 参见《任继愈宗教论集》，中国社会科学出版社 2010 年版，第 603 页。
② 参见《任继愈宗教论集》，中国社会科学出版社 2010 年版，第 602—603 页。
③ 参见《任继愈宗教论集》，中国社会科学出版社 2010 年版，第 603 页。

特殊的名称，有时称之为"无"；因为它具有规律性，也称为"道"。"无"也是"道"，"道"也是"无"。老子的"无"不是停留在描述性的"没有"阶段，"无"并不是存在消极面的，而有它实际多样性肯定的含义，有现实作用，有可以预测的后果，在日常生活、政治生活中一刻也离不开它。"无"的发现，为人类认识史上开了新生面，非同寻常。楚墓竹简书写的"无"，同一部竹简上，前部简作"亡"，后部简作"无"。这个书写的改变，并非偶然。因为"亡"含义为"没有"，后起的"无"字，则表示哲学抽象概念的出现。[1] 任继愈提出，不但要认识"无"，而且要以"无"为原则来指导政治生活、日常生活及社会生活，并遵循"无"的原则来处理人际关系。[2] 老子思想深刻可贵处在于从纷乱多样的现象中概括出"无"这一负概念，把负概念给予积极肯定的内容。老子的"无为"，不是一无所为，而是用"无"的原则去"为"。所以能做到有若无，实若虚，以退为进，以守为攻，以屈为伸，以不争为争，从而丰富了中国古代辩证法思想，建立了中国古代贵柔的辩证法体系，与儒家《易传》尚刚健为体的辩证法体系并列。儒道两家这两大体系优势互补，和而不同，丰富了中华民族辩证法的文化宝库。老子发现了"无"的价值，把它提高到应有的地位，是老子的贡献，但如果把"无"的作用无限夸大，超过极限就会走向荒谬。老子的贵无思想对黄老学派产生了重要影响。[3]

第三，尚柔。任继愈指出，老子认为水最接近道。老子举生活中与水的性格相近或相似的几种现象作比喻，认为居住要像水那样安于卑下；存心要像水那样深沉；交友要像水那样相亲；言语要像水那样真诚；为政要像水那样有条理；办事要像水那样无所不能；行为要像水那样待势而动。正因为能像水那样与物无争，人才不会有过失。在老子看来，天下没有比水更柔弱的东西，而攻击坚强的力量没有能胜过它的，因为没有什么能代替它，不仅如此，柔弱也是道的作用。万物运行的规律是面向反的方面运动（反者道之动），道运动作用是柔弱。贵柔弱的辩证法，是弱势群体的

---

① 参见《任继愈宗教论集》，中国社会科学出版社 2010 年版，第 604 页。

② 参见《任继愈宗教论集》，中国社会科学出版社 2010 年版，第 605 页。

③ 参见《任继愈宗教论集》，中国社会科学出版社 2010 年版，第 605—606 页。

哲学，是弱势群体处世、生活及诸多方面的经验总结。① 用于处世之道，老子主张不争强斗胜；用于用兵布阵，老子主张后发制人；用于作战，老子主张以守为攻，以逸待劳；面对强大的敌人，老子主张避实击虚。这种深刻的辩证法充分体现了我国古代农民的生存发展的世界观，老子取的例子也多来自农民生活实践，以草木、农作物作比喻，特别是南方水稻产区的农民经验。老子把水的种种品格予以抽象提到哲学思维的高度。指出水的品格趋下，说它弱，它最弱；说它强，它又最强，冲决堤坝，冲倒大树，洪水夹带来泥石流可以造成灾难性破坏。在中国共产党的游击战、抗日战争、抗美援朝战争中，老子以弱胜强的战略指导思想都继续发挥着作用，足以看出老子的柔弱辩证法在军事上的影响。②

第四，治国。在治国方面，老子提出了"无为而治"的方针政策。任继愈认为，这个政策的目的在于不扰民，与民休息，减轻人民负担。"民之饥，以其上食税之多"（《老子·七十五章》）。老子指出用刑罚治国，不是好办法，"民不畏死，奈何以死惧之"（《老子·七十四章》）。他理想的社会的人民都能做到"甘其食，美其服，安其居，乐其俗，邻国相望，鸡犬之声相闻，民至老死不相往来"（《老子·八十章》）。这显然是一种宁静、自给自足、安适的田园生活，是小农生活的理想画卷。③ 老子认为，治天下是头等大事，人间的伦理放在其次，所以他说："故失道而后德，失德而后仁，失仁而后礼。礼者忠信之薄而乱之首也。"（《老子·三十八章》）失去了道而后才有德，失去了德而后才有仁，失去了仁而后才有礼。礼是忠信的缺失，是大乱的祸首。老子反对"仁"，他说："天地不仁，以万物为刍狗，圣人不仁，以百姓为刍狗。"（《老子·五章》）又说："大道废，有仁义"（《老子·八章》），"绝仁弃义，民复孝慈"（《老子·十九章》），仁义不是最高的追求目标，"生而不有，为而不恃，长而不宰"（《老子·五十一章》）才是治国的最好原则，即让百姓自由自在地生活，君主不予以干涉。

① 参见《任继愈宗教论集》，中国社会科学出版社 2010 年版，第 594 页。
② 参见《任继愈宗教论集》，中国社会科学出版社 2010 年版，第 594—595 页。
③ 参见《任继愈宗教论集》，中国社会科学出版社 2010 年版，第 595 页。

4. 价值与局限

任继愈指出，我们今天既要肯定老子思想的积极影响和现代价值，也要看到它的局限性，辩证分析，批判继承。

在五千年文明的中国，流传广泛的哲学流派号称百家，其实只有两家，一个是儒家，一个是道家。儒家受到朝廷的重视，成为指导人们政治生活的国家宗教（儒教），而老子一派则以广大小自耕农为其社会基础。自秦汉到今天的两千多年来，中国一直是一个多民族的统一大国，因此必须把千千万万农民的生活安排妥当。农民平时老实、驯服，听从政府的支配，为国家负担租税及劳役。一旦逼得活不下去时，也会揭竿而起，把王朝推翻，成为改朝换代的主力军。维持一个统一大国，既要保持中央政府的有效统治，又要安抚个体小农的生计。中央政府及农民的关系调整得适当，就会出现历史上所谓的"太平盛世"。[①] 直到今天，我们仍然要用全力来解决"三农问题"。三农问题解决不好，社会的基础就不牢固，中国的现代化就难以实现。迄今为止，老子所提出的为政不要过多的干扰，乱出点子，让农民自然生生发育，在稳定中进步，仍值得借鉴。喜欢多出主意，老百姓不欢迎，社会主义建设就会受阻。老子提倡无为，少生事，不自高自大，柔弱谦下的处事处人方式，也有参考借鉴价值。[②]

任继愈指出，老子反对欺诈、虚伪，倡导纯真、朴素，这些思想在他无为政治理论中讲得比较充分，直到今天，仍不失其光辉。但这一观点讲过了头，就会走向谬误。为了保持淳朴，而反对知识；为了反对欺诈，而提倡愚民。反对欺诈是好的，但提倡无知、表彰愚昧是错的。社会的进步在于脱愚，开发人的智力。智力低下、文化落后的民族将难以立足于世界民族之林。老子看到"大智若愚"不是真愚昧，"大巧若拙"不是真的笨拙。可惜老子这一闪光点转瞬即逝，其主旋律却在教人避免接触新事物，保持精神的纯洁："不见可欲，使民心不乱"（《老子·三章》），"五色令人目盲，五音令人耳聋"（《老子·十二章》）。认为有了知识，破坏了原

始的淳朴，就会把人引向邪路。① 老子的倡导淳朴、轻视文化的思想，两千多年来深入人心，直到 20 世纪 60 年代，还在起作用，以致影响国家的文化政策。很长一段时期人们把农村看成净化灵魂的圣土，把城市看做孳生罪恶的渊薮。全世界科技突飞猛进，我们却反对读书，阻碍了现代化的步伐，拉大了与科技先进国家的距离。②

二、道教观

道教是中国土生土长的宗教，是中国传统文化的重要组成部分。任继愈对道教的历史做了深入的探讨，对道教的不同发展时期进行了系统的梳理。

1. 汉魏晋南北朝时期

东汉至魏晋南北朝是道教最初的重要发展阶段，这一时期，原始道教从民间兴起，并逐步演变发展为成熟的官方正统宗教。东汉末年爆发的黄巾起义，标志着秦汉时期中国封建专制国家大一统局面的结束，此后，中国封建社会先后经历了约四百年之久的分裂，直到隋朝重新统一全国。在这段分裂时期，封建社会在政治、经济制度和思想文化方面都出现了新的变化。儒家学说虽然仍是封建国家正统的思想意识形态，但它在思想文化上的"一统"地位已相对削弱，道教与佛教在这一时期有了很大的发展，奠定了隋唐时期儒、释、道三教鼎立的基本格局。③ 任继愈指出，在魏晋南北朝之前，道教在东汉中后期迅速从民间蓬勃兴起，形成了太平道、五斗米道等民间道教团体，道教发展出现了一个高潮。汉末黄巾起义因统治者的镇压而失败，汉中张鲁政权也因投降曹操而归于覆亡，使道教遭到沉重打击。进入魏晋后，统治阶级对民间的宗教活动严令禁止，遏制了早期民间道教组织迅速发展的势头。虽然五斗米道仍在民间传播，成为当时道教的大宗，但是五斗米道在教义上却没有太大的发展，在其内部还出现了组织散乱、科律废弛的现象。从总体上看，民间道教的发展逐渐趋

---

① 参见《任继愈宗教论集》，中国社会科学出版社 2010 年版，第 599 页。

② 参见《任继愈宗教论集》，中国社会科学出版社 2010 年版，第 600 页。

③ 参见《任继愈宗教论集》，中国社会科学出版社 2010 年版，第 556 页。

于衰落。与此同时，适合魏晋门阀统治阶级利益的神仙道教却在兴起。一大批神仙方术之士在社会上十分活跃，逐渐形成一些师徒相传的神仙道教团体。某些信奉五斗米道的门阀士族分子也在把民间道教引向士族神仙道教的发展轨道。两晋之际的著名道教学者葛洪，便是这一派突出的代表。他在东晋所撰的《抱朴子·内篇》中，对以往的神仙信仰和各种方术做了系统的整理和理论上的阐述，并对民间道教和某些"流俗道士"的活动猛烈抨击，这对道教从原始民间宗教向成熟的官方宗教的方向演变发展，在理论和实践上都有十分重要的意义。葛洪去世后，以丹阳士族杨羲、许谧等人制作《上清经》为标志，从东晋十六国后期至南北朝时代，中国南北方都出现了由门阀士族道教徒发起的道教改革活动，道教的发展进入新的高潮。以重视经典科教与神仙养生之术为主要宗旨的道教新派别孳乳繁衍，成为道教发展的主流。而民间道教经门阀士族改造后，终于消融在南北朝新道教中。隋唐时期的道教发展进入鼎盛时代，南北朝以来形成的茅山派、楼观派是当时道教的正宗，三洞经典体现了道教最高的教义理论和修炼方术，而早期天师道的符箓襐襘之术，仅仅作为经典科教的一部分和道士入门的初级功课而保留下来。①

总而言之，任继愈将东汉至魏晋南北朝的道教发展进行了以下的归纳：(1)东汉晚期为原始道教从民间崛起和形成的时代；(2)三国两晋之际，民间道教的发展转趋停滞，五斗米道组织发生分化，一部分逐渐与神仙道教合流而丧失其原始民间宗教的本色；(3)东晋以后，民间道教经过改造，进一步发展为以仙道为中心的成熟的官方化的新道教。道教经过这一系列的复杂变化，完成了从孕育产生到发展成熟的过程，为以后一千多年的进一步发展奠定了基础。②

2. 隋唐道教

任继愈认为，隋唐尤其是唐代，是我国道教的繁荣时期之一。隋皇朝建国之初，隋文帝利用道教编造"受命之符"，为他篡夺北周政权制造

---

① 参见《任继愈宗教论集》，中国社会科学出版社 2010 年版，第 556—557 页。

② 参见《任继愈宗教论集》，中国社会科学出版社 2010 年版，第 557 页。

舆论，故隋文帝对道教加以扶植和崇奉，使道教有所发展。在唐皇朝近三百年的统治中，道教始终得到扶植和崇奉，道教的地位处于儒教和佛教之上，居三教之首。道教教主老子不仅被尊为唐宗室的"圣祖"，而且先后被册封为"玄元皇帝"和"大圣祖高上金阙玄元天皇大帝"，成为道教的至高神和唐皇朝的护国神，道教也得到前所未有的尊崇。唐皇朝崇奉道教，主要是出于政治上的利用，信仰为次要因素。李唐皇朝利用老子姓李，攀附为同宗，尊老子为"圣祖"，自称是老子的"圣裔"，以利用老子在历史上的广泛影响来提高唐宗室的社会地位。他们神化老子，尊崇老子，并以老子降灵等名义散布宗教谶言，编造政治神话，制造皇权神授的舆论，以达到神化唐宗室的政治目的。唐初和唐玄宗时期，还利用《老子》的清静无为思想作为治国的理论依据之一，对唐初的繁荣和唐玄宗的"开元之治"都曾起过一定的积极作用。唐皇朝抬高道教地位，规定道教的序位在佛教之前，也是利用道教来抑制佛教势力发展的一种政治策略，充分利用道教为政治服务。① 当时不仅老子被推到至高无上的尊位，而且《老子》一书亦被尊为《道德真经》，成为道教的首经。道家的庄子、列子等均被尊为"真人"，其著作被尊为"真经"。唐玄宗亲自注疏《道德真经》，颁之全国，令士庶家家习读，使《老子》得以广泛的传播。由于唐皇朝的倡导，唐代研究老庄思想的风气很盛，据不完全统计，隋唐时仅道士注疏笺解《老子》即近三十家，其他受老庄思想影响的理论著作也很多，如通玄的《道体论》、司马承祯的《坐忘论》，等等。唐代禅宗的形成和发展，也受到老庄思想的影响。隋唐是对道教理论研究的兴盛时期，它建立了较为系统的理论体系，"重玄"哲学思想是这一时期的产物。②

隋唐对道籍的整理和研究亦较重视，专门设立玄都观，研究三教之学，整理道教教义。道教仪法在唐朝经过系统的整理和增删，更加趋于复杂和完备。隋唐道教炼养术有较快的发展，司马承祯的《服气精义论》、《修真精义论》及其他类似著作，对推动炼养术的发展起了积极的作用。

---

① 参见《任继愈宗教论集》，中国社会科学出版社 2010 年版，第 558 页。
② 参见《任继愈宗教论集》，中国社会科学出版社 2010 年版，第 558—559 页。

由于唐代诸帝大都相信服用金丹可以长生延展，不惜投入大量财力物力命道士制炼金丹，使金丹术得到进一步的发展。唐末五代，由于社会动乱，很多道教宫观被毁，道士星散，道教衰落。一些儒生和失意的王公官吏为避乱而纷纷隐遁于山林，有些即与道教发生联系或成为道士，他们以避世保命为主，不求闻达于诸侯，修炼亦以内丹为主，促使了内丹术的迅速发展。① 唐代道教的音乐、舞蹈、绘画、雕塑、文学、建筑等亦得到了全面的发展，达到较高水平。总之，唐代道教是道教发展史中的一个重要环节，对以后道教的发展有着广泛的影响。②

3. 宋元道教

宋辽金元（960—1368 年）四百余年间，道教进入到一个发展、变革的新阶段。这一时期的社会矛盾和民族矛盾相当尖锐，道教的兴盛、发达，与贯穿这一时代的民族矛盾关系至深。

任继愈指出，北宋王朝国力远较汉唐羸弱，辽、西夏、金的侵扰，威胁着王朝的安全。为了乞助于道教神灵以解除心理上的不安全感，安定民心，缓和国内阶级矛盾，北宋历代帝王对道教皆相当崇奉，真宗、徽宗尤以崇道著称。金、南宋统治者吸取了宋徽宗崇道亡国的教训，对道教在长时期内皆无特别的崇奉，实行严格的管理。但这一时期，南北战事频仍，后期又加上蒙古的入侵，民族矛盾、阶级矛盾更为激化，促使民间的道教活动空前活跃。在女真族为统治主体的北方金国，兴起了太一教、大道教、全真教三派新道教，广泛流传于民间，呈蒸蒸日上之势。元朝时期，元室为笼络人心，缓和民族、阶级矛盾，对各宗教都大加提倡，对道教各派皆扶植利用，各派道教首领和名道士封官赐爵，得"真人"等赐号者颇众。一批失意儒士和有民族气节的人士纷纷涌入道教，使道教呈现出鼎盛的局面。③

宋元时期各派道教教义的共同特点，是顺应三教思想融合的时代思潮，盛倡三教同源一致，融摄佛、儒二家之学，使这一时期的道教学说带

---

① 参见《任继愈宗教论集》，中国社会科学出版社 2010 年版，第 559 页。

② 参见《任继愈宗教论集》，中国社会科学出版社 2010 年版，第 559—560 页。

③ 参见《任继愈宗教论集》，中国社会科学出版社 2010 年版，第 560—561 页。

有融合三教的浓厚色彩。任继愈认为，三教所共同探讨的心性问题，成为这一时期道教哲学的中心课题，所谓"天下无二道，圣人无二心"，心性被看做三教共同之源。在宋代，道教受禅宗影响最深，金丹派南宗、全真道皆以结合、融合道教内丹与禅宗之禅为其学说的特质，提倡明心见性、性命双修，其心性之说，颇近于禅。至元代，道教哲学则更多地融会理学。此外，宋元时代的道教教义，还以内丹术的盛行和内丹学的成熟为一大特点，专主内丹修炼的群众性教团全真道、南宗首次创立。全真道、南宗继承、发扬钟吕系内丹，沿内丹与禅双修的方向发展，形成在修炼次第上先性后命与先命后性两派。① 《悟真篇》、《翠虚篇》、《金丹大要》、《中和集》等一批内丹学著作相继问世，内丹理论在传统道教内丹术、炼养术和宇宙论的基础上，融摄佛、儒之学及中医、天文学等知识，臻于成熟化。道教内丹哲学对儒学影响甚深，是周敦颐、邵雍哲学思想的一大渊源。这一时期的内丹术还影响于诸家的符箓道法，各符箓道派率皆融合内丹与符箓，倡"内道外法"、"内丹外用"，以内丹修炼为施行符箓咒术之本，强调书符念咒时须正心诚意，以"一点灵光"即先天元神主事。道教符箓道法至此而成熟化、理论化。道教斋醮科仪也进一步完备，出现了卷帙浩繁的《灵宝领教济度金书》等。② 总之，教义、教制充分成熟化的宋元道教，为明清道教奠立了定制。

4. 明清道教

明清两代（1368—1911 年）五百多年，是道教从停滞走向衰落的阶段。在内部，教团的腐化；在外部，理学的强力排斥，民间宗教的争夺地盘，失去统治者的崇奉扶植等多种因素，促使道教渐趋衰落。③

任继愈认为，明清两朝封建统治者对道教的态度颇为不同。明代诸帝对道教皆相当尊崇敬奉，对道教教团管理严格。明太祖一再敕令，清整佛、道二教，他从顺应民俗、宣扬封建伦理纲常的目的出发，保护道教，命道士编成斋醮仪范，突出宣扬封建伦理的内容，定为玄门统一模式。明

---

① 参见《任继愈宗教论集》，中国社会科学出版社 2010 年版，第 561 页。

② 参见《任继愈宗教论集》，中国社会科学出版社 2010 年版，第 561—562 页。

③ 参见《任继愈宗教论集》，中国社会科学出版社 2010 年版，第 562 页。

成祖崇奉真武神，利用真武显圣的神话为其政治目的服务。成祖以后的明室诸帝，对道教的信奉多局限于低层次，营室斋醮，迷信扶乩降仙、各种方术。清朝贵族对道教本无信仰，入关后对已衰落了的道教无多重视，利用道士斋醮作法之事，比前代要少得多。从乾隆朝起，道教的政治地位日趋下降，被统治者看作名山胜景的点缀品，失去了影响政治的力量。乾隆以后国家对道教的管制，渐形松弛。[①]

明清两代，道教著作中，三教思想融合的色彩更为浓厚，尤多和会儒学。道教教义、教制总的来说无大的发展，尽管如此，道教思想却进一步通俗化，广泛流传于社会，渗入社会文化的各个方面。被道士通俗化了的内丹术，超出仅在道教中传播的范围，作为一种炼养术，传向社会，在儒士中影响尤深。一批道教劝善书如《太上老君感应篇》等，经官僚文士的倡导，作为一种宣传封建伦理的通俗读物广泛流传于民间。扶乩降仙之风，在道士、儒生中十分盛行，一批假扶鸾所造的道书纷纷出世，或阐述金丹，或宣扬三纲五常，皆具有三教融合的色彩。各种大大小小的道教神庙，尤城隍庙、真武庙、吕祖庙、关帝庙等，林立于城镇乡村。道教的神仙信仰、金丹修炼说，渗透于这一时代的大量通俗文学作品。各种民间宗教，亦多吸收道教思想。至清末，道教虽已十分衰微，但其宗教思想作为一种传统信仰，在民间影响还是很深。[②]

5. 近代与当代道教

近代的道教，作为封建文化的堡垒，受到了民主革命潮流的猛烈冲击。辛亥革命中，孙中山等民主革命家对儒教、道教的封建思想曾予以批判。而袁世凯等封建余孽，则继续利用道教。五四运动中，陈独秀、钱玄同、鲁迅等人对旧宗教、偶像崇拜等予以抨击，民主思想、马克思主义和科学知识的宣传，荡涤着腐朽的宗教、迷信观念，在革命队伍和知识界，道教的宗教观念迅速失去了地盘。1928 年，国民党政府颁布神祠废存标准，决定废止的神祠庙宇中，如岳飞、关帝、土地神、灶神、太上老君等

---

① 参见《任继愈宗教论集》，中国社会科学出版社 2010 年版，第 562 页。

② 参见《任继愈宗教论集》，中国社会科学出版社 2010 年版，第 563 页。

神庙，皆属道教。在中国共产党领导的革命根据地，破除迷信也被当作宣传工作中的一项内容。① 面临急剧的社会变革，道教界人士为维护本教，成立过一些道教徒的群众组织。中华人民共和国成立后，政府遵循马列主义宗教政策，在宪法中对公民个人的宗教信仰自由予以保护。1957 年，全国性的道教徒群众组织"中国道教协会"在北京白云观成立，岳崇岱、陈撄宁递任第一届、第二届会长。"文化大革命"中，道教和其他宗教一起受到冲击，"中国道教协会"停止活动，不少宫观和道教文物被破坏。自中共中央拨乱反正以来，宗教信仰自由的政策逐步落实，"中国道教协会"于 1980 年重新开始活动，各地道教宫观逐步恢复，道士们过着正常的宗教生活，并努力实现劳动自养。开展道教研究工作，被列为中国道教协会的重要工作之一。②

任继愈指出，在现代文明冲击下，道教的宗教观念，尤其是符箓神仙崇拜的信仰，在社会生活中的影响日益缩小，道教继续衰落，乃是社会发展所决定的必然趋势，但作为一种历史最长的社会意识形态，作为教义宗旨颇具独特性，可谓集中华民族传统宗教观念大成的中国本位宗教，道教在它长期生长、流传的土地上，大概不会于短时期内消亡。只要现代科学还不能解决完全征服疾病、死亡、自然灾害等问题，道教炼养长生及祈助于神仙征服自然的宗教观念就有其生存的基础，对一部分人仍具有吸引力。③

总之，道教文化是中国古代文化遗产中的重要组成部分，长期以来影响颇大，深深渗于民族文化的诸多方面。道教文化中精华与糟粕并存，需要批判地继承。近几十年来，道教的炼养术被加以科学的改造，运用于医疗与气功养生，证明有治病健身、延年益寿之效，其影响有日益扩大之势，与印度瑜珈术逐渐脱离宗教而传播的情况相仿佛。道教的宇宙论、本体论及对人体生命的解释，作为一种颇具启发性的古代思想资料，受到中外科学家的注意。道教与佛教等古代东方文明天人合一、追求与大自然和

① 参见《任继愈宗教论集》，中国社会科学出版社 2010 年版，第 566—567 页。

② 参见《任继愈宗教论集》，中国社会科学出版社 2010 年版，第 567—568 页。

③ 参见《任继愈宗教论集》，中国社会科学出版社 2010 年版，第 568 页。

谐的思想，正在引起欧美人士的兴趣。道教文化将来的命运，只会是扬弃，而不会是全盘摒弃。①

三、道家和道教的关系

在对道教的研究中，任继愈还对道家和道教的定义及关系等进行了分析。

任继愈指出，学术界长期流行一种观点，认为老子、庄子为道家，这是一种误解。春秋战国时期，只有老子、庄子学派。老子与庄子没有直接的传授关系。老子或庄子从未自称为"道家"，只有儒家自称为儒，墨家自称为墨。直到汉代司马谈《论六家要旨》第一次提出"道家"名称。司马谈的道家反映了汉朝政治统一后，思想界趋向统一的趋势，汉初道家是吸收儒、墨、阴阳、名、法各家思想的长处而创立的新体系。老子、庄子都是阴阳、名、法出现以前的人，前人怎能吸收他们死后的人的思想？这个"道家"乃是黄老思想的一个分支，与先秦老子、庄子关系不大。老子是哲学家，不是宗教家，也未创立宗教，与古印度的释迦牟尼一开始就是宗教家，创立佛教的情况不同。老子的著作是学术性的，不是宗教性的，也与佛教经典不同。老子被拉进道教，并奉为教主，那是很晚的事情。②

道教是中国本土的宗教，它形成于东汉末年，方术、巫术是它的前身。神仙方术信仰由来已久，古代巫、史、祝、卜是与神打交道的专家，他们处在国家的领导层。民间巫术用符水治病，借卜筮占吉凶。战国以后，神仙方士宣传不死之药可以长生，投合上层贵族要求长期享乐的欲望，得到他们的支持；广大群众缺医少药，方士们用符水治病，驱鬼祭神，在下层群众中也得到推广。早期道教没有系统的理论，到了东汉末年才出现了《太平经》。③关于老子如何被道教捧上教主的地位，现在还无法作出准确的说明。从时间推断，应在东汉时期。首先出现在宫廷和上层

---

① 参见《任继愈宗教论集》，中国社会科学出版社 2010 年版，第 568 页。
② 参见《任继愈宗教论集》，中国社会科学出版社 2010 年版，第 545—546 页。
③ 参见《任继愈宗教论集》，中国社会科学出版社 2010 年版，第 546 页。

贵族阶层。光武帝儿子楚王刘英，"晚节喜黄老，学为浮屠斋戒祭祀"。明帝诏书也说"楚王诵黄老之微言，尚浮屠之仁祠"①。到桓帝时，延熹八年正月遣中常侍左倌赴苦县祠老子，十一月使中常侍管霸赴苦县祠老子，九年在濯龙宫祠老子。桓帝"好神，数祀浮屠老子。百姓稍有奉者，后遂转盛"②。这里透露老子被道教奉为神，与先秦的老子无甚关系，而是与西方的佛教与本土的黄老信仰搭伴，以教主的形象出现。求神佛保佑，祈福延年，是少数上层贵族享有的奢侈品，然后再普及到下层社会。道教诞生后，沿着两条路线传播。上层路线与历代朝廷、官方相配合，可以称为正统的官方道教。还有在社会下层广大群众中传播的道教，它与民间巫术、符咒结合得比较紧。农民起义也往往利用道教这个组织形式。③

任继愈指出，历代反对道教的学者，对作为思想家的老子、庄子和作为宗教组织的道教不甚区别。韩愈反对佛老，"佛"是宗教的佛，明显无误；"老"是太上老君，还是《道德经》作者老子，他没有讲清楚。朱熹直接继承了韩愈的道统说，崇儒家，排佛老，佛老并称"二氏"。朱熹驳斥佛教也指明是释迦氏之教，他驳斥的道教更多的情况下指的是老庄。这种长期的误解，连王夫之也未能避免，他批判"二氏"，涉及道教系统时，重点没有放在道教上，而是指向老庄哲学。老子哲学讲无为、清静、抱一，与道教的宗教修养有关，但老子的哲学思想体系与道教毕竟有所不同。"道家"、"道教"长期混用，成为习惯，如近人陈垣搜集历代道教碑刻，汇编成集，名为《道家金石略》。陈垣是研究宗教史的专家，老庄哲学与东汉以后的道教，他是最清楚的，他也把"道教"写作"道家"，可见积重难返。④

为了避免长期积累下来的观念含混，任继愈认为有必要把道家与道教严格区别开来。总体来说，以下四点是用来区别道家与道教的标志：(1) 先秦无道家，只有老子哲学、庄子哲学，以及与他们的哲学相应的老

---

① 许嘉璐分史主编：《后汉书》（第二册），汉语大词典出版社 2004 年版，第 955 页。

② 许嘉璐分史主编：《后汉书》（第二册），汉语大词典出版社 2004 年版，第 1766 页。

③ 参见《任继愈宗教论集》，中国社会科学出版社 2010 年版，第 546—547 页。

④ 参见《任继愈宗教论集》，中国社会科学出版社 2010 年版，第 547 页。

子学派、庄子学派。（2）汉代的道家代表西汉时期融合各派的一种思潮，它以黄老清静无为思想为基础，包括儒、墨、阴阳、名、法各家的部分内容。（3）学术界习惯把老庄学派称为道家，是后起的一种学派分类观念。东汉时期严君平《老子指归》开始有了以老庄为道家的倾向。魏晋玄学早期"老庄"连称，后期"庄老"连称。魏晋以后，以老庄为道家的分类法得到承认。这个"道家"不同于司马谈的道家，仍属于哲学。（4）道教是宗教。它有团体、教派、教义、宗教规范仪式、宗教组织、固定数量的信徒、固定的教派传授系统、共同信奉的经典、固定的传布地区等。①

　　道教是中国土生土长的宗教，不像佛教那样有广泛的国际影响。但也不能说道教作为宗教的影响只限于中国，道教对日本影响就很大，日本的神道教与日本天皇及朝廷的制度，有不少道教的影子。②除日本外，朝鲜及越南也有经过改编的道教信仰。近几十年学术界道教研究的风气遍布全世界，北美洲、澳大利亚、法国、意大利、西德、英国，都有研究道教的学者及研究组织，也出版了不少有价值的著作，日本学者的研究成绩尤为显著。③

四、简要分析

　　"中国哲学史学史"是中国哲学史的"史"，即中国哲学史学科的发展历史。中国哲学史学科经历过漫长的发展过程，大体有"前史阶段"、"创立阶段"、"马克思主义化阶段"、"港台发展阶段"等。从整个中国哲学史学科的发展历程来看，任继愈无疑是马克思主义化阶段的重要代表，他的老学观和道教观透显出这一时代的鲜明特征，即运用马克思主义哲学作为诠释框架和评价尺度来阐释老学和道教。

　　任继愈的老学观对老学产生的原因做了深入的分析，抓住了老子思想的要旨，即遵道、贵无、尚柔等，并站在马克思主义哲学的立场，对老子的思想进行了辩证的分析，如认为老子的哲学使人从宗教、神学中

① 参见《任继愈宗教论集》，中国社会科学出版社 2010 年版，第 547—548 页。

② 参见《任继愈宗教论集》，中国社会科学出版社 2010 年版，第 548 页。

③ 参见《任继愈宗教论集》，中国社会科学出版社 2010 年版，第 549 页。

初步摆脱出来；老子发现了"无"的价值，把它提高到应有的地位，但把"无"的作用无限夸大就会走向荒谬；老子的柔弱辩证法在军事上有重要的价值；老子无为而治的政治哲学、柔弱谦下的处事方式，仍值得借鉴；老子反对欺诈是好的，但提倡无知、表彰愚昧是错的，等等。任继愈对道教的整个发展历程作出了宏观的勾勒，对每一个阶段的特点也作出了细密的分析，并主张对道教文化批判地继承，科学改造道教的炼养术，注意吸收道教的本体论、宇宙论、生命论中的合理因素，发扬道教中天人合一、追求与大自然和谐的精神，同时剔除其迷信性的糟粕等。任继愈在对老学和道教的阐释过程中坚持了历史唯物论的基本原则，揭示了老学和道教产生、发展、兴盛的经济、政治、文化原因等，有助于深化人们对老学和道教的认识。任继愈所阐释的道家和道教的区别是正确的，道家是一个学派，道教是一种宗教，尽管道教的很多思想来源于道家，但二者的区别还是明显的。

第四节　佛学观

任继愈的中国佛教观主要体现在其对佛教的产生及佛教在中国的传播与发展、中国佛教的特点、佛教与儒教关系等问题的了解与体认之中，任继愈总结出佛教文化在中国传播中的"势差"现象，提倡在现当代中国，在包括佛教研究在内的文化领域，当务之急是发展社会主义文化。

一、佛教的产生及其在中国的传播与发展

佛教与基督教、伊斯兰教合称为世界三大宗教。且在三大宗教中，佛教的历史最长。追溯佛教的历史，任继愈对佛教的产生进行了探源。任继愈指出，佛教由悉达多创立，相传悉达多是净饭王太子，生于现在的尼泊尔王国境内。释迦牟尼是佛教徒对悉达多的尊号，其生于公元前565年，死于公元前490—前480年，略早于中国的孔子。在释迦牟尼有生之年，佛教主要在印度北部和中部恒河流域一带传播。就佛教传播的漫长历史来看，任继愈指出，佛教开始传播于尼泊尔、印度、巴基斯坦一带，以

后南到斯里兰卡、印度支那半岛，北到中亚细亚，随着中国与中亚各国经济、文化的交流，佛教于两汉之际传入中国。就佛教传播过程中的影响来说，任继愈指出，佛教发生在印度大陆，以后沿着海上与大陆上两条路向外扩展它的影响。沿着海上路线，受到它影响的有斯里兰卡、柬埔寨、泰国、缅甸、老挝等地，形成了所谓的"南传佛教"。沿着陆上路线，一经中亚、西域各国，由丝绸之路传到中国内地，形成了所谓的"北传佛教"。还有一条路由印度北部经尼泊尔到达西藏，与西藏地方文化相结合，形成藏传佛教。在中国，藏传佛教流行的范围不限于西藏地区，它随着西藏的民族、政治、文化的影响，传播到云南、四川、甘肃、蒙古等地，藏传佛教的信仰也不限于藏族，蒙族及一些少数民族也有信奉。

任继愈对佛教在中国的传播与发展进行了分析与梳理。他指出佛教于两汉之际传入中国，佛教在中国的遭遇与印度大不相同，不但没有消失，反而比印度更加兴旺。它兴旺的主要条件之一，是经过中国文化的改造，使它符合中国封建宗法制的需要，结合中国的三纲论（特别强调忠孝观念），与封建正统思想相配合，形成了中国佛教。然而，佛教传入中国，开始遇到抵制，认为佛是教夷狄之道，对中国文化不利。从佛教与中国传统文化的接触历史来看，中国文化反对佛教的主要理由，是佛教违背君臣大义，破坏纲常名教。对此，为维护佛教在中国的合法地位，佛教徒为自己进行了辩护，力图表明佛教的传播有益于维护忠孝、纲常名教，出家为了更有益王化，出家是"大孝"，是治国的有力助手。在任继愈看来，自佛教传入中国内地，到它被中国人完全接受，先后经历了南北朝和隋唐四五百年。南北朝到隋唐，儒、释、道三教并称，孔子、老子与释迦牟尼被称为三教的教主，佛教典籍也随之盛行。到隋唐时期，佛教典籍数量超过了儒家典籍的百倍。任继愈还指出，最早佛教在中国奉外国人为权威，佛书也以翻译的经典为主要依据。南北朝以后，中国人已不再从经典辞句中找寻根据，而是用汉儒解经的方式，发挥佛教思想，阐发其中的"微言大义"，有的任意发挥，进而创立了"佛教经学"，使中国佛教的创造性得到了充分的发挥。任继愈说："像隋唐以来中国建立的佛教宗派如天台、华严、禅宗等，都是很中国的，而不是印度的。外国有的学者认为中国佛教不同于印度佛教，走了样。其实，这正是中国佛教的高明之处。"① 任继愈认为，中国佛教对印度佛教的改变，是符合文化历史发展规律的，因为宗教是上层建筑的一部分，要为其基础服务，文化的作用在于维护其赖以产生的基础。

在任继愈看来，佛教在中国的传播，是与每个历史时期的社会流行思潮密切配合的。在汉代，佛教与黄老信仰、祠祀相配合，魏晋南北朝时期，又与玄学相配合，以佛学理论发挥玄学思想，或者以玄学思想解释佛教原理，佛教徒也纷纷展开了当时哲学思想界的本末、有无、体用之辨。南北朝中后期，佛教提出了"佛性论"，与当时思想界的"心性论"相配合。到了隋唐以后，佛教各宗派皆讲心性论，心性论成为各宗派共同关心的主要课题。并且，任继愈认为，佛教哲学从本体论进入心性论，而且在心性论领域作出很大贡献，是与中国哲学史从秦汉以后，经历了宇宙生成论，发展到魏晋时期的本体论，又由本体论发展为"心性论"这一人类认识规律相符合的。

在充分了解佛教在中国历史发展大致脉络的基础上，任继愈还重点研究了南北朝佛教经学中的中心议题——心性论。任继愈认为，心性论问题是中国哲学本体论逻辑地发展的必然归趣，如果说，中国传统哲学中的本体论涉及的是宏观领域中的本末、有无、体用关系，那么"心性论"问题则从天人关系中，透过人的心理和生理现象，探究人性本质的"所以然"，而佛教中的心性论，则指佛教经学以佛教的语言——"佛性"来说明这一现实现象，"佛性"，归根结底，则是"人性"的反射。任继愈指出，由南北朝时期流行的四部经（《维摩诘经》、《涅槃经》、《法华经》、《华严经》）和三部论（《摄大乘论》、《十地经论》、《大乘起信论》）可以看出，这一时期佛教的主要议题是佛性问题，这一问题主要涉及的内容有：成佛在未来还是在现世，假使有"佛性"，"佛性"是"本有"还是"始有"，成佛要靠外力还是自身的努力和觉悟等。任继愈还指出，从当时流传的四部经和三部论可以看出，当时社会流传的佛教流派主要有大小二乘和空有

① 《任继愈自选集》，首都师范大学出版社 2009 年版，第 24 页。

二宗，在这几个重要流派中，在社会上广泛流传且受朝野上下欢迎的，是大乘有宗，而不是大乘空宗，在"佛性"问题上，这些佛教流派基本倾向于成佛的可能，而那些主张不可能或主张本性有漏的观点，则不占优势。这种主张"佛性"可能的倾向，《涅槃经》、《法华经》和《华严经》等诸经，皆具有启示意义，为之后隋唐时期天台宗和华严宗的出现准备了思想理论基础。在任继愈看来，南北朝佛教经学把哲学问题引向深入，从本体论走向心性论，是一个进步，然而也面临新的问题。由于这一时期的心性问题主要借助于外来的唯识学说，与中国的传统文化和传统意识尚未融合，这一时期的佛教也无法使心性问题的中国化和民族化被大众接受，因此，有待于隋唐佛教经学的继续完成。

对于隋唐时期的佛教文化，任继愈从四个方面对其发展做了探究。第一，佛教经学的规模。在回顾以往佛教经学的建立与发展之后，他对这一时期的佛教经学规模做了充分的肯定，指出经过南北朝几百年的发展，佛教经学到了隋唐已经有了很大的规模。第二，佛教的普及与提高。任继愈指出，佛教在隋唐时期得到了极大的普及与提高，已成为隋唐社会的上层建筑，且政治作用不亚于儒家思想，在一定程度上，其影响范围甚至在儒家思想之上。尤其在唐代，中国的佛教徒已不把释迦当外国人看待，而是将其与孔子和老子并称为圣人。佛教寺庙与孔庙同受尊重，佛教经典与儒教经典同样不可亵渎，出现了佛教经学与儒教经学平分天下的形势。任继愈认为，造成隋唐时期佛教发达的原因在于，历经了魏晋南北朝时期的长期传播，佛教积累了大量的资料，并不断地修改使之与中国封建宗法制度相适应，在此情形下，佛教信仰已经成为协和王化的一种工具，不仅没有违背忠孝，而且成了维护忠孝的必要手段之一，或者说，佛教已成为隋唐社会的上层建筑。第三，佛教与儒道两教的融合。儒道两教产生生长于中国本土，儒家由孔孟建立，西汉时期由董仲舒将其与阴阳家思想相结合，构建出神学体系，东汉时期又由白虎观会议形成书面记录，正式建立了神学经学。儒教思想以三纲为核心，在三纲中又重点强调君臣关系，并将君主神化，赋予君臣关系为世间万物永恒不变的规律，长期以来，儒家理论成为维持封建宗法制的指导思想。道教作为中国的本土宗教，在汉末一度形成一股强大势力。它一方面讲求长生、黄白术、宣传广嗣之术，为上层贵族宫廷势力所吸引；另一方面用符水治病，传播互助互救的制度，为下层劳苦群众所欢迎。任继愈指出，隋唐时期，三教融合，是隋唐佛教的总趋势，其目的在于互相配合，以更好地为封建宗法制度服务，三教之间既彼此分立，又相互融合，成为隋唐文化的一个显著特点。在佛教与儒教融合方面，表现为佛教经历了长期传播，为进一步适应儒家封建宗法制度，其教义中尽力吸收了儒教中的"三纲"思想。其中，佛教经典中有一部分中国人编造的"伪经"，假托佛说，用以宣扬忠孝思想。在任继愈看来，"把伪经当作佛所说的经典，可以认为是伪的，如果把它看作当时中国佛教适应儒教的社会思潮的反思，它不但不'伪'，而且是极可信的原始资料。"① 在佛教与道教融合方面，表现为道教经典多抄袭佛经，宣扬轮回报应思想，劝人向善，而且判断行为善恶的标准，则完全以儒家的"三纲"思想为准则，体现出儒、释、道三教融合的特点。第四，佛教文化的国际化。佛教文化的国际化趋势是隋唐文化的又一个趋势。任继愈指出，隋唐时期，中国佛教已完全独立，创造了适应中国本土的佛教系统，而此时的印度佛教则处于衰落的边缘，缺少生气，经不起外教的冲击。由于中国在亚洲是政治、经济、文化中心，因此，中国佛教也凭借其政治、经济的优势，向外传播，影响到一些周边地区。对于这一时期内中国佛教的向外传播的具体情况，任继愈做了列举。其中有天台宗大师智者，其弟子波若，为高丽人；法相宗玄奘有两派弟子，一派是窥基，一派为圆测，圆测的弟子为新罗人；华严宗法藏，有弟子义湘，义湘将华严宗传到朝鲜，并号称海东华严初祖。任继愈进一步指出，东邻诸国求法僧人，常来到中国。朝鲜新罗的佛教体系，几乎皆来自中国，其中有天台宗、华严宗、法相宗和禅宗等。日本的"古京六宗"，也是由中国传去的唐代的佛教宗派，而日本来华留学的著名僧人最澄和海空等人所传授的，都是中国的佛教宗派。任继愈揭示，隋唐时期，中国佛教除传向日本和朝鲜之外，也影响到了越南佛教。在他看来，佛教的国际化交流，不仅局限于宗教的教义和思

---

① 《任继愈自选集》，首都师范大学出版社 2009 年版，第 304 页。

想，与此同时，中国的医学、建筑学等也传向其他国家，这一时期中国佛教的传播，带动了国与国之间的文化交流。

二、中国佛教的特点

在充分认识佛教的产生及其在中国的历史传播与发展的基础上，任继愈总结了中国佛教的特点，将其概括为四个方面：

第一，中国佛教随着历史前进而前进。任继愈认为，中国佛教的第一个特点，就是其随着历史前进而前进。他指出，佛教自传入中国，在汉代与神仙方术相结合，成为汉代道术的一种，在魏晋南北朝时期，佛教与玄学相配合，之后，佛教随着中国社会历史的前进，密切配合着不同社会时代的需求，不断地改变着自身的形式和内容，不停顿地充实着中国文化和哲学的内容。

第二，中国佛教的协调性。任继愈指出，中国人在中华民族长期的历史发展中，形成了一个民族共同心理，即文化共同体意识，这种意识在现实中，表现为多民族的文化融合与广大地区性的文化融合的文化协调性发展，在这一总体趋势下，佛教文化、佛教思想也受到这种协调发展的影响，表现出中国佛教的协调性特点。在任继愈看来，中国佛教的协调性首先表现在调和佛教内部教义的分歧方面。印度佛教的大小乘、不同的学派，先后传入后，出现了内部矛盾，由于编译者的偏好不同，教派之间的宗旨各异，然而，与古印度教派的激烈纷争不同，中国佛教则以判教的方式去调和佛教内部教义的分歧，认为各种经典都是佛说，只是由于时间、地点及听众的理解水平不同，才针对性地强调不同的道理，虽然中国佛教派别之间也有争辩，但没有印度佛教那样激烈，有时会出现一个人同时信奉两个宗派的情况，如宗密信华严，同时又是禅宗大师。任继愈认为，中国佛教的协调性还表现在，对与它同时并存的教化思想流派及不同宗教信仰，随时采取容纳、吸收、协调的态度，这种协调并非表面上的敷衍，而是认真地吸收。对此，任继愈列举了汉传佛教和藏传佛教对其他流派教化思想的吸收性和协调性。他指出汉地佛教对儒家和道教思想，在争辩的同时，更多地采取吸收的手段，如中国佛教徒一再强调"儒以治身"、"佛以治心",强调佛与周公孔子之道殊途同归;而藏传佛教也极力地协调西藏的本土宗教,吸收了西藏地区的民族宗教(苯教),形成了形式独特的藏传佛教体系,使协调后的藏传佛教,既有异于印度佛教,也异于西藏当地的原始宗教,建成了俗称"喇嘛教"的藏传佛教。

第三,中国佛教的创造性。任继愈认为,中国佛教的第三个特点是其创造性,且这一创造性主要体现在中国佛教发展的前两个历史阶段。第一个阶段是魏晋南北朝时期,主要表现为对外来佛教消化、吸收之余,也有创造。在他看来,佛教般若学在西晋流行时期,"六家七宗"应时而起,虽然不同流派对般若空义提出了各异的理解和阐释,但"六家七宗"的出现,是中国佛教学者试图提出创新理论的第一次努力。第二个阶段是隋唐时期,任继愈称这一时期为中国佛教的创造发展阶段。任继愈指出,与魏晋南北朝时期的佛教代表人物几乎都是外国僧人不同,这一阶段的代表人物几乎都是中国僧人,同时,翻译外国典籍的比重减少,中国人自己著作的比重增加,这一时期佛教传播的重心转移到中国,印度大小乘各流派在中国皆有传承,但中国佛教将关注的目光更多地投向发挥佛教典籍的微言大义,有的发挥能够在印度佛教典籍中找到依据,且赋予了新的意义,也有的完全创新,阐发了自己的体系,这两种"发挥",均是对隋唐时期佛教创造性的体现。在任继愈看来,最能代表中国佛教的创造性的,要数中国佛教中许多宗派创始人的著作。他说道:"智𫗲、慧能、法藏、澄观,以及后来各派涌现的中兴祖师,如宗密、湛然、知礼等人的著作,都以注释或讲解佛典的方式建立各自的佛教理论体系。这些著述都以述为作,直抒胸臆。这些著作(经、论、疏、抄)少的几卷,多的几十卷、几百卷,它丰富了中国佛教内容,开创了佛教理论研究的新局面。"① 不仅如此,任继愈还认为,这些论著,不但反映了中国佛教的创造性,还从出世的立场反映了当时人们的认识水平,也反映了时代思潮的一个侧面。总之,在任继愈看来,中国佛教的创造性特征,反映在中国佛教发展的前两个阶段,这一特征,也是佛教中国化历史进程中的产物。

---

① 《任继愈自选集》,首都师范大学出版社2009年版,第224—225页。

　　第四，中国佛教的"三教合一"。任继愈指出，中国佛教史发展的第三个阶段是儒、释、道三教合一的阶段，这一阶段从北宋到鸦片战争时期，持续了近一千年的时间。他指出，这一期间的佛教，其宗教精神与儒教传统文化得到进一步的糅合，进而改造了儒家的世界观，使佛教的心性之学渗透到了理学内部，逐渐形成了具有中国佛教特色的中国儒学。在任继愈看来，这一阶段一改隋唐之前三教鼎立、各派以正宗相标榜的局势，三教中的有识之士认为理论上应互相包容，同时，儒、释、道三教融合的格局，构成了近千年来中国宗教史、思想史的总画面。对这一阶段三教融合的现象，任继愈作了具体的论证。他指出明代僧人袾宏、僧真可、僧德清、智旭等著名佛教学者都主张三教合一。他还指出，宋明理学家没有不"出入于佛老"的，如宋儒周敦颐的《太极图》来自道士的"先天图"，理学家如张载、程颢、程颐、朱熹、陆九渊等人都深受佛道二教的影响，宋明理学中的"理一分殊"和"月印万川"等思想多来自佛教。在任继愈看来，中国佛教不触及社会改造而强化宗教内心修养，即后来宋儒所致力的"身心性命"之学。在儒家思想中，宇宙生成说在秦汉已形成，本体论完成于魏晋玄学，只有成圣的心理修养、理与心的二者关系，儒家的现成资料不足，虽然《大学》、《中庸》涉及这方面的知识，但缺乏周详的论证，而佛教经历了隋唐的创造阶段，在心性之学方面有很多独特的见解，这些见解后来被儒家思想引用，如儒家用"义理之性"和"气质之性"来解释人性的善恶，以及教人弃恶从善的思想，是从佛教中吸取的。进而，任继愈指出，儒、释、道三教的交融，尤其是佛教和儒教的交融，是中国思想史发展的必然趋势和归宿，这种融合，合乎了历史的逻辑。

三、佛教与儒教

　　佛教作为外来宗教，在其中国化的长期过程中，与中国的儒教相互作用，相互影响，并在此过程中相互借鉴与融合。对此，任继愈对佛教与儒教二者之间的关系，阐发了一定的观点。

　　任继愈指出，一些宋、元、明理学家，如周敦颐、二程、张载、朱熹、陆九渊、王守仁等，在青少年时期，都有"出入于佛老"的经历。朱熹的"理一分殊"概念和"月印万川"的比喻,即来自佛教。虽然理学家站在反对佛教和道教的立场,如陆九渊指斥朱熹近道教、朱熹指斥陆九渊近佛教、王夫之指斥朱熹的学术来自佛教,且各以儒学正宗自居,如王夫之以儒学正宗自居、王守仁自称得孔孟真传,但事实上,宋明理学家并没有真正反对佛教,相反,在一定程度上,他们继承了佛教,即沿着佛教的一些中心问题继续向前发展。

任继愈还指出,由南北朝到隋唐时期,佛教创立了许多宗派,其中影响较大的有天台宗、华严宗、禅宗、净土宗等,这些宗派共同探讨的问题,即佛性问题(心性论)。他认为,隋唐时期佛教讨论的心性问题,涉及的范围既深刻又广泛,涉及了人类的心理活动、感觉经验、道德观、认识论、社会观、本体论等的宗教修养方法。佛教所指的"明心见性"、"即心即佛"、"性体圆融"、"无情无性"等,皆是从各自的角度建立心性论的,并在此基础上构建各自的神学体系,这是各个宗派学说共同的思潮和趋势。任继愈认为,宋明理学接过了佛教在隋唐三百年来反复讨论的心性论,与儒家的纲常名教相结合,形成了新的宗教哲学——社会上叫作理学、元朝人称作道学、西方学术界称为新儒学,宋儒所探讨的一些议题,如"存天理,去人欲"、"人心"与"道心"的区别、"天命之性与气质之性"的思想等,皆与隋唐佛教思想中的"心性论"有相似之处,甚至"人人有一太极,物物有一太极"、"理一分殊"的说法,显然来自佛教。不仅如此,任继愈还认为,佛教和儒教有着直接继承的关系,特别是在心性论方面,儒教延续了佛教的思想。任继愈认为,实际上,佛教的宗教修养方法,特别是心性之学的修养方法在儒教中合法化,成了主静、主敬,禅定成了静坐,"克己复礼"成了"存天理、灭人欲",而《尚书·大禹谟》的十六字真言,"人心惟危,道心惟微。惟精惟一,允执厥中",宋儒按照佛教的宗教修养的标准,进行注解,完全变成了儒教修身养性的咒语。

在任继愈看来,探讨佛教和儒教之间的关联,应该从他们共同关心的思想方法、修养目的、修养方式,以及他们研究的问题上着眼,也应看到宋以后,三教合一的思潮已深入学术界的各个领域。儒、释、道三教之间相互影响和渗透,最后成为一个三教合一的整体,儒教以自己为主,吸

收了佛教及道教，佛、道二教则也走上三教合一的道路，向儒教的纲常名
教靠拢，共同为封建宗法制度服务。任继愈指出，唐宋以后的哲学家中的
唯心主义和唯物主义者都继承了佛教的思想，其中唯物主义者如柳宗元、
刘禹锡、王夫之和戴东原等人，虽然讲法不同，但是都继承了佛教心性论
思想。因此，任继愈认为，就中国佛教和儒教二者关系来看，它们是相互
吸收、相互继承的。

四、佛教文化传播的"势差现象"与发展社会主义文化优势

任继愈认为，佛教是中国传统文化的一部分，文化则是一定社会经
济的产物，文化水平有高低之分，犹如水之由高向下造成势差，文化的传
播也有"势差"，文化"势差"也有由高趋下的现象，即高度发展的文化，
往往影响低度发展的文化，而低度发展的文化，则处在被影响的地位，只
有由高向低产生影响，而不能使低度发展的文化反过来影响高度发展的文
化。任继愈指出，由历史发展表明，中国不同民族的文化接触，都是高水
平文化影响低水平文化，这是文化差势在我国历史上的表现。任继愈又指
出，由隋唐直到鸦片战争之前，由于中国在亚洲一直处于领先地位，因
此，与中国邻近的地区对中国较高的文化，往往采取接受的态度，而在中
印文化的交流中，当时中、印两大民族的文化水平不相上下，文化势差表
现得不明显，所以，中印文化的交流经历了几百年的相持、相峙、相融、
相吸阶段，最后，在中国文化的影响下，形成了具有中国特色的佛教体
系，这一佛教体系兼有中国封建宗法制的和佛教的双重内容。

任继愈认为，佛教作为一种宗教意识形态，已经有两千年以上的历
史，拥有众多信徒，迄今在世界具有广泛的影响力。但是，从社会历史发
展的角度来看，佛教源起于奴隶社会，繁荣于封建社会，封建社会为宗教
的发展提供了客观环境，并且三大宗教都是在封建制社会中成为世界性宗
教的。他认为，进入资本主义社会，在特定的历史条件下，宗教仍然存在
发展的空间，但与此同时，在资本主义社会中，已孕育着社会主义，社会
主义文化建立在马克思辩证唯物主义世界观的基础上，辩证唯物主义是无
神论，而佛教的世界观是唯心主义。任继愈认为，社会主义中国，要给予

佛教文化高度的重视，因为佛教文化是中国传统文化的一个重要组成部分，深入研究佛教文化，也是了解中国传统文化的一把钥匙。他指出，研究佛教文化和信仰佛教是两回事，研究佛教可以有佛教信仰，也可以没有信仰，同时，信仰宗教是属于个人的私事，研究佛教文化不仅仅是个人的私事，更是研究者们必须涉及的一个研究领域。

在任继愈看来，在社会主义中国，佛教信仰将长期存在，但由于时代的不同，佛教作为一种信仰思潮，将不再会出现像古代一样繁盛的局面，寺院将不再是社会的经济中心、文化中心，寺院也不再是学者辈出、人才荟萃的中心，而当代社会对佛教的研究，必将随着文化的发展而更加深入。任继愈回顾了中国近代历史发展的独特经历，即近代中国没有完成它的资本主义发展阶段，沦为半殖民地半封建社会，之后，又在中国共产党的领导下走向社会主义。他指出，按照历史唯物主义原则，资本主义文化比封建主义文化先进，社会主义文化比资本主义文化先进，这一原则终将会被历史所见证，也会为多数人所认可。在任继愈认为，在了解文化势差现象和研究信仰佛教文化的同时，当务之急是积极发展社会主义主流文化，因为只有社会主义才能救中国、发展中国，也只有社会主义文化才能更全面地继承人类文化的优秀遗产。

第十二章　冯契的中国哲学史研究[①]

冯契（1915—1995 年），浙江诸暨人，中国当代马克思主义哲学家、中国哲学史家。1935 年考入清华大学哲学系，1941 年在清华研究院读研究生，师从于金岳霖等著名哲学家。其间曾参加过抗战活动。后来任教于复旦大学等高校。新中国成立后，冯契长期在华东师范大学工作，担任过政教系、哲学系主任，上海社会科学院副院长等职，兼任过中国辩证逻辑学会会长、中国哲学史学会副会长、国务院学科评议组成员等。著有《中国古代哲学的逻辑发展》（上、中、下）、《中国近代哲学的革命历程》等，主要论著被收入华东师范大学出版社出版的《冯契文集》中。

作为哲学史家的冯契是用马克思主义研究中国哲学史的杰出代表之一。冯契对中国哲学史研究的贡献是多方面的，包括哲学史方法论的探讨、中国传统哲学基本精神的新思、中国近代哲学的拓展等方面。

第一节　哲学史方法论及其运用

在以往的中国哲学史研究中，有一种值得注意的倾向，即把中国哲学史研究的兴奋点主要集中在"对子"结构上，整个中国哲学史几乎被描绘成唯物主义与唯心主义、辩证法与形而上学斗争的历史，突出强调了哲学中的党性原则以及哲学与经济斗争和阶级斗争的联系。"文化大革命"

---

① 本章由柴文华、杨辉执笔，柴文华修改。

之后，不少学者逐步摆脱"左"的思维方式的限定，他们以黑格尔、列宁的辩证法和哲学史观为参照系，开始关注和挖掘中国哲学发展的内在逻辑结构。冯契在这方面作出了突出的贡献。

一、逻辑与历史相统一

逻辑与历史相统一的方法是辩证逻辑的基本内容之一，它在西方哲学史上是由黑格尔和恩格斯作出较系统阐释的。冯契指出，历史的方法和逻辑的方法应该是统一的。他说："所谓历史的方法，就是要把握所考察对象的基本的历史线索，看它在历史上是怎样发生的，根据是什么；又是怎样发展的，经历了哪些阶段。而真正要把握基本的历史线索，就要清除掉外在形式和偶然的东西，以便对对象的本质的矛盾（即根据）进行具体分析、对每一发展阶段或环节都能从其典型形式上进行考察，而后综合起来，把握其逻辑的联系和发展的规律。"[1]

历史方法的真正贯彻有赖于逻辑方法的运用，而逻辑方法以历史方法为基础，因此，逻辑的方法与历史的方法存在着内在的关联结构。用这样一种方法论原则考察中国哲学史，就会发现哲学史所体现的是人类认识的矛盾运动："哲学家们所争论的问题就是矛盾，某个矛盾产生、发展、解决了，另一个新的矛盾又产生、经过发展得到解决，……这是一个在循环往复中前进的过程。这样的过程，就表现为黑格尔、列宁都说过的近似于一串圆圈、近似于螺旋形的曲线。"[2] 那么，为什么人类的认识发展会出现螺旋形的曲线呢？冯契认为："这是因为客观现实是充满着矛盾的，而人们对这些矛盾的认识，往往是一些人考察了矛盾的这一方面而另一些人则考察了矛盾的那一方面，只有经过矛盾斗争才能达到比较正确、比较完整的认识。每一个矛盾的解决就表现为一个圆圈。旧的矛盾解决了，又会出现新的矛盾，经过斗争、总结，又出现一个圆圈。但这不是简单的重复，而是每经过一次矛盾斗争，认识就提高到一个新的阶段。"[3]

① 冯契：《中国古代哲学的逻辑发展》（上册），上海人民出版社 1983 年版，第 12 页。
② 冯契：《中国古代哲学的逻辑发展》（上册），上海人民出版社 1983 年版，第 17 页。
③ 冯契：《中国古代哲学的逻辑发展》（上册），上海人民出版社 1983 年版，第 17 页。

人们对客观现实矛盾的认识总是处在从片面到比较全面的循环往复中，但这种循环绝不是原地踏步，而是螺旋形的上升。人类的认识如此，作为人类一般认识史的全部哲学史也是如此，它表现为一个否定之否定的过程，形象地说像一个大圆圈，而这个大圆圈又是由许许多多的小圆圈构成的。因此，用逻辑与历史相统一的方法研究哲学史，关键的一点就是挖掘蕴涵其间的逻辑演化轨迹。

二、欧洲哲学史的"圆圈"

冯契选择了列宁在《谈谈辩证法问题》中列举的欧洲哲学史的几个圆圈作为参照系统。列宁说：

> 哲学上的"圆圈"：是否一定要以人物的年代先后为顺序呢？不！
> 古代：从德谟克利特到柏拉图以及赫拉克利特的辩证法。
> 文艺复兴时代：笛卡儿对 Gassendi（Spinoza?）
> 近代：霍尔巴赫——黑格尔（经过贝克莱、休谟、康德）。
> 黑格尔——费尔巴哈——马克思。[1]

冯契主要展开分析了从文艺复兴到近代的三个圆圈。冯契认为，第一个圆圈是从笛卡儿、伽桑狄到斯宾诺莎。笛卡儿是唯理论、二元论、唯心论者，伽桑狄是唯物论的经验论者，而斯宾诺莎既是唯物论者，又是唯理论者，在某种程度上做了总结；第二个圆圈是从霍尔巴赫经过贝克莱、休谟、康德到黑格尔。霍尔巴赫是机械唯物论者，贝克莱、休谟、康德是唯心论者，休谟、康德又是不可知论者，黑格尔既批判了霍尔巴赫，又批判了康德，提出了丰富的辩证法思想，在一定意义上总结了前人的成果；第三个圆圈是从黑格尔经过费尔巴哈到马克思。黑格尔是唯心论者，但有辩证法，费尔巴哈是唯物论者，却是形而上学的，马克思既批判了黑格尔，又批判了费尔巴哈，建立了辩证唯物论。冯契认为，这三个圆圈正是

---

[1]　冯契：《中国古代哲学的逻辑发展》（上册），上海人民出版社 1983 年版，第 21—22 页。

列宁对欧洲近代哲学逻辑结构的研究，揭示了认识辩证运动中的感性和理性、绝对和相对、唯物论和辩证法三对主要范畴。虽然中国哲学有着自身的特点，但也有与西方哲学相通的地方，世界哲学的发展存在着一些普遍规律，因此，列宁总结的欧洲哲学的圆圈可以成为研究中国哲学内在逻辑结构的参照系统。

三、中国哲学史上的"圆圈"

正是根据逻辑与历史相统一的方法论原则，以列宁总结的欧洲哲学发展的圆圈为参照系统，冯契勾画出了整个中国哲学发展的螺旋结构。

从总体上说，中国哲学的发展经历了三个大的圆圈，分别以荀子哲学、王夫之哲学、毛泽东哲学的诞生为标志。冯契在概括前两个圆圈时指出：

> 中国古代哲学开始于原始的阴阳说，先秦时期争论"天人"、"名实"关系问题，由荀子作了比较正确、比较全面的总结，达到了朴素唯物论与朴素辩证法的统一，仿佛回复到出发点，这可以说是完成了一个圆圈。秦汉以后，哲学上关于"有无"、"理气"、"形神""心物"等问题的争论，由王夫之作了比较正确、比较全面的总结，在更高阶段上达到朴素唯物论和朴素辩证法的统一，完成了又一个圆圈。[1]

从原始的阴阳说到荀子哲学是第一个大圆圈，从荀子哲学到王夫之哲学是第二个大圆圈，第三个大圆圈就是从王夫之哲学到毛泽东哲学，正像冯契所说的那样：经过近代哲学一百多年的发展，当毛泽东运用马克思主义哲学来对历史观和认识论中的心物之辨做总结的时候，仿佛是在像荀子、王夫之复归……这个"仿佛复归"，实际上是实现了一次前所未有的哲学革命。[2]

---

① 冯契：《中国古代哲学的逻辑发展》（上册），上海人民出版社 1983 年版，第 18 页。
② 参见冯契：《中国近代哲学的革命进程》，上海人民出版社 1989 年版，第 600 页。

冯契还重点对中国古代哲学两个大圆圈中的小圆圈进行了描述。第一个大圆圈包含着两个小圆圈："前一个是原始的阴阳说经孔子、墨子到老子。"原始的阴阳说主要是一种素朴的天道观，孔子重理性，墨子重经验，讲的是人道，老子着重讲天道，是对原始阴阳说的复归。"后一个是《管子》经孟子、庄子到荀子。"①《管子》和孟子虽有唯物论和唯心论的对立，但都是独断论，庄子则主要是相对论和怀疑论，其中还经过了惠施、公孙龙、后期墨家，到荀子作了总结。在此之后，"哲学继续前进，荀子——《吕氏春秋》和韩非——《易传》，可以说是总结阶段的一个小圆圈"。而在荀子到王夫之这个中国古代哲学发展的第二个大圆圈中也包含了若干个小圆圈：

> 如"或使"、"莫为"之争，到王充完成一个小圆圈；"形神"之辨，到范缜完成一个小圆圈；作为"天人"之辨的一个侧面的"力命"之争，到柳宗元、刘禹锡完成了一个小圆圈；"有无（动静）"之辨，到张载完成了一个小圆圈；从张载到王夫之，也可以说是一个小圆圈，这段时期围绕哲学的根本问题而展开的争论，归结为"理气（道器）"之辨和"心物（知行）"之辨，它们由王夫之作了总结。②

可以看出，冯契对中国哲学发展逻辑结构的挖掘是比较深入的。但有两点需要特别提出：第一，冯契注重开发逻辑结构并不意味着他轻视恩格斯提出的哲学基本问题的研究。在冯契看来，哲学史是根源于人类社会实践，主要围绕着思维和存在关系问题而展开的认识的辩证运动，因此，研究认识的辩证运动离不开对思维与存在关系以及社会实践的研究。哲学的基本问题在世界哲学中是普遍存在的，但在不同民族哲学中的表现则是不尽一致的。研究具有中国本土特色的哲学基本问题的发展轨迹是中国哲学史工作者的重要任务之一，也是冯契在他的中国哲学史论著中所十分关

---

① 冯契：《中国古代哲学的逻辑发展》（上册），上海人民出版社 1983 年版，第 366 页。
② 冯契：《中国古代哲学的逻辑发展》（下册），上海人民出版社 1983 年版，第 1090—1091 页。

注的问题之一。第二，冯契所借用的"圆圈"这一概念只是一个形象的比喻，它所展示的是哲学发展的螺旋式上升的曲线轨迹。因此，冯契所说的"圆圈"对于中国哲学的发展来说，既不是僵硬的，也不是外在的。他对"圆圈"轨迹的描述决不是为了整齐好玩，而是为了更加深刻地揭示中国哲学发展的内在规律。

应当指出，冯契对中国哲学发展的内在逻辑结构的开发，并不是自己头脑里的突发奇想，而与当时中国哲学史研究的整个方法论走向密切相关。20世纪70—80年代之交，人们开始逐步摆脱"左"的思维方式的羁绊，思想越来越活跃。中国哲学史界的一批学者在继续反思日丹诺夫哲学史定义的同时开始深入挖掘列宁的哲学史定义，在运用历史唯物论和哲学基本问题研究哲学史的基础上充分估价唯物辩证法对于哲学史研究的意义，着重研究中国哲学范畴史和中国哲学发展的逻辑结构，并取得了突出成就。与当时整个中国哲学史研究的方法论趋向相一致，冯契较早和较系统地勾画出中国哲学发展的螺旋结构，和这一时期的中国哲学史家一起为中国哲学史研究的马克思主义化增添了新的内容，作出了重要贡献。

另外，冯契未对中国哲学发展第三个大圆圈中的小圆圈作出详尽的阐述，并非是改变了他的方法论初衷，而是出自对中国近代哲学实际的考虑，正像他所说的：

> 我为"古代哲学"和"近代哲学"取了不同的书名：一叫《逻辑发展》，一叫《革命进程》。这是因为，虽然两书都是运用逻辑和历史统一的方法，但所取视角稍有不同，选裁颇有些差别。在古代，我比较注重把握哲学家的体系，把它们放在当时历史条件下进行分析，以揭示其中所包含的认识环节，前后联系起来考察其逻辑发展。在近代，由于现实经历着剧烈变革，思想家们一生变化较大，往往来不及形成严密的哲学体系。因此，我认为对近代哲学不要在体系上作苛求。而应该注重考察思想家们在一定历史阶段上的独特贡献，看他们在当时提出了什么新观念来反对旧观念，从而推进了中国近

代哲学的革命进程。①

第二节　对中国传统哲学基本精神的新思

中国古代哲学的基本精神既可以看作中国古代哲学研究的结论，也可以看作中国古代哲学研究的切入点。长期流行的观点是：中国古代哲学着重讲做人，认识论不发达；长于伦理，忽视逻辑；停留于常识性的人生伦理上，缺乏思想的深度。可以说，这些对中国古代哲学特征的描述长期而深刻地影响着一大批中国哲学研究的后来者。冯契从中国古代哲学的实际出发，对上述观点提出了挑战，冯契以广义认识论为理论原点，分别从认识论、逻辑学、自然观以及人的自由等方面，展示了一些发人深省的中国古代哲学特点的新思。

一、认识论发达

针对中国哲学认识论不发达的观点，冯契提出了一个发人深省的问题：既然我们把哲学史视作认识史的精华来看待，如果说中国传统哲学中认识论不占重要地位，那么，何以见得中国哲学在世界哲学史中的地位呢？遵循这样的思路，冯契对何为认识论的问题进行了重新厘定。冯契指出，我们站在辩证唯物主义认识论的高度来回顾哲学史，可以看到，哲学史上提出的认识论问题大体有四个：第一，感觉能否给予客观实在？第二，理论思维能否达到科学真理？第三，逻辑思维能否把握具体真理？第四，人能否获得自由？但欧洲近代以来以实证论为主的哲学思潮把认识论狭义化。在他们的理论视域里，前两个问题是有意义的问题，而后两个问题是形上学的问题，没有意义。从狭义化的认识论出发，就会觉得认识论在中国哲学中不占重要地位。冯契对狭义认识论、对认识论范围的限定是持否定态度的，他指出，唯物史观的创立，给人如何由自在变成自为、由必然王国进入自由王国而实现真善美统一的理想这个既属历史观也属认识

---

① 冯契：《中国近代哲学的革命进程》，上海人民出版社 1989 年版，第 600 页。

论的问题作了科学的回答。所以，在辩证唯物主义看来，不应把认识论局限于前两个问题。以广义认识论的观点为参照系来回顾中国哲学，就会发现：

> 在中国古代，从孔墨开始，就已在讨论感性和理论思维的关系了。而庄子已对"感觉能否给予客观实在"和"理论思维能否达到客观真理"提出种种责难。所以不能说中国人不关心前两个问题……由于中国古代哲学（从先秦到鸦片战争以前）同欧洲古代和中世纪相比，曾经历了更长时期的持续发展，因而倒是较多较长期地考察了上述后两个问题：逻辑思维能否把握宇宙发展法则的问题，发端于先秦的"名实"之辨；理想人格如何培养的问题，发端于先秦的"天人"之辨。"天人"、"名实"之辨贯穿于整个中国哲学史。所以正是在对这两个问题的考察上，显示出中国传统哲学的特点。①

冯契的观点显然遵循着这样的逻辑思路，广义认识论是研究哲学史的重要参照系。从中国古代哲学来看，也关心前两个认识论问题，但更突出地考察了后两个认识论问题。所以，无论从哪一个角度来看，认为中国古代哲学中的认识论不发达的观点都是站不住脚的。正因为中国古代哲学中的认识论相当发达，所以理应在作为人类认识史精华的世界哲学史上占有重要地位。

二、辩证逻辑突出

针对中国哲学忽视逻辑、忽视自然的观点，冯契提出了另一个发人深省的问题：在明代以前，中国人在科学技术上一直居于世界领先地位，中国人那么多发明和创造，是用什么逻辑、什么方法搞出来的呢？冯契指出，"中国哲学注重伦理，是公认的事实。中国人对形式逻辑的研究，在《墨辩》中有很高成就，后来却被冷淡了，所以确实不如欧洲人和印度人

---

① 冯契：《中国古代哲学的逻辑发展》（上册），上海人民出版社 1983 年版，第 41—42 页。

热心。"① 但正像李约瑟在《中国科学技术史》第三卷中所说的："当希腊人和印度人很早就仔细地考虑形式逻辑的时候，中国人则一直倾向于发展辩证逻辑。与此相应，在希腊人和印度人发展机械原子论的时候，中国人则发展了有机宇宙的哲学。"冯契欣赏并基本同意李约瑟的上述观点。在冯契看来，谈到逻辑不能只考虑形式逻辑，也应当重视辩证逻辑。中国传统哲学（主要指汉代以后——引者注）虽然在形式逻辑方面要逊色于欧洲和印度，但在辩证逻辑方面却优于他们。正如冯契所指出的那样：

> 如果古代哲学家已经提出某些辩证思维的原理，而当时的科学家已在运用它们作为科学方法，那就是有一定程度的自觉……辩证逻辑在中国经过了长期的发展，有较大的成就，它虽然还是朴素的（缺乏近代科学的基础），但已经具有高级阶段的许多要素的萌芽，值得我们仔细地加以研究。因此，认为中国封建时代的哲学缺乏对形式逻辑的研究有一定的道理，但缺乏对形式逻辑的研究并不等于缺乏逻辑，由于中国传统哲学较早和较深入地探讨了辩证逻辑，所以中国传统哲学中的逻辑思想也是很发达的。与此相关，中国传统哲学还较早的发展了辩证自然观，以气一元论为基础，认为气分为阴阳，阴阳的对立统一就是道，即自然发展的规律。总之，原子论思想和形式逻辑没有得到充分发展，这是中国传统哲学的一个弱点。但是中国人却比较早地发展了朴素的辩证逻辑和朴素的辩证自然观（气一元论），从而对逻辑思维能否把握宇宙法则这个认识论问题作了肯定的回答和多方面的考察，这却是一个优点。②

三、对人的自由问题的探讨

在以黑格尔等人为代表的欧洲哲学中心主义者的眼里，"伦理型"的

---

① 冯契：《中国古代哲学的逻辑发展》（上册），上海人民出版社 1983 年版，第 43—45 页。
② 冯契：《中国古代哲学的逻辑发展》（上册），上海人民出版社 1983 年版，第 47 页。

中国传统哲学只是一些常识性的道德教训，缺乏理论的深度。冯契指出，这是由于他们对中国哲学的无知而产生的偏见。冯契从真善美相互统一的角度，对中国传统哲学在考察人的自由问题上的特征提出了富有创见的观点。冯契的总体看法是：

> 中国传统哲学从人和自然的交互作用来探讨人的德性的形成过程，比较早地考察了伦理学上的自觉原则和美学上的意境理论，从而对理想人格如何培养这个认识论问题（这个问题也牵涉到真、善、美三者的关系），提出一些富于民族特色的合理见解。[①]

冯契指出，关于人的自由问题，从认识论来看，首先是人与自然的关系问题。在对人与自然关系的理解上，荀子、刘禹锡、王夫之的观点比二程、朱熹、陆九渊、王守仁的观点更值得我们注意。这些朴素的唯物主义者和辩证论者"不是把天人关系了解为'无对'、'复性'，而是朴素地把握了人与自然的辩证关系，把人的自由看作是在人和自然交互作用的过程中获得的，并从而引申出'积善成德'（荀子语）、'性日生而日成'（王夫之语）的命题"[②]。可以说，不论是荀子、刘禹锡还是王夫之都对人与自然的关系作了辩证的理解，他们一方面主张因自然，尊重自然规律；另一方面主张治自然，发挥人的主观能动性，利用、改造、征服自然，从而使人们在不断认识必然王国的基础上获得越来越多的自由。冯契认为，在中国传统哲学中，真与善、认识论与伦理学是紧密相连的，这一特点发源于孔子的"仁智统一"说。中国以儒家为主的伦理学说与西方伦理学说相比，着重考察了道德行为的自觉原则，从而忽视了道德的自愿原则。冯契接着指出，人的自由不仅是真和善的问题，也是美的问题，不仅是认识论和伦理学的问题，也是美学问题。庄子"疱丁解牛"的寓言已经涉及审美自由的问题，这种审美自由的思想与儒家的"言志说"相结合，就逐渐形

---

① 冯契：《中国古代哲学的逻辑发展》（上册），上海人民出版社1983年版，第54页。

② 冯契：《中国古代哲学的逻辑发展》（上册），上海人民出版社1983年版，第48—49页。

成了中国古典美学史上的意境理论（关于抒情艺术的理论——引者注），
深入地探讨了在艺术当中如何实现人的自由的问题。从真善美相互结合的
角度认真审视中国传统哲学中关于人的自由的观点就会发现，中国传统哲
学对人的问题的整合式研究成果不仅具有重要的历史意义，而且为当代中
国哲学人类学的建构提供了有益的思想启迪。

　　总体而言，冯契对中国传统哲学特点的分析角度和结论，不仅给人
耳目一新的感觉，而且更切近整个中国古代哲学的原型或原貌；不仅表现
了实事求是和披沙拣金的理论精神，更表现出一种强烈的民族自信心和爱
国热忱。

第三节　中国近代哲学研究的拓展

　　冯契在中国近代哲学的研究方面有独到之处，在广泛近代论的基础
上，探讨了中国近代哲学产生的历史情境和思想渊源，以及中国近代哲学
的主要问题、贡献和不足等。

一、广泛近代论

　　在对中国近代哲学的时间限定上主要存在着两种观点：一是传统的近
代论，二是广泛的近代论，冯契所持的是一种广泛近代论。

　　传统的近代论把中国近代哲学的时间限定在1840—1919年，其立论
依据主要源自对中国革命性质的划分，即1840—1919年为资产阶级领导
的旧民主主义革命时期，这一时期出现的哲学为中国近代哲学。

　　冯契所坚持的广泛近代论，把中国近代哲学的时间延伸到1949年，
既包含了传统的近代论，也包含了传统的现代论（即把1919—1949年无
产阶级领导的新民主主义时期规定为现代，此一时期产生的哲学为中国
现代哲学）。其主要立论依据是对社会矛盾和革命性质的看法。冯契认
为，1840—1949年的中国始终贯穿着帝国主义和中华民族的矛盾、封建
主义和人民大众的矛盾，中国革命虽然以五四运动为界有新旧民主主义革
命之分，但直到1949年，民主主义革命的任务才得以根本完成。所以，

1840—1949 年可以统称为中国近代社会，相应地，这一时期的哲学可以统称为中国近代哲学。

冯契的广泛近代论是持之有故言之成理的一家之言，并且和历史学界、思想史界不少学者的观点相吻合，得到越来越多学者的认可。

二、对中国近代哲学的总体研究

在广泛近代论的基础上，冯契对中国近代哲学做了总体性的研究，涉及中国近代哲学的背景、思想渊源、问题轴心、贡献和缺失等问题。

1. "古今中西"之争

冯契认为，中国近代社会是半殖民地半封建社会，帝国主义和中华民族的矛盾、封建主义和人民大众的矛盾是中国近代社会的主要矛盾。中国近代的革命是一个民族解放运动，革命的主要对象是帝国主义、封建主义和官僚资本主义，革命的任务是推翻帝国主义和封建主义的统治。

中国近代社会的主要矛盾是通过政治思想斗争制约哲学演变的。中国近代的中心问题是"中国向何处去"，它在政治思想领域表现为"古今中西"之争，其内容就是如何向西方学习，并且对传统进行反省，寻求救国救民的真理，以便使中华民族走上自由解放的道路。"古今中西"之争的内涵是在变化着的，比如严复认为，"中之人好古而忽今，西之人力今以胜古"，"在他看来，中西之争和古今之争实际上是一回事，中学与西学，好古而力今是不可调和的。"① 再比如孙中山，起初主张学习西方的革命民主主义，后来又强调"以俄为师"。所以，在孙中山那里，"西"的具体内容是发展的。中国的马克思主义者对中西古今都持一种分析的态度。

"古今中西"之争制约着中国近代哲学的发展，为了解决"古今中西"之争，就必须认识人类历史和中国历史如何从过去演变到现在、又如何向将来发展这样的规律性，因此历史观的问题在中国近代就显得非常突出。同时，要回答"古今中西"之争，就必须把从西方学到的先进理论与中国的具体实际结合起来，以便付之于实践，这里就牵涉到一个很重要的

---

① 冯契：《中国近代哲学的革命进程》，上海人民出版社 1989 年版，第 4 页。

认识论问题，即知与行、主观与客观的关系问题。在中国近代，关于思维与存在的关系问题的哲学论争，集中地表观在历史观和认识论这两个领域，这是同哲学要回答"古今中西"之争密切相关的。

2. 西方哲学和中国传统哲学对中国近代哲学的影响

冯契认为，中国近代哲学的产生与发展，与西方哲学和中国传统哲学的影响是分不开的。这是他从思想资源的角度对中国近代哲学进行的探讨。

冯契指出，在传到中国的西方哲学中，真正产生重大影响的是两种哲学，一是旧民主主义革命阶段的进化论，它与资产阶级民主主义文化相联系；二是新民主主义革命阶段的马克思主义哲学，它与科学社会主义的文化相联系。达尔文进化论的输入标志着中国近代哲学革命的开始，影响了从戊戌变法到五四前夕的一代人。而在五四以后，"中国的先进人物找到了马克思主义，便以辩证唯物主义和历史唯物主义作为观察国家命运的工具。马克思主义哲学与中国革命实践相结合，使中国近代哲学革命获得了积极的成果。"① 除了进化论和马克思主义哲学以外，对中国近代哲学产生重要影响的西方哲学还有以马赫主义、实用主义、新实在论、逻辑实证论等为代表的实证论思潮，以叔本华、尼采、柏格森、克罗齐等为代表的非理性主义思潮。

冯契认为，中国近代哲学不仅受到西方哲学的影响，也受到了中国传统哲学的影响。第一，近代思想家大多向往着先秦儒、道、墨诸子蜂起、百家并作的局面，从中吸取了丰富的营养。第二，明清之际的大思想家黄宗羲、顾炎武、王夫之等对中国近代哲学有很大的影响。这些大思想家已经具有不少的反对封建专制主义的、带有民主主义色彩的思想因素。他们还继承了先秦的朴素唯物主义和朴素辩证法思想。中国人能比较快地接受马克思主义哲学也与中国固有的朴素唯物主义和朴素辩证法传统有关。第三，哲学的近代化就是对经学的否定，但也对经学有所继承。比如乾嘉学派的治学方法与近代实证科学的方法有相通之处。今文经学的"公羊三世"说，对龚自珍、康有为等人都产生了重大的影响。第四，程朱理

---

① 冯契：《中国近代哲学的革命进程》，上海人民出版社 1989 年版，第 6—7 页。

学、陆王心学等也对近代哲学产生了复杂的影响。第五，佛学也在一定程度上复兴了。在龚自珍、魏源、康有为、梁启超、谭嗣同、章太炎等人身上，都可以看到佛学的影响。欧阳竟无在复兴佛学方面起了比较大的作用。后来汤用彤、吕澂对佛学的研究也很有成绩。①

3. 中国近代哲学的主要问题

与上一个问题紧密相连，冯契认为中国近代哲学所探讨的问题既与西方哲学有关，又是中国哲学合乎逻辑的内在发展。冯契从动态发展的角度把中国近代哲学的主要问题概括为四个方面：

第一，从道器之辨演变到进化论和唯物史观。冯契指出，宋明时期的理气（道器）之辨，首先是关于天道观的问题，其次是历史观的问题。这个论争演变到近代，首先就是历史观的问题，然后才是天道观或一般发展观的问题。就历史观来说，王夫之把历史看作是发展变化的，不同的时代有不同的规律，所以人道是发展的。如何发现这些历史规律呢？王夫之提出了"理"、"势"合一。他继承和发展了荀子、柳宗元的观点，认为不能用天命和自然界现象的变异来解释社会的治乱，而应从历史本身来解释历史。时代条件不同了，历史就有不同的发展趋势，因而就有不同的历史规律。这种观点在 17 世纪是了不起的成就。那么，历史的规律到底是什么？历史发展的根本动力到底是什么？王夫之、黄宗羲以至章学诚都还不可能作出回答。近代一开始，因为要回答"中国向何处去"的问题，要解决"古今中西"之争，于是历史观问题就突出了。从戊戌变法到五四运动以前，中国的先进人物在历史观上都主张进化论。当然，在进化论的范围内，还有革命和改良的斗争。改良派认为进化是渐变；革命派则认为进化包含有跃进。但二者都讲进化论，这一点是相同的。进化论不能回答"中国向何处去"的问题，于是中国人就进一步向西方寻求真理，终于找到了马克思主义。首先由李大钊、陈独秀等人系统地介绍了唯物史观。历史观上的心物之辨突出了。通过"问题与主义"的论战、"科学与玄学"的论战，唯物史观战胜了实用主义和柏格森哲学等哲学流派，得到了广泛的传

---

① 参见冯契：《中国近代哲学的革命进程》，上海人民出版社 1989 年版，第 8—9 页。

播。后来，马克思主义者深入到群众革命斗争中去，运用唯物史观的理论，具体地分析中国的情况，总结中国革命的经验，对中国社会的性质、中国革命的性质和道路有了越来越清楚的认识，终于找到了"中国向何处去"这一问题的科学的答案。总之，由历史变易观对"道器"、"本末"、"体用"关系的考察，进而发展到进化论，再发展到唯物史观以及一般的辩证发展观。这就使得中国近代哲学的革命进程显现出阶段性来。"进化论、唯物史观都是从西方传来的，它们与中国的实际和传统相结合了，都有了中国的特色，这显然是中国哲学合乎逻辑的发展结果。"[1]

第二，关于认识论上的"心物（知行）"之辨。冯契指出，"心物（知行）"之辨是唐宋以来中国哲学论争的中心之一。近代哲学讲认识论，仍然以此为论争中心。它与"古今中西"之争密切联系着，有了近代的特点，并逐渐和历史观上的社会存在与社会意识的关系问题结合在一起。王夫之认为知行互相依赖，互相作用，但行是第一位的。他把格物和致知看作是人类认识的两个阶段，互相促进，不可分割。他把认识过程了解为知和行、理性和感性的统一。应该说，这在古代是很高的成就。不过，古代哲学家讲的"行"，还不是马克思主义所说的社会实践；他们讲认识的辩证法，还具有朴素性质，缺乏近代实证科学的论证。魏源讲知行关系问题，是与"中国向何处去"的问题和"古今中西"之争密切联系着的，具有了近代的气息。后来严复、康有为、谭嗣同、章太炎、孙中山都探讨了知与行的问题。但是，不论是严复还是章太炎和孙中山，都没有真正解决知与行、感觉经验与理性思维的关系问题。从五四时期到20世纪30年代，一些哲学家仍然是各自强调认识过程的某一环节，如胡适讲实用主义，这是经验论；梁漱溟讲王学和柏格森主义，这是一种直觉主义，冯友兰讲新实在论、新理学，比较强调逻辑思维。他们分别夸大了认识过程中的经验、直觉（意欲）或理智（思维）的环节，不懂得认识的辩证法，只有金岳霖在《知识论》中比较辩证地阐明了感觉和概念的关系。不过，他没有社会实践的观点，未能从人的历史发展来考察认识问题。马克思主义与中

---

[1]　冯契：《中国近代哲学的革命进程》，上海人民出版社1989年版，第15—16页。

国革命实践相结合，才科学地回答了"中国向何处去"的问题，从而在认识论上也科学地回答了"心物（知行）"之辨。毛泽东用"能动的革命的反映论"来概括辩证唯物主义的认识论关于思维与存在关系的规定，同时也用它来概括历史唯物主义关于社会存在与社会意识关系的规定。"能动的革命的反映论"这一概念，极好地体现了辩证唯物论与历史唯物论的统一。①

第三，关于逻辑和方法论的问题。冯契认为，中国传统哲学中的"名实"之辨，既是围绕名教展开的辩论，也是认识论和逻辑学问题的论争。这个论争演变到近代，包含了作为逻辑思想和方法论上的争论。中国近代哲学与中国古代哲学的一个明显的差别，就在于形式逻辑已经逐渐地为人们所重视，而不是像过去那样，把它冷漠地丢弃在一旁。当然，我国早期的马克思主义者对形式逻辑仍然注意得不够，甚至有人错误地把它同辩证法截然对立起来。毛泽东在辩证逻辑方面作出了重要贡献。他的《新民主主义论》、《论持久战》等著作可以说是运用辩证逻辑的典范。不过一般说来，人们对辩证逻辑的研究还很不够，对已经取得的成绩，尚未做系统的总结。"现在，形式逻辑已不可能像过去那样被丢掉，但也应承认，目前我们的逻辑水平还不高。有些研究辩证逻辑的人，过去有一种忽视形式逻辑的错误倾向；有些研究形式逻辑的人受实证论的影响，以为辩证法是'形而上学'，辩证逻辑不是逻辑，这种观点也不能认为是正确的。我们需要的是全面地阐明辩证逻辑与形式逻辑的关系，使两者互相促进，以便更好地发展中国人的逻辑思维，既发挥自己的长处，又吸取西方的优秀的东西。遗憾的是，中国近代哲学并没能做到这一点。"②

第四，关于人的自由和理想问题。冯契指出，人的自由问题包括两方面，即：怎样来建立人类的理想的"自由王国"？怎样来培养理想的自由人格？中国古代哲学家早已提出大同理想，但他们认为理想的"自由王国"是在尧舜时代或远古的原始社会。到了近代，康有为写的《大同书》，

---

① 参见冯契：《中国近代哲学的革命进程》，上海人民出版社 1989 年版，第 16—18 页。
② 冯契：《中国近代哲学的革命进程》，上海人民出版社 1989 年版，第 18—21 页。

依据进化论原理，认为理想社会不是在远古，而是在未来。这是哲学思想的一个根本性的变化。此后，如何才能到达世界大同，便成了思想家讨论的重要问题。关于如何培养理想人格，更是古代哲学史上长期争论的问题。儒家强调把培养道德品质放在第一位，近代先进的思想家都不赞成朱熹培养"醇儒"的主张，而是要求培养"新人"、造就"人才"。龚自珍期望"不拘一格降人才"，以为不论是皮匠、木工，还是冶金工人，只要有所发明、有所创造，就都是"天下豪杰"。后来梁启超写《新民说》，以为民众之"自新"在于既养成独立自尊的人格，又树立国家、群体的观念。显然，他们的理想人格已经平民化了，不再是高不可攀的圣贤。在整个近代，如何树立新的人生理想，一直是哲学家们热烈讨论的问题。"中国近代哲学同西方哲学一样，开始把认识论、伦理学、美学分别开来加以研究，并作出了成绩，这是一个进步。但如何把哲学各个领域联系起来考察真、善、美及其相互关系，以便更全面而深入地阐明人的自由和价值的问题，以利于提高民族的精神素质，这却是近代哲学所没有达到的。"[1]

4. 贡献和缺失

冯契运用唯物辩证法的基本观点，对中国近代哲学的贡献和不足做了分析。

冯契指出，首先，中国近代哲学革命的最主要成果就是能动的革命的反映论的提出。中国近代哲学演变的主要线索是：历史观和认识论两个领域的哲学论争，后来在心物之辨上结合为一，由马克思主义者用能动的革命的反映论作了科学的回答。天命论和独断论形成了中国哲学中的腐朽的传统，近代思想家经过斗争，用进化论和唯物史观反对天命史观，用唯物辩证法反对独断论和虚无主义，最后归结到能动的革命的反映论，在认识论和历史观上深刻批判了这个腐朽的传统。能动的革命的反映论的特点就是把认识论和历史观结合为一，把基于实践的社会历史和认识活动了解为客观过程的反映和主观能动性的作用，把唯物主义的反映论同重视主观能动性的观点和实践的观点统一起来了。其次，中国近代哲学革命还包括

---

[1]　冯契：《中国近代哲学的革命进程》，上海人民出版社 1989 年版，第 25—26 页。

逻辑思想和方法论的革命。中国近代的哲学家在这方面做了很多的探索，有积极的成果。毛泽东很重视方法论的研究，他讲了调查研究的方法、群众路线的工作方法、军事研究的方法等等，也指出了认识论、辩证的发展观和方法论的统一。再次，中国近代哲学革命归结到社会的改造和人的改造，亦即归结到人的自由的问题，中国近代哲学家在这方面也有所研究、有所收获。

冯契认为，中国近代哲学的革命过程是有缺点的。第一，中国的马克思主义者在方法论问题上有两方面的偏差：一是有把阶级分析的方法简单化、绝对化的偏向；二是对中国传统思维方式的分析很不够，尤其表现在对经学方法的清算不力，在"文化大革命"期间，个人迷信代替了民主讨论，引证语录代替了科学论证。第二，中国的马克思主义者在人的自由问题上也有两方面的偏差：一是有把人性简单化为阶级性的偏向，既忽视了个性，也忽视了对民族心理、国民意识等的探讨。二是没有从理论上和实践上解决宿命论和唯意志论的对立。第三，中国的马克思主义者由于革命斗争的需要和国际共产主义运动的影响，产生了过分强调阶级斗争、政治斗争、意识形态斗争的偏向。第四，就马克思主义中国化的代表毛泽东而言，他敢于藐视权威，真正深入地把握了中国传统文化的精髓，所以能在马克思主义中国化的过程中作出巨大的贡献，但他在后期鼓励个人崇拜，明显地受到了中国传统文化中某些糟粕的影响。

综上所述，冯契对中国近代哲学的总体性研究关注到了中国近代社会性质、主要矛盾、中西古今之争对中国近代哲学的制约作用，这是马克思主义历史唯物论的视角。冯契对中国近代哲学总体性研究的最大特色是把它放到整个中国哲学发展总历程中去把握，既关注到中国近代哲学与西方哲学相互关联的时代特色，又强调了中国近代哲学是中国古代哲学合乎逻辑的发展，这从冯契阐释的中国近代哲学的四个问题中都可以看出来它们与古代哲学问题的逻辑关联，突出了整个中国哲学发展的连续性。同时冯契坚持了两点论的分析方法，既强调了中国近代哲学在解决哲学问题上的进步，也关注到了它们自身的不足，为我们提供了多方面的启示。

三、人物删选的特色

冯契中国近代哲学研究还有一个特色，就是在人物筛选上有自己的见解，把王国维、鲁迅、朱光潜写进了哲学史，这在同类的哲学史书写中是很少见的。

1. 王国维

冯契以哲学学说的"可爱"与"可信"为题从四个方面探讨了王国维的思想，一是学无新旧、无中西的学术观；二是揭示实证论与形上学矛盾的哲学思想；三是对传统哲学范畴的分析批判和治学方法；四是美学上的境界说。

冯契指出，当革命派和改良派进行激烈的论战时，有一个甘于寂寞的学者却在沉思宇宙人生的问题，为哲学学说的"可爱"与"可信"的矛盾而感到苦恼，他就是王国维。

王国维是一位为学术而学术的学者。他认为学术应当脱离政治，不应该有政治目的。如果为政治而搞学术，就是对学术神圣性的亵渎。从为学术而学术的观点出发，他主张破中西、新旧之见，认为学问无所谓中西、新旧，只看它是否是真理；凡是真理，都是对人类有益的。这种观点是比较通达的。"正是由于这一点，使得他在学术上不随波逐流，而能有比较高的造诣。但是，也正因为他强调学术脱离政治、脱离现实，因此他后来走到与世隔绝，成了遗老，最后酿成悲剧。而他的悲剧也恰恰证明，学术虽不应从属于一时政治需要和随风倒，但终究不能脱离政治、脱离现实。"[1]

王国维揭示了实证论与形而上学的矛盾。他说的"可爱者不可信"是指康德、叔本华的哲学。他以为康德、叔本华的哲学是"伟大之形而上学，高严之伦理学，纯粹之美学"。他说的"可信者不可爱"，是指像严复所介绍的实证论的哲学。实证论者通常在伦理学上主张快乐论，在美学上主张经验论。王国维作为科学家，他倾向于实证论，因为实证论是同实证

---

[1]　冯契：《中国近代哲学的革命进程》，上海人民出版社 1989 年版，第 217 页。

科学相联系的。但在感情上，他觉得叔本华的非理性主义和唯意志论更可爱。王国维始终未能解决他所谓的"可爱"与"可信"之间的矛盾。剥去非理性主义与实证论的哲学形式，我们可以看到，在王国维的性格中，既有对思辨哲学的"酷嗜"，又有尊重客观知识的实证精神。正因如此，他能用实证精神对"概念世界"进行反思，"并从哲学的高度来总结治学方法，在分析批判传统哲学范畴和自觉运用实证方法两方面，作出自己的独特贡献。"①

王国维从康德、叔本华那里吸取了一些美学观念，将西方的观念与中国传统美学思想结合起来，提出了一些创造性的见解。他同康德、叔本华一样，以为美和美感是超功利的。王国维根据博克和康德的学说，分别了优美和壮美（美和崇高）。王国维是第一个沟通了西方艺术典型学说与中国传统的艺术意境理论的人。他从理想和现实的统一，个别与一般的结合来说明意境的本质，更明确地指出艺术意境是用想象因素和感情因素的统一来揭示理想，并且借助一定的手段（比如语言）把它表达出来，要求合乎自然的原则。这样，他就把传统的意境论提高到一个新的水平，给人以耳目一新之感。"王国维运用西方的典型化学说来解释诗词的意境，使传统的意境理论近代化了，这可以说是中国近代美学的真正开端。但也应指出，他有形式主义、脱离现实的倾向。……所以，王国维的美学理论也有其消极影响。"②

2. 鲁迅

冯契以"战斗的唯物主义在文化战线上的胜利"为题对鲁迅及其思想做了四个方面的研究：一是反帝反封建的"精神界之战士"；二是从"意力主义"到战斗的唯物主义；三是对"国民性"的分析以及对自由人格的描述；四是现实主义的美学思想。

冯契认为，伟大的文学家鲁迅也是个伟大的思想家。他的著作反映了战斗的唯物主义在文化战线的胜利，代表了中华民族新文化的发展方

---

① 冯契：《中国近代哲学的革命进程》，上海人民出版社1989年版，第220页。
② 冯契：《中国近代哲学的革命进程》，上海人民出版社1989年版，第233页。

向。鲁迅是经过自己独特的道路，由一个爱国主义者和革命民主主义者转变为马克思主义者。在古今中西之争上，他经过自己的艰苦探索，从反帝反封建立场，对古今中西之争作出了马克思主义的回答。

鲁迅是个作家，他由进化论转变到唯物史观，首先表现在他将唯物史观运用于文艺领域，用阶级学说反对抽象的人性论。鲁迅的独特之处尤其在于运用唯物史观于"国民性"所做的分析。从理论上来说，鲁迅对国民性的分析，即运用唯物史观来研究国民意识或民族心理，这是一个杰出的贡献。"他对中国传统思想的腐朽一面做了深入的揭发批判，也勾画了新时代的自由人格的精神面貌。他的分析充满辩证法的光辉，为我们作出了典范。"①

鲁迅不仅将唯物史观运用于文艺，而且在美学上也有其独特贡献。鲁迅的美学思想具有现实主义倾向，在典型性格理论和意境理论方面都提出了一些很好的见解。比如文艺为人生的思想、艺术的形象思维和典型化思想和对艺术意境的具体分析等。

从中国近代哲学的革命进程来说，五四时期开始由进化论阶段转变为唯物辩证法阶段，到20世纪30年代已进入到马克思主义反对教条化和实现中国化时期。"鲁迅晚年的著作充满辩证法的光辉。他运用唯物史观具体分析国民意识，把中国近代哲学对主体性的考察推向前进了；他对典型性格理论和艺术意境理论的探讨，为建立中国化的马克思主义美学做了开拓性的工作。可以说，在鲁迅身上首先体现了马克思主义与中国革命实践（包括中国优秀传统）的结合。因而，他在中国近代哲学史上有着重要的地位。"

3. 朱光潜

冯契以"美学上的表现说"为题对朱光潜的思想做了三个方面的研究：一是自由主义者的文化观；二是对审美经验的分析；三是用表现说解释艺术意境。

冯契指出，朱光潜会通中西，建构了自己直觉主义的美学体系。作

---

① 冯契：《中国近代哲学的革命进程》，上海人民出版社1989年版，第391页。

为一个爱国学者，朱光潜一生从事美学的研究工作。他的美学思想前后有较大变化：在 20 世纪三四十年代，他的观点是唯心主义的；20 世纪 50 年代后，他做了自我批评，转变到了马克思主义的立场，在美学方面有新的成就。

朱光潜反对"文以载道"说。他以为，文艺固然要从文化思想背景汲取营养，但不能拿文艺做工具去宣传政治的、道德的或宗教的信条。他强调艺术与人生的距离，把"革命文学"归入文以载道的传统，说当时共产党人提出的文艺"为大众"、"为革命"、"为阶级意识"、"为国防"，都是"文以载道"传统观念的"复活"，这些说法显然是错误的。

一般人认为，美是一种物的属性，自然物本身就有美；唯心主义哲学家则认为美在精神、在理念。朱光潜则说，美既不在物也不在心，而是在心与物的关系上。"它是心借物的形象来表现情趣。"朱光潜用近代心理学的一些成就来补充形式派美学，对前人理论加以批判研究、融会贯通，确实形成了一种比较系统的看法。当然，他的理论总体上是一种唯心主义，并且，他的工作主要是介绍西方的学说。不过这种介绍使中国读者开了眼界，知道西方美学在讨论一些什么问题，这是有意义的。如果说，朱光潜对审美经验的分析，主要功绩在于介绍的话，那么，他将表现说运用于艺术意境理论的研究，便可说是继王国维之后，把西方美学与中国传统美学进一步沟通起来了。不论是宗白华还是朱光潜，他们都赞赏中国古典美学的"超以象外，得其环中"、"羚羊挂角，无迹可求"的传统，都把艺术看作是"自我实现"，因而有脱离现实、脱离群众的倾向。

综上，冯契把王国维、鲁迅、朱光潜写进中国近代哲学史可以说是一种具有特色的人物筛选，且持之有故言之成理，对中国近现代哲学研究领域的拓展具有重要的启发意义。但从哲学纯化的角度来讲，把朱光潜放到中国美学史中似乎更合适。另外，冯契对王国维、朱光潜的思想有肯定、有批评，但对鲁迅思想的评价过于褒扬，未能指出鲁迅思想中所包含的激进元素。

第十三章　萧萐父的中国哲学史研究[①]

萧萐父（1924—2008年），四川成都人。1947年毕业于武汉大学哲学系。新中国成立后曾到中央党校、北京大学进修。1956年应李达之邀回武汉大学重建哲学系，长期工作在中国哲学史学科的教学和科研第一线。曾兼任中国哲学史学会副会长，湖北省哲学史学会会长等职。萧萐父是中国当代著名的哲学史家，在中国哲学史学史上占有重要地位。他主编有权威教材《中国哲学史》，出版有《船山哲学引论》等多部著作，发表有《中国哲学启蒙的坎坷道路》等大量论文，在哲学史观和方法论、早期启蒙哲学、船山学等领域卓有建树。

第一节　哲学史观和方法论

萧萐父的中国哲学史研究与同时代哲学史家的中国哲学史研究的共同特征就是以历史唯物论为理论基础，他对哲学史观和方法论等问题的阐释也不例外。萧萐父的哲学史观和方法论主要体现在《中国哲学史方法论问题刍议》、《中国哲学范畴研究中的论史结合问题》和《中国哲学史研究中的纯化和泛化》等论著中。

---

① 本章由柴文华、杨辉执笔，柴文华修改。

一、中国哲学史学科的发展

在谈哲学史观和方法论之前，萧萐父谈到了中国哲学史学科的发展问题。他认为，总体而言，中国哲学史是一门发展着的学科，经历了非独立、独立、科学化几个阶段。

非独立指的是中国古代的学术史研究，由于古代学术分类的限制，哲学被包容在"内圣外王之道"、"天人性命之学"的庞杂体系中，在这样的背景下，哲学史不可能成为独立的学术部门。

独立指的是经过近代章太炎、刘师培、梁启超等人的铺垫，胡适在五四运动前夕出版了《中国哲学史大纲》（上卷），而后又出现了冯友兰、范寿康等人类似的著作，"他们的研究成果，比之古代学术史论大有进步，为中国哲学史适应近代学术分工的要求而独立成科，作出了历史贡献。"① 也可以说中国哲学史学科此时成为了一个独立的学术部门。

科学化是建立在马克思主义哲学史观基础上的中国哲学史研究。虽然由于胡适等人的努力，使中国哲学史学科成为独立的学术部门，但"这些论著，往往……停留于对历史上某些学派分合、思潮起伏的现象形态的描述，谈不上对哲学发展的本质矛盾和内在规律的阐释"。② 也就是说，他们的中国哲学史著作与科学化还有很大的距离。而新中国成立前郭沫若、侯外庐等人运用历史唯物论研究中国的历史、思想史、哲学史，才为中国哲学史走向科学化开辟了道路，奠定了基石。新中国成立以后，中国哲学史学科在历史资料的整理、方法论问题的研讨、重要考古文献的发现、研究成果的积累、科学体系的建立等方面都取得了重要进展，"特别是结束了十年动乱之后，迎来学术解放的春天，为拨乱反正而展开的对马克思主义哲学史观的理论研究日益深入，许多学术问题的争论得以正常开展，一些新的研究领域逐步开辟，这一切，标志着作为一门科学的中国哲学史正在更坚实的基础上建设起来。"③ 当然其中也经历过曲折，"尤其'左'倾

---

① 萧萐父：《萧萐父选集》，武汉大学出版社 2013 年版，第 113 页。
② 萧萐父：《萧萐父选集》，武汉大学出版社 2013 年版，第 113 页。
③ 萧萐父：《萧萐父选集》，武汉大学出版社 2013 年版，第 113—114 页。

思潮的一再作祟，曾产生过把马克思主义的哲学史观公式化、庸俗化、贫乏化等不良倾向。"①

萧萐父对中国哲学史学科发展历程由非独立、独立到科学化的描述基本符合中国哲学史学科的发展实际，是站在马克思主义哲学史观的角度所作的审视，对 1949 年后特别是 20 世纪 80 年代以后中国哲学史研究的成果给予了充分肯定，同时也指出了这一时期出现的不良倾向。值得进一步商榷的是对新中国成立前以胡适、冯友兰等为代表的中国哲学史家所取得的成就估计不足。

二、哲学史观

在介绍过中国哲学史学科的发展历程之后，萧萐父从问题意识出发，阐释了哲学史观的问题。

中国哲学史学科的科学化要想进一步展开，面对的核心问题就是研究对象、论述范围、史料筛选等问题的进一步甄定。萧萐父的观点是根据黑格尔"哲学史由于它的题材的特殊性质而与别的科学史不同"，必须把其他精神文明的材料排斥在哲学史之外，"哲学史才会达到科学的尊严"的论述②，主张哲学史首先应该纯化，不应该去分担政治、伦理、法权、宗教、教育等思想史的任务。之所以如此，是由于哲学和哲学史的性质规定的。

萧萐父指出，根据马克思主义对社会诸意识形态的分析，"哲学是一种特殊的社会意识，它具有自身的特殊矛盾及其发展的特殊规律。哲学史研究的特定对象，简括地说，就是哲学认识的矛盾发展史。所谓哲学认识，区别于宗教、艺术和各门具体科学的知识，是人们以理性思维形式表达的关于自然、社会和思维运动的一般规律的认识，也可说是对于客观世界的本质和人对客观世界能否认识和改造、怎样认识和改造的总括性认识。"③ 按照列宁的观点，也可以说哲学史就是"一般认识的历史"。整个

① 萧萐父：《萧萐父选集》，武汉大学出版社 2013 年版，第 113 页。
② 参见黑格尔：《哲学史讲演录》（第一卷），商务印书馆 2009 年版，第 13—14 页。
③ 萧萐父：《萧萐父选集》，武汉大学出版社 2013 年版，第 114—115 页。

人类的认识史包罗万象，无比宽广，诸如各门科学史、语言史、宗教史、艺术史等。而哲学史研究则是"一般认识"的历史，它既与各种具体的认识史相关联，又区别于各种具体的认识史。这种"一般认识"的历史在列宁那里就是指认识论和辩证法的历史。

如果把这种对哲学史研究范围的限定具体化到中国哲学史的研究中，那么"中国哲学家们对社会政治问题所发表的许多议论，大量的应属于社会学史、政治学史、法学史等研究的范围，但其中也确有一些是对历史发展规律、社会矛盾运动的哲学分析，则应筛选出来作为哲学史的对象。至于中国古代思想遗产中似乎关于人性善恶、道德理想以及'性情'关系、'理欲'关系之类问题的言论特别丰富，从哲学史的角度加以择取，确应重视历代哲学家对人性问题的探讨中有关人的本质、人性的发展和异化等属于历史辩证法问题的认识成果，而其余则理应由伦理学史、道德学史、教育学史等去进行独立研究，哲学史不必要也不可能去代庖"。①

但萧萐父在主张哲学史研究纯化的基础上，也没有抛弃泛化，主张把纯化和泛化结合起来。1989年底，萧萐父特别谈到了这个问题，他仍然坚持认为哲学史研究的"纯化"是必要的，但也强调了"泛化"的意义："进一步考虑哲学与文化的关系，文化是哲学赖以生长的土壤，哲学是文化的活的灵魂，哲学所追求的是人的价值理想在真、善、美创造活动中的统一实现。哲学，可以广义地界定为'人学'；文化，本质地说就是'人化'。因而这些年我们又强调哲学史研究可以泛化为哲学文化史；以哲学史为核心的文化史或以文化史为铺垫的哲学史，更能充分反映人的智慧创造和不断自我解放的历程。其实，在哲学史的研究中，或由博返约，或由约趋博，或纯化，或泛化，或微观，或宏观，或纵向，或横向，都可以'自为经纬，成一家言'，而只有经过这样的两端互补和循环往复中的反复加深，才能不断地开拓新的思路、提高研究的科学水平。"②

对哲学和哲学史的甄定决定着哲学史的范围，萧萐父从马克思主义

---

① 萧萐父：《萧萐父选集》，武汉大学出版社 2013 年版，第 115—116 页。

② 萧萐父：《萧萐父选集》，武汉大学出版社 2013 年版，第 131 页。

的哲学观和哲学史观出发，用纯化和泛化相结合的原则处理中国哲学史的范围，这在现在看来并不过时。尽管有关中国哲学史的写作出现了多元化的声音和尝试，但如果我们不是非要消解中国哲学史这门学科的话，那么坚持哲学史的纯化仍然是必要的，如果我们要把中国哲学史书写的内容丰满的话，哲学史的泛化也是必要的。我们不反对"思想史"、"观念史"之类的写作，但也不能完全抹平哲学史的边界。

三、哲学史方法论

在纯化和泛化相结合的哲学史观的基础上，萧萐父谈到了哲学史方法论问题。他与同时期的哲学史家尤其是冯契的观点是一致的，都强调了历史和逻辑统一方法的重要性。

萧萐父认为，哲学史方法论是多维度的，有阶级分析方法、历史主义的方法、比较鉴别的方法、实事求是的评价方法、系统周密的史料考订方法等等，但由于哲学史这门学科亦历史亦哲学的特征，所以，历史与逻辑相统一的方法显得尤为重要。

历史与逻辑相统一的方法由黑格尔提出，但却是头脚倒置的，恩格斯对其进行了改造，把它与历史唯物论统一了起来。"马克思主义所肯定的历史和逻辑的统一，既是唯物的统一，又是辩证的统一。一方面，坚持从历史事实出发，把哲学发展的生动的现实的历史过程作为哲学范畴的逻辑发展的出发点、根据和基础；另一方面，也必须善于透过历史的现象形态，摆脱某些起扰乱作用的偶然性因素，从历史上具体的哲学矛盾运动中去发现其概念、范畴演化发展的逻辑进程及其理论上前后连贯的诸环节。"[①]

萧萐父指出，每一个阶段的哲学运动大体都有一个思想的起点和终点，由问题的突出、矛盾的展开、范畴的演变、争论的深入，到思想的总结，形成一个首尾相应的逻辑进程。"这个逻辑的进程，由于它所反映的客观过程的矛盾性和反映过程本身的矛盾性，必然经历着曲折和反复、肯

---

① 萧萐父：《萧萐父选集》，武汉大学出版社 2013 年版，第 121 页。

定和否定，由偏到全，由低到高，而表现为近似于螺旋式的曲线，近似于一串圆圈组成的大圆圈。"① 中国哲学史的科学化建设，应当去探求中国哲学发展历程中所固有的"圆圈"。

萧萐父对"圆圈"的重视与冯契一样，但他们对中国哲学史中"圆圈"的勾画不尽相同。萧萐父指出，就战国时期而言，《管子》"精气说"和"静因之道"是哲学运动的逻辑起点。孟子和庄子都试图克服消极反映论，从不同角度论述和夸大了人的主观精神的能动作用，构成哲学认识的必要环节。围绕思维和存在的同一性问题，惠施"合同异"、公孙龙"离坚白"、庄子"齐是非"，各以其片面性和直线性而陷入谬误，却又分别展开和加深了关于事物的差别性和同一性、认识的有限性和无限性、真理的相对性和绝对性等客观矛盾的逻辑认识。"后期墨家通过科学实践，注意到同和异、兼和分、一般和个别、相对和绝对在认识中的辩证联结，对名辨思潮中的谬误倾向有所纠正。……荀况以'解蔽'的方法基本上完成了这一历史任务，把百家争鸣中的哲学劳动成果都作为一个个必要的认识环节而纳入自己的哲学体系，并明显地以他的'天行有常'、人道'能群'、'天命可制'的天人关系论和'虚一而静'、'谓之大清明'的认识辩证法，在更高的理论思维水平上，扬弃了孟、庄、公、惠而向稷下道家的'静因之道'复归，逻辑地标志着这一时期哲学发展'圆圈'的终结。"② 这就是说，战国百家争鸣时期的哲学发展经历了一个"圆圈"，《管子》是起点，是肯定阶段；孟子、庄子、惠施、公孙龙、后期墨家都是中间环节，是否定阶段；荀子哲学是否定之否定阶段，看似是对《管子》思想的复归，但已包含了孟子、庄子、惠施、公孙龙、后期墨家等中间环节，在理论上实现了对各家的扬弃，标志着这一时期哲学发展的高峰，同时构成后来哲学发展的逻辑原点。

萧萐父与冯契一样特别看重王夫之哲学的历史地位，认为王夫之哲学既是对早期启蒙哲学的总结，也是对宋、元、明清哲学的总结，更是对

① 萧萐父：《萧萐父选集》，武汉大学出版社 2013 年版，第 122 页。
② 萧萐父：《萧萐父选集》，武汉大学出版社 2013 年版，第 123—124 页。

整个中国古代哲学的总结。"王夫之的哲学通过扬弃朱熹和王阳明而复归到张载，完成了宋明时期围绕'理气'、'心物'关系问题展开的整个哲学矛盾运动的大螺旋。而且，从李贽的'童心'说和'是非无定'论对封建独断论怀疑、否定的逻辑意义，可以发现这一阶段哲学启蒙的实际起点。方以智、黄宗羲、顾炎武卓然成家，正好从自然史、社会史、学术思想史等各个侧面去突破传统思维方式，开拓哲学认识的新领域。王夫之更从哲学上总其成，他在气（道器）、心物（知行）和天人（理欲）等关系问题上多方面的哲学贡献，把朴素唯物辩证法的理论形态发展到顶峰，并预示着新的哲学启蒙即将来临。"①

萧萐父所领导的武汉大学中国哲学学科是率先在研究生中开设哲学史方法论课程的学科，萧萐父自己也非常重视哲学史方法论的研究。萧萐父所坚持的逻辑与历史相统一的方法是那一时期多数中国哲学史家所共同倡导的，符合哲学史既是哲学又是历史的学科特征，在今天依然没有过时。而以冯契、萧萐父等人为代表的哲学史家对中国哲学发展过程中逻辑结构的开发在当时颇为时尚，它是在 20 世纪 80 年代以后人们在反思过往中国哲学史研究僵化模式的基础上所进行的一种新的探索，表面上看起来有点格式化的味道，但并未偏离中国哲学史发展的实际。

四、中国传统哲学观

萧萐父对中国传统哲学有着较为全面的研究，发表有《传统·儒家·伦理异化》、《道家·隐者·思想异端》、《浅析佛教哲学的一般思辨结构》等数十篇论文，对儒、释、道哲学做了多维度的阐释，同时探讨了中国古代哲学的一般特点和发展历程。

萧萐父认为，中国古代哲学有四大特点：第一，"究天人之际"是主线。"天作为人的外部压迫力量的象征，无论是指神秘主宰、义理原则或自然规律，都是哲学加工的重要对象。'天神'——'天命'——'天志'——'天道'——'天行'——'天理'等，成为发展着的中心范畴。天人关

---

① 萧萐父：《萧萐父选集》，武汉大学出版社 2013 年版，第 124—125 页。

系问题，成为历代哲学论争的重点。在先秦，荀况总其成；在汉唐，刘禹锡总其成；在宋明，王夫之总其成，成为中国传统哲学的一条主线。"① 第二，"通古今之变"是优良传统。中国古代哲学家关注社会的矛盾运动，提出了"否泰"、"剥复"、"因革"、"变化"、"和同"、"一两"等范畴，形成历史辩证法传统。第三，"穷性命之原"是儒、释、道的共同重心。于是在哲学上展开了人性善恶、道德标准、"心性"关系、"性命"关系、"性情"关系、"理欲"关系以及人格理想、人生境界等的认真讨论，涉及人的本质、人性的异化等问题。儒、道、佛各家都在探讨"性命之原"。从上述三点可以看出，"中国传统哲学在总体上趋于人本化、伦理化、政治化；轻自然，重人伦。既富于人生哲学的智慧，也富于政治权谋的机智；既是传统优势，也具严重局限。"② 第四，具有包容性和延绵性。"就其多维发展、富有日新、从未中断而言，举世无双。"③

根据中国传统哲学的第四个特点，萧萐父还勾勒了中国传统哲学发展的三大螺旋。第一个是从远古到秦统一，这是中国哲学的奠基时期。从宗教、科学、哲学的混合产生与逐步分化，经过春秋时期"天人"、"常变"、"和同"、"一两"等范畴的初步展开，《老子》一书做了小结。孔子创立的儒家、墨子创立的墨家、老子创立的道家鼎立于当时，经过战国时期的百家争鸣，哲学认识在矛盾中反复加深。稷下道家提出精气论、静因说，孟子、庄子扬而弃之；惠施"合同异"，公孙龙"离坚白"，庄子"齐是非"，后期墨家"辨知行"，《易传》"兼天人"，"荀况以对诸家'解蔽'，从理论上做了总结，成为先秦哲学螺旋发展的逻辑终点。"④ 第二个是从秦汉到唐宋，这是中国哲学的拓展时期。经学、玄学中的哲学矛盾，围绕"有无"、"动静"、"言意"、"天人"、"体用"之辨深入展开，而佛教哲学的引进，加深和拓展了中国哲学思想的深度和广度。从汉到唐，儒、释、道三家在冲突中趋向融合。旨在论证"三纲可求于天"，"名教本之自然"，

① 萧萐父：《萧萐父文选》（上），武汉大学出版社2007年版，第70页。
② 萧萐父：《萧萐父文选》（上），武汉大学出版社2007年版，第70页。
③ 萧萐父：《萧萐父文选》（上），武汉大学出版社2007年版，第70页。
④ 萧萐父：《萧萐父文选》（上），武汉大学出版社2007年版，第70页。

"富贵贫贱取决于神秘因果"，为伦理政治异化及神权与特权的结合辩护。"与之相对峙，则有王充、杨泉、鲍敬言、范缜等对神权及特权的批判，直至柳宗元、刘禹锡总其成，达到汉唐哲学螺旋发展的逻辑终点。"[①] 第三个是从宋至明清之际，这是中国哲学的成熟时期。宋初儒学复兴，融摄佛、道，归本《易》、《庸》，由周敦颐开其端，逐步形成"道学"的新哲学形态，分化发展为以张载、王廷相等为代表的"气本论"，以程颐、朱熹等为代表的"理本论"，以陆九渊、王守仁等为代表的"心本论"。同时王安石创新学、三苏创蜀学、陈亮、叶适倡经世之学，郑樵、马端临独辟文化史研究新风，又都有批评道学的倾向。宋明哲学，通过"理气"、"心物"、"性命"、"理欲"、"知行"、"动静"、"一两"等诸范畴展开不同学派间的分合与论争，其逻辑进程大体是由论"气"而论"理"，由论"理"而论"心"，又由心学的分化而进到自我否定，"终在明清之际的启蒙思潮中，由王夫之的总结性批判，扬弃程、朱、陆、王，复归张载，而达到宋明哲学螺旋发展的逻辑终点。"[②] 在这三大螺旋中，荀子、柳宗元和刘禹锡、王夫之是各阶段的总结者。

对于中国传统哲学特点和发展历程的看法学界见仁见智，但都持之有故言之成理。萧萐父对中国传统哲学特点四个方面的概括是符合中国哲学实际的，他对中国传统哲学发展历程三大阶段的描述也是现在多数哲学史家所坚持的。

第二节　早期启蒙思潮研究

对中国早期启蒙思潮的研究是萧萐父中国哲学史研究的一大特色，萧萐父被一些学者称作"新启蒙派"，这与他对中国早期启蒙思潮的研究有很大关系。萧萐父曾发表过《中国哲学启蒙的坎坷道路》、《"早期启蒙说"与中国现代化》（与许苏民合作）等论著，探讨了早期启蒙思潮的思

[①]　萧萐父：《萧萐父文选》（上），武汉大学出版社 2007 年版，第 70—71 页。

[②]　萧萐父：《萧萐父文选》（上），武汉大学出版社 2007 年版，第 71 页。

想渊源和主要内容等问题。

一、思想渊源

萧萐父有关早期启蒙思潮的观点源于侯外庐（1903—1987 年）。

侯外庐是萧萐父非常认同和景仰的史学家，在纪念侯外庐百年诞辰时曾赋诗一首："蓟下烽烟笔仗雄，胸悬北斗气如虹。洞观古史知难产，发掘新芽续启蒙。细案船山昭学脉，钟情四梦寄幽衷。百年风雨神州路，永记前驱播火功。"①萧萐父认为，侯外庐是 20 世纪中国马克思主义史学的开拓者和奠基人之一，他对中国史学的诸多领域都作出了重要的学术贡献。新中国成立后，侯外庐对新中国史学的学科建设和人才培养，尤其是"中国思想通史"的拓荒耕耘，更是成果辉煌，学林共仰。侯外庐以其"通古今之变"的中国社会史观，提出"周秦之际"与"明清之际"（两个之际）的社会转型期，揭示了中国社会发展的规律和特点，并以社会史与思想史的统合研究，提出并论证了中国特有的"早期启蒙说"以及中国近现代化的"难产说"，卓然成为一代学术宗师。②

侯外庐的"早期启蒙说"确立于抗战时期，其核心观点是认为，"在16、17 世纪之交，中国历史正处在一个转变时期，有多方面的历史资料证明，当时出现了资本主义的萌芽。因此，在社会意识上也产生了个人自觉的近代人文主义"。③萧萐父充分肯定了侯外庐的"早期启蒙说"，认为它是中国史研究领域的一大发现、一大创见，具有十分重大的学术价值。第一，它为我们提供了 16 世纪以来中国传统思想文化发生历史性异动的大量第一手材料，提供了用马克思主义观点研究中国近世思想学说史的拓荒之作；第二，它对思想变迁的内在理路做了精微的辨析；第三，它科学地揭示了 16—19 世纪中国社会时代思潮的本质；第四，它科学地揭示了社会历史的演进与思想发展之间的关系。④萧萐父还认为侯外庐的"早期

---

① 萧萐父：《萧萐父选集》，武汉大学出版社 2013 年版，第 22 页。

② 参见萧萐父：《萧萐父选集》，武汉大学出版社 2013 年版，第 22 页。

③ 侯外庐：《中国早期启蒙思想史》，人民出版社 1956 年版，第 38 页。

④ 参见萧萐父：《萧萐父选集》，武汉大学出版社 2013 年版，第 24—27 页。

启蒙说"具有深刻的理论意义，"它驳斥了国际上普遍存在的中国社会自身不可能产生出现代性因素的西方中心主义偏见，有力地证明了中国有自己内发原生的早期现代化萌动，有现代性的思想文化的历史性根芽"。它"通过社会史与思想史之统合的研究，通过把 16—19 世纪的中国思想史放到世界历史的总范围内来加以考察，把一般规律与特殊规律统一起来，丰富了马克思主义的唯物史观和世界历史理论"。[①] 萧萐父明确表示："我们自愿继承侯门学脉，自愿接着侯外老的启蒙说往下讲。"[②]

二、主要内容

早在 1983 年，萧萐父就在《中国社会科学》发表了《中国哲学启蒙的坎坷道路》一文，形象而深刻地勾画了明清之际早期启蒙思潮的宏伟画卷，堪称经典之笔。他说："我们有自己的但丁，如汤显祖、曹雪芹，且他们唱的不是'神曲'，而是'人曲'；也有自己的达·芬奇、米开朗基罗，如郑燮、石涛、陈洪绶，他们画笔下的人和物都表现了倔强的异端性格；还有自己的布鲁诺式的'哲学烈士'，如何心隐、李贽，他们敢于离经叛道，死而不悔；我们更有自己的弗朗西斯·培根，如徐光启、方以智、梅文鼎，他们学贯中西，开始了铸造自己'新工具'的事业。至于王夫之、黄宗羲这样博学深思、著作宏富的思想家，在世界文化史的这一阶段上可说是旁世无匹。"[③]

这种波澜壮阔的早期启蒙思潮缘何而起？萧萐父指出，明清之际"在中国社会经济发展史和思想文化发展史上都是一个特殊的转折时期"。[④] 萧萐父从经济变动、文化变异等方面细密勾画了早期启蒙思潮产生的历史情境。

就经济变动而言，明朝中叶以后，民间商品经济大规模发展，出现了与以往商品经济不同的新特点。人们纷纷弃农经商，工商业成为人们致

---

① 萧萐父：《萧萐父选集》，武汉大学出版社 2013 年版，第 28—30 页。
② 萧萐父：《萧萐父选集》，武汉大学出版社 2013 年版，第 23 页。
③ 萧萐父：《萧萐父选集》，武汉大学出版社 2013 年版，第 16 页。
④ 萧萐父：《呼唤启蒙——萧萐父文选》（下），武汉大学出版社 2007 年版，第 50 页。

富的主要途径，商品货币关系已力求支配社会经济生活，产生了私人占有的城市手工业工场，大批农民离开土地从而形成了自由的劳务市场。由于工场手工业的发展，产生了出资和出力的劳动雇佣关系。"在相当广阔的国土上，原先占统治地位的自然经济或半自然经济开始全面地、大规模地向着商品经济转型，作为现代性之显著特征的都市化、城镇化的进程在中东部地区、大江南北迅速地、大踏步地迈进；商业资本开始与土地资本相分离而转向大规模的产业投资，迅速发展的交通事业有力地促进着全国市场网络的形成；中国民间商品经济走向世界，在与西方殖民者争夺西太平洋贸易制海权的斗争中占有明显优势。"① 萧萐父对明清之际经济变动的描述是力图通过历史事实证明中国内生的新生产方式萌芽的存在，从而引发了社会矛盾、政治危机、民族危机的出现，可谓"天崩地解"、"海徙山移"。②

时代呼唤思想巨人，时代造就思想巨人，明清之际的新生产方式萌芽同时引发了思想文化的变迁，出现了早期启蒙思潮。许多早期启蒙学者一起谱写了那一时期波澜壮阔的宏伟画卷，恰如萧萐父诗云："船山、青竹郁苍苍，更有方、颜、顾、李、黄。历史乐章凭合奏，见林见树费商量。"（附注："傅山又号青竹。他与王夫之、方以智、颜元、顾炎武、李颙、黄宗羲以及同时崛起的许多学者、诗人，确乎都在明清之际的时代潮流中各有创建而又合奏了一曲中国式的启蒙者之歌的第一乐章。"）③

萧萐父认为，建立在新生产方式萌芽基础上的早期启蒙学术具有三大主题，即个性解放、科学、民主。第一，就个性解放的新道德而言，早期启蒙学者在自然人性论的基础上提出了新理欲观，强调人欲的正当性，天理与人欲的渗透性；提出了新情理观，强调情感的重要性，天理和情感的相关性；提出了新义利观，强调利益的合法性，道义和利益的统一性。除此之外，早期启蒙学者还提出了个性解放的思想，对种种伦理异化现象进行了深刻批判。第二，就科学而言，早期启蒙学者提出了突破道统、象

① 萧萐父：《呼唤启蒙——萧萐父文选》（下），武汉大学出版社 2007 年版，第 52 页。
② 参见萧萐父：《呼唤启蒙——萧萐父文选》（下），武汉大学出版社 2007 年版，第 50 页。
③ 萧萐父：《呼唤启蒙——萧萐父文选》（下），武汉大学出版社 2007 年版，第 10 页。

数囚缚的纯粹的求知态度和"缘数以求理"的科学方法，并开始突破"重道轻艺"的传统，重视技术科学的发展。第三，就民主而言，早期启蒙学术在这方面的根本特点是"从讲学的社会团体的原则引申出国家的原则，以对抗从家族制的原则所引申出的专制国家原则"①，突出地表现在黄宗羲学校议政等学说中。除此之外，早期启蒙学者还开辟了一代重实际、重实证、重实践的新学风。

三、简要评析

萧萐父在继承侯外庐"早期启蒙说"的基础上对早期启蒙思潮的探讨，对我们理解中国传统文化与现代化的结合点问题有着重要的启发意义。

关于中国传统文化与现代化结合点问题的探讨由来已久，主要有三种观点：

第一，激进的西化派完全否认这一问题，认为以儒学为核心的传统文化与现代化截然对立，二者如冰炭、如水火，只能去一存一，绝无调和的余地，要想实现现代化，必须彻底抛弃中国传统文化，以早年陈独秀、鲁迅、吴虞、钱玄同等人为代表。

第二，胡适虽然被称作全盘西化论者，但按照陈序经的说法只能算作根本西化派。胡适对中国传统文化也持激烈的批判态度，如认为中国传统文化是知足的文化，知足的文化造就了懒惰的民族等等，但他并非民族文化虚无主义者，他"整理国故"等主张反映了他对中国传统文化的容忍。在这一前提下，胡适提出了自己关于中国传统文化与现代化的结合点问题的主张，认为这个结合点不是儒学，而是墨学、名家、清代学者的治学方法等，这是中国传统文化或哲学可以与西洋近代文化接轨的思想资源。

第三，现代新儒家学者在中国传统文化与现代化结合点问题上的态度是明确的，即儒学是中国现代化的"活水源头"。他们立足于东亚工业文明的启迪，或者从西方的现代性着手，探讨内圣开出新外王的问题；或者确立中国的现代性，塑造儒学的现实和未来生命力。

---

① 萧萐父：《呼唤启蒙——萧萐父文选》（下），武汉大学出版社 2007 年版，第 9 页。

萧萐父的观点类似于胡适，认为早期启蒙思潮是中国现代化的内在根芽。中国传统文化与现代化的结合点不能从程朱陆王等新儒学中去寻找，而应该到开始反思和批判宋明理学的早期启蒙思潮中去寻找，这无疑为我们进一步探讨中国传统文化和现代化的结合点问题提供了新的思路，因为早期启蒙思潮的批判意识、科学意识、个性意识、民主意识等和现代性的主流精神是一致的。立足当代视域，我们应该像方东美那样，摆脱狭隘的道统观念，广泛汲取原始儒家、原始道家、中国佛学、新儒学、早期启蒙思潮等中国传统思想资源，用他们那种广大和谐的境界和精神为现代人提供丰富的精神滋养。

第三节　船山学研究

萧萐父对船山思想的研究始于 20 世纪 60 年代初，80 年代后成就斐然，发表有《王夫之哲学思想初探》、《试论王夫之的历史哲学》、《船山辩证法论纲》、《王夫之矛盾观中的"分一为二"与"合二而一"》、《船山人类史观述评》、《船山人格美颂》等文，出版有《船山哲学引论》、《王夫之评传》（合著）等著，为船山学的研究作出了重要贡献。萧萐父的船山学研究是在历史唯物论的指导下展开的，对船山的思想体系进行了入内出外的条分缕析，并立足当代视域对船山思想进行了公允的价值评判，形成了时代性与个性相互结合的船山学研究特色。

一、思想体系

萧萐父是船山学研究的大家，他以船山思想的历史地位为基础，对船山思想体系的方方面面做了宏观和微观相统一的细密梳理解读。

在萧萐父看来，"王夫之思想的历史地位，集中表现在他既是宋明道学的总结者和终结者，又是初具近代人文主义性质的新思想的开创者和先驱者。"[1] 这样一种历史地位表现在王船山思想领域的方方面面如哲学、史

---

① 萧萐父：《呼唤启蒙——萧萐父文选》（下），武汉大学出版社 2007 年版，第 188 页。

学、伦理、政治、经济、美学、宗教诸领域的理论贡献上。

第一，就哲学思想而言，萧萐父认为，王船山在本体论、发展观、认识论等方面都有重大的理论突破和贡献。在本体论上，王船山继承和发展了张载的元气本体论学说，突破了古代哲学把"气"主要规定为物理性的局限，把"气"解释为物质"实有"，论证了世界的物质统一性。王船山"盈天地间皆气"、"天下惟器"、"理在气中"、"道丽于器"等命题，深刻批判了宋明道学颠倒理气、道器关系的理本论和心本论，正确解决了理气、道器关系问题，成为中国哲学天人关系学说史上继荀子、刘禹锡之后的又一座里程碑，特别是他关于道器关系的论说，为近代启蒙学者既要变器、又要变道的改革诉求提供了十分有力的哲学学理依据；[1] 在发展观上，萧萐父勾画了王船山辩证法思想的逻辑结构，其起点是"絪缊"，"絪缊"既是阴阳未分、二气合一的宇宙本原状态，又是宇宙万物生生不已的内在动因。由于"一气之中，二端既肇，摩之荡之，而变化无穷"（《张子正蒙注·太和》），这就引申出"两"与"一"的矛盾观。王船山认为，"天下之变万而要归于两端，两端归于一致"（《老子衍》），"合二以一者，既分一为二之所固有"（《周易外传·系辞传上》），"一之体立，故两之用行"（《张子正蒙注·太和》）。由阴阳对立统一的矛盾观，王船山展开了"动静"之辨，认为"天地之气，恒生于动，而不生于静"（《读四书大全说》卷十），动是本，但不否认静的价值，"二气之动，交感而生，凝滞而成物我之万象"（《张子正蒙注·太和》）。王船山把动静结合起来，一方面"静即含动"，另一方面，"动不舍静"，总起来说，"动静互涵，以为万变之宗"（《周易外传·震卦传》）。动静虽互含，但静统一于动，动静皆动。接下来，萧萐父还展开了王船山的"化、变"——"内成、外生"——"始、终"等一系列的自然辩证法范畴，并对王船山历史辩证法、认识辩证法范畴和思想进行了深入的诠释；[2] 在认识论上，萧萐父重点阐释了王船山知能、心物、知行关系等学说，认为王船山认识发展论的起点是"形也、神也、

---

[1] 参见萧萐父：《呼唤启蒙——萧萐父文选》（下），武汉大学出版社2007年版，第190页。

[2] 萧萐父：《萧萐父选集》，武汉大学出版社2013年版，第440—449页。

物也，三相遇而知觉乃发"（《张子正蒙注·太和》），由此展开了"知"与"能"、"己"与"能"、"心"与"事"、"心"与"理"、"知"与"行"以及有关"实践"的探讨，"强调作为认知主体的人所具有的认识和实践的能动性，尤其重视实践的能动性对于认识的重要意义。……他在把人的认识过程区分为感性、知性、理性三阶段。……他特别注重'行'在认识中的作用，强调知源于行、知必须以行为功，行对于知的产生、发展和验证都起着决定性的作用，提出了'知行相资以为用'、'并进而有功'等深刻命题。他强调认识的目的在于指导实践，'知之尽，则实践之而已。'……把中国哲学的认识论推进到一个更高的思想水平。"①

第二，就史学思想方面而言，萧萐父认为，王船山通过对历史事实的考察，提出了许多富于科学性和启蒙性的思想创见。如"人极"问题、"古今"问题、"道器"问题、"理势"问题、"时几"问题、"天民"问题等等。"他提出了今胜于古的进化史观，揭示了从自然史到人类史，即从'禽兽'到'植立之兽'到'文之未备'到'文之已备'的发展进化过程。……他提出了古今殊异、道随器变的思想，强调'道丽于器'、'法因时改'……强调'道因时而万殊'……主张'顺时中权'、'趋时更新'乃至必要时的'革命改制'。……他提出了'理势合一'、'理势相成'的关于历史发展规律的学说，系统阐述了'得理自然成势'和'于势之必然处见理'等深刻思想。……在'理势合一'论的基础上，他进一步提出了'即民以见天'的历史动力说。……认为'圣人所用之天，民之天也'，从而多少看到了人民群众在历史上的作用。"②

第三，就道德伦理思想方面说，萧萐父认为，王船山探讨了道德形上学、道德的起源与进化、人性的历史发展、理和欲、义和利等问题，对宋明道学展开了深入批判，在总结批判中国传统道德的同时提出了不少精彩的思想学说。"他反对张载、二程和朱熹抹煞天道与人道之区别的观点，

---

① 萧萐父：《呼唤启蒙——萧萐父文选》（下），武汉大学出版社 2007 年版，第 191—192 页。

② 萧萐父：《呼唤启蒙——萧萐父文选》（下），武汉大学出版社 2007 年版，第 192—193 页。

从天与人、禽兽与人、自然史与人类史相互连接和区别的视角，论证了'天道不遗于禽兽，而人道则为人之独'的观点……否认自然宇宙有道德伦理属性。……他从'理气合一'的元气本体论引申出'理欲合性'、'互为体用'的人性论，深刻阐明了人的物质生活欲望与狭义动物界的区别，人的群体生活的道德规范与动物群体生活中的自然本能和'以威相制'的动物学原则的区别。"[1] 在理欲观上，王船山提出了理欲皆善、以理导欲的学说，反对宋明道学以理灭欲说。在义利观上，王船山肯定了每一个人追求其合理的私人利益的正当性，坚持和发挥了义利统一观。尤其是王船山的豪杰论说多发前人所未发，对中国近代豪杰精神的复兴产生了重要的激励作用。

第四，就政治思想而言，萧萐父先生认为，王船山把民众生死看得比一姓兴亡更为重要，主张实行分权制衡和政治改革，批判了专制强国论，揭露了专制的非道德性。

第五，就经济思想而言，萧萐父认为，王船山反对官商勾结垄断物价，反对政府行政干预市场物价，反对专制主义对商品经济的摧残，阐明了社会经济生活的自然规律，肯定了人们追求私利的动机和自谋其生的能力，强调只有让市场自行调节、商家自由竞争才能使物价"常趋于平"。他主张鼓励和刺激消费，以促进市场的繁荣和"裕国富民"政策的实施，提倡改革不合理的赋税制度并严惩贪官污吏等等。

第六，就文艺美学思想而言，萧萐父指出，王船山认为美是"天化"与"人心"、"外物"与"内情"、"自然之华"与"文情赴之"的结合，即主客体的统一，只有通过人的心灵创造，化外在的自然为人化的自然，才是美之为美的根源，认为只有表达真情、真事、真血性、具有独立人格之善的文艺作品，才合乎"美"的要求。在创作论上，王船山提出文艺审美的特性，强调"诗以道性情"，"诗合以声情生色"，"别有风旨，不可以典册、简牍、训诂之学与焉"。[2] 在鉴赏论上，王船山相当准确地揭示了文

---

① 萧萐父：《呼唤启蒙——萧萐父文选》（下），武汉大学出版社 2007 年版，第 194 页。

② 萧萐父：《呼唤启蒙——萧萐父文选》（下），武汉大学出版社 2007 年版，第 198 页。

艺审美中艺术再创造的特点，认为人们在鉴赏时的处境、心理、情感不同，因而对同一艺术形象的审美感受也不相同，"作者用一致之思，读者各以其情而自得"，"人情之游也无涯，而各以其情遇"。①

第七，就宗教思想方面而言，萧萐父认为，王船山"出入儒佛道三教，对宗教化的儒学、佛教和道教都作了非常深刻的批判；与此同时，他又从三教所蕴涵的哲学思维中吸取营养，既努力把宗教式的终极关怀转化为人文式的终极关怀，同时又赋予人文关怀以虔敬的宗教色彩"。②

二、价值评判

萧萐父推崇王船山的人品和学问，认为他是具有巨大历史感和崇高人格美的大思想家，但在价值评判方面却没有情绪化的色彩，而是运用两点论的方法，对王船山思想给予了照辞若镜式的公允评价。

萧萐父充分肯定了王船山思想的贡献和价值，认为王船山在哲学思想、史学思想、道德伦理思想、政治经济思想、文艺美学思想和宗教思想诸方面都有建树和理论贡献，其思想体系之博大精深是前无古人的。与同时代的诸大师相比，虽然音学考据不如顾炎武，天文历算不及黄宗羲，然而在思想的博大精深方面，特别是在哲学思想的建树方面，则大有过之而无不及。因此，在清初诸大师中，唯有王船山堪称从理论上总结并终结了宋明道学，③并提出了一系列具有近代人文主义色彩的新思想，对中国近代的启蒙思潮产生过重大影响。萧萐父指出，21世纪将是东西方文化进一步会通和融合的世纪，是人类为解决全球性问题而重建现代理性和新人学的世纪，是人道主义、人文精神行将成为全人类共同信奉的普遍价值、普世伦理和共同的精神追求的世纪。在这样的时代，王船山所创立的富于人道情怀和人文精神、具有巨大的历史感和深沉的终极关怀意义的人文主义思想体系，无疑将成为全人类共同的精神财富，必将给予现代人的精神生活、思想创造和人类文明的进程以深远的影响，并且在未来的人类历史

---

① 萧萐父：《呼唤启蒙——萧萐父文选》（下），武汉大学出版社2007年版，第198页。

② 萧萐父：《呼唤启蒙——萧萐父文选》（下），武汉大学出版社2007年版，第199页。

③ 参见萧萐父：《呼唤启蒙——萧萐父文选》（下），武汉大学出版社2007年版，第201页。

实践中显示出它那历久弥新的生命力。① 这是他对王船山思想现实和未来生命力的充分肯定。

但由于历史的限制，王船山思想中也存在着一些问题。萧萐父指出，在心物关系上，王船山在强调主体与客体之区分和"心"在认识中的作用的同时，仍然保留了陆王心学的"心具理'的观念。在论常变关系时，他强调"变而不失其常"，而他所讲的"常"，往往是指传统社会礼教的基本原则，这又明显与他那"尚变"的辩证发展观相矛盾，从而使他的哲学思想仍不免带有某些保守的性质。② 王船山强调圣人要"慎用"民之天，表现了他思想的局限性，即对民众仍怀有某种偏见；然而，他看到了民众的非理性情绪对于社会历史可能造成的负面影响，亦包含了具有合理性的思想颗粒。至于他那最受人诟病的"庶民禽兽论"，则直接来自孟子关于"人之所以异于禽兽者几希，庶民去之、君子存之"（《孟子·离娄下》）的论说，这也反映了他的思想仍受着儒学传统的严重束缚。③ 王船山在谴责官商勾结坑农时，也讲了不少表现出重农抑商倾向的话，这是需要从他所处的具体历史条件去加以理解的。④ 王船山强调艺术审美的独立价值，要求排除政治伦理对创作的干扰，固然是正确的；然而，他的那些极端的"扬李（白）抑杜（甫）"的言论，又不免带有片面性。他片面强调美的"中和"性，没有也不可能具有近代志士仁人那种"立意在反抗，旨归在动作"的创作思想，忽视文艺对于推进社会改革和进步的功能，这也是他的文艺思想的局限性的表现。审美使人超越，这种超越性表现为个人的心灵体验；但如果片面强调审美的个人性而忽视其本质乃是社会化的情感共鸣，使人遁入艺术的象牙之塔，就未免显得狭隘。⑤

萧萐父的船山学研究与他的整个中国哲学史研究一样，都是以马克思主义的哲学史观为基础的，对王夫之思想的方方面面做了深入系统的探

①　参见萧萐父：《呼唤启蒙——萧萐父文选》（下），武汉大学出版社2007年版，第215页。

②　参见萧萐父：《呼唤启蒙——萧萐父文选》（下），武汉大学出版社2007年版，第192页。

③　参见萧萐父：《呼唤启蒙——萧萐父文选》（下），武汉大学出版社2007年版，第193页。

④　参见萧萐父：《呼唤启蒙——萧萐父文选》（下），武汉大学出版社2007年版，第197页。

⑤　参见萧萐父：《呼唤启蒙——萧萐父文选》（下），武汉大学出版社2007年版，第199页。

讨，并进行了两点论的价值评判，对于我们今天的船山学研究依然具有重要的启发价值。

第四节　总体特征

在探讨了萧萐父对哲学史观和方法论、早期启蒙思潮、船山学的研究之后，我们可以对萧萐父中国哲学史研究的总体特征作出分析。可以说，萧萐父的中国哲学史研究是以马克思主义哲学为诠释框架和评价尺度的，体现出现代视域和原典的结合，具有逻辑思维和诗性思维相结合的特色。

一、以马克思主义哲学为诠释框架和评价尺度

萧萐父是马克思主义的中国哲学史家，是中国哲学史学科马克思主义化阶段的著名代表，所以他的整个中国哲学史研究都是以马克思主义哲学为诠释框架和评价尺度的。

中国哲学史学科的历史不足百年，却经历过漫长的"前史"阶段，即中国古代学术史、学术思想史、学术史方法论阶段。从 20 世纪 10 年代开始，中国哲学史这门学科才真正创立。中华人民共和国成立以后，马克思主义哲学成为哲学史书写的唯一参照，人们接受了日丹诺夫的哲学史定义，中国哲学史变成了两个对子斗争的历史。20 世纪 80 年代以后，开发螺旋结构颇为时髦，这一时期影响较大的代表作有冯友兰的《中国哲学史新编》，任继愈主编的《中国哲学史》、《中国哲学发展史》，冯契的《中国古代哲学的逻辑发展》、《中国近代哲学的革命进程》，萧萐父、李锦全主编的《中国哲学史》等，另外还有一批中国哲学史专家所撰写的大量中国哲学史著作。①

从上述中国哲学史学科的发展历程来看，萧萐父无疑是中国哲学史学科马克思主义化阶段的重要代表，他的整个中国哲学史研究透显出这一

---

① 参见柴文华：《现代视域与传统原典的结合》，《河北学刊》2013 年第 3 期。

时代的鲜明特征，即运用马克思主义哲学作为诠释框架和评价尺度。应该说，用马克思主义哲学作为诠释框架和评判尺度研究中国哲学史，可能会不同程度导致教条化和遮蔽中国哲学原貌的问题，但也有深刻的地方。马克思主义哲学一些基本原则是具有永恒价值的。比如，运用历史唯物论社会存在决定社会意识的基本观点研究思想史、哲学史是正确的，因为思想史、哲学史的研究不能仅仅停留在自身，在回答"是什么"的同时也必须回答"为什么"的问题，只有揭示出思想、哲学产生的社会根源以及影响，才能加强思想史、哲学史研究的深度。再比如，用两点论评价人物和思想永远不会过时，因为金无足赤、人无完人，美人总有一丑陋处，高大全的人不是现实的人，再伟大的思想家也会有他那个时代和视域的限制。用这样的观点来看萧萐父的中国哲学史研究，其合理性不言而喻。他对许多哲学家思想产生的历史情境的分析以及双维的价值评判等是深刻的、正确的。

二、现代视域和原典的结合

自谢无量、胡适、冯友兰等人的中国哲学史著作出版以后，包括人们后来以马克思主义哲学为诠释框架和评价尺度研究中国哲学史，即"以西释中"、"以马释中"以来，其所采用的基本方法都是现代视域与传统原典的结合，萧萐父的中国哲学史研究亦是如此。他以马克思主义哲学史观为基础，运用历史和逻辑相统一的方法，对中国哲学家的思想做了唯物主义和辩证法的透视，是马克思主义哲学的视域与中国传统哲学文本的一种结合。

从一定意义上说，视域决定了原典的意义，如果我们今天没有哲学人类学的视域，就没有中国传统哲学人类学思想的研究；如果我们今天没有生态伦理学的视域，就没有中国生态伦理思想的研究。[①] 因此，萧萐父以马克思主义哲学的视域研究中国传统哲学的文本可能有一定程度的遮蔽中国传统哲学本来面目的问题，但那既是中国哲学史学科马克思主义化阶

---

① 　参见柴文华：《现代视域与传统原典的结合》，《河北学刊》2013 年第 3 期。

段的普遍性特征，也具有解释学意义上的合理性，即使是我们今天的中国哲学史书写也无法完全绕开"以马释中"的诠释框架。更何况，在当下中国哲学史书写"乱花迷眼"的情境下，当代视域与传统原典的结合依然是较佳的选择。

三、逻辑思维和诗性思维结合

中国传统的思维方式是有别于逻辑思维的诗性思维，通过一种形象的方式表达深邃的哲理。萧萐父受过专门的哲学训练，逻辑思维能力很强，但同时又是一个具有浪漫情怀的诗人，所以在对整个中国哲学史研究中表现出逻辑思维和诗性思维相互融合的特点，语言壮美，意境高远。以下以萧萐父的船山学研究为例。

从萧萐父先生对船山思想的阐释中，我们可以体会到一种逻辑分析之美。比如，他在解读王船山自然史观时，其逻辑起点是"絪缊"，由此展开了对"两"与"一"、"动"与"静"、"化"与"变"、"内成"与"外生"、"始"与"终"等一系列的自然辩证法范畴的逻辑分析，首尾呼应，丝丝入扣。

1982 年秋天，萧萐父在敬谒船山故居时赋诗数首，用形象的手法表达了对船山的景仰之情："芳情不悔说船山，弹指湘波二十年。今日滋溪忆风貌，芷香芜绿梦初圆。""蕫斋痴绝和梅诗，慧境芳情永护持。雪后春蕾应更妩，愿抛红泪沁胭脂。""衡岳锺灵岂二贤，邺侯书卷石头禅。翩翩年少订行社，冲破鸿蒙别有天。""雪儿红豆少年诗，梦断章江月落时。天地有情容被襈，雷风相薄孕新思。""衡岳悲笳隐隐闻，霜毫当日气纵横。芒鞋竹杖莲峰路，虽败犹荣盼好春。""当年瓮牖秉孤灯，笔隐惊雷俟解人。三百年来神不死，船山应共颂芳春。"[①] "柳子高情对问天，船山孤兴步谿烟。千秋慧命春常在，钟鼓波涛继昔贤。""隔海神交岂偶然，只因心曲应朱弦。密翁禅铎蕫斋梦，同谱东方觉醒篇。"[②]

---

① 萧萐父：《火凤凰吟——萧萐父诗词习作选》，武汉大学出版社 2007 年版，第 63—64 页。

② 萧萐父：《呼唤启蒙——萧萐父文选》（下），武汉大学出版社 2007 年版，第 8 页。

　　萧萐父有关船山研究的论著不仅逻辑严谨，思想深邃，而且文笔极美。如为纪念王船山逝世 300 周年所作的《王船山人格美颂》就很有代表性。萧萐父说，"船山一生，风骨嶙峋……始终执着于'壁立万仞，只争一线'的理想人格美的追求。……青年船山，倜傥不羁。……中年船山，出入险阻，投身时代激流，经受了各种复杂矛盾的严峻考验，终于在明清之际'海徙山移'的变局中，'寸心孤注'，'退伏幽栖'。……晚年船山，潜隐著书，瓮牖孤灯，绝笔峥嵘。……船山自我鉴定一生的政治实践和学术活动为'抱刘越石之孤愤'，'希张横渠之正学'，这是理性的选择；而'芜绿湘西一草堂'的艺境诗心，却与'芷香沅水三闾国'的楚骚传统一脉相承。……船山多梦，并都予以诗化。诗中梦境，凝聚了他的理想追求和内蕴情结。……船山特叮咛：'梦未圆时莫浪猜'，足见他确有欲圆而未圆之'梦'，期待后人理解。他曾'抛卷小窗寻蚁梦'，正当此时，写成《噩梦》一书，表明所寻之'梦'，并非虚无缥缈，乃是'苏人之死，解人之狂'的改革设计，并寄希望于未来。但'中原未死看今日，天地无情唤奈何'，有时'拔地雷声惊笋梦'，有时却'蝶魂入梦不惊霜'；有时'雨雨风风，消受残春一梦中'，有时又'青天如梦，倩取百啭啼莺唤'；还梦过'昨夜喧雷雨，一枕血潮奔'的奇景，更有过'眼不稳，梅花梦也无凭准'的迷茫。这纷至重叠的梦影，在船山诗中织成瑰丽的'情中景'"。①除此之外，萧萐父先生在船山研究的其他论著中，喜欢选择王船山本人的文字作为小标题，形象而凝练，给人一种亲切之感。如在阐释王船山的人类史观时，就使用了"依人建极"、"道丽于器"、"法因时改"、"道因时而万殊"、"贞一之理"、"相乘之几"、"即民以见天"、"援天以观民"、"参其变而知其常"等。② 可以说，王船山本人就是理诗双融，作为船山学研究大师的萧萐父更是哲思诗情一炉冶，无痕有味两相持。

---

① 　萧萐父：《呼唤启蒙——萧萐父文选》（下），武汉大学出版社 2007 年版，第 2—3 页。
② 　参见萧萐父：《呼唤启蒙——萧萐父文选》（下），武汉大学出版社 2007 年版，第 71 页。

第 四 编

港台地区的中国哲学史研究

引　言

与大陆中国哲学史研究相对应的还有港台的中国哲学史研究，其主要代表为第二代现代新儒家的代表人物，如牟宗三、唐君毅、方东美等，除此之外，还有罗光、劳思光对中国哲学史的研究。徐复观虽然有中国思想史如《两汉思想史》和《中国人性论史》方面的研究成果，但中国思想史不等于中国哲学史，《中国人性论史》是专题性的中国哲学史研究，他没有对中国哲学史的通史性或通论性研究，故暂时搁置。

应该说，牟宗三、唐君毅、方东美、罗光、劳思光等既是哲学史家，均有对中国哲学史的贯通研究，如牟宗三的《中国哲学的特质》和《中国哲学十九讲》、唐君毅的《中国哲学原论》、方东美的《中国哲学精神及其发展》、劳思光的《新编中国哲学史》、罗光的《中国哲学思想史》等，但同时他们又是哲学家，以其深厚之基、磅礴之势，使一座座新的哲学大厦拔地而起，为20世纪的中国哲学增添了耀眼的新景观。而他们的学说，通过其弟子们和其他受众的传播，或批判性反思的重建，对中国大陆乃至整个"文化中国"①都产生了重要影响。

总体而言，港台学者的中国哲学史研究是接续了胡适、冯友兰等人

---

① 杜维明在《徐复观的儒家精神——以"文化中国"知识分子为例》中指出，"文化中国"这个概念是针对中华民族的自觉这种情况而提出的。这不是一个政体，不是一个党派，而是各个地方的中华民族，或者说广义的华人的一种自觉……中华民族所共同组成的文化世界决不是一个狭隘的地域观念，它具有鲜明的全球性特征。(《徐复观与中国文化》，湖北人民出版社1997年版，第17—18页)

开创的"中西互释"的诠释模式，这与他们各自的中西哲学素养相关，如牟宗三去台湾前即主讲过西方哲学和逻辑学，后来还开了康德哲学、知识论等课程。唐君毅对西方哲学广为涉猎，著有《中西哲学思想之比较研究集》。他们还进行了中西哲学结合的实践，创造了中西合璧的新的哲学体系。如牟宗三的智的直觉、两层存有论、道德的形上学，唐君毅的道德自我、心灵九境等都是在结合中西哲学元素的基础上所进行的哲学创造。方东美也有深厚的西方哲学功底，著有《科学哲学与人生》等。罗光的中国哲学史研究是基于生命哲学的基督教文明与中国哲学的对话，劳思光是运用西方逻辑解析这个"思想上的显微镜"去探寻中国哲学的"基源问题"，以主体性为理论设准去审视整个中国哲学的发展历程。所以他们的中国哲学史研究离不开西方哲学或文化的视域，自觉地采用了"中西互释"的范式。

需要说明的是，港台的中国哲学史研究成果肯定不止这些，由于工作量的原因，我们将在以后进行深入研究。

第十四章　牟宗三的中国哲学史研究[①]

　　牟宗三（1909—1995 年），字离中，山东栖霞人。1933 年北京大学哲学系毕业。先后在中学、大学任教。主编《再生》、创办《历史与文化》、编辑《理想历史文化》杂志。1949 年春赴台，先后受聘于台港两地多所大学和研究所，担任教授或导师，讲授逻辑学、知识论、西方哲学、中国哲学与文化等。在其六十余年的学术生涯中，笔耕不辍，撰有中国哲学史研究、康德哲学译注、历史文化理论等研究领域近三十种著作。牟宗三一生以"反省中国文化之生命，以重开中国哲学之途径"为使命。其思想旁通中西，关于逻辑学、知识论以及康德哲学的翻译和研究方面，主要有《逻辑典范》、《认识心之批判》、《理则学》、康德三大批判的翻译、《康德的道德哲学》、《康德〈纯粹理性批判〉译注》、《智的直觉与中国哲学》、《现象与物自身》等；关于中国哲学外王学的著作主要有《历史哲学》、《道德的理想主义》、《政道与治道》三种。牟宗三在衡论中西哲学的基础上，认为中国有自己的哲学形态和自己的哲学发展历史。牟宗三对中国哲学发展历史的研究，主要集中在《才性与玄理》、《佛性与般若》、《心体与性体》等著作中，牟宗三认为整个中国哲学史是儒、释、道三家为主要形态的哲学发展历史。牟宗三的中国哲学史研究是立足于其对哲学的基本理解以及中西哲学差异性的理解基础上进行的，在中国哲学史学史上占有重要地位。

[①]　本章由王秋、苏磊、赵奕英等执笔，柴文华修改。

第一节　哲学观以及对中西哲学差异的看法

在牟宗三看来，中国哲学与西方哲学相比较而言，其特征在于重视主体性与内在性，"中国哲学特重'主体性'(Subjectivity)与'内在性'(Inner-morality)。中国思想的三大主流，即儒、释、道三教，都重主体性，然而只有儒家思想这主流中的主流，把主体性附加以特殊的规定，而成为'内在道德性'，即成为道德的主体性。西方哲学刚刚相反，不重主体性，而重客体性。它大体是以'知识'为中心展开的。它有很好的逻辑，有反省知识的知识论，有客观的、分解的本体论与宇宙论；它有很好的逻辑思辨与工巧的架构。但是它没有好的人生哲学。西方人对于人生的灵感来自文学、艺术、音乐，最后是宗教。"① 在牟宗三的分析中，中国哲学由于重视主体性和内在性，所以中国哲学的发展侧重发展人生智慧。这一点与西方哲学重视知识论的传统不一样，因此，导致中西文明出现不同的差异。从重视主体性和内在性的视角出发，牟宗三认定在儒、释、道这中国思想三大主流之中，儒家思想突出强调了人的"内在道德性"而成为主流中的主流。这一基本理解在牟宗三哲学史的疏解上具体表现为通过《才性与玄理》一书阐发道家哲学的核心价值，通过《佛性与般若》阐述佛学思想的基本义理，通过《心体与性体》重新衡论儒家哲学发展的主题和历史。

注重主体性和内在性的哲学导致中国文化可以从超越的层面形成最高的价值，类似于西方宗教提供出来的宗教信仰，从这一点而言，中国的儒、释、道思想给予中国人的高度的人生智慧相当于西方宗教提供给人的最高价值。在这一点上，牟宗三高度强调了儒家文化和道家文化的重要性，认为"中国哲学却必开始于儒道两家。中国哲学史中，必把孔子列为其中之一章。孔子自不像耶稣式的那种宗教家，亦不类西方哲学中的那种哲学家"。②

---

① 牟宗三：《中国哲学的特质》，吉林出版集团有限责任公司2010年版，第5—6页。

② 牟宗三：《中国哲学的特质》，吉林出版集团有限责任公司2010年版，第6页。

而在儒家道家文化之后经过印度佛学传入后，佛教思想的发展亦提供给中国人新的价值信念，"释迦亦不类耶稣那种宗教家，亦不像西方哲学中那种哲学家。但是孔子与释迦，甚至再加上老子，却都有高度的人生智慧，给人类设定了一个终极的人生方向，他们都取得了耶稣在西方世界中的地位之地位。但他们都不像耶教那样的宗教，亦都不只是宗教。学问亦从他们的教训，他们所开的人生方向那里开出。观念的说明，理智的活动，高度的清明圆融的玄思，亦从他们那里开出。如果这种观念的说明，理智的活动，所展开的系统，我们也叫它哲学，那么，这种哲学是与孔子、释迦所开的'教'合一的：成圣成佛的实践与成圣成佛的学问是合一的。这就是中国式或东方式的哲学。"① 在牟宗三的分析中，儒、释、道三家对人生终极方向的确立，是从教训、观念、理智活动、玄思而来，这种成圣成佛的理论与实践的统一是中国哲学的特质所在，"它没有西方式的以知识为中心、以理智游戏为一特征的独立哲学，也没有西方式的以神学为中心的启示宗教。它是以'生命'为中心，由此展开他们的教训、智慧、学问与修行。这是独立的一套，很难吞没消解于西方式的独立哲学中，亦很难吞没消解于西方式的独立宗教中。但是它有一种智慧，它可以消融西方式的宗教而不见其有碍，它亦可以消融西方式的哲学而不见其有碍。西方哲学固是起自对于知识与自然之解释与反省，但解释与反省的活动岂必限于一定形态与题材耶？哲学岂必为某一形态与题材所独占耶？能活动于知识与自然，岂必不可活动于'生命'耶？以客观思辨理解的方式去活动固是一形态，然岂不可在当下自我超拔的实践方式，现在存在主义所说的'存在的'方式去活动？活动于知识与自然，是不关乎人生的。纯以客观思辨理解的方式去活动，也是不关乎人生的，即存在主义所说的不关心的'非存在的'。以当下自我超拔的实践方式，'存在的'方式，活动于'生命'，是真切关于人生的。而依孔子与释迦的教训，去活动于生命，都是充其极而至大无外的。因此，都是以生命为中心而可通宗教境界的。但是他们把耶教以神为中心的，却消融于这以'生命'为中心而内外通透了。既能

---

① 牟宗三：《中国哲学的特质》，吉林出版集团有限责任公司 2010 年版，第 6 页。

收，亦能放。若必放出去以神为中心，则亦莫逆于心，相视而笑，而不以为碍也。众生根器不一，可能局限于某一定型而必自是而非他?"① 至此，牟宗三认为中国哲学史以"生命"为中心的学问，这种学问不能被西方哲学所消融，但这种人生哲学却可以消融和吸收西方哲学。在这种宏观论断中，牟宗三实际上暗示对于整个中国文化而言，儒家文化最高，其次为道家，再次为佛教，而对于整个世界文化来说，中国文化要高于西方文化。这种建立在儒、释、道比较、中西比较基础上的基本哲学理解成为贯穿在牟宗三中国哲学史研究中的一个基本原则。在这种基本哲学观念的查找之下，牟宗三认为西方哲学亦有类似中国哲学重视道德、生命的思想形态，近代的康德哲学以及后来的存在主义哲学即是其具体表现形态。在这种论述形态中，牟宗三对哲学历史发展的理解是认为在现代哲学发展阶段，中国哲学需要吸纳西方哲学重视知识的传统弥补自身发展的某种不足，而西方哲学经过漫长的发展终于找到了哲学真正应当关注的主题，在这种论述方式里，中国哲学需要补正重视方法论层面的，而西方哲学需要补正的则是人生观方面。中西哲学之高下亦可由此断出。牟宗三亦由此出发，否定了那种以西方哲学方式审视中国哲学可能导致的问题，他认为："中国哲学以'生命'为中心。儒、道两家是中国所固有的。后来加上佛教，亦还是如此。儒、释、道三教是讲中国哲学所必须首先注意与了解的。二千多年来的发展，中国文化生命的最高层心灵，都是集中在这里表现。对于这方面没有兴趣，便不必讲中国哲学。对于以'生命'为中心的学问没有相应的心灵，当然亦不会了解中国哲学。以西方哲学为标准，来在中国哲学里选择合乎西方哲学的题材与问题，那将是很失望的，亦是莫大的愚蠢与最大的不敬。"②

在牟宗三的哲学史书写中，先秦儒家（除荀子外）和道家并没有进行专著论述，这与其理解的中国哲学发展的历史密切相关。在牟宗三看来，以往的中国哲学史并没有真正理解中国文化的真正精义，对于儒家文

---

① 牟宗三：《中国哲学的特质》，吉林出版集团有限责任公司 2010 年版，第 6—7 页。
② 牟宗三：《中国哲学的特质》，吉林出版集团有限责任公司 2010 年版，第 7 页。

化而言，孔孟为正宗，而荀子、董仲舒以及后来的朱熹都是对正宗儒家文化的歧出，对于道家文化而言，老子和庄子是正宗，其后的玄学解老注庄者固然有自得之处而未能得到真精髓。因此，其对中国哲学史的解读主要是从《才性与玄理》开始入手，通过与他所理解的儒、释、道的真正精义对比的方式入手，揭示汉代以后中国哲学思想发展对儒、释、道真正精义继承和发展的得与失。这成为他建立自己哲学理论系统的哲学史奠基性的工作。因此，这种立足于中西哲学差异基础上的他所理解的儒、释、道精义与中国思想家理解的思想差异成为他书写哲学中的另外一种比较意识。因此，我们对牟宗三中国哲学的研究从其分析王充到玄学的发展作为开始，以其对佛学发展历史的批判性分析作为结束。

第二节　气性与德性的复杂关系：从王充到玄学

在魏晋时期，现实中自然与名教的激烈冲突贯穿玄学发展始终，这一点反映在士大夫阶层则集中表现在如何处理和把握德性与才性的关系问题上。在当时，名士们显然分化为两大阵营：贵无派与崇有派。前者以王弼、向秀、郭象、阮籍、嵇康等人为代表，他们更关注个人才性的发挥和展现。而后者则以裴頠为代表，他选择了德性，试图改变流弊以维护统治秩序。德性与才性在每个人那里都有不同程度的取舍，牟宗三将其分为三种类型：文人型、兼养生型、哲学家型。

1. 文人型，代表人物阮籍。阮籍，"以浪漫文人之生命为底子，一切礼法皆非为我而设"。[①] 于是，才性之生命与德性之礼法的冲突就是永恒的、永远无法和谐。阮籍本人生来随性任性，他的许多举动都被认为不合礼俗，但也处处体现了他生命的独特与真挚。牟宗三称其为文人浪漫性格。坦荡，乃不避讳世俗之嫌；淳至，乃生命之真挚。牟宗三认为，真、善、美就是浪漫文人所要表现之领域，就是生命之领域。不幸的是，生命

---

① 牟宗三：《才性与玄理》，载《牟宗三先生全集》（第 2 卷），台湾联经出版公司 2003 年版，第 337 页。

领域是独立自足之领域，断不能容忍其他领域之管制。故而，必定冲决一切藩篱、枷锁，使生命毫无挂褡之处，不为任何俗情、礼法所挂褡，不为任何"教"与"学"之系统所挂褡，直挂褡于苍茫之宇宙。牟宗三谓之"四不着边"。由是，不但与名教永恒冲突，便与一切礼法、宗教都有冲突。牟宗三谓之为逸气，"所谓'天地之弃才'。亦即为晋名士文人之独特风格"[①]。但实际上，苍茫宇宙是挂褡不了生命的。所以，表面上，阮籍契接"天地与我并生、万物与我为一"，实则并未真正达至"玄冥"、"独化"、"无为而无不为"的境界。故王弼、向秀、郭象俱能掌握此枢机，为学人之言，而阮籍只是文人生命之挑破。此为才性之悲剧一也，仅成为"浪漫泛滥的文人生命之'感性的主体'"[②]。

2. 兼养生型，代表人物嵇康。关于嵇康之相关内容前文已有分析，不再赘述。他的遭遇最为悲情，此为才性之悲剧二也。

3. 哲学家型，代表人物王弼、向秀、郭象。他们一次次试图从理论上解决才性与德性矛盾的努力都以失败而告终，此为才性之悲剧。这两种类型现实中都是以不自由收场。

牟宗三对崇有派裴頠的看法是，他实际上并没有真正超越虚灵境界，仅以客观实在论之态度，直接在物类层面上论证存有，企图借此有涵盖一切。此种理论下的"无"，不是王、郭能自生之"无"，而是类似西方哲学中的"非有"（non-being）概念，此无非彼。虚灵境界之"块然自生"涵"自生、自在、圆满自足"之玄义。裴頠之生，乃有待他生之生。故裴頠也未能彻底解决才性与德性的最终走向问题。

魏晋玄学对原始儒学和道家的歧出，思想源于对汉代哲学的批评，因此，王充作为从气论性的思路的集大成者，成为牟宗三分析魏晋玄学的一个中间环节。

---

① 牟宗三：《才性与玄理》，载《牟宗三先生全集》（第 2 卷），台湾联经出版公司 2003 年版，第 338 页。

② 牟宗三：《才性与玄理》，载《牟宗三先生全集》（第 2 卷），台湾联经出版公司 2003 年版，第 434 页。

一、气性对德性的颠覆：牟宗三断定王充歧出的根据

牟宗三认为，"性命"观是贯穿中国古代哲学思想发展始终的基本问题之一，这一理论主要包含两个方面：天人关系和人性论。

其一，从人性论角度而言，王充首先肯定元气为万物之本，元气自然而然构成性、命之基础。牟宗三将这种人性论称为"才性"和"气性"。牟宗三分析说："性者，气下委与个体，就个体之初禀，总持而言之之谓也；命者，就此总持之性之'发展之度'而言之之谓也。一言之于其初，一言之于其终。"① 其意在言明"性"，便是个体初出时所禀之气，就其整体趋势而言的东西；"命"，便是因循这个整体趋势不断发展、延续直至终结而言的东西。王充认为："论人性，定有善有恶。其善者，故自善矣；其恶者，故可教告率勉，使之为善。凡人君父，审观臣子之性，善则养育劝率，无令近恶；恶则辅保禁防，令渐于善。善渐于恶，恶化于善，成为性行。"② 牟宗三认为王充所指的善、恶并非道德意义上之善、恶，而是人性中皆具有的善的倾向和恶的倾向。小人与君子成性时所秉者并非异类，都是元气。人在初生时，所秉之气有厚薄、多少之分别，所以人之性亦有贤愚、善恶之分别。与王充相反，在原儒那里，无论对人性进行怎样划分，其"性"始终是建立在道德主义的基础之上。《大学》中说：天命之谓性，率性之谓道，修道之谓教。这充分表明他们认为人性来源于天授。牟宗三由此认定，王充与其之前儒家孟子（性善论）、荀子（性恶论）、董子（性善情恶论）之人性观俱异。

其二，从天人关系而言，王充说："夫性与命异，或性善而命凶，或性恶而命吉。操行善恶者，性也；祸福吉凶者，命也。或行善而得祸，是性善而命凶；或行恶而得福，是性恶而命吉也。性自有善恶，命自有吉凶。使吉命之人，虽不行善，未必无福，命凶之人，虽勉操行，未必无

---

① 牟宗三：《才性与玄理》，载《牟宗三先生全集》（第 2 卷），台湾联经出版公司 2003 年版，第 6 页。
② 王充：《论衡·率性篇》，上海古籍出版社 1990 年版，第 19 页。

祸。"① 人之生、性、命皆源于气这一自然之质，但性和命毕竟是两件事，并无因果关系。性、命的差异是由先天所秉受之气的清浊、厚薄、精粗所致，与德性毫无关系。牟宗三认为王充对天人关系治理结构与原儒们对此所持观点大有不同。牟宗三认为孟、荀、董均强调人需要通过运用道德教化规范人性中的各种欲望，不断完善自己的品德（即克己复礼），最终方可达到无论"大人"抑或百姓，使其一言一行皆符合道德准则，这样，才能够达到"天人合一"的最高境界，成圣成贤才是儒家追求的目标。

儒家关于命的普遍说法主要有三类：正命、随命和遭命。② 正命即是说人的寿命长短、享受程度都是上天有意的安排；随命是他所受的福祸是其行为善恶的报应；遭命则是由于外在环境的变化，导致人遭受的意外祸害。而王充认为："凡人禀命有二品：一曰所当触值之命，二曰强弱寿夭之命。所当触值，谓兵、烧、压、溺也。强弱寿夭，谓禀气渥薄也。"③ 命只有两类：遭命与正命。所当触之，正好赶上，即为遭命。强弱寿夭乃源于初禀之气，即为正命。在这里，他否认了"随命"说。在王充这里，天人感应的基础已经开始动摇。人无论是禀气以成性或定命都是偶然而非必然。每个人都是气性和偶性共同结合的产物。贤与不贤是才性，遇或不遇是时机。德才兼备，未遇时机，只能居于人下；无德无能，赶上时机，就会出人头地。身处尊贵，未必贤德，而是遇到好机会；地位卑微，未必愚钝，而是时机未到。作为个体存在的人，道德品性自然有贤有愚，若偶然碰到对自身有利的事情便是幸，若偶然碰到对自身有害的事情便是不幸，幸与不幸同样是出于偶然，与德性无关。用偶然性来解释个体的存在、遭遇甚至包括某些自然现象的变化。牟宗三认为王充的目的非常明确——颠覆天人感应和福祸报应那一套学说，去除背负在个体之上沉重的上帝负担，关注人的现实命运。在牟宗三看来，王充从气论述的思想进路与孟子、董仲舒对性命关系的理解均具有差异，与孟子性命论的差异反映了王充思想在义理系统上不是儒家思想之正宗，与董仲舒性命论的差异反映了

① 王充：《论衡·命义篇》，上海古籍出版社 1990 年版，第 15 页。

② 参见冯友兰：《中国哲学史新编》（中），人民出版社 2003 年版，第 312 页。

③ 王充：《论衡·气寿篇》，上海古籍出版社 1990 年版，第 11 页。

王充思想在现实系统上不是儒家思想之正宗。据此，王充思想为儒家思想之歧出。

牟宗三肯定孟子"人性本善"之性的基础不仅具有生物学的意义，而且具有道德层面的意义，抑或是说更具道德性。王充则批判孟子的人性论，指出："纣为孩子时，位子睹其不善之性。性恶不出众庶，长大为乱不变，故云也。羊舌氏我初生之时，叔姬视之，及堂，闻其啼声而还，曰：'其声，豺狼之声也。野心无亲，非是莫灭羊舌氏。'遂不肯见。及长，祁胜为乱，食我与焉。国人杀食我。羊舌氏由是灭矣。"① 纣之恶在小孩时便有表现，食我之恶更是在他初生啼哭中已然显露。小孩刚生下来还没有机会与外界接触，是什么导致他们的恶性呢？此外，丹朱、商均分别出生在唐尧、虞舜之时，"所与接者，必多善矣。而帝之旁，必多贤矣。然而丹朱傲，商均虐，失并帝统，历世为戒"②。王充通过大量例证强力批驳人性禀赋善端论。性的基础是元气，善、恶两性只不过是同时混杂于一体的两种倾向，既无尽善亦无尽恶，若尽力发挥善的倾向，表现出来的即为善，反之，则为恶。贤、愚尽由气定，与善、恶无关。牟宗三阐发孟子将人性比之为水的论证，认为儒生们追求的是理想的人格——即成贤至圣，实现的唯一的途径是必须不断发展、完善个人道德，摒弃欲望，也只有如此方能实现他们修身、齐家、治国、平天下的抱负。

董仲舒在性命观的问题上最具代表性的创造理论就是"天人感应"。王充则强调万物之生本是一个自然而然的过程，并非上天意志的体现；在批判天人感应论的基础上，王充批判了董仲舒人副天数的观念和灾异谴告说。王充认为，天道自然，何以能对人作出谴告、赐予福报？"夫天道也，自然也，无为。如谴告人，是有为，非自然也。"他进一步从气化论的角度对灾异说进行解释："风雨暴至，是阴阳乱也。"③ 灾异的发生并没什么神秘之处，不过是阴阳之气错乱所致。至于德福一致说更是无稽之谈。牟宗三认为在批判天人感应、德福一致的问题上，王充建立了自己的气化论

① 王充：《论衡·本性篇》，上海古籍出版社1990年版，第31页。
② 王充：《论衡·本性篇》，上海古籍出版社1990年版，第31页。
③ 王充：《论衡·感虚篇》，上海古籍出版社1990年版，第53页。

和偶合论，将西汉以来德性无以复加的神圣地位颠覆。牟宗三认为王充顺气言性，已异于前人。顺气性言善、恶，则此善、恶只是气质中所蕴涵的善、恶的倾向，由此可能导致道德心性的根基缺少存在论的根据。但在气性领域内把握、品评此面，才引发魏晋人物开出艺术境界与人格美学之境界。这虽不是中国文化之主流，但亦是中国人的艺术境界和美学境界的独特体现。

二、才性与艺术境界：牟宗三对《人物志》的品鉴

东汉末年，在统治阶层内部出现名实不符的混乱情况。针对这种情况，当时关心政治的人都主张"综核名实"。到曹魏政权时期，魏文帝推行"九品中正之法"以期选拔名实相副的人才。同时，他命令刘劭制定考核官员的规则"都官考课法"七十二条。《人物志》虽然不是考核官员的标准，但它的内容也是如何识别不同人的才性与风格以及如何量才为用。此书因基于人之才质论人性且彼时清谈、名理之风已兴，故牟宗三又称其为"才性名理"。

刘劭继承了两汉以来以气为本的传统，以阴阳为性，以五行生形。每个人所禀受五行之气各不相同，五象之体的完善程度随之不同，五常之德亦随之有所偏颇。五行之气虽无形，然五象之行有形，以此为据则人之性情可求矣。尽管人的体质变化无穷，但各种征象都表现在面容、声音、气色、表情和言谈上。这种品评人物的标准也反映在此时的美学发展上：绘画方面，这一时期绘画作品大多以鉴戒为目的，但强调人物个性和精神气度的画风已经形成，人物不再仅仅是以往作品中呆板的说明性符号。同时，魏晋时期书法发展亦呈现两大突破：一是"意"与"象"的表达；二是"骨"与"筋"的结合。人的各种品质才能皆由天赋之阴阳五行之成分所定，所禀五行不均，常人品质才能都有所偏，即"偏至之材"。身体中占据优势地位的那种"质"就是"偏至"的根据，又叫作"胜体"或"胜质"。如果一个人生来就是一种"偏至之材"，那就要一直偏至下去，没有办法可以改变。牟宗三评价《人物志》乃从材质方面入手，因其以具体的人的姿态作为赏鉴对象，它所涉及的才性或性情虽然变化多样，但全都是

先天注定不可改变的，所以这种才性有以下两种特征：

其一，正可以用来说明个人之间的差异性或特殊性。这和孟子的"道德心性"、宋儒的"义理之性"所指的人的普遍性是相对立的。此差别性包括一个人自身才性的多面性，又包括不同人之间才性的优劣高下。

其二，这种差别性非人力所为，是先天注定，不但说明人格价值不尽相同，亦说明天才之人确有。

所以牟宗三认为，顺《人物志》之鉴赏才性开辟出魏晋美学境界，继而转为风流清谈的生活情调。一方面，在生活中，时人多居飘逸气质；另一方面，美学境界中高贵、低贱、清雅、庸俗等价值观念成为评判人物的新标准，摒弃了过去的道德标准。牟宗三谓才性就是美的鉴赏与具体智悟混融为一的表现。鉴赏才性的目的固然是识人才、用人才，然此过程本身又是鉴赏与智悟的结晶。它既能开出新的美的境界与智的境界，又代表了美趣与智悟的表现。它直接引发的结果就是正始年间何晏、王弼、向秀、郭象的"玄学名理"的出现。玄学就是将这种鉴赏与智悟运用于三玄（《周易》、《老子》、《庄子》）的理解。所以，后来有"言意之辨"，讨论言是否能尽其意。虽有欧阳建主"言尽意"，但势必以"言不尽意"为最终归宿。因为无论才性或者玄理都不是用言语所能够说明白的。

至于名士们（中朝名士、竹林名士、江左名士）的生活情调，当然展现出的全部是艺术境界与智悟境界。艺术境界体现于两方面：一是他们以自己的才性所呈现的神采、风姿，二是修养的趣味。这两点在《世说新语》中得到充分说明。在这本书中用于形容人的鉴赏性的词语诸如"姿容"、"容止"、"风姿"、"风神"、"神采"、"器宇"等等不胜枚举。艺术境界上，文学方面出现"纯文学论"和"纯美文的创造"，书法绘画也成为独立的艺术。智悟境界上，名士们擅长名理又能辩论，使其为佛教的传入中国并传播开来奠定了方法论上的基础。牟宗三认为中国的道统在儒家，而哲学传统则为先秦名家、道家加之魏晋名理所构建。美趣与智悟都促进了人的性情的解放。所以魏晋人提倡自然，反对名教（礼法）。这就导致日后自然与名教、自由与道德之间的矛盾不断扩张。

牟宗三把中国哲学的发展大体分为三个阶段：一、先秦诸子学；二、魏晋南北朝，下赅隋唐；三、宋明理学。《人物志》开启魏晋玄学人物品评之思潮，故牟宗三对此书给予相当的关注。他对书中集中论述之"才性"进行深入研究，系统地解析并阐发其正、负两方面意义。

《人物志》意在根据个体生命在世间的表现形态或姿态而品鉴其原委。它直接就具体的个体全面地品鉴，就好像是品鉴一件艺术品一样。牟宗三称这种系统是品鉴的论述。相较之下，西方科学中关于人的学科：心理学、生理学、人类学、社会学等等，都不是直接就个体生命的人格全面的研究，它们是以人的普遍性为基点，分解出某一共在的现象论述其法则，所以这些学科都不能把它们研究的对象还原为一个完整的、具有生命人格的个体的人，它们的系统是指物的论述，所以，全面人性的解读并不是西学之所长。依牟宗三之观点，唯有《人物志》中对人之了解"才是真正关于人的学问，乃是中国学术文化中所特着重的一个方向"①。由此可见，牟宗三对这本书的价值首先是肯定的。

对人性问题的思考是中国哲学的一个核心话题。全面地分析人性大致有两种思路：一、以先秦的人性善恶问题为代表，即从道德上的善恶观念讨论人性。二、以《人物志》的"才性名理"为代表，即从美学的观点来品鉴人的才性或情性。这两种思路各体现了一种基本原理，前者是道德的，后者是审美的。前者关于人性有各种说法，归以系统地看，就是孟子的性善论配之《中庸》的"天命之谓性"，以及《大学》之"明德"，与孔子之"仁"相汇合，最终发展至宋明儒"心性学"中的"义理之性"（亦即天地之性），牟宗三将此路归为正宗。后者，是对才性的品鉴，其目的无非在实用——知人与用人，并最终发展至宋明儒"心性学"中的"气质之性"。孟子将性看作是德行所以可能之先天根据，所以孟子之性走的是理性（道德心性）之路。《人物志》将性看作才智、品性存在之先天根据，所以刘劭之性走的是才性（气性）之路。

所以，就《人物志》品鉴的才性，一方面在精神上可开出美学领域；

---

① 牟宗三：《才性与玄理》，载《牟宗三先生全集》（第2卷），台湾联经出版公司2003年版，第51页。

另一方面其落于现实，却导致门第观念依然强大——九品中正制度推行的人才选取的结果就是"上品无寒门，下品无世族"①。造成后者出现的原因，牟宗三归结为"美学精神与艺术性的才性主体之发见，并不足以建立真正的普遍人性之尊严，亦不足以就放人为一皆有贵于己之良贵之精神上的平等存在。而孟子知道的心性则能之"②。在此，牟宗三明确，才性不是人之所以为人的超越根据，只有孟子倡导的道德心性（良知）方能挺立起真正的人格尊严。所以，宋明儒顺孟子一路讲义理之性，构建出一个人的道德主体性理论系统。这样，不但"足以建立真正的普遍人性之尊严"，而且从义理之性超越气质之性的角度来看变化气质的问题，使德性人格向上无限发展成为可能，也使先天而定不可改变之才性成为相对可变之才性。这正是宋明儒构建的"道德性主体"与《人物志》展现的"才性主体"的不同之处。以史为鉴，牟宗三显然更加主张"道德性主体"。他认为寻找普遍人性，建立人格尊严，在中国是儒家之使命和意义；在西方是基督教之使命和意义。虽然两者在说法上不同，但在实质功能上是一致的，即都主张超越现实的各种限制，在精神上达到人的平等。可是，这在艺术精神上就无法实现。牟宗三以古希腊文化为例，它也是艺术精神，而柏拉图、亚里士多德却承认有先天的奴隶。

牟宗三认为只有在宋儒那里，才真正谈得上是变化气质，建立成德之学。成德化质，不是"教"与"训"就能完成的。如果不能自觉到"义理之性"（即学之所以可能之根据），虽教之以学，这种学习实际上只会使其所偏之才愈增，对其所失之才毫无裨益，反而失之愈多。这种学牟宗三称之为"顺学"。同理，不能自觉到"恕"之所以可能之根据（牟宗三认为恕应当发乎仁心），白白地教训人要学会宽恕，那么这种恕，只是顺着原来固有的偏性。牟宗三把这种恕叫作"顺取"之恕。这对偏才仍无补救，所以"成德之学，唯在逆决"。牟宗三进一步补充道："逆决者，逆其

---

① 冯友兰：《中国哲学史新编》（中），人民出版社 2003 年版，第 383 页。

② 牟宗三：《才性与玄理》，载《牟宗三先生全集》（第 2 卷），台湾联经出版公司 2003 年版，第 57 页。

材质情性之流而觉悟到成德化质所以可能之'超越根据'之谓。"① 即只有自觉地反才性之偏颇才可能成德化质。这种智慧，在宋儒处始得以开辟，顺《人物志》的系统，是根本开不出这一领域的。才质之性虽于具体生命而言是先天的、定然的，但毕竟是生命的实然，而非理性上之必然。一旦可以开出理性领域，就可以转化，这样成德之学才成为可能。否则，只顺才性说，命只能是先天的，不可改变的，这样，成德之学亦无从谈起。《人物志》未能将心纳入性中，故开不出另一"超越之理性之领域"，然从品鉴角度言，却开出美学领域与艺术的境界，牟宗三认为这正是此书积极价值之所在。

从整体而言，才性之质，若从品鉴的角度看，是可欣赏的；若超越着从道德宗教角度看，又是可忧虑的。牟宗三认为："可欣赏与可忧虑，构成'才性之质'亦即'生命领域'之全幅意义。而魏晋时代精神与学术精神，则取其欣赏一面而品鉴之，此是才性之积极的意义。《人物志》即为其开端之代表。"② 但从道德宗教立场上说，才性之积极意义又转化为消极意义。它自有其独立的物性，随之而来的后果是各种欲望。其可品鉴之性情销声匿迹，在儒家收敛为气质之性；在佛教消解为业识、无明；在基督教化归为原罪、撒旦。在这个意义上，品鉴之才性抽象为"生命之领域"，"生命"的概念由此成立。"生命"一词此刻失去往日中立的色彩，被烙上罪恶的印记。

三、援道入儒：牟宗三析论王弼思想与正宗儒家之差异

王弼作为正始玄学中最重要的一位哲学家在其二十四年短暂的人生历程中却留下了以"得意忘言"和"贵无"为代表的闪光思想。他通过对《周易》、《老子》、《论语》注疏的方式，将儒学玄化，从而完成由汉代经学向魏晋玄学的转化。

---

① 牟宗三：《才性与玄理》，载《牟宗三先生全集》（第2卷），台湾联经出版公司2003年版，第66页。

② 牟宗三：《才性与玄理》，载《牟宗三先生全集》（第2卷），台湾联经出版公司2003年版，第67页。

牟宗三分析王弼援道入儒之思想，首先对于王因循"以传解经"的传统方法予以肯定，但他认为王弼仅是以道家玄理附会孔门义理，只有宋明儒才真正把握并发挥了其中所蕴。牟宗三从以下三点分述之：

1. 关于"圣人体无"

魏晋时期世人多言老庄，但仍不忘推崇圣人。牟宗三认为魏晋思想家普遍认为老庄皆不及圣。裴頠问王弼："夫无者诚万物之所资也。然圣人莫肯言，而老子申之无已者何？"王弼曰："圣人体无，无又不可以训，故不说也。老子是有者也，故恒言其所不足。"[①] 牟宗三认为，"无"不仅是一个"智及"的空泛概念，而且能够切实地在生命践行中体现出来。老子因为还是处于"有"的层面，不能把它融汇入生命之中，所以达不到"无"的境界；因为上升不到"无"的境界，故老子只是"智及"，而不能"守仁"。至于庄子，更是"未始藏其狂言"。在这个意义上牟宗三说，孔子才是圣人，老庄不过是贤人或哲学家罢了。

牟宗三认为若从繁兴大业之为用的角度看，此"无"之为本为体是境界上的或第二序上的体。王弼从此第二境界上释孔并无不可。但关键在于道家言无，本身并无第一序与第二序之分别，两层是混而为一来谈的，即把境界上的"无"之本体当作存有层面的"无"之本体。那么，这个"无"或"道"即"一"或"自然"都只指向形式，只能说明本体外延的形式特征，不能说明其内涵的内容特征。故而牟宗三说：在此基础上注疏儒家经典，只能体会到其境界层面上的"无"之本体之"道"，误将此老庄之言当作是孔子之义，儒家特有的义理（仁与性命天道）则悉数被遮蔽起来。假使，孔子之道真如王弼注的那般，也只能是"迹"。以孔子之圣为用，老庄之言为体；以孔子之言为"迹"，以老庄之体为"所以迹"。向秀、郭象注《庄子》就是对这个层次义理的发挥——内圣之道在老庄，外王之道在孔子，以此为契机会同儒道，表面上是尊崇儒家，实质上却是发扬道家。牟宗三指出王弼援道入儒的举措存在两方面纰缪：

其一，仅就第二序境界上言体用、有无，那么体或无就会失去客观

① 楼宇烈：《王弼集校释》，中华书局 1980 年版，第 639 页。

性、实体性意义。用或有只是由"自然"转出的空泛的一般概念，本身不包含客观的积极意义，只产生主观上消极的影响，而这套迹本论恰好与佛教权假方便之论暗合。所以直到隋唐佛教大兴时，此观念仍为当时之核心。牟宗三明确指出：宋明儒发展出的新道家思想就是在超越这层面上的迹本（权假）之体用观，直透原儒存有层面上之实体实理（天道性命）体用观之结果。

其二，迹本之体用观既不能真正会通儒道，也无法自行消解自然与名教（自由与道德）之矛盾。用如果只是应迹，便无必然的实理存于其中，当然无从判别是非、善恶及其分殊、差别。天道性命则不同，道德的体性学是其挺立之骨干。牟宗三深信以道德意识为中心观念，把握此观念，便不会复开出应迹或权用此等旁出异支。只谈形式上的有无，根本不能正确理解道德意识并将其作为骨干支撑整个系统，所以，玄学家们言无、言自然，将道德性的事物全部认作应迹或权用，这毫无道理可言。最后牟宗三得出结论，自然与名教、自由与道德就无法真实地统一在一起，其内在矛盾终不得消解。这既是道家系统中的本质问题，也是魏晋时代的本质问题。

2. 关于"圣人有情"

王弼曰："圣人茂于人者神明也，同于人者五情也。神明茂，故能体冲和以通无；五情通，故不能无哀乐以应物。然则圣人之情，应物而无累物者也。今以其无累，便谓不复应物，失之多矣。"[①] 牟宗三以为，此处之体用算得上圆融。但圣人之情不应当仅仅是"应物"，也不只是因其体无而无累。否则，象忧即忧，象喜即喜，空泛其情无所系，这种忧喜既不是真性情，也没有任何价值。牟宗三又进一步分析，圣人体仁，其心充斥恻隐之情，所以不仅是以五情应物，更要使情体现出仁。恻隐、羞恶、是非、辞让之心皆为情，且此情中表现仁义之理，如此方可本仁体而现理。如果仅仅是应物而无累，那么情只有权假之用，没有本质意义。

---

① 楼宇烈：《王弼集校释》，中华书局 1980 年版，第 640 页。

3. 关于"道法自然"

王弼注《道德经·五章》"天地不仁，以万物为刍狗"时曰："天地任自然，无为无造，万物自相治理，故不仁也。仁者必造立施化，有恩有为。造立施化，则物失其真。有恩有为，则物不具存。物不具存，则不足以备载。地不为兽生刍，而兽食刍；不为人生狗，而人食狗。无为于万物，而万物各适其所用，则莫不赡矣。若惠由己树，未足任也。"[①] 这里，王弼对"道"的规定性可看作是"自然"。"天地任自然，无为无造"即天地无心而化之，用牟宗三之言解释即"不塞其源，则物自生"。[②] 他认为，王弼之"自然"乃自冲虚境界意义上说，它所指向的是一种空虚境界，是不着于物、超越一切实物之上的，而非客观意义上，就客观实有本身所指向的自然世界或自然主义之自然。牟宗三复而指出：自然世界中的自然物，都是互为因果、互为条件，须依一定条件才能存在，所以这并不是真正的"自然"，而应称为"他然"。境界上之自然既不着于物又指物，才是真正意义上的自然。牟宗三认为，只有这样的自然才能遮拨一切人为造作显示其内在的自然，王弼"道法自然"中之"自然"并不是一"存有形态"之实物（即客观存在物），而是以自然作为实物的一种属性。

综合以上三点，不难看出，牟宗三将王弼会通儒道之思想最终归于境界上的存有形态，这与宋明儒实有上的存有形态一起，形成了他自己构建的双重存有的理论体系。两层存有论之间既相互区别，又互为作用，境界之形态属形而下，实有之形态属形而上。

四、独化与逍遥：牟宗三论郭象对庄子的转化

魏晋禅代之际，名士少有全者，十之八九成为政治的牺牲品，嵇康、阮籍试图开辟一条"越名教、任自由"的超越困难的生活之路，却为现实重重枷锁所碍。裴頠出于维护礼教、稳定统治的心态激烈批判虚浮旷达，否定对名教的超越，提出"崇有"予以补充，但因缺乏必要的超越以失败

---

① 楼宇烈：《王弼集校释》，中华书局 1980 年版，第 13 页。
② 楼宇烈：《王弼集校释》，中华书局 1980 年版，第 123 页。

告终。带着强烈的忧患意识在总结、吸取前人理论的基础之上，继续探索安身立命之道。他通过注《庄子》的方式，渐渐把玄学的一部分思路从玄远的本体论讨论引向对人生超越、精神自由的追索，淡化"无"与"有"之间的对立，凸显"自然"的意义。

郭象认为自然与名教是一种体用如一、圆融无碍的关系。他全部思想的目的就是为了化解名教与自然之间业已形成的尖锐矛盾，所以他必然要对《庄子》重新作注。牟宗三认为，若按庄子之义，逍遥必须是在超越或破除此两重依待之限中显，真正的逍遥并非超拔于客观世界的物累，而是要做虚灵境界上的修养工夫，摆脱精神上的牵绊。因此，逍遥属于精神生活领域，而不是物质生活的领域，无论人或物，逍遥者无他，唯自一点虚灵境界上来。修养境界仅为人类所能转出，就万物自身言，则转化出一艺术境界。而艺术境界系属主体之观照，主体超升随之超升、主体逍遥随之逍遥。郭象注《庄子》有别于佛家，目的在超越此依待而复归于各物自身（即物各付物），则明"苟当其分，逍遥一也"之理。因道家与万物之认识无缘起、性空、无明这一套破灭的分解系统，所以能够直接凭借圣人之心破除此依待而使各物圆满自足朗现。此为道家缘何能开出艺术境界，亦是佛家仅有寂灭超度意识之因。于此两家虽略有不同，然则其于"心止即一切止"之以"主体"为中心方式同。最终，牟宗三将佛、道两家物之"逍遥"意义皆归入虚灵境界。

牟宗三认为郭象于超越依待之虚灵境界上复进一义，曰："岂独自通而已？又从有待者，不失其所待。不失，则同于大通矣。"即圣人无为而功化治之。"圣人与物冥而循大变"，"绝圣而后圣功全，弃仁而后仁德厚"（本为王弼语），是谓弃绝名教之名利仁义于天下之戕害，继而物物含生抱朴，各适其性，自然而然。修炼至如斯境地即便"从有待者"，亦可"不失其所待"。

这里牟宗三认为"不失其所待"之功化，也蕴涵观照之艺术境界在内，既非儒家提倡的"致中和，天地位焉，万物育焉"，以道德意义上之积极功化，又非引起欲望而后再使之满足的"不失其所待"。因欲望总有牵动，必有不能满足者，终陷于无穷之往复中，故无法真正实现后者之功化。而道家之功化为道化之治。所谓道化之治所倚重的是"去碍"。由于"去碍"限于主体自身精神境界之提升，并不涉及他人，这一点与儒家恰恰相反，故牟宗三将之视为消极意义的。

五、才性与德性的张力：牟宗三对嵇康的解读

嵇康是当时竹林七贤之一，他认为名教（六经、礼律、仁义、谦让）压抑、违背了人的自然本性，因此，他要追求一种摆脱世俗"名教"、与"自然"为伍的精神生活，反叛现实生活的背后，是对老庄思想的复归。嵇康强调"越名教而任自然"。他认为，处理人与社会的关系过程中，人们应当做到"心无措乎是非"，以达到"齐是非"的目的。牟宗三将"任心"与"任自然"理解为人们要按照自然本性而活动。继而把"齐是非"转入人的自然本性中来谈。至于人与天地万物之间的关系，他进入"齐万物"的层面并提出"物情顺通"的观点。"齐万物"是"齐是非"的深入，此时的"自然本性"不仅包含人的本性，而且涵盖了万物的本性，获得了更加广泛的普遍性。嵇康正是在这个基础上确立起自然本性的本体地位的。

嵇康又提出"审贵贱而通物情"的说法。牟宗三把这看作嵇康的境界说和工夫论。在《答难养生论》中他说："故世之难得者，非才也，非荣也，患意之不足耳。……不以荣华肆志，不以隐约趋俗，混乎与万物并行，不可宠辱，此真有富贵也。故遗贵欲贵者，贱及之；忘富欲富者，贫得之，理之然也。"对此牟宗三理解为：人原本应当顺应自然本性为人处世，然则常有越本以逐外物之举，以外物为富贵者实非真富贵，追逐富贵则贫贱随之。遂唯有悠然自得、顺应本性，"混乎与万物并行"方为真正之富贵，即要达到"物我一体"的境界。

要达到"物我一体"的境界，就需要在心上做工夫，这就要求做到"情不系于所欲"。嵇康认为人常"驰骤于世教之内，争巧于荣辱之间"，人们的内心总为名利荣辱所束缚，这正是"情系于所欲"，而外物永远存在，妄图通过灭物达到不受其所惑的道路事实上是行不通的。因此，只好在心上做工夫来主动破除对外物的执着。嵇康把这个过程称之为"无心守志"，即只要人们能够主动摆脱外物、名利的诱惑（无心），返归自然本性

当中不逾矩（守志），就可以达到"齐物我、任自然"的最高境界。

在《声无哀乐论》中，嵇康肯定音乐有其自身的规律，之所以人们听到音乐而感到或悲或喜是因为他们心中本已怀有或悲或喜的情绪，受到音乐的触动更容易宣泄出来，而非音乐原本就具有哀乐的性质。对此，牟宗三认为：音乐的好坏是属于音乐的、外在的；哀、乐的情感是属于人的、内在的。《声无哀乐论》运用玄学中"辨名析理"的方法，从音乐鉴赏的角度大胆肯定了主体意识的存在，"哀心有主"、"哀心藏于苦心内，遇和声而后发"这些主张都与儒家的"声有哀乐"论针锋相对，从侧面体现出魏晋"主体觉醒"的时代精神。

嵇康著《养生论》强调人虽不能像神仙那样长生、不朽（这也非积学所能至，因为神仙皆"特受异气、禀之自然"），但若养生得法，亦可益寿延年。对此观点牟宗三完全予以肯定且进一步分析道：此境积学可至耳，但凡具备此种自觉便可达此精神境界。嵇康说"齐万物兮超自得"①，只有超越一切、与万物齐一才能够逍遥自得，要达到这个境界，须做到"释私"，即摆脱一切束缚、限制，继而"越名教任自然"。在牟宗三看来，嵇康的养生论就是通过恬淡其心境的修养和洁净其肉体的修炼，使"形神相亲，表里俱济"，遂至延年益寿，这是生活实践上之"养生"观，以期达到生命上之"逍遥"。《养生论》以养生为题目，其中的仙家思想在葛洪的《抱朴子》中得到进一步发展，演化为日后道教的主要内容。

牟宗三认为表面上"越名教而任自然"的提出，体现了嵇康等名士们极其坚定的对自我的信心，而实际上，这里面包含了深重的忧患意识。由于名教始终是无法超越的现实，脱离了名教的自然仅仅是名士们美好的、遥不可及的幻想，他们的自我意识便无法在现实中安身，所以只好退回到自身建立一个纯粹的精神境界，寻找那个失落的自我。于是，他全身心地关注自我意识与本体的关系，希望通过探讨这种关系重塑一种精神境界以帮助建构一个新的安身立命之道。然而，精神境界必须以现实的生活为依据，失去了现实基础的精神境界只能成为虚无缥缈的海市蜃楼，自我

———————

① 冯友兰：《中国哲学史新编》（中），人民出版社 2003 年版，第 462 页。

意识在这里仍然找不到立足之处。

牟宗三认为，就个体而言，名士们并没有形成一个完整的政治意识和政治立场，即他们并未形成一个统一的政治集团。他们大都狂放不羁而好言老庄，很大程度上也是当时的社会风气使然，而不仅是反对司马氏的行为。其中各人的处境亦随社会现实的变化而改变。所以，他们表面上看似与竹林名士一般的旷达放任，然而想法、作为却是各不相同。才性与德性、自然与名教之冲突在竹林名士那里体现得最为淋漓尽致。牟宗三认为嵇康素日生活颓废懒散，虽不宜走仕途却于现实之外做自由思想得其成就。牟宗三说，人总是怀有向上的精神境界上的要求，来超拔躯体的生命境界的层面理解，也可以说人对任何学、任何教都有自然之好。嵇康未能就此层面展开论述，是其哲学心灵未能真正通透此理所致。

六、对牟宗三关于魏晋玄学理解的反思

牟宗三在疏解魏晋玄学的过程当中，不但纵向展现了此时代几个重要阶段的代表人物及其思想的传承、发展、变化，而且横向与每个阶段儒、佛两家的走向、特征及相互关系、影响进行对比，以此为铺陈，重新审视中国传统思想里德性与才性即自然与名教的关系，定位、分判儒、释、道三家思想脉络，汇通西方哲学中的身体意识（个性）问题，从而为他重新建构中国传统哲学系统奠定理论基础。

牟宗三通观以王弼、嵇康、郭象为代表之玄理，对他们在道家思想发展有所贡献即学术方面的价值予以肯定，但认为其在影响时代风气及生活的同时也带来严重的社会流弊。后者主要表现在两方面：一、士大夫"祖尚浮虚"、"浮文妨要"，集中体现于袁彦伯《名士传》中的"中朝名士"。二、一般知识分子生活放荡、不拘礼法，自"竹林名士"始，西晋后又有"八伯"、"八达"等人。究其根本乃是自然与名教之冲突所致，用牟宗三的话讲就是自由与道德的冲突。

从时代精神方面说，东汉末年起至魏晋中国传统思想的主导由儒家经学轮转为老庄玄言，其中有历史的必然，此处自不必多言，单从政教方面看，并非健康现象。一关联到这方面，立见道学之不足。依牟宗三言，

"其总症结是在道家思想中'内在道德性'之不立。"① 这一点可上溯到先秦道家立言之初机。他从内外两重关系入手进行分析：外在关联地说，原本是针对礼崩乐坏后之虚伪而发。仁义礼法如其外在（礼崩乐坏）而外在地视之，自然天真必然直接否定如此之外在桎梏。这就是道家以破裂形态或激愤形态建立的"自然"之体，由是构成道家思想与仁义礼法本质之冲突，亦是永恒之冲突。然，外在关联未尽道家思想之全部。除此外在关联，进一步复有一内在的自生命自身说的原始初机，就是对一切人为造作，如生命之纷驰、意念之造作、观念之系统等等，于个体生命有碍之真切感受。兼收内外两种关联，再进一步，始见道家用心所在，即如何消除人为造作而至自由、自在、自我解脱的自然无为的境界。道家思想植根于此，遂定型于精神生活，而于人的内在道德性则永无接触的可能性。

牟宗三认为王弼之圣人体无说，向秀、郭象之迹冥论，都不能真正会通自然与名教之冲突。因他们所凭借的是以"诡辞"的方式、作用地保持仁圣，这不足以真正地安立仁义道德以及一切政教礼法。况且"作用地保持"，只有作了道家的修养工夫提升至圣人、至人境界时，方能朗现此无碍境界。可见，"自然"在道家单属于个人主观修养达圣，根本不具备普遍适用的客观意义。只有一种情况例外，即只在为帝王掌握，成为南面之术时，于政治之上留有一丝客观价值。但也仅限于帝王个人而已，若放诸各大小官员身上，便失去了这个价值。毕竟，帝王可以不亲躬隶事，官员们却必须履行职责，既如此，身处庙堂之上，心念清静无为，则老庄与政务俱损。这是未能真悟老庄而使之泛滥所致之结果（似玄学后期的虚妄、放荡之风）。如是，承继道家自处（自修）之道向下可开辟出三个发展方向：第一，像西方哲学那样，抽离出来仅作为一纯粹哲学问题。哲学原本就是以清谈为存在、发展的一种方式。如苏格拉底就是一位彻底的哲学家，他一生也是彻底地清谈哲学问题。第二，为君王南面之术——无为而治。这样，可以防止统治者权力的滥用及其对社会造成的严重危害。

---

① 牟宗三：《才性与玄理》，载《牟宗三先生全集》（第 2 卷），台湾联经出版公司 2003 年版，第 417 页。

"南面之术"是"自然"融于政治思想之主观形态。而即使放于今日，仍有裨益，即转化为民主政治的理想。民主政治是"自然"融于政治思想之客观形态。第三，转为道教（此乃道家本质所决定），服食养生，彻底化除一切人为造作，自由、自在、自我超脱至真人、至人境界。王弼、向秀、郭象是哲学家型，嵇康兼走养生之路，阮籍则属于文人式。

牟宗三认为，以上三者共通之处于政教（名教）方面看，俱为消极不着之态度。虽然没有挺立起人的内在道德性，不能积极地安立仁义礼法，但单从人文世界视之，此守于分际，仍是无碍的。只有这样，才是王弼、向秀、郭象所倡之迹冥圆融之际。然而并不能指望它可以使自然与名教、自由与道德之间达成统一，因其不过是消极的疏解罢了。相反，一旦泛滥开来不守分际，形成时代风气，则自然与名教之矛盾立见且极为严重。这是无法回避的现实问题。究竟如何才能真正消解此种矛盾？牟宗三认为，须通过积极地疏解，这条路才能被引向健康坦途。同时，在积极地疏解之上，又能于人们在精神生活方面开出全新的领域，取得更为广大、丰富的精神途径。这积极地疏解方式又是什么呢？在牟宗三自己，就是他所讲的挺立人之内在道德性，重新构建道德形上学。原始道家所涵的矛盾，到魏晋时，重新表现在时代风气上，并演变为严重的时代病。其"玄同彼我"、自然、自在之境界，不过是主体在主观上"作用的保持"，无碍于道德，并未超越出真正道德性主体来。儒家正是发现这一矛盾之处，要重新建立一系统，通过主观的努力，挺立起真正的自由主体性，进而挺立真正道德性，以重新达到二者的统一。孔子讲仁，指点的是道德生命；孟子讲性善，确立的就是内在道德性；宋儒天地之性与气质之性统一于一身，讲的都是这个道理。牟宗三深信如此乃为德性与才性的最终走向——内在超越地统一。

牟宗三横贯中西，纵览各家，在探讨"才性"的问题上，他汇通儒、释、道、耶中与之相关的诠释进行判别、比较，揭开不同文化背景下对同一问题的不同理解和实践方式。

首先，从问题引出看，牟宗三依照中国传统思想，"才性"是由普通人如何能成圣这一问题牵引出来的。儒家认为人人皆可为尧舜，佛教讲究众生皆可成佛，道家虽未言明，却也暗示人可为真人、至人，此观点后发展为道教的养生、炼丹、求仙、长寿。孔子在先秦被视为"天纵之圣"，但与基督教看耶稣不同。在基督教中，耶稣是接受了上帝的派遣来拯救人类的，具有神的身份，这是普通人无法通过道德实践换取来的。而孔子并不具备这种受上帝派遣的身份。相反，孔、孟肯定人都可以通过道德修养成圣成贤。

但经汉代董仲舒将人性分为三品，圣人之性与斗筲之性不可移，圣人成为"天纵之才"便不再是仅仅通过修养所能够达成的了，还须具备一定的先天性，两者相结合才可成圣。而这先天性，是由才性所决定的，才性属于气，不属于理。由理上讲，人人皆可为尧舜是可能的，但这不过是一种理想。现实中，总有限制的原则，这就是气。儒家传统强调理想与现实两方面：在理想层面，人人皆可为圣，所以主张性善论，在宋明儒那里就是"义理之性"，这是人的普遍性、共性；个性、差异性则是从气上见，气质本身有薄厚、精粗、清浊之分，故落在各个具体的人的身上，就呈现出不同的个性，即才性、"气质之性"。顺才性看人，多姿多彩，因先天性不同，而有天才；顺理这一路，就没有所谓的天才了。先天性不是从理上讲而是从气上说。但是两汉人未了解儒家理想的这一面，而且下至魏晋、南北朝，直到隋唐都是如此。所以，在这段时间里，德性没有得到足够的重视，才性反而引领出了一代思潮。这种情形在宋明儒时，才发生根本的转变。牟宗三认为宋明儒不但了解理的观念，而且是自觉而亲切的了解。宋明儒讲天地之性，用以说明人人皆可为圣人；讲气质之性，用以说明人之所限、成圣之难。至于嵇康说"特受异气、禀之自然，非积学所能至"，开出的是"限制原则"。只有儒家的性善说、佛家的佛性说开出"可能性原则"，道家之玄智始终未开出此原则。

理与气兼备，讲道理才完整，才不会出纰漏。如果只是一味地重气，各种问题就会接踵而来。牟宗三以尼采为例，尼采尤其注重生命，认为生命强的人智慧也一定高。尼采主张超人，不能正视德性，势必衍生出强凌弱、众暴寡的结果。所以，牟宗三更加看重儒家所一直强调的德才兼备。

其次，从境界形态上看，道家传统所开之玄理哲学用牟宗三的话判断是"境界形态"的，这与西方哲学或儒家的"实有形态"不同。前者注重主观性，强调神会、妙用，后者注重客观性，强调义理、实有；前者是"浑圆如如的对于客观真实无分解撑架的肯定"，后者是"分解的对于客观真实有肯定"。系统之不同，对于才性之理解亦不同。

顺《人物志》一路识鉴、品评，牟宗三谓其主观性是才性，生出"才性主体"。围绕才性主体而有才情、才气、气质、姿态、风姿、器宇、神韵等，这些体会都是美的欣趣判断，所以才性是属于美学的，表现为人格之上美的原理或艺术境界。顺儒、释、道三教所证指的最高境界而言，牟宗三谓其主观性是心性，即道德的与超道德的，由此生出"心性主体"。围绕心性主体生出有道心、天心、菩萨心、虚、空、寂、照，这些体会都是道德的或超道德的，表现为道德宗教上的真理。

再次，从人性论上看，牟宗三把中国人性论分为两路：一是先秦的人性善恶问题，即从道德观念上论人性。二是《人物志》代表的"才性名理"，从美学的角度对才性之种种姿态做品鉴。对人性的了悟是中国学问的主脉，同时也决定了中国文化生命的独特性。西方关于"人"方面的各种了悟见之于文学上、哲学上的体悟，宗教上对于神性与罪恶的体悟、黑格尔的哲学对于精神的体悟，尤其是在义理领域，有不同角度的切入和深化。中国心性之学在义理方面牵涉到生命、神性、罪恶、精神等，是在圣贤工夫的道德实践中展开的。这不只停留在哲学的思辨、宗教的信仰与祈祷或文学的赞美与诅咒上，而是就人之何以为人进行当体了悟。这在才性方面，亦有其品鉴的、美学的了悟。牟宗三指出："中国全幅人性学之独特处，值得西人之正视，因为这是中西文化相补益、相消融之基点。"① 随着现代化进程的到来，不同民族、不同地域各种形态的文化、哲学、宗教以及艺术上彼此间全球性的交流不断加快，不断冲击着我们原有的传统，不断发生改变。尤其在现今时代，人们对于个体、个性全方位的强调是最强音。个体对自由的追求与群体对道德的要求仍然是构成社会矛盾的

---

① 牟宗三：《才性与玄理》，载《牟宗三先生全集》（第 2 卷），台湾联经出版公司 2003 年版，第 54 页。

主要因素之一。牟宗三正是感受到强烈的时代脉搏，怀着对中国传统儒家思想浓厚的情感，致力于重新挺立人的道德主体性，以期通过内圣成就新外王。

第三节　心体与性体：对宋明理学的判释与分殊

牟宗三将宋明理学的主题确定为心体与性体问题，在他看来，这是儒家的根本问题，在对宋明理学的研究过程中，牟宗三的理论特点主要有三个：第一，从文献和义理两个角度区分二程，并在此基础上阐明宋明理学之新在何处；第二，依据道德形上学和存有论的区分，重新划定了宋明理学的系统；第三，提出朱熹是儒家思想的歧出，是别子为宗。

一、形上学与本体的差异：牟宗三朱子学的诠释系统

针对"认为儒家的学问只限于孔子讲仁、孟子讲性善，纯粹是道德，不牵涉到存在的问题"① 的观点，牟宗三认为儒家哲学是一种由道德进路入的形上学，并且他用"道德的形上学"一词来表示儒家哲学具有关于实在的根本认识的理论指向，而且通过这一概念对宋明理学的形成发展进行了阐述。牟宗三所要进行的"哲学地重建中国哲学的含义"，就其理论表现而言，可以说就是要从儒家传统当中讲出一"道德的形上学"。在《心体与性体》中，他明确地说："本文是想根据儒家要讲出一个'道德的形上学'来。"② 牟宗三认为必须严格区分道德底形上学与道德形上学。

这两个概念的讲法是牟宗三在对康德哲学的消化和理解中所作的阐发。他认为："道德底形上学与道德的形上学这两个名称是不同的"，通过对"底"和"的"做语义分析，他指明朱熹所用的"底"是形容词，"的"

① 牟宗三：《中国哲学十九讲》，载《牟宗三先生全集》（第 9 卷），台湾联经出版公司2003 年版，第 71 页。

② 牟宗三：《心体与性体》（一），载《牟宗三先生全集》（第 5 卷），台湾联经出版公司2003 年版，第 141 页。

表示所有格。冯友兰哲学中的用法与朱熹相同。牟宗三虽说"我之行文亦不严格地如此麻烦，惟译文则严格遵守以示分别"①，但由于其使用"道德的形上学"和"道德底形上学"二词恰恰是在理解康德哲学的过程当中所使用的概念，因此在牟宗三的哲学体系中这两个概念使用的区分是十分严格的。

从康德的《道德底形上学之基本原理》和《纯理批判》的角度看，"道德底形上学"就是"道德之形上学"的解析，或曰"道德之形上学的推述"。② 在论及康德《道德底形上学之基本原理》时，牟宗三认为书名译为《道德之形上学的解析》更为准确。形而上的解析是用概念的先验本性进行说明论证的方法，从中国哲学的角度看，形而上的解析是对一个概念根本的说明。

牟宗三后来明确指出，道德底形上学是关于"'道德'的一种形上学的研究，以形上学地讨论道德本身之基本原理为主，其所研究的题材是道德，而不是'形上学'本身，形上学是借用"③。综上，道德底形上学是以道德为研究对象，形而上学只构成其形式，在这里形而上学只是相当于道德的基本原理，也就是说，它不是关于形而上本身的讨论，而是以哲学的思辨、分析活动作为方法，讨论道德原理问题。

道德的形上学，是牟宗三在讨论道德底形上学概念的同时对应着讲的一个概念。道德的形上学则是以形上学本身为主（包含本体论和宇宙论），而从"道德的进路"入，以由"道德性当身"所见的本原（心性）渗透至宇宙之本原，此就是由道德而进至形上学，却是由"道德的进路"入，故曰"道德的形上学"。④ 在牟宗三看来，道德的形上学不是一种知

---

① 牟宗三：《心体与性体》（一），载《牟宗三先生全集》（第5卷），台湾联经出版公司2003年版，第144—145页。

② 牟宗三：《心体与性体》（一），载《牟宗三先生全集》（第5卷），台湾联经出版公司2003年版，第140页。

③ 牟宗三：《心体与性体》（一），载《牟宗三先生全集》（第5卷），台湾联经出版公司2003年版，第145页。

④ 牟宗三：《心体与性体》（一），载《牟宗三先生全集》（第5卷），台湾联经出版公司2003年版，第145页。

识意义上的道德哲学，道德是构建形而上学的一种方法，也就是说形而上学是道德的形上学的重心和实质。

通过上面的分析，我们看到道德底形上学和道德的形上学两个概念是牟宗三用来标指中西哲学两个系统的根本性概念。

对于西方的思想系统而言，尤其是以康德为代表的关于道德的研究实际上是道德底形上学，而不是道德的形上学。因为它没有通过对道德的思考进到本体论和宇宙论，也就是说，道德、宇宙、本体作为"应然"和"实然"的存在没有成为相通的体系。

而对于儒家正宗而言，则通过道德的进路实现了道德哲学、宇宙论和本体论的相通，因而儒家哲学实则是"道德的形上学"系统。因此，道德的形上学可以说是儒家思想体系的基础与核心，并且由此构成了中国的形而上学特质，区别于西方的传统和现代哲学。牟宗三指出："彼方哲人言'实体'者多矣"，"大体或自知识之路入，如罗素与柏拉图；或自宇宙论之路入，如海德格与虎塞尔；或自生物学之路入，如柏格森与摩根；或自实用论之路入，如杜威与席勒；或自独断的，纯分析的形上学之路入，如斯频诺萨与莱布尼兹及笛卡尔……无论自何路入，皆非自道德的进路入，故其所讲之实体、存有或本体，皆只说明现象之哲学（形上学）概念，而不能与道德实践使人成一道德的存在性关系者"。① 在西方哲学中，例外的是康德，但康德的最高成就是道德的神学，而不是道德的形上学。而宋明儒学根据先秦的成德之教而讲的"心性之学"实际上是"道德的形上学"。从这个意义上说，道德的形上学的具体形态就是儒家内圣心性之学，或者"成德之教"，从学问系统看，它所讨论的主要是两方面的问题："首在讨论道德实践所以可能之先验根据（或超越的根据），此即心性问题是也。由此进而复讨论实践之下手问题，此即工夫入路问题是也。前者是道德实践所以可能之客观根据，后者是道德实践所以可能之主观根据。宋明儒心性之学之全部问题即是此两问题。以宋、明儒词语说，前者是本体

---

① 牟宗三：《心体与性体》（一），载《牟宗三先生全集》（第 5 卷），台湾联经出版公司 2003 年版，第 41 页。

问题，后者是工夫问题。"① 实际上，讨论道德实践所以可能之先验根据就是康德的《道德底形上学之基本原则》，属于道德底形上学。由于儒家的心性之学兼备本体与工夫两方面，所以能够在有限中通无限，可以从道德实践之本体通至宇宙生化之本体，由此构成道德的形上学之完备形态。

综上可以看出，"道德的形上学"概念"旨在说明儒家思想中内在性（道德性）与超越性（形上学）之关系。其核心则在于说明如何由内在达于超越、由有限通于无限"②。牟宗三对于道德的形上学的阐释也反映了现代新儒家对儒家思想阐释的共同特征，即强调其具有超越性的一面，认为儒家哲学其实有自身的形上学系统。以往的对传统儒学的整体判定，存在这样一种思想倾向，即主要以黑格尔哲学为代表的西方哲学，对儒家哲学的认定只是一些道德的教条，其中没有"精神性"（形而上学，也即真正的哲学）的东西。而新儒家则针对这样一种思想倾向，在儒家的政治实在基础已经瓦解的情况下，通过道德进至形上学层面，凸显了儒家哲学的精神性。

通过对道德底形上学和道德的形上学的分析，牟宗三认为，先秦儒家的"成德之教"及其开启的宋明儒学之"心性之学"，作为道德哲学蕴涵有一道德的形上学。牟宗三判定宋明儒学的整体性格的诠释概念主要就在于此二者，接着深入到宋明理学内部，又根据不同思想家对心性的不同理解，划分出具体的系别。

牟宗三认为儒家哲学中认定"心即理"一派代表了儒家发展的正宗，并且只有这样的儒家哲学才真正地解决了康德哲学要解决的问题，而且也完成了道德的哲学向道德的形上学的发展。但是判定的标准在于对于作为形而上的本体的"天命不已之体、易体、中体、太极、太虚、诚体、神体、心体、性体、仁体"的理解是否活动而定。在牟宗三看来，宋明儒学都肯定存在着形上本体，世界万物的存在以及人的道德实践都根源于此，但是这形上本体是否内涵有道德实践的主动原则，则是宋明理学分为不同

① 牟宗三:《心体与性体》（一），载《牟宗三先生全集》（第5卷），台湾联经出版公司2003年版，第10页。

② 郑家栋:《本体与方法——从熊十力到牟宗三》，辽宁大学出版社1992年版，第227页。

系统的标准。牟宗三认为通过对宋明儒学相关义理的分析，对于作为形上本体的道体性体的体会只有两种：

其一，体会为即活动即存有。

其二，体会为只存有而不活动。

牟宗三认为，只有"心即理"一系才能代表儒家发展的正宗。他说："先秦儒家以及宋、明儒之大宗皆是以心性为一，皆主心之自主、自律、自决、自定方向即是理；本心即性，性体是即活动即存有者；本体宇宙论地自'於穆不已'之体说道体性体，道体性体亦是即活动即存有者。活动是心、是诚、是神，存有是理。此是摄存有于活动，摄理于心神诚，此即是吾人道德创造之真几性体。此性体不能由'即物穷理'而把握，只能由反身逆觉而体证。"[1] 通过对道体性体的体会的差异，我们看到牟宗三实际上是认定具有活动义的心性才是儒家正宗的理解。而且这心既是超越的，也是道德的。心体与性体不二，所以说是"即存有即活动"，性体之活动即是"起道德创造之用"。

通过对作为形上本体的体会差别，牟宗三认为："溯自濂溪之言诚体、神体，乃至太极，横渠之言太虚神体，明道之直就'於穆不已'之体言道体性体，而又易体、诚体、神体、心体、理体、仁体、忠体、敬体通而一之，总之是对于道体性体无不视为'即活动即存有'者。"[2] 也就是说，对于作为形上本体的体悟是既具有本体的客观实在性，又具有主体的主观能动性。在牟宗三的理解当中，此处的主观与客观的限定应当是强调由道德实践体现，或者由道德情感呈现出的形上本体，这一本体自身具有能动性，能够作为道德创造的源泉和实体，又能够作为宇宙本体论的最终根据。实际上，牟宗三在此强调的是只有把形上本体理解为即活动即存有者的形上学才是"道德的形上学"，由此而言，由孔子开启的成德之教和内圣之学作为心性之学只有符合这一规定的才是儒家的正宗和大宗。也正是

---

① 牟宗三：《心体与性体》（一），载《牟宗三先生全集》（第 5 卷），台湾联经出版公司 2003 年版，第 117 页。

② 牟宗三：《心体与性体》（一），载《牟宗三先生全集》（第 5 卷），台湾联经出版公司 2003 年版，第 84 页。

利用这一标准牟宗三认定程颐和朱熹是歧出的别子，尤其是朱熹，虽然在学问上集前人之大成，但在牟宗三处，则只是形式上的，从内圣之学的实质看，朱子学不是儒家思想的正宗，而是承接程颐而来的又一转向，另开出一新的系统，也即"道德底形上学"的系统，即将作为形上本体的最高存在理解为"只存有而不活动"者。

　　牟宗三认为程颐和朱熹之肯定"性即理"，而不赞成"心即理"，实际上将心定义为形而下的气质之心。"性只成存在之理，只存有而不活动，心只是实然的心气之心，心并不即是性，并不即是理，故心只能发其认知之用，并不能表示其自身之自主自决之即是理，而作为客观存有之'存在之理'（性理）即在其外而为其认知之所对，此即分心理为能所，而亦即阳明所谓析心与理为二者也。"[1] 也即是说，程颐和朱熹那里作为最高的本体的"理"实际是一"只存有不活动"者。在朱熹处，"理"作为形而上的本体存在，由于"析心与理为二"，作为本体之理便只是一个客观的静态的存在之理，即"只存有而不活动"；在牟宗三理解，只有活动的意义才能标配心，因此朱熹分理、气为二，最终使心成为气，成为气之灵的心，仍旧只是心理学意义上的心，是认识论意义上的心。因此在程颐、朱熹那里，"性只存有而不活动，其自身无论在人在物是不能起道德创造之用者。"[2] 在牟宗三的理解中，对于自孔子而来的儒家对形上本体的思考所涉及的概念都可以成为形而上学本体性的概念，比如上文提到的"易体、诚体、神体、心体、理体、仁体、忠体、敬体"等，因为他们都是即存有即活动的最高本体，所以从根本上讲在儒学的大宗和正宗处都是同一的。而在程颐和朱熹那里，则有形上形下的区分。朱熹强调理气不杂，并且认为理才是形上的存在，使得作为道德实践能动根源的心体沉落，由此也导致工夫入路上的差别。对于朱熹而言，道德涵养就是要认识"理"，那么作为一物之所以为一物的"性"也只是像"理"一样，对"性理"的认识，成

---

[1]　牟宗三：《心体与性体》（一），载《牟宗三先生全集》（第5卷），台湾联经出版公司2003年版，第110页。

[2]　牟宗三：《心体与性体》（一），载《牟宗三先生全集》（第5卷），台湾联经出版公司2003年版，第90页。

为心理学意义上的心的认知。在此种情境下的道德实践之根源则成为外在的能动创造，由此而成为他律道德，而不是自起道德创造之用的自律道德。

也即是说，朱熹的哲学对于作为最高本体的体悟为"只存有而不活动"者，由此导致的形而上学只能是一种本体论的哲学，这种本体论的哲学是探讨最高实体的哲学，但是这是不包含道德的能动性的。由此使得道德哲学或伦理学，大抵相当于前康德时代的本质伦理。由此依据对于最高本体理解为"只存有而不活动"者，牟宗三认定朱熹的哲学没有达到康德哲学的高度，只是"宋明儒学之旁枝"，而不是宋明儒之"大宗"和"正宗"。

"即存有即活动"和"只存有而不活动"是牟宗三对儒家形上本体规定体现出的差异的最高概括。二者之共同点在于都是对最高本体的体悟，相对于西方哲学首先是以理智的态度分析本体不同，即便是朱熹将最高的本体理解为"只存有而不活动"的存在，但是其目的仍是要讲出一个涵盖道德论、本体论、宇宙论的形而上者。而在西方哲学的传统中，则只有到康德方才探讨如何由纯粹理性转出实践理性的问题，也就是如何由认知的心转成道德的心，也可以说是如何从"实然"上升到"应然"，如何"从事实上升到价值"。而中国的儒家哲学则一贯的是要确定这样一个本体，只是由于对本体的体悟上有差异，才造成了不同的系统的发展。因此二者的共同点在于都要寻求能够起道德创造本原、存在本体、宇宙生化的作用的形上本体。

二者的差别在上文的分析中已经涉及很多，但还不是全部的问题所在，因此，进一步的探讨是十分必要和重要的。

二者有关本体的规定上所体现的"只存有不活动"与"即存有即活动"的区别，导致了宋明儒学不同的系统形态。也就是说从学问形态上表现出了根本的差异，按牟宗三的分析就是纵贯纵讲系统与静涵静摄系统的差别。

对于将最高本体体悟为"即活动即存有"的儒学正宗和大宗而言，心作为主观的本体能够自上而下由道德界纵贯通到存在界，打通道德界和存在界的间隔，因此从主观方面讲，这一系统为纵贯纵讲系统。

而程颐和朱熹将最高本体体悟为"只存有而不活动"者，则将心作为形而下的存在来处理，失去了最高本体的意义，因而对于他们而言，存在是存在，道德是道德，虽然他们想打通道德界和存在界的间隔，但是作为主观本体的心不具有最高的意义，因此上达天理的道德实践，最终只能通过渐进的方式进行，而最终实则是道德他律的无力和缺少真切的道德情感源泉。

综上，通过对于"道德底形上学"和"道德的形上学"、"即存有即活动"和"只存有而不活动"这两对概念的分析，澄清了牟宗三用以判定朱熹别子为宗思想的最为基本和重要的诠释概念，并由此结合中西哲学进行简要的分析，使我们明确这两对概念在牟宗三哲学体系中的具体所指。而且在对后一对概念的分析中，进行了深化，了解宋明儒学两大学问形态的基本差别。但是对于理解别子为宗的思想而言，我们还要深入到具体的宋明理学研究才能恰切地把握牟宗三判定朱熹别子为宗的真实含义和真正意义。在笔者看来，牟宗三对二程的简别，并认为朱熹实际上承接程颐而来，并由此将宋明理学分为三系实际是两大系的理论，构成其判定朱熹别子为宗的理论前提。

二、二程与三系的分别：牟宗三宋明理学的派系划分

在牟宗三判定朱熹别子为宗思想的研究过程当中，从哲学诠释框架上看，主要是借鉴康德哲学的思辨架构，并且比照康德哲学的内容试图阐明儒家的道德的形上学系统的存在，而且作为儒家大宗和正宗的道德的形上学是高于作为道德底形上学和道德的神学的康德哲学的。

在宋明儒学内部，主要根据儒家的五部经典《论语》、《孟子》、《中庸》、《易传》、《大学》义理的继承和发展关系，进行儒学内部的判别。他通过对宋明儒家中的周敦颐、张载、程颢、程颐、胡宏、朱熹、陆九渊、王阳明、刘蕺山九人文献的解析入手，通过对他们核心哲学概念和命题的阐释，指明他们关于道德、宇宙和本体的思考。通过对他们哲学最高概念的分析，以他们是否将最高的本体概念理解为"即存有即活动"为标准，将宋明理学进行分系。并由此断定程颐和朱熹是歧出，认为程朱应当指小

程和朱熹。

1. 二程的简别

牟宗三将宋明理学分为三系的思想形成后，更为重要的工作是要论证自己言之有据，同时也是对中国哲学进行深入的梳理和把握。

朱熹别子为宗的思想是先形成的，但是由于缺少对宋明理学具体而深入的研究，还不能从理论上立得住，牟宗三首先对二程进行了鉴别工作。从文献和义理上看，牟宗三认为，前人的文献梳理和义理把握存在很大问题。首先，《宋元学案》中，虽然有《明道学案》、《伊川学案》，但明道之为明道，伊川之为伊川，实则二程在义理上是有差别的，《宋元学案》并没有作出区分。其次，以后关于宋明理学的研究也很少有人进行详细的鉴别工作，只是认为二程的思想是一致的。在牟宗三看来，程颢的义理更加圆融饱满，但是以往的研究者，都只是引用一些"风光话"，而对于大程区别于或高于小程之处，都没有讲出来。

"《二程遗书》共25卷，是朱熹编撰的。前10卷标目'二先生语'。第11—14卷为明道语，第15—25卷为伊川之语。前10卷中，第1卷为'伯端传师说'，系二程弟子李伯端所记。伯端才识颖悟，深得其师意，据此，可知李氏所记，所标为二先生语，实以明道谈话为多。第2卷标为'元丰己未吕与叔东见二先生语'，这一卷分量特大，所以分为上、下两部分。上部分前二分之一各条，大多或标'明'字，或标'正'字；'明'即明道，'正'即正叔，伊川字。后面三分之二则无标识。下部分（附'东见后录'）也是吕与叔所记，无标记。第3卷'谢显道记忆平日语'，是谢上蔡（名佐良）追忆老师的谈话，前半部标'右明道先生语'，后半部标'右伊川先生语'。第4卷'游定夫（名酢）所录'，各条未有标识。第5、6、7、8各卷，无标识，也不知何人所记。第9卷'少日所闻诸师友说'，无标记，不知何人所为。第10卷'洛阳议论'，是张载在洛阳访二程时的会讲记录，苏季明记。这样看来，《二程遗书》简别出二程各自的语录，关键在前10卷，其中第2、4、5、6、7、8这几卷，又问题尤大。"①

---

① 李山：《牟宗三传》，中央民族大学出版社2006年版，第155页。

通过对二程文献进行整理，牟宗三看到了鉴别开二程的入手处，在牟宗三看来，这种鉴别工作是客观地理解二者思想的必要途径，但这并不是考据之学，而是从根本上的义理的分别工夫。

牟宗三虽然是通过抄文献的方式看出二程的分别的，但他却认为自己的方法不是考据版本学的方法，而是根据义理的理解的方法。牟宗三进行的判定主要是以如下几点为基准：

第一，以二程性格之不同为"起点"；

第二，以《二程遗书》中刘质夫所录明道语四卷为"标准"；

第三，以语录中少数标明道语者为"轨约"。①

通过上述三个标准，牟宗三先得出程颢的思想的线索，认为大抵以下八篇文献为程颢所作：《天道》、《天理》、《辨佛篇》、《一本》、《生之谓性》、《识仁》、《定性书》、《圣贤气象篇》，并且牟宗三认为自己的重新辑录工作实际是重编了一部明道学案。程颢的文献清楚了，程颐的就容易确定了。牟宗三又重编了程颐的文献，认为以下八篇为程颐所作：《理气篇》、《性情篇》、《气禀篇》、《才性篇》、《论心篇》、《中和篇》、《居敬集义篇》、《格物穷理篇》。

通过对上面的文献梳理和义理把握，牟宗三区分开了二程，这样程颐和朱熹思想的相互承接性就明显了。从而牟宗三认为传统的宋明理学研究中称程朱实际指的应当是程颐和朱熹，由此将程颢的地位凸显出来。并且由此出发，认为程颐在其大哥程颢去世后的二十多年的讲学中，实际上已经从程颢的思想转出去，别开了一方向，离开了儒家思想的大宗和正宗而为别子，而朱熹则是继承程颐而来，实为继别为宗。

在《心体与性体》以前，牟宗三研究宋明理学的论著主要以48岁发表的《陆王一系的心性之学》、《王龙溪的顿教：先天之学》、《刘蕺山的诚意之学》三篇文章为代表，在这些文章当中，牟宗三已经指出了朱熹并非儒家思想的正宗，并提出过朱熹是别子为宗，但是由于上述三篇文章只是讲学过程当中对宋明理学的理解，还不是真正的深入研究，因此关于朱熹

---

① 参见李山：《牟宗三传》，中央民族大学出版社2006年版，第156页。

别子为宗思想的最终完成，并加以系统性的论证和阐发，还是在《心体与性体》中。而且也正是《心体与性体》的完成，才标志着牟宗三新儒学思想的成熟。牟宗三认为宋明理学主要是继承先秦儒家的"成德之教"得以完成的五部经典《论语》、《孟子》、《中庸》、《易传》、《大学》，而继续发展出心性之学，从这一点看是其为新儒学之根本所在。牟宗三朱子学的重点和核心就在于判定朱熹并非是儒家的正宗，而是别子为宗。此一思想的形成较早，从时间上看，应当是牟宗三首先对朱熹哲学的义理发生疑问开始，然后才是他深入思考前人对宋明理学分为两系的提法是否恰当。而将宋明儒学分为三系，从时间上看，应是先从对朱熹的理解和研究入手的，但从理论完成上看，最终能够真正系统地将朱熹判定为并非儒家正宗，而是另开了一系，显然是以三系的分别为理论前提的。

2. 作为新儒学的宋明理学

牟宗三认为，新儒学之新首先在于以下两点：

第一，确定了孔子以后儒学内部的"传法系统"，确定儒家生命智慧的基本方向。"以曾子、子思、孟子及《中庸》、《易传》与《大学》为足以代表儒家传承之正宗，为儒家教义发展之本质，而荀子不与焉，子夏传经亦不与焉。"①

第二，相对于汉人以传经为儒而言，宋明儒学是新儒学。在宋明儒学之前，是周孔并称，将孔子放在周公之后，孔子只是尧、舜、禹、汤、文、武、周公传承经典的中介，到了宋代以后，儒学内部的道统是孔、孟并称，实际上确定了孔子作为儒家教主地位，点明儒家的内圣成德之教是由孔子所开启。牟宗三认为："儒之为儒必须从王者尽制之外部的礼乐人伦处规定者进而至于由圣者尽伦之'成德之教'来规定……此则必须以孔子为标准，而不能以尧、舜、禹、汤、文、武为标准也。此中之差别亦恰似基督教与犹太教之差别。而为宋儒所认识，此其所以为新也。"②

① 牟宗三：《心体与性体》（一），载《牟宗三先生全集》（第5卷），台湾联经出版公司2003年版，第15—16页。

② 牟宗三：《心体与性体》（一），载《牟宗三先生全集》（第5卷），台湾联经出版公司2003年版，第17—18页。

当然，朱熹作为儒家思想的正宗和代表，作为思想史的真实是任何人否定不了的。牟宗三将其定为别子为宗，实际是以承认朱熹的思想史地位为前提的，别子为宗的理论主要是从儒家义理发展的角度来看的，而认为朱熹不应当作为正宗，这只是应然的判断。牟宗三断定朱熹别子为宗是从儒家内部义理的继承和发展的角度来看的。从思想发展史上看，道统传承的事实是既定的，是后人无法通过理论的翻案就能否定得了的。

但牟宗三认为这两点仍旧是外部的"新"，在此之外，宋明儒尚有客观内容上的新，此新的意义主要在于：

第一，顺本有者引申发展而为本有之所函，此种"函"是遂适上调的函。

第二，于基本处有相当之转向（不是彻底转向），歧出而另开出一套以为辅助，而此辅助亦可为本有者之所允许，此种允许，是迂曲歧出间接地允许，不是其本质之所直接地允许者。①

牟宗三认为之所以可以如此看，可以从宋明儒家对先秦儒家的发展来体现，主要涉及五个方面：

第一，孔子践仁知天，未说仁与天合一或为一，但依宋、明儒，其共同倾向则认为仁之内容的意义与天之内容的意义到最后完全合一，或即是一（在此，伊川、朱子稍有不同）。

第二，孟子言尽心知性知天，心性是一，但未显明地表现心性与天是一。宋、明儒的共同倾向则认为心性天是一（在此，伊川、朱子稍有不同）。

第三，《中庸》说"天命之谓性"，但未明显地表示天命于吾人之性其内容的意义完全同于那"天命不已"之实体，或"天命不已"之实体内在于个体即是个体之性。宋、明儒则显明地如此表示。此所谓天道性命通而为一也。在此，伊川、朱子亦无异辞，唯对于天命实体与性体理解有不同。

---

① 参见牟宗三：《心体与性体》（一），载《牟宗三先生全集》（第 5 卷），台湾联经出版公司 2003 年版，第 18 页。

第四，《易传》说"乾道变化，各正性命"(《乾象》)，此字面的意思只表示在乾道（天道）变化的过程中各个体皆得正定其性命，未显明地表示此所正之"性"即是乾道实体或"为物不贰，生物不测"之天道实体内在于各个体而为其性，所正之"命"亦即是此实体所定之命。但宋、明儒则显明地如此表示，在此处与在《中庸》处同。

第五，《大学》言"明明德"，未表示"明德"即是吾人之心性（就本有之心性说道德），甚至根本不表示此意，乃只是"光明的德行"之意。但宋、明儒一起皆认为"明德"是就因地之心性说，不是就果地之"德行"说。①

在牟宗三看来，从前四点看，宋明儒（除程颐和朱熹外）就《论语》、《孟子》、《中庸》、《易传》而推进一步，表示一种新的意义，"但此'新'吾人可断定是调适上遂的新，虽是引申发展，但却为原有者之所函"②。

从第五点看，程颐和朱熹将《大学》的"致知"理解为致吾心气之灵之知，"格物"理解为即物而穷其存在之理（穷究实然者之所以然之理），并且以《大学》为定本，程颐、朱熹对《论语》、《孟子》、《中庸》、《易传》之仁体、心体、性体、道体的理解与其他宋明儒（在牟宗三的理解中，主要是周敦颐、张载、程颢、胡宏、陆九渊、王守仁、刘宗周等七人）理解的不同，对于先秦儒家的原有之意有本质影响，为系统的转向，此种新为"歧出之新"。

由此牟宗三认为："大体以《论》、《孟》、《中庸》、《易传》为主者是宋、明儒之大宗，而亦较合先秦儒家之本质；伊川、朱子之以《大学》为主则是宋明儒之旁枝。"③

---

① 以上五点引自牟宗三：《心体与性体》（一），载《牟宗三先生全集》（第5卷），台湾联经出版公司2003年版，第19—20页。

② 牟宗三：《心体与性体》（一），载《牟宗三先生全集》（第5卷），台湾联经出版公司2003年版，第20页。

③ 牟宗三：《心体与性体》（一），载《牟宗三先生全集》（第5卷），台湾联经出版公司2003年版，第21页。

3. 三系与两型的辩证

宋明理学从小程开始转向，到朱熹最终形成新的系统，如前文提到的，由于理论和实践的双重原因，朱熹成为儒家思想的集大成者和代表。牟宗三认为宋明儒对于儒家道统的传承确定是有贡献的。依牟宗三的疏通，宋明儒之发展当分为三系：

其一，五峰、蕺山系：此承由濂溪、横渠而至明道之圆教模型（一本义）而开出。此系客观地讲性体，以《中庸》、《易传》为主，主观地讲心体，以《论》、《孟》为主。特提出"以心著性"义以明心性所以为一之实以及一本圆教所以为圆之实。于工夫则重"逆觉体证"。

其二，象山、阳明系：此系不顺"由《中庸》、《易传》回归于《论》、《孟》"之路走，而是以《论》、《孟》摄《易》、《庸》而以《论》、《孟》为主者。此系只是一心之朗现、一心之伸展、一心之遍润；于工夫，亦是以"逆觉体证"为主者。

其三，伊川、朱子系：此系是以《中庸》、《易传》与《大学》合，而以《大学》为主。于《中庸》、《易传》所讲之道体性体只收缩提炼而为一本体论的存有，即"只存有而不活动"之理，于孔子之仁亦只视为理，于孟子之本心则转为实然的心气之心，因此，于工夫特重后天之涵养（"涵养须用敬"）以及格物致知之认知的横摄（"进学则在致知"），总之是"心静理明"，工夫的落实处全在格物致知，此大体是顺取之路。①

在牟宗三看来，前两系以《论》、《孟》、《易》、《庸》为标准，可以归为一大系即纵贯系统，程颐和朱熹一系为横摄系统。也就是说，宋明理学的三系实际是两系。并且明确指出前一系符合先秦儒家的义理，是宋明儒学的正宗和大宗。而程颐和朱熹，另开一传统，为歧出。由于朱熹在学问上的集大成以及朱熹在历史上的地位崇高，故而称其为"别子为宗"。但在牟宗三认为判定朱熹别子为宗并不是贬低，而是客观的认定，而且能开出一新的系统也够伟大。并且认为"此两系统一纵一横，一经一纬。经之

---

① 参见牟宗三：《心体与性体》（一），载《牟宗三先生全集》（第5卷），台湾联经出版公司2003年版，第52—53页。

纵亦须纬之横来补充"①。牟宗三认为："若自'体'上言，则根本有偏差；顺其义而成之，则亦可说是转向，即转成本体论的存有之系统。若自工夫言之，涵养与致知亦有补充助缘之作用，因吾人亦总有后天之心也，此亦须涵养之敬以收敛凝聚之，以使之常清明，此于道德实践之称体而行（纯依本心性体而行）亦有助缘之作用。"②

牟宗三认为，宋明儒对儒学的发展意味着儒家道德的形上学之完成，"依宋、明儒大宗之看法，《论》、《孟》、《中庸》、《易传》是通而为一而无隔者，故成德之教是道德的同时即宗教的，就学问言，道德哲学即函一道德的形上学"③。从本体上看，二者之差别在于对于作为最高形上本体的理解是"即存有即活动"还是"只存有而不活动"。

三、判定朱熹别子为宗：牟宗三宋明理学史的突出结论

牟宗三主要根据《论语》、《孟子》、《中庸》、《易传》、《大学》义理的继承和发展关系，在宋明儒学内部进行系派的判别。以是否将最高的本体概念理解为"即存有即活动"，工夫的入路是否为逆觉体证为标准，牟宗三认定宋明理学从小程（伊川）开始转向，到朱熹最终形成新的系统。小程（伊川）是开宗别立的别子，朱熹承接而发展拓大成儒家思想之新宗，因此是"别子为宗"。此种断定的理论开端处在于二程的分别。

1. 中和新说的分析：衡定别子为宗的关键

中和问题又称未发已发问题，是宋明理学家关注的核心问题之一，其文本依据主要在《中庸》所言"喜怒哀乐之未发谓之中，发而皆中节谓之和"一句。牟宗三认为中和新说是朱熹哲学思想发展和完成的关键。牟宗三认为朱熹的中和旧说本来蕴涵着纵贯系统的内容，但是由于朱熹的生

---

① 牟宗三：《心体与性体》（一），载《牟宗三先生全集》（第5卷），台湾联经出版公司2003年版，第63页。

② 牟宗三：《心体与性体》（一），载《牟宗三先生全集》（第5卷），台湾联经出版公司2003年版，第53页。

③ 牟宗三：《心体与性体》（一），载《牟宗三先生全集》（第5卷），台湾联经出版公司2003年版，第23页。

命契悟不能与之相应，最终转向中和新说，由此朱熹的思想规模大致定型。因此，牟宗三对朱熹中和学说尤其是中和新说的分析，是衡定别子为宗的关键。

乾道八年壬辰朱子43岁时曾作《中和旧说序》叙述其思想演变的过程："余早从延平李先生，受《中庸》书，求喜怒哀乐之未发之旨，未达而先生没。余窃自悼其不敏，若穷人之无归。闻张钦夫得衡山胡氏学，则往从而问焉。钦夫告予以所闻，余亦未之省也。退而沉思，殆忘寝食。一日喟然叹曰：人自婴儿以至老死，虽其语默动静之不同，然其大体莫非已发，特其未发者为未尝发尔。自此不复有疑，以为《中庸》之旨果不外乎此矣"。① 在"中和旧说"时期，朱熹对"天命流行之体"作为创生的实体并未真切的体悟，而只是一个笼统的印象。后来到40岁与蔡季通问辩获得启发，于是将"天命流行之体"拆散，转向讲理气二分、心性情三分之格局。在"中和旧说"期间，牟宗三认为朱熹对孟子讲的本心也没有真切的体悟，也是停留在笼统印象的层次，导致其在道德实践问题上没有真切自发的主动性；由于朱熹对孟子的"本心"进行分解，造成本体理解上的偏差，使得其在工夫上转为先涵养后察实。牟宗三指出，"在朱子的中和旧说中，本来蕴涵了纵贯系统的正宗义理，但是，由于朱子在生命本质上实在论的心态和直线分解的思考方式，终究对此纵贯系统义理不能真切悟入。"② 也就是说，朱熹对中和问题的理解本来蕴涵着将道德的、形上的实体理解为"即存有即活动"的可能，并有可能走向纵贯系统，但是由于朱熹生命感悟的不透彻，最终对于形上本体的理解仍是以分解的方式进行的，因而决定其最终走入静涵静摄系统。

朱子40岁时，"与蔡季通言未发之旨，问辨之际，忽然自疑。思想遂急转直下，而有新说之发端与完成"。③ 牟宗三认为中和新说的义理主要体现在《已发未发说》、《与湖南诸公论中和第一书》、《答张钦夫书》中。

---

① 《朱文公集》卷七十五。

② 陈代湘：《牟宗三对朱子中和学说的阐析》，《湘潭大学社会科学学报》2001年第5期。

③ 牟宗三：《心体与性体》（三），载《牟宗三先生全集》（第7卷），台湾联经出版公司2003年版，第146页。

而牟宗三又认为《答张钦夫书》"大体是朱子成熟之思想，可视为定论"，甚至认为此书"可名为《中和新说书》"。① 牟宗三对朱熹"中和新说"的分析，我们可以通过其对《答张钦夫书》一篇文献的分析进行。牟宗三之所以认为《答张钦夫书》可视为朱熹"中和新说"的定论，是因为"朱子学的大体规模定于此，理气二分，心性情三分定于此，动静工夫定于此，先涵养后察识定于此"。② 通过一系列分析，牟宗三认定朱熹"中和新说"的要旨在于："未发指性，已发指情，心则贯通乎未发已发，亦可曰心统性情。又把修养方法区分为未发的持敬工夫和已发的致知工夫，从而确立了其以主敬致知为宗旨的'一生学问大旨'。"③

牟宗三认为，朱熹在40岁时，除了上文提到的一说两书之外，还有《答林择之》三十书之第三书、第六书、第二十书、第二十二书、第二十一书，《朱文公集》卷三十八《答林择之》等六书反映了朱熹的"中和新说"思想。在第三书、第六书的疏解中，牟宗三认为这两书是表明朱熹"中和新说"相对于其"中和旧说"的思想转向最有考证价值的文献。在第六书的疏解中，牟宗三认为朱熹讲未发"可谓之中，而不可谓之性"承接小程（伊川）而来。牟宗三认为《答林择之》第三、六两书反映了朱熹"中和新说"的核心思想：以心为主论中和问题，但不是直接以心体为主；喜怒哀乐作为心的具体表现，只是心的已发，未发是"事物未置，思虑未萌"，而此未发并不是不偏不倚而可被体认为是清明纯白之心境。已发是"事物交至，思虑萌焉"。朱熹将心置于形而下的气的层次，导致心本应作为能起道德实践的本原本体而变成认知的心。在牟宗三看来，由于朱熹将心性二分，最终其确定的贯通存有、宇宙与道德的最高本体只是所以然之理，其所创之系统最终只成为静涵静摄系统。

牟宗三指出朱熹还有许多涉及"中和新说"思想的议论，大体言之，

---

① 牟宗三：《心体与性体》（三），载《牟宗三先生全集》（第7卷），台湾联经出版公司2003年版，第164页。

② 牟宗三：《心体与性体》（三），载《牟宗三先生全集》（第7卷），台湾联经出版公司2003年版，第171页。

③ 陈代湘：《牟宗三对朱子中和学说的阐析》，《湘潭大学社会科学学报》2001年第5期。

主要还是反映为以下几点：朱子"中和新说"将"天命流行之体"拆散而成理气二分、心性情三分的格局。在此格局下，本体只是"只存有而不活动"的理，心、神则属于形而下的气。同时，因为对"天命流行之体"与"本心"不能真切契悟，不了解人的性体即是反身自证道德的本心之自发、自律、自定方向、自作主宰。从而使心从性体上脱落下来，心性平行而非一，心为实然的心理学的心，道德意义的良心本心沉没。又因朱熹将本心或良心发见之发与情变已发之发混同，将"静复以立体"之"察"拖下来而置于已发之动时说，认为只可于此动时说察识。不能够认识到作为"察于良心之发见以体证而肯认之"之本领工夫与涵养工夫并不相冲突。因此，朱子"中和新说"后，只于动察以外补以静时之涵养，则此涵养是不自觉的、盲目的、空头的涵养，平时的庄敬涵养只成外部地养成一种好习惯而已，不能自觉地作道德实践。①

2."中和新说"后关于仁的分析：确定别子为宗的定型

在"中和新说"形成之后两三年，朱熹开始写《仁说》，与由胡宏开启的湖湘学派的学者就"仁"的问题展开论辩。并且牟宗三认为"中和新说"与《仁说》是朱熹思想的义理系统所由建立之纲领。因此，牟宗三对朱熹《仁说》的分析是其别子为宗判定的定型。

二程关于仁的学说对朱熹的影响很大。在牟宗三看来，朱熹对仁的理解是紧守小程（伊川），而对于大程（明道）的仁学不能真切体悟。依据牟宗三的理解，小程（伊川）的仁学纲领如下：

第一，"爱自是情，仁自是性。"

第二，"仁之道，要之，只消遣一公字。公即是仁之理，不可将公便唤作仁。公而以认体之，故为仁。"

第三，"仁是性也，孝弟是用也。性中只有仁义礼智四者，几曾有孝悌来？（或：几曾有许多般数来？）"

第四，"心生道。有斯心，斯有是形以生。恻隐之心，人之生道也。"

---

① 参见陈代湘：《牟宗三对朱子中和学说的阐析》，《湘潭大学社会科学学报》2001年第5期。

第五，"心是所主言，仁是就事言"。"心譬如谷种，生之性便是仁也。"①

在牟宗三看来，仁体的特征是"觉"与"健"，"以感通为性，以润物为用，其本身是全德，是一切道德之源，故即本体开工夫，即工夫开本体，此是一道德的真实的创造，此是一道德创造的实体，与'於穆不已'、'纯亦不已'天命流行之体之意义全同，此其所以为生道"，"此实体是即存有即活动之实体，是本体宇宙论的创生实体，而非是只存有而不活动的只是本体论的存有。"②

而朱熹对仁的探讨虽然是从"仁是生道"开始的，但是他的思路却接不上大程（明道），只是顺着小程（伊川）的抽象的、分解的思路讲仁。从小程（伊川）的"仁性爱情"（即纲领之第一条）出发，将"仁体"肢解为心性情三分、理气二分，用"心之德爱"去说仁，认为大程（明道）对仁的理解与小程（伊川）所讲的"爱之理"不相应，进而朱熹将大程（明道）讲的仁与万物浑然通体理解为"仁之量"，就是说仁泛爱万物之意。依牟宗三判定，小程（伊川）所讲的"公"作为"仁之道"与大程（明道）讲的具有"觉"与"健"特征的仁是不相应的。朱熹承接小程（伊川）而来，二者皆是"歧出"。

牟宗三将朱熹《仁说》的全文录入，进行详细疏解，阐明朱熹对于仁的理解的内在义理。《仁说》分八段，前四段是朱熹阐述自己的观点，第五段是朱熹阐述程颐"爱情仁性"之论（见上文程颢的仁学提纲第一条），第六、七、八段是辩驳"与物同体"以及"以知觉训仁"。牟宗三的分析主要是如下五点：

第一点，朱熹讲"天地以生物为心"，按牟宗三的分析，虽然此处讲的心是本体宇宙论式的，但是却是实体性的心。接着牟宗三通过《朱子语类》卷第一、卷第九十五论"天地之心"的分析以及《知言疑义》对心的

---

① 牟宗三：《心体与性体》（三），载《牟宗三先生全集》（第7卷），台湾联经出版公司2003年版，第258页。

② 牟宗三：《心体与性体》（三），载《牟宗三先生全集》（第7卷），台湾联经出版公司2003年版，第259—260页。

分析，牟宗三认为，从心应具有的活动义看，此处的心是虚说的。

第二点，进而朱熹讲"人物之生又各得夫天地之心以为心"也成为虚说。因为从孟子的本心或良心本体看并不是单纯从本体论或宇宙论方面讲的，而是从道德自觉的当下体证讲的。如果顺从《中庸》、《易传》的思路讲天命、诚体、神体，此是客观的讲法，可以真正讲出"人物得天地之心为心"，因为在此意义下，性体与心体仍是合一的，但是从朱熹的整体思想看，在此处不具有真实的意义。

第三点，在牟宗三看来朱熹讲心有仁、义、礼、智四德，从形式上看是顺着孟子而来，但是孟子讲的"恻隐之心"、"仁义礼智根于心"，"孟子所言之性体本义，性乃是具体、活泼而有力者，此其所以为实体（性体心体）创生之立体的直贯也。而朱子却只转成主观地说为静涵静摄之形态，客观地说为本体论的存有之形态。而最大之弊病即在不能说明自发自律之道德，而只流于他律道德。此即为性之道德义之减杀。"① 按照朱熹的"中和新说"所表示之义理间架，心是认知意义上的心而不是道德的超越的本心，那么作为气之灵的心理学的"心"具有四德只是外在的关联着地"具"，而不是本质地必然地"具"，那么本心具有四德只是认知地静摄意义上的，不是本心直贯之自发自律意义上的，这与孟子言本心的根本义理不合。

第四点，进而朱熹讲"天地之心其德有四，曰元亨利贞，而元无不统"，与《易传》不相应。从前三点看，由于天地之心不是本体宇宙论（即存有即活动）意义上的，此四德只能落在气化的层次上说，但是此四德与仁义礼智四德并不相同，因此朱熹如此说，从形式上看，也是本体宇宙论方式的论说，但只是依仿。

综合以上四点，牟宗三认为，朱熹讲的天地之心成虚脱（不能落实），对于人心而言，用爱之理、心当具之德来讲"仁为生道"，不能掌握孔子所言之仁的核心。

---

① 牟宗三：《心体与性体》（三），载《牟宗三先生全集》（第7卷），台湾联经出版公司2003年版，第269—270页。

第五点，朱熹辩驳"物我为一"与"以觉训仁"，是直接针对杨龟山和谢上蔡，间接针对程颢。朱熹讲"彼谓物我为一者，可以见仁之无不爱矣，而非仁之所以为体之真也"，也就是说朱熹将认为讲"仁与物我为一"，是体现了"仁"的用之广泛，而不是将其作为本体的真实。而牟宗三认为依据儒家正宗的理解，仁应当是"体物而不遗"的"天命流行实体"，由此才能讲仁心的感润无隔，如此才能"恻然有觉"即不麻木，如此才能呈露真心仁体，进而才"自能恭宽敏慧"、"自能'爱人'"、"自能悱启愤发，不厌不倦，自能与人为徒而不崖岸自高，自能……造次必于是，颠沛必于是，自能'无求生以害人，有杀身以成仁'"。① 也就是说，仁应当是全德，是一切道德的根源，为道德创造的实体。从这里看，"与万物为一体"以及"与物我为一体"，不是从外延上讲仁的量，而是从内容上讲仁的质。

关于以觉训仁的辩驳，朱熹说"彼谓心有知觉者，可以见仁之包乎智矣，而非仁之所以得名之实也"。在牟宗三看来，"以觉训仁"之"觉"是从程颢讲的道德真情而来，而在朱熹则成了知觉，也即是认识论意义上的，不是道德意义上的。由此，可以见出朱熹的思维是实在论倾向的分解的思路，是静涵静摄的认知系统。与儒家作为正宗和大宗的纵贯系统不相合。朱熹对仁的理解不是顺孔子的方向来，也不合程颢的理解，因而是歧出旁枝的"别子为宗"。

牟宗三说："以上五点是对于《仁说》之分析。以下与张南轩辩，与胡广仲、胡伯逢、吴晦叔辩，皆不出此范围。"② 通过牟宗三对《仁说》的分析主要已经掌握了牟宗三对别子为宗判定的理论定型。

3.《大学》地位的突出：完成别子为宗的阐发

牟宗三认为，在中和新说和《仁说》之后，朱熹思想的发展主要在于强调《大学》的重要。牟宗三认为程颐和朱熹一系就是依据《大学》的

---

① 牟宗三：《心体与性体》（三），载《牟宗三先生全集》（第 7 卷），台湾联经出版公司 2003 年版，第 275—278 页。

② 牟宗三：《心体与性体》（三），载《牟宗三先生全集》（第 7 卷），台湾联经出版公司 2003 年版，第 280 页。

义理去统摄其《论》、《孟》、《易》、《庸》四部经典。因此，对《大学》的义理阐发是朱熹思想的最为关键和重要的部分。朱熹不但为《大学》作了补传，而且在其逝世前仍在修改《大学》。在牟宗三看来，朱熹虽然遍注群经，但是只有对《大学》的把握合乎其原来义理，因此也最能反映朱熹的思想。牟宗三认为，从对道德本体、宇宙本体的认识看，朱熹的《大学》之学大致保持了其在《中和新说》和《仁说》中的观点，仍然将最高本体理解为"只存有不活动"，朱熹对《大学》的义理阐发的新发展主要体现在即物穷理的工夫论的提出。这标志着朱熹思想的全部完成。

朱熹根据《大学》"致知格物"的思想，发挥道德实践的方法论，主张"即物而穷其理"，通过"今日格一物，明日格一物"的渐磨工夫，进而达到"众物之表里精粗无不到，则吾心之全体大用无不明"的"豁然贯通"的境界。牟宗三认为朱熹将格物致知解释为即物穷理，这是在工夫上开启了顺取之路。如此，程颐与朱熹的工夫入路是"顺取之路"，周敦颐、程颢、胡宏、陆九渊、王守仁、刘宗周则走的都是"逆觉之路"。这点构成了牟宗三判定朱熹别子为宗的根据之一。因而《大学》地位的突出主要反映出的就是朱熹的工夫论与宋明儒大宗和正宗的差异。

牟宗三认为朱熹如此讲工夫是混淆了知识与道德的界限。因为原本是想获得对于道德、宇宙的本体追求，但是在工夫上却采取"向外顺取"获得知识的方法。这种方法在牟宗三看来是泛认知主义的，只能成就经验的知识，但是由于朱熹的目的在于道德行为，又不能真正成就科学知识的发展。但是，如若顺取工夫做得足，也可成就他律道德。朱熹所讲的格物致知、即物穷理，是要通过格物认知作为"本体论的存有"的超越之理（即太极）。总之，牟宗三认为朱熹的方法在道德上只能是"主智主义之以知定行"，即通过心对理的认知（而不是心的自我认识）达到修养的目的，而成就他律的道德；在知识上，由于朱熹的目的在于道德而不是知识，因而也不可能开出科学。

牟宗三认为，从《论语》、《孟子》、《中庸》到宋明儒之大宗，都是遵循着与"顺取的工夫"不同的"逆觉体证之路"来说明道德实践的途径与方法。所谓"逆觉"即是指反求内省，它不是依靠抽象的认知，而是依靠与人的道德实践融为一体的体证、亲证、直觉。在牟宗三看来，儒家的心性之学强调的"心即理"之心，就是使得道德行为获得保证的源泉所在。牟宗三认为，依据宋明儒的大宗和正宗的理论，完全可以正确回答康德哲学所不能回答的两个问题，即"自由意志本身之客观存在上的绝对必然性如何可能"和"纯粹理性如何其自身就是实践的"。但是，朱熹强调通过格物致知的工夫，最终对于道德实践而言是有辅助作用的。

牟宗三顺着朱熹思想发展的行程，从本体和工夫两方面义理的分析入手，从二程思想的简别，到最终对朱熹《大学》之学的分析。认定朱熹将儒家"成德之教"的最高本体体会为"只存有不活动"的"所以然"之理，使得本体的道德意义脱落；在工夫上，朱熹强调即物穷理，这种从知识通往道德的方式不能使人的道德行为真正做得成。牟宗三对朱熹思想的分析在扎实的文献梳理的基础上，借助圆融会通的中西哲学对比，进行深入的义理分析，使得别子为宗理论具有相当的合理性。别子为宗理论在朱子学研究领域产生了广泛的影响，无论是反对还是赞同，我们都必须正视别子为宗理论对朱子学研究的价值。可以说，别子为宗理论在现代朱子学领域具有可超过而不可绕过的价值。

第四节　佛学圆教思想研究

在牟宗三哲学中，最能体现"判摄与圆融"精神表达的是"别教"、"圆教"等，这些语词源出于牟宗三的佛教哲学研究。在浩繁的佛教理论中，牟宗三最重视天台宗的义理，并以此为标准对佛教思想进行甄别，其研究南北朝隋唐佛教思想的专著《佛性与般若》便不是佛教史式的整理，而是以天台宗的判教内容为纲领解读佛教哲学："吾顺其判释之眉目而了解此一时期佛教义理之发展，将其既不同而又互相关联底关节展示出来，此即是本书之旨趣。"①

---

① 牟宗三：《佛性与般若》(上)，载《牟宗三先生全集》(第3卷)，台湾联经出版公司2003年版，"序言"第5页。

何以独标天台呢？事实上，作为哲学家，牟宗三始终是以哲学的视角看待佛教的，他认为佛教有两个概念最为关键：一是般若，般若学具有"融通裁汰"之妙用，是"一切大小乘皆不能违背之共法"，并且使佛教具有了区别于一般哲学思想的特征，即"非实有形态"；二是佛性，在牟宗三看来，佛教需要解决一个问题，即去除无明之后，如幻如化的法如何能保得住，也就是佛教如何处理现象世界的存有问题，这需要佛性论来回答。因此，牟宗三按照"般若与佛性"两条线索，对佛教哲学进行疏理，结论是天台宗的"圆教"理论最为圆满，完美地融合了"佛性与般若"，是佛教式存有论发展的最高点。因此，般若学与佛性论，就是牟宗三判摄佛教的总原则。

一、牟宗三判释佛教的原则

1. 天台智顗的判教思想：牟宗三判释佛教的背景与基础

牟宗三认为，他对佛教的理解宗于天台智顗的判教思想，并因袭了天台宗"五时八教"的判教理论作为研究起点。在《佛性与般若》一书中，牟宗三在阐述般若学与佛性论这两项根本原则之后，便按照唯识学、《起信论》与华严宗、天台宗的顺序，对各派教理进行分析，理论依据是"佛教式存有论"水平的升进。不过，既然依于智顗，何以有"存有论"的思想？

实际上，天台宗"五时八教"的判教总结是经灌顶、湛然等天台中后期的僧人不断补充完善概括而形成的，在智顗那里并没有如此清晰的表述，所以并不排除后期理论与智顗的本义有所偏差的可能。而且根据有关学者的专门研究[①]：智顗的判教思想，是从顿、渐、不定三种"教相大纲"出发，以"五味根机"为判释核心，以藏、通、别、圆四种教义充分展开论述，构成一个完整的判释教相[②]的思想体系。

[①]　参见兰天：《中国佛教早期判教理论述评》，中国知网中国优秀博硕士学位论文全文数据库，2004 年。

[②]　据丁福保《佛学大辞典》，"判教"就是"判释释迦一代之教相"。

需要注意的是，智𫖮的判教是在全面批评、总结南北朝各家判教理论的基础上提出的，明确反对之前以判释"教体"为方向的偏颇结论，而"将判教严格限定在'判释教相'上，从而避免了判教理论可能出现的各种理解上的分歧"①。这是非常合乎佛教自身的旨趣的，如前所述，从佛教的立场来看，一切佛法皆是佛针对众生根基之差别而说，都是正确的，教理本身并没有高下深浅的分别，这是判教思想的根本前提，假如判教触及教理本身是否有误，就不是判释"教相"，而是判释"教体"，这不但违反了信仰的原则，也是不符合圆融精神的。

总结起来，牟宗三对佛教思想的理解，虽然是沿着天台判教的理路进行的，但是纵览《佛性与般若》，他对于唯识、华严等宗的批判过于苛刻，不大符合判"教相"的圆融精神。并且，以"存有论"这种哲学视角为依据去解读以追求解脱为目的的佛教教理，本身是否具有合法性还有待商榷。但是也不难理解，牟宗三是哲学家，不是宗教徒，难免从自身的思维背景与价值取向来看待问题，清楚这一点，就能带着问题意识走入牟宗三的哲学世界，发现其理论特色，这要比单纯比较牟宗三佛学与正统佛学之间的差别意义更大。

2. 作为共法的般若学：牟宗三判释佛教的认识论根据

般若学是依《般若》等经，经由龙树、提婆、清辩、月称等古印度论师加以阐扬而成立的所谓大乘空宗、中观学派，以一切法（现象界的各种存在）无自性、缘起性空、性空缘起为核心义理。般若学认为一切法没有独立的、恒常不变的自性，故为性空，但性空实不破坏一切，反而一切法由性空成立缘起；从缘起的角度论，不是有自性的缘起，若诸法有自性即非缘起，而是假名的缘起，由缘起复说性空。因此，般若学的特征是性空与缘起融通，亦即空有无碍，所谓"不动真际，建立诸法"。在般若智慧的观照下显现的世间万象的本来面貌，称为"实相"，故般若学也称为实相学。牟宗三认为，实相"实不能舍离一切法。如舍离一切法，则般若

---

① 参见兰天：《中国佛教早期判教理论述评》，中国知网中国优秀博硕士学位论文全文数据库，2004 年。

蹈空，亦不成其为般若。但亦不能著一切法。若著于法则成执着，诸法之实相不可见，而般若亦死……只有在不舍不著之方式下具足一切法，方成其为实相般若"①。

般若学在佛教中具有极特殊的意义，所谓"六度万行，智慧为首"，此智慧指的就是般若智。在牟宗三看来，般若实是大乘小乘所必修之共法，按五时判教的划分，佛于第四时方说《般若经》，意义就在于消化前面所说的小乘、大乘等种种分别教法，对教法加以总结，消融其间的矛盾，并去除修行者的分别心与执着心，令其悟入"一实相印"，这就是般若"融通淘汰"的作用。因此，牟宗三认为般若具有"不舍不著"的妙用，能"不坏假名而说诸法实相"；领悟般若精神不能刻板，"不学般若，即是学般若"；脱离般若学佛则一无是处，唯有领悟般若，"则能学一切佛法。不如是学，则一切佛法皆死，任一佛法皆学不到。如是学，能到一切种智，当然既'无所学'，亦'无所到'。"② 此论是有相当合理性的。

从哲学视角出发，牟宗三定位般若学对一切法的功能是"作用的圆具"，所谓在破一切法中立一切法，凭借已有之法，把已有法穿透之，具足成就空如实相，而不必破坏之。所以，牟宗三认为般若学并没有说明一切法的来源问题，佛教式存有论的讨论不在般若学中体现，"盖由《般若经》只言般若作用地具足一切法，而对一切法却并无一根源的说明，即，只有作用的具足，而无存有论的具足"③，佛教因此被牟宗三定义为"境界"形态的，与道家的形上学样态一致。

般若学的另一点贡献，是提供了非分别说的表述方法，即"遮诠"。牟宗三认为，般若直接指示我们生命中的真实智慧，它必须从主观的方

① 牟宗三：《佛性与般若》（上），载《牟宗三先生全集》（第 3 卷），台湾联经出版公司 2003 年版，第 78—79 页。
② 牟宗三：《佛性与般若》（上），载《牟宗三先生全集》（第 3 卷），台湾联经出版公司 2003 年版，第 10 页。
③ 牟宗三：《佛性与般若》（上），载《牟宗三先生全集》（第 3 卷），台湾联经出版公司 2003 年版，第 454 页。

面，通过存在的实感而被展现或呈现，是不能用语言和概念来分析的。所以在《般若经》中，采用的是异法门，不同于其他大小乘经典说法的方式，譬如，《般若经》中谈什么是般若，从来不正面直接地表示，而是采用辩证的诡辞："佛说般若波罗蜜，即非般若波罗蜜，是名般若波罗蜜。"这种非分别的方式在牟宗三看来极有价值，符合圆教理论的需要，因为如果采用分别说的方式表达，就是有限定的，有系统相，按照龙树《大智度论》所说，凡是分别说的法都是可诤法，可诤的就没有逻辑的必然性，只是权法和方便，而《般若经》一法不立，就是无诤法，有逻辑的必然性。但是，对于法之存在必须要表述，就仍然需要一个教，成就一个系统，所以需要用非分别的方式，这样表达出来的系统，特征是有系统而无系统相。因此，虽然般若学没有存有论的品格，般若的无碍也不是终极的圆教，但是般若却是构成圆教不可或缺的因素。

综上，牟宗三总结道："此般若之妙用是共法，一切大小乘皆不能背。它可行于一切大小乘中，然它却不能决定大小乘之为大小乘。因为：（一）它是消化层，无所建立故；（二）它是诡谲的方式，非分解的方式故；（三）它圆具一切，成就一切，是般若之作用的圆具与成就（即不坏不拾义），而却对一切法无根源性的说明，因为它无所建立，无分解的或非分解的说明故，因此般若之作用的圆具并非一存有论的圆具。然则负'大小乘为大小乘'之责者，负'一切法之根源的说明'之责者，乃至负'存有论的圆具'之责者，必是在般若外之另一系之概念中。此另一系之概念即悲愿与佛性是。"① 在牟宗三的视野中，般若是决定佛教之所以为佛教的根本智慧，具备消化与融会佛教内部各种教理的功能，但是决定各派教法高下的标准则是对佛性的不同理解，所以他研究佛教的专著名为《佛性与般若》，体现出两个基本的理论出发点。

3. 本体的"非实有形态"：牟宗三判释佛教的本体论基础

既然缘起性空是佛教的基本教义，因此牟宗三分析佛教式的存有论

---

① 牟宗三：《佛性与般若》（下），载《牟宗三先生全集》（第4卷），台湾联经出版公司2003年版，"附录"第1210—1211页。

就以之为逻辑起点：佛教中以"法"来表示一切存有的现象，说明"法"之来源靠缘起理论，包括"业感缘起"、"阿赖耶缘起"、"如来藏缘起"和"法界缘起"。虽然四种缘起的理论水平有所升进，但总体上还是不能脱离"诸法无我、诸行无常"的根本旨趣，旨在消解"法"的"自我同一性"；进一步，由于万法产生的根源在于"无明的插入"，而无明又是无根的，所以由无明所成因缘而生起的万法就是虚妄的，每个法都是待缘而生，没有一法是自足的，佛教"专门为非有（struggle for non-being）而奋斗，就是把这个 being 拉掉"①，要把自体去掉。

那么顺这个理路发展下去，似乎一切法都是不存在的，也就是历史上很多思想家攻击佛教的理由——"以山河大地为病"，但是牟宗三认为这种说法并不能代表佛教式的存有论②。实际上，在般若智慧的观照下，一切法依缘而起，缘尽而灭，于生灭变化中显示不变的"空如"实相，此一"如相"正是《中论》中"不常不断、不一不异、不来不去、不增不减"之"八不中道"的不可思议境界，因此佛教所讲的"空"，不是与实有正相反的非有，非有仅是佛教所批判的断灭见。反之，却也不能肯定是"有"，按牟宗三的理解，在西方哲学中，无论是柏拉图的 Idea，还是康德的 Noumena，都是针对现象、超越现象的 Reality，是具有本体意义的"真实"之有。但是佛教所言的最终真实却不是如此的，"真实性就是缘起法的实性，就是'实相'、'如相'。一讲 Reality 就令人想到有一本体，其实实相、如相不是本体。佛教是不讲本体的"。③

故而，牟宗三判定佛教形上学是"非实有形态"的存有论，因为

---

① 牟宗三：《四因说演讲录》，载《牟宗三先生全集》（第 31 卷），台湾联经出版公司 2003 年版，第 129 页。

② 存有论一词来源于西方哲学的传统，西方哲学立足点在于对"存有"的追问，而佛教的核心义理在于"空"。认为"有"所表示的法不过是幻化，但即便如此，并不妨碍佛教也可以对法的存在问题进行说明，所以牟宗三即是在此种意义上使用"佛教存有论"一词。而霍韬晦认为，佛教对存有论的讨论也并非如西方哲学要成立一个本体，佛教只是讨论存在，而非要存"有"。

③ 牟宗三：《中国哲学十九讲》，载《牟宗三先生全集》（第 29 卷），台湾联经出版公司 2003 年版，第 270 页。

"佛家根本不肯定纵贯式的创造的实体",尽管"它最后所指向之处还是指向究竟、了义",① 和儒家、道家同属一个层次。佛教存有论的特质在于,一切法的如幻如化是根据无自性来说的,但是这些如幻如化、无自性的法之存在有必然的保障性——这个必然性不靠上帝来保障,也不靠道体、梵天或者道生德畜的"道"来保障,而是以佛的"法身"来保障,但是佛"法身"并不创造万法,而是佛"法身""即"万物一起呈现,永远连在一起,这就关涉到佛性论的问题。

4. 佛性:牟宗三判释佛教的佛性论基础

牟宗三认为,只有联合佛性论才能解决"去病不去法"的问题,即无明去除之后,法的存在仍能得到保证。既然般若不具备这个功能,那么判释各家义理的根据就要落在对佛性的不同理解和诠释上,即佛性是佛教判教的准则。

在佛教史上,佛性观念的提出主要为了解决两个问题:成佛何以可能和成佛依据何种样态。第一个问题,牟宗三说这是佛性的"体段义",佛性必须超越地说明成佛之可能性,一切众生皆可成佛,使修行者具备信心;反之,如果把成佛的根据落入到后天的因缘上,不获得正闻熏习就不能入佛道则显得过于乏力,也就不能是圆满的佛法。第二个问题阐释的是"佛之体段之性能",就性能而言佛性,谈成佛的根据。小乘也有佛格,有般若,但只是自度,不度人,佛性没有达致完满之境,也就谈不上成佛;大乘之所以为大,是因为悲愿大,成佛必须以一切众生得度为条件。在牟宗三看来,要将悲愿延拓至极点,就必须透出"如来藏恒沙佛法佛性"的义理,由佛性包含无量的世间法与出世间法,佛性"遍满常",交彻"无限之境",才是最后圆满的成佛形态。

为什么佛性会具足一切,或者佛性"必须"具足一切?按牟宗三的理路,佛性与存有论具有天然的联系,按大乘佛学,佛性具足一切法,

---

① 牟宗三:《中国哲学十九讲》,载《牟宗三先生全集》(第29卷),台湾联经出版公司2003年版,第426—427页。

成立佛教存有论，文献依据可以在《涅槃经》中找到①，并且依天台智顗"三因佛性"的解说加以发挥：一、正因佛性，即中道实相、佛性真如的理性；二、了因佛性，即能够观照真俗二谛之般若智慧；三、缘因佛性，配合了因佛性的智慧，开发出修行中的六度大行的功德行愿。通过这些归纳，牟宗三总结道，要先从佛格，也就是佛的性格上去理解佛性，次要由因性，即三因佛性去了解佛性，这才是成佛可能的根据。

因此，牟宗三从佛性的角度判释各家义理便是判教的基本点，其基本观点如下：

以后期唯识学为代表的"妄心派"的三因佛性，缘因、了因佛性靠后天正闻熏习而来，故只能是经验性的；正因佛性是"我法二空"之后所现之真如，以"无为如理"为体，因此只是"理佛性"，本身不受熏，也非能熏，无所谓具备或不具备"恒沙佛法"，具备"恒沙佛法"的只是"事佛性"，这又要由后天熏习而来，因此成佛无必然性。因此唯识学虽然说明了一切法的来源，但是佛性的根基不牢固，不是成熟的理论形态。

以华严宗为代表的"真心派"的三因佛性，正因佛性是"真心即性之空不空但中之理"，不"即具恒沙佛法"，而缘因、了因佛性由"随缘修显"而成，因此三因佛性是纵横的，而非圆伊的。此类教理认为法性与无明二者体异，只是相依而不相即，因此要显示法性，必须破除无明，则成佛必须断凡俗之九法界而成，没有通彻天堂地狱之无限境。因此真常学虽然超越地给出了佛性的依据，但是没有与存有浑融一体，不是最完满的理论形态。

而天台圆教，其正因佛性是"即具恒沙佛法"而为中道第一义空，故"即下即是遍满常之中道第一义空"，缘因佛性是"即具恒沙佛法"而为断德，故"即下即是遍满常之（不断断）之断德"，了因佛性是"即具恒沙佛法"而为智德，故"即下即是遍满常之具有（即空即假即中）三观

---

① 《大般涅槃经·寿命品第一之二》，解说"三德秘密藏"处："何等名为秘密之藏？犹如
伊字三点，若并则不成伊，纵亦不成。如摩醯首罗面上三目，乃得成伊字三点，若别
亦不得成，我亦如是。解脱之法亦非涅槃，如来之身亦非涅槃，摩诃般若亦非涅槃，
三法各异亦非涅槃。我今安住如是三法，为众生故名入涅槃，如世伊字。"

三智之智德"。法性与无明相即，显法性不必破无明，如此现象界的存有就得到了保证，故牟宗三以天台圆教为佛教存有论发展的顶峰。

综上所述，牟宗三以佛性论为判教基础，以天台圆教为判教标准，便是其研究佛教义理的根本思路。

二、判释唯识学与华严宗

依牟宗三，佛性观念产生之后，就可以对一切流转还灭之法有一根源性的说明，在中国佛教史上，这个说明始于唯识学的传入。但是牟宗三认为，唯识学的基本特征是"虚妄为主、熏习为客"，不能保证成佛之必然性；因此，由唯识学必然要前进一步，产生以"如来藏自性清净心"为核心的真常唯心论，其里程碑式的经典为《大乘起信论》，系统义理发展的高峰是华严宗。不过按牟宗三的分析，无论是虚妄唯识还是真常唯心，其理论推衍的方式仍然是分解的。

在佛教史上，唯识学与真常学各据领域，担负其相应的历史使命，然而在牟宗三的判教视域中，唯识和真常均未达致浑圆之境，但是充分理解他对这两种义理的研究，也便于我们从另一角度开启思路，更好地领悟牟宗三哲学的理论色彩。

1. 经验的分解：唯识学"虚妄为主、熏习为客"的佛性义

佛教给出一切法的根源始于唯识学，唯识学以心识为核心，建立了众生与世界互动的图景。按牟宗三的理解，《摄论》和《成唯识论》所证成的妄心系统积极地说明了一切法生死流转的一面，但对于更根本的涅槃还灭的问题只是消极地说明，唯识学不违背般若空宗缘起性空的二谛理论，唯识三性中可以去除的只有遍计执性，所以三性基本等同于二谛，但是两者的系统背景并不相同，般若学只是泛说缘起法，而唯识学将缘起法收摄于识，这是教理上的进步。

由分析唯识三性，牟宗三提出了一个颇有创见的思路，即肯定遍计执性，以确立科学知识的价值。在他看来，遍计执与染依他，可以保存感性、知性，成就科学知识，乃至成立现象界的存有论——执的存有论，遍计执性与"不相应行法"就是完成执的存有论的要素。"不相应行法"是

唯识宗的名词，牟宗三认为"行"属于"思"，佛教中的"思"是取泛心理学上的意义，而不是逻辑上的意义，属于"心所法"之一，指为心所有，与心相应地合一，相当于西方哲学的 mental state，由此理解"不相应行法"大抵属于"思"所发，却不能与心或物建立起或一或异的联系的某种心理活动。佛教中有二十四种"不相应行法"，依牟宗三的研究，基本可以对应康德所论述的时间、空间等感性形式以及知性法则。既然康德从西方哲学的传统出发为科学知识建立了先验基础，那么牟宗三认为佛教的这些观点也可以从正面来观，正视遍计执为逻辑上的执，而不是烦恼意义上的执。之所以佛教没有积极地说明这个道理，是因为佛教的重点在于解脱，而不是完成知识论，但是对应现时代，应该有进于传统的地方，因此于遍计执也不要看成是完全的虚妄，应该得到相应的谛性。不难看出，此处的解说完全与"良知坎陷"说接榫，是牟宗三哲学既成理路之延续。

2. 超越的分解：《大乘起信论》与华严宗"真心性起"的佛性义

关于真心缘起论，牟宗三参考的主要文献是《大乘起信论》与华严宗的相关经论。虽然《大乘起信论》的成书与华严宗创立之间相隔了相当长的时间，但是牟宗三仍然将其统一归入真心系统来说明。

牟宗三认为："自《起信论》依《华严》、《密严》、《楞伽》、《胜鬘》、《涅槃》等言如来藏之真常经而提炼出一个真常心后，佛教的发展至一新阶段。此一新阶段似是一特别的动相。它对内对外俱有特别的意义与作用。"[①] 表示真心缘起论实比原有的空有二宗更进一步，理论层次得到了提升。

牟宗三解说唯识学有两点理论缺陷，追问下去，就必然发展出真常心系统解决困境，这是按照理论的逻辑展开"转进而必至"的：首先，"为了说明一切法的依止或一切法的根源问题而逼显出来的"，唯识宗以阿赖耶识保证存有，为一切法的根源，但是阿赖耶识只是虚妄的识心，只能说明现象界一切法的生死流转，既有生死流转，便是无常之生灭法，不是成佛所需要的本体界的清净法。而且唯识宗对清净法来由之说明也不够

---

① 牟宗三：《佛性与般若》（上），载《牟宗三先生全集》（第 3 卷），台湾联经出版公司 2003 年版，第 472 页。

圆满，采用了"无漏种"的说法，但是"无漏种完全是由后天熏习而成，而无漏种又是一切清净功德法的根源，则很显然的，一切清净法的根源必然落入后天的、经验的（empirical）；此一根源既是后天经验的，则自然没有先天必然性"。① 其次，是"成佛有无必然的保障"的问题，"无漏种"不但是清净法之根源，同样也是众生成佛的根据，假如"无漏种"需要后天的熏习，那么作为成佛的依据必然力量不够，"如果必须完全靠后天经验的熏习，则遇见佛时可能成佛，若未遇见佛，岂非永无证道成佛之日？"② 因此，牟宗三认为只有通过超越的分解的思路，确立一个超越的如来藏自性清净心，区别于唯识宗异熟流变之种子论，才能保证修行成佛的现实有效性。

那么，真心系统的义理是否圆满无碍呢？显然不是，真心学同样面临"染污法和烦恼法如何依止于如来藏自性清净心"的问题，这是真常唯心学的关键。对于唯识宗而言，生灭法是可以直接开出的，而清净法的来源是个难题，需要正闻熏习，属于间接开出；对于真常心学而言，清净法可以由真心直接开出，而生灭染污之法如何产生于清净心呢？在《胜鬘经》中称为"难可了知"③。但是牟宗三认为并非"难可了知"，自性清净心在"无明的插入"后，经过一个曲折、跌宕的过程就可以开出有漏染污之法，同样也是间接开出。牟宗三以康德哲学的角度来解释"无明"：人的意志不是"神圣意志"，人们的行为与道德法则亦常不能相合，这乃是因为我们有"感性"，常为物欲所牵引，这即表示人是有限的存在，所以人的意志不是神圣的意志；康德所说的"感性"，"照儒家讲，则是人的私

① 牟宗三：《中国哲学十九讲》，载《牟宗三先生全集》（第29卷），台湾联经出版公司2003年版，第285页。

② 牟宗三：《中国哲学十九讲》，载《牟宗三先生全集》（第29卷），台湾联经出版公司2003年版，第286页。

③ "难可了知"源于《胜鬘经》："此自性清净如来藏，而客尘烦恼上烦恼所染，不思议如来境界。何以故？刹那善心非烦恼所染，刹那不善心亦非烦恼所染。烦恼不触心，心不触烦恼。云何不触法而能得染心？世尊，然有烦恼，有烦恼染心，自性清净心而有染者，难可了知。"

欲，如王阳明所说的'随躯壳起念'"，即"非顺着良知起念"。① 无明的插入，意思是说真心本自清净，但一昏沉，一念忽然不觉即落入无明，这叫不染而染；但是对于真心来说，无明是虚妄无根的，也不是一实体，只是一念不觉时的昏沉相，真心没有因此改变，叫染而不染。由于无明的缘故，如来藏作为生灭法的根据便是"依止"关系，若如来藏直接生起清净法则可以名之"生因"，但是对着有漏的生灭法则非"生因"，亦非"了因"，而是"凭依因"。

这种理论特征，按《大乘起信论》的说法即是"心生灭者，依如来藏故有生灭心。所谓不生不灭与生灭和合，非一非异，名为阿黎耶识。此识有二种义，能摄一切法，生一切法。"② 在真心系统中，阿赖耶识被超越地套进来，既有内在的性格（immanent character），为生灭法的存有做保证；还有超越的性格（transcendent character），为清净法的存有做保证，是具有双重性的（double character）。这样由一个真心开出二种门——生灭门和清净门，由两种方式开出，就是"一心开二门"，表示了《大乘起信论》的真心学对阿赖耶识的不同理解，也是真心系统对妄心系统的超越与融摄。

按牟宗三判释佛教的逻辑，从般若智心到真常心，是从作用的说般若到实体性的说般若，也是从认识论升华到存有论的过程。由于真常心具有某种实体性创生的意味，便使佛教由平铺的横摄系统转进为竖立的纵贯系统。在牟宗三哲学中，横摄系统对应认识论范畴，而与终极层次的本体论、存有论相对应的是纵贯系统。由于真常学具有"实体性的本体之嫌，以古语言之，便可有外道梵我之嫌"③，因此历来对其争议颇多，譬如支那内学院的欧阳竟无、吕澂等就认为真常学不是佛法正宗。

实则牟宗三的理解更为准确：般若智是清净的智心，因其对境不起分

---

① 牟宗三：《中国哲学十九讲》，载《牟宗三先生全集》（第29卷），台湾联经出版公司2003年版，第298页。

② 高振农：《大乘起信论校释》，中华书局1992年版，第25页。

③ 牟宗三：《佛性与般若》（上），载《牟宗三先生全集》（第3卷），台湾联经出版公司2003年版，第474页。

别，可见万法之如相，故为如如智，乃佛所呈现，空有二宗皆然此说；但是透过佛性观念，需要对一切法有一根源性的说明，般若清净心就从原来的平说遂转为竖说，"以如如智心为主纲，将诸法之如境空性吸收于此如如智心上而与此智心为一"，这个竖立的真心，"为一法界之大总相，并且是一切法门之体。"① 所以，真常学的真心，即是般若学的真如，真心为诸法之体，即是空如为诸法之体。牟宗三认为在佛教义理发展的早期阶段，空如是不能为体的，缘起性空、依他起性等命题中，无自性之空性是抒义字，表达缘起无性之义，不是实体字，到了真常学阶段，成立真心，空如理与真心合一，空如理才因真心而成为一实体字，即以真心为体。

因此，从佛教立场说，见真心，即是见诸法空如无相，与般若学宗旨相同，此即空如来藏；依真心系统的特点而言，真心代表了常乐我净的终极存在，也是成佛最终的境界，具有"实有"意义，即所谓不空如来藏。当然，真常心学是佛教中的一个义理系统，不是外道，在牟宗三看来，真心即性，具有实体性的意味，只因"对众生说成佛可能的根据"，以及"对一切法做根源说明这个问题上作出的姿态"，实体性的实有"只是一个虚样子"，如来藏真心"随缘不变、不变随缘"之缘起并不是实体性的实有之本体论的生起。

从牟宗三的判教标准——天台圆教而论，真常心系统是性起说，不是性具说，还是分解的说，不是圆说，因此真心缘起论仍被判为别教，即便华严宗的义理已经十分圆满，也仅是终教，不是圆教。因为真常心系统要求"唯真心"，就不能说如来藏自性清净心"体具"一切世间生死等法，真心与生灭法之间需要经过跌宕曲折的过程才能开出，因此佛法身显出"孤悬性的紧张相"。

牟宗三作为新儒家的代表人物，对佛教的研究与吸收超越了所宗的宋明儒者，比其业师熊十力也无须多让。从本研究的角度来说，牟宗三判释佛教思想必不能脱离儒家立场，而佛教哲学的思维模式更为其道德形上

---

① 牟宗三：《佛性与般若》（上），载《牟宗三先生全集》（第3卷），台湾联经出版公司2003年版，第473页。

学的架构提供了体系上的参照，虽然形式因素不等同于内容因素，但是形式对内容的表达与限制有重要的影响。当然，佛教与儒家的理论侧重有所不同，按牟宗三哲学的术语，首先在于如来藏自性清净心不是"良知"的道德心，其次在于形上学品格也有着"纵贯横讲"与"纵贯纵讲"之区别。但是我们更感兴趣它们之间的相似处：

第一，佛、儒两家的理论都属于"纵贯系统"，都指向了最后的层次，无高低之分，都是"终极的形态"。真常学肯定超越的真心，而道德形上学是"先由吾人的道德意识显露一自由的无限心，由此说智的直觉。自由的无限心既是道德的实体，由此开道德界，又是形而上的实体，由此开存在界"。"存在界的存在即是我们由自由的无限心之开存在界成立一本体的存有论，亦曰无执的存有论。"① 因此，在肯定本体的层面说，道德形上学与真常学是一致的。

第二，真常学通过融摄阿赖耶系统，保证了生灭法之存在；在道德形上学中，牟宗三以"良知的自我坎陷"挑起识心之执，再结合康德的先验范畴理论，将现象界的存有与科学知识的价值稳定住。在保有现象界的角度说，二者也是相近的。

第三，道德形上学"纵贯纵讲"、"实体创生"的模型，与真常学"实体性"意味的、真心性起的宇宙论图式非常相似。

依据上述分析，可以认为道德形上学体系是通过两层存有论的模型建立起来的。而且"纵纵模式"的"实体创生"的形上学思维，其实很接近于"梵天"、"绝对精神"一类的思想，至少按牟宗三的理解是与佛教的真常心学有相似之处的，那么似乎可以作出这样的结论，道德形上学是接近于别教形态的。是否如此，我们将在下文谈论"一心开二门"与天台圆教的相关部分中，加深对这个问题的讨论。

在当代学术领域中，《大乘起信论》能够引起不少非佛教学者的重视是与牟宗三的关注分不开的。牟宗三悬置了《大乘起信论》作为宗教典籍

---

① 牟宗三：《现象与物自身》，载《牟宗三先生全集》（第 21 卷），台湾联经出版公司 2003 年版，"序言"第 8 页。

的特征，重点从哲学的角度来理解，他认为《大乘起信论》提出的"一心开二门"的命题"不能只看作是佛教内的一套说法。我们可以把它视为一个公共的模型"，具有"普遍的适用性"。① 牟宗三通过"一心开二门"打开的"两层存有论"，阐述"良知的自我坎陷"、"智的直觉"等义理，并且融会康德哲学进而沟通西方哲学。因此，疏解"一心开二门"的哲学意义，对理解牟宗三哲学是十分必要的。

首先回到《大乘起信论》的文本中，"一心开二门"出自于"显示正义者，依一心法有二种门。云何为二？一者心真如门，二者心生灭门。是二种门皆各总摄一切法。此义云何？以是二门不相离故"。② 牟宗三对"一心开二门"的理解是：从二门言之，任何一门都可以总摄一切法，生灭门是流转的总摄一切法，真如门是还灭的总摄一切法，但是还灭是就着生灭门所流转而起的一切法还灭之，还灭的总摄不是另有一套法为其总摄，二门毕竟归入一心。从一心言之，心真如是就着心生灭而如之，心真如即是心生灭法的实相，不是离开生灭法的空性而别有一心真如，一心所显两种相为二门。分别地说，有二门；圆融地说，是二门不相离的总摄，二门不是对应着两种存在。从佛教的立场来看，非实有形态的真常心属于超升的精神境界，佛所入之涅槃，具有价值意味。

厘清这个关节点，便不难理解在《现象与物自身》一书中，牟宗三为何要扭转康德实体性意味的"物自身"为价值意味的"物自身"了。依康德，"物自身"为客观自在的"对象自身"，康德在认识论领域使用这个概念，要把人的感性和知性划定一个范围，为科学活动提供可靠的基础。如果在本体论的方面讨论，"物自身"所组成的世界只能是拥有"智的直觉"的上帝所居住的本体界，根据康德认为人不可能拥有"智的直觉"的判断，这种形上学模式无疑将有限与无限、现实与超越打成了两截，否定了人进乎真理的可能。

牟宗三作为哲学家，无疑很了解其中的关键，不会正面地采用这个

---

① 牟宗三：《中国哲学十九讲》，载《牟宗三先生全集》（第29卷），台湾联经出版公司2003年版，第293页。

② 高振农：《大乘起信论校释》，中华书局1992年版，第16页。

模式，因此，他从佛教中借取了"一心开二门"，试图打通现象与本体。牟宗三背离康德的原意，将"物自身"定义为"现象之现于我者"，物之有限性、无限性，有时空性、无时空性，有流变相、无流变相，只在主观的"一机之转"："对无限心之无执而言，它即有无限性，无时空性，无流变相，它即是如"，开出"无执的存有论"上通真如门；"对有限心之执而言，它即决定是有限的，有时空性的，有流变相的，乃至有概念所决定的种种相的，它即是不如"，开出"执的存有论"下通生灭门；"如与不如，相与无相，可相即而得：即不如而如，无限心之朗照也；即如而不如，有限心之执取也"。① 二门同归于一心，即是牟宗三道德形上学的核心——道德无限心。

按牟宗三的解释，只有将"物自身"转化为价值意味的概念，"现象与物自身"之分才是超越的，"乃始能稳定得住"，才能彻底将本体与现象、道德与知性，统归于道德的本心上，完成儒家的"良知"对一切法的总摄。那么如此来讲"良知"对万法"实体性的创生"，是否就意味着仅是道德心主体为对象赋予意义呢？至少从实践的角度，牟宗三希望人们能认识到"吾人之认知心（知性）之不能认识它（道德心）乃始真为一超越问题，而不是一程度问题"，只有通过道德践履的工夫才能接近永恒。

若我们对新儒家们所面临的任务有着同情的理解，会发现他们首先要对道德价值做一形上学的保存，其次是要契合时代的要求，正视科学与民主的精神，力争"内圣开出新外王"。牟宗三的回答正在"一心开二门"的理论模型中展开，将道德心上升至本体的高度，由本体不言自明的权威使之实有化，并兼具无限性与创造性，使"人虽有限而可无限"；同时亦令"良知"自觉地"坎陷"，成立"计执的存有论"，保存科学知识的价值，这实际上也是在肯定现象世界的真实，与佛教、道家的理论划分界线。

但是可以看到，牟宗三对"物自身"的解释并不是非常清晰的，有

---

① 牟宗三：《现象与物自身》，载《牟宗三先生全集》（第 21 卷），台湾联经出版公司 2003 年版，第 118 页。

某种目的论的意味，一直在运用自然世界与应然世界的思考方式。其实在这个意义上说，形上学的研究是必要的，但是形上学研究所针对的对象，究竟是价值的、意义的领域，还是某种客观存在的本质，则是有很大不同的，许多学者对牟宗三哲学理解的分歧也在于此。因此，我们必须进入"圆教与圆善"——哲学思考的最后领域去领会这位思想大师的真意。

三、论天台圆教

天台宗是中国佛教史上的第一个宗派，由智顗创立于浙江天台山，因此而得名。天台宗以"一心三观"、"三谛圆融"、"一念三千"、"十界互具"等命题构成了完整的思想体系，并以教义中的"性恶"论、修行实践中的"止观"学说和以《法华经》为基础的判教理论而著称。古语云"禅穷密富方便净，唯识耐烦三论空，华严传统修身律，教理组织天台宗"，可见天台义理在佛教之"教"这个领域内的殊胜地位。

如前所述，牟宗三研究五代至隋唐这一时期的佛教思想，是以佛性与般若为线索，以天台宗的性具圆教为标准展开的。虽然在佛教史上，天台与华严都有判教体系，都自判为圆教，并且时间上天台在先，华严在后，但是牟宗三先论华严，后说天台，理由是他认为华严宗的理论支持在《大乘起信论》，从唯识到华严，秩序井然，是沿着分解的思路开展的最高成就，而天台义理的层次还要更进一步，是佛教式存有论的最高形态，故天台宗只是"时间上的先在"，"不一定是逻辑上的先在"。所以，由"华严判教不尽的缘故"，"加之写作的方便"，《佛性与般若》把天台理论作为全书最后、也是最重要的部分来叙述。

在无明去掉之后，世界如何还能存在是个重要问题，这是牟宗三反复强调的。这不无道理，因为如果一切法仅是由无明缘起的话，那么无明消灭后，一切法岂不归于虚无？但牟宗三认为，只有修行成佛才能完整地成立一切法，此种佛格必须是天台圆教下的圆佛，唯有"三因佛性遍满常"的"即具恒沙佛法"来说明法的存在，"十法界"才能被稳定住，也只有到了天台圆教，法的存在才有必然性。所谓"圆教者，圆妙，圆满，圆足，圆顿，圆实之谓也，所谓圆伏，圆信，圆断，圆行，圆位，圆自然庄严，圆建立众生"①。本节根据牟宗三的理路，讨论天台性具圆教的意蕴。

1. 开权显实：《法华经》的性格

天台宗是以《法华经》为宗经建立教义并进行判教的，故也称法华宗，因此首先从此经入手进行分析。《法华经》全称《妙法莲华经》，共七卷二十八品，以鸠摩罗什的译本最为流行。《法华经》被喻为万经之王，在佛教中的地位极为重要，主要阐扬"会三归一"、"一切众生皆可成佛"的理论。中国佛教各宗派的判教几乎全部涉及此经，许多判教理论也都是从对《法华经》的注疏和发挥中得出的。按牟宗三的说法，圆教必须"相应《法华》开权显实发迹显本而成之圆教。凡圆教，笼统言之，自就佛说。然佛有三藏佛，通教佛，别教佛，不必是圆实佛。惟相应《法华》圆实佛而说者方为真圆实教"②。

牟宗三认为只有《法华经》完美地结合了般若与佛性，成立了圆教必需的两个要素：从般若而言，要求开出"非分别说"的方式，因为分解的表示就会有系统相，是可净法，但是为了表达法的存在必须要有教，只有利用"非分别说"的表达，才能成立系统而无系统相，成为无净法；从佛性而言，性具圆教要求佛性"即具恒沙佛法"，这在《法华经》中以"十如是"来体现，"唯佛与佛，乃能究尽诸法实相。所谓诸法，如是相，如是性，如是体，如是力，如是作，如是因，如是缘，如是果，如是报，如是本末究竟等"③，前九个"如是"是事相，最后"本末究竟等"是实相。牟宗三认为任何事物都有从本到末的九如，有差别相，但是从究竟来说则毕竟平等，二者结合正是"是法住法位，世间相常住"，完整表达佛性的意蕴。

因此，天台宗以此为根基，提出"一念三千"的命题来说明法的存

---

① 牟宗三：《佛性与般若》（下），载《牟宗三先生全集》（第 4 卷），台湾联经出版公司 2003 年版，第 648 页。

② 牟宗三：《佛性与般若》（下），载《牟宗三先生全集》（第 4 卷），台湾联经出版公司 2003 年版，第 648 页。

③ 《妙法莲华经》"方便品第二"，《大正藏》第九册，第 5 页下。

在，按牟宗三的理解，这不是分别的说，似乎对法的来源没作出解释，但是表示了法的存在，而不是表示般若，这是天台超越空宗之处。分别说好像"平地起土堆"，各种权教都是大小土堆，至于圆教境界，所有法成为一体平铺，所有土堆都化为平地，所以此种圆教不是另一种交替可能的系统，不再有特定的系统相，是不可净的。法华和般若在一起就是不净的圆教，具有"开权显实"的作用。所谓"开权显实"，就"方便教原始"言，开是开出、开设、设立，就"终而总"言，开是开发、畅通、决了。华严宗不开权就是不能融摄小乘，"则虽言大言圆，其大与圆亦有权隔之相，此种权相亦须开发畅通而决了之"，所以"说开权显实，其意不是说开出权来再以显实，而是说就已开出者进而决了之以显实也"。① 开权显实，发迹显本，始能透出一个圆教规模，但是这个规模仍然是就外部来说，就内在义理而言，要靠"原始的洞见"。

2. 性具圆教之要素

所谓"原始的洞见"，是智𫖮在《法华经》中孤明先发之"低头举手皆成佛道"②，并将此收入"开权显实"的大纲中，成为天台宗的性格。牟宗三认为，"凡在此权教指导下之凡夫之行或小机之行皆是佛因"，佛因即圆因或妙因，圆因生圆果——在凡夫位，成佛必即凡情而成佛，生佛法；于佛位，无所得故，亦无佛法。③ 所以凡夫小机皆可成佛，纵然今生不成，而来生成之，毕竟得成，如果定要隔断凡夫之行而成佛，则佛终不能成。此谓开权以显实，权即是实，佛道即于非道而见，解脱即于淫怒痴而得解脱，佛之即众生而成佛。这中间包含一个"即"字，是性具圆教的关键字。即，就是烦恼即菩提、菩提即烦恼之即，《维摩诘经》说"佛为增上慢者，说离淫怒痴为解脱耳。若无增上慢者，佛说淫怒痴性，即是解

---

① 牟宗三：《佛性与般若》（下），载《牟宗三先生全集》（第4卷），台湾联经出版公司2003年版，第590页。

② 参见《法华经》："或有人礼拜，或复但合掌，乃至举一手，或复小低头，以此供养像，渐见无量佛。自成无上道，广度无数众，入无余涅槃，如薪尽火灭。"

③ 参见牟宗三：《佛性与般若》（下），载《牟宗三先生全集》（第4卷），台湾联经出版公司2003年版，第600页。

脱"①，这种觉悟与修行，牟宗三名之"不断断"，就是"不客观的隔断淫怒痴而主观的解心无染"，菩萨涅槃之成，正是即生死而成。只有"不断断"才能真正"去病不去法"，虽在三界，不舍三界之恶，而心能不住。在牟宗三看来，只有在"不断断"的实践中才能实现圆教的存有论。

圆教存有论要求"佛性即具恒沙佛法"。在天台，恒沙佛法的存在依靠"一念无明法性心"即具十法界来说明，即"一念三千"，这是从主观之心的方面来讲。"一念无明法性心"，望文生义是很吊诡的，一念心中有无明，有法性，但在牟宗三看来，这正是问题之关键，其中也包含了"即"字——"无明即法性"：从无明说，一念心是烦恼心、阴识心、妄心；从法性说，则是真心。所以一念心不是经验分解得来的阿赖耶识，却开决了八识，不是超越分解得来的如来藏，却消化了真心，是超越空有二宗的中道，是"不断断"的烦恼心，是"一念三千"的不可思议境界，"它虽是无明识心，却即是法性；它虽是烦恼，却即是菩提；它虽是刹那，却即是常住。"② 因此，天台宗不说唯真心或唯阿赖耶，由此开决一切分别说的权教而成圆教，无明与法性同体相依，无能覆、所覆，一念执，法性成无明，十界皆染；一念无执，无明即法性，十界皆净。

从客观之法方面说，完成存有论的逻辑还需要《维摩诘经》中的"从无住本立一切法"③ 来支持，此是本经之法眼。僧肇注曰："一切法从众缘会而成。体缘未会则法无寄，无寄则无住，无住则无法。以无法为本，故能立一切法也。若以心动为本，则有相生。"④ 由此可知，一切经验对象在中观思想看来，都在于主体的颠倒想，《维摩诘经》在此突破，把主体（识心）的分别活动化解为存有的展现、存有的相续、存有的性相，

---

① 《维摩诘所说经》"观众生品第七"，《大正藏》第十四册，第 548 页上。

② 牟宗三：《佛性与般若》（下），载《牟宗三先生全集》（第 4 卷），台湾联经出版公司 2003 年版，第 616 页。

③ "无住本立一切法"源于《维摩诘经》："善与不善孰为本？身为本。身孰为本？欲贪为本。欲贪孰为本？虚妄分别为本。虚妄分别孰为本？颠倒想为本。颠倒想孰为本？无住为本。无住孰为本？无住则无本。文殊师利。从无住本，立一切法。"

④ 僧肇：《注维摩诘经》，《大正藏》第三十八册，第 386 页下。

这样将一切法化归为法性：一切法如此生、如此灭、如此现、如此变，迁流不息，而无所住。从此悟入，住相即消解，识心分别也消解。所以善和不善不能有所本，更不能另有真实的存在作为根本，否则还是"高推圣境"、"自生法相"的颠倒想。这样解释存在与法性，一切存在都为法性笼罩，所谓法不出如，以如为位。按《法华经》的说法，则是一切法不出十如是，一切法都是迷中的一切法，而法性是迷中之法性。那么在不可思议的止观修行中，无明无住，法性无住，法性无住，法性即无明，无明无住，无明即法性，法性与无明非是异体。从心和法的关系看，心即具十界，心也就是一切法，由心缘起流转，由心涅槃还灭，也无所谓心，也无所谓法，彻底打通主客二元分立。天台宗就是在这样的方式下，建立起一体平铺的圆教的。

最后，牟宗三提出"一切法趣空、趣色、趣非空非色"的讲法。他认为，通教（般若空宗）讲中道，只是空之异名，中无功用，不备诸法；别教（华严宗）讲中道，是综合空如来藏和不空如来藏的真空妙有；圆教（天台宗）讲中道，是"一切法趣某，而趣不过"，现象当体即有终极意义。如果仅有"一切法趣某"，就是分析地讲而不是总集地讲；"一切法趣某，而趣不过"，则在识中一切是执，在智中一切常乐，依前说成立"执的存有论"，依后说成立"无执的存有论"，即两层存有论。天台同样具备两层存有之规模，与"一心开二门"接榫。

总括起来，牟宗三认为成立法华圆教需要三个要素："不断断"与"原始的洞见"；"从无住本立一切法"与"一念无明法性心"；"一切法趣空、趣色、趣非空非色"。他总结天台圆教"以性具为经，以止观为纬，织成部帙，不与他同"，"以性具为经是客观性，以止观为纬是主观性。纳性具于止观，虽客观而亦主观，无孤立之存有论，即是实践之存有论。融止观于性具，虽主观而亦客观，非只观法通式之三观，乃与性具为一之圆顿大止观也。"① 故实践的存有论，境即是智，智即是境，成为一真实之

---

① 牟宗三：《佛性与般若》（下），载《牟宗三先生全集》（第4卷），台湾联经出版公司
2003年版，第764页。

圆教。

3. 几点辨析

牟宗三是在何种意义和角度上使用天台圆教的？牟宗三曾明言"从无住本立一切法"与"普通从实有之体立一切法""正是两绝异之系统"，[①]认为天台圆教与儒家的系统结构有根本差别，但是他也强调过"然当我著力浸润时，我即觉得天台不错，遂渐渐特别欣赏天台宗"，天台的义理非常适合他的思路。[②]本节结合霍韬晦先生对天台宗特征的阐释来讨论这个问题，霍先生是新儒家另一巨匠——唐君毅先生的学生，同样出身香港新亚研究所，想必非常了解牟宗三的思路。霍韬晦评价天台宗有两段重要文字，特摘录于此：

智顗关于"存在构造的理论，一是圆融三谛"，"通过'即'字的运用，把三者在存在上贯通起来"。"观达实相"，就是"穿破无明"，"不是要遮拨现象而见空，而是即现象以见其即空、即假的中道"。"其次是一念三千"，"可说是讨论宇宙构造的问题"，"不可把一切法归结为心"，"但亦不可把心归结为一切法"，"'具'的意义，并非以心来统摄一切法，而是把心化为一切法"。"一切法也就是心，心与法皆同一存在"，"解消心与法间的距离及对立"，"脱出分析与思议的途径，而成为非纵非横的圆融状态"。天台"无意为一切法立根源，他们只是强调客观存在之笼罩性，以吞没主体"。这是"把印度佛教的客观存在的入路发挥到极致，而成为一种圆融的存有论。从中国的观点看来，这样存有论不必消解现实而能开出高明之境"。[③]

智顗"从两方面来说明圆教的意义：一是从教相的语言上说"，"最高的言教可以直叩入真实界"；二是"从存在上说，把现实的一切法（假法），依其存在观点全部收入实相"，智顗认为，"现实上的一切法不能采

---

① 牟宗三：《佛性与般若》（下），载《牟宗三先生全集》（第4卷），台湾联经出版公司2003年版，第680页。

② 参见牟宗三：《佛性与般若》（上），载《牟宗三先生全集》（第3卷），台湾联经出版公司2003年版，"序言"第9页。

③ 霍韬晦：《现代佛学》，中国社会科学出版社2003年版，第263—267页。

取思议方式来建立根源"，"无论心生、缘生，法性依持或黎耶依持"，都意味着"相对性"。"首先必须尽破一切，扫除所有说'有'之理论与观念，这样思想上才能与实相相应"。但是有异于中观学的是，智顗是"翻转过来作立体的笼罩，彻上彻下，使无一法可以孤离在外。这一个意思，可以说是从《维摩经》的'无住则无本'的观念转出。因为现实上的一切法既不能归结为主体上的分别活动，则主体作为现象根源的意义便破除，而全部落入实相"。而智顗对《法华经》中"十如是"的读法，则意味着在概念上"双遮双取，结果，在语言上遂形成牟宗三先生所说的'诡辞'"，智顗认为"只有进到这种语言才能与实相相应，并供圆教使用"，这就是"他所了解到的存在世界的构造就是这种浑然一体的，不可依靠某一点来割裂的、上下交遍的形态"。①

这两段文字中提示出牟宗三从天台圆教中汲取的因素：

第一，"心与法的同一存在"，可以对参陆王心学以"良知"为"乾坤万有基"之说。若说心为万象之源，是颇费思量的，而仅以"方寸之心"为本，显然不具说服力。在宇宙论方面，还需要考虑气性的问题，以构成肉身与物质世界。而利用天台圆教，将心物同一化，这在牟宗三需要解释存有与良知关系的哲学思考里，具有重大意义。

第二，"现实的一切法，依存在的观点全部经实相"，便意味着现实世界具有必然存在的价值和意义，牟宗三可以依此强调儒家的入世精神，即成佛成圣的实践可以不断世间法而到达终极。并以此区分"以山河大地为病"的佛道思想，因为趋向唯心论的儒家，越来越向佛、道两家的"境界形态"偏转，历史上的阳明学就被称为禅，牟宗三需要为儒家的独立性作辩护。

第三，"诡辞的语言才能供圆教使用，这就是浑然一体的存在世界"。作为哲学家，牟宗三对其道德形上学十分自信，但是他显然也清楚"分别说"的哲学体系是可净法，任何独断性的结论都只能在追问中表现自己，所以，只有利用圆教式的语言，才可能把哲学的思辨上升至真理层面，达

---

① 霍韬晦：《现代佛学》，中国社会科学出版社 2003 年版，第 260—263 页。

到全说真实。此点实际关涉到真理是否可以用语言表达，或者思维与存在是否具有同一性等的元命题，我们在前文提出的"存有与教化"的问题，在此初露端倪了。

第四，"一切方便，都是真实"。牟宗三作为新儒家的旗手，终归希望社会能重拾儒家道德修养之风尚，但是在世风凋敝的时代，呼吁人们进行道德践履显然十分困难，遥远的终极理想又显得虚无缥缈，所以，肯定一切方便之教都是真实，一切细微德行都具终极价值，"良知"虽然不是认识心可以了解的，但在道德实践中可以被"呈现"，这样，就为道德修养提供了现实支持。

牟宗三对佛教的研究，并不是以佛教史的方式对佛教义理的如实再现，实际上他对佛教哲学的解读，都有着目的论的前提和理论背景的预设，带有"六经注我"的味道，可以说牟宗三的佛教研究与其道德形上学理论有密切关系。①

---

① 佛教内部和佛学界对牟宗三的佛学研究也多有存疑，以朱文光的《考证、典范与解释的正当性：以〈大乘止观法门〉的作者为线索》一文为例（刊于《中华佛学研究》第 1 期），作者认为：牟宗三所谓的天台宗，既不是历史上的宗派，所表征的只是作为"判教模式的一个标准"，即所谓"性具圆教开展之独特模式"。文中又特别对比了圣严法师认为《大乘止观法门》是天台宗的重要思想来源，而牟宗三则认为"慧思与智顗所传之天台性具思想与《大乘止观法门》有很大区别"，在二人采用了基本相同的资料下，为何结论有异？我们以为这可以从侧面证明本书对牟宗三佛学分析的合理性。

第十五章　唐君毅的中国哲学史研究[①]

唐君毅（1909—1978 年），毕业于中央大学（南京大学）哲学系，曾任教于华西大学、中央大学、金陵大学、江南大学。1949 年到香港后，与钱穆、张丕介等共同创办新亚书院，先后担任香港中文大学讲座教授、文学院院长、新亚书院研究所所长、台湾大学讲座教授。

唐君毅著述丰厚，曾将自己的著作分为四类：第一类为"泛论人生文化道德理性之关系之著"，如《人生之体验》、《道德自我之建立》、《心物与人生》，及《文化意识与道德理性》等。第二类为"评论中西文化、重建人文精神人文学术，以疏通当前时代之社会政治问题之一般性论文"的合集，如《人文精神之重建》、《中国人文精神之发展》、《中华人文与当今世界》，也包括《中国文化之精神价值》这本书。第三类为"专论中国哲学史中之哲学问题，如心、理、性命、天道、人道之著"，此即《中国哲学原论》（分为《导论篇》、《原性篇》、《原道篇》、《原教篇》）系列。第四类为"表示个人对哲学信念之理解及对中西哲学之评论之著"，如《哲学概论》及《生命存在与心灵境界》。

关于唐君毅中国哲学史研究的主要依据即是根据其第三类著作"专论中国哲学史中之哲学问题，如心、理、性命、天道、人道之著"而展开的。

---

① 本章由王秋、苏磊、赵奕英等执笔。

第一节 《导论篇》对哲学史书写的奠基

唐君毅在教授中国哲学史的过程中，意识到讲授内容的经年变动不利于教学，并且意识到中国哲学基本概念的多义性，为了获得对中国哲学发展历史较为稳定和全面的理解，并将自身对中国哲学历史发展的思维成果呈现出来，他认为哲学的基础工作应当从厘定基本概念的含义入手，应当辨明基本概念的种类和层次的分别。唐君毅"时感中国哲学之中，环绕于一名之诸家义理，多宜现分别其方面、种类与层次，加以说明；而其中若干数千年聚讼之问题，尤待于重加清理"。[①] 这种清理的工作唐君毅认为主要有两种方式："说明与清理之道，一方固当本诸文献之考订及名辞之训诂，一方亦当克就义理之本身，以疏通其滞碍，而实见其归趣。义理之滞碍不除，归趣未见，名辞之训诂，将隔塞难通，而文献之考证，亦不免唐劳寡功。清儒言训诂明而后义理明，考核为义理之原，今则当步之以义理明而后训诂明，义理亦考核之原矣。然义理之为物，初无古今中外之隔，而自有其永恒与普遍性。"[②]

上述两种方式是中国传统哲学阐明义理的基本方式，在唐君毅看来，处在中西文化交通的时代之下，必须以中西哲学比较的视野才能阐明中国哲学所具有的独特性和普遍性。他认为，"今果如中国哲学义理之为义理而说之，亦时须旁通于世界之哲学义理，与人类心思所能有、当有之哲学义理以为言，方能极义理之致。然虽曰旁通，吾人又不能徒取他方之哲学义理，或个人心思所及之理，为预定之型模；而宰割昔贤之言，加以炮制，以为填充；使中国哲学徒为他方哲学之附庸，或吾一人之哲学之注脚。欲去此种之弊，唯有即本文献，以探一问题之原始，与哲学名辞义训之原始；亦进而引绎其含义，观其含义之演变；并缘之以见思想义理之次第孳生之原；则既有本于文献，而义理之抒发，又非一名之原始义训

---

① 唐君毅：《中国哲学原论》（导论篇），中国社会科学出版社 2005 年版，第 1 页。

② 唐君毅：《中国哲学原论》（导论篇），中国社会科学出版社 2005 年版，第 1 页。

及文献之所能限。过此以往，若谈纯粹哲学，又尽可离考订训诂之业以别行，虽徒取他方之哲学义理，或个人心思所及之义理以为论，自亦无伤。然缘中国哲学史中之名辞，而说明其义理，清理其问题，则又舍此上之途莫由。循此途以多从事于下学而上达之功，亦较写一教科用书之哲学史，更为当务之急；抑必先有此，而后之为哲学史者，乃更有所取资。此即吾之所以弃置哲学史之业，而本诸文之所以得次第写出，若还契于吾三十年前之愿也。"① 此处，唐君毅强调了那种完全用西方哲学的方式套解中国哲学可能导致的弊端。唐君毅认为必须要通过传统义理阐发方式和中西哲学比较相结合的方式才能使得中国哲学史的基本含义得到认定，而不至沦于西方哲学的注脚。

在具体哲学史书写的操作上，唐君毅强调了通史为论和择要而论相结合的必要性和重要性，"此则唯有就吾所视为其名之涵义最广，问题之关涉最大者，择出若干，暂加孤立；而或通全史以为论，或选数家之言，以至一家之言以为论；于其义之相涉入者，则详略互见；而要以既见中国之哲学义理，依其有不同之方面、种类、层次，而有不同之形态，实丰富而多端；而又合之足见一整个中国哲学之面目以为准。则吾此书之不能成一完备无漏之系统，固势所必然，而吾亦初未尝有一全盘之计划，然后写此书也。"② 应当说，唐君毅对中国哲学史书写这种基本理解是全面而系统的，对于中国哲学史上之重要和核心问题必须要全史以论，而对于中国哲学史的细枝末节问题如纠缠过多，一则导致藤蔓淹没主干无从见其筋骨，一则徒费精神，事多而功少。唐君毅在《导论篇》之正文首论中国哲学史之最为基本的概念：理与心。他认为："吾写作此篇之诸文，首成原理及原心四章，今标理与心之名。首二章为原理者，乃以哲学皆明义理，中国哲学之义理固有种种。此文即就其要者分之为六：即物理、名理或玄理、空理、性理、文理与事理。知有此六者，即清儒与今之学者之唯重物理与事理者，盖不免有昧于义理天地之广大。理之有此六者，初可由先秦诸子

---

① 唐君毅：《中国哲学原论》（导论篇），中国社会科学出版社 2005 年版，第 1—2 页。

② 唐君毅：《中国哲学原论》（导论篇），中国社会科学出版社 2005 年版，第 2 页。

用此理之一字之义训而见，更可由中国哲学思想之发展中，各时代所著重之义理不同而见。至于此《导论篇》中，第三四章为原心者，则由于人之知义理必本于理性的心知，而理性的心知，又原有种种。此二章论孟墨庄荀之言心，即意在标示四种形态的理性的心。知物理事理，要在知识心；知玄理空理，要在虚灵明觉心；知性理，要在德性心；知人文之理，要在知历史文化之统类之心。此为吾原理、原心二文之内在的相契应处。"① 此种对理与心的分殊理解有助于我们把握同一个思想家运用同一个概念呈现的不同义理，以有助于把握不同思想家运用同一个概念的共同性和差异性。这种差异性并非反映了中国哲学概念的含混和不清，正是因为处在不同时代的思想家不断地赋予这些哲学基本概念以不同的内容，才呈现出哲学史的前后相续和发展。

《导论篇》在论及理、心之后，"第五至第十一章今标以名辩与致知。此所涉及者，略同他方哲学所谓逻辑，语意学与知识论之问题。对此一方面之哲学，似非中国哲学之所长。然待于作进一步之考察者，亦当不少。本编诸文，前二篇为'荀子正名与先秦名学之三宗'，及'《墨子·小取篇》之论辩'。此二文中在指出中国先秦名辩之学，世所视为属于纯逻辑上推论之术者，吾今观之，实多属论'语意之相互了解'之问题者。故吾之解释《荀子·正名》、《墨辩·小取》二文之文句，亦颇异于前人。此中，吾既谓小取篇之论辩，在求通人己之是非；又谓荀子论正名，重在名定而实辩，以归在道行而志通；如更合本篇第七八两章论中国先哲对言默之运用，与孟墨庄荀之论辩以观；即可见中国名辩之学或语言之哲学，乃纯以成就人己心意之交通为归，此实一伦理精神之表现；而超语言界之'默'，又为限制语言界，亦补足语言界之所不及，以助成此心意之交通者。现代西方哲学重语言之分析，有如近代西方哲学之始于重知识。自康德起而作知识之批判，定知识之外限；则今后必有一哲学兴起，以作语言之批判，以定语言之外限者。则超语言之默之意义，自当逐渐为人所认识；而中国先哲于此，实先有其大慧。人必习此大慧，然后可自由运用语

---

① 唐君毅：《中国哲学原论》（导论篇），中国社会科学出版社 2005 年版，第 3 页。

言，而辩才无碍。此则需儒、佛、道三教同有之境界，非今世论语言哲学者之所及。然此一境界之本身，又如何亦能在语言界中说之，仍有其种种义理层次、语言层次之问题，亦非此篇诸文之所能尽及者也。"① 中国哲学史有无自己的知识论传统、有无自己的语言哲学、有无自己的逻辑方式，这都是中国近现代哲学中争论的问题，唐君毅在此处通过中西哲学的比较阐发，指出中国哲学的知识论和语言学的特征。此种哲学史书写既是对中国哲学发展的历史进行溯源，亦是回应时代的哲学论争。

唐君毅在《导论篇》的第十、第十一章通过考订大学文句的方式梳理中国格物致知思想的发展，"借以说明中国哲学对于德性之知与知识之知之关系问题之发展与变迁。……或足结束八百年来学者，粹此问题之纷纷聚讼，亦未可知。……又此一考订，果可成立，亦复证明一种考订方法之有效。此方法即'一方要先看义理之所安，以最少对原文之牵动，以重订哲学文献章句；一方亦为对昔贤之所订者之误，加以指出后，在对其所以误之原中，发现一思想史上之价值'之方法。……可在原则上将西方传来之一切知识论之说与科学思想，皆全部化为中国之格物致知之思想之发展中，本当有之一章；而亦隶属于中国学术之大流中，未尝溢于其外者矣。"②

唐君毅在《导论篇》"第十二至十八章，名天道与天命，略同西方之所谓形上学之问题。其中论老子之道之六义一篇，只表示一就各方面看道一名之涵义之态度与方法。对老子之道，是否必须如此讲，吾以后亦更有其他补充之想法。老子之书，文约义丰，古今中外之人，皆可有其异释；有如摩尼宝珠，观者皆可自见其像于其中，盖无定论之可期。然天地之大，何所不容"。③ 天道与天命问题，在唐君毅看来这是中国式的形上学。他区分老子"道"的丰富含义，并且结合宋明儒对"太极"概念的论争，对"太极"概念进行七方面的分殊："本篇原太极之三章，始自评论朱陆二贤对周子太极图说本身之论争，而及于周子用太极一名之本义，与张横

① 唐君毅：《中国哲学原论》（导论篇），中国社会科学出版社 2005 年版，第 4 页。
② 唐君毅：《中国哲学原论》（导论篇），中国社会科学出版社 2005 年版，第 4 页。
③ 唐君毅：《中国哲学原论》（导论篇），中国社会科学出版社 2005 年版，第 4 页。

渠、邵康节、二程言太极理气之论，更推扩至太极一名在中国哲学史中之七涵义之分辨，以及朱子言理为太极之思想，言理与心之关系之思想；再及于陆王以降以心为太极，王船山以气言太极之思想；即合以为中国太极思想之历史线索之综论。此中之太极、理、气之诸名，代表中国形上学之诸究极的普遍概念，正类似上帝、理型、心、质料之为西方形上学诸究极的普遍概念，其涵义皆幽深玄远，而牵涉至广。"① 唐君毅自己如此处理中国哲学的基本概念是阐明中国形上学特征的必要手段，"然本文三篇，缘太极以述中国哲学之言天道，归在：连于人之本心以为论；与下文三篇，述中国哲学中之言命，归在：连于人之所以受命者以为论；即合以见中国形上学思想之重彻上彻下，彻内彻外，而不同于西方形上学思想之多为以下缘上，以内缘外之形态者。故人亦不可以吾人尝多少引入纯哲学义理之讨论之域，而谓其非中国形上学之特性所在也。"②

在《导论篇》的最后，唐君毅将天命观作为中国哲学史书写导论中的结束，"本篇最后一文三章，述中国哲学之天命观，此中所谓天，或指天帝、或指形上道体、或指人所在之世界、或指人之性理本心之自身。此中所谓命，则就此种种义之天，对人所降之命令，所施之规定而言。"③ 此种做法是秉承《中庸》的天命之谓性、率性之谓道、修道之谓教的基本框架和模式。因此，《原性篇》即是唐君毅梳理中国哲学史的次篇之作。

在《导论篇》中，唐君毅强调了书写《原性篇》的基本方法和基本目的："此次篇之论述人性，乃通中国哲学之全史以为论，要在显出'人之面对天地与自己，而有其理想，而透过其理想以观人与天地之性'，实中国儒、释、道三家言人性之共同处。……此篇既是通中国哲学全史以为论，亦意在指出中国哲学一血脉之流行。"④

① 唐君毅：《中国哲学原论》（导论篇），中国社会科学出版社 2005 年版，第 5 页。
② 唐君毅：《中国哲学原论》（导论篇），中国社会科学出版社 2005 年版，第 5—6 页。
③ 唐君毅：《中国哲学原论》（导论篇），中国社会科学出版社 2005 年版，第 6 页。
④ 唐君毅：《中国哲学原论》（导论篇），中国社会科学出版社 2005 年版，第 7 页。

第二节 《原性篇》对中国人性论的梳理

唐君毅从文字训诂考订入手，分析了"性"字的基本构成要素"生"和"心"的基本含义，并在此基础上点明作为"生命心灵"具体的含义和价值所在。唐君毅指出："性中国文字中之有此一各'生'与'心'所成之'性'之一字，即象征中国思想之自始把稳一'即心灵与生命之一整体以言性'之一大方向；故形物之性，神灵之性，皆非其所先也。大率依中国思想之通义言，心灵虽初是自然生命的心灵，而心灵则又自有其精神的生命；'生'以创造不息、自无出有为义，心以虚灵不昧、恒寂恒感为义。此乃一具普遍义究极义之生与心，而通于与会走人生之全者；非生物学中限于生物现象之生，亦非经验心理学中限于所经验之心理现象之心也。依普遍义究极义之心与生，而说其关系，则生必依心，而其生之'有'乃零；心必依生，而其'感'乃不息。生依心，故此心即心之所以生为性；心依生，而生亦即心之所以为心之性。生不离形，而有形不同于有生。墨经言'生，形与知处也'，而知是心。心能知身之形与物与有形之身相感而有知，实则感已是知。亦已是心矣。未感而寂天寂地，已感而开天辟地，此一感知，即一生之跃起，心之跃起，亦天地之跃起。"① 此种对"性"的界定构成了唐君毅分析中国哲学史中人性论的基本标准。在他看来，"荀子言：'天地始者，今日是也。'进而言之，则当下之一感知是也。当下之一感知之开天辟地，即无异盘古之开天辟地，上帝之无中生万物也。在此感知中，此生命心灵自是面对天地万物，而亦自有其理想，更本之以变化此天地。吾人当下之一感知如是如是，并无奇特，亦人人当下可实证之此生命心灵之性。然人果能把稳此当下一感知之如是如是，更无走作，则任随千思万想，翻江倒海，终可滴滴归源，无一毫泄漏矣。"②

---

① 唐君毅：《中国哲学原论》（原性篇），中国社会科学出版社 2005 年版，"自序"第 7 页。
② 唐君毅：《中国哲学原论》（原性篇），中国社会科学出版社 2005 年版，"自序"第 7 页。

在阐明中国语境中的"性"概念含义的基础上，唐君毅对比西方思想阐明中西思想在"性"概念上的异同，他指出：

"在西方思想，人初乃本其生命心灵之感知，以求穷彼自然之物理，更探彼上帝之密怀，乃离家愈远，而其知其自己之性之事，则多是沿其所知于自然或所信之神者而为之，如亚里士多德以降，直至今之西方之为心理学人类学者，凡只由人为自然万物中之一类，以求知人之生命心灵之性者，皆唯是沿其所知之自然以知其性之说；而西方中古思想之言人性，即多为言其所知之神性以知人性之说也。凡此等等，皆与中国文化传统，自始即面对此心灵之整体，先绘出此一整体之图样，于此'性'之一字之中，更求自知其自己之性之何若者，其用思之方向，初大异其趣。然人即已能面对此一生命心灵之整体，以求自知其性，其自知之事，亦非一蹴即就。人于此之所见，或偏或全，或深或浅，或泛或切，或透或隔；人仍须历种种崎岖之径路，方渐有豁然开朗之境，又或再迷其道而入歧途。此为学之难，亦知性之学为难，乃人类所共有。此中国先哲之言性之说，所以亦至繁至赜，而难为今世学者之所知也。"①

先秦思想中，唐君毅认为孔子"一生之生命心灵之表现于为人、其文章者，即是性与天道；故其性与天道不可得而闻。创教之圣多如是"②。唐君毅认为孔子是用自己的生命心灵展示性与天道，而不重在言性与天道，此为创立教化的圣人的共性。此后，告子囿于性之原文字为"生"而开启以生言性之端，所得一偏，所失亦一偏。孟子则即心言性，认识到性之"心"义，得失与告子为互补。对于人性之理解，发展至庄子，则意识到"生性"和"心性"虽然是合在一起的整体，但是亦可能分裂。庄子的自然人性论追求的人心恢复到人性发展至最初的素朴之真，即是整个分裂的"生"与"心"。在唐君毅看来，"荀子则又见到人之自然生命之情欲，为不善之源，而此生之欲即性，故言性恶；乃倡以心治性，以心主性，亦即以心主生；乃与庄子所见乃对反。"③唐君毅认为上述告子、荀子、孟子、

---

① 唐君毅：《中国哲学原论》（原性篇），中国社会科学出版社 2005 年版，"自序"第 8 页。
② 唐君毅：《中国哲学原论》（原性篇），中国社会科学出版社 2005 年版，"自序"第 8 页。
③ 唐君毅：《中国哲学原论》（原性篇），中国社会科学出版社 2005 年版，"自序"第 8 页。

庄子的人性论代表了整个中国哲学人性论的四种基本类型。在此四种基本类型中，告子和庄子侧重人性之"生"，孟子和荀子侧重人性之"心"。他认为这是由于人们生命心灵之所见因其自身差异各有侧重之故，而对于今人而言可以通过统观四种基本人性论的方式对生命心灵的本原整体有所察见。

继而唐君毅指出在告子、荀子、庄子、孟子后的《中庸》、《易传》、《礼记》则表现了对生命心灵的理解的综贯性特征，"自兹以降，而中国人人更皆言心必及生，言生必即心。"[1] 在秦汉以后的人性论发展中对于生命心灵的认识更为综合，但已有所侧重而呈现出自己的特点，唐君毅认为秦汉学者的人性论更加客观化从而被作为政治体制建立、人才选拔的根据，并且融合阴阳五行学说对人性的客观性进行论述，到魏晋时期，则将此生命心灵空灵化。佛学之进入中国思想后，中国佛学"以空性为万法之法性，以寂灭为涅槃。知法性即是般若，证涅槃即是佛性佛心。……佛家主舍染取净，于有观空，由生证无生，而归向于寂灭寂净之涅槃。此仍不外是一生命心灵之性上，求返本归源之学也"。[2]

在唐君毅看来，"宋明儒言生命心灵之性，固不同于佛学。然亦初非谓妄执之有不当破，亦非谓人当任染业之流行以招感。"唐君毅认为宋明儒学对于生命心灵的理解与佛学不同，但是在其发展初期并未能意识到佛学的"妄执"亦有其"不当破"（即合理之处），也没有主张人应当任由人欲、习气、意见对人的生命心灵进行侵扰。此种见解意在强调生命心灵作为人性的普遍性，无论是佛学还是宋明儒学均不能与其无涉。基于此，唐君毅强调："吾人之生命心灵之'自无出有，由寂而感之创造不息'的'生生之灵几'，毕竟不可断；此'生生之灵几'，不是妄执，不是染业，亦不当断，而佛家以未尝言其可断当断也。"[3] 唐君毅认为佛家和宋明儒有所共识的生命心灵是从无到有的纯"创造"。因此，生命心灵的关键和落点既不在"有"处，亦不在"无"处。宋明儒学的成熟发展已经意识

① 唐君毅：《中国哲学原论》（原性篇），中国社会科学出版社 2005 年版，"自序"第 9 页。
② 唐君毅：《中国哲学原论》（原性篇），中国社会科学出版社 2005 年版，"自序"第 9 页。
③ 唐君毅：《中国哲学原论》（原性篇），中国社会科学出版社 2005 年版，"自序"第 9 页。

到通过彻底的工夫修养可以成就一个"纯创造而健行不息，恒寂恒感的心灵生命，是即圣贤之心灵生命也"，可以"化掉相当于佛家为染业之人欲、习气意见之类也"。[1] 在唐君毅看来，这种生命心灵之性既是个体具有的独体之性，亦是所有个体共有的一切人性，亦是"生天生地之天地之性，此性无乎不在，而无始无终，尽性之圣贤之生命心灵，其鬼神之在天地，亦体物而不可遗，洋洋乎如在其上，如在其左右，以悠久而无疆，至诚不息。于此谈玄说妙，亦可说得无穷无尽。但宋儒于此所言，要必极高明而道中庸"。[2] 对此生命心灵的无限奥妙唐君毅给予充分之肯定，并认为据此可阐发出玄妙之理论形态，但宋明儒学虽然体悟到生命心灵之奥妙，但仍将其落实为日常修养，不离世间。至宋明儒学，中国哲学史对于人性之洞察达到了顶点，在唐君毅看来，宋明儒者言生命心灵偏重精神生命和精神生活，而清代儒学则偏重落实在社会日常生活中的自然生命，各有所偏。最终，唐君毅认为，"由佛学至宋明儒以至清儒之学，与时贤之承中国言性之传统所为之论，以及吾个人昔年由文化意识与道德理性，以论人之所以能创造人文之性，虽曰千门万户，各自出入；其用思之大方向，仍是要面对生命心灵之一整体，而其全部之思想义理，皆未尝不可归摄在此一'从心从生之性字'所涵之义之内，而更无一丝一毫之漏泄也。"[3]

第三节　《原道篇》对修养论的分殊

霍韬晦在阐述《原道篇》基本内容时，指出："唐先生在本书中，一方面紧握'道'的原始意义，就是从道路之道，转为建立者之思想方向或义理方向，以见其超越之精神、目的或宗旨，这可说是高度的把握；另一方面，则乃依历史的推及，顺次切入各家之义理结构，使读者知其问题所在，而不偏废，亦使思想流变的脉络豁然开朗，对历史上各家各派的贡献

---

① 唐君毅：《中国哲学原论》（原性篇），中国社会科学出版社 2005 年版，"自序"第 10 页。
② 唐君毅：《中国哲学原论》（原性篇），中国社会科学出版社 2005 年版，"自序"第 10 页。
③ 唐君毅：《中国哲学原论》（原性篇），中国社会科学出版社 2005 年版，"自序"第 10 页。

或价值，还其地位。从这一个立场来重疏传统，唐先生当然有许多新见解。所以即使是从哲学史的角度言，唐先生这部大书也是不可忽略的，治哲学史或思想史的人不可不读。"① 此种评价较为确切地指出了唐君毅《原道篇》对于了解中国哲学史的重要性。

《原道篇》中的第一部分"专论周秦诸子之道：从孔子之仁道，到《易传》之神道，凡二十五章，重要之先秦诸家思想，均已遍举无遗。其中论墨子之义道，以'义'为墨子之根本观念，乃唐先生反复推敲始成，并认为由此而影响孟子之仁义并立之提出。孟子以仁义为人本具之心性，于是与告子辩，亦与墨子不同，唐先生强调孟子为立人道，由扩充其内在之心性，践仁行义而成，故归结为人必须立志：'豪杰之士，虽无文王而犹兴'。至于道家者流，唐先生指出，其原始形态为一超拔世俗、以保其自之清洁之意识，此固然与儒墨不同，但若人类社会永远不能去其污浊，则道家思想便有其永恒性，问题只在于其如何理解此一自求清白之意识与维持清白之方法。唐先生则举三家：杨朱、陈仲、史鳅之流，与彭蒙、慎到、田骈，然后讨论老子、庄子"。②

对于老子，唐君毅将《老子》中的道分为四层，最终归结为"一人法道之事"，此义在老子或甚平常，但能在现实之曲折中上升至一层次，则极为不容易。③

关于庄子，唐君毅将《庄子》的《内篇》、《外篇》和《杂篇》进行了分辨，认为前者之主要问题在说明人如何可成为一真实之理想人格的问题，而后者则义多歧出，应视为庄子后学之补充，"唐先生在论《庄子》内七篇后，另辟专章综述《庄子》的《外篇》与《杂篇》，指出其文体、内容皆与内七篇不同。……章末附论《韩非子》之《解老》、《喻老篇》、《管

---

① 霍韬晦：《〈中国哲学原论〉（原道篇）（1973）导读》，载唐君毅：《中国哲学原论》（原道篇）（上），中国社会科学出版社 2005 年版，第 2 页。

② 霍韬晦：《〈中国哲学原论〉（原道篇）（1973）导读》，载唐君毅：《中国哲学原论》（原道篇）（上），中国社会科学出版社 2005 年版，第 2 页。

③ 参见霍韬晦：《〈中国哲学原论〉（原道篇）（1973）导读》，载唐君毅：《中国哲学原论》（原道篇）（上），中国社会科学出版社 2005 年版，第 3 页。

子》书中之道家思想，指出其发展之处，并与其后秦汉各家思想之关联，故应有其地位。"①

《原道篇》在道家之后，"以颇长篇幅讨论荀子；指出荀子之道是礼仪之道，其精神即在自然世界之上，另开一人文世界，亦可以说是在天地万物之外，建立人道。"但这并不表示人须控制自然，而只是一对等交互的关系，亦即在天之生物之外，更尽人之职分，以成人之事而已。故唐先生指出，"荀子与孟子之分途，只在本此已有之心而用之，更不重内反省此心之所以为心之性，所以言性恶，即人要求其自己本于天生，但事实上则往往相反，所以'恶'也。但人能用心，则可知'道'；'道'在经验事物中，所以荀子秉先王之统，重法外王之礼制；由知道，进而行道，目的即善用此知。唐先生指出：荀子言心之虚静与一等，皆道家常言，但又与道家不同；荀子重对外之考察，以成对外物之知，而兼发现心可通达于外以成道，为荀子言道之第一义，并于由此对外物之知，而成人文、政治、历史之道尚为第二义。这可以说是唐先生的创见。"②

在霍韬晦的评价中，唐君毅关于荀子的分析具有较多创见，"如言养心，使心不偏颇而清明，知此治心之道即是知道之始，知而行之即是行道之始，由此而疏观万物，由何而治，由何而乱，于是有不同种类之道可说。又如言解蔽，指出凡只见万物所同有之一偏之理者，皆不足以言知道；其非十二子亦然；所以最后归结道为一历史治乱之标准，亦为理想之所在。"③

关于荀子与韩非子思想的关系，唐君毅亦有新论，认为法家"只是沿荀子之知通统类之圣王之思路，更集取先秦言法、术、势诸家而成一治道系统。故韩非子不言先王，不言后王，不言圣王，但言'明王'，……

---

① 霍韬晦：《〈中国哲学原论〉（原道篇）（1973）导读》，载唐君毅：《中国哲学原论》（原道篇）（上），中国社会科学出版社 2005 年版，第 3 页。

② 霍韬晦：《〈中国哲学原论〉（原道篇）（1973）导读》，载唐君毅：《中国哲学原论》（原道篇）（上），中国社会科学出版社 2005 年版，第 3—4 页。

③ 霍韬晦：《〈中国哲学原论〉（原道篇）（1973）导读》，载唐君毅：《中国哲学原论》（原道篇）（上），中国社会科学出版社 2005 年版，第 4 页。

这是由于前此诸家之理想观念，用于政治上皆无必然之功效，且容易受乱臣奸民所假借利用，而成一价值世界之颠倒之故"。①

关于名家，唐君毅亦有深刻分析，他认为，"名言之道较之以名言直说人生、宇宙之道为更高一层之道，此亦即西方哲学家所说之'后设'层次。唐先生首先从名字、名谥出发，显示中国文化之重德精神。故孔子之正名，即是以名为教，使人名实相符；墨子则提出种种义行，如兼爱、非攻之类，望天下人共行，但由于理解不同，人亦可以相争、相杀。所以墨家逐渐发展为墨辩，以求统一（尚同）；道家则厌恶辩难，因此亦不求名，兼由名所系属之德以要忘却，以隐遁于世。唐先生指出：如以更上一层观念言之，'无名'亦是一名；盖人不求名，名亦可自至，故不可逃；真正原因，则在名之出，亦有一公心在，人欲窃之，方为枷锁，所以孔子最后说'人不知而不愠，不亦君子乎'？道德修养为自得止境，此即不须赖外在之名位。"②

唐君毅认为真正对名言的使用有自觉反省的是惠施、公孙龙等名家，惠施历物十事的论断实际上破除了语言的相对性与差别性，因而超出了名家的范围；公孙龙之论证亦非纯属逻辑知识论问题，应当将公孙龙放在中国思想史上看，"方见其在儒家之正名之教后，不重名之价值意义，而只重客观事物之性相种类，故更精细，但亦可以说是更狭小。"③

唐君毅在名家思想出现之后，诸家思想通过相互吸收的方式而出现相互通融，例如《庄子·天下篇》、《礼记》、《大学》、《中庸》等涉及的内圣外王之道，本末始终之论、大同理想与礼义法度、诚孝之道等思想均反映了各家思想"皆有一综贯或综摄诸子学之精神"④。

---

① 霍韬晦：《〈中国哲学原论〉（原道篇）（1973）导读》，载唐君毅：《中国哲学原论》（原道篇）（上），中国社会科学出版社 2005 年版，第 4 页。

② 霍韬晦：《〈中国哲学原论〉（原道篇）（1973）导读》，载唐君毅：《中国哲学原论》（原道篇）（上），中国社会科学出版社 2005 年版，第 5 页。

③ 霍韬晦：《〈中国哲学原论〉（原道篇）（1973）导读》，载唐君毅：《中国哲学原论》（原道篇）（上），中国社会科学出版社 2005 年版，第 4 页。

④ 霍韬晦：《〈中国哲学原论〉（原道篇）（1973）导读》，载唐君毅：《中国哲学原论》（原道篇）（上），中国社会科学出版社 2005 年版，第 5 页。

《原道篇》的第二编为综论两汉经子之学和魏晋玄学文学。阴阳家通过模拟自然，注重从微小之效验推知广大，在阐发五行的基础上形成历史观，唐君毅称之为"顺天应时之道"，这种历史哲学对两汉的社会生活与文化影响深远，此外汉代哲学成就还在于"成就学术类别与节度之道"、"法天地以设官分职之道及对于人之才性之品类之分辨、及对人物之品鉴之道"、"道教之炼养精神之道"、"春秋学中之褒善贬恶之道"、"汉代易学中之象数之道"等方面。① 唐君毅认为上述六种道为汉代哲学的发明。关于魏晋玄学与文学的哲学之道，唐君毅认为属于创新者有四种："一为王弼之通易与老之玄学之道，二为郭象之注庄中之玄学之道。……三为文学之道，……四为艺术之道"。② 唐君毅论述王弼对易学的阐发重视其与汉代易学的比较，论王弼的老学重视其与郭象注庄的比较，意在阐发玄理的新意所在。在论述文学之道的过程中，唐君毅以阮籍、嵇康论音声和宗炳论画为切入点，认为文艺之道的意向观照与玄理观照具有同质性，并且文艺之道的开通意味着中国的人文世界全部形成。此种对魏晋玄学与文学共同性的理解反映了唐君毅重视阐发魏晋文学独特哲学价值的特有视角，为中国哲学史书写中的新意。

《原道篇》第三编为论述佛家哲学之道，唐君毅的解读方式为直接阅读中国佛书典籍，至于"佛书之为翻译者，其与印度之原典之文义，是否相合，非我所及知。然吾据中国之翻译之文，以论中国佛学中之道，亦可暂不问其与印度之原典文义，是否相结合"③。唐君毅之论佛学主旨在论明传入中国以汉语形式呈现的中国佛学之道，至于这种中国佛学是否与印度佛学相符合是专门之学，并非唐君毅关注的重点。这反映了唐君毅关于中国佛学发展的独特理解和研究视角。

---

① 参见唐君毅:《中国哲学原论》(原道篇)(上)，中国社会科学出版社 2005 年版，"自序"第 8—9 页。

② 唐君毅:《中国哲学原论》(原道篇)(上)，中国社会科学出版社 2005 年版，"自序"第 9 页。

③ 唐君毅:《中国哲学原论》(原道篇)(上)，中国社会科学出版社 2005 年版，"自序"第 10 页。

在论述中国佛学之道时，唐君毅侧重论述其与中国固有哲学之道的异同，但亦有时比照西方哲学。在他的分析中，中国佛学的早期为魏晋的格义时期，在此时期，"僧肇之论般若学，亦以老庄与孔子之言与佛理互证。今观僧肇之言所表之理境，实与玄学家如王弼、郭象之理境，正相契合。罗什弟子之道生，则盖承中国孟子言'人皆可以为尧舜'之义，以言人皆有佛性。"[1] 这种格义方式下成就了中国佛学与中国固有文化传统有内在相通处，但是佛教哲学有其义理特殊性，唐君毅也注意到了中国佛学在初期阶段即已呈现出的思想新意。虽然僧肇所论之般若学与中国之老庄哲学具有内容上之同质性，但般若学所运用之论辩方式则为中国文化所缺少，对于中国思想而言可以补缺。后世中国佛学发展并未将般若学认作为最高理论，在唐君毅看来，是中国佛学的后续发展过程中开创的佛学宗派在立义上超出了从印度传入的大乘佛学。[2]

从般若学传入经由南朝成实学、三论宗发展至天台宗，为中国佛学的成型阶段。唐君毅认为以往的中国佛学史未能将从僧肇道生至天台智顗的思想发展过程阐述清楚，并且对于天台宗的中国佛学新义也未能充分认识到。在他看来，"智顗之学，出法华涅槃之教义，为其根本外，亦言禅观，重戒律，而信净土。其学弘深阔大，立义更有进于吉藏。"[3] 唐君毅认为中国佛学到三论宗和天台宗到了其发展最高峰，在论述方式上基本抛弃了格义互证，从义理上显示了中国佛学的独特内容，对于中国原有思想开始公开轻视。

印度法相唯识宗传入中国开始于南北朝的摄论和地论二宗。其后在陈隋之际出现《大乘起信论》。该部佛经一般认为是伪作，但法藏以该书为判教标准析论玄奘传入的法相唯识学，将法相唯识学定位为"始

---

[1] 唐君毅：《中国哲学原论》（原道篇）（上），中国社会科学出版社 2005 年版，"自序"第 10 页。

[2] 参见唐君毅：《中国哲学原论》（原道篇）（上），中国社会科学出版社 2005 年版，"自序"第 10 页。

[3] 唐君毅：《中国哲学原论》（原道篇）（上），中国社会科学出版社 2005 年版，"自序"第 10 页。

教"——佛学义理发展的初级阶段,而将《大乘起信论》定位为"终教"——佛学义理发展的高级阶段,并在此基础上阐发出一"顿教",由此通向《华严经》所揭示的"圆教"。唐君毅认为印度佛学之般若学和唯识学进入中国思想语境后最终为天台宗和华严宗所超越和取代,其言下之意在于强调中国佛学义理相对于印度佛学的独立性,以及中国佛学义理相对于儒家、道家的独特性。在唐君毅看来,天台宗和华严宗论义理均有禅观之学,这种崇尚简易直截、当下受用的体道方式最终合流成唐代兴盛的禅宗。禅宗的兴盛表明中国佛学特有的义理形态。

第四节 《原教篇》对工夫论的深化

《原教篇》是唐君毅梳理宋明理学发展的哲学史著作。他认为他的几部书写哲学史的著作并不是孤立的,他强调:"此所谓原教篇,是即吾原著原道篇之续篇,乃专论宋明儒以降儒学发展者。原道篇与原性篇之述唐以前之心性之论,互相交涉;此篇则与原性篇述宋明儒心性之论,互相交涉。"[①]

在唐君毅看来,宋明理学为儒道合流产物的哲学史观念是缺少根据的,他明确指出:"依吾之所见,世之谓宋明理学家言,乃直接由儒学佛学之混合而生,其说最为无据。然宋明理学亦自有所自起。此其所自起之学,初当说是与宋理学家如周张二程等并世或其前之其他之宋代儒者之学。此理学家外之宋代儒者之学,则初为经史之学。于经学中特重春秋、易,更及于诗、书、礼之学,至其天道性命之论,则初近汉唐儒者,亦带道家色彩。由此中之经史之学及道家色彩之天道性命之论之发展,乃归于理学家之周张二程之诸儒之兴起。"[②]

唐君毅认为在理学之宋儒中,周敦颐和张载的思路是从天道及于人道和圣道。邵雍则带有道家色彩,与汉代扬雄思想具有同质性。周敦颐观

---

① 唐君毅:《中国哲学原论》(原教篇),中国社会科学出版社 2005 年版,"自序"第 1 页。
② 唐君毅:《中国哲学原论》(原教篇),中国社会科学出版社 2005 年版,"自序"第 2—
   3 页。

察天道的思想用人极来承接太极，以中庸诚明的工夫修养去除对生命心灵的蔽塞。① 张载则用太和来贯通天人之际，并强调存神的精神修养和敦化的道德教化相互结合。② 程颢不依任何中介概念，直接言天人内外之合一，在工夫修养上提倡识仁、定性，下学以上达；③ 程颐则重视性情之分，重视主敬和穷理致知的内外修养之道。④

唐君毅认为朱陆异同不能简单归结为尊德性与道问学、心与理为一或心与理为二的，对于二者的差别应当从二者强调道德修养的目的角度去考察，"朱子之工夫，要在如何化除人之气禀物欲之偏蔽足以使心与理不一者，以使心与理一。象山则重正面的直接教人自悟其心与理之未尝不一者，而即以此心此理之日充日明为工夫。"⑤ 从道德修养的具体工夫而言，陆九渊的思想更近似于程颢，而朱熹强调"主敬存养省察致知格物之功，以兼致中和，则明出于伊川之'涵养须用敬，进学在致知'之两端并进之功，伊川之学，亦原本明道之学，而朱陆之学亦自有通途"。⑥

对于朱熹和王守仁哲学的关系，唐君毅指出王守仁的致良知学说是对朱熹格物致知论的转化，在《原教篇》中，唐君毅重视阐发陆九渊、朱熹和王守仁从心性本体出发阐发的修道工夫。王守仁的工夫修养论是对朱陆之工夫修养论的整合，大体而言主要有两种：一是"悟此良知或心性之本体即工夫"，一是"由工夫以悟本体"。根据修养论的差异，唐君毅对阳明后学进行了划分，认为"王龙溪，泰州王心斋、罗近溪，皆属悟本体即工夫之一流。浙中之钱绪山、江右聂双江、罗念庵，则由本体以悟本体

---

① 参见唐君毅：《中国哲学原论》（原教篇），中国社会科学出版社 2005 年版，第 29—44 页。

② 参见唐君毅：《中国哲学原论》（原教篇），中国社会科学出版社 2005 年版，第 59—76 页。

③ 参见唐君毅：《中国哲学原论》（原教篇），中国社会科学出版社 2005 年版，第 77—103 页。

④ 参见唐君毅：《中国哲学原论》（原教篇），中国社会科学出版社 2005 年版，第 104—130 页。

⑤ 唐君毅：《中国哲学原论》（原教篇），中国社会科学出版社 2005 年版，第 131 页。

⑥ 唐君毅：《中国哲学原论》（原教篇），中国社会科学出版社 2005 年版，"自序"第 3 页。

一流"。① 此种划分阳明后学的方式在宋明儒学的史学描述中是新意自出。在唐君毅看来，宋明儒学发展至东林学派已经意识到阳明学专讲致良知的缺失而重新强调朱熹格物致知的重要，此种思想方式表现了宋明儒学汇通朱王的趋向。到了刘宗周，宋明理学完成了其思想进程。在唐君毅看来，明末的王夫之哲学集宋明理学之大成，"上承张横渠言客观之天道，而重论民族历史文化，更还重易与春秋二经之义。遂颇同于宋初儒者之尊尚此二经，即本春秋别夷夏之旨者。此又为一终始相生如一圆之象。"②

---

① 唐君毅：《中国哲学原论》（原教篇），中国社会科学出版社 2005 年版，"自序"第 4 页。
② 唐君毅：《中国哲学原论》（原教篇），中国社会科学出版社 2005 年版，"自序"第 4 页。

第十六章　方东美的中国哲学史研究[①]

方东美（1899—1977 年），名珣，安徽桐城人。1924 年获美国威斯康辛大学哲学博士学位。历任东南大学、金陵大学、中央大学、台湾大学等校哲学系教授，兼任国外多所大学客座教授。著有《中国哲学精神及其发展》、《生生之德》、《新儒家哲学十八讲》、《华严宗哲学》、《中国人生哲学》、《科学哲学与人生》、《原始儒家道家哲学》、《中国大乘佛学》等。

方东美是一位文化民族主义者，他对中国传统文化饱含深情，明确反对民族文化虚无主义的态度和观点。他非常欣赏印度人到了美国后仍然能保持民族习俗，反对菲律宾人和一些中国人一到了美国就丢弃了民族文化。方东美认为，中华民族有着悠久的历史，灿烂的文化，无论就历史还是就品质而言都是一个优秀的民族。但和西方文化接触以来，出现了一种去中国传统文化的民族文化虚无主义的倾向，方东美深表痛心和担忧。他说："有些人丧失了对自己是优秀的民族的自信心，无端地在自卑自贱，在各方面都变成了一个'空袋子'。"[②]"近百年来同西方接触了之后，许多文化上的优点，不仅不知道保存，反倒是去之唯恐不及。这份深深的感喟，何人解得？暮色苍茫，黄昏夕阳，又何人与我共领此人间瑰色？"[③]他对这种"民族自贱"、"文化自贱"的现象深表担忧，并希望更多人与他一起共同体认中国传统文化的美丽。方东美认为，"民族自贱"、"文化自贱"

---

① 本章由柴文华执笔。
② 方东美：《新儒家哲学十八讲》，中华书局 2012 年版，第 76—77 页。
③ 方东美：《新儒家哲学十八讲》，中华书局 2012 年版，第 74 页。

方面的一个突出代表就是胡适。方东美举例说，美国纽约大都会博物馆有一位"Henry Talor"先生，他对于中国的雕刻、绘画，下了几十年的工夫，也搜集了不少艺术珍品。在他召集的一次集会中邀请胡适去演讲。胡适一去就说："中国哪有艺术？"全场为之愕然。方东美指出，这种话如果对一个普通人讲，可能还无法辩驳，但是他所对的这个人，半生精力都集中在中国艺术品的收藏上面。不仅对中国艺术品是行家，对于西方各图书馆的艺术品收藏也是行家，胡适这句冒失话，不仅见笑于大方之家，甚且自暴其肤浅无知了。"一个常年居住在北平的高级知识分子，而且号称是位中国哲学家，竟然说出这种话来，不是低级趣味，就是别有用心。"① 在台湾开"中美学术科学会议"时，胡适又说中国没有科学、没有文化、没有哲学，等等。② 方东美对此表示愤怒并予以反驳。

方东美是中国当代著名的哲学家和哲学史家。他学贯中西，对中国传统哲学精神有深切的体悟。"他在三十八岁时（一九三七年）发表了《中国人生哲学》的公开演讲，内容涵盖了宇宙观、人性论、生命精神、道德观念、艺术理想与政治信仰。"③ "作为一位哲学家，东美先生不愧体现了他自己的人格理想——集'诗人、先知与圣贤'三重复合的人格于一身。"④ 方东美有幅自画像，"在家学渊源上，我是个儒家；在资性气质上，我是个道家；在宗教兴趣上，我是个佛家；此外，在治学训练上，我又是个西家。"⑤ 方东美对中国传统哲学作了贯通性研究，尤其集中在原始儒家、原始道家、中国佛学、新儒家哲学方面。而在对中国佛学的研究中，又重点研究了华严宗哲学。方东美在中国哲学研究方面最主要的代表作就是《中国哲学精神及其发展》一书，按照其高足孙智燊的说法："先师东

---

① 方东美：《新儒家哲学十八讲》，中华书局2012年版，第180页。

② 参见方东美：《华严宗哲学》（上），中华书局2012年版，第166页。

③ 傅佩荣：《广大和谐的哲学世界》，载方东美：《新儒家哲学十八讲》，中华书局2012年版，第2页。

④ 方东美：《中国哲学精神及其发展》（上），孙智燊译，中华书局2012年版，"韩路易博士：代序一"第1页。

⑤ 方东美：《中国哲学精神及其发展》（上），孙智燊译，中华书局2012年版，"韩路易博士：代序一"第2页。

美先生一切著作之中，语其根乎醇厚之生命体验，探玄抉微、博综赅贯、发为系统之阐明，兼批评弘建，而自成一家之言者，当以是书为最。"① 该书的特点是："一、博综赅贯，点睛传神；二、佛学难关，澈通无碍；三、形上取向，大本在是；四、批评弘建，中西并进。"② 方东美对中国哲学的研究特点明显，广泛深入，为中国哲学史的研究作出了自己的贡献，在中国哲学史学史上占有重要地位。

第一节　中国哲学的基本精神和发展历程

方东美主要是从形上学的维度探讨中国哲学基本精神和发展历程的。他认为中国哲学的基本精神包括有机统一、天人合德、双回路向、立乎中道等，中国哲学的发展经历了一个虽曲折但却不断上升的过程。

一、探讨中国哲学精神的向度

方东美说："通中国哲学之道，盖亦多方矣！然余于是书，则独采形上学途径，欲以直探主脑及其真精神之所在。"③ 言明自己探讨中国哲学的向度是形上学，目的是把握中国哲学的基本精神。

方东美认为，由于时代、民族的不同，人们对形上学的内容、形式、精神的理解是多样态的，而他取其"多重义涵，不滞一偏"。④ "形上学者，究极之本体论也，探讨有关实有、存在、生命、价值等，而可全部或部分为人类颖悟力所及者。"⑤ 即人类智慧所能体悟或把握的有关实有、存在、生命、价值等的本体论。方东美把形上学分为三种形态：第一是超绝

① 方东美：《中国哲学精神及其发展》（上），孙智燊译，中华书局 2012 年版，"译序"第 1 页。
② 方东美：《中国哲学精神及其发展》（上），孙智燊译，中华书局 2012 年版，"译序"第 6 页。
③ 方东美：《中国哲学精神及其发展》（上），孙智燊译，中华书局 2012 年版，第 3 页。
④ 方东美：《中国哲学精神及其发展》（上），孙智燊译，中华书局 2012 年版，第 19 页。
⑤ 方东美：《中国哲学精神及其发展》（上），孙智燊译，中华书局 2012 年版，第 20 页。

型态（Praeternatural）；第二是超越型态（Transcendental）；第三是内在型
态（Immanent）。

超绝形态的形上学认为决定存有的是外在于存有的一种力量，类似
于我们常说的"外在实体"、"外在超越"。这种超绝形上学深溺于二分法，
观待万物带有双重影像。这种形上学认为宇宙处处尽是二元对立，互不相
容。如在绝对实有与绝对虚无之间，形成有无对反之二界；存在本身又剖
判成真妄对立之二界。"凡借永恒法相而表现为纯粹价值如真、美、善、
义等，又与一切染漏不纯之负值如伪、丑、恶、不义等相隔绝。诗人威
廉·布雷克（William Blake）之妙言曰：'善是天堂，恶是地狱'。……人，
就其作为某一个体而言，亦剖成灵肉两截，二者之间，抑又彼此互相冲突
不已。灵魂为理性所止之地，故是善；肉体乃欲望冲动之源，故是恶。凡
随肉体躯壳而起意动念、猖狂妄行者，必永遭天谴。"① 这种形上学多存在
于西方哲学中，其不良的理论效果有损于自然界与超自然界之间的同一性
和连贯性，同时有损于个人生命的完整性。

超越形态的形上学是典型的中国本体论，一方面否认外在实体的存
在，认为无论何种实有、何种存在、何种生命、何种价值，"皆绝不视为
某种超绝之对象，可离乎其余一切自然元素与变化历程而凝然独存、悄然
独享某项秘密特权者"②；另一方面不局限于现象界或现实界，而主张腾冲
超拔、趋入理想胜境。所以这种形上学摒弃截然二分法，认为"宇宙全体
与生活其间之个人融镕浃化……是一种即现实即理想主义（即事即理论），
或易言之，乃是一种即理想即现实主义（即理即事论）"③。这种形上学表
现为两个方向：一是超拔提升，"据一切现实经验之所与为起点，吾人得
以拾级而登，层层上跻，昂首云天，向往无上理境之极诣。"④ 二是居高回
视，"'提其神于太虚而俯之'，吾人遂得以凭借逐渐清晰化之理念，以阐

---

① 方东美：《中国哲学精神及其发展》（上），孙智燊译，中华书局 2012 年版，第 20 页。
② 方东美：《中国哲学精神及其发展》（上），孙智燊译，中华书局 2012 年版，第 21 页。
③ 方东美：《中国哲学精神及其发展》（上），孙智燊译，中华书局 2012 年版，第 21 页。
④ 方东美：《中国哲学精神及其发展》（上），孙智燊译，中华书局 2012 年版，第 22 页。

明宇宙存在之神奇奥秘，与夫人类生命之伟大成就，而曲尽其妙。"①

内在形态的形上学是相对于超绝形上学而言的，也是典型的中国本体论。所以中国的形上学可以说既超越又内在。"根据此派内在形上学，宇宙太初原始阶段之'本体'，实乃万有一切之永恒根本（寂然不动）；然自宇宙生命之大化流衍行健不已而观之，'本体'抑又应感而动，元气沛发，遂通万有，弥贯一切，无乎不在，无时或已（感而遂通）。本体实性，则渗入功用历程（即用得体）。玄真本体，乃具现于现象全域（即相显体），永恒法相，呈现为理性秩序，与时间化育历程相齐并进（与时偕行）。如是，本体现象，契合无间，形上形下，澈通不隔。"② 方东美对内在形上学的解释很像熊十力的"体用不二"论，即体而言用在体，即用而言体在用；大海水全显现为众沤，众沤即是大海水。本体虽然寂然不动，但它含万理、万化、万德，感而遂通，显发为用。也接近于我们今天所讲的内在超越，在人类自身寻求自足的价值源头。

蒋国保教授的概括，有助于我们从宏观上把握方东美形上学的要领："中外形上学从形态上分可归为三类，分别称为超自然（即超绝）形态、超越形态、内在形态。东方'形上学'，与西方'形上学'的区别，不在于是否承认世界存在着究极本体，而在于对该究极本体的存在方式作出了不同的解释。西方'形上学'认为，究极本体是超绝的、是作为外在于世界的力量来决定世界的存在。与西方的超绝形态的'形上学'相比，东方的'形上学'可称作超越形态的'形上学'，一方面强调本体界与现象界的圆融无碍，另一方面又强调本体界在价值层面超越现象界，成为现象界所以存在的决定者。就东方'形上学'的根本特性来讲，印度形上学和中国形上学是相通的，但较之印度形上学，中国形上学因为更强调本体界的'内在性'而可以称作'既超越又内在之形上学'。'本体界'无论是超越的还是内在的，都是相对'现象界'而言的，超越是指超越现象界；内在也是指内在于现象界。"③

---

① 方东美：《中国哲学精神及其发展》（上），孙智燊译，中华书局 2012 年版，第 22 页。
② 方东美：《中国哲学精神及其发展》（上），孙智燊译，中华书局 2012 年版，第 22 页。
③ 蒋国保：《方东美与现代新儒学》，安徽人民出版社 2013 年版，第 136 页。

综上，方东美研究中国哲学的向度是形上学，并对形上学做了自己的分类，为他进一步探讨中国哲学的基本精神奠定了基础。

二、中国哲学的基本精神

对中国哲学基本精神的理解向来见仁见智，方东美立足于中西印哲学的比较，概括出他对中国哲学基本精神的理解，主要是有机统一、天人合德、双回路向、立乎中道等。

其一，有机统一，广大和谐。方东美用机体主义来概括中国哲学的这一特色。机体主义可以从两个方面来说明。从消极面而言：机体主义反对将人与物视为绝对的孤立系统而互相对峙；反对将千差万别的大千世界转化为由诸种基本元素所拼列而成的意蕴贫乏的机械秩序；反对将变动不居的宇宙本身，看作再无发展余地和创进不息可能的一套密不透风的封闭系统。从积极面而言，机体主义"旨在统摄万有，包举众类，而一以贯之；当其观照万物也，无不自其丰富性与充实性之全貌着眼，故能'统之有宗，会之有元'，而不落于抽象与空疏。宇宙万象，赜然纷呈，然克就吾人体验所得，发现处处皆有机体统一之迹象可寻，诸如本体之统一、存在之统一、生命之统一，乃至价值之统一等。进而言之，此类纷披杂陈之统一体系，抑又感应交织，重重无尽，如光之相网，如水之浸润，相与浃而俱化，形成一在本质上彼是相因、交融互摄、旁通统贯而广大和谐之系统"。①总之，机体主义反对对立的、机械的、封闭的宇宙观，主张联系的、统一的、圆融的宇宙观。

其二，天人合德。天人合德内在于有机统一、广大和谐的宇宙观中。方东美指出，西方哲学在论人的时候，往往把他与上帝、自然疏离开来，而中国哲学"其论人也，恒谓之德合天地，或性体自然。性天之道，存乎创造化育历程，万物一切，各正性命，以尽其性。人之天职，厥为参天地，尽物性，据乎德，发乎诚，黾勉以行，尽性而天，精义入神"②。中国

---

① 方东美：《中国哲学精神及其发展》（上），孙智燊译，中华书局2012年版，第23页。
② 方东美：《中国哲学精神及其发展》（下），孙智燊译，中华书局2012年版，第340页。

哲学强调人与天地、性与自然之间的内在关联，交互渗透。方东美认为，天人合德乃是中国古今各派哲学家的共同宗趣。"儒家、道家、大乘佛家以及宋明新儒家等，无论各派系统间之根本差异为何，其崇信'混化万物，一体同仁'之教，则初无二致。体认道之大化流行，而兴天地万物一体同仁之感，乃是入圣之捷径。此种'万物一体同仁'之情，存而养之，扩而充之，发挥极致，即为圣智圆满。岂惟入圣之兆，直当下即圣矣！"①体认天人合德，不仅是入圣的路径，甚至可以"当下即圣"。

其三，双回路向。方东美在解释超越形上学时已经谈到过这个问题，认为这种形上学表现为两个方向：一是超拔提升，二是居高回视，此不赘述。方东美特别强调了超化的意义，他说："关于中国形上学之诸体系，有两大要点首宜注意：第一，讨论'世界'或'宇宙'，不可执着其自然层面而立论，仅视之为实然状态，而应当不断地予以超化：对儒家言，超化之，成为道德宇宙；对道家言，超化之，成为艺术天地；对佛家言，超化之，成为宗教境界。自哲学之眼光观照宇宙，至少就其理想层面而言，宇宙应当是一大超化之世界。中国形上学之志业，即在于通透种种事实，而蕴发对命运之了悟。超化之世界，是一深具价值意蕴之目的论系统。"②方东美认为，有事实世界和价值世界，有现实世界和理想世界，中国哲学不是将它们分裂开来，而是统一起来，中国哲学以事实世界或现实世界为起点，但绝不执着于此，而是通过超化，把事实世界和价值世界、现实世界和理想世界统一起来，实现前者向后者的超拔提升。

其四，立乎中道。在谈到心物关系时，方东美认为中国哲学的特色是立乎中道，心物不割。他指出，在西方，哲学系统不建立于物质，即建立于精神。哲学思想内容，乃游移于精神主义与唯物主义二者之间。在印度，凡超越系统皆尚精神，其俗界观则从唯物。"然在中国，哲学家之待人接物也，一本中道。立乎中道，遂自居宇宙之中心，既违天地不远，复与心物不隔，借精神物质之互渗交融，吾人乃是所以成就生命之资具。率

---

① 方东美：《中国哲学精神及其发展》（下），孙智燊译，中华书局 2012 年版，第 405 页。

② 方东美：《中国哲学精神及其发展》（上），孙智燊译，中华书局 2012 年版，第 34 页。

性自然，行乎广大同情之道，忠恕体仁，推己及物，乃不禁自忖：宇宙在本质上原是一大生命之领域，其中精神物质两相结合，一体融贯。宇宙大全，乃是无限之生命界。中国哲学之悠久传统，皆沿袭'生命中心主义'之途径，而向前迈进发展。"① 立乎中道即是不偏于物，亦不偏于心，而是以人为中心把二者贯通起来。

其五，三才合一。方东美说："柏拉图于其《对话录·斐德罗斯》篇中，追述乃师苏格拉底盛赞依索格拉底（Isocrates）之言曰：'斯人体内有哲学！'克就典型之中国形上学家而论，吾人大可将该句倒转，翻作'其哲学体系之内有个人'，而呼之欲出者。问题之关键是：何等类型之人物，始配挺身而出，为中国哲学代言？……其人至少必须具备'先知、诗人与圣贤'三重才性，集于一身，始足语此。"② "盖先知之最大关注，恒在于人类之命运及世界未来之归趋；诗人虽向往未来幻境之福祉，然却又往往逆转时间之向度，回向过去，于过去黄金时代之画幔上象其理想梦境，而寄托遥深；圣贤既属道德高尚、力行实践之人，恒欲申展时间之幅度，无论过去或未来，俱纳诸不朽之现在之内，期于当下履践，使其崇高理想充分实现，以求致乎其极，或庶几乎？"③ 能够为中国哲学代言的人应该是先知、诗人与圣贤三才合一的人，这也是方东美推崇的理想人格。先知关注未来，诗人关注过去，圣贤把未来和过去纳入现在。从方东美三才合一的理想人格中所透露出来的信息应该是，中国哲学是宗教、哲学、艺术、道德的融合体，涵容过去、现在、未来，只有具备宗教、哲学、艺术、道德修养于一身的人才有资格成为中国哲学的代言人。

其六，思想连续。方东美指出，研究一种学问或者一种有系统的思想，有两点应该注意到：一方面，我们所讨论的是哲学，就中国哲学的传统而言，自先秦、两汉以至隋唐、宋明，都有一个共通点，这个共通点借司马迁的话来说，就是"究天人之际"。另一方面，无论是哪一派的中国哲学，都不像西方的思想，往往是以个人为中心，而后形成一个独特的

---

① 方东美：《中国哲学精神及其发展》（下），孙智燊译，中华书局 2012 年版，第 320 页。

② 方东美：《中国哲学精神及其发展》（上），孙智燊译，中华书局 2012 年版，第 29 页。

③ 方东美：《中国哲学精神及其发展》（上），孙智燊译，中华书局 2012 年版，第 31 页。

思想系统。这个独特的思想系统，从逻辑方面看来，好像有其"自圆性"（self-sufficiency）；可以同别的思想割裂开来，而自成体系。中国哲学可没有这一套，我们又可以借司马迁一句话来说，就是"通古今之变"。这个"通古今之变"，就是一切哲学思想，无论是个人的、学派的或是产生自任一时代的，都要表达出"historical continuity"——历史的持续性，要与其他各派的哲学思想发展，彼此呼应，上下连贯，形成时间上的整体联系，绝无所谓思想的孤立系统。这两点就中国哲学而言，是不可忽略的。但是，这两个特点表现在中国学术上是有利也有弊的。关于"利"的方面，是任何学术思想不能孤立于过去的已知条件之外，同时还要兼顾到当时的时代性以及未来的发展性，产生历史持续性的效果。从"弊"的方面而言，就是"道统观念"，思想易受到"道统观念"的束缚和支配。① 就是说，西方哲学的历史关联性不足，往往以自我为中心，建立独特的思想系统；而中国哲学"通古今之变"，强调历史的连续性，与其他哲学思想形成整体联系。

以上，有机统一、天人合德、双回路向、立乎中道、三才合一、思想连续就是方东美所说的中国哲学的基本精神或主要特征。

三、中国哲学的发展历程

方东美对中国哲学的研究虽然也有通史性意义，但有论述的重点，所以在中国哲学的发展历程上每个阶段笔墨不均。总体而言，方东美认为中国哲学的发展经历了一个虽曲折但却是上升的历程，持的是一种历史进化论的观点。

1. 总历程

胡适的《中国哲学史大纲》把中国哲学史区分为"古代"（先秦）、"中世"（汉至唐）、"近世"（宋元明清）三大阶段；冯友兰的《中国哲学史》把中国哲学史分为"子学时代"和"经学时代"两大阶段；劳思光把中国哲学史分为"初期"、"中期"、"晚期"三个大阶段；方东美以形象的方式

---

① 参见方东美：《新儒家哲学十八讲》，中华书局 2012 年版，第 19—20 页。

勾画出中国哲学发展的五大阶段。

方东美指出，中国哲学思想在其源远流长的发展历程中，衍生出种种潮流。方东美"以一句不规律、三节步之诗行喻表之，现为缺末韵格（catalectic）"：[1]

虚线部分为第一阶段，时间漫长，其源起及发展详情俱不可考。据传约经历四千余年，无疑系属上古洪荒时代（前 5042—前 1142 年），隐涵一套"原始本体论"，中国形上学之基调表现为神话、宗教、诗歌之三重奏大合唱。[2]

第一音步为第二阶段，属"扬抑抑"格，其重轻部分分别代表儒、道、墨三家所高度发展出的理论系统，这是有信史可征的一段神奇伟大之型成期，长达 9 世纪之久（前 1146—前 246 年），这是中国哲学创造力之最盛期，原始儒家、原始道家、原始墨家一时争鸣，竟为显学。[3]

第二音步为第三阶段，属"抑抑扬"格，其中足以看出传统儒、道两家盈虚消长，终于逐渐让位于大乘佛学诸宗。这一阶段为中国哲学之吸收与再创期（前 246—960 年）。经过一段漫长的酝酿、吸收与再创，最终形成具有高度创发性的玄想系统即中国大乘佛学。[4]

第三音步为第四阶段，属"抑扬抑"格，代表由 960 年以迄今日，为形上学之再生期，表现为新儒家三态，而俱受佛、道两家影响。"吾人先后在新儒学（性、理、心、命之学）之形式中，次第复苏中国固有之形上学原创力，而新儒学，亦多少沾染一层道家及佛学色彩。在此段再生期中，其最突出而值得注意者，为产有三大派形上思潮：（1）唯实主义型

---

[1] 方东美：《中国哲学精神及其发展》（上），孙智燊译，中华书局 2012 年版，第 23 页。

[2] 参见方东美：《中国哲学精神及其发展》（上），孙智燊译，中华书局 2012 年版，第 24 页。

[3] 参见方东美：《中国哲学精神及其发展》（上），孙智燊译，中华书局 2012 年版，第 24 页。

[4] 参见方东美：《中国哲学精神及其发展》（上），孙智燊译，中华书局 2012 年版，第 24 页。

态，（2）唯心主义型态与，（3）自然主义型态之新儒学。"①

第五阶段应该是中西哲学相互碰撞的时期，"倘音节排列再更进一步，采缺末韵格，则余外之重音节部分，无疑显指针对西方思想模式之吸收摄纳期。今日学界之中，凡观察敏锐之士，皆不难处处嗅到此种气息焉。"②

总体上把中国哲学的发展历程归纳为原始期、定型与最盛期、吸收与再创期、再生期、吸收摄纳期。有关原始儒家、原始道家、中国佛学、新儒学，以下有专节介绍，接下来谈一下方东美与中国哲学发展历程相关的未曾充分展开的一些问题。

2. 汉代哲学以及道教

方东美认为，秦汉从哲学方面来讲缺乏创造力，"人人方汲汲于事功征伐，忽于玄想，思想界玄风浸衰，其号称一代祭酒者，固学者辈出，然俱非独立之思想家。此段时期，少数哲匠不为杂家，即为批评家：前者如吕不韦、刘安、董仲舒等，后者如王充之流。若辈中人即或仍谈学论道（形上学），然其兴趣重心，固早已移至以宇宙论及宇宙发生论为主题矣。通常虽多依原始萌芽科学（阴阳五行之说）为基础，间亦诉诸诗意幻想。"③

但是，方东美对汉儒的治学方法是持肯定态度的。方东美指出，无论是从宋明儒本身的立场或是从以宋明儒"嫡传"自居之现代学者的立场，一般皆认为汉儒之学一无是处：在学术上面是支离破碎，在方法学上面也是远离正题。然而，今天我们来谈汉儒，在思想史方面，尽管汉儒之"微言大义"，不免于以杂家及阴阳家的思想栽赃到儒家正统思想之中，去歪曲它，去误解它！这种现象当然是我们后代的人要纠正的。但是，所谓汉儒也不是一个单纯的学派，无论是今文经学或是古文经学，他们都有一个严正不苟的工作，就是所谓"解诂"，解诂的用意在于透过章句训诂而能够还原儒家的真面目。比如讲到孔孟的学说，就从文献方面，章句、字

---

① 方东美：《中国哲学精神及其发展》（上），孙智燊译，中华书局2012年版，第24—25页。

② 方东美：《中国哲学精神及其发展》（上），孙智燊译，中华书局2012年版，第24页。

③ 方东美：《中国哲学精神及其发展》（上），孙智燊译，中华书局2012年版，第151页。

源方面，去如实地讲明《论语》、《孟子》的经典大义，而还原出那个时代的真正意义。假使从这一方面来看，汉儒也未可厚非。而且汉儒面对古代流传下来的经典，从不敢苟顺私意，乱发议论，尽可能地有一分证据说一分话，有一分师承做一分文章。这在汉儒而言，叫作"师法"，或者是"家法"。"比如讲《诗》，鲁诗有鲁诗的讲法，齐诗有齐诗的讲法；讲《周易》，鲁学有鲁学的讲法，齐学有齐学的讲法；其他诸经，莫不如此，是绝对不能乱讲的。汉儒的这种精神成就是我们不能否认的。"①

　　至于道教，方东美否定的地方偏多。他指出，就中国的道教来说，它的思想本身就是驳杂的东西。在战国的时候，它的思想是神仙家言、方士家言。然后在西汉时再同道家思想的余波结合起来，后汉的时候才变成了一种伪托老庄道家哲学的道教。以后它又受了佛教的影响，所以它许多经典都是模仿佛经。这样一个驳杂的东西，经过了中国学术的衰世。在佛教盛行于中国的时候，儒家无力反抗，还是道教打起中国文化的招牌与佛教周旋角力。② 方东美特别讨厌张道陵之流对老子哲学的糟蹋，他指出，张道陵事实上是方士之类的人，在宗教方面属于邪教。他在哲学上打着道家思想的招牌糟蹋道家的哲学。譬如张道陵说："道可道者，谓朝食美也。"他把"道可道"解释作早上进早餐时，吃了很美的早餐。这跟"道可道"有什么关系呢？而底下这一句更是不成话了，"非常道者，谓暮成屎也"，早上吃了很丰盛的早餐，到了晚上要排泄出来。这个打着道教旗号，推崇太上老君的鬼道，却这样糟蹋《老子》"道可道，非常道"这两句话。再说"两者同出而异名"，本来在《老子》里面有两种断句方法，其中一种指有无同出而异名，读作"两者同，出而异名"，但是鬼道的注解却说："两者同出而异名，谓人根生溺，溺成精也。"这越发不成话了，竟解释作一方面小便，一方面泄精，就叫作"同出而异名"。而"玄之又玄"，他说是"鼻与口也"，这根本是不知所云。张道陵在注释《老子》五千言时，竟这样侮蔑老子的哲学思想，是让人难以忍受的事情。③

① 　方东美：《新儒家哲学十八讲》，中华书局 2012 年版，第 4 页。

② 　参见方东美：《新儒家哲学十八讲》，中华书局 2012 年版，第 200 页。

③ 　参见方东美：《新儒家哲学十八讲》，中华书局 2012 年版，第 99—100 页。

徐复观、张岱年、任继愈、冯契、萧萐父等分别从不同的角度，不同程度地探讨了中西哲学各自的特征，多数人认为中国哲学的基本精神是实用理性，伦理学发达，而知识论、逻辑学等相对薄弱。在对中西形上学特点的概括上，影响比较大的观点是，西方哲学走的是外在超越的道路，把人类的价值源头归结为外在的力量；而中国哲学走的是内在的超越的道路，把人类的价值源头归结为内在于人的心性。与此相关，西方哲学的思维偏向两分法，注重分析；中国哲学的思维偏向统一性，注重综合。上述观点不知何人最早提出，但方东美对形上学的分类无疑表达了相同或相似的意思。他所说的超绝形上学指的是西方哲学以分裂为特征，寻求外在超越的形上学，而超越形上学、内在形上学则是典型的中国形上学，以追求统一、和谐为特征。这种宏观的比较结论无疑是持之有故、言之成理的，为我们把握哲学形上学的差异提供了重要的思路。但从方东美对超越形上学、内在形上学的论述来看，二者的界限似乎不甚清晰，前者强调宇宙与人的统一性，主张超拔和规范的"即理想即现实主义"，后者强调本体内在于宇宙以及本体与现象的统一性，在强调统一性方面二者很难区分。方东美所说的内在形上学强调本体内在于宇宙，与通常所说的价值内在于人的心性还是有所不同的。

第二，方东美对中国哲学基本精神的理解观点明确，前后统贯，体现了一种高贵和乐观的哲学精神。

对中国哲学基本精神的概括学界见仁见智，方东美的主要观点是有机统一、广大和谐、天人合德、双回路向、立乎中道等，其逻辑主轴是统一和谐，类似于熊十力的"不二"。从方东美对中国哲学基本精神的概括中我们可以体会出一种高贵乐观的哲学精神，这与方东美对哲学功能的理解有关，他说："伟大的哲学思想可以改造世界。它不像近代许多存在主义的思想家们，不仅是在那个地方演悲剧，而且是演双重悲剧！甚至演三重悲剧！重重悲剧下幕以后，依然是精神局促于现实世界中，心灵不能超脱解放，埋没在这个'最烦恼的世界'中。……假使哲学家要拯救世界，则决不能投身到黑暗罪恶的社会中去，而同流合污。哲学沾染了罪恶，那就是宣告它的精神死亡。哲学精神死亡了，如何能拯救世界？相反的是罪恶的世界征服了它。"① 方东美强调哲学不能沾染罪恶，哲学要拯救世界、改造世界；哲学不能总演悲剧，要超拔人的精神境界。因此，方东美不论是对儒家哲学、道家哲学、佛学、新儒家哲学，总是以一种景仰、欣赏、陶醉的态度去对待，极力挖掘其间的宝贵资源，为我们理解中国哲学传统提供了一种乐观向上的积极态度。

第三，方东美对中国哲学发展历程的描述大致符合中国哲学发展的实际，但也有一定的疏漏。

方东美对中国哲学发展历程曲折而进步的理解是正确的，这是多数哲学史家都坚持的观点，也是符合中国哲学发展的历史实际的。大家通常认为先秦时期、宋明时期是中国哲学的辉煌时代，但强调的重点不尽一致。劳思光所强调的是孔孟和陆王的心性论哲学，方东美所强调的是原始儒家、原始道家、中国大乘佛学、新儒家。就此而言，把方东美界定为现代新儒家的代表确有可疑之处。与此同时，大陆中国哲学史家在认同先秦是中国哲学发展的黄金时代的同时，也注重其他动乱时代的哲学成就，如李泽厚就比较看重魏晋时代，认为这一时期出现了纯哲学、纯美学等。萧萐父更看重明清之际，认为这一时期的启蒙哲学是中国传统文化与现代化的接合点所在。但无论怎样，中国哲学都是在曲折发展中不断进步的，除劳思光的哲学史退化论之外，多数哲学史家如冯友兰、张岱年、冯契等均是如此，方东美亦不例外，这是一种正确的哲学历史发展观。

由于方东美对中国哲学的研究重点突出，所以难免有所疏漏。在总过程上，汉代哲学、魏晋玄学、唐代儒家哲学等笔墨较少。在先秦哲学中，对名家、法家、荀子等关注不够。这恐怕与方东美《中国哲学精神及其发展》不是按照年代而是按照学派书写的体例有关，虽不全面但重点突出。

---

① 方东美：《新儒家哲学十八讲》，中华书局 2012 年版，第 89—90 页。

第二节 儒、释、道的通性和差异

方东美对儒、释、道三家哲学都有研究，并从宏观角度探讨了他们的共同点和差异性。

一、通性

方东美指出，原始儒家、原始道家和大乘佛学的系统虽然不一样，但却同具三大显著特色，即旁通统贯论、道论、个人品格崇高论。

1. 旁通统贯论

方东美所说的旁通统贯论指的是广泛联系、整体统一，这是原始儒家、原始道家和大乘佛学所共有的。

《论语》中有"吾道一以贯之"的说法，强调的是连续性和统一性。《周易》中有"天地之道，贞观者也；日月之道，贞明者也；天地之动，贞夫一者也"的说法，认为宇宙间的万事万物都统一于正道。

《老子》中有"昔之得一者：天得一以清；地得一以宁；神得一以灵；谷得一以盈；万物得一以生；侯王得一以为天下贞"，"是以圣人抱一为天下式"的说法，认为天地万物和人都统一于道。

"大乘佛学诸宗，关于大千世界，虽发展出种种不同之缘起论，然一旦臻于圆统观，则莫不泯入理想圆融之境，斯即一真法界，弥贯一切。于兹理想之一真法界中，一入一切，一切入一，一多相摄互涵，一切与一切互具，融镕浃化，契合无间，凝成整体统一，一如悟境本身所造，中文汉语谓之'菩提道'。"①

2. 道论

"道"是儒、释、道三家所共用的概念，虽所指不一，但三家对作为形上本体和价值源头的"道"有着共同的追求。

在方东美看来，儒家"一以贯之"的道分为三层：一是天道，二是地

---

① 方东美：《中国哲学精神及其发展》（上），孙智燊译，中华书局 2012 年版，第 25 页。

道，三是人道。天道即《易》之乾元，指一种原始创造力，生成万物，涵盖万物，统摄万物，把万物纳于健动创化的宇宙历程之中。地道即《易》之坤元，顺承乾元天道的创始力而成就之，厚载万物，持养万物，使乾元的创始力得以绵延无穷，趋向无限圆满之境。人道就是参天地之化育。人在宇宙中居于中心地位，兼含天地的创造性和顺成性，自应"于全体宇宙生命创进不息生生不已之持续发展历程中，厥尽其参赞化育之天职。其特色也，端系乎一种对个人道德价值之崇高感，对天地万有一切内在价值之同与感，并借性智睿明，洞见万物同根、天地一体之同一感"。[①] 总体而言，在方东美看来，儒家之道虽有天地人三道之分，但三道相涵相摄，此即体现在人道的"三感"（崇高感、同与感、同一感）上。

方东美认为，道家的道充满了玄想。从本体论角度来看，道超乎一切之上，是神而又神之神秘，真而又真之真实，具有不可言说性。从宇宙论角度来看，道即用显体，滋生万有，包举万物。从价值论的角度来看，道体显发"无穷圆满之价值"，"同时抑又将一切争议不决之价值品级，一切争论不已之道德德目，悉化为无谓之谈。道之本身内具至德，乃超越一切偏计妄析善恶、美丑等。"[②] 总体而言，在方东美看来，道家之道更抽象、更超越、更神秘。

方东美指出，佛学的究极本体也是真而又真之真实。"举凡一切相对特殊之差别相状，必须一一剥落净尽，其全部内在本质，始克如如朗现于光天化日之下。故于'空之理'尤为注重，'空之理'乃'圆觉之理'之前奏。……佛学各宗必须严划初阶致知与般若圆智之判……一旦圆智顿现于精神灵昭，顿悟是也，或凝聚于借辛勤比量培养而成之通观慧，渐修是也，则般若智体与全真之光融镕浃化，是谓般若与真如不二。当是时也，吾人即可内证圣智，当下即悟，是之谓'菩提道'。……卒终为论，吾人所恍然大悟者，即是光明四射之明觉本体。"[③] 方东美这里强调了佛学"空之理"、"顿悟"、"渐修"的重要，般若智与真如的统一，"明觉本体"的

---

① 方东美：《中国哲学精神及其发展》（上），孙智燊译，中华书局 2012 年版，第 26 页。
② 方东美：《中国哲学精神及其发展》（上），孙智燊译，中华书局 2012 年版，第 26 页。
③ 方东美：《中国哲学精神及其发展》（上），孙智燊译，中华书局 2012 年版，第 27 页。

崇高。

3. 个人品格崇高论

方东美认为，以儒、释、道为代表的中国形上学在个人品格方面主要是从现实性和理想性的结合上去考察的。

方东美指出，在对个人人性本质及其功能的看法上存在着两种偏向：一种是一味的自我贬抑，"'人'乃是一个应予鄙视贬抑之对象。盖视人性悉有原罪，故发为种种理论，教人如何克制恶行，或借自我贬抑、自我否定，甚至自我毁灭。"[①] 另一种是盲目自大，"另据不同之理由，又视个人为自然演进之巅峰。人依其自然才能，大可自豪，自命不凡，夫自然者，虽人之所由生，然人却可借巧运理智而征服之、控御之。故又另发一套不同之人性论，主张自我贡高，自我美赞，倡自信、自意、自是，甚至流于狂妄自恃而自负。"[②]

以儒、释、道为代表的中国形上学论人是从可观察之现实性（实然）与理想化之可能性（应然）两方面着眼的。"由现实至可能，其间原有一种极细密之自我实现历程，一种极艰苦之自我修为工夫，以及全幅自我实现之道。……在自然存在之基本上，个人既非当予牺牲之对象，亦非应受赞美之主体；吾人对之，只合当作一项确切之现实，而如实接受之。人，以其重要性，故宜接受；人，以其伟大性，故显重要。人性之伟大，在于全幅尽性发展，端赖扩而充之，大而化之，藉超点化、教化、理想化之过程，而止于至善。其最后产生之结果……乃是个人品格之崇高化，儒家谓之高明峻极之人格典型或圣贤；道家谓之神人或至人；佛家则谓之觉者，而上参佛性。"[③] 方东美还指出，中华民族的"集体共命慧"是由"圣贤、诗人、先知"三重复合人格所显扬的，分别以儒、释、道三家为表征。这种"集体共命慧"亦即"中华民族笃信之道"：一是"笃信过去黄金时代之理想性，吾人自可依之而编织种种生命之美梦"；二是"笃信现在不朽之真实性，其中自可以健动创造之实践界居主导之地

---

① 方东美：《中国哲学精神及其发展》（上），孙智燊译，中华书局 2012 年版，第 28 页。
② 方东美：《中国哲学精神及其发展》（上），孙智燊译，中华书局 2012 年版，第 28 页。
③ 方东美：《中国哲学精神及其发展》（上），孙智燊译，中华书局 2012 年版，第 28 页。

位"；三是"笃信未来之无妄性，旨在开拓新机，万法平等，为众苦觅求
澈底究竟解脱之道"。①

二、差异

方东美以形象的方式分别概括出儒、释、道三家的不同身份，而不
同的身份代表着不同的理论特色。

1. 概说

在方东美看来，儒、释、道三家有着不同的身份：儒家是以一种"时
际人"（Time-man）之身份而出现者（故尚"时"）；道家却是典型的"太
空人"（Space-man）（故崇尚"虚"、"无"）；佛家则是兼时、空而并遣（故
尚"不执"与"无住"）。② 儒、释、道三家都主张超化世界，但超化的结
果不同："对儒家而言，超化之，成为道德宇宙；对道家言，超化之，成
为艺术天地；对佛家言，超化之，成为宗教境界。"③ 就对个人的主张来说，
"就儒家言，主张'立人极'，视个人应当卓然自立于天壤间，而不断地、
无止境地追求自我实现；就道家言，个人应当追求永恒之逍遥与解脱；就
佛家言，个人应当不断地求净化、求超升，直至每派所企仰之人格理想
在道德、懿美、宗教三方面，修养都能到达圆满无缺之境界为止。"④ 儒、
释、道又分别代表了体现中华民族"集体共命慧"的圣贤、先知、诗人三
重人格。⑤

2. 儒家

方东美指出，在人与天地之间的关系问题上，儒家把人看作"天地
之心"，可以"兼天地，备万物"，进而体验"天地生物之心"，得"天地
生物之心以为心"。认为作为"天地之心"的人可以体验"天地生物之

---

① 方东美：《中国哲学精神及其发展》（上），孙智燊译，中华书局 2012 年版，第 33 页。
② 参见方东美：《生生之德》，中华书局 2013 年版，第 239 页。
③ 方东美：《生生之德》，中华书局 2013 年版，第 239 页。
④ 方东美：《生生之德》，中华书局 2013 年版，第 239 页。
⑤ 参见方东美：《中国哲学精神及其发展》（上），孙智燊译，中华书局 2012 年版，第
33 页。

心"，得"天地生物之心以为心"，实现"双心合一"。①

在哲学理趣上，儒家是以一种"时际人"的身份而从事运思者，"将举凡一切思议可及之现实界，悉投诸时间动态变化之铸模中，而一一贞定之。"② 即是说，儒家是在时间的流变中去把握现实世界的。在唐代，不管是近体诗也好，或者是古体诗也好，"如果你读杜甫的诗，我想一定会生出很复杂的情绪：他有时是赞美世界，表现人类高尚的品德，那么这些诗品味起来，使我们深受感动而激励我们精神向上。但是在他描写安史之乱后所造成的烽火余生，流离失所的苦况时，则使我们为之吞声饮泣，悲恸难喻。杜甫的诗是儒者的精神，专注于天下苍生的现实世界这一面。"③

3. 道家

与儒家的"时际人"身份相对应，方东美把道家说成是"太空人"。他认为，"道家逍遥放旷，得天尤厚，其精神自由翱翔，飘然高举，致于'寥天一'之晶天高处，而洒落太清，然后再居高临下，提神而俯，将永恒界点化之，陶醉于一片浪漫抒情诗艺之空灵意境，嗣后，道家遂摇身一变，成为典型之'太空人'矣。"④

方东美认为，道家的思想在精神上是较为洒脱的。他们如果要谈人的问题，却并不沾滞在人本身上面。而是务必要把人解放了以后，在精神方面提升到无穷的空间远景、无穷的时间远景：这在庄子的思想中，即是入于"无何有之乡，广漠之野"，然后再回顾人间世，这有什么好处呢？就是隔着远距离来看，在此中有层天地之间隙，在此天地间隙之中，有许多不可言喻的美景。再透过这些美景来看人间世里的人，那么无形中已经把人给美化了。纵然人类有许多缺陷也是可以容忍，可以原谅的了。这样子一来，再审视人类的美德，才不至于诅咒人间世，而是欣赏人间世。道家的精神引用庄子的一句话："圣人者，原天地之美而达万物之理。"这是

---

① 方东美：《新儒家哲学十八讲》，中华书局2012年版，第80页。

② 方东美：《中国哲学精神及其发展》（上），孙智燊译，中华书局2012年版，第33页。

③ 方东美：《新儒家哲学十八讲》，中华书局2012年版，第69页。

④ 方东美：《中国哲学精神及其发展》（上），孙智燊译，中华书局2012年版，第33—34页。

他们透过诗意的创造的幻想来看人性的缺陷，使之美化了，从而宽恕欣赏，这是道家精神特别的地方。① 诗仙李白深受道家思想影响，受楚文化影响，受道家的阮籍、嵇康这一类人的影响，甚至受了六朝时代沈约的影响。"当你读他的诗的时候，显然立刻有一种超脱解放之感，使你在这个世界上几乎飘飘然羽化而登仙，与这个现实世界悬隔起来。所以他说：'揽彼造化力，持我为神通。'换言之，他另外创造了一个艺术的境界。他把握了宇宙中创造的权力，成为诗的幻想，把我们的精神引渡到远离现实世界的地方。仿佛我们都变成了仙人王子乔，升入仙境去了。当然这个世界的痛苦罪恶都化解了，都可以宽恕了，自己也可以到那个纯美的幻想世界中去讨生活。"②

4. 佛家

方东美认为，佛家是"时空兼综而迭遣"。"原始佛家直探生灭无常界之无底深渊，忍受万般过失咎戾与辛酸痛楚，视永恒界为空幻，然而，一旦遍历染界诸漏之后，又能尽扫一切，重新透过永恒之光，观照法满境界，而怡怡悦愉，证大欢喜。"所谓"时空兼综而迭遣"是指"小乘遣空，故沾滞时间，而迷惘世俗；大乘遣时，故遗忘时间，而倾向永恒。时空俱遣，惟尚无著与不滞"。③ 小乘不离现实终能超越，大乘超越现实倾向永恒，因此兼含现实和超越。其所追求的是彻底超越时空，因此为"时空俱遣"。

三、简要分析

如果说方东美对中国哲学基本精神有机统一、广大和谐、天人合德、双回路向、立乎中道等的阐释是宏观性的话，那么他对儒、释、道通性和差别的阐释则是中观性的，而之后对儒、释、道的分别阐释则是微观性的。由前至后类似于演绎，越来越具体深入，由后至前类似于归纳，越来越抽象。因此，中国哲学基本精神，儒、释、道总体研究，儒、释、道具

① 参见方东美：《新儒家哲学十八讲》，中华书局2012年版，第79—80页。
② 方东美：《新儒家哲学十八讲》，中华书局2012年版，第69页。
③ 方东美：《中国哲学精神及其发展》（上），孙智燊译，中华书局2012年版，第34页。

体研究三者的内在关联结构是十分明显的。所以，方东美对儒、释、道通性和差别的阐释与他对中国哲学基本精神的阐释有着不少相通的地方，因为儒、释、道的通性和差别是中国哲学基本精神的进一步展开。但方东美对中国哲学基本精神的阐释主要是立足于中西印哲学的比较，而他对儒、释、道通性和差别的阐释则是立足于自身的比较。

方东美对儒、释、道通性的概括和说明基本是合理的，但也有进一步分析的余地。他所说的旁通统贯论与他所阐释的中国哲学基本精神有机统一、广大和谐是一致的，关注到以儒、释、道为代表的中国哲学注重整体、注重联系、注重统一、注重和谐的特色；他所说的道论体现了儒、释、道对形上本体和价值源头的共同追求；他所说的个人品格崇高论关注到个人是现实性和理想性的统一、实然和应然的统一等，这些都是合理的。但儒、释、道的通性似未尽于此，比如与西方哲学相比，他们的视域重心主要是人以及由人发散的多重关系；他们对情欲的态度同是主张节制，只不过程度不同而已；他们同是主张泯灭人们的争斗之心，儒家提倡安分知命，道家宣传知足常足，而佛家认为现实苦难的原因在于个人的因果，让人们忍受现实的苦难而期待来世，等等。

与上相同，方东美对儒、释、道差别的阐释基本是合理的，但也有进一步思考的空间。方东美以形象思维的语言，生动地把儒家比作"时际人"，其精神如杜甫的诗一样，专注于天下苍生的现实世界这一面；把道家比作"太空人"，如李白的诗一样，创造了一个艺术的境界，把我们的精神引渡到远离现实世界的高处；认为佛家兼具现实和超越双重品格，同时又能"时空俱遣"。这与我们通常认为的儒家入世、道家避世、佛家超世的特征概括是相似的，所不同的是，方东美是以极大的热忱和由衷的敬意对待儒、释、道的精神，而我们往往会有所挑剔。当然，儒、释、道的差别不止这些，需要我们根据不同的语境作出合理的分析。

第三节　原始儒家

傅佩荣曾对方东美用"原始"一词有过说明："方先生特别标举，'原始'一词，意在展现其原来面目与基本精神。"① 方东美在对原始儒家的探讨中，"侧重于其思想起源，由《尚书·洪范》与《周易》（包括《易传》）入手，说明永恒理想与变迁世界如何双轨并立，由此安顿人生，求其长治久安。"②

一、概论

与对中国哲学基本精神以及儒、释、道通性和差异的探讨相联系，方东美进一步探讨了儒家的基本精神及其流变。

方东美指出，儒家的思想总体而论是古与新、静与动、保守与进步、因袭与创造的统一："作为一派思想，儒家可谓既古且新，既静且动，既保守且进步，既有因袭，更有创造。其所以然之故，盖因所挟持者厚，所垂传者久，孕乎历史传统，由古迄今，绵延不绝，源远流长，有以致之。"③

就儒家的形上学而言，具有两大特色：第一，肯定天道的创造力充塞宇宙、流衍变化，万物由之而出（《易》曰："大哉乾元！万物资始，乃统天"）。第二，强调人性的内在价值翕含辟弘、发扬光大，妙与宇宙秩序合德无间（《易》曰："大人者，与天地合其德，与日月合其明，与四时合其序，与鬼神合其吉凶，先天而天弗违，后天而奉天时。"简言之，是谓"天人合德"）。④ 概括地讲，一是天道生物，二是天人合德。关于第二点，方东美还说过，儒家的根本精神是从"天人合德"、"天人合一"、"天人不二"等观念中产生出来的。⑤ 方东美指出，"此两大特色构成全部儒家思想体系之骨干，自上古以迄今日，后先递承、脉络绵延，始终一贯。表现

---

① 傅佩荣：《广大和谐的哲学世界》，载方东美：《新儒家哲学十八讲》，中华书局2012年版，第11页。
② 傅佩荣：《广大和谐的哲学世界》，载方东美：《新儒家哲学十八讲》，中华书局2012年版，第11页。
③ 方东美：《中国哲学精神及其发展》（上），孙智燊译，中华书局2012年版，第41页。
④ 参见方东美：《生生之德》，中华书局2013年版，第240页。
⑤ 参见方东美：《新儒家哲学十八讲》，中华书局2012年版，第67页。

这种思想最重要者莫过于《易经》。孟子与荀卿继起，踵事增华、发扬光大，除了补充一套极富创造性的形上学思想之外，更发挥了一套'哲学的人类学'之基本理论（按：即'哲学的人性论'是也）"。①

就原始儒学的流变而言，方东美谈到了两期儒家、鲁学和齐学的问题。

方东美把原始儒家分为两期：初期儒家和次期儒家。"初期儒家承受一套原始初民之上古思想遗迹，企图纳诸理性哲学。次期儒家则另据一套不同之久远传承，深弘发挥之，创建为一体大思精之思想体系，肯定人性之崇高峻极、天地之大美庄严，二者融镕浃化，合德无间，以灿溢完美之真理于无穷。……兹专欲论列者，乃以孔、孟、荀为代表之原始儒家。就此义观之，所谓原始儒家，一方面承继有一套洪荒上古时期之久远传统，或如若干解释所言，仅系发挥旧说耳；同时，他方面，抑又创造出一大永久性之传承，垂诸后世而弗竭。合斯二者，遂为全幅中国文化史之长程发展而一举奠定其基型焉。"② 指出以孔、孟、荀为代表的原始儒家有两大传统（下题专论），他们在继承的基础上创新，提出了对整个中国传统思想文化产生长远影响的学说体系。

方东美还谈到了鲁学和齐学的问题，他指出，原始儒学的流变，从成周时代到春秋战国时代，在学说上有两大派：一是鲁学，一是齐学。鲁学是儒学中比较纯粹的一方面，以《周易》为中心；齐学是易学传到胶东胶州湾，一直向北传，传到燕、晋，终于掺杂了方士神仙之说。于是，儒学纯粹的传统又被杂家、阴阳家所乱。以后在汉代学官里面，所注重的就是以齐学为中心的儒学，而鲁学反而变得较不重要了。③ 认为从鲁学到齐学，原始儒家经过了一个由纯粹到不纯粹的流变。

二、两个传统

与原始儒家的基本精神相关，方东美认为以孔孟荀为代表的原始儒

① 方东美：《生生之德》，中华书局 2013 年版，第 240 页。
② 方东美：《中国哲学精神及其发展》（上），孙智燊译，中华书局 2012 年版，第 42 页。
③ 参见方东美：《新儒家哲学十八讲》，中华书局 2012 年版，第 96 页。

家来源于两大传统：一是《尚书·洪范》，二是《周易》。如他所说，原始儒家的基本观点，属于两个不同系统的学术思想传统：一是《尚书·洪范》九畴，尤其是"皇极"与"五行"。这一种传统，是着重于古代神秘宗教这一方面；而从哲学上看来，它是属于"永恒的哲学"（philosophy of eternity）的系统。另一是《周易》，它是讲社会的变迁、制度的演化、生命的发展、时间的流变，是全然趋向于活跃创造的系统。"这么两个鲜明对比的系统，在春秋战国时代，终于分道扬镳，没有结合起来。"①

方东美谈《尚书·洪范》传统，主要涉及"九畴说"，重点谈了"五行"、"大中"等问题。

方东美认为，"九畴说"是一篇极重要的上古哲学宝藏，因为它点出了中国上古形上学的基调就像一部神话、宗教与诗歌的三重奏。② 其"重点有四：一、五行说；二、大中象征意符之宗教及哲学意涵；三、万有之归根返命与本初之理贯后得；四、由神权统治转为德治"。③ 对于五行说，原始儒家和原始道家都不甚重视，但到了汉儒尤其是董仲舒那里得到了发挥。"此种源自上古之'五行说'终于诠表为一套'能生创生之自然论'（Theory of Natura Naturans），实即'万有含生论'之哲学也，久经两汉经生曲解之儒家思想，至此乃与根乎《大易》圣圣相传之原始儒家精神复合而会通矣！"④ 而"皇极"或"大中"的象征意符，也包含四种含义："一、'洪范九畴'，如箕子所陈，不啻一部神圣之《天启录》，饶有宗教意涵。二、'大中'针对实在、建立一大哲学规范与价值准衡。三、此种实在价值与中国古代文化相配合，遂特显其道德规范意义，表现于中国生活之各层面。四、合宗教、哲学与伦理等各层面而综观之，借旁通交感，'大中'正是政治智慧之通体流露，完整表现。"⑤ 在谈完"返古复始"和"德治理

---

① 方东美：《新儒家哲学十八讲》，中华书局 2012 年版，第 97 页。
② 参见方东美：《中国哲学精神及其发展》（上），孙智燊译，中华书局 2012 年版，第 42 页。
③ 方东美：《中国哲学精神及其发展》（上），孙智燊译，中华书局 2012 年版，第 48 页。
④ 方东美：《中国哲学精神及其发展》（上），孙智燊译，中华书局 2012 年版，第 52 页。
⑤ 方东美：《中国哲学精神及其发展》（上），孙智燊译，中华书局 2012 年版，第 53 页。

想”两个问题后，方东美总结说：“原始儒家兼有两大层面：第一，为其因袭或保守面，强调‘反古复始，以报其本’，借神秘化之‘大中’以象征‘回向天上原型’。复借‘尊生’，以解释宗教祭祀种种及其意义，奉永恒界为生命之源。第二，为其创造或进步面，借逆转永恒界之序列，并注以雄浑大力，于以见生生不已，赓续创造。此二面乃相辅相成，借以描绘绝对实在、实性之全幅真相者也。故后期若干思想家，便将‘大中’意符与‘太极’至理打合为一，形成‘广大统一’——‘洪范统一’。”①

除了《尚书》传统外，原始儒家还有另一传统——《周易》。

方东美指出，儒家哲学发展到第二期的时候，孔子及其弟子，“启自另一不同之久远传承，共同致力建立一大哲学体系，于以显扬人性价值之崇高伟大与天地宇宙之大美庄严，二者融镕浃化，一体匀调，蕲向创进不息、生生不已、止于至善之鹄的。据种种儒家文献原始资料而观之，其形上学体系含有两大基本主要特色：第一，肯定乾元天道之创造力；第二，强调人性之内在秉彝，即价值。兹二者，自远古以迄今日，结合构成儒家哲学之骨干。表现此种思想型态最重要者，首推《易经》，更以荀、孟之书辅翼之。荀、孟除充实发挥一套富有原创性之形上学思想外，更昌明一套哲学人性论之基本学说。”②

方东美对《周易》非常重视，认为“全部六十四卦皆可有效推得，终集大成于一部旁通之系统，其中任何二卦之间爻爻相索、一一对应，谓之相孚；反之，亦然。臻此结果，《大易》一书，不惟其符号系统充分可解，即其文义理贯亦大有脉络可寻。依旁通之理，凡各辞句（或系辞，或爻辞），无论陈事说理，其意义均富有彼是相需、错综交织之重要蕴涵。一言以蔽之，《易经》全部重卦卦象系统，连同系辞部分，涵具一套典型之中国广大和谐哲学体系”。③孔子及其弟子集体发起了一项哲学思想上的革命运动，沿承易卦的符号系统，而赋其种种人文主义之诠释。“欲毕

---

① 方东美：《中国哲学精神及其发展》（上），孙智燊译，中华书局 2012 年版，第 75 页。

② 方东美：《中国哲学精神及其发展》（上），孙智燊译，中华书局 2012 年版，第 89 页。

③ 方东美：《中国哲学精神及其发展》（上），孙智燊译，中华书局 2012 年版，第 102—103 页。

其功，终其成，孔子必须将《易经》原有之陈事文句化一套说理文句。此项化赋体为比兴之巨任，即由孔子及其青年高弟兼同道商瞿双双共同肩起。嗣后，《易书》此部原属纪史之作，遂一变而为一套发挥易理之系统化哲学矣。"① 其要义可分为四大层面："一、高揭一部万有含生论之新自然观，……视全自然界为宇宙生命之洪流所弥漫贯注，一脉周流；二、提倡一种性善论之人性观——据万物含生论之自然观而深心体会之，油然而兴成就人性内具道德价值之使命感，发挥人性中之美善秉彝，使善与美俱，而相得益彰，以'尽善尽美，善美合一'为人格发展之极致，……而实现此一最高理想，惟人为能；三、发挥一部价值总论——继完成上述系统化之新自然观与提倡美善合一、薪向人格究极圆满之人性论之后，孔子复引申发挥一套价值总论，将流衍于全宇宙中之诸相对价值差别；使之一一含章定位，悉统摄于'至善'，而化为绝对价值；四、完成一套价值中心之本体论——以个人之创造性为基础，借求圆成人性，齐升宇宙万般生命，止于至善，经孔子诠表之，形成一部价值总论，肯定性体实有，盎然充满，弥贯天地，澈上澈下，莫非价值。实乃一套价值中心之本体论也。堪称代表儒家哲学之最高成就。"② 在对《易经》的传承发展中，方东美多次强调了孔子的贡献，他认为，孔子的伟大贡献在于系统诠释了变易哲学，并根据变易哲学展示了宇宙全体是一个充满神奇创造性、充满价值意义的广大生命领域，于是建构了至善理想，为一切存在所同参共享。③

　　方东美重视《周易》传统，认为它是原始儒家尤其是孔子思想的来源和代表，而对《论语》论及相对较少。他认为，《论语》不能归类到任何"纯理哲学"的部门。它究竟算是什么学问呢？就是根据实际人生的体验，用简短的语言把它表达出来，也就是所谓"格言"。用来在实际的社会行为、政治行为、道德行为上，根据丰富的经验，指导实际的人生，这

① 方东美：《中国哲学精神及其发展》（上），孙智燊译，中华书局2012年版，第105页。
② 方东美：《中国哲学精神及其发展》（上），孙智燊译，中华书局2012年版，第105—106页。
③ 参见方东美：《中国哲学精神及其发展》（上），孙智燊译，中华书局2012年版，第314—315页。

种学问称为"格言学"（Moralogy）。《论语》当然对于实际的人生是非常宝贵的。它是人生经验的结晶，可谓言简意赅，字字珠玑。但是它既没有论及宇宙全体，也不能包括本体万有，也没有对本体万有的最高根源加以阐明；它虽涉及"moral Items"、"moral virtues"——德论，但是没有普遍的价值论。总之，它即使充满了丰富的人生智慧，仍脱离不了"格言学"的范围，不可以代表哲学全体。[①]

三、简要分析

体会方东美对原始儒家的阐释，受益匪浅，但也生发出一些疑问。

第一，方东美对儒家基本特征或基本精神的分析是双维性的。他认为儒家的思想总体而论是古与新、静与动、保守与进步、因袭与创造的统一，这种观点是符合儒学实际的，无论从原始儒家的孔孟荀拟或新儒家的程朱陆王，他们的学说都具有上述的特点，即继承与创新的统一，没有继承，就失去了儒学的规定性，没有创造，就失去了儒学的生命力。方东美强调了儒家天人合德的基本精神，这与他对中国哲学基本精神拟或儒、释、道通性的理解是一致的，具有逻辑上的一贯性，也是符合儒学本来面目的。

第二，方东美关于原始儒家两个传统的说法对我们思考儒学的起源问题富有启发意义。通常的观点认为孔子是儒家或儒学的创始人，但孔子的思想也有一个来源的问题，其实正像方东美所揭示的那样，《尚书》中的"大中"、"返古复始"、"德治理想"等正是儒学的部分思想渊源。由此我们可以说，孔子是作为一个学派的儒家的创始人，并非儒家思想的创始人而是儒家思想的集大成者，因为以周公为代表的思想家就提出过敬德保民等儒家思想元素。需要指出的是，方东美把五行说作为儒学的一个思想资源是可以的，因为汉儒确实借鉴和发挥了阴阳五行说，但把五行说也作为原始儒家传统的组成部分就值得进一步斟酌了，因为正像方东美自己所说，原始儒家和原始道家对五行说都是不感兴趣的。

第三，方东美对原始儒家两个传统的论述还引发了另一个重要的问

---

① 参见方东美：《新儒家哲学十八讲》，中华书局 2012 年版，第 23 页。

题，我们研究孔子的思想应该以什么文献为主要依据？可以说，中国哲学史界绝大多数学者都是以《论语》为第一手资料来研究和阐发孔子思想的，认为《周易》分经传两部分，《易经》为周初作品，《易传》非出自一时一人之手，成书于战国而定型于汉代，可能与儒家后学有关。方东美与胡适的《中国哲学史大纲》（上卷）一样，都继承了传统的说法，认为《易传》乃孔子所作，代表了孔子本人的思想，这在中国哲学史界是一种很微弱的声音，不知会不会有生命力。但这不妨碍多数人把《易传》看作儒家的代表作之一，以《易传》为依据研究和阐发先秦儒家思想。

第四，顺此而言，还有一个对《论语》的评价问题。方东美认为，《论语》对于实际的人生是非常宝贵的。它是人生经验的结晶，可谓言简意赅，字字珠玑。但是它既没有论及宇宙全体，也不包括本体万有，没有对本体万有的最高根源加以阐明，因此仍脱离不了"格言学"的范围。笔者认为，方东美对《论语》的评价是实事求是的，值得我们借鉴。黑格尔曾经用辛辣、嘲讽、蔑视的语言谈到过孔子，认为《论语》中都是一些老练的道德教训，一点思辨哲学都没有，尽管黑格尔的评价过于苛刻和绝对，但也抓住了孔子哲学乃至整个中国哲学的一个特点，即缺乏思辨理性。需要指出的是，尽管《论语》中缺乏思辨哲学的元素，但不能说没有哲学，因为哲学不能仅仅归结为思辨理性，实用理性也是哲学的重要组成部分，《论语》中有哲学人学思想、道德哲学思想、政治哲学思想等，所以像方东美仅仅把它归结为"格言学"的观点有进一步商榷的余地。但方东美对《论语》绝无任何贬低之意，其立场和态度与黑格尔截然不同。

第四节　原始道家

在方东美看来，道是老子哲学体系中的最高概念，围绕着道，方东美阐释了原始道家游心太虚、超脱解放、自我、道通为一等思想。

一、道

方东美认为，"道"是老子哲学系统中至高无上的范畴，包含着四大层面的要义：（一）就道体或超本体论立场而言，老子的道是无限真实存在的太一或元一。也可以说是无，是"自然妙饰之无，为绝对之无限，乃是玄之又玄之玄秘，真而又真之真实，现为一具生发万有之发动机"。①（二）就道用而言，道是周溥万物，遍在一切的用或功能，取之不尽、用之不竭。（三）就道相而言，道的性相可分两类，天然本相和意然属性：天然本相"涵盖一切天德，具于道，故只合就永恒面而观照之。易言之，德纯乎自然，属道体，本有，无待，且必就道体本身之崇高视点而观照之；始能——朗化透显，备极客观（'以道观尽'）。如是观之，夫惟天德本相，乃一是而皆真"。② 意然属性"来自处处以个人主观之观点而妄加臆测，加之，更以人类拙劣之语言而构画而表达之者"。③（四）就道征而言，"高明至德显发之，成为上述天然本相，原出于道；而圣人，道之表征，其具体而微者也，直乃道之当下呈现，可谓'道成肉身'。圣人处现世界，固与常人无殊。然常人往往作茧自缚，圣人则一本其高尚之精神，并凭借其对价值理想之体认肯定，而层层提升，重重无尽，上超无止境，故能超越一切限制与弱点。"④

　　傅佩荣对方东美的以上论述有着精到的概括，他说："方先生谈到老子，喜用'超本体论'一词，用以描述在万有的根源处，另有'无'的领域。无并非虚幻，而是超绝于现象与名言之外，作为宇宙的真正源头。他以'道体、道用、道相、道征'四语来解说老子思想。同一个道，可以由这四种角度去展现，亦即：本体、作用、现象，以及悟道的圣人所显示的验证。这种看似玄之又玄的说法，其实可以应用在人间，化解所有因为偏差知见所造成的烦恼与痛苦。"⑤

---

① 方东美：《中国哲学精神及其发展》（上），孙智燊译，中华书局 2012 年版，第 31 页。

② 方东美：《中国哲学精神及其发展》（上），孙智燊译，中华书局 2012 年版，第 127—128 页。

③ 方东美：《中国哲学精神及其发展》（上），孙智燊译，中华书局 2012 年版，第 128 页。

④ 方东美：《中国哲学精神及其发展》（上），孙智燊译，中华书局 2012 年版，第 128—129 页。

⑤ 傅佩荣：《广大和谐的哲学世界》，载方东美：《新儒家哲学十八讲》，中华书局 2012 年版，第 12 页。

后来，庄子的形上学把道"投射到无穷之时空范畴，俾其作用发挥淋漓尽致，成为精神生命之极诣"①。

二、游心太虚

前面提到，方东美在谈到原始道家的境界时，感觉好像进入到一个崭新天地，一个神奇梦幻的世界。就像怒而飞，其翼若垂天之云，扶摇直上九万里的大鹏鸟，振羽冲霄，横绝苍冥，登高临下。"道家活动、生存于一大空间世界，然却既非物质空间，亦非雕刻建筑空间，病其俱各有碍，不脱室障故。……而构成其境界之空间者，正是美妙音乐及浪漫抒情之'画幅空间'兼'诗意空间'……所谓空灵意境也。"……"道家本其仙想妙法，故能游心太虚，驰情入幻，……直造乎'寥天一'之高处，而洒落太清，洗尽尘凡。"②当其居高临下，"超然观照层层下界人间世之悲欢离合、辛酸苦楚，以及千种万种迷迷惘惘之情。于是悠然感叹芸芸众生之上下浮沉，流荡于愚昧与黠慧、妄念与真理、表相与真际之间，而不能自拔，终亦永远难期更进一步，上达圆满、真理与真实之胜境！"③他认为原始道家充满想象力，创建了一个与天为一、与道一体的崇高境界，这不是事实世界，也不是应然世界，而是一个艺术世界。进入这一世界的人可以游心太虚，登高望远，对世间是是非非不屑一顾，真正获得了精神自由。

方东美认为，原始道家的种种精神生活方式象征着生命的层层超升，就像发射道家太空人的火箭舱，"使之翱翔太虚，造乎极诣……提神太虚，游目骋怀，搜探宇宙生命之大全——极高明，致广大，尽精微。"……"逍遥乎无限之中，遍历层层生命境界"就是庄子主张在现实生活中，追求精神彻底解脱的人生哲学的全部精义之所在。④"世间事物，自高处遥遥

① 方东美：《中国哲学精神及其发展》（上），孙智燊译，中华书局2012年版，第134页。
② 方东美：《中国哲学精神及其发展》（上），孙智燊译，中华书局2012年版，第123页。
③ 方东美：《中国哲学精神及其发展》（上），孙智燊译，中华书局2012年版，第123—124页。
④ 参见方东美：《中国哲学精神及其发展》（上），孙智燊译，中华书局2012年版，第135—136页。

瞰之，其寻常之怪现状，顿成一片浑融，故可忽之、恕之；远而望之，但呈现象征天地大美之诸层面。余尝多次乘飞机遨游，临空鸟瞰爱丽湖区（Lake Erie），饱餐地上风光，秀色美景，尽收眼底，叹为奇观：云层变幻，映瑗万状，瑰丽雄浑，气象万千，胜米芾、鲁本斯神技多矣！令余不禁悠然遐想地上必有天国！另一方面，大鹏神鸟绝云气，负青天，翱翔太虚，其观照点所得之景象，固永胜地上实物百千万倍不止，然以视无限大道之光、照耀宇宙万象、形成统摄一切分殊观点之统观所得者，则又微不足道矣。真正圣人，乘妙道之行，得以透视一真，弥贯天地宇宙大全。一切局部表相，无分妍丑，从各种不同角度观之，乃互澈交融者，而悉统汇于一真全界整体。一切分殊观点，皆统摄于一大全瞻统观，而'道通为一'。"① 方东美通过生活中乘坐飞机俯瞰大地的例子描述原始道家站在精神世界的高处俯瞰人间所表达的感受，认为所有的差别都微不足道。

三、超脱解放之道

原始道家人生哲学的精义在于追求精神的彻底解放，那么超脱解放需要怎样的方法或途径呢？方东美指出，道家超脱解放之道要义有三：

（一）"个体化与价值原理——主张万般个性，各适其适，道通为一，是谓大道无限，其中个体化之有限分殊观点，就其独特性而论，必须接受之，视为真实。盖任何个体实现，皆各表价值方向，各当其分，故于其重要性不容否认或抹杀。是以，郭象注《庄子》首章曰：'夫小大虽殊，而放于自得之场，则物任其性，事称其能，各当其分，逍遥一也。岂容胜负于其间哉？'例如：鸽子鼓翼，飞上小树梢头，以视大鹏展翅，抟扶摇而上者九万里，其逍遥一也。"② 第一点说的是物任其性，即是逍遥，大鹏鸟扶摇直上九万里是逍遥，鸽子展翅飞上枝头也是逍遥。

（二）"超越原理——主张个体化与价值之实现皆受制于其本身特性范围，而各有所不足，犹有待乎种种外在条件，而多少非其所能控御者也。

---

① 方东美：《中国哲学精神及其发展》（上），孙智燊译，中华书局 2012 年版，第 138 页。

② 方东美：《中国哲学精神及其发展》（上），孙智燊译，中华书局 2012 年版，第 139 页。

除非将个体存在之范围予以扩大，纳外在条件为内在己有，个体即必受外在控制，而丧失其内在自由。此种内具不足之憾，如支遁所示，使个体一旦实现，即必须致乎更崇高完美之境，以超越其本身之种种限制。然而，个体本身既不断外骛、逐物外驰，遂同时产生自我乖离、异化之危机。"①第二点是说个体和价值实现都受到内外条件的限制，有不足之感，会寻求超越，这也存在着自我异化的危险。

（三）"熙化自然原理——主张以浃洽自然对治斯憾。夫唯上智，至德内充，玄同大道，妙契无限，为能冥合无待。郭、向注庄，畅言自然浃化原理，逻辑上与庄子主旨'天地与我并生，万物与我为一'，实理无二致也。"②此处的自然应是老子"道法自然"的自然，也可以称作道的代名词，浃洽自然指的是人与自然一体，即"玄同大道"、"冥合无待"，而这只有具有上智的圣人，也就是老庄所说的真人、至人、神人等才能达到。

四、自我

方东美在谈原始道家的思想时，还分析了庄子的"自我"概念。

方东美指出，"自我"一词在庄子那里包含五层意思：一是指"躯壳之我"，"吾人借以从事物理及生理性质之诸活动，得与外在物质世界相与而交通者也。此肉身躯体之我，乃吾人之大患。为一切诱惑之渊薮，诱致种种欲得与享受，使吾人贪婪无厌，丧尽独立，依赖成性，不可自拔，终陷于奴隶悲惨之境（老子曰：'吾所以有大患者，为吾有身'）"。二是"心理之我"，"化成意识之种种分殊经验状态，其作用在于对心理兼物理环境之各方面起被动反应。吾人为诸意识状态而析为种种认知兴趣，由之而判为种种经验点滴，更因之而裂为粉碎，无从弥合，以复成一完整之人格总体"。三是"心机之我"，"心机所择对象，范围一定，化作小知间间、与俗情滥滥，处处误推真假，作茧自缚，妄议是非，纠缠不清，谬执得失，不能自拔。凡此一切，皆集结而成'妄我'。'妄我'舍尽，乃登智境"。

---

① 方东美：《中国哲学精神及其发展》（上），孙智燊译，中华书局2012年版，第139页。
② 方东美：《中国哲学精神及其发展》（上），孙智燊译，中华书局2012年版，第139—140页。

四是自发精神之"本性",即理性之大用。五是永恒临在之"常心",冥同无限大道之本体。①

方东美认为,在庄子那里,"躯壳之我"、"心理之我"、"心机之我"属于"小我"、"妄我",属于应舍弃的对象,而本性之我或"常心"之我是永恒的精神本体,是"大我真己",而"大我真己"即是道本身。由"小我"到"大我"、由"妄我"到"真我"就是人的精神境界的提升过程。

五、道通为一

在方东美看来,原始道家是强调同的,从道的角度来看,万事万物是没有差别的。"道通为一"亦即"道齐万物"。

方东美说:"真正圣人,乘妙道之行,得以透视一真,弥贯天地宇宙大全。一切局部表相,无分妍丑,从各种不同角度观之,乃互澈交融者,而悉统汇于一真全界整体。一切分殊观点,皆统摄于一大全瞻统观,而'道通为一'。"②真正的圣人能够把所有差别统一于"一真"。方东美概括庄子的话说:"故其好之也一,其弗好之也一。其一也一;其不一也一。其一与天为徒;其不一与人为徒。天与人不相胜,是之谓真人。"最后,庄子终于完成其道齐万物之宏图,使无生物、有生物、人类、心灵、精神等一是皆齐同于无限,无限者,即天道,弥贯万有,无乎不在,于以揭示一大真理;万般个性澈底一往平等,乃自然浃化所赐至福也。"③"道通为一"、"道齐万物"的结果是所有的个性彻底平等。所以,方东美又把庄子"道齐万物"的方式称作"一桩齐同万物于精神升扬之伟大运动,神乎其技,奏演于深不可测之玄境者也。自余观之,斯乃精神民主之形上意涵,举凡其他一切方式之民主,其丰富之意蕴,胥出乎是"!④把"道齐万物"

① 参见方东美:《中国哲学精神及其发展》(上),孙智燊译,中华书局2012年版,第141页。

② 方东美:《中国哲学精神及其发展》(上),孙智燊译,中华书局2012年版,第138页。

③ 方东美:《中国哲学精神及其发展》(上),孙智燊译,中华书局2012年版,第146页。

④ 方东美:《中国哲学精神及其发展》(上),孙智燊译,中华书局2012年版,第147页。

与"精神升扬"、"精神民主"等结合起来。

六、简要分析

从方东美对原始道家基本观点的阐释中，我们可以体会到肯定的立场和现代的视域。

首先，方东美是站在欣赏、认同的立场去阐释原始道家思想的。他以诗一样的语言，描绘了老庄所构建的精神自由境界，站在"寥天一"的精神制高点上回视人世间，一切的差别都微不足道。此时，方东美犹如庄子笔下那个扶摇直上九万里的大鹏鸟，展翅太空，游心太虚，向下俯瞰，平常所见到的许多事物顿时一片浑融，所呈现的是天地之大美，云层变幻，气象万千，秀色美景，尽收眼底。所以方东美认为，原始道家的精神境界是艺术境界，充满了想象力和感召力，它可以使人摆脱小我、妄我的限制，精神世界大为升华，最终达到与道一体的境界，一切个性彻底平等，这是一种"精神民主"，是其他民主的源头。

其次，我们非常欣赏方东美通过原始道家所表达的对真善美的崇高追求以及流露其间的炙热情感，但同时也引发了我们的一些疑问：第一个问题是：道家的自由境界是否还有另一面？显然是有的，这另一面即是虚幻性，人们在这种境界中获得的不光是自由，恐怕还有麻醉。能够进入这种境界的恐怕只有神，而不是人。第二个问题是：大鹏鸟拟或方东美坐在飞机上俯瞰大地，看到的都是天地之大美，但这真的能泯灭地球上、人世间的丑恶吗？显然不能，我们要想把世间变得更美，不是靠提升精气神飞到高空回视世间，而需要像原始儒家所提倡的那样，参天尽物，内圣外王，以实实在在的努力去修齐治平，只有这样，我们的人世间才能向理想美好的目标不断地靠近。所以道家给我们提供的更多的是精神的驰骋，而不是现实的提升，但离开现实的精神有着倒向虚幻的可能。第三个问题是：原始道家的理论真的无可指摘吗？显然不是。道家理论的负面在学界已经基本形成共识，如过分强调自然有否定人类主体性的偏向；过分强调柔弱有否定刚健精进的偏向；过分强调齐一有否定差别的偏向。尤其道家知足常乐的价值导向确有精神治疗的意义，但对那种精神自慰式的国民劣根性的生成的确负有不可推卸的责任。

再次，方东美对原始道家基本精神的阐释体现出鲜明的现代视域，这是合理的。比如在概念的使用上，运用了"本体论"、"超越"、"自我"、"民主"等，即使是非常形象的"太空人"比喻也体现了一种现代视域。而他对"自我"的分层分析，如"躯壳之我"、"心理之我"等也是借鉴了现代的概念，这一点与劳思光有类似之处。劳思光在分析孔子的思想时，曾把"自我"分为"形躯我"、"认知我"、"情意我"、"德性我"，这与方东美一样，运用的都是现代的概念和思想。应该说，在中国哲学史的研究中，现代视域与传统原典的结合仍是一种较佳的方法。在有关中国哲学合法性的讨论之后，有一种观点认为，研究中国哲学，不能用外国方法。以前的"以西释中"、"以马释中"都是错误的。这种观点很难站得住脚，与胡适、冯友兰、张岱年、任继愈、冯契、萧萐父、劳思光、方东美等中国哲学史家的观点是对立的。胡适在研究墨学时指出，只有具备了科学、逻辑学、知识论的视域，才有可能发现墨经中的科学、逻辑学和知识论的思想。劳思光指出，逻辑解析的训练，一向被喻为"思想上的显微镜"，这个"思想上的显微镜"诚然是西方的产物。一切较严格的解析技术，也是到近代才有。中国人不曾建立逻辑解析，因此自己未"发明思想上的显微镜"，但不能说，"思想上的显微镜"不能用于中国思想的考察。正如，显微镜虽非中国的发明，我们也不能据此说，西方发明的显微镜看不见中国的细菌。总体而言，哲学问题中自有许多是不能由逻辑解析处理的，但那是"思想上的显微镜"本身功用的限制，而并非地区民族时代的限制。我们现在要澄清的观念，只是："中国哲学史上的一切问题，都和其他哲学史上的问题一样，可以接受一切哲学方法的处理。假如有人坚持'中外之分'，只表示他缺乏理论常识而已。"[①] 以现代视域研究传统原典可能会产生贴标签、牵强附会、教条化或湮灭中国哲学的主体性等一系列问题，但也符合中国哲学走向世界的历史发展趋势，因此，近代以来绝大多数中国哲学史家包括方东美所主张和所运用的"中西互释"的方法，仍然是我们

---

① 劳思光：《新编中国哲学史》（第一卷），广西师范大学出版社 2005 年版，第 14 页。

今天的中国哲学史书写所无法绕开的。

第五节　中国佛学

对中国佛学尤其是华严宗哲学的研究是方东美中国哲学研究的一个特色。方东美自己介绍说："隋唐之际，中华佛学，十宗并建，渐臻极盛，集其大成。俱舍、成实、三论及律宗等，俱盛行于中印。……盖其理论备极复杂，妙造精微，本身自成独立研究之专门领域。然于三论、天台、法相唯识、华严等四宗之形上奥义，余却不胜其欣趣向往而不禁欲深入探讨之。良以其宏富而殊异之范畴原理系统，莫不在在（一'在'字疑衍——引者注）显扬中国心灵之广大和谐性焉。"[①]

一、综论

在方东美看来，佛学在中国经历了一个由原生态到本土化的过程，也可简称为佛学中国化。这个过程是佛学与中国本土思想的融合过程。"佛学原为一种异来思想，于公元六七年始传入中国，初未为知识分子所重。然却毕竟渗入中国心灵深处，始则与当时流行之道家哲学相结合，继则与儒家思想相契会。如是，佛学遂成为中国心灵精华之一部分矣。"[②] 印度思想家们的伟大之处在于创立了佛教，佛教是一个亦宗教亦哲学的多向系统，光照着人类与宇宙的精神本质。中国佛学家的伟大之处，在于使佛教的根本义谛豁朗化、清晰化，使其精神内涵充分彰显于光天化日之下，丰富了亚洲乃至世界的文化生活。"中国佛学最后发展，臻高潮于禅宗，倡凡自悟者须内证圣智。盖若但以某种外在之偶像崇拜，或某种隐秘之神通威力而视之，则虽佛陀亦可去之，弃如敝屣。依中国传统看来，佛陀之真谛，端在人性品格之内在精神成就。斯则直与全部中国哲学精神妙契无间矣。"[③]

[①]　方东美：《中国哲学精神及其发展》（上），孙智燊译，中华书局 2012 年版，第 177 页。

[②]　方东美：《中国哲学精神及其发展》（上），孙智燊译，中华书局 2012 年版，第 175 页。

[③]　方东美：《中国哲学精神及其发展》（上），孙智燊译，中华书局 2012 年版，第 178 页。

方东美还从总体上肯定了佛学判教的意义。他说："余观之，其所引起之问题，尤甚于其所解决者。是故，种种判教，竟促成中国佛教八宗并兴，相互争执不已。然其结果，却于人类思想史上产生另一极大重要之事实，影响深巨。是即大乘各宗，悉统会于究极圆满之境，而融归一乘；在一乘号召之下，一切众生向慕共参佛性，表现于思想与情操、精神与成就等各方面，宗趣在兹。故天台、法相与华严三宗之判教，乃深值吾人三致意焉。"[①] 认为佛学的判教引出了许多值得思索的问题，促进佛学乃至人类思想的发展，影响巨大。

二、三论宗

三论宗因据佛教的三部经典《中论》、《十二门论》、《百论》立教而得名。关于方东美对三论宗的研究，傅佩荣有一个总体的概括。他说，在方东美看来，"三论宗以吉藏为代表，其说侧重分析与批判，以破为立，如'八不'（不生不灭，不常不断，不一不异，不来不去）；若要究实而言，则须依'有，无，亦有亦无，非有非无'去观想，则自可觉悟。此宗难有传人，自初唐之后即成绝学。"[②]

方东美认为，三论宗的基础是般若学，而般若学的要义是"囊括于精神一往平等之普遍原理"[③]。"对各界诸法，无论系属何界——物质界、生命界、意识界乃至崇高之精神界等———一是皆以平等观待之，以纯粹净化之，以示一切莫非真如，本质精粹，清净无染。"[④] 由三种方法可以通达般若：一是实相般若，"直观极真，洞见实相无相。"二是正观般若，"澄观玄想，澈照究极本体。"三是文字般若，"善用文字言说，以明般若即体即用，体用一如。""三者皆直透法界究极本体。"[⑤]

---

① 方东美：《中国哲学精神及其发展》（上），孙智燊译，中华书局 2012 年版，第 184 页。

② 傅佩荣：《广大和谐的哲学世界》，载方东美：《新儒家哲学十八讲》，中华书局 2012 年版，第 14 页。

③ 方东美：《中国哲学精神及其发展》（上），孙智燊译，中华书局 2012 年版，第 201 页。

④ 方东美：《中国哲学精神及其发展》（上），孙智燊译，中华书局 2012 年版，第 202 页。

⑤ 方东美：《中国哲学精神及其发展》（上），孙智燊译，中华书局 2012 年版，第 203 页。

　　三论宗的代表人物吉藏以此为理论背景，发展出一种"澈底之批评哲学"。根据《大般若经》所谓"以无所得为得"的宗旨（又名"以无所得为正观"或如《金刚经》所谓"应无所住而生其心"），显然属于呈直线进程的哲学体系。依上下双回向，而顺逆互运。"（一）吾人追求精神生命之澈底超脱解放，锲而不舍，肇始乎现实界，可借俗谛以诠表之。俗谛（假）、复依因缘和合作用（生），融入真谛（空），以阐明理想之超越界。凡差别界诸法，悉可由一组个别陈述，而善巧表达之，使其重重限制，由下而上，得以层层超越，化为更高之融贯性，臻于无上理境，与究竟实相体一无二。究实相者，尽绝诸妄，是名性空。（二）觉者澄观性空，效佛陀行，依下回向入世俗界（回真向俗），呼唤感召，鼓舞众生，欲令于诸差别界一一了达分明，领会生命万汇一如，而终于在精神上证大自在、大解脱。下回向各阶次，于以接引凡夫世众，启之向上，使其精神生命地地升进、重重超越、层层上跻，复因境设名，以志所造。然任住其一，即为受缚，便成一重限制。由是观之，足见三论宗大乘佛学，乃系一套分析兼批评之哲学体系，依上下双回向，呈直线进程而运思，确然无讹。自此宗之批评哲学立场观之，任何真理之安立与诠表，皆可视为妥当有效，各按其存在之层次及理据故。然若就更高明之慧眼观之，以更广大之心灵衡之，则其缺陷立显，但俗谛耳，犹待转化之，融为真谛之成素。夫真谛者，融贯真理之超越观也。此种精神澈悟、虚灵明觉之辩证上跻发展，层层升进，超之无已，直臻乎无上理境之极诣，是谓'娑婆若海'佛智慧海，含一切种智，无涯无际。"① 方东美在这里阐释了吉藏上下双回向的观点，认为三论宗提倡由下到上又由上到下的精神走向。由下到上，是由俗到真的过程，从现实界开始，层层超越，最终达到性空真谛，实现精神生命的彻底超脱解放；由上到下，是由真入俗的过程，用性空真谛去接引众生，使他们的精神生命也能超拔解放。由下到上类似于个人的修为，由上到下类似于普度众生。方东美把吉藏的观点称之为"分析兼批评之哲学"，

① 方东美：《中国哲学精神及其发展》（上），孙智燊译，中华书局2012年版，第217—218页。

其中包含由相对到绝对的提升过程，在更高的精神境界就会发现低层的缺陷，只有不断提升，才能"直臻乎无上理境之极诣""与究竟实相体一无二"，而究竟实相即是性空。

方东美指出，吉藏还特别重视"中道"，其目的是"一、对治一切偏病；二、根拔一切极端主义边见；三、借自我超越，以尽超一切偏见限制；四、就万法之有、非有、非非有等，成就一切假说之可能"。① 方东美对三论宗的中道哲学观点极为赞赏，认为它凿破了二元论的硬壳，展示了哲学的功能，非常合理："综上所论，可见二元论之硬壳，终于凿破矣！同时，不二之理想，更由中道佛学显扬之，以臻乎精神无上自由超脱解放之境。据此中道哲学，则超放精神之重重辩证上跻，与夫慈恕精神之层层落实下降，回向人间，不惟可能，抑且合理之至。哲学之大用，在于步步努力，系统拯救世界众生万相。现俗界种种颠倒离奇之怪相状，若自中道哲学之眼光观之，乃是无穷层面，于以构成真际整体，灿显究极实性者也。世众见不及此，不明真际全体此一有效真谛，实缘其在思想方式上原有无数偏见偏执，串习难除，有以致之，故也！"②

方东美对三论宗的阐释突出了其理论的本土哲学特色，他所说的上下双回向既表达了三论宗追求性空实相的理论宗旨，又涉及与道家思想的契合，因为在阐释道家的理论时，方东美也是用上下双回向来说明的。这种学说可以形象地称之为"大鹏鸟哲学"或"飞机哲学"，认为在更高的境界中，人们会忽略丑恶而尽享美妙。正像在评价方东美的原始道家观时所指出的那样，我们非常欣赏方东美通过三论宗所表达的对精神自由的崇高追求，但同时也引发了一些疑问：三论宗的性空境界是否还有另一面？显然是有的，这另一面即是虚幻性，人们在这种境界中获得的不光是精神自由，恐怕还有麻醉。能够进入这种境界的恐怕只有神，而不是人。方东美对三论宗中道哲学的赞美也让我们想起了他对原始儒家大中哲学的肯定，这实际上也点明了佛学与儒学的内在关联。

① 方东美：《中国哲学精神及其发展》（上），孙智燊译，中华书局 2012 年版，第 202 页。
② 方东美：《中国哲学精神及其发展》（上），孙智燊译，中华书局 2012 年版，第 213 页。

三、天台宗

天台宗是因其创始人智顗久居天台山而得名，又因以《妙法莲华经》为主要经典，又名法华宗。关于方东美对天台宗的研究，傅佩荣也有一个总体的概括。他说，在方东美看来，"天台宗由智者大师开始，传灯不绝，建构了可观的理论系统，在修行法门上，有'一心三观'之说，要由'空观、假观、中观'层层上跻，破除无明，得证慧果。在判教观点上，有'五时八教'之说，使佛学的经典与修证次第，可以融入一个完整的架构。"①

总体而言，方东美把天台宗佛学称之为"机体统一之哲学"，"另表一套建构之玄想体系，依曲线进程，而全幅展开……以绝对之心体为枢纽，兼存在之支点（心为法本），彰显究极本体及其表相，借范畴诠表而一系笼罩，义若连环，深入发挥大全整体。"② 也可以说，"天台宗佛学乃是一套绝对心体哲学，强调人性同乎宇宙之精神本质，究极圆满，粹然至净，术语名之佛性或法性（佛、法一如）。"③ 方东美这里强调了两点：一是天台宗十分重视心体，二是天台宗把人性和佛性统一了起来。

方东美还具体阐释了湛然的"无情有性论"，认为他提倡万法普具佛性，虽无情（无机物）亦不例外，把万法与佛性统一起来。

方东美指出，小乘佛学的毛病在于"妄析心法为内外二界。彼等但许佛性内在，不信佛性可通乎万物质碍"，"谓法性遍在宇宙，佛性则独存佛身"，"小乘人喜一分为二，而妄裂全整界为内外，剖法界一体为色、心二域。故陷入顽固二元论之窠臼"。

而湛然的"无情有性论"，则把万法与佛性统一起来，认为"佛之精神性，弥贯无穷宇宙、大千世界。佛性如太空，无乎不在，不可偏执内外，固定一隅。唯其遍在，故不舍山川岩石瓦墙之属，竟委置之。……

① 傅佩荣：《广大和谐的哲学世界》，载方东美：《新儒家哲学十八讲》，中华书局2012年版，第14页。
② 方东美：《中国哲学精神及其发展》（上），孙智燊译，中华书局2012年版，第218页。
③ 方东美：《中国哲学精神及其发展》（上），孙智燊译，中华书局2012年版，第221页。

湛然则谓，大乘经藏已扬弃二元论，倡万法唯心生，一无例外。吾人深知，介尔一念，即具三千，心用同表心体之理性，而心体遍在，乃佛与众生之所同具。万法为一者，一时并起故；俱经变化历程，一体共变故；于同一天地环境下，超化其生命故；于同一事法界中，殊途同归，共致大命故。是以，吾人了知：万法者，缔构真如之成素；真如者，通乎万法之实性。……盖佛身本体，无论就空之范畴言，或就实相无相言，必须渗入诸法，一体俱融。佛性、法性，名异实同，俱指真如、法身。真如、法身者，常体不易，然可适境变现，故显相万殊。……大乘人则誓反二元，而尽超克之。心体遍在，唯是一真，万法一切——物质、生命、心灵以及精神等一无不持之以为枢纽，借以升入真际，为佛性所弥贯，澈上澈下，无乎不在。吾人一切理性存在，不依自我中心而存，而借宇宙一体而生，斯即涅槃福田乐地，而为全体生命之意义、价值、美妙、神奇之精神华藏也"。①

方东美指出了天台宗佛学的主要观点：一是万法由心生，二是心体和心用统一，三是法性即佛性，无处不在。点明了天台宗心本论、体用合一论的宗旨。这种学说显然与道家学说有相同之处，《庄子·知北游》："东郭子问于庄子曰：'所谓道，恶乎在？'庄子曰：'无所不在。'东郭子曰：'期而后可。'庄子曰：'在蝼蚁。'曰：'何其下邪？'曰：'在稊稗。'曰：'何其愈下邪？'曰：'在瓦甓。'曰：'何其愈甚邪？'曰：'在屎溺。'东郭子不应。"庄子认为道无所不在。后来王阳明的"知行合一"说、熊十力的"体用不二"论等均与天台宗的观点类似。

四、法相宗

因该派从分析法相入手故名"法相宗"，因主张"八识说"又名唯识宗，因玄奘弟子窥基长居慈恩寺又名"慈恩宗"。在谈到方东美对法相宗的研究时，傅佩荣概括说："比较具有哲学趣味的，是唯识宗的两项挑战：

---

① 以上引文均见方东美：《中国哲学精神及其发展》（上），孙智燊译，中华书局 2012 年版，第 238—239 页。

一是在玄奘倡导下，传入中国的是印度无著、世亲的唯识观点，而忽略了安慧的唯智观点。安慧的思想特色在于'转识成智'，而方先生认为这才是唯识宗的发展正途。二是如何解释善恶同源的问题。方先生多次引述'如来藏藏识，是善不善根'一语，用以说明第八识为'染净同源'。染净若是同源，则无由要求也无力保障人的觉悟。于是，可以再往上推出一个纯善的阿摩罗识，或者努力转识成智，就是转化凡夫的前五识为'成所作智'，第六识转为'妙观察智'，第七识转为'平等性智'，第八识转为'大圆镜智'。"①

方东美指出，法相宗的宗趣在于破迷。迷就是蔽，即未经反省批判就轻率接受主体与客境为双重实有。法相宗针对此种蔽，提出了"法无我、人无我"的理论，用以"内除我执，外破法障"，实现"主客双泯，能所并遣"。②

法相宗重视"识"，认为宇宙大千世界，唯是一团识性构画。他们提出"心识变似说"，"阿赖耶识变似，可现为色界似境；末那识变似，可现为心理兼生理界假相；前六识变似可产生其他感性官能（根尘）及因素。然此诸变似，俱非实体真相；特识性内境虚构假立之种种似相耳。"③"色界万物，呈相现前，莫非心性所显（万法唯心造）。离却心识诸元，则色法实性、无可如如了知。故曰法法无自性。……如是观待事法万有，依心所了，便悟离绝心识，元无一法可喻；一切唯是心识变现，幻作感觉性相。相外别无独立自体，由是观之，得见'法无我'义，是曰'性空'。"④ 认为宇宙万物没有自己的规定性，因此是空。万法唯心造，离开心识，无所谓宇宙万物。

方东美指出，法相宗"始终不离精修种种高尚之智慧，……最后宗

---

① 傅佩荣：《广大和谐的哲学世界》，载方东美：《新儒家哲学十八讲》，中华书局 2012 年版，第 14 页。

② 方东美：《中国哲学精神及其发展》（上），孙智桑译，中华书局 2012 年版，第 247—248 页。

③ 方东美：《中国哲学精神及其发展》（上），孙智桑译，中华书局 2012 年版，第 269 页。

④ 方东美：《中国哲学精神及其发展》（上），孙智桑译，中华书局 2012 年版，第 248 页。

趣,指归一同。及其至也,一切觉者与佛性等同,无二无别,庶齐升全人类之生命,以致乎精神境界之极诣"。[1] 修为的结果是成为觉者,而觉者与佛性为一,达到了精神的最高境界。

方东美对法相宗也有批评,认为他们始终都捧着印度原来的弥勒、无著、世亲、护法、安慧等人的见解。而在中国号称有贡献的譬如玄奘大师,虽然在翻译上有很大的贡献,但是在学术内容的发展上,老实说他还比不上其弟子窥基大师。但是窥基大师也仍是抱持无著、世亲、护法、难陀这些人的根本立场,绝不肯将自己的见解掺杂进去。所以法相唯识宗可以说它只是维系了印度的传统,而不敢做大胆的发挥。[2] 简单地说,就是传承有余,创新不足。

可以看出,方东美对法相宗的分析抓住了其理论的主旨,并用两点论的视域对其进行了评价。唯识宗的学说虽然中国特色不足,但对后世的影响也不小。像当代大儒梁漱溟、熊十力等都深受其理论的影响。梁漱溟生命哲学的思想渊源之一就是法相宗的八识说,把相当于阿赖耶识的大生命或大意欲规定为宇宙的本体,并以意欲为主轴建构了他的文化哲学体系,其"三量"认识论也具有较浓郁的唯识学底色。熊十力的哲学体系是"新唯识论",这本身就表明了他的思想与唯识学的关联。

五、华严宗

华严宗因依《华严经》为主要经典而得名,是方东美用墨最多的一个中国佛学流派,存有其弟子整理的《华严宗哲学》一书。傅佩荣曾经谈到过方东美的哲学观点与华严宗哲学之间的关系,他说:"方先生讲学的旨趣,在于将一切存在领域视为机体的统一,形成广大的和谐;人在其中,应该发挥禀赋与潜能,力求向上提升,达到精神的超脱解放;然后还须回向人间,慈悲喜舍,分享智慧给众人,希望人人皆可觉悟。这种'上下双回向'的模式,是方先生口诵心维的。他常以'坐飞机'、'小孩放风

---

① 方东美:《中国哲学精神及其发展》(上),孙智燊译,中华书局2012年版,第270页。
② 参见方东美:《华严宗哲学》(上),中华书局2012年版,第22页。

筝'为比喻，正是想要说明人应该培养极高的智慧，又须发挥普遍的同情。既要促使自己的精神往上提升，又不能无视于人间的痛苦、烦恼与罪恶。他的这一系列观点，在华严宗哲学的思想中，得到充分的理据与清楚的说明。于是，他在讨论华严宗的内涵时，犹如鲸入大海，得其所哉，也就不难理解了。"① 方东美对华严宗的发展历程、基本理论、精神境界等做了阐释。

1. 发展历程

方东美指出，与其他佛学流派不同，华严宗一开始就出现了一个大宗师杜顺，他所写的书部头虽然不大，例如《华严五教止观》，虽是分量较少的一篇文章，但是他的气魄已经可以笼罩了《华严经》最后的《入法界品》。另外《法界观》也是一篇短文章，可是它在哲学上面所开辟的境界，可以说甚至比怀特海所开辟的哲学境界还要广大。因为他开辟了真空观、理事无碍观、周遍涵容观等三观，并由此可以烘托出一个以事法界、理法界、理事无碍法界、事事无碍法界等四法界的广大思想体系。再由其学生智俨大师接下来，从他的三观展开为四法界、十玄门、六相。其中十玄门还是承杜顺大师亲口所说，或者根据杜顺大师的见解启发出发的。于是便导引出智俨的《华严经搜玄记》。由《华严经搜玄记》，才引起第三代祖师法藏大师的《华严经探玄记》，是关于研究《华严经》论疏中的大品。再从这一方面，又引发四祖澄观大师的《华严经疏》六十卷，及其《华严经随疏演义钞》九十卷两部大书。②

2. 基本理论

方东美曾把华严宗的经典和基督教做过比较，他认为，如果基督教是诗的话，《华严经》就更是了。二者之间的主要差别是：基督教是一派宗教，但却并非一套哲学体系，其后来的哲学成分，都是来自于苏格拉底、柏拉图、亚里士多德；而包括华严宗在内的佛学自始至终是亦宗教亦

① 傅佩荣：《广大和谐的哲学世界》，载方东美：《新儒家哲学十八讲》，中华书局 2012 年版，第 16 页。

② 参见方东美：《华严宗哲学》（上），中华书局 2012 年版，第 23 页。

哲学，各有一套自己的哲学系统。①

华严宗的哲学理论内容丰富，思辨性强。

第一，杜顺创立了华严宗哲学的基本范畴系统，"其法界观含三重观门，一、真空观；二、理事无碍观；三、周遍涵容观。"②揭示了三大原理："一、相摄相入原理；二、相资互依原理；三、周遍涵容原理。总而言之，此诸原理，所以彰明法界缘起，重重无尽、一体周匝、圆融无碍之旨趣者也。"③

第二，华严宗哲学强调一与一切互相涵摄，"一摄一切；一切摄一。终于一即一切；一切即一。宇宙大全整体，成于一切可能之差别世界，悉统诸一大根本原理，曰'相待互涵，圆融无碍'。"④形象地说，"万法一切，密接连锁，如天帝网，是谓'宇宙相关性原理'。乃依法性建立，时时生用，处处流行，澈上澈下，弥贯宇宙整体，是谓法界无尽。于兹宇宙相关性之网状结构中，就界行对待，理事相涵、因果交澈、教随相资、人法互依等而观之，'互遍相资，俱存无碍'之理，实彰彰明甚，昭于光天。一切差别世界，有此宇宙相关性帝网弥盖笼罩其上，悉皆互摄交融，形成惊人之结构统一，是即绝对真理兼究竟真际之圆融极致也。"⑤智俨依上述思想，建立了一大法系：一有一切有，反之亦然。统一的法界总体，无尽圆融，自在无碍，弥贯时空全域及一切佛、一切众生，且圣圆、教圆、理圆、愿圆、布施圆、全真理圆。这个系统的要义内涵于十对相互对待的概念之中，诸如教理、理事、境智、行地、因果、持依、体用、人法、邪正、圣凡等，都是根据"圆融无碍"和"相待互涵"的原理作出的阐释。在这方面，法藏、澄观都有发挥，建构了"法界无尽缘起之融贯系统"⑥。

---

① 参见方东美：《中国哲学精神及其发展》（上），孙智燊译，中华书局2012年版，第284页。

② 方东美：《中国哲学精神及其发展》（上），孙智燊译，中华书局2012年版，第298页。

③ 方东美：《中国哲学精神及其发展》（上），孙智燊译，中华书局2012年版，第299页。

④ 方东美：《中国哲学精神及其发展》（上），孙智燊译，中华书局2012年版，第284页。

⑤ 方东美：《中国哲学精神及其发展》（上），孙智燊译，中华书局2012年版，第298页。

⑥ 方东美：《中国哲学精神及其发展》（上），孙智燊译，中华书局2012年版，第295页。

一即本体，一切即现象，一即一切说的是本体必然表现为现象，一切即一说的是现象虽千差万别，但彼此关联，都统一于本体。概括地讲就是"互遍相资，俱存无碍"，"相待互涵，圆融无碍"，这是一种体用不二论、有机关联论。

第三，在《华严宗哲学》中，方东美还对相关理论作了进一步说明。他认为，杜顺大师的"华严法界观"、"一乘十玄门"，智俨与法藏大师发展出的"四法界"，甚至再透过"十玄门"来解说"无穷的法界缘起"，如此才可证明整个森罗万象的世界绝无孤立的境界，也无孤立的思想系统存在着。因此在四法界中，我们可以说"理法界"与"事法界"要结合起来，成为"理事无碍法界"，然后再从这种非常玄妙的思想领域里面，用向下回向的办法，投到现实世界上面来说明现实世界里面的一切事物，一切的一切都是透过理性的解释，便可以证明它是"事事无碍法界"。于是我们便可以掌握各种差别境界——理法界、事法界、理事无碍法界、事事无碍法界。再从这里面的许多差别境界，将它们贯穿总括起来，便成为"一真法界"。这个"一真法界"一定要透过我们所了解的 organistic philosophy（机体主义哲学），把整个的世界当作一个有机体的统一，在各种层次所具有的"事"，就是要说明宇宙里面深刻的"理"，而这个"理"路则必须渗透到宇宙万象的各种层次里去，在宇宙万物的里面，宇宙万事的里面。如此一来，才把一切万有的差别性、对立性、矛盾性等等多元的世界，都能综合贯穿起来，成为一个广大和谐的体系。所以华严宗的哲学，我们可以称它为 philosophy of comprehensive harmony（广大和谐的哲学）。[1]

3. 精神价值和境界

方东美还多次谈到了华严宗哲学的精神价值或精神境界。

方东美指出，《华严经》一开始便把人类信仰的最高精神对象拿了出来，以毗卢遮那佛所代表的光明为对象，经由他所表现出来的光明将使他成为 supreme truth（至高无上的真理）。这种最高的真理，并不是从因说

---

[1]　参见方东美：《华严宗哲学》（上），中华书局 2012 年版，第 122—123 页。

到果，而是突然把最后的结果，supreme fact（究极的事实）全体展现。如此将能使我们眼前所接触到，整个宇宙最高的价值、最高的精神生命，并且直接面对他，对于他产生坚定的信念。这就是《华严经》第一会的真正本义，华严家称之为"举果劝乐生信分"。若用《大般若经》的名词来说，就是一开始就把"法满"的状态表达出来。而在"法满"的状态中，代表宇宙最高精神价值的，若用佛学的名词说，就是"菩提"，用一般通俗的话说，就是"光明"。[①]

方东美认为，真正的宗教都是在培养人的心灵，因为每个人的心中都具有极乐净土，每个人的身上都充满了光明与真理。然而真正的宗教是根据最高的智慧、最高的价值、最高的生命行动，为使这个现实世界transform and transfigure into an ideal world（超化、转化成为一个理想的世界）。所以真正的宗教是要把人从现实生命里面提升到理想的生命领域，从鄙陋的行动提升到高尚的行动，然后再拿大慈大悲的胸怀，把一切生活在世界上面的人，都能落实到一个真正平等的精神领域里面。而在那个平等的精神领域中，我们才能真正把个别差异的心灵，转变成广大和谐的菩提心灵，即所谓的菩提心，这是大心。一旦培养出这个大心之后，再把这个心灵扩充到整个世界上，像物质世界的太阳光一样，能把一切的黑暗面都驱遣掉。至于在真正的光明里的每一个存在，虽然是个体，但是这个体却能把全盘秘密，都从他的身内、他的心里，甚至他生命最神秘的地方，被揭发出来。既揭发出来后，则一切的秘密都没有了，在光天化日之下，人与万物平等、万物与万物平等、人与人平等、人与众生、菩萨、佛平等，一切差别都在光芒照射下化解了，然后便能达到《华严经·入法界品》所说的不可思议境界。[②]

方东美指出，在华严宗的一真法界里面，最后连佛与众生的差别也没有了；心佛众生都是同样的精神，同样的心灵状态。[③]佛的最后精神成就，同人的生命最后之精神成就中间可以画一道等号。然后使其关系

---

① 参见方东美：《华严宗哲学》（上），中华书局2012年版，第49页。

② 参见方东美：《华严宗哲学》（上），中华书局2012年版，第65页。

③ 参见方东美：《华严宗哲学》（上），中华书局2012年版，第66页。

变作 mutual implication（相互蕴涵），从逻辑上面看起来，是表现 mutual
implication（相互蕴涵）的关系，也就是说在佛的精神里面包括有众生的
生命在里头，众生的生命里面也包括了佛的最高精神成就在里面，产生了
一个互相摄受的系统。透过这种实践修证的旅程，便能把这个下层色界、
物质世界，转变成为生命境界，再从生命境界向上面超升，变成"调伏
界"、"调伏方便界"，最后就变作所谓"等觉"、"妙觉"而成佛的最高精
神领域。这样一来，宗教的目的完成了。等到完成了这个宗教目的之后，
便可以证明人不仅仅是可以成就天才，而且是天才成就的活榜样。与过去
一切诸佛合并起来而变成一个法身的毗卢遮那佛做代表，释迦牟尼佛更不
待说，弥勒佛也可以做代表，而这个佛是什么呢？他是大菩萨所变成的，
也就是以文殊菩萨的最高智慧与普贤菩萨的创造生命能力结合起来，变成
互相摄受的系统。这是透过一切远大的计划、一切远大的理想，同一切创
造的程序，虽然经过无穷的困难旅程，但是只要是都能把这些困难克服
了，其最后所得到的结果，便是《华严经》最为尊贵的"宗教极致"，并
可视为人间真正实际生活的原则。①

　　方东美认为，《华严经》里面的"一真法界"是一个完整的 organistic
philosophy（机体主义哲学）中之最高智慧里面的一个根本对象。至于在
那个"一真法界"的整个领域中，为何会变成一个完全不可分割的整体
呢？这是因为在那个完全不可分割的整体里面，有一个不可分割的精神主
宰，在那个地方统摄一切，贯注一切，融会一切。这一种精神的主宰，就
是华严宗哲学所阐释的"真心"，这个"真心"也就是《涅槃经》里面所
讲的"佛性"。而且这个"真心"会把它的精神体融化而贯注到整个宇宙
的所有领域中，变作"法身"。②

4. 总体评价

　　在对华严宗哲学进行阐释的基础上，方东美对其作出了总体上的评
价。他指出，《华严经》确实具有一层非常深厚的宗教情绪，而且在它的

---

① 参见方东美：《华严宗哲学》（上），中华书局 2012 年版，第 91 页。

② 参见方东美：《华严宗哲学》（下），中华书局 2012 年版，第 443 页。

宗教情绪里面，却表现了高度的哲学智慧。这个高度的哲学智慧，虽然是用 metaphorical language（隐喻的语言）、symbolic language（象征的语言）表达出来的，但是这种表达并不是无根据的幻想，而可以说是一种创造的幻想。如果我们拿这种创造的幻想来印证近代科学及纯科学的发展路径，便会发现有许多趋势不但不违背，而且还可能显示一种很大的思想推动力。① 在华严宗思想的笼罩下，宇宙才彻始彻终、彻头彻尾是一个统一的整体，上下可以统一，内外可以一致，甚至于任何部分同任何部分都可以互相贯注，而任何部分同全体，也可以组合起来，成为一个不可分割的整体。所以从这么一个立场看来，华严宗的这一套佛学思想体系，在中国哲学发展史上是真正具有独特见地与崭新贡献的。"对于这一个崭新的贡献，这一个具足整体的智慧，从我的观点上看来，是可以医治希腊人的心灵分裂症，也可以医治近代西洋心物能所对立的分裂症，甚至还可医治佛学在印度方面所产生的心灵分裂症。"② 这是分别从华严宗哲学与现代科学的关系、华严宗哲学与其他文化的关系上充分肯定了华严宗哲学的价值。

应该说，方东美对华严宗哲学的研究非常深入，对其基本理论的阐释，对其精神境界的分析，对其理论价值的肯定等都明朗清晰。毫无疑问，方东美是站在文化民族主义的立场，以一种欣赏、推崇的心态来谈华严宗哲学的，其长处在于弘扬了华严宗哲学中的优秀思想资源，其短处在于回避了华严宗哲学中的一些值得进一步推敲的问题。比如用心统摄一切现象，在根本上取消事物的客观实在性，这在唯物主义看来是错误的。再比如，法藏"由概念的分析出发，远离客观实际，违背常识和经验，把总相与别相、同相与异相、成相与坏相予以等同，即把事物的整体与部分、同一与差别、生成与坏灭等关系归结为'唯一真理平等'、融通无间。这样，由于法藏把'相即'的关系绝对化，最终导致无矛盾，甚至无差别的结论。也就是说，现实的矛盾和差别，最终要被那一般的'理'所融化。既为一般的'理'所融化，华严宗学者在对整体与部分、一般与个别的辩

---

① 参见方东美：《华严宗哲学》（上），中华书局 2012 年版，第 106 页。

② 方东美：《华严宗哲学》（下），中华书局 2012 年版，第 436 页。

证思考中，实际已预设了整体和一般的优先地位，即以部分和个别向整体和一般的回归为宗旨，在突出真如之体神圣性的同时，对部分和个别事实上采取贬斥的态度"。①

六、禅宗

禅宗是方东美用墨最少的一个中国佛学流派，因为不在他的研究和论述范围之内，但在个别地方，方东美也谈到过禅宗。

首先，方东美认为禅宗代表着中国佛学的发展高潮，已如前述。方东美说："中国佛学最后发展，臻高潮于禅宗，倡凡自悟者须内证圣智。……依中国传统看来，佛陀之真谛，端在人性品格之内在精神成就。斯则直与全部中国哲学精神妙契无间矣。"②

其次，方东美阐释了禅宗的一些观点。他指出，中国佛教中的禅宗认为，当你在未参禅之前，对于禅的知识还很幼稚，经验还很贫乏，境界（理想）还没有，所以见山还是山，见水还是水。这是因为你这时是从常识的观点和理智分别心去看山看水，当然这时的山水是还没有透过你生命的山水。既经参禅之后，便不再把山看作耸立在自己面前的自然物，因为你已经把它点化而与万物合一，这时山便不再是原来的山，水也并不是原来的水，山与水均被点化掉了，唯有这样，山才不是由顽石构成的，水不再是由浊水构成的。不过当你真正大彻大悟将自己的生命已经理想化之后，便已把山水都融合在自己的生命里面，也把自己融合在山水里面，而此时的山水才真正是山水，这是因为山水是有生命的山水之故。到了那时候就不会再拿肉眼来看世界，而是拿"慧眼"来看世界，拿"法眼"来看世界，拿"佛眼"来看世界。③方东美以平实的语言指出了禅宗主张的在参禅前后的不同状态，之前为人与自然的分离状态，之后为人与自然的融合状态。

再次，方东美对禅宗也有批评。他认为，禅宗在根本上就把佛门经

---

① 潘桂明：《中国佛教思想史稿》（第二卷）（上），江苏人民出版社2009年版，第379页。
② 方东美：《中国哲学精神及其发展》（上），孙智燊译，中华书局2012年版，第178页。
③ 参见方东美：《华严宗哲学》（上），中华书局2012年版，第154页。

典当作是不可靠的，着重于逗弄机锋，以个人的天才，针对着一个临时发生的问题说聪明话。这样一来，以后还有什么人要讲学？讲学的都是根据经典句句斟酌的"笨和尚"。于是在禅宗的大丛林寺院中，根本不藏书，即使稍有藏书，也是尘封起来，束书不观。同时，禅宗还有一个影响后世学风很大的特点：就是向俗人说俗话。这样一来，禅宗以语录体的文字代替了古代学术文字，后来连带其他的宗派也采用了，一直影响到以后整个的学术著作。①

方东美对禅宗的论说是符合实际的。禅宗是佛学中国化的最高成就，代表着中国佛学发展的高潮。禅宗不重视经典和学理有着负面的历史影响，也使其自身的学说缺乏应有的深度。方东美从天人合一的角度说明禅宗思想也是较有特色的。但由于不在自己的研究和论说范围之内，方东美对禅宗学说的阐释显然是不全面的，这也是可以理解的。

第六节　新儒家

方东美对新儒家哲学有一个界定："新儒家哲学，顾名思义，旨在继承孔孟原始儒家之统绪，而求其赓续发展。谓其能遥契而上接古道统之传者，盖史家及社会一般之公论，亦新儒诸子所以深心自许者也。"② 新儒家指宋明道学，方东美在定义中揭示了新儒家哲学的两大特点，一是继承，即继承孔孟学说，上接尧舜禹汤文武周公孔孟之道统；二是发展创新，使孔孟学说"赓续发展"，使古道统薪火相传。方东美在对新儒家哲学进行分类的基础上，探讨了他们之间的共同特征，与道家和佛学的关系，并对个案进行了研究，提出了自己的看法。

一、综论

方东美在对新儒家哲学做了类型划分后又对其进行了贯通性研究。

---

① 参见方东美：《新儒家哲学十八讲》，中华书局 2012 年版，第 27—28 页。
② 方东美：《中国哲学精神及其发展》（下），孙智燊译，中华书局 2012 年版，第 311 页。

1. 分类

方东美把新儒家哲学分为三类或三派，即唯实主义、唯心主义、自然主义。

首先，唯实主义型态之新儒家。方东美把唯实主义形态之新儒家分为甲、乙、丙三式：甲式以周敦颐、邵雍、张载为代表；乙式以二程为代表；丙式以朱熹为代表。就理论特点而言，方东美列出四点：第一，从形上学方面来说，唯实主义新儒家设置的本体，"全部建立于宇宙之客观世界，而可由其本身内具之理，以阐明之。万物一切，涵人类，方其存在之际，即具充分理由，参与大全本体。"① 这里说的是本体和客观世界、万物和本体的相关性。第二，"就价值论而言，全幅真际本体，可析分为种种不同之存在境界，吾人得于其中观察一切相对价值，诸如：功利、社会、认知、审美、道德或宗教等，——流贯诸界，而促进至善之圆满实现。"② 认为本体可以分为种种不同境界，人们通过对种种境界的观察贯通，促进相对价值走向绝对价值。第三，"就知识论而言，人类特用各界之知识，皆有意向性，恒及物外驰，指向客观真实界，冀如如了知其实然。"③ 这里说的是知识指向客观真实界，试图把握其所以然。第四，"就人性论而言，笃信人类之精神，崇高伟大，在理论上，固与本体及价值全域，可能合一不二，在实际上，则更与之浑然同体。"④ 指出了人性的崇高性，无论从理论上还是从实际上人性与本体都是合一的。方东美是从本体、价值、知识、人性四个方面概括唯实主义形态之新儒家的基本理论观点，这种类型的新儒家哲学强调的是本体、价值、知识、人性与客观世界或现实世界的相关性。

其次，唯心主义型态之新儒家。主要以陆九渊、王阳明为代表。其理论特征前两点与唯实主义之新儒家相同。"在知识论上，则彼此迥殊，兹派盖以心体为一切存在之支点或枢纽，故也。然是言并不排除知识之客

① 方东美：《中国哲学精神及其发展》（下），孙智燊译，中华书局2012年版，第393页。
② 方东美：《中国哲学精神及其发展》（下），孙智燊译，中华书局2012年版，第393页。
③ 方东美：《中国哲学精神及其发展》（下），孙智燊译，中华书局2012年版，第393页。
④ 方东美：《中国哲学精神及其发展》（下），孙智燊译，中华书局2012年版，第393页。

观性。盖心，除含有个人性之外，主要更含有社会、客观及普遍性。宇宙大全本体，悉涵具于是心。"① 认为心是知识之终极根源，但不排斥知识的客观性。另外，"唯心主义之新儒家，亦同倡'万物一体论'。夫惟如是，则心涵本体，浑然与之为一，而迭造神奇矣。"② 认为心与本体浑然为一。

再次，自然主义型态之新儒家。"此派哲学侧重点，在于针对'地中之人'及其自然地位，而给予合乎情理而妥当之了解，不事高远玄想。"③ 其中，王船山是功能派之自然主义；颜元是实用派之自然主义；戴震是物理派之自然主义。

2. 共同点

方东美认为，尽管新儒家哲学分为三个派别，但三派之中有共同点。

其一，三派的哲学问题相同。"就新儒之哲学主旨言，其兴趣乃在宇宙论之玄想，而其核心问题，厥为大宇长宙，自何而来？生命及物质之存在，缘何而有？万有之共同命运，及其最后之归趋，果安在哉？——至于其后之——个别事物，更将何之何往？"④ 此问题就是宇宙万物从哪里来，如何存在，会向何处去，等等。

其二，三派的哲学困惑相同。"第一，在宇宙观上，犹夹困于'大中'象征意符所涵之本体论（永恒哲学）与创造变易哲学之间，而未能充分透视二者个别之终极效果；第二，在人性论上，犹徘徊于孟、荀论性善恶二说之间，而依违莫决。"⑤ 即新儒家哲学并未解决永恒哲学与变易哲学、人性善恶的问题。

其三，三派在心物关系上共同继承了中国传统哲学的特色，即立乎中道。方东美指出，在西方，哲学系统不是建立于物质之上，即是建立于精神之上。哲学思想的内容游移于精神主义与唯物主义之间。在印度，凡

---

① 方东美：《中国哲学精神及其发展》（下），孙智燊译，中华书局 2012 年版，第 394 页。
② 方东美：《中国哲学精神及其发展》（下），孙智燊译，中华书局 2012 年版，第 394 页。
③ 方东美：《中国哲学精神及其发展》（下），孙智燊译，中华书局 2012 年版，第 431 页。
④ 方东美：《中国哲学精神及其发展》（下），孙智燊译，中华书局 2012 年版，第 319 页。
⑤ 方东美：《中国哲学精神及其发展》（下），孙智燊译，中华书局 2012 年版，第 319—320 页。

超越系统皆尚精神，其俗界观则从唯物。"然在中国，哲学家之待人接物也，一本中道。立乎中道，遂自居宇宙之中心，既违天地不远，复与心物不隔，借精神物质之互渗交融，吾人乃是所以成就生命之资具。率性自然，行乎广大同情之道，忠恕体仁，推己及物，乃不禁自忖：宇宙在本质上原是一大生命之领域，其中精神物质两相结合，一体融贯。宇宙大全，乃是无限之生命界。中国哲学之悠久传统，皆沿袭'生命中心主义'之途径，而向前迈进发展。职是，吾人乃能据中道而运思，以从事哲化之活动矣。故一、不至钻入理论极端而一往弥深，犹印度人然；二、不至退居片面之精神主义而抱残守缺，犹希伯来人与希腊人然；三、不至掉进科学唯物论之陷阱而不能自拔，犹近代之西方人然。"① 认为中国哲学在心物关系上立乎中道，主张精神物质两相交融。

其四，三派同重视理性。"新儒各派思想之枢要，在于强调'理性遍在'乙旨：理性持载宇宙天地，万有一切，启示全部真际本体于吾人之清明自觉，指导人生行动，化性起伪，企图止于至善。"② 此理性有不同所指，包括玄理、物理、伦理、性理等等。但方东美同时指出，宋儒的传统是一个大的理性主义者，他们上天下地一直到内心，都是一个通上下、彻内彻外的"理性"。这种思想传统和道家思想一比较起来，马上就显出一个很大的缺陷——在情绪、情感、情操生活方面很贫乏。这就是宋儒坚持理性的结果，"对于人类的欲望、情绪、情感这方面都不敢沾染。于是乎他们的生命不是开放性的而是萎缩性的。"③

其五，三派同以人性论为基础，统汇于唯天理论。方东美认为新儒家哲学自身有一个流变的过程，"新儒凡三变：肇始于理学，演发为性学，终成于心学。可谓之滥觞于'理'，集大成于'心'。"④ 但无论是理学、性学、心学，"然各派同具一大共同特色、而万变不离其宗者。——诸不同派别之形上学理论系统发展，皆莫不以哲学人性论为其共同之基础。致良

---

① 方东美：《中国哲学精神及其发展》（下），孙智燊译，中华书局2012年版，第320页。

② 方东美：《中国哲学精神及其发展》（下），孙智燊译，中华书局2012年版，第320页。

③ 方东美：《新儒家哲学十八讲》，中华书局2012年版，第70页。

④ 方东美：《中国哲学精神及其发展》（下），孙智燊译，中华书局2012年版，第420页。

知之道，端在使吾人之人性充分彰显，'尽性'是也；并使吾人之人心发挥极致，'尽心'是也，而心性合一。新儒各家，最后殊途同归，统汇于一大'澈底唯天理论'之一元系统。良知之明觉精察处，即是天理流行。此心澈上澈下，弥贯天地，周流六虚，广大悉备，无所不赅，而虚灵不昧，笃实吐辉，含光与热，和煦如朝阳。"①

二、新儒家与佛、道的关系

在方东美看来，不少新儒家学者出于道统的考虑，不承认自身理论与佛学、道家学说的关联，这是不对的。事实上，新儒家哲学与佛学、道家学说的关系是非常密切的，不夸张地说，没有对佛学和道家学说的吸收就没有新儒家哲学。

方东美指出，在新儒家当中存在着党同伐异的现象，不仅辟佛老，自身内部也相互攻讦，方东美对此表示反对。他说："我们反观宋儒辟道辟佛，在思想上全是一偏之见。"② 方东美指出，从北宋以迄于乾嘉时代，出现了一个很怪异的现象，诸儒都自称为孔孟真传，互斥异端，彼此攻讦起来，丝毫不留余地。比如说朱陆异同、程朱陆王之争，同是儒学，皆宗孔孟，而自诩真传，争夺正统。这种情形，扰攘了好几百年，而互有消长，依然是争端未决。在这些"道学家"们的心中，都横亘了一个根深蒂固的观念——得孔孟之真传，而"代天地立心，为生民立命"。而以真理自诩，岂能不对内争正统，对外攻异端。于是辟杨墨、辟老庄、辟佛、辟禅，一切皆是异端邪说，而攻讦不留余地。至于儒家本身呢？是否就是真理在握了呢？其实不然，比如王廷相就在王学盛行的时候，站在自然主义唯物论的观点，毫不保留地攻击王阳明，连带的攻击了朱子。东林学派的顾宪成、高攀龙等人，站在王学嫡系的立场而反对王阳明。此外如王夫之，攻击陆象山乃至王阳明，说他们是打着儒家的招牌而宣扬佛老的邪说，是冒牌的"异端"！下至于颜李——尤其是颜元，提倡"减一分程朱，

① 方东美：《中国哲学精神及其发展》（下），孙智燊译，中华书局 2012 年版，第 420 页。
② 方东美：《新儒家哲学十八讲》，中华书局 2012 年版，第 18 页。

得一分孔孟"。宋明理学家简直成了"孔孟真传"的绊脚石了，真是"十年河东，十年河西"。戴东原在他所著的《绪言》即《孟子字义疏证》里面，批评程朱的学说，认为不仅方法上充满了错误，概念上也有许多混淆，从戴东原的观点看来，有一句名言说得好："宋儒以理杀人，死矣，不可救矣！"由此看来，宋明清儒家的哲学，无论你用什么名称去称呼它，"道学"也好，"理学"也好，"心学"也好，"性理学"也好，或者是"新儒学"也好，名称虽有不同，而内容自是一般。如今研究起来，确是头绪纷繁，对他们要作适当的评价，也是非常困难的事。何况他们党同伐异，彼此否定，当然是尤增困扰了。① 这是由于"道统观念作祟，去真正孔子之精神远矣"！②

方东美认为，从周濂溪一直到朱熹、陆象山这些宋儒，受佛学的影响太深了，而且深到没有法子自拔，根本就无法再加以否认。佛学对宋儒确实产生了深厚的影响，"现在如果还有人一定要站出来说宋儒就是宋儒，并没有受过佛学的影响，这又将置宋儒于何地呢?"③ 同样，儒家包括新儒家如果认真汲取道家的思想会很有益处。方东美说："余谓道家精神适为新儒家所亟须者，盖有原因二端：（甲）原始儒家，固倡'天地万物一体同仁'之教，得道家精神以为助，则可以增益而加强之，使人人对大自然倍感亲切，或怀抱之，持为其一己体内充沛之创造力，而元气淋漓，醰畅饱满。（'挽彼造化力，持为我神通'。）稽其究也，则成为新儒家所谓之'天人不二观'。（乙）新儒家之心伤内疾，得道家精神以为济，则可以对治而疗愈之。盖道家尤擅超脱解放，使人人获享精神自由。"④ 由此说来，佛学、道家思想对新儒家的影响既是事实，也很必要。

三、个案分析

方东美既有对新儒家哲学的宏观研究，同时对其中著名的哲学家的

① 参见方东美：《新儒家哲学十八讲》，中华书局2012年版，第2—3页。
② 方东美：《中国哲学精神及其发展》（下），孙智燊译，中华书局2012年版，第315页。
③ 方东美：《华严宗哲学》（下），中华书局2012年版，第822页。
④ 方东美：《中国哲学精神及其发展》（下），孙智燊译，中华书局2012年版，第316页。

思想也做了微观研究。

1. 唯实主义新儒家

唯实主义新儒家以周敦颐、邵雍、张载、二程、朱熹为代表。

方东美认为，"周敦颐之真实哲学成就在于《通书》。其中将《易经》、'洪范九畴'、《中庸》三者合冶一炉，形成综会统一。《易经》提供一套动力学本体论；'洪范九畴'提供一套既成之价值学统一；《中庸》则提供一套人生修养、诚身成圣蓝图之基调焉。"[①] 所以，周濂溪是宋代一位很好的学问家，也是很好的思想家。但是他的《太极图说》是穿凿附会的。而朱子不问真凭实据，极力推崇，花了那么多年的工夫，把一个错误的图像说成了哲学上不刊的真理。"有时打着儒家的招牌的学说，是在损毁儒家学说的真精神"[②]。实际上，周濂溪的思想在儒学方面并未得着孔孟真传，只能通到荀子；在道家方面，他不了解老子，而只能通到魏晋黄初时代如王弼之流的新道家。[③]

邵雍为中国之"笑的哲学家"，驳杂尤甚。其天性蔼然可亲，精神怡然自乐，自称"安乐先生"，同辈学者，如司马光、张载、二程等，皆深敬其人。但"邵雍之易卦图例，先天、后天易学之分，……盖其不为哲学上之狂想，即为逻辑上之谬误。……邵雍则毅然独倡宇宙全体乃一切真实之总汇，兼物质与精神二界，主张尽性唯全，须满足一切才性，兼自然、形体与意识、心灵二面。"[④] 可以说，邵康节为宋儒播下的思想种子并不坏。不过他所处的时代，哲学思想的要求不严格，科学方法也不精确，但是就思想发展而言，是个很重要的起点。可惜这重要的起点并不受到其他宋儒的欣赏，反倒是贬抑他，这是很遗憾的一件事。[⑤]

方东美对周敦颐、邵雍的学说有褒有贬，但对张载的学说赞美偏多。首先，张载志怀高尚，堪为后世楷模。"观其自道志学初衷曰：'为天地立

---

① 方东美：《中国哲学精神及其发展》（下），孙智燊译，中华书局 2012 年版，第 327 页。

② 方东美：《新儒家哲学十八讲》，中华书局 2012 年版，第 108 页。

③ 参见方东美：《新儒家哲学十八讲》，中华书局 2012 年版，第 177 页。

④ 方东美：《中国哲学精神及其发展》（下），孙智燊译，中华书局 2012 年版，第 329 页。

⑤ 参见方东美：《新儒家哲学十八讲》，中华书局 2012 年版，第 223 页。

心，为生民立命，为往圣继绝学，为万世开太平。'从事哲学，而志怀高尚如是，足令近世为学而不为人者，愧煞！"①其次提出"民胞物与"，是对正统儒家精神的发扬光大。张载"依《大易》哲学，乾示天之用，万物资始；坤表地之本，万物滋生，含弘光大，而持载之。故张载乃径以'乾坤'称其'父母'，辞非故甚。盖真正之儒家，皆志在成为大人如圣，自应德合天。尽物性、赞化育、参天地，斯之谓也。人类之创造行动，与宇宙之化育权能，同其伟大。此乃真实正宗儒家之根本思想，张载出而重振之，思起百代之衰。在精神上，人居宇宙之枢纽，为天地之心，五行之秀……故与宇宙之本体共同一道发泄生命之创造冲动。张载为古典传承挺身作证，其言至精辟动人：'天地之塞，吾其体；天地之帅，吾其性。民吾同胞，物吾与也。'唯其胸次如是恢宏，心中怀抱兼天地，备万物之精神使命，作为其存在之理由，……故于生命之创造冲动，亦必油然而兴'万物一体同仁'之感，视天下如一家，视全国如一人；凡依是而立身行道者，必克胜其参天地，赞化育之巨任"。②认为张载真正发扬了"万物一体之仁"的"真实正宗儒家之根本思想"。再次，张载学说有孟子之风，"张子《西铭》直抒胸臆，一如出诸圣心，旨意纯粹广大，有孟子之风。"③总之，张载体大思宏，具有极大的创造能力。他宽宏的思路与气魄，可补北宋诸儒的褊狭萎缩之病。他的思想精神，不是朱子所能充分了解的，因此朱子注《正蒙》终于不能竟其全功。直到明末才深深影响了王船山。王船山的《张子正蒙注》，是迄今为止最好的注。④"所以说，有这样子大气磅礴的思想表现，最有精神，最有气魄，在宋儒中首推张横渠！"⑤

明道旨在建立一套机体主义哲学，其枢要即是万物一体论。"新儒家在知识上之观念论，明道实首倡之，象山、阳明踵继发挥。……中外一切

① 方东美：《中国哲学精神及其发展》（下），孙智燊译，中华书局 2012 年版，第 336 页。
② 方东美：《中国哲学精神及其发展》（下），孙智燊译，中华书局 2012 年版，第 335 页。
③ 方东美：《中国哲学精神及其发展》（下），孙智燊译，中华书局 2012 年版，第 336 页。
④ 参见方东美：《新儒家哲学十八讲》，中华书局 2012 年版，第 199 页。
⑤ 方东美：《新儒家哲学十八讲》，中华书局 2012 年版，第 265 页。

知识论上之观念论，其特色皆莫不以心为枢纽，而一能所于心，复借之以合内外，浑然一体，不可决裂。大程子本此知识论上之观念论，力倡性天与人，可直接体验之，当下即是。……明道复借此知识论上之观念论原理，应用于道德直观睿见，而拓展自然及人性知识之领域。明道……笃信形上一元论，且据以断言：在天为命，在义为理，在人为性，主于身为心，其实一也。兹四者，形成本体论（而非仅止格物论）上之大全真际。"① 方东美所说的知识论上的观念论"以心为枢纽，而一能所于心"，实际上也就是心本论的知识论，他认为，这一理路有程颢开其端，陆九渊、王阳明对其发扬光大。另程颢亦是万物一体论的倡导者，用形上一元论统一天、义、人、身等。

程颐凡事看不惯而愤世嫉俗，养成一个狭隘的心情，总是愁眉苦脸的，像是一个"哭的哲学家"。② 他本"诚贯天人"之旨，"倡明三大哲学要义：第一，实理元一，无所不同。人性受命于天，而具理于性，故能即诚识理，不假闻见之思。否则，即须由格物穷理而致知，以明诚要。此圣、贤二途之主要所由分也。第二，人既受天地之中以生，则性具天德，圆满自足。盖谓人性具足实理，故能参赞化育，以增益天地大生广生之德也。是以，人为天地之同工者兼副手。人乃圣人之在修者，发乎志行以配天。第三，尽性由诚。……"③ 强调诚与理、性的内在相关性。"但小程子好抽象空疏为说，形成一套唯理一元论，率以逻辑上之同一性出之，复陷于内在矛盾，处处评格不通矣。"④

从思想渊源来看，朱熹哲学系统主要来自于周敦颐、张载及二程（李侗）等。"第一，朱熹首重太极图，惟该图殊大成疑问……疑系伪作，

---

① 方东美：《中国哲学精神及其发展》（下），孙智燊译，中华书局 2012 年版，第 349—350 页。

② 方东美：《新儒家哲学十八讲》，中华书局 2012 年版，第 203 页。

③ 方东美：《中国哲学精神及其发展》（下），孙智燊译，中华书局 2012 年版，第 357—358 页。

④ 方东美：《中国哲学精神及其发展》（下），孙智燊译，中华书局 2012 年版，第 353—354 页。

独朱熹浸淫其中有年，且为之系统作解。是举盖为满足其一己之形上学冲动也，自谓从事哲学，必先致乎其极，然后高屋建瓴，居高临下，以透视现实界之万般事物云。第二，朱熹得自张载者，要义有二：（一）心，主宰之谓，兼统性情；（二）明辨气质之性，与本然之性，俾解决哲学人性论上之难题。第三，朱熹之理气说，复受明道生命中心哲学之影响甚深，视理气于生命之创造中和合交感。斯乃其'仁说'之所本。惟该项影响，不无副作用，致使朱熹在人性论之立场上，非与真正孔子之精神相抵牾，即未免低估其真实之成就。第四，是项二难窘局，却使朱熹大有功于伊川程门，于以发展其哲学上之唯理主义（所谓'理学'是也）。然二元困境，毕竟难免。"① 从理论内容来看，朱熹哲学有五大基本概念："（一）天道之统体；（二）歧义之理性；（三）人性之生成；（四）中之内省体验与（五）心灵之主宰。朱熹竟漫将此五大概念，合冶一，奢谓之天地之理，复使其彼此纵横贯穿，视为可以辗转交替之同一体，而其同一关系，却证立甚难。"② 方东美还站在阳明心学的角度，对朱熹的格物致知进行了诘难，认为其"犯有三重知识论错误，（甲）欲求理于价值漂白之事实界，朱熹使用价值中立之事实陈述语言，以描绘价值界；（乙）由于致知乃止至善之工夫，而至善者，心之本体，属心，故在内而不在外也，致知乃心体发用，借良知直觉睿见、而自我呈现其心体之本然耳。乃朱熹竟根据知识意向之外驰性，一方面，既将至善所在内外颠倒；他方面，复忽略心体之自发作用。一言以蔽之，其'泛客体主义'之真理说——即'理在外说'——忽略知识构成之基本要素，厥为'主体性原理'；同时，其'价值中立说之知识论'，亦将价值论之基础从根破坏矣。（丙）由于其'致知说'内外倒置，遂使其犯下最大之错误：将'学者'，初学之士与精神智慧修养上俱臻登峰造极之'圣人'，混为一谈"③。总体而言，方东美对朱熹思想多有责难，集中在太极图和格物致知等方面。

① 方东美：《中国哲学精神及其发展》（下），孙智燊译，中华书局 2012 年版，第 367—368 页。
② 方东美：《中国哲学精神及其发展》（下），孙智燊译，中华书局 2012 年版，第 368 页。
③ 方东美：《中国哲学精神及其发展》（下），孙智燊译，中华书局 2012 年版，第 410 页。

2. 唯心主义新儒家

唯心主义新儒家的主要代表是陆王。

方东美指出，陆象山"志在树立唯心主义高标，以凌驾其它。其学风，大刀阔斧，或锹镐并用。……象山本此精神气魄，发为第一原理，曰'万有同心论'。塞宇宙一理耳，吾人同具斯理。由理同故，象山乃倡'宇宙便是吾心，吾心即是宇宙'"①，指出陆象山心本论的特点。

方东美认为，王阳明"圣人只是顺乎良知之发用流行"，"天地万物，俱在我的良知发用流行之中，何尝又有一物作得障碍"的说法直接继承了陆象山心学宗传，却百尺竿头，更进一步，超迈前贤！陆象山主张"超越理想性原理"，其超越之理想界与卑陋之现实界仍不免"二元对峙"，未能圆融贯通。王阳明在《大学问》中，对这个问题处理得非常精彩，他把"超越理想性原理"化为"内在理想性原理"，"价值之最高统会，固充分呈显于吾心，同时，亦呈露于遍在万有之'心体'，而为一切万有之所同具者。斯义预涵两大要旨：一、人心存乎天理，专一守己，而非逐物，故能不役于外物；二、确信'至善是心之本体，只是明明德而至精至一处便是，然亦未尝离事物。'是为存在与价值合一，性天不二"②，指出王阳明的学说消解了理想界与现实界的隔阂，使其圆融无碍。方东美进一步指出，以天地万物为一体，从心之灵明发窍处感应而一视同仁的主旨，乃是中国古今各派哲学家之共同宗趣。此种"万物一体同仁"之情，"存而养之，扩而充之，发挥极致，即为圣智圆满。岂惟入圣之兆，直当下即圣矣"③，指出王阳明"存在与价值合一，性天不二"的主张乃整个中国哲学的基本精神，发挥极致，当下成圣。

3. 自然主义新儒家

自然主义新儒家的主要代表有王廷相、王夫之、颜元等。

方东美指出，在王阳明思想的影响达到巅峰状态的时候，王廷相独

---

① 方东美：《中国哲学精神及其发展》（下），孙智燊译，中华书局2012年版，第395—396页。
② 方东美：《中国哲学精神及其发展》（下），孙智燊译，中华书局2012年版，第405页。
③ 方东美：《中国哲学精神及其发展》（下），孙智燊译，中华书局2012年版，第405页。

树一帜，大力提倡唯气论及唯物论，目的在于动摇新儒学的根本精神，这样其批评的锋芒已指向宋儒。可以说，王廷相首开了自然主义的风气，①而东林书院的学者，则直攻阳明！

方东美认为，王船山富有玄想天才和纵横驰骋的能力，他不遗自然界，深信人人都可以从事一切活动，堂堂做人，而卓然挺立于宇宙健动不息之天地之间。王船山是功能主义新儒家，其功能主义系统首先建构了健动的道体，使其运乎万物之中，以生天下之用。②"其唯气主义之宇宙论，实掩映一套超物质之本体论，道论是也；更掩映一套超自然之价值论，善论是也。"③概括而言，王船山哲学有三观：第一，功能主义观。王船山主张全部实有尽在天下之用，所以人们可即用而得知其体之有。第二，道器合一观。王船山采取唯物论，多少有损其隐涵之超物质本体论与超自然价值论。第三，人为枢纽观。就宇宙论观点而言，王船山认为宇宙是生生不息的创造历程，而处处以人为枢纽。④

方东美认为，王船山不愧为一代真儒，极富批判精神，以人为高贵而神圣的存在。"唯其如是，故于阳儒阴老阴释、学态作状而为害儒宗者流，自毫无同情。其于宋儒，则深佩张载，雅敬周、程、朱熹。然而，无论谁何，凡倾向趋寂以为论而牺牲健动发展、变易为体者，或附从禁欲以为说，而否定情、欲、才对健全尽性之要者，悉在讨伐之列，一无幸免，正犹之乎其针对凡企图降低人类道德价值与尊严之高标者所发然。良以人为高贵而神圣之存在，故也。"⑤

方东美指出，与王船山同属于一个阵营的，还有颜元、李塨的实用

① 参见方东美：《中国哲学精神及其发展》（下），孙智燊译，中华书局2012年版，第427页。
② 参见方东美：《中国哲学精神及其发展》（下），孙智燊译，中华书局2012年版，第431页。
③ 方东美：《中国哲学精神及其发展》（下），孙智燊译，中华书局2012年版，第432—433页。
④ 参见方东美：《中国哲学精神及其发展》（下），孙智燊译，中华书局2012年版，第435页。
⑤ 方东美：《中国哲学精神及其发展》（下），孙智燊译，中华书局2012年版，第438页。

派自然主义以及戴震的物理派自然主义。"颜李之实用主义却有一特点：辄言退化不停，永无止期，致生后不如前之历史误断。习斋慨叹：'三代美制失于秦；汉之美制失于唐；唐之美制失于宋；宋之美制失于明。显矣哉！政模在史，旷观全史，其常降也竟若是！'正是由此错误史观，习斋竟全盘痛斥文艺！李塨尝引乃师大胆之言曰：'诗、文、书、画，四者败坏天下。'"① 明确反对颜李学派的历史退化论和文化否定论。方东美说："自然主义始于王廷相之反宋明新儒，船山与习斋踵继而修正之。……就其在宇宙论上同主气化流行之唯气主义而言，戴震与王廷相之立场甚近；然就其在哲学人性论上同倡性善而言，则戴震与船山、习斋之关系更密。惟差别有二：一、在价值论上，船山为一超越论者，戴震则为一内在论者；与二、在知识论上，习斋乃一极端之实用主义者，戴震在精神上则较近于科学唯实主义者，接受知识之意向外驰性。此外，船山同情张载，并归好朱熹，而习斋与戴震则视之为全谬，一无可取。"② 方东美通过比较揭示了戴震哲学的主要内容和特色，即宇宙论上的唯气主义、人性论上的性善论、知识论上的唯实主义以及对宋明新儒学的全面批判等。

四、几点评价

"新儒家"（Neo-Confucian）或"新儒学"（Neo-Confucianism）是中国近现代出现的概念，主要是指宋明理学或宋明道学。冯友兰在 1926 年出版的《人生哲学》第十章的标题为"新儒家"，云："中国宋元明所流行之哲学，普通所称为'道学'或'宋学'者，实可名曰新儒学。"③ 这是我们目前见到的最早使用"新儒家"和"新儒学"概念的出处。冯友兰在出版于 20 世纪 30 年代初的《中国哲学史》中说："唐代佛教称盛，而宋明道学家，即近所谓新儒家之学，亦即萌芽于此。"④ 冯友兰在 1948 年用英文出版的 A short history of Chinese philosophy 中说："'新儒家'这个名

---

① 方东美：《中国哲学精神及其发展》（下），孙智燊译，中华书局 2012 年版，第 441 页。

② 方东美：《中国哲学精神及其发展》（下），孙智燊译，中华书局 2012 年版，第 448 页。

③ 冯友兰：《人生哲学》，广西师范大学出版社 2005 年版，第 137 页。

④ 冯友兰：《中国哲学史》，中华书局 2014 年版，第 800 页。

词，是一个新造的西洋名词。与'道学'完全相等。"① 这表明新儒家或新儒学的概念出现时间早于 20 世纪 30 年代。作为英文的"新儒家"（Neo-Confucian）概念更为晚出，是 20 世纪 40 年代末前后"新造的"。钱穆在1931 年出版的《国学概论》中说："新儒学……则所谓宋明理学是也。"②此处使用"新儒学"概念的时间与冯友兰大致同时，也是指宋明理学。在成于 20 世纪 40 年代早期的《中国文化史导论》中，钱穆多次使用新儒家和新儒学的概念。后来，"新儒家"或"新儒学"就成为中国哲学史研究中的一个常用概念。

方东美所说的新儒家与上述意义基本相同，泛指宋元明清时期的儒家学说。从方东美对新儒家的阐释中，我们可以作出如下分析：

第一，方东美对新儒家的分类是持之有故、言之成理的一家之言，具有原创性。在对新儒家的分类上，常见的是两分法，即程朱理学和陆王心学；也有三分法，即理学、心学、气学；也有根据马克思主义哲学诠释框架所作的划分，即以张载、王廷相、王夫之等为代表的唯物主义，以程朱为代表的客观唯心主义，以陆王为代表的主观唯心主义。除此之外，还有实学、启蒙思潮等说法。方东美把新儒家分为唯实主义、唯心主义、自然主义三派也是持之有故、言之成理的，对我们从总体上把握新儒学各派的特色具有重要的启发意义。

第二，方东美反对新儒家排斥异己的道统观，对新儒家与佛、道关系的探讨是正确的。道统是韩愈针对佛家的法统提出的一个概念，旨在揭示儒家的传道系统，指尧、舜、禹、汤、文、武、周公、孔、孟所传之道。宋以后，不少学者以儒家正统自居，唯恐别人说自己受过佛、道的影响。方东美认为这种狭隘的道统观念是错误的。事实上，方东美所揭示的新儒家与佛、道的关联是正确的。从一定意义上讲，新儒家之所以新，正是因为他们借鉴或反思了佛学和道家思想，并把他们化为己有，从而使儒学具有了更大的包容性和更高的思辨性。

① 冯友兰：《中国哲学简史》，北京大学出版社 1985 年版，第 308 页。
② 钱穆：《国学概论》，商务印书馆 1997 年版，第 193 页。

第三，方东美对新儒家各派和代表人物的评价是比较公允的。哲学史家在评价被研究对象时往往有自己的倾向性，这是可以理解的。站在马克思主义哲学立场，自然对荀子、王夫之等哲学家的哲学评价较高；站在心性论的立场上自然对孔孟、陆王的学说评价较高，如此等等。方东美在对新儒家各派别及其人物的评价上，大都采取了两点论的方法，既肯定其合理性，同时指出其缺失。尤其可贵的是，能够正确对待张载、王夫之的哲学成就，在这一点上，方东美比劳思光的评价更为公允。

第四，方东美对新儒学的研究也有一些值得进一步斟酌的地方。比如对朱熹格物致知的评价，认为是泛客体主义，是错误的。实际上，不论是自然认知、社会认知拟或道德认知都不可能是主体内部的独化或流行，都有一个内外交合的过程，离开客体性，任何主体性都是不可想象的。因此，朱熹的格物致知包含部分的真理元素，不能全然否定。另外，正像杜维明所提到的那样，朱熹及其学说不仅是中国的，也是世界的，从今天的视域来看，朱熹及其学说对整个东亚的影响是不能忽视的。由于时代情境的不同，对朱熹的评价见仁见智，在这一点上我们不能苛求劳思光、方东美等。还有，由于方东美主要是从形上学角度探讨中国哲学的精神，所以他对新儒家个案的研究可能有一些未尽之处，这也是可以理解的。

第十七章　罗光的中国哲学史研究[①]

　　罗光（1911—2001年），字义达，号焯昭，学名为光，湖南衡阳人，出身于天主教世家。他是台湾天主教最高神权的象征，也是台湾哲学界的权威。著作收录于四类四十二册的《罗光全书》。在中国哲学方面，罗光有《中国哲学思想史》九册，《中国哲学大纲》、《中国哲学的精神》、《儒家形上学》各一册，又有论文集《中国哲学的展望》一册，《儒家思想的系统》两册等，这些都为我们研究中国哲学思想史提供了极为宝贵的材料，尤其是九卷本的《中国哲学思想史》更不容忽视，它放弃了以往哲学大家治哲学的"以西解中"或"以马解中"的解读方式，而是选择了另一种独特的——天主教哲学的——诠释视域。因此，要研究中国哲学史和中国哲学史学史，罗光思想是不能忽略的。

第一节　编纂原则

　　罗光在其《生活自述》中曾谈到他写作《中国哲学思想史》的几个原则："第一，以原本思想作解释"，"忠于写史的原则"；"第二，《论语》不足以代表孔子的思想，《易经》十传，《中庸》和《大学》都有孔子的思想，应该集合作研究。第三，《易经》的地位应予提高，不可以照胡适和洪友兰（即冯友兰）看作汉初的易学者的卜筮思想，乃是儒家的形上学思

---

① 　本章由胡慧莲、王秋等执笔，柴文华修改。

想的基础。第四，应讲汉朝的易学和隋唐的佛学，以便连结宋明理学。第五，详细讲述宋明理学，可以结成整体的儒学。"① 从这五点，我们可以看到罗光的《中国哲学思想史》的具体写作原则和内容，但是这五点侧重于内容方面，并不能概括罗光写作《中国哲学思想史》的全部原则。所以我们从宏观角度，对其写作《中国哲学思想史》的原则进行把握，就可以得出以下五项原则。

一、剪枝裁叶

"剪枝裁叶"是罗光写作整部《中国哲学思想史》的总原则，他在《中国哲学思想史·先秦篇》自序中说道，"我写这本哲学思想史，严守哲学的范围，不把政治思想和教育思想混入。虽然中国古代许多哲学家，都是政治家或教育家，而且各方面的思想，常连贯一起，但为清晰明了且为避免冗长起见，我只讲哲学思想。"②

写思想史可以从很多角度，可以单单从历史的角度，也可以从政治的角度，也可以从社会的角度，角度很多，但是罗光明确其是要写一部哲学思想史，所以他将他的角度定为"哲学的"，所以他所写的是从哲学角度出发的，是忠于"哲学思想史"的。不仅如此，他的剪裁是非常彻底的。虽然一个人的思想是紧紧相连的，哲学思想会与政治思想、教育思想、史学思想等等相关联，但是在罗光的论域中，这些并不能占主导的地位，所以他避免落入许多哲学教科书的模式：将一个人的思想讲得面面俱到。因此他将一切不属于哲学的思想都剪裁掉了，单单谈哲学思想。特别是中国的思想家，他们思想往往处于一片混沌，哲学思想、政治思想、教育思想总是融合为一的，所以罗光的工作就是要在这种复杂的思想体系中，清理出其哲学思想，将一切不属于哲学范围的思想都剪裁掉。哲学的范围是什么呢？罗光说他所说的哲学范围就是西方哲学的范围，包括形上学、自然哲学和伦理学。这在他所写作的各篇中都有体现。

---

① 罗光：《生活自述》（增订版），台湾学生书局 2000 年版，第 264 页。
② 罗光：《中国哲学思想史·先秦篇》，台湾学生书局 1976 年版，"自序"。

　　在《先秦篇》里，罗光抓住儒学的核心，讲《中庸》的"诚"、"中正"，讲《大学》的"明明德"、"止于至善"，讲孔孟荀的"天"，讲孔孟的"仁"，而没有讲孔子的教育，孟子的政治，《大学》、《中庸》中的治国策略。罗光讲道家也是抓住道家哲学的核心，讲老子的"自然"、"无为"，讲庄子的"养气"、"任逍遥"，而没有讲"治大国若烹小鲜"的政治理论。在《两汉南北朝篇》中，罗光依然是抓"哲学"这个主干，紧紧围绕"哲学"这一中心来运思。我们都晓得汉代以"易学"最为突出，易学原本是讲卜筮之学，其中掺杂了很多迷信，从哲学的价值上说，汉易并不高，但是汉易却形成了独特的宇宙论，宇宙论是哲学所要研究的，所以罗光在其整个哲学思想史中，予以肯定，将汉易宇宙论容纳进来，而对卜筮方法等一概不论。南北朝更是迷信盛行，"玄谈"蔚然成风，黄老道家有很多的炼丹术，长生不老之方，罗光都没有谈，单单围绕"天"、"人"、"气"等哲学思想进行论述。《魏晋隋唐佛学篇》也是如此，虽然佛教的源流历史有许多可讲之处，但是罗光也是一笔带过，而详细讨论中国佛学的认识论等哲学思想。宋代思想家，无论是司马光、周敦颐，还是二程、朱熹、陆九渊等都是当时的从政者，其中不乏经典的政治思想，尤其是司马光的《资治通鉴》更为后人称赞，然而罗光在《宋代篇》中对这些并没有什么描写和讲述，他谈论的焦点始终是这些人的宇宙论、形上学思想、人生哲学等哲学问题。在《元明篇》和《清代篇》中也是如此，尤其是他对于清代末期的撰写，更是坚守了这一原则。清朝末年，是一个多灾多难、内忧外患的时期，可以说很多学者的思想都是为了解决时势之窘境而生，因此有学者认为近代并没有真正的哲学家。无论康有为还是谭嗣同的学说，都是为了拯救中国危难才提出的，因此他们的思想更多是政治思想，其贡献也在于政治方面，然而罗光却只谈论他们思想的哲学根基。

　　近现代社会比较复杂，时代处于变革时期，学术也呈现着多元化，这一时期的思想家也是有着多元的思想，甚至带有庞大的体系，还有些并未定型，对这一时期思想家的思想进行总结不是一件容易的事，所以罗光的《中国哲学思想史·民国篇》才迟迟动笔。在这种多元复杂的时代，面对思想家庞杂的思想，罗光仍然本着"忠于哲学"的原则，只讲当代思想家的哲学思想。所以，他在《中国哲学思想史·民国篇》的序中说道："我写这书的第一个原则还是我写这全部《中国哲学思想史》的原则：只是写哲学思想，关于社会、政治、教育等方面的思想都不谈，免得全书太泛太肤浅。民国时期有好几位思想界学人，在政治、社会或教育方面，有卓越的思想，但并不是哲学者，如梁启超、蔡元培等人，我便不详谈。有的则是中国思想史的专家，如钱穆，有的虽不能称为专家，然堪称中国思想史的学人，如徐复观，我也不多谈他们的思想。"①

二、忠于本义

"忠于本义"就是指忠于原意，在罗光的研究中，"忠于本义"可以从两方面去理解。

第一就是忠于中国哲学的原意。当中西文化开始交流时，文化之间的"侵夺"与"守卫"就开始拉锯，有人研究异族文化是为对其进行攻击，有人研究异族文化是出于羡慕但因着这种羡慕从而否定自己的文化，也有人研究异族文化是为了鼓吹自己的理论，当初利玛窦对中国文化的研究就有这种嫌疑。利玛窦对中国文化的研究，是为发掘中国文化中与天主教思想相关、相契合的理论基础，是为了天主教能入主中国打破文化差异对传教的障碍，因此其对中国文化的研究仅仅是达到传教目的的一个手段。台湾新士林哲学家继承了利玛窦的传统，"但是，有一点根本性的区别应该指出：利玛窦毕竟是洋人，而台湾新士林哲学家则是生于斯长于斯的中国人，所以台湾新士林哲学在基督宗教与中国文化的会通上更少一些传教的工具性，而多一些对本土文化的热爱感情。"② 也就是说新士林哲学家对于中国文化的研究，不再以"传教"为目的，更多的是出于学术性的研究。因此，罗光在研究中国哲学时也刻意地避免"传教性质"太强，这是他曾反复声明的，在《中国哲学思想史后记》一文中，罗光说："有些人怀疑我是不是以天主教的信仰或哲学去解释中国哲学，把中国哲学予以

① 罗光：《中国哲学思想史·民国篇》，台湾学生书局 1986 年版，"序"第 2 页。
② 耿开君：《中国文化的"外在超越"之路——论台湾新士林哲学》，当代中国出版社 1999 年版，第 20 页。

洗礼，这种怀疑乃是多余的，而且没有根据。我最不赞成有些天主教人士，牵强地把中国古书里的观念和天主教的教义拉上关系。中国哲学思想的解释应在中国哲学的思想系统里去解释。"① 因此，罗光所撰写的《中国哲学思想史》都是在中国文化系统内的解释。

第二就是忠于思想者的原意。这又可以表现在两方面：一方面表现在翔实的史料和原始材料的基础上。罗光说："为研究中国哲学，则应首先阅读各位哲学思想家的全集，摘录关于哲学思想的文句。然后综合，寻出作者思想的体系，进而研究作者所用名词的意义，最后把作者的哲学思想的文句，按照系统予以分段。每段加以说明，因此，写中国哲学史的人，不能不多引用所研究的哲学家著作的原文。否则所言无据，成为自己的臆想。"② 对于史料和材料不仅是要阅读，还要会整理总结，更要会运用。这就是罗光治学严谨的态度，这种考据在他写作《中国哲学思想史》的过程中是一种"必须用的方法"，讲孔子就引用孔子的话，讲朱熹就引用朱熹的话，谈王阳明就引用王阳明的话，论谁就引用谁的话。罗光指出这样做有两个好处：一是引用大量的原文文句可以有力地说明自己的观点，做到言而有据；二是为读者的便利，或许读者家中并没有古书可读，或许读者找不到所要的古书，这样引用原文文句就可以帮助读者阅读古书原文，使之更易了解古代哲学家的思想。

另一方面表现在对哲学家概念的厘清和观点的澄清上。罗光说他是按照哲学家本人的思想对其进行解释的，当然就是按照哲学家本人所处的社会和生活境遇进行解释。因此他也就会对人们错误的认识进行纠偏。这不仅是其撰写《中国哲学思想史》的原则，也是其研究整个中国哲学的态度。在他的很多著作中，我们都可以看到他对概念的厘清先于自己的主张。比如，他考究了《书经》、《诗经》等古书中"天"、"帝"的含义，指出"天"有人格神的意义，又指出中国文化中的"帝"就是指西方基督信仰的"上帝"、"天主"。因而他也反对将古代诗书和儒家思想硬向无神主

① 罗光：《儒家哲学的体系》（修订版），台湾学生书局1990年版，第413—414页。
② 罗光：《中国哲学的展望》，台湾学生书局1977年版，第16页。

义靠拢的意见和做法。再比如，我们上文说到的"五行"观念，若从现代社会的角度出发，"五行"只是一种虚幻的设想，且与科学不符，并没有什么实际的价值；但是若将"五行"放回历史中的位置，它的价值并不比孔子的"仁"低多少，它影响着人的整个生活。那种将概念与历史隔断的做法并不是合情合理的，所以罗光极力反对因着现代的认识，否认"五行"观念的影响，也极力反对因着"五行"观念的错误而否认全体哲学的做法。总之，要想真正明了一个人的思想就要回到他那个时代，那个环境背景，甚至是思维方式去思考。

三、溯源补遗

"溯源补遗"是从罗光《中国哲学思想史》撰写的内容上说的，所谓"溯源"就是指回溯到文化最本根的源头，所谓"补遗"就是将容易被人忽视的思想理论重新地展示出来，使之不被遗忘。这也就是罗光在其《生活自述》中所说的原则。

罗光对哲学的"溯源"是追溯到《诗经》和《书经》时代，认定《易经》是中国哲学的基石。大多数治哲学的人，研究中国哲学都是溯源到孔子，即或有讲初民"三皇五帝"时代的，也是寥寥数语，并不是当作中国哲学的根基。从哲学角度谈及《书经》和《诗经》的就更少之又少了。而罗光则从哲学的角度深入地挖掘了《诗经》和《书经》中关于"天"、"天道"的概念。罗光更是对《易经》给予了很高的评价，他说："《书经》和《诗经》所记述的生活，为具体的生活。由具体生活进入抽象思想的最古文献则是《易经》"，"《易经》乃是中华民族的第一册哲学书"，"《易经》的思想，影响了古代的一切思想派系"。[1]

因此，罗光的补遗的最重要一点，就是要提高《易经》的地位。罗光指出《易经》在中国哲学史上的地位曾因民初的考据学受到动摇。考据学家顾颉刚等人认定《易经》十翼是伪作，《易经》的卦词只是卜词，从而贬抑了《易经》的学术地位。但是在罗光看来，无论考据学上的结论是

---

[1] 罗光：《中国哲学大纲》（修订版），台湾学生书局1999年版，第3页。

怎样的，都不能否认《易经》在中国哲学史上的地位。从哲学史的角度看，《易经》虽然在孔孟的眼中只是伦理思想，但是却构成了宋明理学的根基，影响中国整个的文化观念。从罗光个人的观点看，《易经》讲宇宙的变易，变易就是生生，而"生生"则是整个中国哲学的核心，这也是他本人思想体系建构的基石。因此，他认定《易经》是中国的第一部哲学书，并主张提高《易经》在学术上的地位。

罗光对中国哲学补遗的第二点就是扩充孔子思想的论证。他说孔子的思想不仅仅表现在《论语》一书中，《易经》十传、《中庸》、《大学》虽不是孔子的著作，但是其中的思想并不与孔子思想相反相对，而且其中多有明确标有"子曰"的讲论，这些都可以成为孔子思想的论证。罗光说，《论语》是孔子的弟子所记载的孔子的言行，《中庸》、《大学》是孔子再传弟子所记载的孔子的话，虽都不是孔子所作，但都能代表孔子的思想。《易经》则受到争议，有人认定《易经》是汉代学者的作品，罗光认为这是与事实不相符的。《易经》对汉代及宋明理学都产生了深远的影响，若《易经》是汉代人的作品，那么在那个物质与技术都贫乏的时代，《易经》是不可能在当时就产生那么深远的影响的，这只能说明《易经》早于汉代出现。罗光将《易经》与《中庸》、《大学》、《论语》的思想进行了对比，认定《易经》是出于孔子的弟子或再传弟子，其中主要的思想就是孔子的思想。

补遗的第三点就是讲解汉易和隋唐佛学。汉代的易学重于卜筮的技艺，少了很多哲学的价值，但是在汉易中，以六十四卦卦爻配合季节、时令的做法，构成了易卦的宇宙论，尤其是"五行"和卦气论的观念对中国学术和民间生活造成了很大的影响，因此汉易获得了学术研究的价值，甚至罗光说，"写两汉的哲学思想而不写汉易，则缺一个大漏洞"。[①] 对于佛教思想也是做中国思想史研究的人不可忽略的，虽然佛经浩瀚，甚至为反对宗教者所厌弃，但是佛教在中国文化中的地位是不可抹杀的。一方面，佛教发展了中国的民间宗教生活，成为一种生活方式；另一方面，佛教加

---

① 罗光：《儒家哲学的体系》，台湾学生书局 1990 年版，第 404 页。

深了儒家的修身养性之道，对宋明理学的心学产生了巨大影响。因此隋唐佛学也是不能不写的部分。

补遗的第四点就在于"详细讲述宋明理学"。在写作《宋代篇》时，罗光追溯到了理学的源头开端周敦颐，顺序讲论了张载、二程、朱熹、陆王的思想。以朱熹为集大成者，讲解了理学的各方面的问题。尤其是罗光对朱熹进行了重新的定位，认为朱熹是儒家哲学体系正式建立的标志，他说："朱熹的学术思想，由李侗到谢良佐，再到程颐。他可以说是程颐的正传，但他也采取张载和周敦颐的思想。对于邵康节的理数则不赞成，只取《先天图说》。又追承孟子和《中庸》、《大学》的思想，汇成一大系统。中国儒家的传统学说，到了朱熹才成了一系哲学，在结构上虽然不能和西洋哲学系统相比，但已经有自己的体系，有形上学的基础。"①

四、系统的原则

"系统的原则"是从治学的方法说的。罗光在《中西哲学的比较研究》一文中指出，"中国历代讲论哲学的人，即是中国的哲学思想家，为讲论自己所研究的对象，常用文学家的方法。文学家的方法在于求文章之美，喜用同义字而不用分析研究法，不用系统的研究法，而不予以说明，喜用譬喻和排比，每篇文章自成一单体，不和前后文章互相连贯。因此，中国哲学思想家不用分析研究方法，不用系统的研究方法，没有写过一本有系统的思想著作，只有篇篇的文章；而且每篇文章也不是专门讨论一个问题，还有大部分的著作不是文章，而只是语录。"②

中国思想家的论述，无论是儒家，还是道家，还是佛家，都是这样没有系统，甚至他们的思想有着特定的环境，脱离那个环境，其主张就不是那样了。比如说《论语》中的仁，孔子是针对每一个学生不同的生命特质而讲的，有时指爱人，有时指一种品性，有时又指整个德纲，孔子每一次的解说意义都不相同，若非是对《论语》或孔子思想作精深研究的人，

---

① 罗光：《中国哲学思想史·宋代篇》（下）（增订重版），台湾学生书局1984年版，第604—605页。

② 罗光：《中国哲学的展望》，台湾学生书局1977年版，第14页。

是不可能有全面理解的，也只能取得片面的知识而已。

所以罗光在写作《中国哲学思想史》时力图避免重蹈古人的覆辙，主张采用西方哲学的研究方法，但是罗光所采用的并不是普通研究西方哲学史的方法。西方哲学的研究方法是一种重科学分析、重系统研究的方法。普通研究西方哲学史的人，就是系统地写出每位哲学家思想家的思想大纲，对于大纲的各点并不作详尽的论证，引用作者原文文句，只标明出处。罗光说他写《中国哲学思想史》也不用这种方法，这种方法虽有系统，但是因为没有原文文句的引证，就不能使读者明了思想家的具体的论说，尤其是对中国哲学家这种以文学手段为讲学方法的思想更不适用，所以罗光的做法就是将中国哲学理出系统，再用原文文句对系统进行详尽的说明。

其实，罗光所应用之方法就是中古士林哲学的方法。中古士林哲学的方法以理则学为根基，对于每一个名词或概念必须先下一定义，厘清内涵，尤其是对于全书中概念前后内涵不一致时这种做法更为常见。对于研究的对象，中古士林哲学必然要加以分析，使对象明了化；对于每一个命题，中古士林哲学家必然给出逻辑证明，不像中国古代哲学家仅是"一家之言"的断定。所以罗光是在理出系统的基础上，先研究陈明中国古代哲学家的概念的意义，然后再引用原文文句证明系统的成立，最后作出自己的说明。

具体来说，罗光的方法可以归结为三点："一、以士林哲学的形上'存有论'重新分解和整合中国传统的形上学。二、以因果逻辑解读中国哲学，凸显中国哲学的实在论因素。罗光《中国哲学思想史》对中国思想的诠释主要侧重于对先秦思想的再把握，通过中国思想儒、释、道三家的宇宙论和生化思想来把握中国思想中与造物主至上神相关联的创造源头，为与天主教创造理论链接铺下伏笔。三、相应观念的比较与互释：如存有与生生、天与上帝、仁与爱、理气与形式和质料以及潜能与现实诠释生生之易。"[①]

---

① 孙兵：《"中国哲学史"的编撰及"生命哲学"的建构》，黑龙江大学硕士论文，2006年，第47页。

从第一点来看，罗光并不认同一般人将儒家哲学仅仅当作伦理之学的观点，他透过对西洋哲学中形而上学的研究，找到"存有"这个形上学的中心概念。"存有"虽不是中国哲学的概念，但是中国哲学却有"存有论"，从这一点说，中国哲学有其形而上学。中国的形而上学是什么呢？就是"生生"，"生生"就是"存有"，是从动态的角度讲"存有"。罗光认为，无论是儒家，还是道家，还是佛教都是在讲述"生生"的问题，这样一来，中国就有了自己的形上学基础。这就是罗光所清理出的中国哲学的系统。

第二点和第三点就是罗光在理出中国哲学的系统的基础上所作的概念厘清、逻辑论证和系统说明的工作，这两点就是罗光对中古士林哲学方法的具体应用。这两点既是罗光治中国哲学史的方法，同时也指示出了罗光编撰《中国哲学思想史》的目的：为天主教本土化作预备的工作。

五、福音性质的研究

"福音性质的研究"是指罗光所作的研究是与其身份相关，与其使命相关的。罗光在其《生活自述》回溯其对中国哲学的研究时说，"我写中国哲学思想史，是用西洋哲学的方法。我是一位天主教教士，而且是总主教，我做中国哲学的研究，不能和我的身份脱离关系。教士的职务是宣传教义。我便想以中国哲学思想解释天主教的教义，使天主教可以为中国人所懂，进入中国文化界。圣多玛斯讲哲学和神学，不是以天主教思想去解释亚里士多德的哲学，而是以亚里士多德的哲学思想解释教义，建立了罗马拉丁文化区的天主教哲学和天主教神学。"①

这段话点出了罗光关于中国哲学思想的研究不是单纯的学术研究，而是具有目的性的，这种目的是与其传教士的身份不可分开的，他所作的一切努力都是为天主教文化进入中国做铺垫，正像上文所说，罗光的中国哲学思想研究是为天主教本土化作预备的。

那么，这是否与其第二项"忠于本义"，忠于中国文化的原则自相矛

① 罗光：《生活自述》（增订版），台湾学生书局2000年版，第232页。

盾呢？这段话同样给出了答案。罗光举出了圣多玛斯对亚里士多德哲学的研究作为回答，圣多玛斯的研究不是以天主教思想诠释亚里士多德哲学，而是用亚里士多德哲学思想诠释天主教思想。同样罗光的研究也不是用天主教思想解释中国哲学，反而是以中国哲学解释天主教思想，这样就没有外来文化的"进攻性质"，反而体现出本土文化的"包容性质"。也就是说，罗光所作的一切努力，没有很强的"工具性"，即他欲使天主教文化进入中国文化的目的没有实现，他的研究仍然具有学术的价值，不至于"付诸东流"。

这是与利玛窦时代所作的研究最大的不同点，相比之下更适于今天的时代。利玛窦时期也研究中国文化，但是当时的研究纯属是为"传教"服务的，乃至这种研究变得生硬、枯涩、难挨。从结果上来看，这样的研究带着极大片面性，乃至引发了传教史上的"礼仪之争"等重大问题。对于当时的传教士来说，这种努力虽然有益，却是很艰辛，尤其是传教初期为了"传教"而"讨好"中国文化着实令人难受。"为了将基督思想移植进中国文化而同时不使中国人震惊愤怒，利玛窦处处表现自己相当欣赏中国文化，研读中国的经史。当他发觉孔子所讲的话大体无甚错误时，遂对之采取一种善意即容忍的态度"，① 就是这段历史的写照。而罗光研究中国文化有作为学者的成分，其对中国哲学思想的研究不再是"传教"的工具，而且在当代多元化的时代背景里，用中国文化解释天主教的方式也易被人接受。

第二节 传统哲学的生命求索

罗光在整理《中国哲学大纲》时，指出按人物按时代去讲，虽然讲起来很容易，但是读者所能得到的只是哲学家、思想家孤立的思想，对于整个学派则是无从所知，所以他主张按照统绪研究中国哲学。中国哲学在历史上虽出现过"百家争鸣"的局面，然而经过历史长河而存留且

---

① 罗光：《天主教教义》，辅仁大学出版社1985年版，第17页。

对人们日常生活产生影响的只有儒、释、道三家，所以他对中国哲学大纲的研究是从儒、释、道三家入手的。对于儒、释、道的思想，罗光在《初版自序》中说道："儒、释、道的思想，各有各的门径；但是所走的方向，却都相同。三家的目的，都在解决人生问题。三家的哲学，都是人生哲学。"① 罗光将儒、释、道三家哲学定位于人生哲学，这一思想在其撰写《中国哲学思想史》时，获得了深化，儒、释、道哲学不仅是人生哲学，而且是以"生命"为核心的生命哲学，这样就使中国哲学获得了形上的基础。我们对罗光的传统哲学观也将按照罗光的模式来进行说明。

一、儒家的"生生"哲学

"儒家的哲学，讲论人生之道，以人性为基本。人性来自天命，天命显现于天地之道，称为天道，称为天德。……宋明理学家常以性、理、天、命为一实的四面，因此，儒家讲论人生之道，乃讲天地之道。"② 因此要讲儒家的生命哲学必须从宇宙论开始，罗光对儒家宇宙论的说明集中在《易经》的宇宙观、汉儒的宇宙观和宋明理学家的宇宙观三个方面。

罗光认为从《系辞》中就可以窥见《周易》的宇宙观。《系辞》中"天地乾坤"、"雷霆风雨"、"日月寒暑"、"刚柔动静"、"男女"等概念，将人事吉凶与宇宙自然变化联系起来，人与宇宙的沟通构成了儒家人生之道的基础。宇宙的开端在于天地，天为乾，地为坤，乾坤变化形成动静阴阳，阴阳的变化形成各种自然现象，自然现象就构成了整个宇宙体系。《易经》最重讲"变"，讲"生生之谓易"的宇宙变化之道。"生生"就是万物的化生，万物生于乾坤，以天地为生的根源，因为"天地之大德曰生"。天地的生由阴阳的变化而成，阴阳变化有时，有位，神妙莫测，变化不已，就构成了宇宙的"生生大业"。《易经》宇宙论所要讲明的就是宇宙变易以"生生"为目的，所以罗光说："《周易》的宇宙观，简单明了，宇宙万物整体相连，变化不停，循环不息。宇宙整体乃一动的宇宙，生化

---

① 罗光：《中国哲学大纲（初版自序）》（二次修订版），台湾学生书局 1999 年版，第 3 页。
② 罗光：《儒家生命哲学》，台湾学生书局 1995 年版，第 142、1 页。

万物，宇宙所有，乃一生命。"①

罗光指出汉代儒家的宇宙观以《吕氏春秋》为开启，以董仲舒思想为高潮，以《淮南子》为收尾代表。《吕氏春秋》以气为宇宙化生的元素，结合春秋战国时的"五行"思想，提出了气运说，认为人事和自然现象存在着感应关系，从而将人生的祸福与人的善恶联系起来，形成一种人生之道。董仲舒宇宙论以"元"为宇宙开始，系统讲解"五行"相生相克的次序，以此来表明宇宙的化生。董仲舒宇宙论的另一特色在于他强调"天人合一"。董仲舒宇宙论意义上的"天"是指"神化的自然天"和"副人的形天"，"神化的自然天"是人可以体会却不能看见的，而"副人的形天"是人可以看见的，而且人可以透过对自己身体结构的反思认识天的结构，进而董仲舒将人体和天的结构作出了具体的匹配。罗光认为董仲舒这种配合虽然很机械化、很俗化，但是他这种将宇宙论和人事伦理配合所形成的"天人合一"说却是哲学史上极有新意的。《淮南子》代表了汉末儒家的思想，糅合了道家的思想。《淮南子》以"气"为核心概念，主张天地人物都是由气而成。天地之气称为"和气"，人的精神称为"精气"，"精气"是人生命的中心，也是发动天地之气的动力。

宋明理学的特点是以《易经》和《中庸》为基础，参照《大学》、《孟子》和《论语》，糅合了佛、道的思想，这种特征也体现在其宇宙论里。宋明理学家的宇宙论开始于周敦颐的《太极图说》，此书以《易传》为架构，结合道家气运说，参照汉儒学者的思想，讲明了宇宙的演变，"无极而太极"。张载的宇宙论以"气"为中心，用"太和"、"阴阳"、"天地"、"万物"等概念表明了宇宙的结构：宇宙的根源在于"太和"，"太和"激荡分为"阴阳"，"阴阳"聚而生"天地万物"。对于朱熹的宇宙观，罗光说讲的人很多，但有些观点与朱熹本意并不相合，就是朱熹宇宙论最核心的"理气"概念及关系上。朱熹以"理气"为万物的根源，理成物性，气成物形，理限制气，气凝而成物，气的清浊决定物体的单体的具体情况。朱熹的宇宙观对后代产生了深远的影响，以至宋末、元朝、明朝思想家的

---

① 罗光：《儒家生命哲学》，台湾学生书局1995年版，第142、16页。

宇宙论只是对朱熹的注解，直到王夫之才结束了这种状态。"王船山宇宙论的特点，在于乾坤并建，他主张阴阳同时有，不是由一气而分阴阳，而是一气就是阴阳。……王船山以太和为太极，太和之气已有阴阳，只是不显出。"①

从儒家宇宙论的整个发展中，我们就可以看出儒家所讲宇宙论有一个共同的指向，就是人生之道。所谓的人生之道也就是《易经》所说的"生生"。对于"生生"，罗光解释道，就是化生万物的意思，"上面的生字为化生，由天地相交，阴阳运行而成"，"下面的生字为物，……阴阳化生所成的为性，即是物性，物性不是抽象的理，而为具体有物性的实体。这种实体称为生"。② 生既是讲"生物"，又是讲"生命"，"生物"侧重于"物"的实体，"生命"侧重于内部的动。生物因动而有生命，生命因物而有载体。

《易经》虽是一个卜筮书，但是其以爻变代表宇宙变易的思想，将宇宙变易的根源追溯到"天"，为生生而讲"天意"、"天命"、"天道"，却影响了后来的易学和儒家学说。

在后代易学中，汉易注重卦气和五行的变化，他们以"气运"配合一年四季，强调春生夏长秋收冬藏，着眼点在于农作物的"生生"。宋代的易学以邵雍为代表，他有先天后天说，讲论卦的方位和次序，认为万物都是八卦生成次序演变而来。他专于"易数"，试图使卦爻变化经过"数"的转变，将人事和天地演变联系起来，其"生生"重在"生成"的动作上。元明时期的易学较为纷杂，对生生的理解也就各执一词，没有一定的说法。

总之，"历代易学的生生，为一个传统一贯的思想，整个宇宙的形成和万物生化，自然连成一系，这一点从周敦颐的太极图就很明显地表现出来，对于万物的生化，《周易》常说天地化生万物，宋明采用以解释太极。同时代也有薛瑄以生不是父子的生，而是发展或散开，且没有时间先

---

① 罗光：《儒家生命哲学》，台湾学生书局 1995 年版，第 142、98 页。

② 罗光：《儒家生命哲学》，台湾学生书局 1995 年版，第 142、105 页。

后，只是'齐生'。这些思想由理学家接受和整理，作成宋明理学的生生思想。"①

儒家哲学以孔子为开端，孔子是儒家哲学的源头。在孔子思想里，虽然并未明讲"生生"理论，但是孔子在传授《易经》时，将《易经》中占卜吉凶的思想转变成了伦理善恶的思想，强调人的生命不在于外在的身体生活，而在于内在的心灵生活，而心灵生活又重在道德修为。"孔子的生生观，由易卦的万物生生的关系，看到宇宙为一美好的伦常世界，有次序，有调协，有生气。"②

罗光指出汉代哲学中关于"生生"的思想是与易学分不开的。陆贾认定万物由气而成，并且互相感应。贾谊则用"道"和"德"表明生生之理，道变生德，德变生气，气变生物。董仲舒的生生思想是"一元"为开始，然后发展出阴阳、五行，五行相生相克，成物成人。罗光指出董仲舒的特别之处就在于他的"天人合一"理论，他所说的"天人合一"不仅是身体结构与天的合一，更是生命心灵与天地的相合。

罗光对汉代以后关于"生生"的思想也进行了详细的说明，他认为周敦颐的"生生"思想，贡献就在于其将孔孟伦理生命和《易经》的宇宙生命联系起来，得出一个形上的基础，从而使儒家学说成为一个包含理论和实践的系统学说。朱熹"生生"思想的特别之处就在于他发挥了孔子的"仁"和孟子的"心"，"以生为仁，以仁为天地生物之心，人得天地之心以为心，人心故仁"。③王船山"生生"思想的特别之处就在于他提出"命日降而性日生"，在他的思想中，包含了历代儒家的思想，有一元的气，有天理，有天道，有五行成物，有气运成物性，所以罗光说可以透过王船山"生生"的思想来了解整个儒家的"生生"思想。在《清代篇》，罗光又讲解了戴震、康有为、谭嗣同的"生生"思想。最后罗光得出结论："生生"哲学贯穿整个儒家哲学，是儒家全部的思想的代表。

① 罗光：《儒家生命哲学》，台湾学生书局 1995 年版，第 142、130 页。
② 罗光：《儒家生命哲学》，台湾学生书局 1995 年版，第 142 页。
③ 罗光：《中国哲学思想史·宋代篇》（上）（增订重版），台湾学生书局 1984 年版，第 330 页。

罗光曾在《中国哲学大纲》中把儒家哲学的对象定准为人生之道，在这里他又将儒家哲学定为生命哲学，虽然在说法上不尽相同，但是两处并不矛盾。人生之道在"生命"的范围之中，"生命"也不能脱离人生之道。所以在罗光的《中国哲学思想史》中，他将宇宙论和"生生"思想联系起来，进而讨论人的问题。对于人的问题，罗光论述的重点在于人在宇宙中的地位，由强调人"被生"的位置，转而研究人性、人心，突出"仁即生"的宗旨。这样，罗光以"人"作为中心点，沟通了宇宙和"生生"，儒家哲学也因此成为一个体系，罗光称这个体系为"生命哲学"。

二、道家的生命发扬

罗光以"生命哲学"贯通整个中国哲学，认定无论是儒家，还是道家，乃至佛教都是以生命为中心，讲述人生哲学。道家虽不是一个积极张扬"生生"的哲学，但是其处处透露着对生命的发扬。

道家思想可以溯源到老子，虽然在老子之前就存在着道家，但因其无经籍可考，所以对其思想也就不能得知。"老子思想的特点，在于在《易经》之外，创造了宇宙变化的新系统，按这个系统，建立了他的形上哲学，他的宇宙变化系统以'道'为根本，'道'乃宇宙根源，乃形上的至高实体。"[①] "道"是道家的核心概念，更是老子哲学的"一贯之道"，老子用"道"沟通了形而上学、宇宙论、"生生"和人。

《道德经》第一章就说："道可道，非常道。名可名，非常名。无名，天地之始；有名，万物之母。"这就点明了"道"作为形上学根基的特征，"道"是宇宙万物的根源所在，它是不可以描述、论说的，若讲述、论说，也只是片面的讲述、论说。它是天地的开始，也是万物的成素。作为形而上的根据，罗光认为"道"是一种实体存在。虽然"道"的本体恍惚不定，但是其中必然"有物"，有物就证明"道"不是虚无，而是"有"，"有物"则必然是一种实体的存在。作为实体的"道"以"无"为特征，一方面"道"的本体，恍惚不定，至大无限，神妙莫测；另一方面，"道"

---

① 罗光：《中国哲学思想史·先秦篇》，台湾学生书局 1976 年版，第 160 页。

超越认识范围的无限的实体，不可名，不可道。道虽然是"无"，但是不能否定其"有"的实体性，老子虽然也在本体意义上承认道是无，但是其"无"并不是没有的意思，而是无限定的意思。罗光说："从道的本体方面说，老子也主张'道'是无，是一个无限定的有，是一切限定的有的反面。"①

罗光指出老子的"道"就像大海一样，无穷无极，因着风浪而左右奔腾。罗光的这个比喻形象地描绘了道的动，但是不太贴切之处就是"因风而动"，老子的"道"本身的动，是不需要外力的，它自己变化，所以称为"自化"，因着道的自化而化生万物。老子将道"自化"的能力称为"德"，为什么称为"德"呢？罗光说："'德'在老子的思想里，从形上本体论去看，指着'道'所具自化的德能。'道'因具有内在的德能，乃能自化而生物。从另一方面去看，'德'也指着'道'本体的'善'。'道'的本体自然光明，自然和谐……'道'本体的德，为绝对的超越的德，是自然的德，是不自知为德的德，故称'玄德'、'大德'。"②

道的自化带来了万物的生化，《道德经》四十二章说，"道生一，一生二，二生三，三生万物。万物负阴而抱阳，冲气以为和。"这个生化的过程可以总结为一句话，即是"道生万物"，万物都是本于道，而且老子认为道是内在于万物，与万物不可离的。这就进入了老子的"生生"思想，对于老子"生生"的思想，罗光着重分析了"生"在老子思想中的含义。第一，"生"是万物化生的动力，它表明道是生者，物是被生者，被生者需要依靠生者才能产生并存在。第二，"生"含有"创造"之意，罗光说，老子的道生万物并不能看成普通的生育和发生，像母亲生儿子一样，万物被生的一切原因都在于"道"，无论是材料的因素，还是动力的因素，都是源于"道"。

罗光认为"道"在老子思想里有两种含义，一是形上的本体意义的"第一实体"，一是连接宇宙人生的"法则"，两种意义相连，实体之道决

---

① 罗光：《中国哲学思想史·先秦篇》，台湾学生书局1976年版，第174页。
② 罗光：《中国哲学思想史·先秦篇》，台湾学生书局1976年版，第195页。

定宇宙人生之道。《道德经》说，"人法地，地法天，天法道，道法自然。"实体之道的变化原则就是"自然"，当然这一原则也就是人事之道。自然就是顺应人性，让人性自然显露，除去一切的人为，这也就是老子所说的"无为"。罗光总结老子的"无为"，一是在人性上不加人为，一是贵静不贵动。老子的人生观是与众不同的，他不以静为修为的手段，而作为人生修为的目标，他不主张积极的争取，却主张以退为进，以弱为强。很多人都认定老子的人生观是一种消极避世的，但是罗光却不这么认为，他说："肤浅看来，老子的人生观很消极，很朴素，也很激烈。他主张弃圣绝智，他要求摧毁物质的享受；他的人生观岂不是纯净地回到初民的野蛮生命吗？骨子里，他的思想则很深，他要求人踏过现实的环境，走向一种理想的精神生活，在于人心超越现世的人物，和'道'相结合，心中空无所有，一无所贪，平静安乐。"① 老子的哲学实际上包含了对生命极度的发扬，对超越精神的褒扬。

老子关于"道"的本体论、关于生化的思想和"遁世"的人生哲学在庄子这里获得了继承和发扬，乃至"造成了中国传统的一派人生哲学"。

在本体论上，老子曾用"无"、"无为"规定道，在庄子这里，他则自创了一个词"无有"来规定道。罗光指出庄子的"无有"更侧重于道的实体义。"有"是对具体存在的有形存在的描述，而道本身是无限无形，便可以用"无有"称呼，"庄子以'无'和'有'为相对名词，说'无'就说'有'，所以不喜欢以'无'称呼'道'，也不以'有'称呼'道'；而以'无无'和'无有'称呼'道'，便是把'无'和'有'取消相对立的意义。但是庄子书中不以'道'为无，却注重'有'。虽以'道'为无有，然而乃为一种无形之有。"② 道无形无象，"可传不可受，可得不可见"，并不能为人有限的认识能力所知。但是庄子又指出道虽是"有"却不能将道当作一种具体的存在物，所以他称道为"非物"，它是"存在"的纯根据，因此又可以称为"一"。庄子以"一"代表"道"，那么"一"是什么？罗

---

① 罗光：《中国哲学思想史·先秦篇》，台湾学生书局 1976 年版，第 223 页。
② 罗光：《中国哲学思想史·先秦篇》，台湾学生书局 1976 年版，第 342 页。

光说，庄子的"一"就是"气"，"气不是普通所说的气，乃是元气或精气，没有形，没有限制，可以说是'无有'。"①

"气"是庄子哲学中一个很关键的概念，它是从有的方面对"道"的诠说，道之变就是"气"之动，气之动则化生了万物。庄子的"气"有两个含义：一是"泰初之气"，就是作为"道"的气，是万物的根本；一是"阴阳之气"，是"泰初之气"的变形，是构成万物的具体成素。庄子将"道"的生化起点定于"泰初之气"，"泰初之气"周流于宇宙，继续变化形成天地阴阳之气，从而化生出宇宙万物。"生，形，气"就是庄子"生化"思想的程序。罗光在总结庄子论"道"思想时，指出了一个庄子的独有思想，即是关于"造物者"的观念，这个思想在老子那里是不存在的，这就是庄子与老子形上思想的最大区别所在。罗光说，这个"造物者"不仅是规律的源头，也是一种"位格"真宰，"在《大宗师》和《应帝王》篇，有造化和造物者两个名字，两个名字所指的对象，都是人的造生者。造化可以解释为自然；但是一气的变化，成为物或成为人，庄子以大冶金作比喻，大冶决定把金炼成什么器皿，造化决定以气变成人和物。这所谓造化就不能单纯地解释为自然了。造物者为有位格者的称呼，更不宜于释为自然。"② 可见，庄子像老子一样，将"道"看作宇宙太初最先有的实体，但是却不像老子一样将"道"看作是宇宙万物的根源，因为他相信在"道"之上有造物者。

罗光将庄子的哲学中心界定为"人生哲学"，所以在剖析了庄子的"道"之后，就系统地总结了庄子的人生观，"庄子的人生观，以精神为主，超脱物外，逍遥于气之中，和'道'而常存"③。庄子指出人和万物一样，都成于"气"，气变有阴阳，阴阳变而有形，然后成人。然而人在庄子这里又是特殊的，不同于物的，他认为人有"心"，有"情"。心由精气所成，虚而灵，能知，能通于万物与"道"相合。情就是心之动，庄子认为人有情，天地有情，道亦有情。情本来是天然的动向，但是当物质

① 罗光：《中国哲学思想史·先秦篇》，台湾学生书局 1976 年版，第 432 页。
② 罗光：《中国哲学思想史·先秦篇》，台湾学生书局 1976 年版，第 234 页。
③ 罗光：《中国哲学思想史·先秦篇》，台湾学生书局 1976 年版，第 234 页。

更多介入时，人之情就受到影响，出现与天性之道相背离的情况，从而损伤生命，于是庄子"接受老子的自然无为主义，但不以物质生理生活为重，乃以人的精神生活为重，使精神超越物质和'道'相合，而游于无穷"①。

若谈道家哲学，从汉朝到唐初的道家也是不容忽视的，因为在这个"分久必合，合久必分"的动荡年代，道家的"清淡无为"的人生观成了人们获得心灵安息的慰藉，虽然它并不是主流意识，但是却深深影响着社会上一切人的生活，"然而这时的道家思想，已经不是老庄的超于形骸的无为论，而是既杂有黄老的求生术，又杂有方士的五行说，以后还杂有清谈的享乐主义。这种道家思想在汉末更变为道教信仰。"②

罗光认定《淮南子》是代表汉代道家的第一本书。《淮南子》的特点就是以儒家的仁义治世的方法，达到道家的逍遥遗世的目标。《淮南子》论道是从道的演变去说的，认为道先于天地，无际无涯，是宇宙万物的根源，是最先的实体。"道"也是人生之道，宇宙之道是人们生活的模范。在人生观上，《淮南子》仍然是继承老庄的思想，主张自然无为，人不能胜天，只求人性的自然显露，和生命自然需要的满足。然而《淮南子》成书的目的在于寻找治国之道，所以它在无为之上又主张"有为"，这就是其与老庄思想的不同。《淮南子》在道家的基础上，杂糅了儒法等各家的思想，虽然思想的丰富性提高了，但道家的特色也降低了，乃至罗光说：《淮南子》成了杂家之书，"以道家为主，然不拘守道家的思想，'与世推移'，把老庄的思想杂入了术士和儒家法家的思想，而成了新道家思想却也摧毁了道家的基本。"③ 在六朝时，道家哲学称为"玄学"，以清谈为特点，他们以道家自然无为为宗，追求养生之道，同时也热心政治，并积极投身，在整体上呈现儒道合一的趋势。

---

① 罗光：《中国哲学思想史·先秦篇》，台湾学生书局 1976 年版，第 345 页。

② 罗光：《中国哲学思想史·两汉南北朝篇》，台湾学生书局 1978 年版，第 538 页。

③ 罗光：《中国哲学思想史·两汉南北朝篇》，台湾学生书局 1978 年版，第 599 页。

三、佛教的生命哲学

佛教否认生命为有，但是这并不能说"佛教生命哲学"是一个假问题，佛教整个学说都是在谈人，在谈人生，所以罗光认定佛教也是一种生命哲学，而且是一种追求幸福的人生之道。他说："佛教信仰人生为苦痛，在生老病死的连续痛苦中度过。佛教信仰的目的，便在于脱面痛苦，以得幸福。佛教乃有'苦，集，灭，道'的四谛，人生为痛苦，便要寻找集结痛苦的原由，寻得了缘因，设法消灭这些缘因，以得永远幸福之道。"① 罗光的这一概括是很得当的，四谛作为佛教的基本教义完全可以说明佛教思想的核心。从哲学上来说，佛教是围绕"有"与"空"、"真"与"假"两对概念进行的。

"空"与"有"的问题是佛教长期争论的问题，罗光认为对于"空""有"问题可以从两个层次去看：一是从形上本体看，外面的客体（即宇宙万物）的有无；一是从认识论的角度看，人对万物有怎样的认识。对这两个层次的回答，原始佛教（小乘）和后期佛教（大乘）的主张不尽相同。从形上本体来说，小乘认为外面的客体是实实在在的"有"，而大乘却认为"万法皆空"，外面并不存在客观实体。在认识论方面看，小乘认为认识是由感官直接产生或推论而成，大乘则认为心是万法的根源，一切唯识。

"真"与"假"则是大乘佛教提出的概念。大乘佛教主张万法皆空，万法根源于心，心也是空，法有生灭，心也有生灭，"法即心，心即法"，那么大乘佛教就要面对一个现实的问题：若一切都是空，都是假有，没有真实的存在，这些"假有"又怎么有呢？大乘佛教解释说他们所谓的"空"不是绝对虚无的意思，不是没有，而是"假"，是说它没有自性，不是它自己，所以心称为"假心"，万法由"假心"而生。万法和心有一个真实的实相作为其存在的根源，这个真实的实相就是"真心"，也称"真如"和"佛性"。

---

① 罗光：《中国哲学思想史·魏晋隋唐篇》（上），台湾学生书局 1980 年版，第 43 页。

　　"真如"是什么？罗光说："若就普通的哲学观念来看，中国大乘所讲的实相，应该认为最后的绝对实体，老子以'道'为绝对实体，《易经》以'太极'为最高实体，彼此对于绝对或最高实体的含义，解释不同。"①真如就是佛教的绝对的实体，最后的本体，它不生不死，无穷无限，永恒存在，是万物存在的根据。只不过佛家所说的"真如"实体与儒道两家的实体在解释上不同：对于万物的来源，佛家不像儒家和道家用"生"字，而用"因缘和合"；佛家也不直接说"真如"生万法，而说"心生万法"，在真如与万物之间经由"心"作桥梁，但实质上也是绝对实体生物，因为心亦无自性，它需要以真如为存在的根源。透过与儒道两家本体的对比，"罗光穿过佛教认为由'真如'所创造的'我''物'为'假'和'空'的否定的丛林，还原'真如'创造的现实，揭示这个创造的过程，展现所有'我''物'与'真如'的连结，与自体连结，与同类创造物连结的逻辑分析过程。这是罗光《中国哲学思想史》对佛学思想从'生命'角度总结的特色所在。"②

　　万物在佛教里称为"法"，万法就是万物。在佛教的哲学里，也谈到了"法"的构成。法有法相和法性。相是物的形相，一物有一物的相，俱舍论认为相是指物的生住异灭，也就是物的存在状态。但是罗光说，相不仅指生灭存异，还包括物本身的"形色"，所以法相就是物的表象。与真相实体真如相比，法相就是假相。性，是一物之为一物的理。在佛教看来，万法皆空，因缘而生，没有自性，但是万法因因缘而有，必定是存在，它必然要有个存在的理。为了解决这个两难，佛家提出了"众生都有佛性"，认为佛性就是"法性"，认为"佛性乃是一切法的自性。佛性有两面，一面是本体，清净光明；一面是蒙染污掩蔽，乃生幻想。宇宙万法就是佛性蒙着染污的一面，本体光明的一面就是佛"③。因着佛性就把宇宙万物和绝对实体联系起来。人具有佛性，佛性就是人的"真心"，"真心"使

①　罗光：《中国哲学思想史·魏晋隋唐篇》（上），台湾学生书局 1980 年版，第 179 页。

②　孙兵：《"中国哲学史"的编撰及"生命哲学"的建构》，黑龙江大学硕士论文，2006年，第 39 页。

③　罗光：《中国哲学思想史·魏晋隋唐篇》（上），台湾学生书局 1980 年版，第 134 页。

人存在，也使人心变幻出宇宙万法。

"真如"在万法的"法性法相"上圆满了本体的意义，罗光指出，大乘佛教各家对法相法性的解释虽然差别各异，但是有四项共同的原理："(一) 实相原理：佛教各派否定宇宙万法是实有，因此称为空。然而若完全只是空，就连幻想也不能起，和实际的经验太相违背。就是假定万法由识或心所造，也必须假定心是实有，否则识也没有。佛教遂主张有一绝对实相，称为真如。""(二) 全体原理：宇宙万物既然同有一'实相'，即同有一'自性'。宇宙万法在缘起上，同有一根源，在存在上，同有一实相的支持；因此，在存在上，就彼此互相依存，互相交融。一个理想的世界，应该是和谐、圆满的世界。这种世界称为'一真法界'。""(三) 相即相入的原理：宇宙万法的实相为一，实相即是自性；万法的实相即真如。既然实相自性为一，外面的表相虽有很多不同的差别，根本上则是同一。""(四) 涅槃原理：佛教的终极目标在于解除人的痛苦。……为达到这个终极的目标，佛教便讲涅槃，涅槃即是'常乐我净'。"①

这四项原则虽是讲真如，却点出了佛家整个的人生追求，"实相原理"表明佛家欲在空中见有，在假上寻真的人生求真实的一面；"全体原理"表明佛家在万象中寻找统一的人生求完满的渴望；"相即相入的原理"表明佛家圆融的人生包容态度；"涅槃原理"表明佛家的人生宗旨在于求"乐"。其实，一个"常乐我净"就能涵盖佛家的整个人生观。"常乐我净"可以从"我净"和"常乐"两方面去看。

从"我净"的方面去看，人一进入涅槃，便能"明心见性"，乃知真我，获得清净平安。人"在沉默清净的心中，看到自己的真我为真如。真如即是佛，既是绝对的实有，也就是我的实体。通常我只看到我的身体，看到外面的事物，没有见到我和万物的深处之真如。我若见到心中底处的真如，便也见到我和万物都只是真如向外表现的形色，犹如大海中的波浪。波浪为海水的活动，万物也是真如的活动，为真如生命的一种表现。

---

① 罗光：《中国哲学思想史·魏晋隋唐篇》(上)，台湾学生书局 1980 年版，第 137—139 页。

人若能看清了这一层大道理，人就成了佛，归到本体真如，消除假我获得真我，和真如为一，进入涅槃"。①

从"常乐"的方面去看，人一进入涅槃，就达到了一种人生"至乐"的境界。在涅槃世界里，人生苦痛得以解脱，物我两忘，与真如合一，佛教称为"大乐"。"所谓大乐在于超出苦乐以上，不觉得有乐，人入涅槃，知道了真如，乃有一切知；然而一切知就是无知，无知乃能超出苦乐，乃能远离妄念烦恼，清净自寂，然后再不轮回而自存，这种境界，很有点像道家所说的合于道的境界，无知无乐，乃有大乐。"②

因此，佛教哲学在罗光那里不是一个消极遁世的枯燥的玄谈，而是一个积极进取地求人生"真""乐"的"生命哲学"。

第三节　近代以来的哲学再生

通常研究中国哲学史的人，都会以鸦片战争和中华人民共和国的成立为分界点将中国哲学史的发展分为三个阶段：鸦片战争以前的部分为中国古代哲学，鸦片战争至中华人民共和国成立为中国近代哲学，中华人民共和国成立至今为现当代哲学部分。但是这样的划分在罗光那里是不存在的，因为在他的意念里，中国哲学从来就是一体的，是不可隔断的，所以他对中国哲学的研究是按照朝代来的，也就是按照政体的变更而有的自然区分。所以在罗光的哲学思想史中，没有中国近代哲学史，也没有中国现当代哲学史，只有《中国哲学思想史·清代篇》和《中国哲学思想史·民国篇》。若按我们通常的划分来说，罗光的划分则是很含糊的，在其《清代篇》里既有古代部分，也有近代部分；在其《民国篇》里既有近代部分，也有现代部分。因此为了避免时间概念的混淆，本节选取其《民国篇》为研究对象，而且以罗光所说国民政府迁台后的中国哲学为要。

---

① 罗光：《中国哲学思想史·魏晋隋唐篇》（上），台湾学生书局 1980 年版，第 57 页。
② 罗光：《中国哲学大纲》（二次修订版），台湾学生书局 1999 年版，第 544 页。

中国自鸦片战争之后，社会处于凋敝衰败而百废待兴的状态，鸦片战争、日本侵略、军阀混战、国内战争使国人思考生存救国之道。现实使人们把目光集中在西方文明的身上，所以自鸦片战争开始，中国人便倾向于西洋文化。这样的思想倾向在哲学领域，更加明显，以致出现了过分极端的做法：或主张全盘西化，或主张全然废弃中国传统。但是社会现实的变革不能超越民族文化的延续性，这要求人们在"西化"与"保守"之间重新作出衡量。所以1949年以后，"中国哲学已走向了建立新中国哲学的路途。先是整理中国古代的哲学思想，使有系统而可从事研究，再则以西方哲学的方法和思想融会入中国传统哲学思想里"①。

在这里，罗光认为1949年后，中国哲学就走上了再生的征程。所谓再生就是透过整理"国故"，用新的方法或用新的思想重新注释，以求中国哲学的新发展。在这条征程上行走的人很多，在这里我们不能一一而论，所以选取了罗光给予很高评价的几个人物（胡适、蒋中正、方东美和唐君毅）为代表以示说明。罗光认为胡适是最初开始整理国故的人，而且胡适也是用新方法（西洋方式）写中国哲学史的第一人。但是罗光认为在整理国故方面唐君毅是最用力的。唐君毅与胡适的区别就在于他不仅是在对中国哲学进行考据，而且也在进行新的诠释，最让罗光赞赏的是"唐君毅认定哲学应该是讲生命发展的学术"。在中国哲学史中谈到蒋中正思想的很少，但是罗光认为蒋中正的思想在中国哲学史上是有一席之地的，因为蒋中正"行的哲学"实乃一创新思想，并且蒋中正也是真实地将"行的哲学"践行出来的人，推动了社会的革新。对于方东美，罗光认为他是在中西哲学融会中成绩很高的人，"他是民国时期里最有哲学思想的学人。他领悟了中国哲学的精神，提出几千年传统的精华，以生命思想作中国哲学的主流，'一以贯之'"，是民国时期少见的哲学家。② 这四位的思想对罗光来说都很重要，一方面提供了可借鉴的方式方法，另一方面又给罗光的"生命哲学"提供了重要的素材。

---

① 罗光：《中国哲学思想史·民国篇》，台湾学生书局1986年版，第42页。
② 参见罗光：《中国哲学思想史·民国篇》，台湾学生书局1986年版，第281页。

一、胡适哲学思想

在整理中国哲学方面，近现代涌现出了一大批学者，但是胡适是第一个用西方哲学的方法编撰中国哲学史的人。胡适所使用的西方哲学方法就是杜威的实验主义。实验主义不仅是一种方法，也是一种哲学，所以胡适本着实验主义哲学的精神对中国文化进行了批判。因此，胡适的哲学包含了两部分：一是对实验主义哲学的介绍与吸收，一是对中国传统哲学的反思。

实验主义首先是一种治学的方法，杜威曾将这种方法归结为五个阶段：第一个阶段就是发现问题阶段，这个阶段就是人对某一问题产生疑问、困惑而引发思考的阶段；第二个阶段就是分析问题的阶段，在此阶段人会就自己的疑问、困惑作出分析；第三个阶段就是陈列答案阶段，在此阶段，要将一切可能的答案陈列出来；第四个阶段为假设答案阶段，就是在诸多可能中，选择一个假设为问题的答案；第五个阶段就是论证阶段，即对自己的假设答案给出合理的证明。对于杜威实用主义的方法，胡适是非常认同的，他在其留学日记中说到自己深受其影响："杜威所有系统思想的分析帮助了我对一般科学研究的基本步骤的了解。他也帮助了我国近千年来——尤其是近三百年来——古典学术和史学家治学的方法，诸如'考据学'、'考证学'等等。"①

胡适接受了这种方法，并将这种方法浓缩为"大胆假设，小心求证"。在胡适的学术研究中，这种方法得到了彻底地遵循。他用这种方法完成了他的博士论文，也是用这种方法写作了《中国哲学史大纲》（上卷）和《中国中古思想史长编》，也是用同样的方法完成了对《红楼梦》的考证。我们不能否认胡适用这种方法所取得的学术成果以及其在学术史上的地位，但是罗光指出胡适的方法是改了装的，尤其是其关于问题与经验的解释并不是杜威实用主义的本义。罗光说："杜威的问题和经验，含义很广。他以人的智识和哲学，都为研究并解决人生活上的问题；所谓拿经验

---

① 胡适：《胡适留学日记》，台湾商务印书馆1959年版，第96页。

来证明，包括一个人在生活上与各方面所有关系的历程。我们对生活的各方面关系，应加以分析。人事方面的关系，有人的自由意志来决定。关于人事方面问题的解决，是要提出假设，作为计划，计划对不对，是要看效果若何。若是关于自然界的问题，则有客观的自然规律和事实。研究自然科学的人，由各种实验，得有一种结论，称为自然科学的规律或事实。然因科学家不能用尽一切的实验，以知事实的真相，因此，这些自然科学的规律或事实也就称为假设。这种种的假设，不是人所提出的，也不是人所选择的，而是由客观的实验而得的。所以和胡适所说的大胆做假设不同。至于研究学术，例如考据学，应先由种种的研究，得出一种结论，作为假设；而不是先作了假想，然后去寻证明。那就犯了先有成见，先有自己的主张，然后想法证明，这不合于研究学术的方法。"①

实用主义也是一种哲学思想，它以"经验"为研究对象，研究人的一切的生活经历，包括人与自然的关系，人与社会的关系，只要是和人生活相关的一切都可以成为人的经验。人的一生总是处于"经验"过程中，"经验"永远不会过去，它是正在生成中的东西，它也指向未来，所以"经验"便能够成为哲学研究的对象。但是人的生活在变，经验也是随时随地在变化的，自然对经验研究后所得到的"真理"也是变化不定的，所以胡适得出了"真理都是工具"的结论。实验主义也有形上学的部分，研究"经验"的性质、关系、延续，但是这并没有对胡适思想产生很深的影响，因为他将自己的研究定位于是对"人生问题"的研究，而形而上学是"哲学问题"，只能留给哲学家去谈了。作为哲学，实用主义包含形上学的纯哲学部分，也包括重实际重功利的行为哲学，胡适只是吸收接纳了其行为哲学的部分，强调事物的相对性，注重功利实效。尽管胡适不看重实用主义的形上基础，但是实用主义同样在胡适哲学中产生了重大的影响，以至罗光评价说："胡适的哲学思想，都是接受杜威的思想。"②

胡适治中国哲学史的特点可以概括为三：其一，采用新的方法；其

① 罗光：《中国哲学思想史·民国篇》，台湾学生书局 1986 年版，第 154 页。
② 罗光：《中国哲学思想史·民国篇》，台湾学生书局 1986 年版，第 160 页。

二，以实用主义作为诠释的角度；其三，反传统轻忽儒学。

胡适的《中国哲学史大纲》（上卷）是当时的学界的新颖之作，作为新式的哲学史，它之所以能赢得罗光很好的评价，就在于其研究和讲论的方法上。蔡元培曾把这本书的优点归结为四点，"论证"、"扼要"、"平等"、"系统"，即该书作者本着平等的眼光，以证明为方法，简明扼要地对中国哲学史作出了系统的说明，这就克服了中国哲学没有系统和材料真伪难辨的不足。罗光对胡适这种系统的研究方法表示认同，但是他却不能认同胡适治中国哲学史的目的。胡适在这本书中将哲学史的目的规定为"明变"、"求因"和"评判"。罗光指出，明变和求因是治哲学史的必要方法，而评判则值得商榷。罗光认为一本哲学史在分析明白的基础上，给读者留有评判的空间也不失为一种良方，但是作为研究的目的还是有待商榷的。

在方法上，罗光更是指责了胡适方法运用上的过失。罗光认为在胡适的《中国哲学史大纲》（上卷）编写中，存在"以方法伤内容"的弊端。胡适用系统分析方法，将中国哲学的很多概念都能够讲解清楚，却忽略了哲学的重点。哲学是一种观念的表达，都有其核心概念，若只讲诸多名词，却不谈核心观念，也不围绕核心观念讲解诸多名词，那么就失去了哲学史的意义，而成为词典式的条陈。胡适在方法上的另一过失就是将考据法的绝对化，罗光认为考据是研究中国哲学史的一种重要方法，但是具有内在联系的哲学思想不如能用历史学方法来解释。

其实方法上的过失是与其思想观念分不开的，胡适的整个哲学乃至思维观念和治学方法都是来源于实用主义哲学。实用主义强调"实际论就是宇宙论世界观"，一切都应该是围绕实际人生进行的，所以胡适强调他所要研究的问题就是"人生问题"，而对于形上学问题根本否认。这种观念深深影响了其写作《中国哲学史大纲》的内容，因着其不承认形上学问题，所以对于中国哲学史上的形上问题他也就"避而不谈"、"闭口不言"。因此，他谈道家，谈老子的无为而治的人生方法，却不谈无为而治的根源形上之"道"；谈孔子，只讲正名的社会伦常秩序，却不讲孔子以"仁"为核心的形上追求，这样上文所说的"以方法伤内容"的过失就出现了。

由于实用主义哲学很看重"经验"，因此，人的重要性获得了提高，形成了"世界是人所造的"的世界观，这种观点对胡适影响也很深，乃至他将一切超出人世的宇宙都判为"迷信"。这种极端的观念就导致了他对哲学家的思想评判的有失水准。

胡适所处的时代是一个变革的时代，是一个传统哲学受到挑战的时代，也是一个主张西洋"科学"、"民主"的时代。当时中国内忧外患，很多人带着对西方科学民主的过分"崇敬"，将一切祸根都归结到了中国传统上，中国传统以儒学为主流，所以"孔子"就成了"罪魁祸首"。生活在这样的社会环境中，又以"社会变革领导人"自居，就使得胡适站在时代浪尖，高呼"打倒孔家店"。这样的时代深深影响了胡适的思想观念，也影响到了他对中国哲学史的研究。

胡适很钦佩孔子个人的人格，他赞赏孔子春秋的书法，"这种褒贬的评判，如果真能始终如一，本来也很有价值。……中国的历史学几千年来，很受了《春秋》的影响。"[1] 胡适也很看重儒家经典，欣赏戴震哲学。但是他对宋明理学极尽批评，将理学定为"吃人礼教"。对此，罗光极尽批评，"'吃人礼教'，用词太凶，胡适很佩服清朝的经学；请问清朝经学家也没有一个人说了一句反对小脚的话，经学还有没有价值呢？理学是哲学，小脚是社会的习惯风俗，既不是因理学而兴起，为什么理学家不反对小脚，理学就没有价值呢？胡适是相信哲学一定要解决社会的实际问题；可是社会实际问题较比小脚更重要的还很多呢？"[2]

可见，胡适哲学思想对儒家采取的是轻忽基调，而罗光的评价也是消极的。但是罗光最后的评价还是客观公允的，他说："我所写胡适的哲学思想，看来都在反面说话，这是因为胡适的主要学术工作并不在哲学，而是在考据和领导社会革新。在哲学思想方面没有很多成就，并不能减低胡适在中国思想史上的地位。"[3]

① 胡适：《中国哲学史大纲》（上卷），商务印书馆 2011 年版，第 103 页。
② 罗光：《中国哲学思想史·民国篇》，台湾学生书局 1986 年版，第 168 页。
③ 罗光：《中国哲学思想史·民国篇》，台湾学生书局 1986 年版，第 173 页。

二、方东美哲学思想

方东美哲学的特色在于融会中西哲学，既对西方哲学有精深的研究，又对中国哲学尤其是《易经》有过钻研，最终将中国哲学定位于生命哲学。方东美可以说是与罗光生命最相契合的一位哲学家，因为在思想上两个人都对中西文化有很深的了解与研究，都将中国哲学界定为"生命哲学"，在生活上两人又都爱好艺术，只是信仰使二者区别开来，但是这依然不减罗光对方东美的崇敬与赞扬。

对于哲学的定义，自古"仁者见仁，智者见智"，直到如今，哲学依然没有统一的定义，每一个人都有其各自的见解。而方东美的理解是一种特别的见解，也是与罗光思想相一致的。方东美说："总摄种种现实与可能境界中之情与理，而穷其源，搜其真，尽其妙，之谓哲学。哲学意境内有胜境，无情者止于哲学法门之外。哲学意境中含至理，违理者逗于哲学法门之前。两俱不入。衡情度理，游于现实及可能之境，妙有深造者谓之哲学家"。① 对于哲学家的任务，方东美认为哲学家是集先知、诗人、圣贤于一体的。作为先知的哲学家要预报未来的事情，对人生各种事情的发展有引导之责；作为诗人的哲学家要体验生活，体会实际人生并以简明易了的话语陈说；作为圣贤的哲学家要有超越的精神追求，贯通整个宇宙的生命。

方东美将哲学定义为"情"与"理"，但是他所讲的情与理并不是情与理本身。若讲情，心理学、艺术论则更擅长；若讲理，理则学、伦理学则讲得更明白。哲学是要讲将情与理关联的至理，其背后那个不会改变的本体，方东美所要强调的哲学不是死板的，因为其中充满情，体现着哲学家的精神；哲学不是盲目玄谈，他是讲理的，以根据立据的。

其实这和罗光对哲学的理解是相通的。罗光在《士林哲学》中将哲学定义为"推知万物至理的学问"②。乍看起来，二者只是在"理"上相

① 方东美：《哲学三慧·生生之德》，黎明文化事业公司1979年版，第138页。
② 罗光：《士林哲学——理论篇》（第三版），台湾学生书局1990年版，第24页。

合，在"情"上讲不通，事实上二者是相通的。因为罗光在对定义进行解释时，将哲学所研究的学问，定义为"人生哲学"，包含伦理修身，而无论从人生哲学还是从伦理修身方面说，哪一个又能脱离"情"呢？而且罗光在陈说方东美哲学观点时，明确表示，"哲学乃是人的智慧，追求生命的奥妙，由低级生命而升到玄妙的神性生命，认识万物的原本意义。人的智慧便能登天入地，入精入微，面对宇宙的奥妙，而心有欣享的快乐。哲学乃生命的至理。"[1] 这可以说，既是罗光对方东美哲学观的解读，也是他自己哲学观的表白。

方东美正是以"生命"的观点看待人与宇宙的。他曾画一图将宇宙分成"自然界、超自然界，自然界分为三层生命世界：物理生命世界、生理生命世界、心理生命世界，超自然界又分为三层生命世界：艺术生命世界、道德生命世界、宗教生命世界。按这六层生命世界，分成六种人：工技人（行能的人）、创建人、智慧人、象征人（符号人）、君子人、宗教人。在这六层生命世界的顶点，有：威仪可敬的人，这种人上通神灵的神性"[2]。方东美将人范围在生命中，人不但是物质自然界的生命，也是超于自然界的生命。然而人的生命也不能仅仅停留于超自然生命世界的底端，而是要不断向上追求。在方东美看来，艺术生命世界虽然可以创造美，然而也只是表达人的主观感受，却无法表达"完满"之美，所以要有更高的追求。道德生命世界中体现的是最有智慧、最高精神的生命，它能旁通一切的人、物，具有最高的精神价值。然而，还存在着用艺术精神、用道德精神无法表现、无法赞扬的生命，这就是宗教生命世界。尽管方东美对宗教生活给予了很高的评价和定位，但是在他的思想里，在他的生命中，他并不主张宗教的生命世界。在他看来，中国道德生命是内在于人的，西方宗教是外在的形态，所以相比之下，道德的生命世界更能深入人心。因此，"方东美心目中的人，是天人合一，参赞天地化育的人。"[3] 其实，方东美所走的路线就是当年梁漱溟所走的路线，像梁漱溟一样，虽然看重宗

① 罗光：《中国哲学思想史·民国篇》，台湾学生书局1986年版，第243页。
② 罗光：《中国哲学思想史·民国篇》，台湾学生书局1986年版，第245页。
③ 罗光：《中国哲学思想史·民国篇》，台湾学生书局1986年版，第252页。

教的价值，但是在人生路向上仍然高举儒家的道德哲学。这也是和罗光的分歧所在，罗光看重宗教的价值，也看重儒家道德的价值，但是其更主张宗教的价值高于道德的价值，所以他人生的取向在于"基督精神"。毫无疑问，这是他们身份特征的表现，方东美是现代新儒家大师，其新儒家的身份就决定了他高举发扬儒家哲学的使命，而罗光是天主教主教，这样的身份就决定了其传递"福音"的使命，所以在中国未来发展的道路上，一个选择了儒家的"返本开新"，一个选择了"天主教的本土化"。

在宇宙观上，"方东美所生活的宇宙，是一生命激荡的宇宙，是一个因生命而互相联系的宇宙，是一个互相联系而又和谐的宇宙，他由《易经》以构成生命的宇宙，由《道德经》和《庄子》以窥见宇宙的精神，由《华严经》而体验宇宙万物的互相融会；因此他的宇宙，乃是一个圆融的宇宙。"① 方东美的宇宙是"生生之谓易"的宇宙，处于生命流转，生生不息之中；他的宇宙也是空灵超化，"道通为一"的宇宙，逍遥自在，超越时间；他的宇宙还是"一切入一，一入一切"的宇宙，没有对立区分，一切圆融。罗光指出，方东美的宇宙观带有其哲学的玄想，但是透着其生命的追求，虽然在方东美自己看来是一种"理想"，却是有可能的，用罗光自己的概念来表述，方东美所追求的宇宙就是"人心创生力与宇宙创生力同化的宇宙"，也就是"人与神合一"的宇宙。

方东美不仅是以"生命"去讲解宇宙人生，他也用"宇宙人生"讲解生命。他认为，"普遍生命，即性，含五义：育种成性义，……开物成务义，……创造不息义，……变化通几义，……绵延常存义，……"② 罗光认为方东美所讲的"生命"就是宇宙的生命，就是宇宙的变易。方东美将宇宙看作一个有机体，有机体在一种"创造力"的作用下继续变易，这种变易就是生命。罗光说，宇宙的变易使自然界各种物体的新陈代谢变化汇成一股生命的洪流，这种说法和结论都不错，但是方东美并没有就每个物体是否是生物给予回答，他看到的只是万物构成的整体，所以方东美所

---

① 罗光：《中国哲学思想史·民国篇》，台湾学生书局 1986 年版，第 253 页。
② 方东美：《中国哲学之精神及其发展》（上），成均出版社 1984 年版，第 150 页。

讲的生命只能是宇宙的生命，而不是每个单体的生命。尽管如此，方东美还是承认宇宙间有人的，所以他所说的宇宙生命是以人心为中心的。他承认儒家所说的"人者，天地之心"，并从儒家的天、地、人三才理论出发，指出人也具有乾元的创造精神，人因着这种创造精神而能与天相配，宇宙生命发展的极点，就是人心与天心相合。方东美认为人心的生命是心灵生命，就是精神生命，也就是道德生命，所以方东美追求的依然是儒家的"天人合德"。在生命哲学上，方东美的另一特点就是从时间角度对生命进行解释。方东美认为时间的本质就是"易"，而"易"就是生命，所以说到底时间的本质就是生命。

方东美的生命哲学深深影响着他对中国哲学的看法，所以他对中国哲学的共同特征的注解也是从生命哲学的角度出发的。他将中国哲学的通性总结为四点：第一，在于以哲学研究人生。第二，在于由宇宙说明人生，以宇宙人生为一体。第三，在于人生存在着超越性的追求。第四，在于人性具有内在价值。方东美认为中国哲学并不是以思想观念的表达为目的，而是"向人性深处去了解，然后体会人性本身与其一切努力成就，处处可以看出人格的伟大"①，所以中国哲学的核心是生命哲学。罗光对此是非常认同的，所以他说这一点是"中国哲学的基本通性"。方东美最强调的是第二点，他用"一以贯之"作为概括，认为儒、释、道的一贯之道就是"道"，就是人与宇宙相贯通之道。罗光认为这一点强调了中国文化的整体性，不能用西方哲学的分析方法研究。第三点所讲的就是儒、释、道都追求人格的超升，都追求一种超越于现实、超越于人的精神境界。第四点，方东美是在反对宗教人性超升的基础上提出的，他强调，无论是儒家、道家，还是佛教，都强调人性的内在价值，追求人性的内在发展。对于后两点罗光没有过多的评价。

方东美哲学在大体上是与罗光哲学或者说哲学主张是一致的，所以罗光对方东美的评价还是很高的。他说："从我所讲的可以看出他是民国时期里最有哲学思想的学人了。他领悟了中国哲学的精神，提出了几千年

---

① 方东美：《方东美先生演讲集》，黎明文化事业 1978 年版，第 45 页。

传统的精华，以生命思想作中国哲学的主流，'一以贯之'。在他的思想中，宇宙是一个生活而和谐的宇宙，人和宇宙相连，升到天人合一的境界，构成高度的精神生活，可惜他常留在理想界里，以诗人和文人的文章表达思想，不免有笼统不很明确的阴影。但虽有这种中国哲学家传统的缺点，他仍旧是民国时期少见的哲学者，对于当前中国哲学界的影响也大。"[1]

三、唐君毅哲学思想

罗光认为在民国时期整理中国哲学方面作出贡献的，除了方东美以外，还有唐君毅，他认为方东美的工作使中国哲学的精神得以总结和发挥，而唐君毅的工作在于澄清分析中国哲学的重要观念，使哲学概念获得了确定的意义。

同样，罗光对唐君毅哲学的分析是从其哲学理解出发的。唐君毅将哲学理解为贯通知行的学问，这种学问可以帮助人了解各门学问之间的关系，也可以包括这些学问与人生的关系，总之，一切可知可行的知识都可以包含在哲学的范围内。罗光认为唐君毅的这种界定，包含了几点重要思想，"学问都是人对事物的态度，认识由人心所造。人对于这些认识所成的学问，力求一贯。一贯之道，在学问与人生的关系。人心是一，人生是一，各种学问智识也当一贯，求一贯之学，乃是哲学。哲学所以是人生关系之学。"[2] 其实，唐君毅对哲学的这种界定在他的哲学体系中是深有体现，所以他的哲学体系是一个无所不包的体系，包括了社会、政治、经济、道德、伦理、文化、哲学、宗教等等领域。所以，罗光的总结也是得当的，唐君毅整个哲学就是以"心本体"为线，贯穿人生各部的哲学。对于唐君毅这种以哲学贯通其他各门学问的做法，罗光也表示赞同。罗光认为现代追求多元与区分，学问是越分越细，从而使人有了分裂感，因此哲学的贯通便可以消解这种分裂感。然而唐君毅哲学的这种"一贯"之方也

---

[1]　罗光：《中国哲学思想史·民国篇》，台湾学生书局 1986 年版，第 280—281 页。

[2]　罗光：《中国哲学思想史·民国篇》，台湾学生书局 1986 年版，第 290 页。

存在着弊端，罗光说唐君毅哲学上及人生来源，下及人生实践，反而使哲学内容变得复杂了。

唐君毅根据西方哲学的划分将哲学分为名理学、形上学、人道篇、价值学、文化哲学、哲学方法六个部分。罗光特别分析了唐君毅对儒家形上学的看法。罗光指出唐君毅举出了各种形上学理论，却从来没有讲说自己的观点，但是他却很重视儒家的形上学。罗光指出唐君毅把儒家形上学建基在《易经》上，以生生之天道为核心，从天道而人心，从天德而人德，这是正确的。同时，唐君毅又讲明了儒家形上学与伦理学的关系，认为形上学与伦理学密切相关，是伦理学的基础；反过来伦理学又给予形上学实际证明，"这种证明，不是推理的证明——由宇宙形上天道之存在的假定，推到日常生活的实践；而是一种相反的途程，由日常生活所直觉体会的人道，而得到形上宇宙天道，中国哲学不用分析的推论，而用实践的直觉体会。"① 虽然这样的概括并不是唐君毅自己的总结，而是罗光从唐君毅思想中抽离出来的，但是唐君毅毕竟有这样的体认。他的"心本体"源自于他对世界虚幻和宇宙悲苦的体认，然而心本体却又成为他统贯人生全部的核心，乃至人生最后的指向。

唐君毅对中国哲学的整理，其特色在于对概念范畴的整理界定，其称这种做法为"原"，也就是将一个概念范畴还原为思想家的当时所使用的本义。罗光认为在唐君毅的整理中蕴涵着他对中国哲学的思考和看法，所以对其研究是很必要而有价值的。因此，罗光对唐君毅整理的中国哲学进行了介绍，其方法也是以"原"为主，只不过他是以唐君毅所"原"的概念来整理唐君毅的整理。罗光抓住了唐君毅整理的四个概念："理"、"心"、"道"、"性"。

对于理，唐君毅从哲学史的路线梳理了从古至今人们对于"理"的意义及态度。对于"理"的态度，历史上各家表现不同，甚至大相径庭，宋明理学强调理，清代学者却加以贬抑，现代人虽采用"理"之名词，却改变了其含义。唐君毅的贡献在于澄清"理"的含义，他将先秦中"理"

---

① 罗光：《中国哲学思想史·民国篇》，台湾学生书局 1986 年版，第 295 页。

的含义归结为五种：一是韩非子和荀子所用的指物体性相的物理；二是庄子所用的形上之玄理；三是墨家所强调的判断与推论中的逻辑之理；四是孟子所强调的人心当然之理；五是荀子所说的文理。这五种含义加上"名理"成为六，但是这六种理可以总归为"理由之理"。到了宋明理学，"理"不再是"理由"，而上升为本体论中的"性理"。宋明理学所指的性理就是仁，而唐君毅将这个仁界定为天理和道，而且认其"为人内心之理，凡是人和人和物相接触时都可以多少体验到，所以不是空理，不是外在物理，也不是佛教所说破除执障而后见心理"①。所以在唐君毅的哲学体系中，心即是仁，心本体就是道德自我，它不仅是一个形上的本体概念，还是实际人生的发动力，因为心本体即是生命存在。

对于心，唐君毅认为中国哲学思想是重"人"的，而人又以"心"为根本，所以要考究哲学史上对心的理解。然而他只讲了孟、荀、墨、庄四人的"心说"，孟子强调性善之"四心"，墨子看重"理智心"、"知识心"，庄子则研究情感之心，荀子则讲能知能主宰之心。唐君毅未谈及宋明理学家关于"心"的观念，然罗光补足了这一点。他说："'心'，在中国人之心中构成了一系统'心学'，王阳明以心学源自孟子，由陆象山承传，再由他自己而发扬。实则孟子的心论，在程朱的思想中得有流传。陆王的心学，则应由孟子而到禅宗，由禅而到陆王。庄子所言'以其心，得其常心'和禅宗的'明心见性'，或由假心而见真心，非常相近，陆王受禅宗的影响，以建立自己的心学。唐君毅在谈孟子的心，未曾指出这一点。"②

对于道，唐君毅是以儒、释、道、墨四家为梳理路线的。儒家孔子讲仁道，孟子讲立人之道，荀子则讲由心知而统类之道；墨家则以义言利；佛家有中道、唯识道、判教之道等等；道家庄子讲超世间人伦之道。唐君毅总结无论哪家哪派在实质上都未超出老子"道"的范围。他将老子的"道"总结为六：形上实体之道、虚理之道、道相之道、同德之道、修

---

① 罗光：《中国哲学思想史·民国篇》，台湾学生书局1986年版，第302页。

② 罗光：《中国哲学思想史·民国篇》，台湾学生书局1986年版，第306页。

德之道、生活之道。唐君毅以形上实体之道和修德之道贯通道的名义，认为这"六义"是一个整体。对于道，唐君毅曾作《原教篇》讲解宋明道学，用以接续《原道篇》的内容，最终形成了对道的完整考察。

对于性，唐君毅曾作《原性篇》。罗光说："原性一编，讲论中国人性思想的发展，通于中国全部哲学史；因为论性，乃中国哲学的基本问题，牵涉很广，无异一册具体而微的中国哲学史，但仍然为范围所限，不能就中国历代哲学家的全部思想作叙述。"① 同样，唐君毅在原性时也存在着与研究其他概念同样的问题，就是从来不正面陈述自己的形上思想，只是对哲学家的观念和方法进行陈说。

对于唐君毅的哲学研究和他个人的哲学，罗光同样以"生命哲学"进行了界定。他说："他（唐君毅——引者注）对哲学的研究常以人为中心，而对于人，则又以心为中心，所以他的哲学可以说是人心的哲学。但是他研究人心，不是研究心的本体，而是研究人心对人生之用，因此他的哲学，可以说是生命哲学。"② 唐君毅是一个有思想创建的人，他创建了一个属于自己的庞大哲学体系，这个体系就是心通九境。

唐君毅根据生命心灵对境相的感通方式不同，将人生从大处分为客观境、主观境、超主客境，再进一步细分，一境化三，而成为九境，即万物散殊境、依类成化境、功能序运境、感觉互摄境、观照凌虚境、道德实践境、归向一神境、我法二空境、天德流行境。这九境由人心贯通，能够概括全部人生。罗光说这九境，"实在是代表哲学的各方面，第一方面代表宇宙论，论物论变化；第二方面代表认识论，有逻辑学、认识论和伦理学；第三方面代表生命超越论，列举三种人生超越论，一神教、佛教、儒家。因此，在这九境观，唐君毅以生命的心灵活动贯通全部哲学，在这九境观里虽然述说了许多学派的主张，但更表现了他自己的哲学思想。"③

唐君毅的哲学思想是什么呢？他的哲学就是要在九境中看见"心体"，在"心体"中发展生命存在。唐君毅认为人的生命心灵活动有三方

① 罗光：《中国哲学思想史·民国篇》，台湾学生书局1986年版，第336页。
② 罗光：《中国哲学思想史·民国篇》，台湾学生书局1986年版，第354页。
③ 罗光：《中国哲学思想史·民国篇》，台湾学生书局1986年版，第357—358页。

向，即由前向后、由内而外、由下而上。他说："此生命活动之三方向，是知之三方向，亦是情之三方向，而根柢上则为意或志行之三方向，可称为心灵生命之三意向或三志向"。① 此意、志行便包含一道德性，所以可以说九境是以知、以德为序。具体来说，万物散殊境、依类成化境、功能序运境体现了人对知识的追求是无所谓善恶道德的，即使行善也是不自觉的。感觉互摄境、观照凌虚境是认识的进一步，它打通物物、人物、人人之间的阻隔，则进入了一种关系中，这种关系必然要有道德的性质；道德实践境中，道德性便被鲜明地提出来，但却带着"求"的意向，有几分"刻意"。归向一神境与我法二空境则是求善而受现实阻碍的结果；天德流行境则是道德性的完美体现，满全了人在其他境界的追求。在这一境界中，人是超自觉的，不再求索善，而是自然流露出善。唐君毅整个心灵九境便是对心体的复归，强调了心体的知识性和道德性，而其以道德性为根本则体现了其哲学的宗旨。他也正是要用儒家这种"天德流行"使个体"尽性立命"，来拯救中国的现实问题和哲学发展困境，开创新的哲学。

唐君毅的哲学体系是严密完整的，因此"若想批评唐君毅的思想，决不是简单的事"，然而他以心灵生命为知识观照，"观照则按佛教所讲，为心灵光的观照。用这种思想批评其他思想，用这种思想建立融合儒、佛、基三种思想，很难说有成功。"② 这就是罗光对唐君毅哲学思想的最后评价，他的评价带着中肯，也暗含了他的价值取向宗教高于道德，基督宗教高于儒家。

---

① 唐君毅：《生命存在与心灵境界》，中国社会科学出版社 2006 年版，第 18 页。
② 罗光：《中国哲学思想史·民国篇》，台湾学生书局 1986 年版，第 357—358 页。

第十八章　劳思光的中国哲学史研究①

劳思光（1927—2012 年），祖籍湖南长沙，出生于陕西西安。曾就读于北京大学哲学系，毕业于台湾大学哲学系。曾任教于香港中文大学等，是台湾"中央研究院"院士。

劳思光是活跃于中国港台地区的著名哲学家、哲学史家，著有《康德知识论要义》、《存在主义哲学新编》、《虚境与希望——论当代哲学与文化》等。劳思光在《中国哲学史》的基础上编撰了三卷四册的《新编中国哲学史》，于 20 世纪 80 年代中期在台湾出版，内地 2005 年由广西师范大学出版社出版。这是一部在港台地区有着重要影响的中国哲学史著作，提出了基源问题研究法，以儒家心性学为中心对中国哲学史进行了另一种思路的建构，在中国哲学史学史上占有重要地位。

第一节　中国哲学史学史思想

在劳思光的《新编中国哲学史》之前，已有一些中国哲学史研究的通史性论著出版，如胡适的《中国哲学史大纲》（上卷）、冯友兰两册本的《中国哲学史》、范寿康的《中国哲学史通论》等，劳思光对其有褒有贬，但贬多于褒。这里实际上涉及我们对先在成果的评价态度问题，在这一点上，我们比较赞成钱穆的观点，即用"温情和敬意"对待中国已有历史和

---

① 本章由柴文华、杨辉执笔，柴文华修改。

文化。顺此而言，在中国哲学史学史的领域，我们对以往的中国哲学史著作也应该抱有"温情和敬意"，而劳著反映出来的则是一种"冷漠和鄙视"的态度。"温情和敬意"与"冷漠和鄙视"都有可能走向情绪化，关键问题是要看评价内容是否符合评价对象的实际。总体而言，劳思光的《新编中国哲学史》对以往中国哲学史著作的评价多有不实，需要进一步斟酌。

一、对古代哲学史的评价

劳思光认为，中国古代的学者对史学的兴趣比较高，很少涉及哲学史，只有黄宗羲的两部学案可以算作部分的哲学史。① 劳思光的这一看法是基本正确的。中国古代的学者没有自觉的哲学范式和视域，当然没有独立的哲学史，哲学史的内容包含在一般的学术史中。先秦时期出现了最早的学术史著作，如《庄子·天下篇》、《荀子·非十二子》、《韩非子·显学篇》，汉代有《史记·太史公自序》、《史记·儒林传》、《史记·孔子世家》、《史记·仲尼弟子列传》、《史记·老子韩非列传》、《史记·孟子荀卿列传》、《汉书·艺文志》等，后来又有《景德传灯录》、《伊洛渊源录》、《圣学宗传》、《理学宗传》、《理学备考》、《宋元学案》等，其中以黄宗羲的《明儒学案》成就最高，一方面展示了明代学术的状况，另一方面提出了一些与哲学史和哲学史学史密切相关的学术史思想和学术史方法论。一是主张史料整理和理论分析的结合；二是注重把握学者、学派、学说的宗旨；三是动态分析学者、学派、学说的发展历程；四是把有无原创性作为学者、学派、学说的重要评价尺度。②

二、对胡适《中国哲学史大纲》（上卷）的评价

尽管劳思光不否认胡适的《中国哲学史大纲》（上卷）具有开新纪元、开新风气的作用，但总体上持一种否定态度，认为其中没有哲学。他说："我看胡书，未发现任何一段是涉及严格意义的哲学问题的。胡书中论先

---

① 参见劳思光：《新编中国哲学史》一卷，广西师范大学出版社 2005 年版，第 1—2 页。
② 参见柴文华：《试论"中国哲学史学史"》，《求是学刊》2014 年第 4 期。

秦诸子，除了资料外，只有常识口吻的评论，不仅不能整理诸子的哲学理论，而且根本不能接触任何哲学问题。全书'都是'如此，所以我说'胡书中是没有哲学的'"，① 胡适《中国哲学史大纲》（上卷）"只是一部'诸子杂考'一类考证之作"。②

在对胡适《中国哲学史大纲》（上卷）的评价上，冯友兰的说法颇为中肯。他认为胡适《中国哲学史大纲》（上卷）采取的是"汉学"的路数，"对于资料的真伪，文字的考证，占了很大的篇幅，而对于哲学家们的哲学思想，则讲的不够透，不够细。"③ 也就是说，胡适《中国哲学史大纲》（上卷）是有哲学的，但讲的不够深入。事实也是如此，如果就没有自己原创的哲学体系或哲学思想而言说胡适没有哲学尚可理解，但认为胡适《中国哲学史大纲》（上卷）没有哲学就有点绝对化了。这里实际上涉及对中国哲学基本内容的看法问题，除心性论之外，中国哲学理所当然地还要包括"道"论、"德"论、"理"论、"气"论、"太极"论、"无极"论、"天命"论、"有无"论、"阴阳"论、"五行"论、"天人"论、"体用"论、"和同"论、"变易"论、"动静"论、"一两"论、"一万"论、"形神"论、"名实"论、"言意"论、"知行"论、"古今"论等丰富内容。

应当说，胡适虽然没有个人的哲学，但胡适《中国哲学史大纲》（上卷）有对普遍哲学的理解。他对哲学和哲学史有明确的界定，提出了历史主义的中国哲学史方法论，并不同程度地阐释了各位哲学家的哲学思想。

胡适说："凡研究人生切要的问题，从根本上着想，要寻一个根本的解决，这种学问叫作哲学。"④ 这是把哲学界定为探索人生终极问题的学问。胡适指出，人生的切要问题不止一个，所以哲学的门类也有许多种。胡适将其分为六种：一是宇宙论，探讨天地万物怎样来的；二是名学及知识论，探讨知识思想的范围、作用及方法；三是人生哲学或伦理学，探讨人生在世应该如何行为；四是教育哲学，探讨怎样才可使人有知识、能思

---

① 劳思光：《新编中国哲学史》一卷，广西师范大学出版社 2005 年版，第 306 页。
② 劳思光：《新编中国哲学史》一卷，广西师范大学出版社 2005 年版，第 2 页。
③ 冯友兰：《三松堂全集》（第一卷），河南人民出版社 2000 年版，第 190 页。
④ 姜义华主编：《胡适学术文集·中国哲学史》（上册），中华书局 1991 年版，第 8 页。

想、行善去恶；五是政治哲学，探讨社会国家应该如何组织、如何管理；六是宗教哲学，探讨人生究竟有何归宿。①

既然哲学是研究人生切要问题的学问，那么哲学史是什么呢？胡适指出，人生的种种切要问题，自古以来经过了许多哲学家的研究。往往是一个问题发生以后，各人有各人的见解，各人有各人的解决方法，遂致互相辩论。有时一种问题过了几千百年，还没有解决。若有人把种种哲学问题的种种研究方法和种种解决方法，都依着年代的先后和学派的系统一一记叙下来，便成了哲学史。也就是说，哲学史就是根据年代和学派记叙历史上哲学家各种哲学问题的种种研究方法和解决方法。胡适指出，哲学史也有不同种类，胡适将其分为两大类：第一类是通史，第二类是专门史。专门史里又分类为四种：一是断代史，二是学派史，三是个案史，四是问题史，等等。②

胡适《中国哲学史大纲》（上卷）把"历史的态度"运用于哲学史的研究，提出了历史主义的中国哲学史方法论，具体表现在他对哲学史目的的论述上。胡适认为，哲学史有三个目的：第一，"明变"，就是了解古今思想沿革变迁的线索；第二，"求因"，即探寻哲学思想沿革变迁的原因；第三，"评判"，即对哲学史上各家学说的价值判断。胡适进一步指出：哲学史的研究要达到上述三个目的，还有一个根本的工夫要做，这就是"述学"，即"用正确的手段、科学的方法、精密的心思从所有的史料里面，求出各位哲学家的一生行事，思想渊源沿革和学说的真面目"③，也就是整理史料。胡适指出，史料分原料和副料，原料指各哲学家的著作，副料指古人所作关于哲学家的传记、轶事、评论、学案、书目等。但古代的哲学史料庞杂，错漏、真伪很多，需要整理。整理史料的方法包括校勘、训诂、贯通等。校勘是书的本子上的整理，训诂是书的字义上的整理，贯通就是把每一部书的内容融会贯穿，寻出一个脉络条理，演成一家有头绪有

---

① 参见姜义华主编：《胡适学术文集·中国哲学史》（上册），中华书局1991年版，第9页。
② 参见姜义华主编：《胡适学术文集·中国哲学史》（上册），中华书局1991年版，第9—10页。
③ 姜义华主编：《胡适学术文集·中国哲学史》（上册），中华书局1991年版，第14页。

条理的学说。在胡适看来，通过以上述学的根本工夫，才能达到哲学史的三个目的，真正贯彻"历史的态度"。正如冯友兰曾经指出的那样："在清朝末年，严复算是比较懂得西方哲学的了。但是他的精力主要用在翻译，没有来得及用那个手指头（指现代方法——引者注）研究中国哲学。胡适是在哲学方面用那个指头比较早的一个成功的人。"①

胡著在对哲学家、哲学派别、哲学著作的论述中，都不同程度地涉及了他们的哲学思想。胡适认为，中国哲学的始祖是老子，老子哲学的根本观念是天道观念，这个道超出天地万物之外，生于天地万物之先，又是天地万物的本原。② 胡适还阐释了老子的无为、无名以及政治哲学和人生哲学等思想。胡适认为，孔子学说的根本在《易经》哲学，易首先就是变易，天地万物都是时时刻刻变化着，运动的原因就是阴阳（柔刚）两种力量"互相冲突，互相推挤"。③ 孔子的"正名主义"是中国名学的始祖，而"一以贯之"和"举一反三"等是孔子的哲学方法。胡适把墨子看作先秦的知音，认为其哲学方法从根本上讲是"应用主义"、"实利主义"："墨子在哲学史上的重要，只在于他的'应用主义'，他处处把人生行为上的应用，作为一切善恶是非的标准。兼爱、非攻、节用、非乐、节葬、非命，都不过是几种特别的应用。"④ 而墨子所说的"利"不是自私自利的"利"，是最大多数人的最大幸福，这是"兼爱"的真义，"非攻"的本义。⑤ 胡适十分重视《墨经》——他称之为《墨辩》的知识论（"知"）和逻辑学（"辩"），认为这是中国哲学能够与西方近代哲学接轨的宝贵资源。在"知"论上，胡适认为《墨经》强调了三点：一是"所以知"的官能，

---

① 冯友兰：《三松堂全集》（第一卷），河南人民出版社 2000 年版，第 185—186 页。
② 参见姜义华主编：《胡适学术文集·中国哲学史》（上册），中华书局 1991 年版，第 43—44 页。
③ 参见姜义华主编：《胡适学术文集·中国哲学史》（上册），中华书局 1991 年版，第 58—59 页。
④ 姜义华主编：《胡适学术文集·中国哲学史》（上册），中华书局 1991 年版，第 121—122 页。
⑤ 参见姜义华主编：《胡适学术文集·中国哲学史》（上册），中华书局 1991 年版，第 118 页。

二是由外物发生的感觉，三是"心"的作用，三者结合才会产生"知"。① 《墨经》还把知识分为三类：一是别人传授的"闻知"，二是由推论得出的"说知"，三是通过自己亲身经历获得的"亲知"。② 在"辩"论中，胡适阐释了《墨经》"辩"的六个目的、七种方法、八类有价值的资料等。③ 胡适在评价墨家名学时，认为它"在世界的名学史上，应该站上一个重要的位置"④，并通过中、西、印的比较论证了这一问题。胡适指出，在法式（Formal）方面，墨家名学远不如印度的因明和欧洲的逻辑，因为印度和欧洲的"法式的逻辑"经过了千年的演进，所以有"完密繁复"的法式，而墨家名学的前后历史最多不过两百年，以后两千多年就成了绝学，所以没有形成发达的法式。平心而论，墨家名学法式上的缺陷很可能正是它的长处。第一，"墨家的名学虽然不重法式，却能把推论的一切根本观念，如'故'的观念、'法'的观念、'类'的观念、'辩'的方法，都说得很明白透彻。有学理的基本，却没有法式的累赘。"⑤ 第二，"印度希腊的名学多偏重演绎，墨家的名学却把演绎归纳一样看重。"⑥ 胡适是从反思印度因明学、欧洲逻辑学、墨家名学三者不同点的基础上为墨家名学法式不健全辩护的，在揭示前二者弊端的基础上肯定了墨家名学的价值。从胡适对墨家名学的评价中，可以看出他对归纳法的偏爱。⑦ 与对待墨家的态度一样，胡适认为名家也是中国哲学能够与西方近代哲学接轨的宝贵资源。惠施"泛爱万物，天地一体"的主张是一种极端的兼爱主义，他是一个

---

① 参见姜义华主编：《胡适学术文集·中国哲学史》（上册），中华书局 1991 年版，第 133 页。
② 参见姜义华主编：《胡适学术文集·中国哲学史》（上册），中华书局 1991 年版，第 135 页。
③ 参见姜义华主编：《胡适学术文集·中国哲学史》（上册），中华书局 1991 年版，第 139—154 页。
④ 姜义华主编：《胡适学术文集·中国哲学史》（上册），中华书局 1991 年版，第 154 页。
⑤ 姜义华主编：《胡适学术文集·中国哲学史》（上册），中华书局 1991 年版，第 154—155 页。
⑥ 姜义华主编：《胡适学术文集·中国哲学史》（上册），中华书局 1991 年版，第 155 页。
⑦ 参见柴文华：《略论 20 世纪上半叶胡适和冯友兰墨学观的契合点及其意义》，《哲学研究》2012 年第 9 期。

科学的哲学家，曾作"万物说"，说明"天地所以不坠不陷，风雨雷霆之故"，所以他的兼爱主义别有科学——哲学的根据。① 胡适解释了公孙龙的"白马非马"、"离坚白"、"指物论"，认为其学说是一种"正名"的名学。胡适是达尔文、赫胥黎生物进化论的推崇者，所以在中国哲学史的研究中注重生物进化思想的研究。他认为惠施、公孙龙等人曾研究过生物进化问题，如"卵有毛"、"丁子有尾"、"犬可以为羊"等，而庄子哲学的起点就是万物变迁问题，他把生物进化的原因归结为"自化"，提出"万物皆种也，以不同形相禅"的观点，是说"万物本来同是一类，后来才变成了各种'不同形'的物类……这些物类都是一代一代进化出来的"。② 庄子的进化论强调的是被动适应，不去理会更为重要的自动适应，这是其缺失所在。胡适还探讨了庄子的名学和人生哲学。总括庄子的学说就是一个"出世主义"，"他虽与世俗处，却'独与天地精神往来，……上与造物者游，下与外死生无始终者为友'。中国古代的处世派哲学至庄子始完全成立。"③ 胡适认为，《中庸》、《大学》出现以后，儒家开始从"外务的儒学"进入到"内观的儒学"，关注到了心性问题。④ 孟子哲学的核心是性善论，把人看得十分重要，其政治哲学带有尊重民权的意味。⑤ 荀子哲学探讨的问题很丰富，其天道观是针对庄子的，其人性论是针对孟子的，其名学体现出儒家名学观向法家名学观的过渡，荀子尤其重视心的状态和作用的研究等。⑥ 韩非的哲学注重历史进化，故其法治理念也是进化的。"韩非的学说最重实验，他以为一切言行都该用'功用'作试验"，是一种"极端

---

① 参见姜义华主编：《胡适学术文集·中国哲学史》（上册），中华书局1991年版，第161页。

② 姜义华主编：《胡适学术文集·中国哲学史》（上册），中华书局1991年版，第178页。

③ 姜义华主编：《胡适学术文集·中国哲学史》（上册），中华书局1991年版，第175页。

④ 参见姜义华主编：《胡适学术文集·中国哲学史》（上册），中华书局1991年版，第194页。

⑤ 参见姜义华主编：《胡适学术文集·中国哲学史》（上册），中华书局1991年版，第198—202页。

⑥ 参见姜义华主编：《胡适学术文集·中国哲学史》（上册），中华书局1991年版，第213、219、222页。

的功用主义"。①

总之，哲学虽是一个开放的概念，但也有相对稳定的内容，从胡适《中国哲学史大纲》（上卷）中所阐释的哲学家的思想而言，涉及本体论、宇宙论、知识论、逻辑学、人生哲学、政治哲学、教育哲学等多方面的问题，是一部有哲学的中国哲学史，只不过考据性的文字偏多，兴趣重点在墨家、名家、道家等，对儒家哲学的挖掘相对不足。

三、对冯友兰《中国哲学史》的评价

在对胡适《中国哲学史大纲》（上卷）进行评价之后，劳思光对冯友兰的《中国哲学史》发表了自己的看法。

第一，冯友兰《中国哲学史》有哲学，高于胡适。"冯友兰先生的《中国哲学史》，就比胡先生的书略胜一筹。……冯先生在写《中国哲学史》时，是想要讲中国古人思想中的哲学理论。而且，他也确以解释及整理古人理论为这本书的主要工作。……他并非只用常识来讲哲学，他的书中是有'哲学'的，不只是有'史'的成分。这就使我们不能不承认冯书比较够得上被人称作一部'哲学史'。一般地讲，它是高于胡书的。"②

第二，冯友兰《中国哲学史》虽有哲学，但没有中国哲学。"冯友兰的《中国哲学史》，虽有哲学成分，却仍然并未接触到中国哲学的特性。它是一本哲学史，但并非一本成功的哲学史。……冯友兰解释中国哲学时，所能运用的观念及理论，也限于早期的柏拉图理论与近代的新实在论。他对中国哲学的特性更是茫无所知。"③

第三，冯友兰《中国哲学史》没有把握中国哲学特性主要表现在他对宋明理学的阐释上。"他从来不能掌握道德主体的观念，甚至连主体性本身也悟不透，看不明。结果，他只能很勉强将中国儒学中的成德之学，

---

① 姜义华主编：《胡适学术文集·中国哲学史》（上册），中华书局 1991 年版，第 257—258 页。

② 劳思光：《新编中国哲学史》一卷，广西师范大学出版社 2005 年版，第 2 页。

③ 劳思光：《新编中国哲学史》一卷，广西师范大学出版社 2005 年版，第 2—3 页。

当成一个形而上理论来看，自是不得要领。"①

在其《新编中国哲学史》一卷的"后序"中，劳思光说明了为什么说冯友兰《中国哲学史》没有中国哲学的具体理由。"一般地说，冯书中所有的哲学成分，主要只是新实在论的观点与早期柏拉图的形上学观念。因此，其具体的表现，即是两点：首先是'普遍'与'特殊'的划分；其次是'主体性'之否认。……冯友兰先生显然对于这一种思路曾经用过工夫，因此，他在写中国哲学史时，便时时利用这一思考方式来解释诸家思想了。当然，在中国哲学史中，诸家思想也有接触或重视这一个问题的，柏拉图的思路并非全不可用。可是当某一学派或个人，所面对的哲学问题并非属于这一范围时，如果解释者也要用这个思路来解释，便不能揭示所关问题的真面目及真意义了。冯书显然正有这种毛病。柏拉图这种思路，为冯氏所特别重视。他不仅在解释先秦道家、名家等学说时，一直以这种思路为立说的背景，而且在论及佛教及宋明理学时，也只凭依这种思路。客观地说，这种形上学思路，只能用于有关形上学问题的研究上。用它来说明名家理论，较为适宜；用它来解释老子，便只有一半可用；而对于佛教与宋明理学，则大半都不适用。尤其是论禅宗与陆王之学时，一切关于'客体性'（Objectivity）的理论设准，都成为题外，因为这些学说都集中于一组关涉'主体性'（Subjectivity）的问题上。冯先生在这种紧要界限上，看不明白，原因自然是他本身对这两面的哲学问题把握不住。……中国哲学传统中，诚然有宇宙论、形上学等，但儒学及中国佛教的基本旨趣，都在'主体性'上，而不在'客体性'上。因此，属于客体性一面的设准如柏拉图思路，便不能用来阐解这些学说了。……冯氏解释了中国佛教，解释了宋明心性之学，皆未接触'主体性'观念。在讨论孟子时，也由于不解孟子的'主体性'，便只好说孟子'颇有神秘主义之倾向'。"②

可以说，劳思光对冯友兰《中国哲学史》的评价是包含不实之词的一家之言，值得商榷。

---

① 劳思光：《新编中国哲学史》一卷，广西师范大学出版社 2005 年版，第 3 页。

② 劳思光：《新编中国哲学史》一卷，广西师范大学出版社 2005 年版，第 306—308 页。

（一）劳思光所说的冯友兰《中国哲学史》高于胡适《中国哲学史大纲》（上卷）是符合实际的，但认为冯著高于胡著的理由很难成立。

这里实际涉及两个问题：一是胡著中究竟有没有哲学？二是冯著长于胡著究竟表现在哪里？

关于第一个问题已如上述，胡著是有哲学的哲学史。

那么，冯友兰《中国哲学史》究竟在哪些地方长于胡著呢？首先在内容的含量上，胡著是第一部用现代方法书写的中国哲学史，但只是半部，主要是先秦哲学史；而冯著则从孔子写到廖平，是中国第一部用现代方法书写的完整的中国哲学史。其次，按照冯友兰自己的说法，胡著主要是"汉学"的路数，对文字的考证、训诂比较多；而冯友兰《中国哲学史》在哲学思想的挖掘和阐释上比较详细和深入。再次，在对哲学内容的界定上，胡适提出了六个方面，即宇宙论、名学及知识论、人生哲学或伦理学、教育哲学、政治哲学、宗教哲学，范围相对比较宽泛；而冯著提出三大块，即宇宙论、知识论、人生论，范围相对比较集中。另外，胡著提出了历史主义的中国哲学史方法论，同时也充分肯定了科学方法和逻辑方法在中国哲学史研究中的意义；而冯著无论在历史主义和逻辑主义的中国哲学史方法论方面都比胡著更深入了一步，他的两种历史说以及对时代情境的强调、对信的追求、对科学方法的重视等在今天的中国哲学史研究中依然具有重要的指导意义。以上几点是冯著和胡著的不同，总体而言冯著优于胡著。而劳思光所说的冯著优于胡著的原因是有哲学，是哲学史，而胡著没有哲学，不是哲学史，这种评价对胡适是不公平的也是不符合历史实际的，而对冯著的评价表面上看是对的，但劳思光并没有止步于此。

（二）劳思光所说的冯著中有哲学，主要是指有柏拉图的哲学思想和新实在主义的哲学思想，这是不全面的。冯著确有柏拉图哲学和新实在主义的元素，但不能仅仅归结为柏拉图哲学和新实在主义。总体而言，冯著是以整个西方哲学框架为理论设准来研究中国哲学的。

在冯友兰《中国哲学史》中，确有用柏拉图和新实在主义思想解读中国哲学的例子，如在谈到公孙龙的"坚白论"时，冯友兰说："柏拉图谓个体可见而不可思，概念可思而不可见，即此义也。"① 冯友兰认为：
"朱子之哲学，非普通所谓之唯心论，而近于现代之新实在论。"② 在谈到
佛学的观点时，冯友兰说："法藏立一恒常不变之真心，为一切现象之根
本；其说为一客观的唯心论。比于主观的唯心论，客观的唯心论为近于实
在论。"③

在冯友兰《中国哲学史》中，用其他西方哲学家哲学思想解读中国
哲学的地方更多。在谈到哲学系统时，冯友兰说："威廉詹姆士谓哲学家
各有其'见'（Vision），又皆以其'见'为根本意思，以之适用于各方
面，适用越广，系统愈大。"④ 在谈到哲学与哲学家个性关系的时候，冯友
兰说："威廉詹姆士谓：依哲学家之性情气质，可将其分二类：一为软心
的哲学家；其心既软，不忍将宇宙间有价值的事物归纳于无价值者，故其
哲学是惟心论的，宗教的，自由意志的，一元论的。一为硬心的哲学家；
其心既硬，不惜下一狠手，将宇宙间有价值的事物归纳于无价值者，故
其哲学是惟物论的，非宗教的，定命论的，多元论的（见所著 *Pluralistic
Universe*）。"⑤ 在谈到《左传》中的人本主义思想时，冯友兰说："希腊'智
者'普鲁太格拉斯（Protagoras）有言：'人为一切事物之准则'（Man is
the measure of all things）。"⑥ 冯友兰认为，孔子是中国的苏格拉底，对二者
之间的共同点进行了阐释。⑦ 在谈到庄子齐死生时，冯友兰说："斯宾诺
莎（Spinoza）以情感为'人之束缚'（Human bondage）。若有知识之人，
知宇宙之真相，知事物之发生为必然，则遇事不动情感，不为所束缚，而
得'人之自由'（Human freedom）矣。"⑧ 在谈到庄子纯粹经验时，冯友兰
说："詹姆士谓纯粹经验即是经验之'票面价值'（Face value），即是纯粹

---

①　冯友兰：《中国哲学史》，中华书局 2014 年版，第 261 页。

②　冯友兰：《中国哲学史》，中华书局 2014 年版，第 927 页。

③　冯友兰：《中国哲学史》，中华书局 2014 年版，第 751 页。

④　冯友兰：《中国哲学史》，中华书局 2014 年版，第 12 页。

⑤　冯友兰：《中国哲学史》，中华书局 2014 年版，第 15 页。

⑥　冯友兰：《中国哲学史》，中华书局 2014 年版，第 65 页。

⑦　参见冯友兰：《中国哲学史》，中华书局 2014 年版，第 77—78 页。

⑧　冯友兰：《中国哲学史》，中华书局 2014 年版，第 295 页。

感觉，不杂以名言分别。"① 在谈到《墨经》中的功利主义时，冯友兰说："边沁云：'天然'使人类为二种最上威权所统治：即是快乐与痛苦。只此二威权，能指出人应做什么，决定人将做什么。功利哲学，即承认人类服从此二威权之事实，而以之为哲学之基础。此哲学之目的，在以理性法律，维持幸福。"② 冯友兰认为，"中国之象数之学，与希腊哲学中毕达哥拉派之学说颇多相同处。"③ 在谈到《列子·杨朱篇》时，冯友兰说："在西方哲学中，伊壁鸠鲁……以为无有苦痛，心神安泰，即是快乐。依此说，吾人宜安分知足，于简单生活中求享乐。《杨朱篇》中，似亦间有此意。"④ 在解释向秀、郭象《庄子注》的观点时，冯友兰说："'承百代之流，而会乎当今之变'，在此种整个的情形之下，必有某情形某事物发生，此是必然也。但吾人不能指某情形某事物是某情形某事物的原因，此是独化。此见解与所谓唯物史观之历史哲学颇有相同之处。例如俄国革命，依唯物史观之历史哲学言之，乃在其时整个客观环境之下必有之产物，非列宁个人所能使之有也。上之所引'相反而不可以相无'之言，如附会之，亦可谓系讲辩证法。"⑤ 除此之外，冯友兰《中国哲学史》还引用了巴门尼德、赫拉克利特等人的哲学观点。以上说明，冯友兰《中国哲学史》中对西方哲学的引用不限于柏拉图和新实在主义，涵盖了古希腊和近现代许多哲学家的哲学思想，甚至包括唯物史观和辩证法的元素。在这一点上，金岳霖对冯友兰《中国哲学史》的评价是正确的，他说："冯先生……没有以一种哲学的成见来写中国哲学史。成见他当然是有的，主见他当然也是有的。……冯先生的思想倾向于实在主义，但他没有以实在主义的观点去批评中国固有的哲学。因其如此，他对于古人的思想虽未必赞成，而竟能如陈先生所云：'神游冥想与立说之古人处于同一境界。'同情于一种学说与赞成那一种学说，根本是两件事。……冯先生当然有主见，不然他可以

---

① 冯友兰：《中国哲学史》，中华书局 2014 年版，第 298 页。
② 冯友兰：《中国哲学史》，中华书局 2014 年版，第 310 页。
③ 冯友兰：《中国哲学史》，中华书局 2014 年版，第 551 页。
④ 冯友兰：《中国哲学史》，中华书局 2014 年版，第 631 页。
⑤ 冯友兰：《中国哲学史》，中华书局 2014 年版，第 639 页。

不写这本书。他说哲学是说出一个道理来的道理，这也可以说是他的主见之一；但这种意见是一种普遍的哲学形式问题而不是一种哲学主张的问题。冯先生既以哲学为说出一个道理来的道理，即他所注重的不仅是道而且是理，不仅是实质而且是形式，不仅是问题而且是方法。或者因其如此，所以讨论《易经》比较辞简，而讨论惠施与公孙龙比较的辞长。对于其他的思想，或者依个人的主见，遂致无形地发生长短轻重的情形亦未可知。……但从大处来看，冯先生这本书，确是一本哲学史而不是一种主义的宣传。"① 金岳霖认为，冯友兰《中国哲学史》是有成见和主见的，但他没用成见去写中国哲学史，虽然冯友兰本人倾向于实在主义，但他没有用实在主义的观点写中国哲学史，所以冯友兰《中国哲学史》是哲学史而不是某种主义的宣传。

总体而言，冯友兰《中国哲学史》是以西方哲学的框架解读中国哲学史的，和胡适《中国哲学史大纲》（上卷）一样，都是"以西释中"的典范。根据张岱年的看法，"如此区别哲学与非哲学，实在是以西洋哲学为表准，在现代知识情形下，这是不得不然的。"② 冯友兰指出："哲学本一西洋名词，今欲讲中国哲学史，其主要工作之一，即就中国历史上各种学问中，将其可以西洋所谓哲学名之者，选出而叙述之"，③ "所谓中国哲学者，即中国之某种学问或某种学问之某部分之可以西洋哲学名之者。"④已如上述，冯友兰是以西方哲学的三分构架来解读中国哲学的，即宇宙论、知识论、人生论。他认为，中国的魏晋玄学、宋明道学、清代的义理之学，就其研究对象而言接近于西方哲学。中国古代的学说当中，"研究天道之部分，即约略相当于西洋哲学中之宇宙论。其研究性命之部分，即约略相当于西洋哲学中之人生论。惟西洋哲学方法论之部分，在中国思想史之子学时代，尚讨论及之，宋明而后，无研究之者。自另一方面言之，此后义理之学，亦有其方法论，即所谓为学之方是也。不过此

---

① 冯友兰：《中国哲学史》，中华书局1961年版，"审查报告二"第7—8页。
② 张岱年：《中国哲学大纲》，中国社会科学出版社1982年版，第17—18页。
③ 冯友兰：《中国哲学史》，中华书局2014年版，第1页。
④ 冯友兰：《中国哲学史》，中华书局2014年版，第1页。

方法论所讲，非求知识之方法，乃修养之方法，非所以求真，乃所以求善也。"①

总之，冯友兰《中国哲学史》中有哲学，不像劳思光所说仅是柏拉图和新实在主义哲学思想，而是涵盖了其他许多哲学家的思想，内容比较丰富。从根本而言，冯友兰《中国哲学史》所选择的参照系统是西方哲学的三分构架，以此为理论设准对中国哲学史进行了解读和建构。

（三）劳思光认为，冯友兰《中国哲学史》对中国哲学的特性"茫然无知"，因此没有中国哲学，不是成功的中国哲学史。这种观点显然不能成立。事实正好相反，冯友兰《中国哲学史》有中国哲学，对中国哲学特点的把握是准确的，是一部比较成功的中国哲学史著作。

在冯友兰看来，中国哲学的基本精神或基本特点可以概括为"既入世又出世"，"不离日用常行内，直到先天未画前"。中国哲学为人们提供了一个人格示范，这就是"圣人"，它既入世又出世，内圣而外王，它所体现的也正是中国哲学的精神。具体来讲，中国哲学有如下一些特点：

第一，中国哲学是发展的，进步的。冯友兰所坚持的是哲学上的进化论观点，强调了中国哲学史发展的客观性，具有历史辩证法因素。第二，中国哲学缺乏形式上的系统，逻辑论证不足，但有实质上的系统。"形式上的系统"指表述的逻辑系统，它是相对于"实质上的系统"即思想内容而言的。冯友兰认为，与西方哲学和印度哲学相比，中国哲学确实缺乏形式上的系统，"中国哲学家之哲学，在其论证及其说明方面，比西洋及印度哲学家之哲学，大有逊色。"② 这是由于中国哲学家不追求形式上的系统，而不是不能建立形式上的系统。因为中国哲学家不是为知识而求知识，他们首先看重的是立德立功、内圣外王，故著书立说是退而求其次的倒霉事情。"故在中国哲学史中，精心结撰，首尾贯穿之哲学书，比较少数。往往哲学家本人或其门人后学，杂凑平日书札语录，便以成书。成书既随便，故其道理虽足自立，而所以扶持此道理之议论，往往失于简单

① 冯友兰：《中国哲学史》，中华书局 2014 年版，第 7 页。
② 冯友兰：《中国哲学史》，中华书局 2014 年版，第 8 页。

零碎。"① "中国哲学史中只有纯理论的兴趣之学说极少。"② 另外一个原因可能与中国古代的书写质料有关。中国古代的书写质料是竹简，极为夯重而又空间有限，著书立说容不得烦琐的论证，往往只是简略的结论，久而久之就成为书写的风尚。③ 但冯友兰认为，中国哲学虽然缺乏形式上的系统，但这不能否认中国哲学确实有实质上的系统。冯友兰说："一个哲学家之哲学，若可称为哲学，则必须有实质的系统。所谓哲学系统之系统，即指一个哲学之实质的系统也。中国哲学家之哲学之形式上的系统，虽不如西洋哲学家，但实质上的系统，则同有也。讲哲学史之一要义，即是在形式上无系统之哲学中，找出其实质的系统。"④ 中国哲学中的道德哲学及其修养方法见长，但缺少知识论和宇宙论。⑤

冯友兰对中国哲学特点的概括应该说反映了中国哲学的实际情况，成为多数人能够接受的观点，这说明冯友兰对中国哲学特性的把握不是出于某种成见，而是具有客观性或准确性，比如后人用"实用理性"、"伦理型"等概括中国哲学的基本精神就明显地与冯友兰的思路相吻合，而劳思光认为冯友兰对中国哲学特性"茫然无知"是错误的。

（四）劳思光所说冯著没有"主体性"的观念也是不对的，虽然冯著没有使用"主体性"的概念，但他对心性之学等的阐释包含着对"主体性"所包含内容的理解。

冯友兰认为："孟子极重视人，故亦注重个人之自由。"⑥ 而孟子的神秘主义是指"我与万物本为一体"⑦ 的天人合一境界。"孟子乃软心的哲学家，其哲学有惟心论的倾向"⑧，揭示了孟子哲学中注重人、自由、心等"主体性"理念。

---

① 冯友兰：《中国哲学史》，中华书局 2014 年版，第 9 页。
② 冯友兰：《中国哲学史》，中华书局 2014 年版，第 240 页。
③ 参见冯友兰：《中国哲学史》，中华书局 2014 年版，第 9 页。
④ 冯友兰：《中国哲学史》，中华书局 2014 年版，第 13—14 页。
⑤ 参见柴文华：《论冯友兰的中国哲学观》，《河南师范大学学报》2005 年第 1 期。
⑥ 冯友兰：《中国哲学史》，中华书局 2014 年版，第 160 页。
⑦ 冯友兰：《中国哲学史》，中华书局 2014 年版，第 165 页。
⑧ 冯友兰：《中国哲学史》，中华书局 2014 年版，第 352 页。

在谈到法藏的观点时，冯友兰指出："法藏立一常恒不变之真心，为一切现象之根本；其说为一客观的唯心论。比于主观的唯心论，客观的唯心论为近于实在论。因依此说，客观的世界，可离主观而存在也。且客观的世界中，每一事物，皆是真心之全体之所现。……此亦系中国人之思想倾向也。"① 认为法藏的观点虽是客观唯心论，但每一事物都是真心所现，物统一于心。冯友兰认为禅宗在宇宙论方面没有建树，但在修行方法方面贡献良多，如禅宗顿悟门"直悟本人之本心即是佛之法身，则可不借学而立地成佛"② 的观点强调了本心和顿悟的价值。

在谈到朱陆异同时，冯友兰说："朱陆之不同，实非只其为学或修养方法之不同；二人之哲学，根本上实有差异之处。此差异于二程之哲学中既已有之。伊川一派之学说，至朱子而得到完全的发展。明道一派之学说，则至象山慈湖而得到相当的发展。若以一二语以表示二派差异之所在，则可谓朱子一派之学为理学，而象山一派之学则心学也。王阳明序《象山全集》曰：'圣人之学，心学也'。此心学之一名，实可表示出象山一派之所以与朱子不同也。"③ 冯友兰在谈到王阳明的学说时指出：人人都有"'一体之仁'之本心。孟子所谓恻隐之心，是非之心等四端，即此本心之发现，亦即所谓良知也。即此而扩充之，实行之，即是'致良知'也。……依阳明之系统，则在事实上与逻辑上，无心即无理"④。冯友兰在《三松堂自序》中曾经谈到他《中国哲学史》的贡献之一就是对二程哲学做了区分，"程颢和程颐两兄弟，从来都认为，他们的哲学思想是完全一致的，统称为'程门'。朱熹引用他们的话，往往都称'程子曰'，不分别哪个程子。我认为他们的哲学思想是不同的，'故本书为明道乃以后心学之先驱，而伊川乃以后理学之先驱。兄弟二人开一代思想之两大派，亦可谓罕有者也。'"⑤ 冯友兰的上述论断勾勒出宋明时期"新儒学"的两大谱

---

① 冯友兰：《中国哲学史》，中华书局 2014 年版，第 749—750 页。

② 冯友兰：《中国哲学史》，中华书局 2014 年版，第 772 页。

③ 冯友兰：《中国哲学史》，中华书局 2014 年版，第 938—939 页。

④ 冯友兰：《中国哲学史》，中华书局 2014 年版，第 951、956 页。

⑤ 冯友兰：《三松堂全集》（第一卷），河南人民出版社 2000 年版，第 191—192 页。

系：程颐——朱熹；程颢——陆九渊——王阳明，并明确把陆王哲学概括为心学，这在今天仍是不刊之论。心学的核心特征就是充分肯定心的功能，把它作为价值之源和终极依据，这实际上是把"主体性"的地位提到了无以复加的高度。

可以说，尽管冯著没有使用"主体性"的概念，但他关注到了孟子哲学、佛学、陆王学等学说中和"主体性"相关的内容，并非只是用实在主义或客体性说明中国哲学。

四、对范寿康《中国哲学史通论》的评价

除了胡适《中国哲学史大纲》（上卷）和冯友兰《中国哲学史》之外，劳思光还提到了范寿康的《中国哲学史通论》，他说："除了胡冯二氏的著作以外，也还有几本有关中国哲学史的书，如范寿康先生的通论之类即是。但那些书本身似乎只是'教科书'一类的东西。作者本身似乎就并未要求它成为一本学术著作，我们自然不必苛求。至于这种书中的哲学观点，则更是十分简陋了。"①

尽管范寿康是一个非马克思主义者，但他1937年出版的《中国哲学史通论》可以说是中国第一部运用马克思主义的基本观点为诠释框架和评价尺度书写的中国哲学史。范寿康"运用社会历史和阶级分析方法，运用辩证分析方法对中国哲学史内容的解读，深化了人们对中国哲学史的认识，推进了中国哲学史学科的发展，开创了'以马释中'的中国哲学史建构模式。但范寿康的研究毕竟是初步的，其整体构架和部分对中国哲学精神的理解尚有待深入"。②

第二节　中国哲学史观及其理论设准

哲学史观即是对哲学史的基本观点，这是每一个哲学史家研究哲学

---

① 劳思光：《新编中国哲学史》一卷，广西师范大学出版社2005年版，第3页。
② 柴文华：《论中国哲学史学科的创立及诠释框架》，《哲学研究》2008年第1期。

史的充分条件。如果对于哲学史没有明确的观点，那写出来的未必是哲学史；从不同的哲学史观出发，会写出来不同的哲学史。劳思光《新编中国哲学史》中提出了对哲学史的一些基本看法，并对理论设准进行了探讨。

一、哲学史的任务和条件

劳思光的哲学史观就是强调"史"和"哲学"的统一，不仅要叙述事实，而且要解释理论。按照他自己的说法："一部哲学史，虽是'史'，但也必然涉及'哲学'。当一位学人写哲学史的时候，他不仅要叙述事实，而且要解释理论。叙述事实是史学的工作，解释理论则必须有确定的理论基础与解析方法。而这种基础与方法就是写哲学史的必要条件；不能满足这些条件则写出来的可能是'史'，但不能算'哲学史'。"[1]

劳思光阐释了哲学史的主要任务以及不同于历史的特殊性。他说："哲学史的主要任务原在于展示已往的哲学思想。这些作为阐述对象的思想，既都是已存在过的，则阐述这些思想的哲学史，自然基本上是要叙述事实。可是哲学史基本上虽是要告诉人'某时代某人如何说法，如何想法'，但它与一般记述史实的工作却又有不同处。第一，哲学史不但要叙述一个个哲学家的言论及思想，而且要看各家言论思想的关系，这就涉及哲学思想的发展问题。第二，由于哲学史要叙述那些哲学家的说法与想法，它就不能不通过一番整理工作，来掌握这些说法与想法的真实内容与意向。这就涉及对各家理论的解剖。无论是统观哲学思想之发展，或解剖一个个哲学家的理论，都需要对哲学问题本身的深切解悟，对哲学理论的明确掌握。这就不是纯粹史学工作者所能做的事了。"[2] 这里实际上是强调了书写哲学史的三个特征也可以说是三个基础条件：一是把握历史上哲学思想的发展，二是解剖历史上的哲学理论，三是对哲学问题和哲学理论本身有深切的体悟以及明确的把握，也就是说要有深厚的哲学根底。

---

[1] 劳思光：《新编中国哲学史》一卷，广西师范大学出版社 2005 年版，第 1 页。
[2] 劳思光：《新编中国哲学史》一卷，广西师范大学出版社 2005 年版，第 4 页。

进一步，劳思光分析了哲学史的功能以及书写哲学史的三个条件。他说："整个哲学史的功能，则在于描述人类智能之发展。内在的心灵境界，外在的文化成果，都要统摄于此。"① 而要实现哲学史的功能，必须满足三个条件：

第一，事实记述的真实性。哲学史中所叙述的理论，必须尽量密合原著，而不失真。这就是所谓"真实性"，它是一切有关"史"的工作所必须满足的条件。② 哲学史所叙述的理论既是已有的个人或学派的理论，则叙述的内容必须是那个人或那个学派的理论，纵然在表述方面可以做一番整理工作，但所表述的理论必须是与原著密切相应的。否则，所叙述的虽是一套很完整的理论，却不是人家原有的理论。这也表示哲学史工作的失败。③

第二，理论阐述的系统性。哲学史叙述前人的理论思想，不能只是零星地记载言论，而必须将理论的建构脉络明确地表现出来，没有散乱之象。这就是所谓"系统性"的问题。这是一切涉及哲学理论的工作所必须满足的条件。"倘若叙述出来的只是一些七零八碎的事实，则它就是失败了。"④

第三，全面判断的统一性。哲学史要统观人类心灵之发展、智能之成长，所以必须有一贯的判断原则、一定的理论设准，以使所下的判断表现一定的识见、一定的尺度。这也是哲学工作所必须满足的条件。⑤

二、理论设准

劳思光一再强调理论设准对于哲学史研究的意义，那么，他所说的理论设准究竟是什么呢？

劳思光指出，理论设准"表示一种整理问题之方法"，"作为整理陈述

---

① 劳思光：《新编中国哲学史》一卷，广西师范大学出版社 2005 年版，第 10 页。

② 参见劳思光：《新编中国哲学史》一卷，广西师范大学出版社 2005 年版，第 10 页。

③ 参见劳思光：《新编中国哲学史》一卷，广西师范大学出版社 2005 年版，第 4 页。

④ 劳思光：《新编中国哲学史》一卷，广西师范大学出版社 2005 年版，第 4 页。

⑤ 参见劳思光：《新编中国哲学史》一卷，广西师范大学出版社 2005 年版，第 10 页。

之原则"，其意义在于"澄清问题，使陈述对象明晰显出其特性"①。它的提出并不代表作者自己的价值判断，即并不代表作者本人的赞成或反对。劳思光这里所说的理论设准是陈述原则和整理方法的统一，它对于书写一部成功的哲学史至关重要，也是哲学工作的充分条件。

那么，劳思光《新编中国哲学史》提出了什么样的理论设准呢？从前述劳思光对冯友兰《中国哲学史》的批评中可以看出，劳思光认为客体性解释不了孟子哲学、禅宗、陆王学等，只有主体性才能解释他们。由此不难看出，劳思光《新编中国哲学史》的理论设准主要是主体性理论，而这种主体性理论的设定来源于对世界的态度。道家认为世界是观赏之对象，佛学认为世界是舍离之对象，儒家认为世界是肯定之对象。同是肯定世界之理论，儒家又分为存有论之肯定、形上学之肯定、心性论之肯定。前两种理论无法解决存有论、形上学与主体性的矛盾，只有心性论能够较圆满地解决主体性的问题。②

劳思光所设立的主体性理论设准包括"人"、"自我"、"价值"等问题。

劳思光指出，在对"人"的研究上，有两种不同的观点：一种是经验科学的观点，以"人"之生理、心理等条件为探究课题，由此层面以论"人"，是将"人"作为一自然事实看，探究其"自然之性"。③劳思光进一步指出，当学者取经验科学观点论"人"之"性"时，其探究之进行，在于将所谓"人"先视作一复合对象，然后施以解析。于是每一个别之"人"，在此探究下，先被化归一组组心理、生理，甚至物理性之因素。然后，此种种因素再通过某种理论架构接受整理，其之类别关系、条件系列关系乃步步显出。最后以各个别情况中探究所得，再合同整理，遂可提出有关"人"之性质之一定陈述或判断。此种探究结果，显然表现研究者对于"人"——此一"自然事实"之认知。此种探究之显著特性，在于排

① 劳思光：《新编中国哲学史》一卷，广西师范大学出版社 2005 年版，第 109 页。

② 参见劳思光：《新编中国哲学史》三卷上，广西师范大学出版社 2005 年版，第 58—66 页。

③ 参见劳思光：《新编中国哲学史》二卷，广西师范大学出版社 2005 年版，第 124 页。

除"主宰性"或"自由意志"之观念。① 另一种是道德和宗教的观点，以"人"之"自觉能力"、"自由意志"或"价值意识"等作为探究中之课题，而由此层面以解说"人"，则即是以"心性"为主，由此层面以论"人"，是以"自觉之性"为课题。② 在劳思光看来，以上两种关于"人"的观点分别关涉于"认知心"与"道德心"之领域。

在阐释孔子的学说时，劳思光谈到了"自我"的理论设准问题。他说："孔子本人原未提出有关'自我'之纯哲学理论，故此处吾人应提出某种理论意义之设准，以使吾人能展示有关'自我'之基本问题。"③ 这个设准就是对自我境界的划分方法。劳思光把自我境界划分出四层：第一是"形躯我"，以生理及心理欲求为内容；第二是"认知我"，以知觉理解及推理活动为内容；第三是"情意我"，以生命力及生命感为内容；第四是"德性我"，以价值自觉为内容。根据这一理论设准，孔子所提出的"仁"、"义"观念，显然属于"德性我"。④ 劳思光进一步解释说，"德性我"所关涉者为道德及宗教，"认知我"所关涉者为知识及制度，"情意我"则只关涉艺术及情趣。此三者领域分明，并无互迷相乱之苦。倘吾人自"主体活动"或"能力"一面着眼，则此三种态度之分别更易说明。"自由意志"乃论"心性"时所据之能力；"理解"、"知觉"以及解析思考，乃论"物性"时所据之能力（经验科学之观点即属此类）；而"情意之感受"及"观赏"则为论"才性"时所据之能力。由此，吾人亦可说，论"人"之"性"时，基本上可有"心性"、"物性"、"才性"三义，分别对应于德性我、认知我及情意我。但在中国，"认知我"或"认知心"之独立发展，向不显著，故中国学人论"性"时，大体只在"心性"与"才性"间徘徊争执，罕见取"物性"意义而论"人"之"性"者。不过，若就理论言，则必将此三义并举，然后问题眉目始明。⑤

---

① 参见劳思光：《新编中国哲学史》二卷，广西师范大学出版社 2005 年版，第 124 页。
② 参见劳思光：《新编中国哲学史》二卷，广西师范大学出版社 2005 年版，第 124 页。
③ 劳思光：《新编中国哲学史》一卷，广西师范大学出版社 2005 年版，第 109 页。
④ 参见劳思光：《新编中国哲学史》一卷，广西师范大学出版社 2005 年版，第 109 页。
⑤ 参见劳思光：《新编中国哲学史》二卷，广西师范大学出版社 2005 年版，第 125 页。

与上面的问题相关，劳思光还谈到了"价值"问题。他认为，儒学心性论的基源问题是"德性如何可能"的问题，所以就必须深入探究"善"之本义也就是"德性价值"的本义问题，这不仅是儒学的大问题，也是一切哲学系统涉及德性价值时所必须注意的问题。而这个问题与"存有"不是同类问题。"存有"只有"有"和"无"的问题，本身无所谓"应该"或"不应该"，因为无论"有"或"无"，都是一个"实然问题"，非"应然问题"。"应该"或"不应该"的问题，本身另有一领域，此领域必成立于一自觉基础上。① 这一领域不是别的，就是"价值问题"。所谓"价值问题"，用日常语言来表达，就是涉及"应该"或"不应该"的问题，可简称之为"应然"问题，以与"实然"及"必然"之问题区分。"应然"问题涉及"价值"，"实然"问题涉及"事实"，"必然"问题涉及规律。三者的区别很明显。② 劳思光进一步指出，"价值问题"的根源，不能从"客体性"一面获得解释，只能从"主体性"一面获得解释。③

三、简要分析

劳思光有关哲学史以及理论设准的见解不少都是哲学史家的共识，包含有历史的合理性和现实的生命力，其中也有可以进一步商榷的地方。

其一，劳思光所强调的哲学史是历史和哲学相统一的观点，是研究哲学史的人所普遍认可的。黄宗羲在学术史方法论中就强调资料占有和理论分析的结合，为了避免"师己意"、"主先入"，研究者首先就要大量地占有资料，然后"取近代理明义精之学，用汉儒博物考古之功，加以湛思"④。冯友兰主张"汉学"和"宋学"方法的结合，既要注重资料的考证，更要挖掘其中的哲学思想。大陆的中国哲学史家也大都提倡"史"和"论"的结合，如萧萐父所说，"哲学史这门学科既属史学又属哲

---

① 参见劳思光：《新编中国哲学史》二卷，广西师范大学出版社 2005 年版，第 30 页。

② 参见劳思光：《新编中国哲学史》二卷，广西师范大学出版社 2005 年版，第 87 页。

③ 参见劳思光：《新编中国哲学史》二卷，广西师范大学出版社 2005 年版，第 89 页。

④ 《文集·陆文虎先生墓志铭》。

学"。① 实际上，哲学史就是哲学，哲学就是哲学史，哲学史首先必须有哲学，否则很难称为哲学史。但哲学史和哲学理论本身毕竟有区别，它是哲学理论的历史演进。成功的哲学史书写一定是哲学和历史的统一。由此而言，劳思光对哲学史的基本观点是正确的。

其二，劳思光所阐释的哲学史的三个条件也是正确的。第一，真实性。真实性是一部成功哲学史的首要条件，也是哲学史的生命力所在。冯友兰区分了两种哲学史，客观的和人写的。人写的哲学史由于存在着写作者的主观性等原因，很难完全符合客观的哲学史，但哲学史家一定要尽最大的努力写出"信史"，这是判定一部哲学史有无价值或价值大小的重要依据。这种观点也是马克思主义哲学史观的基本观点，体现出实事求是的原则在哲学史领域的具体应用。第二，系统性。按照冯友兰的观点，中国哲学虽然缺乏形式上的系统，但确有实质上的系统。哲学史的任务之一就是通过资料的分析，勾勒出哲学家的理论系统。也如胡适在谈到"贯通"时所说，"贯通便是把每一部书的内容要旨融会贯穿，寻出一个脉络条理，演成一家有头绪有条理的学说。"② 第三，判断的统一性。这谈的是对历史上的哲学理论的评判问题。要避免评判上可能出现的前后矛盾现象，必须要有统一的评价尺度。这个尺度就是系统的理论原则，按照劳思光的概念就是理论设准。我们选择的评价尺度可以不一致，但我们不能没有统一的评价尺度。尽管哲学史的书写可能还有其他种种条件，但劳思光阐释的上述三个条件是最基本的条件，对任何时代的哲学史书写都具有重要的启发意义。

其三，劳思光所提出的理论设准具有一定的片面性。劳思光《新编中国哲学史》的理论设准主要是主体性理论，旨在展示中国哲学中心性之学的合理性，挺立中国哲学的特色。应该说，劳思光的理论动机没有问题。如果把主体性理论作为理论设准之一应该是合理的，但把主体性理论作为唯一的理论设准则是片面的。首先，主体性离不开客体性，离开客体

---

① 萧萐父：《萧萐父文选》（上），武汉大学出版社 2007 年版，第 289 页。

② 姜义华主编：《胡适学术文集·中国哲学史》（上册），中华书局 1991 年版，第 27 页。

性的主体性是不可想象的。只有主体性与客体性的相互结合才是全面的，可以理解的。其次，主体性不是自给自足的，它有着自身的根源。离开自然、社会、文化环境，人的主体性不会产生；离开自然、社会、文化环境，人的主体性就会成为无所附着的"游魂"。因此，当我们考虑主体性问题的时候也应该关注它自身的根源或更深层的东西。再次，心性论仅仅是中国哲学的组成部分之一。如果我们仅仅以主体性理论为唯一设准就无法解释中国哲学的"道"论、"理"论、"气"论、"有无"论、"名实"论、"言意"论、"动静"论、"一两"论等十分丰富的内容。

第三节 哲学史方法论

劳思光的中国哲学史方法论既有普遍性的东西，也有自己的特点。劳思光自己介绍说："我想写哲学史的方法，主要不外以下四种（其中一种是我自己试提的）：一、系统研究法，二、发生研究法，三、解析研究法，四、基源问题研究法。"① 其中的基源问题研究法是劳思光哲学史方法论的特色所在。

一、系统研究法

劳思光指出，所谓系统研究法，就是将所研究的思想作系统陈述的方法。在哲学史研究领域，系统研究法有它的长处，但运用不当也容易出现问题。

就优长而言，一个哲学家倘若值得被哲学史提及，则他的思想至少必有些理路，因此多少必有系统性。系统研究法注重叙述原来思想的理论脉络，本是应该的。系统研究法能够完整呈现一个理论，是其长处所在。

然而，系统研究法在以下三种情形下，也容易出现毛病。

第一，遗漏。当一个哲学家建立理论时，他虽有一定的理路，但他有时仍不免有些歧出的观念。如果一个研究者，一味采用系统法的观点，

---

① 劳思光：《新编中国哲学史》一卷，广西师范大学出版社 2005 年版，第 4 页。

只去掌握某哲学家思想中的系统部分，而不注意那些歧出旁生的观念，则他的叙述即不可免地不能包含这个哲学家的思想的全部，而必有所缺遗。尤其是当这个哲学家思想的变化很快时，这种问题更多。在用系统法的研究者看来，或许以为所取的是其大者，所遗者是其小者，因此不觉得有什么严重问题，其实，每每由于这种遗漏，即改变了这个哲学家在哲学史上应有的地位（或提高或抑低，都是不当的）。①

第二，增补。有些哲学家只在某一问题上具有卓见，而在其他问题上则所见浅薄，或者为传统所缚束，或者为时尚所左右。这种哲学家的思想，虽有局部的理论脉络，就全体看，则有许多部分（因袭传统或从俗的部分）与他的那些精彩思想常常是不相关的。一个用系统法研究的人，每每在叙述这种思想时，嫌它本身不够完整，就给它许多补充，甚至在不知不觉间改造了前人的思想，这样，与前一种情形相反，系统法的研究结果，不是有所缺遗，而是有太多的增补。②

第三，片面。有些使用系统研究法的人在写哲学史时，完全以自己的思想系统来笼罩前人。结果他所写的哲学史中，除了与他立场相近的哲学思想可能得到较公平的叙述外，其他哲学思想都成了被贬抑的对象。他常常由于对别家思想的隔膜，而在叙述时完全抹杀这些人在哲学问题方面的影响及贡献。③

前两种毛病容易导致哲学史的失实，第三种毛病非常严重，会导致哲学史书写的失败。

劳思光在谈到哲学史书写的三个条件时，曾提到过系统性问题，认为哲学史叙述前人的理论思想，不能只是零星地记载言论，而必须将理论的建构脉络明确地表现出来，没有散乱之象。这与此处的系统研究法有相同之处。劳思光是以两点论的眼光看待系统研究法的，既指出了它的合理性，也阐释了它有可能导致的毛病。从劳思光的论述中，我们可以体会到他对哲学史研究真实性的重视，因为无论哪一种毛病，都是对真实哲学史

---

① 参见劳思光：《新编中国哲学史》一卷，广西师范大学出版社 2005 年版，第 5 页。

② 参见劳思光：《新编中国哲学史》一卷，广西师范大学出版社 2005 年版，第 5 页。

③ 参见劳思光：《新编中国哲学史》一卷，广西师范大学出版社 2005 年版，第 5—6 页。

的偏离甚至背离，这是我们在使用系统研究法时所需要时刻警惕的。

二、发生研究法

劳思光指出，所谓发生研究法，即着眼于一个哲学家的思想如何一点点发展变化，而依观念的发生程序作一种叙述。采用这个方法来叙述一家思想时，研究者可以将所研究的思想一点一滴地依照发生的先后排出来，假如研究者有足够的资料可用，则这种叙述自然是最详尽了。① 用发生研究法来写哲学史，是一项十分繁重的工作，因为对每一个哲学家都要详尽地搜集材料，记述他一个个观念如何出现，所费的时间与精力自然是十分惊人的，而这样写成的哲学史，实际上是集合许多篇哲学家研究的文字而成，就几乎不是一个人的精力时间所能办到了。

这样的研究结果往往不能完整呈现一个理论，而只能记述一大堆资料。尤其当人们用这个方法来写哲学史的时候，很容易得到一种不可喜的结果，即研究者不能把握哲学问题的发展脉络，小处虽见精详，大处则一片朦胧，毫无所得。②

总体而言，"系统研究法容易有过分主观之弊，毛病是常使所陈述的理论失真。发生研究法易于保持真实资料，但毛病每每使研究者只看见零星片段的事实，而不见理论的全体，结果只有碎片的记述，而不能达成对某一理论的全面把握。"③

劳思光所谓的发生研究法类似于动态研究法和微观研究法的结合，优长是保持材料的真实性，但容易导致只见树木、不见森林，限制了写作的视野，不能呈现哲学家理论的整体面貌。即便如此，劳思光所说的发生研究法在哲学史的研究中依然是必要的，因为这是实现哲学史真实性的基础。

---

① 参见劳思光：《新编中国哲学史》一卷，广西师范大学出版社 2005 年版，第 6 页。
② 参见劳思光：《新编中国哲学史》一卷，广西师范大学出版社 2005 年版，第 6 页。
③ 劳思光：《新编中国哲学史》一卷，广西师范大学出版社 2005 年版，第 7 页。

三、解析研究法

劳思光肯定了用解析方法研究中国哲学的合理性，揭示了解析研究法的优长和局限。

劳思光认为，中国哲学一向不注重解析，逻辑学和知识论不发达。因此，研究中国哲学史时，研究者往往会受一种谬误俗见的干扰。这种俗见就是：讲中国哲学，不能用外国的方法。我们知道，解析技术是中国所缺的，我们所能运用的逻辑知识多半是西方的研究成果。倘若真是"不能用外国的方法"，那就等于说，我们根本不能运用逻辑思考来处理中国哲学史问题了。这是一个必须澄清的观念。其实，一种研究方法或工具本身的出现，虽有时空的限制，但它所处理的问题，却并非如此。举例来讲，显微镜是近代欧洲发明的，但显微镜下所看见的细菌并不是在显微镜发明之后才存在。细菌早已存在，而且也并非只在欧洲存在；不过，欧洲人发明了显微镜，然后人们才能看见这些细菌。因此，我们有了显微镜，明白了细菌的存在；然后就可以凭借这种知识及工具，以解说古代非洲的某种疾病的真相。虽然显微镜在古代并不存在，而且又是欧洲人发明的，却并不影响我们凭借它来解释古代非洲的细菌。古代非洲虽无显微镜存在，但细菌一样存在。古代的非洲人无显微镜，自然不能看见细菌，但这并不表示细菌不存在于古代的非洲。同样的理由可以说明我们运用西方哲学解析的正当性。逻辑解析的训练，一向被喻为"思想上的显微镜"；这个"思想上的显微镜"诚然是西方的产物；一切较严格的解析技术，也是到近代才有，但我们并不能据此而说，逻辑解析下所发现的思考规律，也必须在逻辑解析本身发展之后才有。正如，显微镜发明之前，细菌一样存在；"思想上的显微镜"出现以前，思考规律也一样存在。我们可以说，中国人不曾建立逻辑解析，因此自己未"发明思想上的显微镜"，但不能说，"思想上的显微镜"不能用于中国思想的考察。正如，显微镜虽非中国的发明，我们也不能据此说，西方发明的显微镜看不见中国的细菌。实际上，思考规律的运行与对思考规律的自觉是两回事，比如细菌存在与人对细菌的了解是两回事。"我们能运用显微镜来观察中国人体内的细菌，也可以用思想上的显微镜，来观察中国人的思想。"① 总体而言，哲学问题中自有许多是不能由逻辑解析处理的，但那是"思想上的显微镜"本身功用的限制，而并非地区民族时代的限制。我们现在要澄清的观念，只是："中国哲学史上的一切问题，都和其他哲学史上的问题一样，可以接受一切哲学方法的处理。假如有人坚持'中外之分'，只表示他缺乏理论常识而已。"②

用解析法研究哲学史有优长之处，主要是指其基本态度是客观的。因为当一个研究者采取解析研究法的时候，他的主要工作只是解析已往哲学家所用的词语及论证的确切意义。在解析过程中，他只要整理别人的思想，而并不要去表达自己的感受，甚至材料方面，从事解析的人也不必自己去找什么特殊材料，他只要运用当前所公认的材料就行了。这样，他很少有可能去提什么主观性的意见。他所根据的逻辑规律不是主观意见的产物，他所用的材料亦非通过主观的选择得来。用解析法来研究哲学史，事实上原只能研究一本本书和一个个人的理论。"假若是研究康德，我们用解析法时，就一定先研究康德所用词语的意义，再整理他的一个个论证本身的结构以及论证彼此间的逻辑关系。这样，我们确可以得着许多精确而客观的结论。"③ 这是解析研究法的长处。

但解析研究法也有局限。一部哲学史，必须能够透显出研究对象的全面图像，而不是零星散乱的记述。否则，它将成为一本"哲学理论杂记"，而不能成为"哲学史"。但透显全面的图像，就不是一个解析的工作，而是一个综合的工作。这就显出解析法有所"穷"了。解析的研究法也不是很完美的哲学史研究法。④

应该说，劳思光对解析研究法合理性的论述，实际上是对"以西释中"诠释框架合理性的论述，认为我们可以运用近代欧洲发明显微镜来观察中国人体内的细菌，也可以用西方发明的包括解析研究法在内的思想

---

① 劳思光：《新编中国哲学史》一卷，广西师范大学出版社 2005 年版，第 13 页。

② 劳思光：《新编中国哲学史》一卷，广西师范大学出版社 2005 年版，第 14 页。

③ 劳思光：《新编中国哲学史》一卷，广西师范大学出版社 2005 年版，第 7—8 页。

④ 参见劳思光：《新编中国哲学史》一卷，广西师范大学出版社 2005 年版，第 8—9 页。

上的显微镜，来观察中国人的思想。劳思光尽管对胡适的《中国哲学史大纲》（上卷）颇有微词，但他的这种观点则与胡著一脉相承。胡适在研究墨学时就表达过相同的见解，他指出，后期墨家的著作长期没有人研究，但"到了近几年之中，有些人懂得几何算学了，方才知道那几篇里有几何算学的道理。后来有些人懂得光学力学了，方才知道那几篇里又有光学力学的道理。后来有些人懂得印度的名学心理学，方才知道那几篇里又有不少知识论的道理。"① 就是说，只有具备了科学、逻辑学、知识论的视域，才有可能发现墨经中的科学、逻辑学和知识论的思想，不然，对于不懂音乐的耳朵，再美的音乐也没有意义。胡适接着说："我做这部哲学史的最大奢望，在于把各家的哲学融会贯通，要使他们各成有头绪条理的学说。我所用的比较参证的材料，便是西洋的哲学"②，明确宣称他编撰中国哲学史的参照是西方哲学，而且这种参照是有价值的："我比过去的校勘者和训释者较为幸运，因为我从欧洲哲学史的研究中得到了许多有益的启示。只有那些在比较研究中（例如在比较语言学中）有类似经验的人，才能真正领会西方哲学在帮助我解释中国古代思想体系时的价值。"③ 从一定意义上说，视域决定了原典的意义，如果我们今天没有西方哲学人类学的视域，就没有中国传统哲学人类学思想的研究；如果我们今天没有西方生态伦理学的视域，就没有中国生态伦理思想的研究。因此，以现代视域（或西方视域）研究传统原典可能会产生贴标签、牵强附会、教条化或湮灭中国哲学的主体性等一系列问题，但也符合中国哲学走向世界的历史发展趋势，是我们今天的中国哲学史书写所无法绕开的。④ 从这个角度来讲，胡适、冯友兰乃至包括劳思光在内的港台中国哲学史家所坚持的"以西释中"的诠释框架依然具有生命力。

从劳思光对解析研究法长短处的分析中，我们可以体会到他所追求的是哲学史真实性和整体面貌的透显。正如劳思光所指出的那样，解析研

---

① 姜义华主编：《胡适学术文集·中国哲学史》（上册），中华书局 1991 年版，第 28 页。
② 姜义华主编：《胡适学术文集·中国哲学史》（上册），中华书局 1991 年版，第 28 页。
③ 姜义华主编：《胡适学术文集·中国哲学史》（上册），中华书局 1991 年版，第 767 页。
④ 参见柴文华：《现代视域与传统原典的结合》，《河北学刊》2013 年第 3 期。

究法所根据的逻辑规律不是主观意见的产物，他所用的材料亦非通过主观的选择得来。用解析法来研究哲学史，其基本态度是客观的。然而，要透显哲学史的整体面貌，还需要做综合的工作，这不是单靠解析研究法所能完成的。不论劳思光对解析研究法长短处的阐释是否合理，但他所追求的哲学史真实性和整体性的透显则是正确的。

四、基源问题研究法

已如前述，在劳思光看来，哲学史为了完成自己描述人类智能之发展的任务，必须具备事实记述的真实性、理论阐述的系统性、判断原则的一贯性的条件，"能满足这三个条件的研究方法是什么？我曾经用了一些心思去考虑这个问题，结果我认为，基源问题研究法应是较好的一种。"①

1. 基源问题研究法的含义和程序

所谓基源问题研究法，按照劳思光的说法，就是"以逻辑意义的理论还原为始点，而以史学考证工作为助力，以统摄个别哲学活动于一定设准之下为归宿"。② 这里涉及三大元素：一是理论还原，二是史学考证，三是理论设准。

劳思光详细说明了基源问题研究法的程序：

第一，确定基源问题。

研究哲学史首先要确立一个前提，任何一个哲学家或哲学学派的思想理论，从根本上来讲，必然是对某一问题的解答。我们如果找到了这个问题，我们即可以掌握这部分理论的总脉络。反过来说，这个理论的一切内容实际上都是以这个问题为根源。理论上一步步的工作，不过是对这个问题提供解答的过程，这个问题即是基源问题。每一家理论学说，皆有其基源问题。就全部哲学史说，则基源问题有其演变历程，这种演变的历程，即决定哲学问题在哲学史中的发展阶段。

哲学家或哲学派别的理论虽然都存在基源问题，但他们自身多数情

---

① 劳思光：《新编中国哲学史》一卷，广西师范大学出版社 2005 年版，第 10 页。
② 劳思光：《新编中国哲学史》一卷，广西师范大学出版社 2005 年版，第 10 页。

况下都没有明确地表达出来，这就需要我们做一种逻辑意义的理论还原工作。"所谓理论还原的工作，就是从许多论证中逐步反溯其根本意向所在。根本意向发现了，配合一定材料，我们即可以明白基源问题应如何表述。表述基源问题时，要使这个问题的解答，确能逻辑地涉及所提出的理论。因为，写哲学史时，这些哲学理论都是现成的，所以从这种材料中去找那个基源问题，就是反溯的，也就是所谓'理论的还原'的真实意义所在了。"①

掌握基源问题是以解析工作为主的，但也要涉及考证问题。因为这时所据的材料，都是客观的，所以理论还原工作，并不致妨碍材料的真实性。材料如有舛误，那不关理论还原的事，而是材料本身的问题。由此考订材料甚至搜集材料的工作，就成为掌握基源问题时所必须做的工作。这种工作实际上类似于发生研究法，不过，它不会有发生研究法的弊害，因为，如此弄好的材料，终究要通过理论的铸造，而归属于一定的基源问题之下。那是不会成为零星片段的。②

第二，展示与基源问题相关的理论。

劳思光指出，在确立和掌握了基源问题之后，我们就可以将相关的理论重新做一个展示，在这个展示过程中，步步都是按照基源问题的要求探索衍生的问题。一个基源问题可以引出许多次级的问题；每一问题都有一解答，即形成理论的一部分。最后一层层的理论组成一整体，这就完成了个别理论的展示工作。这种工作分别地做若干次，我们即可将哲学史中各家各派的理论展示出来。这时，我们已经能够满足真实性与系统性的要求。

第三，提出理论设准以做全面判断。

通过第二个程序，我们可以将各时代的基源问题排列起来，发现整个哲学史的理论趋势，"但这仍不足以提供一种做全面判断的理论根据。要做全面的判断，对哲学思想的进程及趋向做一种估价，则我们必须另有

---

① 劳思光：《新编中国哲学史》一卷，广西师范大学出版社 2005 年版，第 11 页。

② 参见劳思光：《新编中国哲学史》一卷，广西师范大学出版社 2005 年版，第 11 页。

一套设准。"① 劳思光进一步指出，通常做哲学史工作的人，每每讳言自己
有自己的观点。其实，除非不下全面的判断，否则，必有一定的观点作根
据。之所以将这种观点称为"设准"，目的即在于避免独断气息。但我们
又必须明白，我们虽不愿独断，却仍不能没有一组理论的设准，否则我们
自己即根本没有提出什么理论来。设准的提出，表示作者自己的识见与哲
学智能。作者能接触哪些问题，不能接触哪些问题，都可以由此看出来。
一个优良的哲学史工作者，必须能接触到已往学派所面对的问题。他倘若
真能如此，则他所立的设准，就应该足以统摄已往的理论要求。当然这并
非一件容易的事，但它是一切哲学史工作者所应该努力的目标。"如果一
个哲学史工作者，真能运用基源问题研究法来整理各家学说，则最后他提
出设准的时候，也决不致像用解析法的研究者那样空疏了。"②

2. 中国哲学史中的部分基源问题

根据基源问题研究法，劳思光对中国哲学史中的部分基源问题进行
了探讨。

劳思光《新编中国哲学史》十分重视儒家的心性哲学，认为这是中
国哲学的特色所在。劳思光指出，儒学心性论的基源问题为："德性如何
可能？"所以必须深入探究所谓"善"的本义也就是"德性价值"的本义。
而这个问题与描述任何"存有"的问题不属于同一类型的问题。"存有"
问题总与价值问题本性不同，本身无所谓"应该"或"不应该"。"应该"
或"不应该"的问题属于另一领域，"此领域必成立于一自觉基础上"。③
它非"实然问题"，而是"应然问题"。也就是说，儒家的心性论属于德性
价值领域，回答的是德性价值的根基问题，它与回答"实然问题"的存有
论无关。

在谈到墨子学说的时候，劳思光指出，墨子思想的中心是"兴天下
之利"。"利"指社会利益而言，故其基源问题是"如何改善社会生活"。
此"改善"纯就实际生活情况着眼，与儒学之重文化德性有别。"故墨子

---

① 劳思光：《新编中国哲学史》一卷，广西师范大学出版社 2005 年版，第 11 页。
② 劳思光：《新编中国哲学史》一卷，广西师范大学出版社 2005 年版，第 11—12 页。
③ 参见劳思光：《新编中国哲学史》二卷，广西师范大学出版社 2005 年版，第 29 页。

学说第一主脉为功利主义。"①

劳思光认为，荀子学说的基源问题是"如何建立——成就礼义之客观轨道"，所以荀子的价值哲学，于主体殊无所见，故其精神落在客观秩序上。然以主体之义不显，所言之"客观化"亦无根。②

在谈到韩非思想时，劳思光指出，韩非思想中的基源问题仅是"如何致富强"或"如何建立一有力统治"，至于心性论及宇宙论等方面，则韩非子实空无所有。就先秦思想全盘观之，则发展至韩非时，文化精神已步入一大幻灭、一大沉溺。③

劳思光指出，就整个印度思想（包括佛教）而言，其共同的基源问题即"如何离开生命之苦"的问题亦可称为"离苦"之问题或"离苦"之要求。以"离苦"为基源问题时，论者自须首先认定"生命之苦"，然后方能离开此苦，故佛教之原始教义，即自此问题开始。④ 就此而论，佛教思想虽具革命性，仍不失印度思想之特色。

3. 简要分析

由上可见，劳思光提出了基源问题研究法，并认为这是他自己原创的也是比较合理的哲学史方法论。那么我们应该如何看待他的基源问题研究法呢？

第一，理论还原法是基源问题研究法的核心。从劳思光对基源问题研究法程序的论述中可以看出，虽然理论还原、理论展开、理论设准缺一不可，但理论还原是基源问题研究法的第一步，也是基源问题研究法的核心，没有理论还原也就无所谓基源问题。

第二，基源问题研究法与其他研究法的关联。从劳思光的论述中可以看出，基源问题研究法不是一种孤立的研究法，它与其他研究法密切相关，并能克服其他研究法的局限。劳思光所说的基源问题研究法的第一步就与发生研究法相互关联。他认为基源问题虽以解析为主，但也需要考

---

① 劳思光：《新编中国哲学史》一卷，广西师范大学出版社 2005 年版，第 217 页。

② 参见劳思光：《新编中国哲学史》一卷，广西师范大学出版社 2005 年版，第 251 页。

③ 参见劳思光：《新编中国哲学史》一卷，广西师范大学出版社 2005 年版，第 269 页。

④ 参见劳思光：《新编中国哲学史》二卷，广西师范大学出版社 2005 年版，第 152 页。

证，解析并不致妨碍材料的真实性，对材料的考证和甄别是掌握基源问题的基础性工作。这种工作类似于发生研究法，因为发生研究法的重心就是收集和整理具体的资料。但发生研究法由于只重视微观，容易导致盲人摸象似的偏失。而基源问题研究法，既重视资料，也重视理论贯通，所以它可以避免发生研究法的缺失。劳思光基源问题研究法的第二步与系统研究法相关。它通过对基源问题所衍生出来的种种问题的分析，可以勾画出哲学理论的系统，这样就满足了真实性与系统性的要求，同时也内含了解析法。至于劳思光所说的基源问题研究法的第三步即理论设准与他提出的书写哲学史的第三个条件即评判的一致性密切相关。可以看出，劳思光的基源问题研究法是多种方法优点的结合，是他哲学史方法论的核心。

第三，基源问题研究法的启示。基源问题研究法符合哲学的本性。哲学的本性就是一种追根寻源似的本质性思考，这种思考需要无休止的追问，基源问题研究法就是对哲学史上最基本问题的追问，它所反映的是哲学史研究中的强烈的问题意识，这种问题意识的自觉是哲学史研究的必要条件。另外，基源问题研究法是寻求历史上哲学理论的逻辑原点，同时这个逻辑原点又是这种哲学理论的逻辑中心，它对于我们今天的哲学史研究依然具有启发意义。哲学史的研究不是历史资料的堆积，而是逻辑结构的挖掘，掌握一种哲学理论的逻辑原点和逻辑中心至关重要。

第四，对基源问题研究法还需要做进一步的追问。哲学史上的基源问题固然重要，但这些问题又是怎么产生的呢？在这一点上，历史唯物论的观点无疑是深刻的。无论是基源问题还是枝节问题都属于社会意识形态方面的东西，它的产生离不开当时的社会存在。哲学史的研究不能仅仅停留在哲学理论和哲学问题自身，还应该深入挖掘这些哲学理论和哲学问题产生的种种历史原因，包括经济的、政治的、文化的等等，只有这样才能增加哲学史研究的深度与厚度。

第四节　中国哲学的发展历程

劳思光《新编中国哲学史》是通史性的中国哲学史著作，从先秦一直写到清初。它对中国哲学史作了三期划分，描述了中国哲学发展的曲折历程，对儒家哲学乃至众多非儒哲学进行了自己的解读。

一、发展阶段

劳思光之前的中国哲学史著作除张岱年的《中国哲学大纲》是按问题书写的之外，多数是按年代书写的。胡适《中国哲学史大纲》（上卷）把中国哲学史区分为"古代"（先秦）、"中世"（汉至唐）、"近世"（宋元明清）三大阶段，惜只完成了古代哲学史的书写，是未尽的中国哲学史；冯友兰《中国哲学史》把中国哲学史分为"子学时代"和"经学时代"两大阶段，从孔子写到康有为、谭嗣同、廖平，是第一部用现代方法书写的完整的通史性中国哲学史著作。劳思光实际上是接续了这种书写方式，他把中国哲学史分为"初期"、"中期"、"晚期"三个大阶段。

"初期"指先秦时期的哲学，这是中国哲学思想之"发生期"。这是劳思光《新编中国哲学史》的第一卷，除了"序言"和"后序"外，分了七章：第一章论中国古代文化传统之形成，第二章是古代中国思想，第三章是孔孟与儒学，第四章是道家学说，第五章是墨子与墨辩，第六章是荀子与儒学之歧途，第七章是法家与秦之统一。这一时期的总体情况是："各家思想承古文化传统，兼受当时历史因素之影响，纷纷出现。就地区而言，有南北古文化传统之异，于是儒学兴于北，道家兴于南；就社会而言，则墨子之说，针对下层民众之需求，韩非之说，纯谋统治者之利益。"[①]

"中期"指汉至唐代的哲学，这是中国哲学之"衰乱期"。这是劳思光《新编中国哲学史》的第二卷，"导言"论述了"中期"的意义、本期中国哲学之演变历程、汉唐文化对士人心态之影响。接下来分三章，第一章是汉代哲学，涉及董仲舒、扬雄、王充、《礼记》、《易传》、《淮南子》等内容；第二章是魏晋玄学，涉及何晏、王弼、向秀、郭象以及玄学的主要问题等内容；第三章是中国佛教思想，涉及天台宗、华严宗、禅宗、法

---

① 劳思光：《新编中国哲学史》二卷，广西师范大学出版社 2005 年版，第 2 页。

相宗以及一些总体性问题等内容。这一时期的总体情况是："一面有古学失传之问题。伪书迭出，谶纬风行，儒道之言，皆丧失本来面目。另一面又有外来思想侵入之问题。佛教各宗教义先后传来，中国哲学思想，一时皆受其支配。"①

"晚期"指宋元明清时期的哲学，这是中国哲学由"振兴期"而转入"僵化期"。这是劳思光《新编中国哲学史》的第三卷，分上下两部，除"序论"外，共分八章：第一章是唐末思想之趋势及新儒学之酝酿，第二章是宋明儒学总说，第三章是初期理论之代表人物（周敦颐、邵雍、张载），第四章是中期理论之建立与演变（程颢、程颐、朱熹），第五章是后期理论之兴起及完成（陆九渊、王守仁、王门弟子），第六章是明末清初之哲学思想上（东林学派、刘宗周），第七章是明末清初之哲学思想下（黄宗羲、顾炎武、王夫之、颜李学派），第八章是乾嘉学风与戴震之哲学思想。这一时期的总体情况是："宋代以后，则儒学力图重振，一面抗拒佛教之影响，一面摆脱汉儒传统之纠缠，遂有宋明之新儒学出现，然此一思潮至清代而大衰。中国哲学思想又呈僵化之象。……此中演变甚为繁曲。"②

从劳思光对中国哲学发展阶段的划分中可以看出，他认为中国哲学的发展经历了一个曲折的历程，即"发生"、"衰乱"、"振兴"、"僵化"等。

二、先秦哲学

在对先秦哲学的诠释中，劳思光以孔孟儒学为正统，对其他哲学家和派别的哲学思想分别进行了自己的解读。

在劳思光看来，作为哲学必有系统性和自觉性，所以孔子以前的原始思想不能算作哲学，从哲学史的立场看，孔子是中国哲学的创立者。因为"在时间次序上说，孔子是第一个提出哲学理论的人；在学说内容上说，孔子所提出之理论，实际上成为中国哲学思想之主流，而且决定中国

---

① 劳思光：《新编中国哲学史》二卷，广西师范大学出版社 2005 年版，第 2 页。
② 劳思光：《新编中国哲学史》二卷，广西师范大学出版社 2005 年版，第 2 页。

文化传统之特性。因此，中国哲学史之研究，必须由孔子之研究开始"。①
孔子的基本理论是"仁、义、礼"，其他理论都是这一基本理论的引申发
挥。孔子是儒学的创立者，他所代表的精神方向，后来成为整个儒学传统
的精神方向。所谓"精神方向"指"价值意识"而言，孔子的价值意识涉
及"文化问题"、"自我问题"、"传达问题"。"文化问题"涉及一般文化生
活，包含孔子之宗教观及宇宙观在内；"自我问题"涉及纯哲学中之"自
觉心"问题；"传达问题"涉及孔子对理论学说之观点。就文化问题而论，
孔子立"人文之学"；就自我问题而论，孔子立"德性之学"；就传达问题
而论，孔子立"教化之学"。② 劳思光认为，孟子的学说以心性论和政治
思想为主。心性论包括：性善与四端说——价值根源与道德主体之显现；
义利之辨——道德价值之基本论证；养气与成德之工夫——道德实践问
题。此中又以性善论为中心。③

　　劳思光指出，孔子学说是自"礼"而返溯至"仁"与"义"。于是
"仁、义、礼"三观念会为一系，外在之生活秩序源于内在之德性自觉，
故其基本方向为一"心性论中心之哲学"。及孟子言性善，言扩充四端，
于是点破德性自觉（或对"应然"之自觉能力）为人之"Essence"驳告
子"自然之性"之观念。此一心性论中心之哲学，遂有初步之成熟。④ 在
这里，劳思光把孔孟的学说概括为以心性为中心的哲学，认为这既是儒家
的真精神，也是中国哲学的特色所在，表达了劳思光尊孔孟、重心性的哲
学倾向。

　　在谈到老子哲学时，劳思光认为，老子的主要观念可以分为三组：第
一组是常、道、反；第二组是无为、无不为；第三组是守柔、不争、小国
寡民。其中第一组是老子思想的根基，第二组是老子思想的中心，第三组
是中心思想在人事上的应用。而贯穿三组观念的精神，则为一"肯定情意

---

① 劳思光：《新编中国哲学史》一卷，广西师范大学出版社 2005 年版，第 75 页。
② 参见劳思光：《新编中国哲学史》一卷，广西师范大学出版社 2005 年版，第 100 页。
③ 参见劳思光：《新编中国哲学史》一卷，广西师范大学出版社 2005 年版，第 119—
　　120 页。
④ 参见劳思光：《新编中国哲学史》二卷，广西师范大学出版社 2005 年版，第 14—15 页。

我（或生命我）之精神"①。所谓"情意我"指自我驻于此境以观万象及道之运行，于是乃成纯观赏之自我。此一面生出艺术精神，一面为其文化之否定论之支柱。② 庄学继承了老子哲学的思路，认为"形躯不足贵，认知不足重，德性亦无价值，文化活动本身复为一永有罪恶之追求。一切否定，所余者唯有一自在观赏之心灵"③。道家的学说虽能成就艺术，但有不少流弊："为阴谋者所假借，一也；导人为纵情欲之事，二也；引生求长生之迷执，三也。此三弊非仅为理论上之可能，且为历史中之事实。韩非喜言老子，其例一也。魏晋名士清谈误国而不自知，其例二也。张道陵之道教，假老庄而乞长生，其例三也。"④ 这是对道家学说负面因素及其影响的揭露。

劳思光还谈到了其他学派和人物的思想。他指出，墨子思想的中心是"兴天下之利"。"利"指社会利益而言，故其基源问题是"如何改善社会生活"。此"改善"纯就实际生活情况着眼，与儒学之重文化德性有别。故墨子学说第一主脉为功利主义。⑤ 荀子的价值哲学，对于主体无所见，其精神落在客观秩序上。然以主体之义不显，所言之"客观化"亦无根。⑥ 荀子言自然之性，而不解自觉之性，对孔孟学说无所发展。⑦ 韩非思想杂而浅，基源问题是"如何致富强"或"如何建立一有力统治"，至于心性论及宇宙论等方面，则韩非子实空无所有。就先秦思想全盘观之，则发展至韩非时，文化精神已步入一大幻灭、一大沉溺。⑧

总体而言，在劳思光看来，孔孟创立了以心性论为中心的哲学，这是中国哲学的正宗；道家注重情意我，有诸多负面因子；墨家是功利主义；荀子未谈主体性，偏离了孔孟之学；韩非更不值一提。

---

① 劳思光：《新编中国哲学史》一卷，广西师范大学出版社 2005 年版，第 187 页。
② 参见劳思光：《新编中国哲学史》一卷，广西师范大学出版社 2005 年版，第 188 页。
③ 劳思光：《新编中国哲学史》一卷，广西师范大学出版社 2005 年版，第 214 页。
④ 劳思光：《新编中国哲学史》一卷，广西师范大学出版社 2005 年版，第 215 页。
⑤ 参见劳思光：《新编中国哲学史》一卷，广西师范大学出版社 2005 年版，第 217 页。
⑥ 参见劳思光：《新编中国哲学史》一卷，广西师范大学出版社 2005 年版，第 251 页。
⑦ 参见劳思光：《新编中国哲学史》二卷，广西师范大学出版社 2005 年版，第 15 页。
⑧ 参见劳思光：《新编中国哲学史》一卷，广西师范大学出版社 2005 年版，第 269 页。

三、汉至唐代哲学

在汉至唐代哲学方面，劳思光重点分析了汉代哲学、魏晋玄学、中国佛学等。

1. 汉代哲学

劳思光把汉代看作中国古文化的衰落期，表现在五个方面：第一，儒道两派都已经失去本来面目。墨家已断绝不传。法家则与道家之一支相混。第二，在思想主流方面继承了早期神秘信仰和以阴阳五行说为中心的宇宙论观念。第三，道家变为杂家。第四，儒道相混，扬雄等自命为儒者而不解"心性"本义。第五，才性论因心性论之衰而渐起，开出魏晋南北朝清谈之风，王充是这一趋势的代表人物。①

那么，何以见得儒道两家都已经失去了本来面目呢？劳思光对此做了深入阐释。

就儒学而论，劳思光指出，孔孟创立了"心性论中心之哲学"，荀子言自然之性，而不解自觉之性，对孔孟之学无所发扬。但在此时，孔孟的心性学尚未被歪曲。到了汉代，儒生多受阴阳家影响，董仲舒所倡导的天人相应说，就是这种普遍风气的表现，并非董仲舒自己所独创。天人相应说兴起，价值根源遂规之于"天"。德性标准不在于自觉内部，而寄于天道，以人合天，乃为有德。于是，儒学被改造成一"宇宙论中心之哲学"。心性之精义不传，而宇宙论之观念，悉属幼稚无稽之猜想。儒学有此一变，没落之势不可救矣。"此处所点明者，只为'心性论中心之哲学'被'宇宙论中心之哲学'所取代。此为儒学入汉代后最基本之变化，亦儒学衰微与中国文化精神衰乱之枢纽所在。"②另外，心性论所涉及的人性问题，在孟子的学说中就已经被确定为人之独有之"性"，与西方古代哲学中之"Essence"相当。但至汉代，儒者不但不了解自觉心之义，而且对"性"的本义也不了解。于是董仲舒以"性"为"自然之资"，刘向

---

① 参见劳思光：《新编中国哲学史》二卷，广西师范大学出版社2005年版，第120页。

② 劳思光：《新编中国哲学史》二卷，广西师范大学出版社2005年版，第15页。

以"性"为"生而然者",扬雄以为"人之性也善恶混",东汉王充则竟将"性"分为"上、中、下"。"总之,皆就告子、荀子一系所持之'自然之性'而立说,对孟子本义,则茫然无知。"①劳思光这里从两个方面揭露了汉代儒家哲学的衰落或倒退:一是以"幼稚无稽之猜想"的宇宙论为中心的哲学取代了以心性论为中心的哲学;二是用自然人性论或其他人性论取代了孟子的性善论,即人之所以为人的本性论。

劳思光指出,从道家来讲到汉代也遭到了歪曲。道家的基本意向,是透显"情意我"之自由,因此对外冷智静观,对内清虚自守。汉室初兴,没有多少文化意识。文帝以后,朝中颇重"黄老",看起来好像来源于道家,其实道家学说此时已经遭受到歪曲,"情意我之境界"为"形躯生活之作用(或功能)"所取代。②

道家思想至汉以后分裂为三部分:第一部分是为了寻求超越思想而成为求"长生"的道教。第二部分是否定礼制思想而逐渐形成汉末魏初的放诞思想,其后遂发展为魏晋清谈。第三部分是"守柔"观念成为政治上的权术思想。③专就道教讲,劳思光进一步指出,"'不死'与'神通'合而为道教之基本观念。张道陵以后,老子及庄周皆被托为神仙之祖。道家所讲之超越自我,遂变为'长生不老'及'呼风唤雨'之神仙。此道家思想遭受歪曲之一。'不死'乃指形躯而言,'神通'亦就经验世界中之支配力而说。二者落于形躯我之领域中,故道教之说既行于世,道家之'情意我'观念遂湮没不彰。盖道家所肯定之超越自我,已被化为形躯我矣。"④在劳思光的理论设准中,有所谓对"自我"的分类,这个设准就是对自我境界的划分方法。劳思光把自我境界划分出四层:第一是"形躯我",以生理及心理欲求为内容;第二是"认知我",以知觉理解及推理活动为内容;第三是"情意我",以生命力及生命感为内容;第四是"德性我",以价值自觉为内容。根据这一理论设准,道家学说原本是"情意我"的境

---

① 劳思光:《新编中国哲学史》二卷,广西师范大学出版社 2005 年版,第 17 页。
② 参见劳思光:《新编中国哲学史》二卷,广西师范大学出版社 2005 年版,第 15 页。
③ 参见劳思光:《新编中国哲学史》二卷,广西师范大学出版社 2005 年版,第 22 页。
④ 劳思光:《新编中国哲学史》二卷,广西师范大学出版社 2005 年版,第 23 页。

界，但到了汉代，从黄老学到道教，都把它歪曲成"形躯我"，这在自我境界上是一种下滑。

2. 魏晋玄学

劳思光指出，自东汉末年经曹魏至两晋，出现了所谓"清谈"之风。这种"清谈"之风从生活态度来讲，属于放诞一流；从其言论内容而言，其话题大致有一个范围，大致表现一种思想倾向，对此种言论给予一个总的名称，即所谓的"魏晋玄学"。[①]

已如上述，劳思光认为，先秦道家到汉代开始分裂，终于成为三派，皆非老庄之真。其中第三派以"放诞生活"为特征。"今论'玄学'之根源，应知魏晋名士之清谈，基本上皆是此一支变形道家思想之具体表现。魏晋以前，如东汉桓灵之际，固已有不少'放诞生活'之迹象，但扩展为一种广泛风气，则自曹魏时开始，即所谓'正始玄风'是也。清谈之士基本上继承此种变形之道家态度，故其言论大体皆与道家之精神方向及价值观念有关。……玄谈之士由旨趣之偏重不同，又可分为两大派，即'才性派'与'玄理派'。"[②]

劳思光指出，魏晋名士清谈的显著特色是混乱儒道两家的界限和立场。尽管如此，清谈之士的主要趋向则仍以道家为宗。"吾人可说，'玄学'基本上代表承道家旨趣而又有所误解之思想，与儒学则只有表面关联。"[③]

由上可见，劳思光认为魏晋玄学是在汉代道家学说被歪曲之后产生出来的一种学说，虽然有融会儒道两家的倾向，但仍以道家思想为主。

3. 中国佛学

在谈到佛学时，劳思光认为，佛学的出现是对印度思想的革命，但从基源问题来讲，佛学与印度思想又有共同性。中国佛学以天台、华严、禅宗为主，他们的理论之间有共同的东西，也有中国本土思想的特色。

劳思光指出，从理论立场上来看，印度佛教的兴起对古印度传统有抗拒和否定，可以看作是一种革命性的理论。因为古印度的吠陀传统思

---

① 参见劳思光：《新编中国哲学史》二卷，广西师范大学出版社 2005 年版，第 121 页。

② 劳思光：《新编中国哲学史》二卷，广西师范大学出版社 2005 年版，第 121—122 页。

③ 劳思光：《新编中国哲学史》二卷，广西师范大学出版社 2005 年版，第 123 页。

想，由原始信仰发展至某种形上学系统，如《奥义书》所代表，虽有种种
演变，终是假定某种"外在之实有"（External Reality），而佛教自始即否
定外界任何独立之"实有"，只将一种主体性视作最后根源，"故在当时印
度传统思想家与此新兴之佛教思想家言论中，皆承认佛教与传统思想对
立。"① 但从更高层面着眼，我们可以看出佛教与印度传统思想共有同一个
基源问题，即"如何离开生命之苦"，也可以称为"离苦"的问题或"离
苦的要求"。以"离苦"为基源问题时，论者自须首先认定"生命之苦"，
然后方能离开此苦，故佛教的原始教义，即自此问题开始。"就此而论，
佛教思想虽具革命性，仍不失印度思想之特色。"② 劳思光在这里一方面指
出了佛教与印度传统思想的区别，印度传统思想假定某种"外在之实有"，
而佛教从一开始就否定外界任何独立之"实有"，把主体性视作最后根源，
从这个角度来讲，佛教的理论具有革命性；另一方面，由于佛教与印度传
统思想有共同的"离苦"基源问题，所以二者又有一致性。

佛教传入中国后，经过三国、两晋、南北朝时期的长期讲论，在隋
唐时期，出现了"中国佛教"。劳思光认为，中国佛教有天台、华严、禅
宗三支。"前两者虽依印度佛教经籍，然自造诸论，建立新理论系统。禅
宗则不依一定经论，且不重宗教传统，称为'教外别传'，故此三宗皆有
相当独立性，大体不循印度教义之轨辙。"③

就理论学说而言，中国佛教三宗虽然教义有别，但都有中国自创的
学说，就中国哲学史的观点而论，他们都是中国哲学史的重要资料，也是
中国哲学史的基本论述对象。

首先，中国佛教三宗有一个共同点，就是都重视主体性。如劳思光
所说："中国佛教之三宗，虽面目颇为不同，然其共同处亦甚显然；盖无
论天台之教，华严之教或禅宗之教，皆以透显最高主体性，肯定主体自
由为宗旨。"④ 天台的"一念三千"，透显出主体的绝对自由；华严的"唯心

① 劳思光：《新编中国哲学史》二卷，广西师范大学出版社2005年版，第152页。
② 劳思光：《新编中国哲学史》二卷，广西师范大学出版社2005年版，第152页。
③ 劳思光：《新编中国哲学史》二卷，广西师范大学出版社2005年版，第239页。
④ 劳思光：《新编中国哲学史》二卷，广西师范大学出版社2005年版，第274页。

回转"，宗旨在于立"最高主体性"；"慧能立教，直揭主体自由之义，一扫依傍，且不拘说法，故《坛经》所记各章，其义皆交叠互明，表同一宗旨。"①

其次，中国佛教三宗之主体性与儒家、道家的主体性不同。劳思光指出，"儒学之'主体性'，以健动为本，其基本方向乃在现象界中开展主体自由，故直接落在'化成'意义之德性生活及文化秩序上。道家之'主体性'，以逍遥为本，其基本方向只是'观赏'万象而自保其主体自由，故只能落在一情趣境界上及游戏意义之思辨上。佛教之'主体性'，则以静敛为本，其基本方向是舍离解脱，故其教义落在建立无量法门，随机施设，以'撤销'万有上。"② 指出三家"主体性"的基本方向不同，儒家主体性的基本方向是不离现象界而开展主体自由，道家主体性的基本方向是观赏万物而自保主体自由，佛教主体性的基本方向是舍离解脱。

再次，中国佛教三宗的学说虽然在理论和精神方向方面与儒家和道家不同，但也包含有明显的中国思想。劳思光说："其一是德性之'自由'观念，其二是德性之'不息'观念。就人在德性方面有最高自由说，德性之成就永无限制。……此即表明德性之自由乃中国观念，非印度之普遍观念也。但中国佛教三宗，对此点皆采取中国之肯定，认为无不可度之'一阐提'。其次，德性自由表示人之德性成就永无限制，但另一面有此肯定后，亦必须有另一肯定。此即人之德性升降，既全由自主，则人之德性成就亦无保障。'无限制'表示'凡'皆可成'圣'，'无保障'则表示'圣'随时可下堕为'凡'。依此，中国先秦儒学即早有德性之不息观念，《易传》及《礼记》……在此点上则皆承先秦之义而发挥。佛教原对此点见解不同，如论'不退转'之义等，即可见佛教基本上以为人之德性或自觉到某一程度，便可保障自身不再堕落。但在中国佛教之天台宗教义中，便有'一念三千'之说。此说固有客体性一面之意义，为人所熟知，但亦确另有主体性一面之意义，即与此点有关。"③ 劳思光进一步解释说，"一念

① 劳思光：《新编中国哲学史》二卷，广西师范大学出版社 2005 年版，第 269 页。

② 劳思光：《新编中国哲学史》二卷，广西师范大学出版社 2005 年版，第 240 页。

③ 劳思光：《新编中国哲学史》二卷，广西师范大学出版社 2005 年版，第 240—241 页。

三千"的说法，一方面透显出主体的绝对自由，众生皆具佛性，皆可成佛等均不再成为问题；另一方面则进德不息，一心自主，时时可圣，时时可凡，亦成显然可知之理。"此是佛教教义之一大进展，亦是天台宗吸收中国德性观念之证据，最足以表明天台宗之为'中国佛教'。"①

概括而言，在劳思光看来，"中国佛教"一方面是"佛教"，与其他派别根本不同；另一方面"中国佛教"作为中国的思想成果，的确吸收了中国的某种观念。

此外，劳思光还谈到了唐代另一派佛教思想，即以玄奘、窥基等为代表的法相宗。劳思光认为法相宗"纯以印度已有之教义为依归，故不能称为'中国佛教'。而中国佛教徒弘扬此种教义者，亦实是提倡返归印度之思想运动"②。劳思光指出，法相宗的主要教义《成唯识论》"不肯定真常义、自由义之主体。若从纯理论观点看，则主体自由如未肯定，则根本上一切价值命题、德性标准，均将丧失意义。……然其直承印度之教义，则无可疑。……然以思想史之进程论之，《成论》如此构造，殊难推动中国之哲学思想之演进。此所以玄奘之学虽盛，在中国哲学史上之影响力则远不及中国三宗。盖返归印度之宗旨，基本上即不能与中国哲学之进展要求相配合也。"③劳思光在这里基本上把法相宗排除在中国佛教之外，认为他在中国哲学史上的意义远不如天台、华严、禅宗三派。

四、宋元明清哲学

宋元明清哲学尤其是陆王学是劳思光所重视的，他对中国哲学发展历程他称之为"晚期"阶段的哲学思想做了自己的阐释。

1. 概况

劳思光认为，从宋代到明代，中国哲学的发展进入到逐步摆脱汉儒宇宙论中心之哲学传统而求"价值根源之内在化"的时期，宋明理学就是这种"内在化过程"的成果。这一过程经过了三个阶段：第一阶段以周敦

---

① 劳思光：《新编中国哲学史》二卷，广西师范大学出版社 2005 年版，第 248 页。
② 劳思光：《新编中国哲学史》二卷，广西师范大学出版社 2005 年版，第 275 页。
③ 劳思光：《新编中国哲学史》二卷，广西师范大学出版社 2005 年版，第 282 页。

颐、张载为代表，理论特点是形上学与宇宙论的混合；第二阶段以二程、朱熹为代表，理论特点是纯形上学；第三阶段以陆九渊、王阳明为代表，理论特点是"心性论之重振"。但这一思潮至清代而大衰，中国哲学思想转入到"僵化时代"。①

劳思光还总结了宋明儒学的基本特点：第一，总体而言，宋明儒学是一个整体。尽管宋明儒学中有不同的理论出现，但其基本方向或目的都是力图振兴以孔孟为代表的儒学。② 第二，宋明儒学与孔孟学说有距离，表现为不深辨"心性论"的特性，而与形上学及宇宙论混为一团。第三，不能把宋明儒学与孔孟学说的距离看作发展或进步。因为无论"天道观"，还是"本性论"，其内部困难都极为严重，理论效力不如以"主体性"为主的"心性论"。第四，就原因而言，宋明儒学的上述距离与其所依据的经籍有关。宋明儒学都重视《易传》与《中庸》、《大学》，而不知这类文献所包含的思想与孔孟学说有很大差异。第五，从宏观上看，宋明儒学有步步逼近孔孟学说的趋势，这可以从周张、程朱和陆王学说的比较中看出来。③

2. 周张之学

已如上述，在劳思光看来，周敦颐、张载的学说是宋明儒学发展的第一阶段，即形上学与宇宙论的混合阶段。劳思光指出，周敦颐的学说有原创的理论系统，并以此抗拒佛教，在大方向上属于"儒学"。但从理论内容来看，基本上没有脱离宇宙论的影响，不过增多了形上学的成分，其中心性论的含量很少。④ 他以"天道"为最高实体，辅之以"性"观念。此与孔孟之持"心性论"立场相比，有"客体性"与"主体性"之差别。⑤ 而张载的学说也大体如此。"故周张哲学之课题，可说是以混合形

---

① 参见劳思光：《新编中国哲学史》二卷，广西师范大学出版社 2005 年版，第 2 页。

② 参见劳思光：《新编中国哲学史》三卷上，广西师范大学出版社 2005 年版，第 56 页。

③ 参见劳思光：《新编中国哲学史》三卷上，广西师范大学出版社 2005 年版，第 57 页。

④ 参见劳思光：《新编中国哲学史》三卷上，广西师范大学出版社 2005 年版，"序论"第 3 页。

⑤ 参见劳思光：《新编中国哲学史》三卷上，广西师范大学出版社 2005 年版，第 111 页。

上学与宇宙论之系统排拒佛教心性论，尚非以孔孟本义之心性论对抗佛教之心性论也。"①

3. 程朱之纯形上学

二程和朱熹的学说被劳思光看作是宋明儒学发展的第二阶段，即纯形上学阶段。

劳思光指出，二程立说以"性"为主，即"性即理"说，于是构建了一个纯粹形上学系统，即脱离宇宙论影响的形上学，与周张学说比较是一种进步。② 劳思光认为，宋以后产生的是重振儒学的运动，其目的是以儒家的价值哲学代替佛教的价值哲学，要实现这一目的，必须回归和肯定心性论哲学。价值德性等问题不属"有无"之领域，"宇宙论固不能对此种问题有真解答，以超经验之'实有'为肯定之形上学系统，亦不能提供解决。今伊川之形上学，虽已远胜汉儒之说，亦有进于周张之言，仍不能真完成重振儒学之任务。于是二程'性即理'之论，只代表宋明儒学之第二阶段，而非成熟阶段。朱熹之综合周张二程，亦仍未脱此第二阶段也。"③

劳思光对朱熹及其学说多有微词，认为朱熹"不仅不知佛教本身之源流，且亦不知佛教在中国流传讲论之情况。可谓不具对佛教之常识"④。"朱熹之学，以其综合系统为特色，此即后世推崇者所谓'集大成'之意。但若取严格理论标准及客观历史标准衡度之，则朱氏此一综合工作究竟有何种正面成就，则大为可疑，盖就理论说，朱氏之说不代表儒学真实之进展；就历史说，则朱氏只是糅合古今资料，造出一'道统'，亦非真能承孔孟之学。"⑤"朱氏综合'天道观'与'本性'之说而组成一综合系统，但'天道观'及'本性论'两面之理论困难，朱氏皆未能解决；至于二者

---

① 劳思光：《新编中国哲学史》三卷上，广西师范大学出版社 2005 年版，"序论"第 3 页。

② 参见劳思光：《新编中国哲学史》三卷上，广西师范大学出版社 2005 年版，"序论"第 3—4 页。

③ 劳思光：《新编中国哲学史》三卷上，广西师范大学出版社 2005 年版，"序论"第 4 页。

④ 劳思光：《新编中国哲学史》三卷上，广西师范大学出版社 2005 年版，第 237 页。

⑤ 劳思光：《新编中国哲学史》三卷上，广西师范大学出版社 2005 年版，第 245 页。

所共有之困难，在朱氏系统，不唯不能解决，反而更形严重。然则，朱氏之系统未可说为有超迈前人之理论成就也。"① "朱氏治学之规模固大，但结果是通过一系统性之曲解，而勾画一与历史绝不相应之'道统'面目。此……朱氏之'集大成'，实亦是构成儒学内部最大之'混乱'也。"② 劳思光在这里指出了朱熹及其学说的问题，几乎对其全盘否定。第一，朱熹不懂佛学；第二，朱熹之学非孔孟正统，不能代表儒学的进展；第三，朱熹在理论上不但没有解决"天道观"和"本性论"各自及共有的理论困难，反而使它们更为严重，因此朱熹之学在理论上未能超越前人；第四，朱熹的"道统"论与历史不相应。从总的方面来说，朱熹之学的理论系统似乎没有正面成就，其所谓的"集大成"造成了儒学内部的"大混乱"。

4. 陆王心性论

宋明儒学发展的第三阶段是陆王心性论，这是心性论之重振的阶段。

劳思光指出，心性论重建阶段的工作开始于陆九渊，最后大成于王守仁。劳思光认为，陆九渊重视"心"的观念，由"存有"而归于"活动"，由对峙于客体的主体升往最高主体性。阳明提倡"良知"说，最高主体性乃由此大明。至此，宋明儒学进至高峰。"陆王之学"以归向"心性论"为特色，与重视"宇宙论"及"形上学"之初期及中期之学说，有根本方向之不同。"若就历史标准讲，则因孔孟立说，本取'心性论'模式，故陆王之学应属最接近先秦儒学之本意者。"③ 从理论标准来讲，周张所代表的"天道观"与程门所立的"本性论"，在严格意义上皆含有极难消除之理论困难，而"心性论"则由于归向主体性，对以上理论之困难大致可以避免。"就此意义讲，后期理论在稳定性上即胜过前二期之学说，亦可说较为成熟。"④

劳思光指出，重建心性论就是重建儒学的价值哲学。它的完成使中国心灵不再受制于印度的舍离教义。阳明学既代表宋明儒学最高峰，故其

---

① 劳思光：《新编中国哲学史》三卷上，广西师范大学出版社 2005 年版，第 247 页。
② 劳思光：《新编中国哲学史》三卷上，广西师范大学出版社 2005 年版，第 248 页。
③ 劳思光：《新编中国哲学史》三卷上，广西师范大学出版社 2005 年版，第 375 页。
④ 劳思光：《新编中国哲学史》三卷上，广西师范大学出版社 2005 年版，第 375 页。

所现出的缺陷，实际上也就是儒学本身的内在问题。"此问题就根源处说，即是'道德心'对'认知心'之压缩问题。倘就文化生活一层面说，则是智性活动化为德性意识之附属品因而失去其独立性之问题。至其具体表现则为知识技术发展迟滞，政治制度不能进展，人类在客观世界中控制力日渐衰退。"①

从学问立场来看，劳思光是宗孔孟之学的，故对于陆王心性论评价较高，认为其代表了孔孟的真精神，而心性学挺立人的主体性，可以克服天道观和本性论的理论困难，构成宋明儒学的成熟形态。但劳思光对心性论的内在问题也有自己的认识。

5. 清代哲学

从劳思光的论述来看，他认为清代出现了文化反思和以历史代哲学的思潮，是中国哲学史上的倒退时期。

劳思光指出，明末清初在学界出现了文化反思的思潮，主要代表为顾炎武、黄宗羲、王夫之、颜李学派等。他们彼此的观点不尽相同，但都有一个共同的理论趋向，都认为当时知识分子之所以堕落无力，乃是由于学风不良所致，这也是文化活力衰落的原因。"于是揭露此种错误，并求一解救之道，即成为一在文化上做全面反省之思潮。此思潮亦即是清初思想之总脉，其影响则至于乾嘉时期。"②

劳思光认为，顾炎武、黄宗羲、王夫之并称为清初三大家。三人反思文化制度和学风问题，都认为阳明学派负有责任，但三人的见解又有不同，与他们本身的治学方向不同有关。

顾炎武推尊朱熹，对陆王之学不以为然，认为很多弊害都来自"空谈心性"，因此强调程朱一系的"格物穷理"，又把"行已有耻"作为践履工夫的核心。从纯哲学观点来看，顾炎武的观点未免粗浅。事实上，顾炎武以朱熹之学以攻陆王，说明他未解陆王之学，不知道陆王学与先秦儒学的密切关联。但从哲学史的观点来说，这种思想一反陆王而尊程朱，是否

---

① 劳思光：《新编中国哲学史》三卷上，广西师范大学出版社 2005 年版，"序论"第 4 页。
② 劳思光：《新编中国哲学史》三卷上，广西师范大学出版社 2005 年版，"序论"第 5 页。

定宋明儒学的一半，其影响值得重视。①

黄宗羲在三人中最重视心性之学，其基本立场仍是继承王阳明至刘蕺山一支思想。所以，黄宗羲批评学风时，其主要抨击对象是阳明之后学，认为阳明后学走入了禅门。"黄氏做文化上之反省时，仅归咎于阳明学派之流弊（因阳明本旨自不是'入禅'），不唯不质疑于整个儒学传统，亦未反对宋明理学，且亦非反对阳明之学，故此一检讨工作中否定成分甚少。"②

王夫之思想来源庞杂，上宗《易传》，旁取汉儒与横渠之说。因此，宇宙论兴趣特强。王夫之的学说对宋明儒学各大家皆持否定态度，独于张横渠较能契合。"而其主旨则在于强调形器才性，重视事功。其言心言性处，皆是系于一宇宙论旨趣之下而言之。"③故王夫之的反思态度与顾黄不同，实已反对整个宋明儒学，不过尚未检讨整个儒学传统而已。

劳思光指出，顾炎武、黄宗羲、王夫之虽然都在做文化反思，但差别很大。顾炎武以朱熹之学检讨陆王学，黄宗羲的矛头指向陆王后学，王夫之则反对除张载之外的所有宋明理学。

劳思光也提到了颜李学派，认为他们虽然能自立门户，但在哲学问题上所见粗浅，影响也不很大，所以无法与上述三家并列，只能看作旁支思想。④

劳思光指出，清代哲学思想自三大家后，不但毫无进展，反而江河日下。那么原因在哪里呢？抛开一切外在因素不论，他们的文化反思思想都有一定的局限。顾炎武对心性之学所知甚少，认为文化衰落是王学所致，而不知道王学的局限实即传统儒学的局限。由此，他倡程朱而抑

---

① 参见劳思光：《新编中国哲学史》三卷上，广西师范大学出版社 2005 年版，"序论"第6页。
② 劳思光：《新编中国哲学史》三卷上，广西师范大学出版社 2005 年版，"序论"第5—6页。
③ 劳思光：《新编中国哲学史》三卷上，广西师范大学出版社 2005 年版，"序论"第6页。
④ 参见劳思光：《新编中国哲学史》三卷上，广西师范大学出版社 2005 年版，"序论"第6页。

陆王，造成儒学内部的倒退，既不能指出儒学的缺陷，也淹没了王学之长。结果是，顾炎武的学说既不能代表儒学的进展，更不能代表儒学的改造，反倒造成儒学的迷失。黄宗羲继承了王刘心性论的宗旨，并对儒学传统的缺陷有所认识。"但黄平生立说，特重辟禅，次言经世。对价值意识及文化精神等等根源上之问题，皆无正面主张。如此，观黄氏之学，若取其论心性问题部分，则觉阳明学派又多一人，若取其论世考史之作，则觉黄氏乃一史学家或政治思想家。此两种身份皆与改造儒学传统无关。结果，黄氏后学，大抵通史学而不通哲学，反成为日后'以史学代替哲学'一谬误思潮之先驱。此自非黄氏本意，但事实如此，实由黄氏之学内部局限使然也。"① "王夫之乃一任才纵情之人物。其学混杂，对心性论之本义已不能把握。故当王氏否定大多数宋明儒时，其主张并非更进一步求儒学之发展，或求儒学之改造，反而沾染汉儒宇宙论，混同才性与心性，成一大乱之局。其正面贡献自在于强调'实现'，强调'历史'一方面，但此种贡献可建立王氏个人在哲学史上之地位，而与救治文化病态则相去万里矣。"② 劳思光在这里指出了顾炎武的理论局限是未能认识到整个儒学的局限，黄宗羲亦复如是，也没有提供正面的建设性的意见，王夫之倒退回宇宙论，对救治文化病态毫无益处。总体而言，他们未能开出儒学发展的新局面。

而三家之后，清代可以说没出现过任何伟大的哲学思想家，但有一个显著特色值得关注，即"乾嘉学风""以史学代替哲学"的思潮。③ "以史学代替哲学"的潮流对哲学史研究有一定的正面意义，即他们的语文研究，实际上是广义史学研究的组成部分。但"乾嘉学风"总体上是错误的，"主要在于不知语文研究与理论研究之界限，……不能真正了解'哲学问题'。"④

① 劳思光：《新编中国哲学史》三卷上，广西师范大学出版社 2005 年版，"序论"第 7 页。
② 劳思光：《新编中国哲学史》三卷上，广西师范大学出版社 2005 年版，"序论"第 7 页。
③ 参见劳思光：《新编中国哲学史》三卷上，广西师范大学出版社 2005 年版，"序论"第 8 页。
④ 劳思光：《新编中国哲学史》三卷上，广西师范大学出版社 2005 年版，"序论"第 8 页。

五、简要分析

在了解了劳思光对整个中国哲学发展历程的阐释之后，我们可以得到一个明晰的判断，即劳思光对中国哲学发展历程的阐释是以主体性为理论设准，以孔孟及陆王心性论为正统。这表现在对中国哲学发展历程轨迹的描述、排斥非心性论学说以及忽视荀子、王夫之等哲学大家的历史定位等方面。

1. 以主体性为理论设准，以心性论为正统

劳思光十分强调理论设准对于哲学史研究的意义，他所说的理论设准就是陈述原则和整理方法的统一。劳思光《新编中国哲学史》的理论设准主要是主体性理论，而这种主体性理论的设定来源于对世界的态度。道家认为世界是观赏之对象，佛学认为世界是舍离之对象，儒家认为世界是肯定之对象。同是肯定世界之理论，儒家分为存有论之肯定、形上学之肯定、心性论之肯定。前两种理论无法解决存有论、形上学与主体性的矛盾，只有心性论能够较圆满地解决主体性的问题。[①] 劳思光《新编中国哲学史》的理论设准旨在展示中国哲学中心性之学的合理性，挺立中国哲学的特色，明显地感觉到与牟宗三、唐君毅重心性，徐复观重"形而中学"的理论思路相吻合。应该说，劳思光的理论动机没有问题。如果把主体性理论作为理论设准之一应该是合理的，但把主体性理论作为唯一的理论设准则是片面的。（详见本章第二节）

2. 中国哲学史发展的双峰

依据主体性的理论设准和心性论的评价尺度，劳思光把中国哲学的发展历程描绘成一个双峰形态：先秦以孔孟为代表的心性学是第一个高峰，孟子之后尤其是汉代之后，中国哲学进入到以宇宙论为中心的衰落时代；经过漫长的历史途程，中国哲学又在宋明时期尤其是陆王心学诞生和成熟时达到了另一个发展高峰，而清初心性之学衰，中国哲学又走起了下

---

① 参见劳思光：《新编中国哲学史》三卷上，广西师范大学出版社 2005 年版，第 58— 66 页。

坡路。

劳思光对中国哲学发展历程的总体看法显然是一种历史退化论。其中包含有合理的成分，如对孔孟之学、陆王心学合理性的重视，但显然做了夸大，具有自身的局限性。当然，劳思光的历史退化论我们可以从雅斯贝尔斯的文化轴心说、梁漱溟的天才文化观、方东美的文化复古论中找到影子，从先秦、古希腊等早期文化中寻求现代文化的出路也未必不是现代哲学和文化重建的一种思路，因为文化复兴是一种具有重要意义的文化现象。所不同的是，雅斯贝尔斯、方东美所关注的不仅是孔子、孟子，同时还关注老子、释迦牟尼、柏拉图、苏格拉底等，而劳思光所情有独钟的只是孔孟。

在这一点上，笔者比较赞成冯友兰早在20世纪30年代初出版的《中国哲学史》（上下册）中的历史进化论的观点，他认为中国哲学是发展的、进步的。比如说，就哲学所研究的问题和范围来看，汉代以后的哲学虽不如汉代以前的哲学所涉猎的多和广，但就其明晰或清楚的程度来看，汉代以后的哲学确实超过了前代。有人以为，董仲舒、王阳明的学说在以前儒家哲学中已经见到端倪，他们只不过是发挥引申而已，不能算自己的哲学和新的贡献。冯友兰反对这种看法，他形象地说："即使承认此二哲学家真不过发挥引申，吾人亦不能轻视发挥引申。发挥引申即是进步。小儿长成大人，大人亦不过发挥引申小儿所已潜具之官能而已。鸡卵变成鸡，鸡亦不过发挥引申鸡卵中所已有之官能而已。然岂可因此即谓小儿即是大人，鸡卵即是鸡？……由潜能到现实便是进步。"① 冯友兰还说："阴阳家之学，虽有若斯流弊，而中国科学萌芽，则多在其中。盖阴阳家之主要的动机，在于立一整个的系统，以包罗宇宙之万象而解释之……则固有科学之精神也。秦汉之政治，统一中国，秦汉之学术，亦欲统一宇宙。盖秦汉之统一，为中国以来未有之局。……吾人必知汉人之环境，然后能明汉人之伟大。"② 冯友兰所坚持的显然是哲学上的进化论观点，强调了中国哲学

① 冯友兰：《中国哲学史》，中华书局2014年版，第23—24页。

② 冯友兰：《中国哲学史》，中华书局2014年版，第573页。

史发展的客观性，具有历史辩证法因素。

3. 排斥非心性论学说

依据主体性的理论设准和心性论的评价尺度，劳思光认为孔孟以后的哲学均是走下坡路的哲学，道家的学说虽能成就艺术，但有不少流弊；墨子学说为功利主义。荀子的价值哲学，对于主体无所见，其精神落在客观秩序上。荀子言自然之性，而不解自觉之性，对孔孟学说无所发展。韩非思想杂而浅，文化精神已步入幻灭沉溺。汉代之后，中国哲学进入到以宇宙论为中心的阶段，没落之势不可救矣。之后的魏晋玄学、中国佛学都是对孔孟心性论的背离。从宋代开始，儒学开始复兴，但周张混合宇宙论和本性论，二程朱熹建立纯形上学，均与孔孟精神隔了一层，只有陆王心学才是对孔孟精神的发扬光大，使宋明儒学发展到成熟期。而之后清初顾黄王的文化反思未能推进儒学发展，中国哲学遂又走了下坡路。

我们承认心性之学挺立道德主体和道德价值的合理性，承认孔孟之学、陆王心学对中国哲学乃至整个文化发展的重要影响，尤其是现代新儒家的学者如梁漱溟、熊十力、贺麟、牟宗三、唐君毅、徐复观等都是结合西学和现代人的生存感受，发扬孔孟陆王学脉，重新建构了新的心性儒学，推进了儒学的当代发展。但我们无法回避心性学的理论和现实问题，如善的先在性何以证明？心性的圆善能否必然带来社会的圆善？心性修养和制度文化如何协调？等等。事实上，人是一种具有自觉性并能够使之不断外化和内化的动物，善恶只是人在后天言行中获得的道德判断或评价，离开环境、离开社会、离开历史，心性只能是哲学家自我赏玩的理论设准，它的哲学意义、道德意义、宗教意义的程度都是可以推敲的。

与此相关，劳思光对其他哲学家哲学思想的评价是有欠公允的。比如对荀子、王夫之哲学的评价明显偏低，在这方面，笔者比较赞成大陆中国哲学史界多数前辈的看法，荀子哲学是先秦哲学的集大成，王夫之哲学是中国古代哲学的集大成。荀子的哲学虽不是儒家的正统，但在中国哲学史上的地位要高于孔孟；王夫之的哲学影响当时不如程朱陆王，但其哲学成就不逊于程朱陆王。此外，劳思光宗孔孟陆王，对朱熹学说的正面评价明显不足。在对朱熹的评价上，第三代新儒家的代表杜维明的观点值得我们借鉴。他认为，"在过去的八百年间，朱熹是儒学传统的诠释者，并且他的思想启示的影响在整个东亚仍继续不断。事实上，我们可以这样说，在受到西方的思想文化冲击之前，东亚社会和政治上占主宰地位的价值取向是朱熹传统的儒学。中国明清两朝政府、日本德川幕府时期及朝鲜李氏王朝时期，不仅在思想上都采用了朱熹的观念，且在客观上实行着朱熹的思想。我们可以毫不夸张地说朱熹的世界观是在近代以前东亚社会中占统治地位的意识形态。"① 在杜维明看来，以朱熹为代表的"新儒学"不仅属于中国，也属于东亚，对整个东亚文明产生了重大影响，这是杜维明对朱熹及其儒学评价的新视域，也是符合历史事实的。

---

① 郭齐勇、郑文龙编：《杜维明文集》（第四卷），武汉出版社 2002 年版，第 113 页。

主要参考文献

一、著作

[1] （清）郭庆藩撰、王孝鱼点校：《庄子集释》，中华书局 1961 年版。

[2] 梁启雄：《荀子简释》，中华书局 1983 年版。

[3] 陈奇猷校注：《韩非子集释》，上海人民出版社 1974 年版。

[4] （汉）司马迁：《史记》，上海古籍出版社 2011 年版。

[5] （汉）王充：《论衡》，上海古籍出版社 1990 年版。

[6] 楼宇烈：《王弼集校释》，中华书局 1980 年版。

[7] （梁）释僧祐等：《出三藏记集》，中华书局 1995 年版。

[8] （宋）释契嵩：《传法正宗记》，中国藏学出版社 1993 年版。

[9] （宋）释道原：《景德传灯录》，广陵书社 2007 年版。

[10] （宋）释惟白：《建中靖国续灯录》，中国藏学出版社 1993 年版。

[11] （宋）悟明：《联灯会要》，海南出版社 2010 年版。

[12] （宋）正受：《嘉泰普灯录》，海南出版社 2011 年版。

[13] （宋）普济：《五灯会元》，中华书局 1984 年版。

[14] （宋）朱熹：《伊洛渊源录》，中华书局 1985 年版。

[15] （明）王守仁：《王阳明全集》，上海古籍出版社 1992 年版。

[16] （清）孙奇逢：《理学宗传》，台北艺文印书馆 1969 年版。

[17] （清）黄宗羲：《明儒学案》，中华书局 2008 年版。

[18] （清）黄宗羲、全祖望等：《宋元学案》，中华书局 1986 年版。

[19] 胡适：《中国哲学史大纲》，上海古籍出版社 1997 年版。

[20] 胡适：《先秦名学史》，学林出版社 1983 年版。

[21] 胡适：《胡适留学日记》，台湾商务印书馆 1959 年版。

[22] 姜义华主编：《胡适学术文集——中国哲学史》（上册），中华书局 1991 年版。

[23] 冯友兰：《中国哲学史》，中华书局 1961 年版。

[24] 冯友兰：《中国哲学史》，华东师范大学出版社 2000 年版。

[25] 冯友兰：《中国哲学简史》，北京大学出版社 1985 年版。

[26] 冯友兰：《中国哲学史新编》（第一册），人民出版社 1982 年版。

[27] 冯友兰：《中国哲学史新编》（上、中、下），人民出版社 1998 年版。

[28] 冯友兰：《中国哲学史新编》（第二册），人民出版社 1984 年版。

[29] 冯友兰：《中国哲学史新编》（第五册），人民出版社 1988 年版。

[30] 冯友兰：《人生哲学》，广西师范大学出版社 2005 年版。

[31] 冯友兰：《贞元六书》，华东师范大学出版社 1996 年版。

[32] 冯友兰：《新理学》，三联书店 2007 年版。

[33] 冯友兰：《新原人》，三联书店 2007 年版。

[34] 冯友兰：《三松堂学术文集》，北京大学出版社 1984 年版。

[35] 冯友兰：《三松堂全集》（第一卷），河南人民出版社 2001 年版。

[36] 冯友兰：《三松堂全集》（第七卷），河南人民出版社 2001 年版。

[37] 冯友兰：《三松堂全集》（第八卷），河南人民出版社 2001 年版。

[38] 冯友兰：《三松堂全集》（第九卷），河南人民出版社 2001 年版。

[39] 冯友兰：《三松堂全集》（第十二卷），河南人民出版社 2001 年版。

[40] 张岱年：《中国哲学大纲》，中国社会科学出版社 1982 年版。

[41] 张岱年：《张岱年全集》（2），河北人民出版社 1996 年版。

[42] 张岱年：《张岱年全集》（8），河北人民出版社 1996 年版。

[43] 谢无量：《中国哲学史》，上海中华书局 1916 年版。

[44] 谢无量：《中国哲学史》，中华书局 1940 年版。

[45] 谢无量：《阳明学派》，中华书局 1928 年版。

[46] 钟泰：《中国哲学史》，东方出版社 2008 年版。

[47] 范寿康：《中国哲学史通论》，三联书店 1983 年版。

[48] 任继愈：《任继愈自选集》，首都师范大学出版社 2009 年版。

[49] 任继愈：《任继愈宗教论集》，中国社会科学出版社 2010 年版。

[50] 任继愈：《任继愈谈文化》，人民日报出版社 2010 年版。

[51] 冯契：《中国古代哲学的逻辑发展》（上册），上海人民出版社 1983 年版。

[52] 冯契：《中国古代哲学的逻辑发展》（中册），上海人民出版社 1983 年版。

[53] 冯契：《中国古代哲学的逻辑发展》（下册），上海人民出版社 1983 年版。

[54] 冯契：《中国近代哲学的革命进程》，上海人民出版社 1989 年版。

[55] 萧萐父：《萧萐父选集》，武汉大学出版社 2013 年版。

[56] 萧萐父：《思史纵横——萧萐父文选》（上），武汉大学出版社 2007 年版。

[57] 萧萐父：《呼唤启蒙——萧萐父文选》（下），武汉大学出版社 2007 年版。

[58] 萧萐父：《火凤凰吟——萧萐父诗词习作选》，武汉大学出版社 2007 年版。

[59] 牟宗三：《中国哲学的特质》，吉林出版集团有限责任公司 2010 年版。

[60] 牟宗三：《牟宗三先生全集》（第 2 卷），台湾联经出版公司 2003 年版。

[61] 牟宗三：《牟宗三先生全集》（第 3 卷），台湾联经出版公司 2003 年版。

[62] 牟宗三：《牟宗三先生全集》（第 4 卷），台湾联经出版公司 2003 年版。

[63] 牟宗三：《牟宗三先生全集》（第 5 卷），台湾联经出版公司 2003 年版。

[64] 牟宗三：《牟宗三先生全集》（第 7 卷），台湾联经出版公司 2003 年版。

[65] 牟宗三：《牟宗三先生全集》（第 9 卷），台湾联经出版公司 2003 年版。

[66] 牟宗三：《牟宗三先生全集》（第 21 卷），台湾联经出版公司 2003 年版。

[67] 牟宗三：《牟宗三先生全集》（第 29 卷），台湾联经出版公司 2003 年版。

[68] 牟宗三：《牟宗三先生全集》（第 31 卷），台湾联经出版公司 2003 年版。

[69] 唐君毅：《中国哲学原论》（导论篇），中国社会科学出版社 2005 年版。

[70] 唐君毅：《中国哲学原论》（原性篇），中国社会科学出版社 2005 年版。

[71] 唐君毅：《中国哲学原论》（原教篇），中国社会科学出版社 2005 年版。

[72] 唐君毅：《生命存在与心灵境界》，中国社会科学出版社 2006 年版。

[73] 方东美：《中国哲学精神及其发展》（上），孙智燊译，中华书局 2012 年版。

[74] 方东美：《中国哲学精神及其发展》（下），孙智燊译，中华书局 2012 年版。

[75] 方东美：《华严宗哲学》（上），中华书局 2012 年版。

[76] 方东美：《华严宗哲学》（下），中华书局 2012 年版。

[77] 方东美：《新儒家哲学十八讲》，中华书局 2012 年版。

[78] 方东美：《生生之德》，中华书局 2013 年版。

[79] 方东美：《方东美先生演讲集》，台湾黎明文化事业 1978 年版。

[80] 方东美：《哲学三慧·生生之德》，台湾黎明文化事业公司 1979 年版。

[81] 罗光：《中国哲学思想史·先秦篇》，台湾学生书局 1976 年版。

[82] 罗光：《中国哲学思想史·两汉南北朝篇》，台湾学生书局 1978 年版。

[83] 罗光：《中国哲学思想史·魏晋隋唐篇》（上），台湾学生书局 1980 年版。

[84] 罗光：《中国哲学思想史·宋代篇》（上）（增订重版），台湾学生书局 1984 年版。

[85] 罗光：《中国哲学思想史·宋代篇》（下）（增订重版），台湾学生书局 1984 年版。

[86] 罗光：《中国哲学思想史·民国篇》，台湾学生书局 1986 年版。

[87] 罗光：《中国哲学大纲》（修订版），台湾学生书局 1999 年版。

[88] 罗光：《中国哲学的展望》，台湾学生书局 1977 年版。

[89] 罗光：《儒家生命哲学》，台湾学生书局 1995 年版。

[90] 罗光：《儒家哲学的体系》（修订版），台湾学生书局 1990 年版。

[91] 罗光：《生活自述》（增订版），台湾学生书局 2000 年版。

[92] 罗光：《士林哲学——理论篇》（第三版），台湾学生书局 1990 年版。

[93] 罗光：《天主教教义》，辅仁大学出版社 1985 年版。

[94] 劳思光：《新编中国哲学史》一卷，广西师范大学出版社 2005 年版。

[95] 劳思光：《新编中国哲学史》二卷，广西师范大学出版社 2005 年版。

[96] 劳思光：《新编中国哲学史》三卷上，广西师范大学出版社 2005 年版。

[97] 劳思光：《新编中国哲学史》三卷下，广西师范大学出版社 2005 年版。

[98] 高振农：《大乘起信论校释》，中华书局 1992 年版。

[99] 徐世昌：《清儒学案》，中华书局 2008 年版。

[100] 梁启超：《清代学术概论》，上海古籍出版社 1998 年版。

[101] 梁启超：《中国近三百年学术史》，上海三联书店 2006 年版。

[102] 钱穆：《国学概论》，商务印书馆 1997 年版。

[103] 李存山：《中华文化通志·哲学志》，上海人民出版社 1998 年版。

[104] 陈祖武：《中国学案史》，东方出版中心 2008 年版。

[105] 陈祖武：《清儒学术拾零》，湖南人民出版社 2002 年版。

[106] 潘桂明：《中国佛教思想史稿》（第二卷），江苏人民出版社 2009 年版。

[107] 侯外庐：《中国早期启蒙思想史》，人民出版社 1956 年版。

[108] 霍韬晦：《现代佛学》，中国社会科学出版社 2003 年版。

[109] 毛泽东：《实践论》，人民出版社 1991 年版。

[110] 柴文华：《现代新儒家文化观研究》，三联书店 2004 年版。

[111] 柴文华主编：《冯友兰思想研究》，人民出版社 2010 年版。

[112] 刘军平：《传统的守望者——张岱年哲学思想研究》，人民出版社 2007 年版。

[113] 干春松：《超越激进与保守——张岱年与综合创新文化观》，中州古籍出版社 2009 年版。

[114] 舒衡哲：《张申府访谈录》，人民出版社 2008 年版。

[115] 郑家栋：《本体与方法——从熊十力到牟宗三》，辽宁大学出版社 1992 年版。

[116] 李山：《牟宗三传》，中央民族大学出版社 2006 年版。

[117] 耿开君：《中国文化的"外在超越"之路——论台湾新士林哲学》，当代中国出版社 1999 年版。

[118] 郭齐勇、郑文龙：《杜维明文集》（第一卷），武汉出版社 2002 年版。

[119] 郭齐勇、郑文龙：《杜维明文集》（第四卷），武汉出版社 2002 年版。

[120] 蒋国保：《方东美与现代新儒学》，安徽人民出版社 2013 年版。

[121] 黑格尔：《哲学史讲演录》（第一卷），商务印书馆 2009 年版。

[122] 黑格尔：《哲学史讲演录》（第一册），三联书店 1956 年版。

[123] 卡西尔：《人论》，上海译文出版社 1985 年版。

[124] 柴文华：《真善美的哲学寻踪》，黑龙江人民出版社 2003 年版。

二、论文

[1] 张岱年：《二十世纪中国哲学史研究概况》，《南通师范学院学报》（哲学社会科学版）2001 年第 4 期。

[2] 任继愈：《朱熹格物说的历史意义》，《南昌大学学报》2001 年第 1 期。

[3] 任继愈：《二十一世纪的中国哲学》，《中国哲学史》2001 年第 1 期。

[4] 任继愈：《现代文明与宗教对话》，《中国宗教》2004 年第 12 期。

[5] 刘文英：《中国哲学史百年述评与展望》，《中国哲学史》2001 年第 1 期。

[6] 周桂钿：《中国哲学研究一百年》，《东南学术》2000 年第 4 期。

[7] 陈来：《中国哲学研究三十年的回顾》，载蒋国保主编：《多元价值审视下的中国哲学》，安徽人民出版社 2012 年版。

[8] 宋志明：《提倡多元化，开创新局面》，载蒋国保主编：《多元价值审视下的中国哲学》，安徽人民出版社 2012 年版。

[9] 蒋国保：《近三十年中国哲学研究之我见》，载蒋国保主编：《多元价值审视下的中国哲学》，安徽人民出版社 2012 年版。

[10] 柴文华：《试论"中国哲学史学史"》，《求是学刊》2014 年第 4 期。

[11] 陈钟楠：《略说中国佛教史学文献》，《古籍整理研究学刊》2001 年第 3 期。

[12] 杨国荣：《论黄宗羲的学术史观》，《史学月刊》1992 年第 3 期。

[13] 朱义禄：《黄宗羲哲学史方法论发微——兼论〈明儒学案〉》，《哲学研究》1985 年第 4 期。

[14] 仓修良：《黄宗羲与〈明儒学案〉》，《杭州大学学报》1983 年第 4 期。

[15] 陈锐：《黄宗羲与黑格尔学术史观之比较》，《杭州师范学院学报》1995 年第 1 期。

[16] 刘固盛：《黄宗羲的学术史观》，《光明日报》2003 年 9 月 9 日。

[17] 罗炳良：《我国第一部完整的学术史著作——〈明儒学案〉》，《光明日报》2001 年 10 月 16 日。

[18] 张承宗、潘浩：《黄宗羲与〈明儒学案〉》，《历史教学问题》2002 年第 4 期。

[19] 王记录：《〈明儒学案〉缘何不为李贽立学案？——兼谈黄宗羲的学术史观》，《河南师范大学学报》2003 年第 5 期。

[20] 柴文华：《中国学术史方法论论纲》，《求是学刊》2011 年第 5 期。

[21] 柴文华：《论中国哲学史学科的创立及诠释框架》，《哲学研究》2008 年第 1 期。

[22] 柴文华：《论冯契对中国哲学史研究的贡献》，《哲学研究》1997 年第 2 期。

[23] 柴文华：《五四时期的激进思潮及其反思》，《求是学刊》2009 年第 5 期。

[24] 柴文华：《现代视域与传统原典的结合》，《河北学刊》2013 年第 3 期。

[25] 陈代湘：《牟宗三对朱子中和学说的阐析》，《湘潭大学社会科学学报》2001 年第 5 期。

[26] 张祥龙：《胡塞尔、海德格与东方哲学》，《中国社会科学》1993 年第 6 期。

[27] 郭沂：《从郭店竹简看先秦哲学发展脉络》，《光明日报》1999 年 4 月 23 日。

附录：1949 年以来大陆学者中国哲学史研究著作存目①

说　明

　　20 世纪 50 年代之后，中国大陆的中国哲学史研究取得了丰硕的成果，第三编选取的冯友兰、张岱年、任继愈、冯契、萧萐父仅是其中的杰出代表。为全方位、多角度展示这一时期中国哲学史的研究成果，我们分七个方面搜集了新中国成立以来中国哲学史研究的主要书目，供大家参考。这七个方面是：一、中国哲学通史研究著作；二、中国哲学断代研究著作；三、中国哲学专题研究著作；四、中国哲学学派研究著作；五、中国主要哲学家或著作的个案研究著作；六、中国哲学史方法论研究著作；七、中国哲学史史料学研究著作。这里有几点需要说明：第一，由于收录的是各方面的主要著作，可能会有所遗漏。第二，学派类和专题类有时边界不清，可能会有交叉。第三，由于个案（哲学家个人或著作）研究的成果太多，此次我们仅选取了最主要哲学家或著作（不是所有）的研究著作。不妥之处，请方家指正。

---

① 附录由刘桃秀、于跃、刘晶、杜品、罗来玮、张美玲收集，柴文华整理。

一、中国哲学通史研究著作

冯友兰：《中国哲学史新编》（六册），北京：人民出版社，分别于 1982—1989 年出版。

冯友兰：《中国哲学史新编》（上），北京：人民出版社 1998 年版。

冯友兰：《中国哲学史新编》（中），北京：人民出版社 1998 年版。

冯友兰：《中国哲学史新编》（下），北京：人民出版社 2007 年版。

侯外庐：《中国哲学史略》，北京：中国青年出版社 1958 年版。

侯外庐：《中国哲学简史》，北京：中国青年出版社 1963 年版。

张岱年：《中国哲学史》，北京：中国大百科全书出版社 2010 年版。

任继愈主编：《中国哲学史》（四册），北京：人民出版社 1996 年版。

任继愈主编：《中国哲学发展史》（先秦卷、秦汉卷、魏晋南北朝卷、隋唐卷），北京：人民出版社，分别于 1983—1994 年出版。

杨荣国主编：《简明中国哲学史》，北京：人民出版社 1973 年版。

孙叔平：《中国哲学史稿》（上），上海：上海人民出版社 1980 年版。

孙叔平：《中国哲学史稿》（下），上海：上海人民出版社 1981 年版。

萧萐父、李锦全主编：《中国哲学史》，北京：人民出版社 1982—1983 年版。

萧萐父、李锦全主编：《中国哲学史纲要》，北京：外文出版社 2000 年版。

赵纪彬：《中国哲学史》，上海：上海书店 1990 年版。

刘文英主编：《中国哲学史》，天津：南开大学出版社 2002 年版。

张立文主编：《中国哲学史新编》，北京：中国人民大学出版社 2012 年版。

冯达文、郭齐勇主编：《新编中国哲学史》，北京：人民出版社 2004 年版。

郭齐勇：《中国哲学史》，北京：高等教育出版社 2006 年版。

杨国荣，温带维：《通识中国哲学》，香港：中华书局（香港）有限公司 2007 年版。

杨国荣主编：《中国哲学史》，北京：中国人民大学出版社 2012 年版。

詹石窗主编：《新编中国哲学史》，北京：中国书店 2002 年版。

张怀成：《中国哲学发展史》，长沙：湖南教育出版社 2004 年版。

李寿章等主编：《简明中国哲学史教程》，开封：河南大学出版社 1990 年版。

高令印：《简明中国哲学通史》，厦门：厦门大学出版社 2002 年版。

中国哲学史学史

丁祯彦、臧宏主编：《中国哲学史教程》，上海：华东师范大学出版社1989年版。

刘宏章等主编：《中国哲学史教程》，北京：中共中央党校出版社1988年版。

陈增辉主编：《中国哲学史简明教程》，上海：复旦大学出版社1993年版。

乔清举主编：《中国哲学史简明教程》，北京：中共中央党校出版社2002年版。

彭自强主编：《中国哲学史教程》，重庆：西南师范大学出版社2004年版。

宗白华：《中国哲学史提纲》，南京：江苏教育出版社2005年版。

陈莹等主编：《中国哲学史》，西安：陕西人民出版社1993年版。

刘爱军等编著：《中国哲学史》，哈尔滨：东北林业大学出版社2001年版。

郑红峰编：《中国哲学史》，北京：燕山出版社2011年版。

陈清编著：《中国哲学史》，北京：北京语言文化大学出版社2000年版。

蒋维乔、杨大膺：《中国哲学史纲要》，长沙：岳麓书社2011年版。

向林冰：《中国哲学史纲要》，北京：三联书店2014年版。

景海峰：《中国哲学的现代诠释》，北京：人民出版社2204年版。

北京大学哲学系中国哲学教研室：《中国哲学史》，北京：北京大学出版社2001年版。

上海师范大学等九所院校《中国哲学史稿》编写组：《新编中国哲学史稿》，石家庄：河北人民出版社1980年版。

《中国哲学史》编写组：《中国哲学史》，北京：人民出版社2012年版。

二、中国哲学断代研究著作

曾仕礼：《先秦哲学》，昆明：云南大学出版社2009年版。

白奚：《先秦哲学沉思录》，北京：中国社会科学出版社2007年版。

孙熙国：《先秦哲学的意蕴》，北京：华夏出版社2006年版。

王德裕：《先秦哲学史论》，重庆：重庆出版社1992年版。

黄克剑：《由"命"而"道"：先秦诸子十讲》，北京：中国人民大学出版社2010年版。

魏义霞：《七子视界：先秦哲学研究》，北京：中国社会科学出版社2005年版。

王朝增：《茅塞顿开：先秦哲学》，沈阳：辽海出版社2001年版。

李季林主编：《哲语解悟——先秦卷》，合肥：安徽人民出版社2012年版。

周桂钿：《秦汉哲学》，武汉：武汉出版社 2006 年版。

庞天佑：《秦汉历史哲学思想研究》，北京：中国社会科学出版社 2002 年版。

曾仕礼：《两汉哲学》，昆明：云南大学出版社 2011 年版。

于首奎：《两汉哲学新探》，成都：四川人民出版社 1988 年版。

张箫：《哲语解悟——两汉卷》，合肥：安徽人民出版社 2012 年版。

于占涛：《佛老玄风：魏晋南北朝哲学》，沈阳：辽海出版社 2001 年版。

许抗生：《魏晋南北朝哲学思想研究概论》，天津：天津教育出版社 1991 年版。

于占涛：《一统下的争鸣：魏晋南北朝哲学》，沈阳：辽海出版社 2006 年版。

强昱主编：《从魏晋玄学到初唐重玄学》，上海：上海文化出版社 2002 年版。

王光辉、金玉：《哲语解悟——魏晋隋唐卷》，合肥：安徽人民出版社 2012 年版。

牟正纯：《三教归一：隋唐哲学》，沈阳：辽海出版社 2001 年版。

牟正纯：《佛光下的沉思：隋唐哲学》，沈阳：辽海出版社 2006 年版。

侯外庐等：《宋明理学史》（上下册），北京：人民出版社 1997 年版。

张立文：《宋明理学研究》，北京：人民出版社 2002 年版。

陈来：《宋元明哲学史教程》，北京：三联书店 2010 年版。

陈少峰：《宋明理学与道家哲学》，上海：上海文化出版社 2001 年版。

曾亦等：《宋明理学》，南京：南京大学出版社 2009 年版。

石训等：《中国宋代哲学》，郑州：河南人民出版社 1992 年版。

闫红霞等：《传统文化中的两宋理学思想研究》，北京：线装书局 2011 年版。

吴冬梅：《哲语解悟——两宋卷》，合肥：安徽人民出版社 2012 年版。

罗立刚：《宋元之际的哲学与文学》，上海：复旦大学出版社 1999 年版。

书增等：《中国明代哲学》，郑州：河南人民出版社 2002 年版。

张学智：《明代哲学史》，北京：中国人民大学出版社 2000 年版。

鲍世斌：《明代王学研究》，成都：巴蜀书社 2004 年版。

吴根友主编：《多元范式下的明清思想研究》，北京：三联书店 2011 年版。

陶清：《哲语解悟——明清卷》，合肥：安徽人民出版社 2012 年版。

吴根友：《明清哲学与中国现代哲学诸问题》，北京：中华书局 2008 年版。

刘笑敢主编：《中国哲学与文化（第七辑）：明清儒学研究》，桂林：广西师范大学出版社 2010 年版。

蒋国保：《方以智与明清哲学》，合肥：黄山书社 2009 年版。

王茂等：《清代哲学》，合肥：安徽人民出版社 1992 年版。

蒋国保、余秉颐、陶清：《晚清哲学》，合肥：安徽人民出版社 2002 年版。

李存山：《中国传统哲学纲要》，北京：中国社会科学出版社 2008 年版。

李振刚：《中国古代哲学史论》，北京：中国社会科学出版社 2004 年版。

魏义霞：《妙语"联"珠——中国古代哲学研究》，北京：人民出版社 2012 年版。

侯外庐主编：《中国近代哲学史》，北京：人民出版社 1978 年版。

冯契：《中国近代哲学的革命进程》，上海：上海人民出版社 1989 年版。

冯契主编：《中国近代哲学史》，北京：三联书店 2014 年版。

张立文、默明哲编：《中国近代著名哲学家评传》（上册），济南：齐鲁书社 1982
年版。

丁冠之、肖万源编：《中国近代著名哲学家评传》（下册），济南：齐鲁书社 1983
年版。

张锡勤：《中国近代哲学简史》，哈尔滨：黑龙江人民出版社 1980 年版。

魏义霞：《中国近代哲学的宏观透视》，哈尔滨：黑龙江教育出版社 1994 年版。

张锡勤：《戊戌思潮论稿》，哈尔滨：黑龙江教育出版社 1998 年版。

冯友兰：《中国现代哲学史》，香港：中华书局（香港）有限公司 1992 年版。

冯友兰：《中国现代哲学史》，广州：广东人民出版社 1999 年版。

贺麟：《五十年来的中国哲学》，沈阳：辽宁教育出版社 1989 年版。

吕希晨、王育民编著：《中国现代哲学史》，长春：吉林人民出版社 1984 年版。

吕希晨、王育民：《中国现代哲学史新编》，长春：吉林人民出版社 1987 年版。

吕希晨：《中国现代哲学史论》，天津：天津人民出版社 2003 年版。

袁伟时：《中国现代哲学史稿》（上），广州：中山大学出版社 1987 年版。

李振霞：《中国现代哲学史纲要》，北京：红旗出版社 1986 年版。

许全兴等：《中国现代哲学史》，北京：北京大学出版社 1992 年版。

许全兴：《百年中国哲学革命》，北京：人民出版社 2015 年版。

宋志明、赵德志：《现代中国哲学思潮》，北京：中国人民大学出版社 1992 年版。

杨凤麟，屠承先编著：《中国现代哲学史概述》，沈阳：辽宁大学出版社 1992 年版。

李维武：《中国哲学的现代转型》，北京：中华书局 2008 年版。

柴文华、陈红：《中国哲学的现代化研究》，哈尔滨：黑龙江教育出版社 2002 年版。

中国现代哲学史研究会：《现代中国哲学之回顾与前瞻：中国现代哲学与文化思潮·第三集》，武汉：华中理工大学出版社 1996 年版。

樊志辉：《马克思主义哲学与中国现代哲学的展望》，哈尔滨：黑龙江大学出版社 2011 年版。

李振霞主编：《中国当代哲学四十年》，北京：华夏出版社 1997 年版。

刘樊瑞平等：《中国当代哲学》，北京：石油大学出版社 1990 年版。

任俊明、安起民主编：《中国当代哲学史》，北京：社会科学文献出版社 1999 年版。

秦英君：《当代中国哲学思想史》，郑州：河南大学出版社 1999 年版。

刘梦义等：《中国当代哲学史稿：1949—1966》，成都：四川人民出版社 1987 年版。

乔清举：《当代中国哲学史学史》，上海：上海古籍出版社 2014 年版。

柴文华：《新世纪以来的中国哲学史省思》，哈尔滨：黑龙江大学出版社 2013 年版。

三、中国哲学专题研究著作

朱谦之：《中国哲学对欧洲的影响》，上海：上海人民出版社 2006 年版。

冯达文：《中国哲学的本源——本体论》，广州：广东人民出版社 2001 年版。

郭齐勇：《中国哲学智慧的探索》，北京：中华书局 2008 年版。

郭齐勇：《中华人文精神的重建——以中国哲学为中心的思考》，北京：北京师范大学出版社 2011 年版。

杨国荣：《道论》，上海：华东师范大学出版社 2009 年版。

李存山：《气论与仁学》，郑州：中州古籍出版社 2009 年版。

魏义霞：《天·人·命运》，哈尔滨：黑龙江教育出版社 1998 年版。

司马云杰：《心性灵明论》，西安：陕西人民出版社 2006 年版。

刘恒：《心性灵明之阶》，成都：巴蜀书社 2010 年版。

戴兆国：《心性与德性》，合肥：安徽人民出版社 2005 年版。

任文利：《心学的形上学问题探本》，郑州：中州古籍出版社 2005 年版。

程宜山：《中国古代元气学说》，武汉：湖北人民出版社 1986 年版。

严正：《儒学本体论研究》，天津：天津人民出版社 1997 年版。

韩强：《儒家心性论》，北京：经济科学出版社 1998 年版。

魏义霞：《儒家的和谐理念与建构》，北京：人民出版社 2010 年版。

李娟：《孟庄心性论研究》，福州：海风出版社 2009 年版。

戴黍：《〈淮南子〉治道思想研究》，广州：中山大学出版社 2005 年版。

章启群：《论魏晋自然观》，北京：北京大学出版社 2000 年版。

戴建平：《魏晋自然观研究》，南京：南京出版社 2002 年版。

容肇祖：《魏晋的自然主义》，北京：东方出版社 1996 年版。

康中乾：《有无之辨：魏晋玄学本体思想再解读》，北京：人民出版社 2003 年版。

史冰川：《道与化：道家道教以"道"化人思想研究》，成都：巴蜀书社 2012 年版。

李作勋：《隋唐道教心性论研究》，贵阳：贵州人民出版社 2006 年版。

林晓辉：《金刚经、心经"是"注：佛教哲学本体论》，长春：吉林大学出版社 2011 年版。

杨维中：《中国佛教心性论研究》，北京：宗教文化出版社 2007 年版。

辛翀：《易学科学思想：宋代易学六十四卦自然观》，北京：科学出版社 2012 年版。

傅小凡：《宋明道学新论：本体论建构与主体性转向》，北京：社会科学文献出版社 2005 年版。

蔡方鹿：《宋明理学心性论》，成都：巴蜀书社 2009 年版。

李煌明：《宋明理学中的"孔颜之乐"问题》，昆明：云南人民出版社 2006 年版。

李维武：《二十世纪中国哲学本体论问题》，长沙：湖南教育出版社 1991 年版。

宋志明、孙小金：《20 世纪中国实证哲学研究》，北京：中国人民大学出版社 2002 年版。

胡军：《分析哲学在中国》，北京：首都师范大学出版社 2002 年版。

赵德志：《现代新儒家与西方哲学》，沈阳：辽宁大学出版社 1994 年版。

姜国柱：《中国认识论史》，郑州：河南人民出版社 1989 年版。

方克立：《中国哲学史上的知行观》，北京：人民出版社 1982 年版。

陶清：《中国哲学史上的真理观》，哈尔滨：黑龙江人民出版社 1997 年版。

周中之等：《知行论》，北京：中国青年出版社 2001 年版。

王芝平：《观宏察微知行合一》，北京：北京出版社 2013 年版。

才清华：《言意之辨与语言哲学的基本问题：对魏晋言意之辨的再诠释》，上海：上海人民出版社 2013 年版。

萧萐父总编，李德永主编：《中国辩证法史稿·第一卷》，武汉：武汉大学出版社1990 年版。

田文军、吴根友：《中国辩证法史》，郑州：河南人民出版社 2004 年版。

王忠江：《进化主义在中国》，北京：首都师范大学出版社 2002 年版。

姜国柱、朱葵菊：《中国人性论史》，郑州：河南人民出版社 1997 年版。

柴文华等：《中国人伦学说研究》，上海：上海古籍出版社 2004 年版。

邵汉明：《儒道人生哲学》，长春：长春出版社 2011 年版。

许建良：《先秦儒家道德论》，南京：东南大学出版社 2010 年版。

崔永东：《先秦诸子的人生哲学及其现代意义》，北京：教育科学出版社 1994 年版。

欧阳祯人：《先秦儒家性情思想研究》，武汉：武汉大学出版社 2005 年版。

聂保平：《先秦儒家性情论》，长春：吉林人民出版社 2007 年版。

陆建华：《先秦诸子礼学研究》，北京：人民出版社 2008 年版。

邓红蕾：《从混沌到和谐——儒道理想与文化流变》，武汉：湖北人民出版社 1998 年版。

宋志明、许宁：《孔学与国魂》，保定：河北大学出版社 2013 年版。

李振刚：《生命的哲学——〈庄子〉文本的另一种解读》，北京：中华书局 2009 年版。

李振刚：《大生命视域下的庄子哲学》，北京：人民出版社 2013 年版。

李沈阳：《汉代人性论史》，济南：齐鲁书社 2010 年版。

张造群：《礼治之道：汉代名教研究》，北京：人民出版社 2011 年版。

姚维：《才性之辨：人格主题与魏晋玄学》，北京：人民出版社 2007 年版。

尚建飞：《魏晋玄学道德哲学研究》，北京：人民出版社 2013 年版。

许建良：《魏晋玄学伦理思想研究》，北京：人民出版社 2003 年版。

何立芳：《道教社会伦理思想之研究》，成都：巴蜀书社 2010 年版。

陈霞主编：《道教生态思想研究》，成都：巴蜀书社 2010 年版。

陈谷嘉：《宋代理学伦理思想研究》，长沙：湖南大学出版社 2006 年版。

魏义霞：《理学与启蒙：宋元明清道德哲学研究》，北京：商务印书馆 2009 年版。

教军章：《中国近代国民性问题研究的理论视阈及其价值》，北京：中国社会科学出版社 2009 年版。

柴文华等：《中国现代道德伦理研究》，北京：社会科学文献出版社 2011 年版。

武东生：《现代新儒家人生哲学》，沈阳：辽宁大学出版社 1994 年版。

王泽应：《现代新儒家伦理思想研究》，长沙：湖南师范大学出版社 1997 年版。

刘长林：《中国人生哲学的重建——陈独秀、胡适、梁漱溟人生哲学研究》，上海：华东师范大学出版社 2001 年版。

樊志辉、王秋：《中国当代伦理变迁》，北京：中国社会科学出版社 2012 年版。

麻天祥：《中国宗教哲学史》，北京：人民出版社 2006 年版。

牙含章等：《中国无神论史》，北京：中国社会科学出版社 1992 年版。

王友三编：《中国无神论史纲》，上海：上海人民出版社 1986 年版。

牙含章：《中国无神论史研究》，西宁：青海人民出版社 1986 年版。

陈元晖：《范缜的无神论思想》，武汉：湖北人民出版社 1957 年版。

卢笑迎：《"仙佛合宗"修道思想研究》，成都：巴蜀书社 2012 年版。

阚丽美：《道教养生哲学：吕祖善书思想研究》，北京：人民出版社 2012 年版。

毛丽娅：《道教与基督教生态思想比较研究》，成都：巴蜀书社 2007 年版。

何除、林庆华主编：《基督教与道教伦理思想研究》，成都：四川大学出版社 2006 年版。

祝薇：《论早期现代新儒家的宗教观》，上海：上海古籍出版社 2011 年版。

徐嘉：《现代新儒家与佛学》，北京：宗教文化出版社 2007 年版。

卢升法：《佛学与现代新儒家》，沈阳：辽宁大学出版社 1994 年版。

高瑞泉：《平等观念史略》，上海：上海人民出版社 2011 年版。

魏义霞：《平等与启蒙——从明清之际到五四运动》，北京：中华书局 2011 年版。

哈佛燕京学社、三联书店：《儒家与自由主义》，北京：三联书店 2001 年版。

赵明：《先秦儒家政治哲学引论》，北京：北京大学出版社 2004 年版。

林存光：《先秦诸子政治哲学研究》，沈阳：辽海出版社 2006 年版。

郑大华、邹小站主编：《中国近代史上的自由主义》，北京：社会科学文献出版社 2008 年版。

何信全：《儒学与现代民主：当代新儒家政治哲学研究》，北京：中国社会科学出版社 2001 年版。

刘晓：《现代新儒家政治哲学》，北京：线装书局 2001 年版。

林建华：《1940 年代中国自由主义思潮》，北京：中国社会科学出版社 2012 年版。

方克立：《现代新儒家与中国现代化》，天津：天津人民出版社 1997 年版。

喻大华：《晚清文化保守思潮研究》，北京：人民出版社 2001 年版。

刘黎红：《五四文化保守主义思潮研究》，北京：中国社会科学出版社 2006 年版。

柴文华：《现代新儒家文化观研究》，北京：三联书店 2004 年版。

郭荣丽：《港台新儒家文化观研究：唐君毅、牟宗三、徐复观文化理念的构建与落实》，北京：中国财富出版社 2012 年版。

侯外庐：《中国早期启蒙思想史》，北京：人民出版社 1956 年版。

萧萐父、许苏民：《明清启蒙学术流变》，北京：人民出版社 2013 年版。

唐明邦主编：《中国近代启蒙思潮》，南昌：江西人民出版社 1993 年版。

胡治洪编：《现代思想衡虑下的启蒙理念》，武汉：武汉大学出版社 2011 年版。

韩钟文：《先秦儒家教育哲学思想研究》，济南：齐鲁书社 2003 年版。

汤伟侠：《汉魏六朝道教教育思想研究》，成都：巴蜀书社 2001 年版。

侯敏：《现代新儒家美学论衡》，济南：齐鲁书社 2010 年版。

四、中国哲学学派研究著作

贺麟等：《儒家思想新论》，上海：上海书店 1992 年版。

汤一介等主编：《中国儒学文化大观》，北京：北京大学出版社 2001 年版。

杨向奎：《大一统与儒家思想》，北京：北京出版社 2011 年版。

方尔加：《儒家思想讲演录》，北京：东方出版社 2007 年版。

吴乃恭：《儒家思想研究》，长春：东北师范大学出版社 1988 年版。

马秋丽、张德苏：《儒家思想导论》，北京：首都经济贸易大学出版社 2010 年版。

蒋国保：《儒学纵横论》，合肥：安徽人民出版社 2013 年版。

郭齐勇主编：《儒家文化研究》（第一辑），北京：三联书店 2007 年版。

郭齐勇主编：《儒家文化研究》（第二辑），北京：三联书店 2008 年版。

郭齐勇主编：《儒家文化研究》（第三辑），北京：三联书店 2010 年版。

郭齐勇主编：《儒家文化研究》（第四辑），北京：三联书店 2012 年版。

郭齐勇主编：《儒家文化研究》（第五辑），北京：三联书店 2012 年版。

郭齐勇主编：《儒家文化研究》（第六辑），北京：三联书店 2013 年版。

黄玉顺：《面向生活本身的儒学》，成都：四川大学出版社 2006 年版。

李申：《儒学与儒教》，成都：四川大学出版社 2005 年版。

乔清举：《儒家生态文化》，济南：山东教育出版社 2011 年版。

康宇：《儒家解释学的产生与发展》，哈尔滨：黑龙江大学出版社 2012 年版。

景海峰主编：《儒家思想与当代中国文化建设》，北京：人民出版社 2013 年版。

于文明、夏敏主编：《儒家思想与和谐社会》，沈阳：辽宁人民出版社 2008 年版。

北京大学哲学系、中国哲学史教研室编：《儒家和儒家思想批判》，北京：中华书局 1974 年版。

复旦大学历史系、复旦大学国际交流办公室编：《儒家思想与未来社会》，上海：上海人民出版社 1991 年版。

何成轩：《儒学南传史》，北京：北京大学出版社 2000 年版。

曾毅、程得中、王义：《儒家思想与地域文化》，成都：四川大学出版社 2012 年版。

张锡勤：《儒学在中国近代的命运》，北京：人民出版社 2011 年版。

何世明：《融贯神学与儒家思想》，北京：宗教文化出版社 1999 年版。

田由申编：《儒家思想与道家精髓》，北京：中国商业出版社 2011 年版。

蒋国保、潘桂明：《儒释合论》，长春：吉林人民出版社 2007 年版。

韩焕忠：《儒佛交涉论》，合肥：安徽人民出版社 2013 年版。

张祥龙：《先秦儒家哲学九讲》，桂林：广西师范大学出版社 2010 年版。

邹化政：《先秦儒家哲学新探》，哈尔滨：黑龙江人民出版社 1990 年版。

李国娟：《秦汉之际的儒家思想》，上海：文汇出版社 2011 年版。

梁满仓：《三国儒家思想研究》，武汉：湖北人民出版社 2010 年版。

陈启智：《中国儒学史》（隋唐卷），北京：北京大学出版社 2011 年版。

江海：《儒家思想文化视域下唐代儒学的兴起》，北京：中国文史出版社 2013 年版。

李申：《隋唐三教哲学》，成都：巴蜀书社 2007 年版。

张君劢：《新儒家思想史》，北京：中国人民大学出版社 2006 年版。

张立文：《宋明理学研究》，北京：人民出版社 2002 年版。

陈来：《宋明理学》，沈阳：辽宁教育出版社 1991 年版。

曾亦等：《宋明理学》，南京：南京大学出版社 2009 年版。

尹协理：《宋明理学》，北京：新华出版社 1993 年版。

吴乃恭：《宋明理学》，长春：吉林文史出版社 1994 年版。

朱汉民：《宋明理学通论》，长沙：湖南教育出版社 2000 年版。

蒋维乔：《宋明理学纲要》，长沙：岳麓书社 2010 年版。

贾顺光：《宋明理学新探》，成都：四川人民出版社 1987 年版。

傅小凡：《宋明道学新论：本体论建构与主体性转向》，北京：社会科学文献出版社 2005 年版。

中国哲学史学会：《论宋明理学》，杭州：浙江人民出版社 1983 年版。

向世陵：《理气性心之间：宋明理学的分系与四系》，长沙：湖南大学出版社 2006 年版。

蔡方鹿：《书院与理学》，成都：四川文艺出版社 2012 年版。

陈少峰：《宋明理学与道家哲学》，上海：上海文化出版社 2001 年版。

石训等：《宋代儒学与现代东亚文明》，郑州：河南人民出版社 2003 年版。

李纪祥：《宋明理学与东亚儒学》，桂林：广西师范大学出版社 2010 年版。

祝瑞开：《宋明理学与中华文明》，上海：学林出版社 1995 年版。

蔡方鹿：《中国经学与宋明理学研究》，北京：人民出版社 2011 年版。

刘笑敢主编：《中国哲学与文化（第七辑）：明清儒学研究》，桂林：广西师范大学出版社 2010 年版。

张学智：《中国儒学史》（明代卷），北京：北京大学出版社 2011 年版。

陈俊民：《张载哲学思想及关学学派》，北京：人民出版社 1986 年版。

向世陵：《善恶之上：胡宏·性学·理学》，北京：中国广播电视出版社 2000 年版。

吕思勉：《理学纲要》，北京：东方出版社 1996 年版。

吕变庭：《程朱理学与理范型》，北京：中国社会科学出版社 2008 年版。

高建立：《程朱理学与佛学》，郑州：中州古籍出版社 2006 年版。

王有为编：《程朱理学与中国传统文化》，上海：上海三联书店 1990 年版。

李娟：《宋代程朱理学官学地位研究》，长春：东北师范大学出版社 2009 年版。

卢连章：《二程学谱》，郑州：中州古籍出版社 1988 年版。

潘富恩、徐余庆：《程颢和程颐理学思想研究》，上海：复旦大学出版社 1988 年版。

刘象彬：《二程理学基本范畴研究》，开封：河南大学出版社 1987 年版。

张立文：《朱熹思想研究》，北京：中国社会科学出版社 1981 年版。

余悦：《综罗百代的朱熹》，南昌：江西人民出版社 1986 年版。

吴以宁：《朱熹及宋元明理学》，北京：国际文化出版公司 1990 年版。

张品端主编：《东亚朱子学新论》，厦门：厦门大学出版社 2012 年版。

黄明同：《明代心学开篇者——陈献章》，上海：上海古籍出版社 2013 年版。

张锡勤、霍方雷编：《陆王心学初探》，哈尔滨：黑龙江人民出版社 1982 年版。

刘宗贤：《陆王心学研究》，济南：山东人民出版社 1997 年版。

葛浩文：《清明：听王阳明讲心学智慧》，北京：时事出版社 2014 年版。

张超编：《受用一生的王阳明心学》，重庆：重庆出版社 2014 年版。

韩博主编：《王阳明心学笔记》，武汉：华中科技大学出版社 2014 年版。

金灶沐编：《王阳明心学智慧》，北京：企业管理出版社 2014 年版。

周月亮：《心学大师王阳明》，武汉：长江文艺出版社 2012 年版。

张学智：《心学论集》，北京：中国社会科学出版社 2006 年版。

继佐、周山主编，翁绍军著：《中国学术思潮史（卷六）：心学思潮》，上海：上海社会科学院出版社 2006 年版。

赵旗：《心学与禅学》，西安：陕西人民出版社 2001 年版。

刘聪：《阳明学与佛道关系研究》，成都：巴蜀书社 2009 年版。

吴雁南主编：《心学与中国社会》，北京：中央民族学院出版社 1994 年版。

刘玉敏：《心学源流：张九成心学与浙东学派》，北京：人民出版社 2013 年版。

李雯编：《阳明心学中的正能量》，北京：中华工商联合出版社 2014 年版。

张运华：《白沙心学与道家思想》，广州：广州出版社 2004 年版。

衷尔钜：《蕺山学派哲学思想》，济南：山东教育出版社 1993 年版。

何俊等：《刘宗周与蕺山学派》，北京：中国人民大学出版社 2009 年版。

蔡桂如等：《泰州学派》，南京：江苏文艺出版社 2007 年版。

杨天石：《泰州学派》，北京：中华书局 1980 年版。

宣朝庆：《泰州学派的精神世界与乡村建设》，北京：中华书局 2010 年版。

胡维定：《泰州学派的主体精神》，南京：南京出版社 2001 年版。

姚文放：《泰州学派美学思想史》，北京：社会科学文献出版社 2008 年版。

林子秋：《泰州学派启蒙思想研究》，南京：南京大学出版社 2011 年版。

蔡文锦等：《泰州学派通论》，南京：江苏人民出版社 2005 年版。

季芳桐：《泰州学派新论》，成都：巴蜀书社 2005 年版。

吴震：《泰州学派研究》，北京：中国人民大学出版社 2009 年版。

林子秋等：《王艮与泰州学派》，成都：四川辞书出版社 2000 年版。

田文军：《近世中国的儒学与儒家》，北京：人民出版社 2012 年版。

程志华：《中国近现代儒学史》，北京：人民出版社 2010 年版。

方克立、李锦全主编：《现代新儒家学案》，北京：中国社会科学出版社 1995 年版。

陈来编：《现代中国哲学的追寻：新理学与新心学》，北京：人民出版社 2001 年版。

宋志明：《现代新儒家研究》，北京：中国人民大学出版社 1991 年版。

陈鹏：《现代新儒家研究》，福州：福建人民出版社 2006 年版。

李山：《现代新儒家传》，济南：山东人民出版社 2002 年版。

施忠连：《现代新儒学在美国》，沈阳：辽宁大学出版社 1994 年版。

郑家栋：《当代新儒学史论》，南宁：广西教育出版社 1997 年版。

景海峰：《新儒学与二十世纪中国思想》，郑州：中州古籍出版社 2005 年版。

崔罡等：《新世纪大陆新儒家研究》，合肥：安徽人民出版社 2012 年版。

王明：《道家和道教思想研究》，北京：中国社会科学出版社 1984 年版。

游建西：《道家道教史略论稿》，北京：光明日报出版社 2006 年版。

方尔加：《道家思想讲演录》，北京：人民出版社 2012 年版。

黄钊主编：《道家思想史纲》，长沙：湖南师范大学出版社 1991 年版。

尚学锋：《道家思想与汉魏文学》，北京：北京师范大学出版社 2000 年版。

赵明：《道家思想与中国文化》，长春：吉林大学出版社 1986 年版。

张谷：《道家思想在日本的传播和影响》，北京：人民出版社 2013 年版。

鲍宇：《先秦道家思想流变》，北京：中国言实出版社 2014 年版。

朱哲：《先秦道家哲学研究》，上海人民出版社 2000 年版。

郭沫若：《稷下黄老学派的批判》，北京：人民出版社 1973 年版。

陈鼓应：《易传与道家思想》，北京：三联书店 1996 年版。

吴光：《黄老之学通论》，杭州：浙江人民出版社 1985 年版。

张运华：《先秦两汉道家思想研究》，长春：吉林教育出版社 1998 年版。

陈广忠、梁宗华：《道家与中国哲学》（汉代卷），北京：人民出版社 2004 年版。

李刚：《汉代道教哲学》，成都：巴蜀书社 1995 年版。

周立升：《两汉易学与道家思想》，上海：上海文化出版社 2001 年版。

马良怀：《汉晋之际道家思想研究》，厦门：厦门大学出版社 2006 年版。

陆建华等：《道家与中国哲学》（魏晋南北朝卷），北京：人民出版社 2004 年版。

张成权：《道家与中国哲学》（隋唐五代卷），北京：人民出版社 2004 年版。

肖海燕：《宋代庄学思想研究》，武汉：华中师范大学出版社 2011 年版。

孔令宏：《宋明道教思想研究》，北京：宗教文化出版社 2002 年版。

孙文礼：《严复与道家思想》，武汉：湖北人民出版社 2009 年版。

那薇：《道家与海德格尔互相诠释》，北京：商务印书馆 2004 年版。

许抗生：《当代新道家》，北京：社会科学文献出版社 2013 年版。

陆建华：《建立新道家之尝试》，合肥：安徽大学出版社 2011 年版。

王思义、谢丹：《兼爱非攻的墨家思想》，沈阳：辽宁古籍出版社 1995 年版。

薛柏成：《墨家思想新探》，哈尔滨：黑龙江人民出版社 2006 年版。

杨武金：《墨经逻辑研究》，北京：中国社会科学出版社 2004 年版。

郑林华：《墨家思想与马克思主义中国化引论》，北京：中共党史出版社 2014 年版。

许抗生：《中国法家》，北京：新华出版社 1992 年版。

时显群：《法家"以法治国"思想研究》，北京：人民出版社 2010 年版。

王亚军：《法家思想小史》，合肥：安徽人民出版社 2014 年版。

晋荣东：《功不可没的法家思想》，沈阳：辽宁古籍出版社 1995 年版。

金东瑞编：《韩非与法家思想》，长春：吉林文史出版社 2012 年版。

董英哲：《先秦名家四子研究》，上海：上海古籍出版社 2014 年版。

朱前鸿：《先秦名家四子研究》，北京：中央编译出版社 2005 年版。

许抗生：《先秦名家研究》，长沙：湖南人民出版社 1986 年版。

赵炎峰：《先秦名家哲学研究》，北京：中国社会科学出版社 2013 年版。

刘利民：《在语言中盘旋：先秦名家"诡辩"命题的纯语言思辨理性研究》，成都：四川大学出版社 2007 年版。

周山：《绝学复苏：近现代的先秦名家研究》，沈阳：辽宁教育出版社 1997 年版。

汤用彤：《魏晋玄学论稿》，北京：三联书店 2009 年版。

康中乾：《魏晋玄学》，北京：人民出版社 2008 年版。

汤一介：《郭象与魏晋玄学》，北京：北京大学出版社 2009 年版。

许抗生：《三国两晋玄佛道简论》，济南：齐鲁书社 1991 年版。

罗宗强：《玄学与魏晋士人心态》，文史哲出版社 1992 年版。

方立天：《佛教哲学》，北京：中国人民大学出版社 1986 年版。

方立天：《中国佛教哲学要义》，北京：中国人民大学出版社 2005 年版。

徐文明：《中国佛教哲学》，北京：宗教文化出版社 2008 年版。

林晓辉：《是的佛教哲学》，北京：线装书局 2009 年版。

严北溟：《中国佛教哲学简史》，上海：上海人民出版社 1985 年版。

潘桂明：《中国佛教思想史稿》，南京：江苏人民出版社 2009 年版。

汤用彤：《汉魏两晋南北朝佛教史》，上海：上海书店 1991 年版。

范文澜：《唐代佛教》，北京：人民出版社 1979 年版。

吴忠伟：《宋代天台宗山家山外之争研究》，长春：吉林人民出版社 2007 年版。

任宜敏：《中国佛教史·明代》，北京：人民出版社 2009 年版。

王新水：《维摩诘经思想新论》，合肥：黄山书社 2009 年版。

苏磊：《楞严经如来藏思想研究》，北京：中国社会科学出版社 2013 年版。

刘俊哲：《藏传佛教哲学思想研究》，北京：民族出版社 2013 年版。

乔根锁、魏冬、徐东明：《藏汉佛教哲学思想比较研究》，上海：上海古籍出版社 2012 年版。

麻天祥：《20 世纪中国佛学问题》，武汉：武汉大学出版社 2007 年版。

李霞：《圆融之思——儒道佛及其关系研究》，合肥：安徽大学出版社 2005 年版。

王立新：《开创时期的湖湘学派》，长沙：岳麓书社 2003 年版。

曾亦：《本体与工夫：湖湘学派研究》，上海：上海人民出版社 2007 年版。

朱汉民：《湖湘学派史论》，长沙：湖南大学出版社 2004 年版。

朱汉民：《湖湘学派与湖湘文化》，长沙：湖南大学出版社 2010 年版。

康咏秋、谭长福：《湖湘学派与湘潭》，长沙：湖南大学出版社 2006 年版。

朱汉民：《湖湘学派与岳麓书院》，北京：教育科学出版社 1991 年版。

陈谷嘉、朱汉民：《湖湘学派源流》，长沙：湖南教育出版社 1992 年版。

陈谷嘉：《张栻与湖湘学派研究》，长沙：湖南教育出版社 1991 年版。

宁淑华：《南宋湖湘学派的文学研究》，长沙：湖南人民出版社 2009 年版。

赵航：《扬州学派概论》，扬州：广陵书社 2003 年版。

赵昌智：《扬州学派人物评传》，扬州：广陵书社 2007 年版。

杨辉：《"学衡派"伦理思想研究》，台湾：花木兰出版社 2014 年版。

周佩瑶：《"学衡派"的身份想象》，福州：福建教育出版社 2013 年版。

沈卫威：《"学衡派"谱系》，南昌：江西教育出版社 2007 年版。

张源：《从"人文主义"到"保守主义"——〈学衡〉中的白璧德》，北京：三联书店 2009 年版。

高恒文：《东南大学与"学衡派"》，桂林：广西师范大学出版社 2002 年版。

沈卫威：《回眸"学衡派"》，北京：人民文学出版社 1999 年版。

杨毅丰等：《学衡派》，长春：长春出版社 2013 年版。

周云：《学衡派思想研究》，兰州：甘肃人民出版社 2005 年版。

李广琼：《学衡派与新人文主义中国化》，广州：广东人民出版社 2013 年版。

五、中国主要哲学家或著作个案研究著作

（一）先秦

蔡尚思：《孔子哲学之真面目》，上海：上海书店 1992 年版。

蔡尚思：《孔子思想体系 孔子哲学之真面目》，上海：上海古籍出版社 2013 年版。

严北溟：《孔子的哲学思想》，上海：上海人民出版社 1959 年版。

潘富恩：《孔子思想研究》，上海：上海古籍出版社 1999 年版。

方克立：《从孔夫子到孙中山》，北京：中国青年出版社 1984 年版。

陈来：《孔子与当代中国》，北京：三联书店 2008 年版。

宋志明：《孔学与国魂》，保定：河北大学出版社 2013 年版。

李翔海：《生生和谐——重读孔子》，成都：四川人民出版社 1996 年版。

张祥龙：《孔子的现象学阐释九讲》，上海：华东师范大学出版社 2009 年版。

张祥龙：《从现象学到孔夫子》，北京：商务印书馆 2011 年版。

汪震：《孔子哲学》，长沙：岳麓书社 2012 年版。

汪国栋：《孔子哲学新论》，桂林：广西师范大学出版社 1990 年版。

李林：《孔子哲学与楚哲学》，武汉：武汉出版社 1990 年版。

哲学研究编辑部：《孔子哲学讨论集》，北京：中华书局 1962 年版。

任继愈：《老子全译》，成都：巴蜀书社 1992 年版。

张起钧：《老子哲学》，南京：正中书局 1977 年版。

孟欣：《老子哲学与人生智慧》，青岛：青岛出版社 2006 年版。

谭宇权：《老子哲学评论》，北京：文津出版社 1992 年版。

王雪军：《老子哲学意蕴》，长春：吉林人民出版社 2010 年版。

杨进禄：《老子哲学解读》，北京：文物出版社 2012 年版。

袁保新：《老子哲学之诠释与重建》，北京：文津出版社 1997 年版。

李金华：《老子哲学考察》，广州：暨南大学出版社 2001 年版。

朱晓鹏：《老子哲学研究》，北京：商务印书馆 2009 年版。

戴建业：《老子的人生哲学》，北京：扬智文化事业公司 1994 年版。

赵保佑：《老子思想与人类生存之道》，北京：社会科学文献出版社 2011 年版。

张炳玉：《老子与当代社会》，兰州：甘肃人民出版社 2008 年版。

马德邻：《老子形上思想研究》，上海：学林出版社 2003 年版。

王希坤：《论老子治理之"道"》，北京：中央编译出版社 2011 年版。

陆玉林：《老庄哲学的意蕴》，北京：经济管理出版社 1999 年版。

李程：《近代老学研究》，武汉：武汉大学出版社 2008 年版。

刘固盛：《宋元老学研究》，成都：巴蜀书社 2001 年版。

赵保佑：《老子与华夏文明传承创新》，北京：社会科学文献出版社 2013 年版。

郭永恩：《关于日本昭和初期〈老子〉思想的研究》，北京：北京大学出版社 2013
年版。

刘永成：《老子之道》，北京：北京出版社 2010 年版。

杨连旭：《老子之道》，保定：河北大学出版社 2008 年版。

殷旵：《老子为道》，西安：陕西师范大学出版社 2013 年版。

贺荣一：《老子之朴治主义》，天津：百花文艺出版社 1994 年版。

柯可：《老子九观正义》，广州：广东经济出版社 2008 年版。

奥修：《老子心解》，西安：陕西师范大学出版社 2007 年版。

高亨：《老子正诂》，北京：中国书店 1988 年版。

杨兴顺：《中国古代哲学家老子及其学说》，北京：科学出版社 1957 年版。

郑鸿：《老子思想新释》，上海：上海文艺出版社 2002 年版。

蔡景仙：《老子自然人生》，呼和浩特：内蒙古人民出版社 2008 年版。

李莉：《老子为道的智慧》，呼和浩特：内蒙古人民出版社 2008 年版。

白奚：《道法自然：〈老子〉》，北京：中国民主法制出版社 2010 年版。

王德有：《老子智慧》，上海：东方出版中心 2010 年版。

陈涛：《老子为道的智慧》，西安：三秦出版社 2012 年版。

曾昭旭：《老子的生命智慧》，北京：中国广播电视出版社 2008 年版。

曾为惠：《老子中庸思想》，北京：文史哲出版社 1990 年版。

谢清果：《老子大道思想指要》，北京：宗教文化出版社 2008 年版。

詹剑峰：《老子其人其书及其道论》，武汉：华中师范大学出版社 2006 年版。

许抗生：《帛书老子注译及研究》，杭州：浙江人民出版社 1985 年版。

李申：《老子与道教》，北京：商务印书馆 1996 年版。

许抗生：《老子与道家》，北京：宗教文化出版社 2012 年版。

熊铁基：《中国老学史》，福州：福建人民出版社 1995 年版。

熊铁基：《二十世纪中国老学》，福州：福建人民出版社 2002 年版。

王国瑚：《老子发微》，北京：经济科学出版社 2008 年版。

丁四新：《郭店楚竹书〈老子〉校注》，武汉：武汉大学出版社 2010 年版。

刘坤生：《周易老子新证》，南京：江苏文艺出版社 1992 年版。

张戬坤：《老子的道论》，兰州：飞天文化出版社 2001 年版。

王博：《老子思想的史官特色》，台北：文津出版社 1993 年版。

车载：《论老子》，上海：上海人民出版社 1962 年版。

哲学研究编辑部：《老子哲学讨论集》，北京：中华书局 1959 年版。

詹剑峰：《墨子的哲学与科学》，北京：人民出版社 1981 年版。

易继先：《墨子与苏格拉底》，北京：现代教育出版社 2008 年版。

江心力：《墨子与中国人的兼爱情怀》，长春：长春出版社 2009 年版。

王桐龄：《儒墨之异同》，上海：上海书店 1992 年版。

孙中原：《墨者的智慧》，上海：上海三联书店 1995 年版。

任健：《墨子语录与智慧》，五家渠市：新疆生产建设兵团出版社 2013 年版。

尹桐阳：《墨子新释》，上海：广文书局有限公司。

张斌峰：《近代〈墨辩〉复兴之路》，太原：山西教育出版社 1999 年版。

蒙培元：《蒙培元讲孟子》，北京：北京大学出版社 2006 年版。

杨国荣：《孟子的哲学思想》，上海：华东师范大学出版社 2009 年版。

杨泽波：《孟子性善论研究》，北京：中国社会科学出版社 1995 年版。

吴康：《孟子思想研究论集》，北京：黎明文化事业公司 1982 年版。

谭宇权：《孟子哲学新论》，北京：文津出版社 2011 年版。

杨帆：《孟子的人生哲学》，北京：扬智文化事业公司 1994 年版。

李耶理：《孟子与阿奎那》，北京：中国社会科学出版社 2011 年版。

万光军：《孟子仁义思想研究》，济南：山东大学出版社 2010 年版。

李长泰：《孟子公共理性思想研究》，长沙：中南大学出版社 2013 年版。

贺荣一：《孟子之王道主义》，北京：北京大学出版社 1993 年版。

翟廷晋：《孟子思想评析与探源》，上海：上海社会科学院出版社 1992 年版。

沈智：《细读儒家经典 200 句——孟子的生命哲学》，沈阳：万卷出版社 2009 年版。

张加才：《圣王之道〈孟子〉》，北京：中国民主法制出版社 2010 年版。

江文思：《孟子心性之学》，北京：社会科学文献出版社 2005 年版。

赵东梅：《孟子与性善论》，长春：吉林文史出版社 2011 年版。

高专诚：《孟子的理想王国》，北京：书海出版社 2007 年版。

李峻岫：《汉唐孟子学术论》，济南：齐鲁书社 2010 年版。

山东孔孟学研究丛书编辑委员会：《孟子思想研究》，济南：山东大学出版社 1986 年版。

杨国荣：《庄子的思想世界》，上海：华东师范大学出版社 2009 年版。

王博：《庄子哲学》，北京：北京大学出版社 2004 年版。

李振纲：《大生命视域下的庄子哲学》，北京：人民出版社 2013 年版。

刘笑敢：《庄子哲学及其演变》，北京：中国社会科学出版社 1993 年版。

陈绍燕：《庄子哲学的批判》，济南：山东大学出版社 2009 年版。

邓联合：《庄子哲学精神的渊源与酿生》，北京：光明日报出版社 2011 年版。

蒋锡昌：《庄子哲学》，上海：上海书店 1992 年版。

韩林合：《虚己以游世：〈庄子〉哲学研究》，北京：北京大学出版社 2006 年版。

刁生虎：《庄子的生存哲学》，北京：中国传媒大学出版社 2007 年版。

李延仓：《〈庄子〉哲学思想论纲》，济南：齐鲁书社 2012 年版。

赵鑫珊：《庄子的哲学空筐》，上海：文汇出版社 2011 年版。

罗龙治：《庄子——哲学的天籁》，海口：三环出版社 1992 年版。

徐克谦：《庄子哲学新探》，北京：中华书局 2005 年版。

张京华：《庄子哲学辨析》，沈阳：辽宁教育出版社 1999 年版。

刘坤生：《庄子哲学本旨论稿》，汕头：汕头大学出版社 1998 年版。

谭宇权：《庄子哲学评论》，台北：文津出版社 1998 年版。

邱棨鐊：《庄子哲学体系论》，台北：文津出版社 1999 年版。

束景南：《论庄子哲学体系的骨架》，桂林：广西师范大学出版社 2003 年版。

王雪军：《庄子哲学概论》，长春：吉林人民出版社 2012 年版。

陈红映：《庄子思想的现代价值》，北京：人民文学出版社 2009 年版。

贾顺先：《庄子思想新探》，成都：巴蜀书社 2008 年版。

顾文炳：《庄子思维模式新论》，上海：上海社会科学院出版社 1993 年版。

许雅乔：《庄子丧葬及生死思想》，台北：文津出版社 2013 年版。

万勇华：《庄子的理想世界》，上海：上海人民出版社 2013 年版。

赵沛霖：《庄子自然观》，深圳：海天出版社 2012 年版。

张洪兴：《〈庄子〉"三言"研究》，北京：学苑出版社 2011 年版。

扬帆：《庄子心通》，武汉：长江文艺出版社 2003 年版。

奥修：《庄子心解》，西安：陕西师范大学出版社 2007 年版。

张恒寿：《庄子新探》，武汉：湖北人民出版社 1983 年版。

哲学研究编辑部：《庄子哲学讨论集》，北京：中华书局 1962 年版。

钱穆：《惠施公孙龙》，北京：九州出版社 2011 年版。

杨俊光：《惠学锥指：惠施及其思想》，南京：南京大学出版社 1991 年版。

杨俊光：《惠施公孙龙评传》，南京：南京大学出版社 1992 年版。

杨训乾：《惠施十句 老子十字》，成都：四川大学出版社 2008 年版。

王永祥：《燕赵先秦思想家公孙龙、慎到、荀况研究》，保定：河北大学出版社 2002 年版。

周昌忠：《公孙龙子新论》，上海：上海社会科学院出版社 1991 年版。

周昌忠：《公孙龙子答客问》，上海：上海人民出版社 2002 年版。

夏甄陶：《论荀子的哲学思想》，上海：上海人民出版社 1979 年版。

周炽成：《荀子韩非子的社会历史哲学》，广州：中山大学出版社 2002 年版。

周炽成：《荀韩人性论与社会历史哲学》，广州：中山大学出版社 2009 年版。

路德斌：《荀子与儒家哲学》，济南：齐鲁书社 2010 年版。

王军：《荀子思想研究》，北京：中国社会科学出版社 2010 年版。

陈光连：《荀子"分"义研究》，南京：东南大学出版社 2013 年版。

陈荣庆：《荀子与战国学术思潮》，北京：中国社会科学出版社 2012 年版。

李哲贤：《荀子之名学析论》，台北：文津出版社 2005 年版。

朱岚：《礼法之间：〈荀子〉》，北京：中国民主法制出版社 2010 年版。

吴文璋：《荀子的音乐哲学》，台北：文津出版社 1994 年版。

孙实明：《韩非思想新探》，武汉：湖北人民出版社 1990 年版。

关立新：《〈韩非子〉思想研究》，哈尔滨：黑龙江人民出版社 2011 年版。

王威威：《韩非思想研究》，南京：南京大学出版社 2012 年版。

王化平：《帛书〈易传〉研究》，成都：巴蜀书社 2007 年版。

张汝金：《解经与弘道：〈易传〉之形上学研究》，济南：齐鲁书社 2007 年版。

牟钟鉴：《〈吕氏春秋〉与〈淮南子〉思想研究》，北京：人民出版社 2013 年版。

孔令梅：《儒道融合视阈下的〈吕氏春秋〉之道研究》，合肥：安徽大学出版社 2014 年版。

王伟：《〈吕氏春秋〉思想新探》，天津：天津古籍出版社 2011 年版。

（二）（汉——唐）

金妤：《思想淮南子》，合肥：安徽人民出版社 2013 年版。

孙明材、张丽、刘斌编著：《〈淮南子〉思想类说》，哈尔滨：黑龙江人民出版社 2009 年版。

王巧慧：《〈淮南子〉的自然哲学思想》，北京：科学出版社 2009 年版。

王雪：《〈淮南子〉哲学思想研究》，西安：陕西人民出版社 2007 年版。

戴黍：《〈淮南子〉治道思想研究》，广州：中山大学出版社 2005 年版。

周桂钿：《董仲舒研究》，北京：人民出版社 2012 年版。

周桂钿：《董仲舒评传》，福州：福建教育出版 2015 年版。

黄朴民：《天人合一——董仲舒与两汉儒学思潮研究》，长沙：岳麓书社 2013 年版。

张俊峰：《董仲舒政治思想研究》，长沙：湖南人民出版社 2014 年版。

王永祥：《研究汉代大儒的新视角——董仲舒自然观》，深圳：海天出版社 2014

年版。

吴龙灿：《天命、正义与伦理——董仲舒政治哲学研究》，北京：人民出版社2013年版。

魏彦红主编：《董仲舒研究文库》（第一辑），成都：巴蜀书社2013年版。

魏彦红主编：《董仲舒研究文库》（第二辑），成都：巴蜀书社2013年版。

栗玉仕：《儒术与王道——董仲舒伦理政治思想研究》，北京：中国社会科学出版社2012年版。

汪高鑫：《董仲舒与汉代历史思想研究》，北京：商务印书馆2012年版。

余治平：《唯天为大——建基于信念本体的董仲舒哲学研究》，北京：商务印书馆2003年版。

王永祥《董仲舒评传》，南京：南京大学出版社1995年版。

赖美琴：《韩非与董仲舒政治哲学研究》，广州：广东人民出版社2000年版。

华友根：《董仲舒思想研究》，上海：上海社会科学院出版社1992年版。

关锋：《王充哲学思想研究》，上海：上海人民出版社1957年版。

周桂钿：《虚实之辨：王充哲学的宗旨》，福州：福建教育出版社2015年版。

周桂钿：《王充评传》，福州：福建教育出版社2015年版。

周桂钿：《王充哲学思想新探》，福州：福建教育出版社2015年版。

吴从祥：《王充经学思想研究》，北京：中国社会科学出版社2012年版。

徐敏：《王充哲学思想探索》，北京：三联书店1979年版。

余敦康：《何晏王弼玄学新探》，济南：齐鲁书社1991年版。

田永胜：《王弼思想与诠释文本》，北京：光明日报出版社2003年版。

刘季冬：《儒道会通——王弼〈老子注〉之思想建构》，北京：人民出版社2014年版。

姜丽梅：《王弼〈老子注〉研究》，北京：中国社会科学出版社2012年版。

许抗生：《僧肇评传》，南京：南京大学出版社2011年版。

唐秀连：《僧肇的佛学理解与格义佛教》，北京：宗教文化出版社2010年版。

陈元晖：《范缜的无神论思想》，武汉：湖北人民出版社1957年版。

潘富恩、马涛：《范缜评传》，南京：南京大学出版社2011年版。

吴建伟：《吉藏》，昆明：云南教育出版社2012年版。

韩艳秋：《天台智顗思想研究》，西安：三秦出版社 2013 年版。

潘桂明：《智顗评传》，南京：南京大学出版社 2011 年版。

张刚：《智顗实相论研究》，昆明：云南大学出版社 2010 年版。

王孺童：《智顗净土思想之研究》，北京：宗教文化出版社 2007 年版。

王赵民：《解读玄奘》，北京：宗教文化出版社 2014 年版。

傅新毅：《玄奘评传》，南京：南京大学出版社 2006 年版。

陈扬炯：《玄奘评传》，北京：京华出版社 1995 年版。

田光烈：《玄奘哲学研究》，上海：学林出版社 1986 年版。

田光烈：《玄奘及其哲学思想中之辩证法因素》，昆明：云南人民出版社 1958 年版。

陈永革：《法藏评传》，南京：南京大学出版社 2011 年版。

方立天：《法藏评传》，北京：京华出版社 1995 年版。

方立天：《方立天文集（第三卷），法藏与〈金师子章〉》，北京：中国人民大学出版社 2012 年版。

李昌舒：《意境的哲学基础：从王弼到慧能的美学考察》，北京：社会科学文献出版社 2008 年版。

董群：《慧能与中国文化》，贵阳：贵州人民出版社 2001 年版。

陆锦川：《慧能大师禅心印：改变的关键在于警觉》，北京：团结出版社 2003 年版。

陆锦川：《慧能大师〈坛经〉解：不快乐的根源是迷惑》，北京：团结出版社 2003 年版。

黄夏年：《六祖慧能研究》，郑州：大象出版社 2013 年版。

李伏清：《柳宗元儒学思想研究：兼论中晚唐儒学复兴》，上海：上海社会科学院出版社 2014 年版。

张铁夫：《柳宗元新论》，长沙：湖南大学出版社 2005 年版。

王晚霞：《柳宗元研究》，长沙：湖南人民出版社 2014 年版。

张勇：《柳宗元儒佛道三教观研究》，合肥：黄山书社 2010 年版。

陈弱水著，郭英剑、徐承向译：《柳宗元与唐代思想变迁》，南京：江苏教育出版社 2010 年版。

骆正军：《柳宗元思想新探》，长沙：湖南大学出版社 2007 年版。

李钟麟：《柳宗元官德研究》，南宁：广西人民出版社 2006 年版。

王浍海：《柳宗元研究》，海口：南海出版公司 2006 年版。

人民出版社：《读柳宗元〈封建论〉》，北京：人民出版社 1974 年版。

屈守元、卞孝萱：《刘禹锡研究》，贵阳：贵州人民出版社 1989 年版。

卞孝萱、卞敏：《刘禹锡评传》，南京：南京大学出版社 2011 年版。

罗联添：《韩愈研究》，天津：天津教育出版社 2012 年版。

邓潭洲：《韩愈研究》，长沙：湖南教育出版社 1991 年版。

张仁福：《中国南北文化的反差——韩愈与欧阳修的文化透视》，昆明：云南人民出版社 2012 年版。

胡守仁：《韩愈叙论》，南昌：江西人民出版社 1989 年版。

何法周：《韩愈新论》，郑州：河南大学出版社 1988 年版。

杨子怡：《韩愈刺潮与苏轼寓惠比较研究》，成都：巴蜀书社 2008 年版。

（三）宋元明清

周忠生：《道学宗师周敦颐》，南昌：百花洲文艺出版社 1994 年版。

杨柱才：《道学宗主》，北京：人民出版社 2004 年版。

徐孙铭：《濂溪学研究》，长沙：湖南大学出版社 2005 年版。

胡正耀：《濂溪理学》，长沙：湖南人民出版社 2010 年版。

张岱年：《张载——十一世纪中国唯物主义哲学家》，武汉：湖北人民出版社 1956 年版。

陈俊民：《张载哲学与关西学派》，台北：台湾学生书局 1990 年版。

陈俊民：《张载哲学思想及关学学派》，北京：人民出版社 1986 年版。

姜国柱：《张载的哲学思想》，沈阳：辽宁人民出版社 1982 年版。

姜国柱：《张载关学》，西安：陕西人民出版社 2001 年版。

冯正刚：《论张横渠哲学思想》，长沙：湖南人民出版社 1979 年版。

程宜山：《张载哲学的系统分析》，上海：学林出版社 1989 年版。

朱建民：《张载思想研究》，北京：文津出版社 1989 年版。

丁为祥：《虚气相即》，北京：人民出版社 2000 年版。

杨立华：《气本与神化：张载哲学述论》，北京：北京大学出版社 2008 年版。

宣朝庆：《大家精要——张载》，昆明：云南教育出版社 2011 年版。

李晓春：《张载哲学与中国古代思维方式研究》，北京：中华书局 2012 年版。

乐爱国：《为天地立心》，深圳：海天出版社 2013 年版。

刘象彬：《二程理学基本范畴研究》，郑州：河南大学出版社 1987 年版。

庞万里：《二程哲学体系》，北京：北京航空航天大学出版社 1992 年版。

卢广森：《洛学及其中州后学》，郑州：河南大学出版社 1999 年版。

徐洪兴：《旷世大儒——二程》，石家庄：河北人民出版社 2000 年版。

姜海军：《程颐〈易〉学思想研究》，北京：北京师范大学出版社 2000 年版。

温伟耀：《成圣之道——北宋二程修养工夫论之研究》，郑州：河南大学出版社 2004 年版。

郭晓东：《识仁与定性：工夫论视域下的程明道哲学研究》，上海：复旦大学出版社 2006 年版。

吴建设：《二程理学思想新解》，郑州：河南大学出版社 2013 年版。

程道兴：《二程理学文化丛书》，郑州：文心出版社 2013 年版。

张立文：《朱熹与退溪思想比较研究》，台北：文津出版社 1995 年版。

张立文：《朱熹思想研究》，北京：中国社会科学出版社 2001 年版。

蒙培元：《理学的演变——从朱熹到王夫之戴震》，北京：方志出版社 2007 年版。

蒙培元：《朱熹哲学十论》，北京：中国人民大学出版社 2010 年版。

陈来：《朱熹哲学研究》，北京：中国社会科学出版社 1993 年版。

陈来：《朱子哲学研究》，上海：生活·读书·新知三联书店 2010 年版。

周予同：《朱熹》，上海：商务印书馆 1929 年版。

杨天石：《朱熹及其哲学》，北京：中华书局 1982 年版。

高令印：《福建朱子学》，福州：福建人民出版社 1986 年版。

余悦：《综罗百代的朱熹》，南昌：江西人民出版社 1986 年版。

邹永贤：《朱子学研究》，厦门：厦门大学出版社 1989 年版。

邓艾民：《朱熹王守仁哲学研究》，上海：华东师范大学出版社 1989 年版。

邹永贤：《朱熹思想丛论》，厦门：厦门大学出版社 1993 年版。

粟品孝：《朱熹与宋代蜀学》，北京：高等教育出版社 1998 年版。

潘立勇：《朱子理学美学》，北京：东方出版社 1999 年版。

吴长庚：《朱陆学术考辨五种》，南昌：江西高校出版社 2000 年版。

孔令宏：《朱熹哲学与道家、道教》，保定：河北大学出版社 2001 年版。

徐刚：《朱熹自然哲学思想论稿》，福州：福建教育出版社 2002 年版。

郭美华：《与朱熹王阳明对话》，上海：上海古籍出版社 2002 年版。

彭永捷：《朱陆之辩——朱熹陆九渊哲学比较研究》，北京：人民出版社 2002 年版。

陈代湘：《现代新儒学与朱子学》，长沙：湖南人民出版社 2002 年版。

洪军：《朱熹与栗谷哲学比较研究》，北京：中国社会科学出版社 2003 年版。

赵峰：《朱熹的终极关怀》，上海：华东师范大学出版社 2004 年版。

蔡方鹿：《朱熹经学与中国经学》，北京：人民出版社 2004 年版。

庞景仁：《马勒伯朗士的"神"的观念和朱熹的"理"的观念》，北京：商务印书馆 2005 年版。

史少博：《朱熹易学和理学关系探赜》，哈尔滨：黑龙江人民出版社 2006 年版。

李有兵：《道德与情感——朱熹中和问题研究》，北京：中国传媒大学出版社 2006 年版。

王国猛：《朱熹理学与陆九渊心学》，成都：西南交通大学出版社 2006 年版。

蔡方鹿：《新视野　新诠释——朱熹思想与现代社会》，成都：四川大学出版社 2007 年版。

高令印：《朱子学通论》，厦门：厦门大学出版社 2007 年版。

王健：《在现实真实与价值真实之间——朱熹思想研究》，上海：华东师范大学出版社 2007 年版。

曹东海：《朱熹经典解释学研究》，武汉：湖北人民出版社 2007 年版。

郭齐：《朱子学新探》，成都：四川大学出版社 2008 年版。

吴震：《宋代新儒学的精神世界——以朱子学为中心》，上海：华东师范大学出版社 2009 年版。

解光宇：《朱子学与徽学》，长沙：岳麓书院 2010 年版。

傅小凡：《朱子学与闽学》，长沙：岳麓书院 2010 年版。

杨燕：《〈朱子语类〉经学思想研究》，北京：东方出版社 2010 年版。

王锟：《朱学正传》，上海：上海三联书店 2010 年版。

周元侠：《朱熹的思想世界》，北京：线装书局 2010 年版。

朱高正：《从康德到朱熹》，杭州：浙江大学出版社 2011 年版。

刘贡南：《道的继承——朱熹对孔子门人言行的诠释》，上海：华东师范大学出版社 2011 年版。

徐小敏：《朱熹与理学》，福州：海峡文艺出版社 2012 年版。

林维杰：《朱熹与经典诠释》，上海：华东师范大学出版社 2012 年版。

丁为祥：《学术性格与思想谱系——朱子的哲学视野及其历史影响的发生学考察》，北京：人民出版社 2012 年版。

钱浩：《理学大师——朱熹》，合肥：安徽文艺出版社 2012 年版。

周元侠：《朱熹的〈论语集注〉研究》，北京：中国社会科学出版社 2012 年版。

吴冬梅：《朱子心论——"心与理一"与"超凡入圣"之学》，合肥：安徽人民出版社 2013 年版。

尉利工：《朱子经典诠释思想研究》，北京：中国社会科学出版社 2013 年版。

蔡方鹿：《朱熹与中国文化》，贵阳：贵州人民出版社 2000 年版。

高全喜：《理心之间——朱熹和陆九渊的理学》，北京：三联书店 2008 年版。

束景南：《朱熹研究》，北京：人民出版社 2009 年版。

李甦平：《大家精要——朱熹》，昆明：云南教育出版社 2010 年版。

区建铭等：《保罗·蒂里希与朱熹》，厦门：厦门大学出版社 2012 年版。

张立文：《心学之路——陆九渊思想研究》，北京：人民出版社 2008 年版。

崔大华：《南宋陆学》，北京：中国社会科学出版社 1984 年版。

李之鉴：《陆九渊哲学思想研究》，郑州：河南人民出版社 1985 年版。

韩立红：《石田梅岩与陆象山思想比较研究》，天津：天津人民出版社 1999 年版。

汪传发：《陆九渊王阳明与中国文化》，贵阳：贵州人民出版社 2001 年版。

杨朝亮：《李绂与〈陆子学谱〉》，北京：中国社会科学出版社 2005 年版。

邢舒绪：《陆九渊研究》，北京：人民出版社 2008 年版。

陈来：《有无之境——王阳明哲学的精神》，北京：北京大学出版社 2006 年版。

杨国荣：《良知与心体》，台北：洪叶文化事业公司 1999 年版。

杨国荣：《王学通论——从王阳明到熊十力》，上海：华东师范大学出版社 2009 年版。

杨国荣：《心学之思：王阳明哲学的阐释》，北京：中国人民大学出版社 2009 年版。

沈善洪：《王阳明哲学研究》，广州：浙江人民出版社 2003 年版。

丁为祥：《实践与超越——王阳明哲学的诠释、解析与评价》，西安：陕西人民出版社 1994 年版。

吴光：《阳明学研究》，上海：上海古籍出版社 2000 年版。

钱明：《阳明学的形成与发展》，南京：江苏古籍出版社 2002 年版。

高予远：《王阳明哲学研究》，广州：广东科技出版社 2003 年版。

司雁人：《阳明境界——仁者、智者、勇者、行者》，北京：中国社会科学出版社 2007 年版。

胡永中：《致良知论——王阳明去恶思想研究》，成都：巴蜀书社 2007 年版。

朱承：《治心与治世——王阳明哲学的政治向度》，上海：上海人民出版社 2008 年版。

陈立胜：《王阳明"万物一体"论——从"身——体"的立场看》，上海：华东师范大学出版社 2008 年版。

钱明：《王阳明及其学派论考》，北京：人民出版社 2009 年版。

朱晓鹏：《王阳明与道家道教》，北京：中国人民大学出版社 2009 年版。

陈多旭：《教化与工夫——工夫论视域下的阳明心学系统》，成都：巴蜀书社 2010 年版。

刘聪：《阳明学与佛道关系研究》，成都：巴蜀书社 2009 年版。

王晓昕：《阳明学撷论》，成都：西南交通大学出版社 2009 年版。

吴光：《阳明学综论》，北京：中国人民大学出版社 2009 年版。

陈永革：《阳明学派与晚明佛教》，北京：中国人民大学出版社 2009 年版。

徐儒宗：《江右王学通论》，北京：中国人民大学出版社 2009 年版。

潘立勇：《一体万化——阳明心学的美学智慧》，北京：北京大学出版社 2010 年版。

钱明：《阳明学派研究》，杭州：杭州出版社 2011 年版。

李丕洋：《追索真理和自由的境界——王阳明修道哲学概论》，呼和浩特：内蒙古人民出版社 2011 年版。

林丹：《日用即道——王阳明哲学的现象学阐释》，北京：光明日报出版社 2012 年版。

王阳明及其反动心学编写组：《王阳明及其反动心学》，南昌：江西人民出版社 1976 年版。

庆思：《李贽》，合肥：安徽人民出版社 1975 年版。

傅小凡：《李贽哲学思想研究》，福州：福建人民出版社 2007 年版。

秦学智：《李贽大学明德精神论》，北京：中国传媒大学出版社 2007 年版。

王宝峰：《李贽儒学思想研究》，北京：人民出版社 2012 年版。

李明友：《一本万殊——黄宗羲的哲学与哲学史观》，北京：人民出版社 1994 年版。

程志华：《困境与转型——黄宗羲哲学文本的一种解读》，北京：人民出版社 2005 年版。

吴光：《黄宗羲与明清思想》，上海：上海古籍出版社 2006 年版。

刘述先：《黄宗羲心学的定位》，杭州：浙江古籍出版社 2006 年版。

张永忠：《黄宗羲政治哲学思想研究》，北京：人民出版社 2009 年版。

吴海兰：《黄宗羲的经学与史学》，厦门：厦门大学出版社 2010 年版。

蒋国保：《方以智哲学思想研究》，合肥：安徽人民出版社 1987 年版。

蒋国保：《方以智与明清哲学》，合肥：黄山书社 2009 年版。

彭战果：《无执与圆融——方以智三教会通观研究》，北京：民族出版社 2012 年版。

侯外庐：《船山学案》，长沙：岳麓书院 1982 年版。

蔡尚思：《王船山思想体系》，长沙：湖南人民出版社 1985 年版。

萧萐父：《王夫之评传》，南京：南京大学出版社 2002 年版。

萧萐父：《船山哲学引论》，南昌：江西人民出版社 1993 年版。

萧萐父、许苏民：《大家精要——王夫之》，昆明：云南教育出版社 2009 年版。

萧萐父主编：《王夫之辩证法思想引论》，武汉：湖北人民出版社 1984 年版。

张立文：《正学与开新——王船山哲学思想》，北京：人民出版社 2001 年版。

张立文：《船山哲学》，台北：七略出版社 2000 年版。

陈来：《诠释与重建——王船山的哲学精神》，北京：三联书店 2010 年版。

李季平：《王夫之与读通鉴论》，济南：山东教育出版社 1982 年版。

陈远宁：《王船山认识论范畴研究》，长沙：湖南人民出版社 1982 年版。

黄明同：《王船山历史观与史论研究》，长沙：湖南人民出版社 1986 年版。

萧汉明：《船山易学研究》，北京：华夏出版社 1987 年版。

陆复初：《王船山学案》，武汉：湖北人民出版社 1987 年版。

刘春建：《王夫之学行系年》，郑州：中州古籍出版社 1989 年版。

陆复初：《王船山沉思录》，昆明：云南人民出版社 1991 年版。

吴立民：《船山佛道思想研究》，长沙：湖南出版社1992年版。

汪学群：《王夫之易学——以清初学术为视角》，北京：社会科学文献出版社2002年版。

陈远宁：《中国古代易学发展第三个圆圈的终结》，长沙：湖南大学出版社2002年版。

邓辉：《王船山历史哲学研究》，长沙：岳麓书社2004年版。

季蒙：《主思的理学——王夫之的四书学思想》，广州：广东高等教育出版社2005年版。

王兴国：《船山学新论》，长沙：湖南人民出版社2005年版。

周兵：《天人之际的理学新诠释——王夫之〈读四书大全说〉思想研究》，成都：巴蜀书社2006年版。

陈赟：《回归真实的存在——王船山哲学的阐释》，上海：复旦大学出版社2007年版。

刘梁剑：《对王船山的形而上学阐明》，上海：上海人民出版社2007年版。

陈立祥：《王船山礼学思想研究》，成都：巴蜀书社2008年版。

圣辉：《船山佛教文化丛书》，长沙：岳麓书院2009年版。

梁韦弦：《清人易学二种：惠栋〈易汉学〉王夫之〈周易大象解〉评解》，哈尔滨：黑龙江人民出版社2010年版。

邓辉：《王船山道论研究》，长沙：湘潭大学出版社2010年版。

郗秋丽：《中国古代哲学的总结者——王夫之》，长春：吉林文史出版社2011年版。

马序：《颜元哲学思想研究》，兰州：兰州大学出版社1991年版。

陈登原：《颜习斋哲学思想述》，北京：中国大百科全书出版社1989年版。

周辅成：《戴震——十八世纪中国唯物主义哲学家》，武汉：湖北人民出版社1957年版。

张立文：《戴震》，台北：东大图书公司1991年版。

王茂：《戴震哲学思想研究》，合肥：安徽人民出版社1980年版。

周兆茂：《戴震哲学新探》，合肥：安徽人民出版社1997年版。

申笑梅：《独树一帜——戴震与乾嘉学派》，沈阳：辽宁人民出版社1997年版。

方利山：《戴学纵横》，中国文联出版社1999年版。

陈徽：《性与天道——戴东原哲学研究》，北京：中国文史出版社 2005 年版。

丘为君：《戴震学的形成》，北京：新星出版社 2006 年版。

（四）近代

李泽厚：《康有为谭嗣同思想研究》，上海：上海人民出版社 1958 年版。

邝柏林：《康有为的哲学思想》，北京：中国社会科学出版社 1980 年版。

钟贤培主编：《康有为思想研究》，广州：广东高等教育出版社 1988 年版。

房德邻：《儒学的危机与嬗变：康有为与近代儒学》，台北：文津出版社 1992 年版。

臧世俊：《康有为大同思想研究》，广州：广东高等教育出版社 1997 年版。

唐文明：《敷教在宽——康有为孔教思想申论》，北京：中国人民大学出版社 2012 年版。

张绪峰、李智：《康有为易学思想研究》，北京：知识产权出版社 2013 年版。

彭春凌：《儒学转型与文化新命：以康有为、章太炎为中心（1898—1927）》，北京：北京大学出版社 2014 年版。

常超：《"托古改制"与"三世进化"：康有为公羊学思想研究》，北京：北京大学出版社 2015 年版。

伍永忠：《康有为美学思想研究》，长沙：湖南人民出版社 2012 年版。

萧公权著，汪荣祖译：《近代中国与新世界：康有为变法与大同思想研究》，南京：江苏人民出版社 1997 年版。

宋德华：《岭南维新思想述论：以康有为、梁启超为中心》，北京：中华书局 2002 年版。

汪荣祖：《康有为论》，北京：中华书局 2006 年版。

方志钦、王杰主编：《康有为与近代文化》，开封：河南大学出版社 2006 年版。

张锡勤：《梁启超思想平议》，北京：人民出版社 2013 年版。

龚郭清：《追求民族富强和人性圆满：戊戌变法时期梁启超政治思想透视》，西安：西北大学出版社 2003 年版。

钟珍维、万发云：《梁启超思想研究》，海口：海南人民出版社 1986 年版。

申松欣：《康有为梁启超思想研究》，郑州：河南美术出版社 1996 年版。

蒋广学：《梁启超评传》，南京：南京大学出版社 2005 年版。

焦润明：《梁启超启蒙思想研究》，沈阳：辽宁大学出版社 2006 年版。

麻天祥、孔祥珍：《梁启超说佛》，武汉：湖北人民出版社 2007 年版。

章继光：《陈白沙梁启超综论》，长沙：岳麓书社 2011 年版。

陆信礼：《梁启超中国哲学史研究评述》，北京：中国社会科学出版社 2013 年版。

郭刚：《中国早期马克思主义的传播：梁启超与西学东渐》，北京：人民出版社 2010 年版。

金雅：《梁启超美学思想研究》，北京：商务印书馆 2012 年版。

吕滨：《新民伦理与新国家》，南昌：江西教育出版社 2001 年版。

段江波：《危机·革命·重建：梁启超论"过渡时代"的中国道德》，桂林：广西师范大学出版社 2008 年版。

李金和：《平民化自由人格：梁启超新民人格研究》，北京：知识产权出版社 2010 年版。

易新鼎：《梁启超和中国学术思想史》，郑州：中州古籍出版社 1992 年版。

蒋广学：《梁启超和中国古代学术的终结》，南京：江苏教育出版社 1998 年版。

陈鹏鸣：《梁启超学术思想评传》，北京：北京图书馆出版社 1999 年版。

郑匡民：《梁启超启蒙思想的东学背景》，上海：上海书店 2003 年版。

朱维铮：《梁启超论清学史二种》，上海：复旦大学出版社 2003 年版。

夏晓虹：《阅读梁启超》，北京：三联书店 2006 年版。

李茂民：《在激进与保守之间　梁启超五四时期的新文化思想》，北京：中国社会科学出版社 2006 年版。

董方奎：《新论梁启超》，武汉：华中师范大学出版社 2007 年版。

易鑫鼎：《梁启超和中国现代文化思潮》，北京：首都师范大学出版社 2009 年版。

赵连昌：《论梁启超后期思想的文化保守主义倾向》，上海：上海大学出版社 2010 年版。

董德福：《梁启超与胡适：两代知识分子学思历程的比较研究》，长春：吉林人民出版社 2010 年版。

吴泽：《康有为与梁启超》，北京：三联书店 2012 年版。

孟祥才：《梁启超评传》，北京：中华书局 2012 年版。

宋学勤：《梁启超新史学的当代解读》，北京：中国社会科学出版社 2013 年版。

江湄：《创造"传统"：梁启超、章太炎、胡适与中国学术思想史典范的确立》，北京：社会科学文献出版社 2013 年版。

王闰梅：《梁启超的近代意识：思想的矛盾及其展开》，武汉：武汉大学出版社 2014 年版。

王克非：《中日近代对西方政治哲学思想的摄取：严复与日本启蒙学者》，北京：中国社会科学出版社 1996 年版。

杨国荣：《从严复到金岳霖：实证论与中国哲学》，北京：高等教育出版社 1996 年版。

刘桂生等编：《严复思想新论》，北京：清华大学出版社 1999 年版。

马勇：《严复学术思想评传》，北京：北京图书馆出版社 2001 年版。

颜德如：《严复与西方近代思想：关于孟德斯鸠与〈法意〉的研究》，长春：吉林大学出版社 2005 年版。

董小燕：《严复思想研究》，杭州：浙江大学出版社 2006 年版。

苏中立、涂光久：《严复思想与近代社会》，北京：中国文史出版社 2006 年版。

冯英：《严复自由主义思想解读》，长春：吉林大学出版社 2007 年版。

杨阳：《富强抑或自由：严复宪政思想研究》，北京：中国人民公安大学出版社 2009 年版。

孙文礼：《严复与道家思想》，武汉：湖北人民出版社 2009 年版。

王建龙：《长治久安：理念、制度及其推进：严复政治哲学研究》，上海：上海人民出版社 2010 年版。

张华：《中朝日近代启蒙思想比较：以严复、俞吉浚、福泽谕吉的思想为中心》，北京：中央民族大学出版社 2012 年版。

戚学民：《严复〈政治讲义〉研究》，北京：人民出版社 2014 年版。

王中江：《严复与福泽谕吉：中日启蒙思想比较》，开封：河南大学出版社 1991 年版。

苏中立：《救国、启蒙、启示：严复和中西文化》，长春：东北师范大学出版社 1992 年版。

张志建：《严复学术思想研究》，北京：商务印书馆国际有限公司 1995 年版。

黄瑞霖：《严复思想与中国现代化》，福州：海峡文艺出版社 2008 年版。

欧阳哲生：《严复评传》，南昌：百花洲文艺出版社 2010 年版。

杨荣国：《谭嗣同哲学思想》，北京：人民出版社 1957 年版。

徐义君：《谭嗣同思想研究》，长沙：湖南人民出版社 1981 年版。

黄卫平：《思维的悲剧与悲剧的思维：谭嗣同思想研究》，昆明：云南教育出版社 1989 年版。

赵澜：《谭嗣同仁学人生观研究》，厦门：厦门大学出版社 2011 年版。

贾维：《谭嗣同研究著作述要》，长沙：湖南大学出版社 2010 年版。

张磊：《孙中山思想研究》，北京：中华书局 1981 年版。

刘兴华：《孙中山思想论稿》，哈尔滨：黑龙江人民出版社 1985 年版。

董少辉：《孙中山思想研究》，哈尔滨：黑龙江人民出版社 2005 年版。

张汉静：《文明的薪火：孙中山思想综论》，太原：山西科学技术出版社 2006 年版。

黄明同：《孙中山建设哲学：中国现代系统思维的开启及运用》，北京：社会科学文献出版社 2006 年版。

刘兴华，刘仁坤：《孙中山思想研究：关于孙文学说思想体系构建原则的初步思考》，哈尔滨：黑龙江人民出版社 2007 年版。

马忠：《变革时代的思想重建：孙中山国民心理变革论研究》，北京：人民出版社 2010 年版。

黄明同、张冰、张树旺等：《孙中山的儒学情结：中华文化的承传与超越》，北京：社会科学文献出版社 2010 年版。

王杰：《孙中山民生思想研究》，北京：首都经济贸易大学出版社 2011 年版。

田静：《孙中山思想述评》，沈阳：辽宁大学出版社 2012 年版。

姚锡长：《孙中山的三民主义与马克思主义中国化》，北京：中国社会科学出版社 2011 年版。

周宇：《世界大同：孙中山伦理思想研究》，长沙：湖南教育出版社 2003 年版。

朱春晖：《从传统伦理向现代伦理的转化与跨越：孙中山伦理思想研究》，北京：当代中国出版社 2007 年版。

牛彤：《孙中山宪政思想研究》，北京：华夏出版社 2003 年版。

王蓓：《孙中山政治心理思想研究》，北京：中国社会科学出版社 2004 年版。

刘保刚：《二次革命后孙中山政治思想研究》，郑州：中州古籍出版社 2008 年版。

苏全有、任同芹主编：《孙中山与近代中国政治》，北京：线装书局 2009 年版。

陈蕴茜：《崇拜与记忆：孙中山符号的建构与传播》，南京：南京大学出版社 2009
年版。

卢珂：《"万能政府"下的民权：孙中山分权学说研究》，武汉：湖北人民出版社
2011 年版。

吴爱萍：《从康梁到孙中山：清末民初宪政理念与实践研究》，天津：天津人民出
版社 2011 年版。

李本义：《孙中山祖国统一思想及其伟大实践》，北京：中国社会科学出版社 2011
年版。

李默海：《探寻宪政之路：孙中山的宪政思想及实践问题研究》，北京：中央编译
出版社 2011 年版。

王德昭：《孙中山政治思想研究》，北京：中华书局 2011 年版。

郑淑芬、蔡文学：《孙中山民主共和理论与实践研究》，哈尔滨：黑龙江人民出版
社 2012 年版。

贾乾初：《孙中山民生社会主义思想研究》，北京：中国书籍出版社 2013 年版。

陈红太：《中国政治精神之演进：从孔夫子到孙中山》，北京：人民出版社 2013
年版。

韩剑锋：《裕民、齐民、新民：孙中山民生主义思想研究》，上海：上海三联书店
2013 年版。

田源、马志伟主编：《孙中山思想研究》，西宁：青海人民出版社 1998 年版。

黄彦主编：《孙中山的思想与实践》，广州：广东人民出版社 1999 年版。

吴剑杰等：《孙中山及其思想》，武汉：武汉大学出版社 2001 年版。

王业兴：《孙中山与中国近代化研究》，北京：人民出版社 2005 年版。

姜义华：《天下为公：孙中山思想家剪影》，南京：江苏人民出版社 2011 年版。

黄明同：《超越时空的思想智慧：重新解读孙中山》，广州：广东教育出版社 2011
年版。

桑兵：《孙中山的活动与思想》，北京：北京师范大学出版社 2015 年版。

文权、罗福惠：《章太炎思想研究》，武汉：华中师范大学出版社 1986 年版。

何成轩：《章炳麟的哲学思想》，武汉：湖北人民出版社 1987 年版。

王玉华：《多元视野与传统的合理化：章太炎思想的阐释》，北京：中国社会科学

出版社 2004 年版。

郭应传：《真俗之境：章太炎佛学思想研究》，合肥：安徽人民出版社 2006 年版。

汪荣祖：《康章合论》，北京：中华书局 2008 年版。

姜义华：《章太炎思想研究》，北京：中国人民大学出版社 2009 年版。

张昭军：《儒学近代之境：章太炎儒学思想研究》，北京：北京师范大学出版社 2011 年版。

蔡志栋：《章太炎后期哲学思想研究》，上海：上海社会科学院出版社 2013 年版。

王锐：《章太炎晚年学术思想研究》，北京：商务印书馆 2014 年版。

张春香：《章太炎主体性道德哲学研究》，北京：中国社会科学出版社 2007 年版。

陈平原：《中国现代学术之建立：以章太炎、胡适之为中心》，北京：北京大学出版社 2010 年版。

孙风华：《章太炎、连横民族文化思想之比较》，北京：九州出版社 2013 年版。

（五）现当代

耿云志：《胡适研究论稿》，成都：四川人民出版社 1985 年版。

耿云志：《胡适新论》，北京：中国人民大学出版社 2010 年版。

耿云志、宋广波：《胡适研究论丛》，北京：社会科学文献出版社 2012 年版。

欧阳哲生：《胡适论哲学》，合肥：安徽教育出版社 2005 年版。

欧阳哲生：《自由主义之累：胡适思想之现代阐释》，HYPERLINK "javascript：open_window（%22http：//opac.nlc.gov.cn：80/F/7B1HKJQ4NYHCYSYH3T8CIXA4SY1S3G4KVTUIU288ECLUB8RQ68-11415 ? func=service&doc_number=002584216&line_number=0012&service_type=TAG%22）;" 南昌：江西教育出版社 2003 年版。

王鉴平：《胡适与中西文化》，成都：四川人民出版社 1990 年版。

胡明：《胡适思想与中国文化》，桂林：广西师范大学出版社 2005 年版。

吴二持：《胡适文化思想论析》，北京：东方出版社 1998 年版。

郭淑新：《胡适与中国传统哲学的现代转换》，合肥：安徽人民出版社 2005 年版。

张焕炯：《胡适新论》，北京：北京社会科学出版社 2014 年版。

周质平：《胡适与中国现代思潮》，南京：南京大学出版社 2002 年版。

周质平：《胡适的情缘与晚境》，合肥：黄山书社 2008 年版。

周质平：《光焰不熄　胡适思想与现代中国》，北京：九州出版社 2012 年版。

江勇振：《舍我其谁：胡适》，杭州：浙江人民出版社 2013 年版。

胡慧君：《抗日战争时期的胡适》，杭州：浙江大学出版社 2013 年版。

任剑涛：《重思胡适》，北京：中央编译出版社 2015 年版。

徐希军：《理想主义：胡适国际政治思想研究》，合肥：合肥工业大学出版社 2008 年版。

孙定国：《胡适哲学思想反动实质的批判》，北京：人民出版社 1955 年版。

吴麟：《胡适言论自由思想研究》，北京：中国传媒大学出版社 2010 年版。

陈平原：《胡适论治学》，合肥：安徽教育出版社 2006 年版。

颜振吾：《胡适研究丛录》，北京：三联书店 1989 年版。

陈金淦：《胡适研究资料》，北京：北京出版社 1989 年版。

艾思奇：《批判梁漱溟的哲学思想》，北京：人民出版社 1956 年版。

郭齐勇、龚建平：《梁漱溟哲学思想》，北京：北京大学出版社 2011 年版。

郑大华：《梁漱溟与现代新儒学》，台北：文津出版社 1993 年版。

郑大华：《梁漱溟学术思想评传》，北京：北京图书馆出版社 1999 年版。

景海峰：《梁漱溟评传》，南昌：百花洲文艺出版社 2010 年版。

郑小枚：《梁漱溟：哲学与自定义》，海口：南海出版公司 2001 年版。

曹跃明：《梁漱溟思想研究》，天津：天津人民出版社 1995 年版。

熊吕茂：《梁漱溟的文化思想与中国现代化》，长沙：湖南教育出版社 2000 年版。

马勇：《梁漱溟文化理论研究》，上海：上海人民出版社 1991 年版。

刘长林：《生命与人生：儒学与梁漱溟的人生哲学》，北京：开明出版社 2000 年版。

李宁琪：《梁漱溟伦理思想研究》，长沙：湖南人民出版社 2002 年版。

李璐、段淑云：《梁漱溟说佛》，武汉：湖北人民出版社 2006 年版。

善峰：《梁漱溟社会改造构想研究》，济南：山东大学出版社 1996 年版。

朱汉国：《梁漱溟乡村建设研究》，太原：山西教育出版社 1996 年版。

崔效辉：《现代化视野中的梁漱溟乡村建设理论》，杭州：浙江大学出版社 2013 年版。

潘荣才：《现代儒家梁漱溟》，南宁：接力出版社 1994 年版。

汪东林：《"反面教员"梁漱溟》，北京：当代中国出版社 2011 年版。

梁培恕：《中国最后一个大儒》，南京：江苏文艺出版社 2011 年版。

佟自光：《孤鸿卓立：梁漱溟》，长沙：湖南师范大学出版社 2011 年版。

崔运武：《梁漱溟评传：一个现代政治变革者的理想与践行》，北京：人民出版社 2013 年版。

马勇：《思想奇人梁漱溟》，北京：北京大学出版社 2008 年版。

佟自光：《梁漱溟的孤独思考》，北京：东方出版社 2006 年版。

郭齐勇：《熊十力及其哲学》，北京：中国展望出版社 1985 年版。

郭齐勇：《熊十力与中国传统文化》，台北：远流出版事业股份有限公司 1990 年版。

郭齐勇：《熊十力思想研究》，天津：天津人民出版社 1993 年版。

郭齐勇：《天地间一个读书人：熊十力传》，上海：上海文艺出版社 1994 年版。

郭齐勇：《熊十力学案》，《现代新儒家学案之一》，北京：中国社会科学出版社 1995 年版。

郭齐勇：《熊十力哲学研究》，北京：人民出版社 2011 年版。

宋志明：《熊十力评传》，南昌：百花洲文艺出版社 2010 年版。

景海峰：《熊十力》，台湾：东大图书公司 1991 年版。

景海峰：《熊十力哲学研究》，北京：北京大学出版社 2010 年版。

颜炳罡：《慧命相续——熊十力》，济南：山东画报出版社 1998 年版。

郭美华：《熊十力本体论哲学研究》，成都：巴蜀书社 2004 年版。

丁为祥：《熊十力学术思想评传》，北京：北京图书馆出版社 1999 年版。

李祥俊：《熊十力思想体系建构历程研究》，北京：北京师范大学出版社 2013 年版。

程志华：《熊十力哲学研究："新唯识论"之理论体系》，北京：人民出版社 2013 年版。

张光成：《中国现代哲学的创生原点——熊十力体用思想研究》，上海：上海人民出版社 2002 年版。

刘小枫：《共和与经纶：熊十力〈论六经〉、〈正韩〉辨证》，北京：三联书店 2012 年版。

张庆熊：《熊十力的新唯识论与胡塞尔的现象学》，上海：上海人民出版社 1995 年版。

叶贤恩：《熊十力传》，武汉：湖北人民出版社 2010 年版。

宗璞：《冯友兰：云在青天水在瓶》，郑州：大象出版社 2002 年版。

宗璞：《旧事与新说：我的父亲冯友兰》，北京：新星出版社 2010 年版。

冯钟璞：《走近冯友兰》，北京：社会科学文献出版社 2013 年版。

金春峰：《冯友兰哲学生命历程》，北京：中国言实出版社 2004 年版。

李中华：《冯友兰评传》，南昌：百花洲文艺出版社 2010 年版。

陈战国：《冯友兰哲学思想研究》，北京：北京大学出版社 1999 年版。

陈战国、王仁宇：《一代哲人冯友兰》，北京：北京大学出版社 2011 年版。

宋志明、梅良勇：《冯友兰学术思想评传》，北京：北京图书馆出版社 1999 年版。

田文军：《冯友兰新理学研究》，武汉：武汉出版社 1990 年版。

田文军：《冯友兰与新理学》，香港：天地图书公司 1991 年版。

田文军：《冯友兰传》，北京：人民出版社 2003 年版。

田文军：《冯友兰》，北京：群言出版社 2014 年版。

胡军：《反思与境界纪念冯友兰先生诞辰 110 周年暨冯友兰学术国际研讨会文集》，北京：北京大学出版社 2008 年版。

郑家栋：《学术与政治之间：冯友兰与中国马克思主义》，台北：水牛图书出版公司 2001 年版。

范鹏：《道通天地·冯友兰》，济南：山东画报出版社 2001 年版。

柴文华主编：《冯友兰思想研究》，北京：人民出版社 2010 年版。

单纯：《旧学新统：冯友兰哲学思想通论》，成都：四川大学出版社 2005 年版。

高秀昌：《旧邦新命：冯友兰研究》，郑州：大象出版社 1999 年版。

高秀昌：《冯友兰中国哲学史方法论研究》，北京：北京大学出版社 2010 年版。

刘长城：《解读冯友兰——中国哲学的发展》，北京：北京大学出版社 2008 年版。

刘长城：《哲学大师冯友兰》，西安：太白文艺出版社 2011 年版。

刘长城：《冯友兰哲学与中国现代哲学》，北京：中国文史出版社 2013 年版。

何军民：《阐旧邦以辅新命：冯友兰新理学体系的历史哲学》，合肥：安徽人民出版社 2013 年版。

张克政、张萍：《冯友兰"新理学"伦理思想研究》，郑州：河南人民出版社 2012 年版。

王芳恒：《冯友兰社会文化观研究》，贵阳：贵州民族出版社 2003 年版。

刘东超：《生命的层级：冯友兰人生境界说研究》，成都：巴蜀书社 2002 年版。

郁有学：《哲学与哲学史之间：冯友兰的哲学道路》，上海：华东师范大学出版社2004年版。

邓联合：《传统形上智慧与社会人生的现代开展：冯友兰先生"贞元六书"研究》，南京：南京师范大学出版社2003年版。

单正齐、甘会兵：《听冯友兰讲中国哲学》，合肥：安徽人民出版社2012年版。

蒋晔：《冯友兰》，石家庄：河北人民出版社2012年版。

张克兰、王晓清：《左读右读冯友兰：一代哲学大师学问世界的新透视》，武汉：湖北人民出版社2009年版。

程伟礼：《信念的旅程：冯友兰传》，上海：上海文艺出版社1994年版。

翟志成：《当代中国哲学第一人：五论冯友兰》，台北：台湾商务印书馆股份有限公司2008年版。

王鉴平：《冯友兰哲学思想研究》，成都：四川人民出版社1988年版。

杨国荣：《从严复到金岳霖：实证论与中国哲学》，北京：高等教育出版社1996年版。

胡军：《道与真：金岳霖哲学思想研究》，北京：人民出版社2002年版。

胡伟希：《金岳霖与中国实证主义认识论》，上海：上海人民出版社1988年版。

胡伟希：《金岳霖哲学思想》，武汉：湖北人民出版社1994年版。

王中江：《理性与浪漫：金岳霖的生活及其哲学》，郑州：河南人民出版社1993年版。

王中江、安继民：《金岳霖学术思想评传》，北京：书目文献出版社1998年版。

乔清举：《金岳霖新儒学体系研究》，济南：齐鲁书社1999年版。

陈晓龙：《知识与智慧：金岳霖哲学研究》，北京：高等教育出版社1997年版。

刘培育：《金岳霖思想研究》，北京：中国社会科学出版社2004年版。

杜国平：《"真"的历程：金岳霖理论体系研究》，北京：中国社会科学出版社2003年版。

张学立：《金岳霖逻辑哲学思想研究》，贵阳：贵州人民出版社2004年版。

张茂泽：《金岳霖逻辑哲学述评》，西安：陕西人民出版社2003年版。

邵明：《金岳霖所与理论研究》，北京：北京大学出版社2012年版。

袁彩云：《经验·理性·语言：金岳霖知识论研究》，北京：人民出版社2007年版。

中国社会科学院哲学研究所编著：《金岳霖学术思想研究》，成都：四川人民出版社 1987 年版。

宋志明：《贺麟新儒学思想研究》，天津：天津人民出版社 1998 年版。

张学智：《贺麟》，台北：东大图书公司 1992 年版。

张茂泽：《贺麟学术思想述论》，西安：陕西人民出版社 2001 年版。

宋祖良、范进：《会通集：贺麟生平与学术》，北京：三联书店 1993 年版。

王志捷：《贺麟文化理论研究》，北京：首都师范大学出版社 2007 年版。

王思隽、李萧东：《贺麟评传》，南昌：百花洲文艺出版社 2010 年版。

杜晓安：《贺麟》，昆明：云南教育出版社 2009 年版。

艾思奇：《毛泽东对马克思主义哲学的贡献》，银川：宁夏人民出版社 1983 年版。

邓力群：《哲学大师毛泽东》，北京：中央民族大学出版社 2005 年版。

冯契：《毛泽东思想研究大系——哲学卷》，上海：上海人民出版社 1993 年版。

肖前：《毛泽东哲学思想在新时期的继续》，上海：上海人民出版社 1984 年版。

汪澍白：《毛泽东早期哲学思想探原》，北京：中国社会科学出版社 1983 年版。

许全兴：《延安时期的毛泽东哲学思想》，陕西：陕西人民教育出版社 1988 年版。

许全兴：《毛泽东晚年的理论与实践》，北京：中国大百科全书出版社 1993 年版。

许全兴：《毛泽东与孔夫子》，北京：人民出版社 2003 年版。

韩树英：《学习毛泽东哲学思想》，北京：北京出版社 1982 年版。

韩树英：《毛泽东哲学思想》，济南：山东人民出版社 1993 年版。

杨焕章：《毛泽东哲学思想研究》，北京：北京出版社 1983 年版。

杨焕章：《毛泽东哲学思想研究概述》，天津：天津教育出版社 1988 年版。

雍涛：《毛泽东哲学思想概论》，武汉：湖北人民出版社 1983 年版。

雍涛：《十一届三中全会以来毛泽东哲学思想的运用和发展》，湖北：湖北人民出版社 1984 年版。

雍涛：《毛泽东哲学思想大纲》，武汉：武汉大学出版社 1985 年版。

雍涛：《毛泽东哲学思想与马克思主义哲学中国化》北京：人民出版社 2003 年版。

雍涛：《毛泽东哲学的历史发展》，武汉：武汉大学出版社 1993 年版。

雍涛：《毛泽东哲学分支学科研究》，武汉：武汉大学出版社 1996 年版。

石仲泉：《毛泽东哲学的当代价值》，北京：中共党史出版社 2008 年版。

石仲泉：《毛泽东哲学思想研究三十年》，北京：中央文献出版社 2011 年版。

李景源：《毛泽东方法论导论》，北京：当代中国出版社 1993 年版。

张文儒：《毛泽东几篇著作的哲学思想》，石家庄：河北人民出版社 1982 年版。

林伯野：《毛泽东军事著作中的哲学思想》，天津：天津人民出版社 1983 年版。

沧南：《毛泽东哲学思想》，重庆：重庆出版社 1993 年版。

鲍学根：《毛泽东哲学思想研究》，北京：新华出版社 1994 年版。

王恩宇：《毛泽东哲学思想研究》，郑州：河南人民出版社 1983 年版。

李哲：《毛泽东哲学思想研究》，沈阳：辽宁人民出版社 1986 年版。

李克：《毛泽东哲学思想研究》，南昌：江西人民出版社 1983 年版。

杨超：《毛泽东哲学思想研究》，成都：四川人民出版社 1982 年版。

林青山：《毛泽东哲学思想研究》，石家庄：河北人民出版社 1983 年版。

李庆云：《毛泽东文化哲学思想研究》，北京：中央文献出版社 2006 年版。

宋一秀：《毛泽东哲学思想与中国革命》，哈尔滨：黑龙江人民出版社 1982 年版。

宋一秀：《毛泽东哲学思想发展史纲》，兰州：甘肃人民出版社 1984 年版。

宋一秀：《毛泽东哲学思想教程》，上海：华东师范大学出版社 1989 年版。

宋一秀：《毛泽东哲学思想神髓》，北京：北京大学出版社 1993 年版。

余品华：《毛泽东哲学思想的开端》，南昌：江西人民出版社 2002 年版。

曹广胜：《论毛泽东哲学思想》，沈阳：辽宁人民出版社 1992 年版。

何显明、雍涛：《毛泽东哲学与中国文化精神》，南宁：广西人民出版社 1993 年版。

胡为雄：《毛泽东哲学和当代中国哲学》，北京：北京出版社 1991 年版。

胡为雄：《毛泽东哲学和中国哲学的兴盛》，武汉：湖北教育出版社 1989 年版。

王文学：《毛泽东哲学思想与当代中国现实》，兰州：甘肃人民出版社 1991 年版。

薛广洲：《毛泽东与中西哲学融合》，北京：人民出版社 2004 年版。

王兴国：《毛泽东与佛教》，北京：中国书籍出版社 1996 年版。

于云志：《毛泽东哲学方法论及其应用研究》，石家庄：河北人民出版社 2008 年版。

韦克曼：《毛泽东思想的哲学透视》，北京：中央文献出版社 1992 年版。

程林辉：《毛泽东的人生哲学》，北京：人民出版社 2013 年版。

王恕焕：《毛泽东的人生哲学》，武汉：湖北人民出版社 2003 年版。

杨信礼：《毛泽东的人生哲学》，西安：陕西人民出版社 1993 年版。

季广恩：《毛泽东的哲学世界》，北京：中国书店 1993 年版。

冯虞章：《毛泽东人生价值理论研究》，北京：中共中央党校出版社 1993 年版。

仲伦荣：《毛泽东的价值观》，长沙：湖南人民出版社 2008 年版。

何乃光：《社会主义建设时期毛泽东哲学思想研究》，银川：宁夏人民出版社 1993 年版。

齐平：《抗日战争时期毛泽东哲学思想研究》，成都：四川省社会科学院出版社 1985 年版。

冉昌光：《社会主义时期的毛泽东哲学思想》，成都：四川人民出版社 1991 年版。

郭涤：《延安时期毛泽东哲学思想研究》，西安：陕西人民出版社 1987 年版。

曾宪新：《延安时期毛泽东哲学思想》，西安：陕西人民教育出版社 1993 年版。

郭建宁：《艰辛探索的哲学轨迹：1956 至 1966 毛泽东的思想研究》，北京：北京大学出版社 1993 年版。

赵永茂：《毛泽东哲学思想研究在国外》，北京：中共中央党校出版社 1993 年版。

侯书栋：《毛泽东哲学思想的民族性探源》，北京：求实出版社 1989 年版。

曾德盛：《毛泽东经济哲学思想研究》，北京：社会科学文献出版社 1993 年版。

贾春峰：《毛泽东同志对马克思主义哲学的贡献》，天津：天津人民出版社 1983 年版。

李景枋：《毛泽东哲学思想研究论文集》，广州：广东人民出版社 1993 年版。

林源：《毛泽东哲学思想论》，南京：南京大学出版社 1993 年版。

李成蹊：《毛泽东哲学思想新论》，重庆：重庆出版社 1987 年版。

林青山：《毛泽东哲学思想简论》，济南：山东人民出版社 1983 年版。

熊复：《毛泽东哲学思想浅释》，北京：红旗出版社 1983 年版。

王廷义：《毛泽东哲学思想基本观点概述》，西安：陕西人民教育出版社 1991 年版。

刘嵘：《毛泽东哲学思想概述》，广州：广东人民出版社 1983 年版。

辛志：《毛泽东哲学思想概论》，北京：中共中央党校出版社 1993 年版。

赵永茂：《毛泽东哲学思想概论》，长春：吉林人民出版社 1986 年版。

杨瑞森：《毛泽东哲学思想概论》，北京：中国人民大学出版社 1985 年版。

樊瑞平：《毛泽东哲学思想纲要》，济南：山东大学出版社 1987 年版。

刘嵘：《毛泽东哲学思想新篇》，广州：广东人民出版社 1993 年版。

杨春贵：《毛泽东哲学思想新论》，北京：中共中央党校出版社1989年版。

杨春贵：《毛泽东哲学思想史》，北京：中共中央党校出版社1993年版。

杨春贵：《哲学家毛泽东》，北京：中共中央党校出版社1994年版。

黄关康：《毛泽东哲学思想导论》，济南：黄河出版社1986年版。

刘鸣山：《毛泽东哲学思想论纲》，北京：当代中国出版社1993年版。

郭涤：《毛泽东哲学思想体系新论》，西安：陕西人民教育出版社1993年版。

梁再赫：《中国古代哲学与毛泽东思想的渊源》，北京：中央文献出版社2000年版。

何显明：《毛泽东哲学与中国文化精神》，南宁：广西人民出版社1993年版。

毕剑横：《毛泽东与中国哲学传统》，成都：四川人民出版社1990年版。

周荫祖：《毛泽东及其战友哲学思想研究》，南京：南京出版社1992年版。

蔡彦士：《追求与超越：从毛泽东到邓小平的哲学》，厦门：厦门大学出版社1994年版。

周振国：《毛泽东邓小平哲学思想研究》，石家庄：河北教育出版社1999年版。

马捷莎：《毛泽东邓小平哲学思想比较研究》，北京：北京师范大学出版社1997年版。

谢红星：《李达与毛泽东的哲学交往》，北京：中国社会科学出版社2010年版。

东升：《学习毛泽东同志的哲学思想》，南京：江苏人民出版社1962年版。

华焱：《学习毛泽东哲学思想讲话》，长春：吉林人民出版社1982年版。

林伯野：《学习毛泽东军事著作中的哲学思想》，天津：天津人民出版社1982年版。

孙宝义：《听毛泽东谈哲学》，北京：人民出版社2012年版。

刘梦义：《毛泽东哲学思想的形成和发展》，成都：四川人民出版社1983年版。

鲁修文：《毛泽东哲学思想的历史与现实》，兰州：兰州大学出版社1993年版。

庄福龄：《毛泽东哲学思想史》，北京：中国人民大学出版社2011年版。

周树志：《毛泽东哲学思想史》，西安：陕西人民出版社1993年版。

林径一：《毛泽东的哲学思想发展简史》，北京：中央文献出版社2003年版。

苏厚重：《毛泽东哲学思想发展简史》，西宁：青海人民出版社1986年版。

樊瑞平：《毛泽东哲学思想简论》，兰州：甘肃人民出版社1984年版。

赵永茂：《毛泽东哲学思想发展史稿》，长春：吉林大学出版社1988年版。

李光灿：《毛泽东同志对马克思主义哲学的发展》，沈阳：辽宁人民出版社1985

年版。

周保明：《毛泽东实践论思想研究》，桂林：广西师范大学出版社 1991 年版。

金羽：《毛泽东〈实践论〉〈矛盾论〉新探》，北京：中国人民大学出版社 1991 年版。

陈祥骥：《从毛泽东到邓小平哲学方法论》，银川：宁夏人民出版社 1996 年版。

杨超：《毛泽东过程论思想研究》，成都：四川教育出版社 1993 年版。

张瑞生：《毛泽东著作哲学思想提要》，西安：陕西人民出版社 1990 年版。

张永庆：《毛泽东哲学著作讲解》，石家庄：河北人民出版社 1990 年版。

林建公：《毛泽东军事哲学思想初探》，北京：国防大学出版社 1991 年版。

朱有智：《毛泽东经济哲学思想研究》，长沙：湖南人民出版社 2013 年版。

周振国：《毛泽东领导哲学》，石家庄：河北人民出版社 1993 年版。

薛广洲：《毛泽东的超越》，北京：中共中央党校出版社 1994 年版。

罗秉森：《毛泽东人生理论与实践》，昆明：云南人民出版社 1995 年版。

庞发现：《时代、哲学、毛泽东》，哈尔滨：黑龙江人民出版社 1993 年版。

北京大学哲学系辩证唯物主义与历史唯物主义研究室：《学习毛泽东哲学思想》，北京：科学出版社 1958 年版。

辽宁大学哲学系：《学习毛泽东思想，运用唯物辩证法》，沈阳：辽宁人民出版社 1960 年版。

湖南人民出版社：《活学活用毛泽东哲学思想》，长沙：湖南人民出版社 1965 年版。

湖南省哲学社会科学研究所哲学研究室：《毛泽东早期哲学思想研究》，长沙：湖南人民出版社 1980 年版。

人民出版社：《论毛泽东哲学思想》，北京：人民出版社 1983 年版。

上海社会科学院哲学研究所：《学习和运用毛泽东哲学思想》，上海：上海人民出版社 1983 年版。

本书编写组：《毛泽东哲学思想概论》，昆明：云南人民出版社 1983 年版。

北京大学哲学系毛泽东哲学思想教研室：《毛泽东哲学思想概论》，北京：北京大学出版社 1983 年版。

重庆人民广播电台科教部：《毛泽东哲学思想初探》，重庆：重庆出版社 1983 年版。

中共太原市委宣传部理论研究室：《毛泽东哲学思想二十讲》，西安：陕西人民出版社 1983 年版。

贵州省哲学学会：《毛泽东哲学思想研究》，贵阳：贵州人民出版社 1985 年版。

四川大学毛泽东哲学思想研究室：《毛泽东辩证思想研究》，成都：四川大学出版社 1986 年版。

全国毛泽东哲学思想研究会：《毛泽东哲学思想在当代》，北京：国防大学出版社 1988 年版。

郑家栋：《本体与方法：从熊十力到牟宗三》，沈阳：辽宁大学出版社 1992 年版。

杨泽波：《牟宗三三系论论衡》，上海：复旦大学出版社 2006 年版。

杨泽波：《贡献与终结：牟宗三儒学思想研究·第一卷，坎陷论》，上海：上海人民出版社 2014 年版。

杨泽波：《贡献与终结：牟宗三儒学思想研究·第二卷，三系论》，上海：上海人民出版社 2014 年版。

杨泽波：《贡献与终结：牟宗三儒学思想研究·第三卷，存有论》，上海：上海人民出版社 2014 年版。

杨泽波：《贡献与终结：牟宗三儒学思想研究·第四卷，圆善论》，上海：上海人民出版社 2014 年版。

杨泽波：《贡献与终结：牟宗三儒学思想研究·第五卷，合一论》，上海：上海人民出版社 2014 年版。

颜炳罡：《牟宗三学术思想评传》，北京：书目文献出版社 1998 年版。

颜炳罡：《整合与重铸：牟宗三哲学思想研究》，北京：北京大学出版社 2012 年版。

王兴国：《契接中西哲学之主流：牟宗三哲学思想渊源探要》，北京：光明日报出版社 2006 年版。

王兴国：《牟宗三哲学思想研究：从逻辑思辨到哲学架构》，北京：人民出版社 2007 年版。

王兴国：《牟宗三》，昆明：云南教育出版社 2011 年版。

严家凤：《牟宗三"圆善论"思想研究》，桂林：漓江出版社 2014 年版。

樊志辉：《牟宗三思想研究》，哈尔滨：黑龙江大学出版社 2012 年版。

盛志德：《牟宗三与康德关于"智的直觉"问题的比较研究》，桂林：广西师范大学出版社 2010 年版。

程志华：《牟宗三哲学研究：道德的形上学之可能》，北京：人民出版社 2009 年版。

闵仕君：《牟宗三"道德的形而上学"研究》，成都：巴蜀书社 2005 年版。

林瑞生：《牟宗三评传》，济南：齐鲁书社 2009 年版。

李山：《牟宗三传》，北京：中央民族大学出版社 2002 年版。

白欲晓：《牟宗三哲学与文化论集》，南京：南京大学出版社 2010 年版。

汤忠钢：《德性与政治：牟宗三新儒家政治哲学研究》，北京：中国言实出版社 2008 年版。

张晚林：《道德的形上学的开显历程：牟宗三精神哲学研究》，北京：中国社会科学出版社 2014 年版。

唐文明：《隐秘的颠覆：牟宗三、康德与原始儒家》，北京：生活·读书·新知三联书店 2012 年版。

陈迎年：《感应与心物：牟宗三哲学批判》，上海：上海三联书店 2005 年版。

陈迎年：《智的直觉与审美直觉：牟宗三美学批判》，上海：上海人民出版社 2012 年版。

陶悦：《道德形而上学：牟宗三与康德之间》，北京：中国社会科学出版社 2011 年版。

刘爱军：《"识知"与"智知"：牟宗三知识论思想研究》，北京：人民出版社 2008 年版。

殷小勇：《道德思想之根：牟宗三对康德智性直观的中国化阐释研究》，上海：复旦大学出版社 2007 年版。

张祥浩：《唐君毅思想研究》，天津：天津人民出版社 1994 年版。

金小方：《唐君毅道德哲学研究》，芜湖：安徽师范大学出版社 2014 年版。

刘俊哲、段吉福、唐代兴：《熊十力唐君毅道德与文化思想研究》，成都：巴蜀书社 2008 年版。

杨明、张伟：《唐君毅新儒学论集》南京：南京大学出版社 2008 年版。

胡治洪：《唐君毅》，昆明：云南教育出版社 2008 年版。

何仁富：《儒家与现代世界的中国人：唐君毅说儒》，贵阳：孔学堂书局 2014 年版。

段吉福：《从儒学心性论到道德形上学的嬗变：以唐君毅为中心》，上海：上海古籍出版社 2014 年版。

汪丽华、何仁富：《爱与生死：唐君毅的生命智慧》，北京：中国广播电视出版社2014年版。

余仕麟、段吉福、吴映平：《生命心灵的超越：儒家心性论与唐君毅道德形上学》，成都：巴蜀书社2010年版。

单波：《心通九境：唐君毅哲学的精神空间》，北京：北京大学出版社2011年版。

马亚男：《唐君毅知识论思想研究》，北京：文史出版社2006年版。

李维武：《徐复观与中国文化》，武汉：湖北人民出版社1997年版。

李维武：《徐复观学术思想评传》，北京：北京图书馆出版社2001年版。

李维武：《徐复观》，昆明：云南教育出版社2008年版。

刘毅青：《徐复观解释学思想研究》，北京：人民出版社2014年版。

刘桂荣：《徐复观美学思想研究》，北京：人民出版社2007年版。

张晚林：《徐复观艺术诠释体系研究》，上海：上海古籍出版社2007年版。

耿波：《徐复观心性与艺术思想研究》，北京：中国传媒大学出版社2007年版。

何卓恩：《自由主义的新遗产：殷海光、夏道平、徐复观政治经济文化论说》，北京：九州出版社2013年版。

张重岗：《心性诗学的再生：徐复观与现代知识人的文艺对话》，北京：中国社会科学出版社2013年版。

王守雪：《人心与文学：徐复观文学思想研究》，郑州：郑州大学出版社2005年版。

王守雪：《两汉文论新释：以徐复观两汉思想史论为基础》，北京：中国社会科学出版社2011年版。

谢晓东：《现代新儒学与自由主义：徐复观殷海光政治哲学比较研究》，北京：东方出版社2008年版。

蒋连华：《学术与政治：徐复观思想研究》，上海：上海三联书店2006年版。

肖滨：《传统中国与自由理念：徐复观思想研究》，广州：广东人民出版社1999年版。

蒋国保、余秉颐：《方东美哲学思想研究》，北京：北京大学出版社2012年版。

蒋国保：《方东美与现代新儒学》，合肥：安徽人民出版社2013年版。

宛小平：《方东美与中西哲学》，合肥：安徽大学出版社2008年版。

秦平：《方东美》，昆明：云南教育出版社2008年版。

施保国：《方东美论道家思想》，成都：巴蜀书社 2012 年版。

李安泽：《生命理境与形而上学：方东美哲学的阐释与批评》，北京：中国社会科学出版社 2007 年版。

六、中国哲学史方法论研究著作

关锋：《反对哲学史方法论上的修正主义》，北京：人民出版社 1958 年版。

张岱年：《中国哲学史方法论发凡》，北京：中华书局 1983 年版。

陈修斋、萧萐父主编：《哲学史方法论研究》，武汉：武汉大学出版社 1984 年版。

杨海文：《中国哲学史方法论断想》，济南：齐鲁书社 2014 年版。

高秀昌：《冯友兰中国哲学史方法论研究》，北京：北京大学出版社 2010 年版。

张全新：《中西哲学方法史研究》，北京：中国人事出版社 1996 年版。

中国社会科学院哲学研究所中国哲学史研究室编：《中国哲学史方法论讨论集》，北京：中国社会科学出版社 1980 年版。

邓晓芒：《哲学史方法论十四讲》，重庆：重庆大学出版社 2008 年版。

七、中国哲学史史料学研究著作

冯友兰：《中国哲学史史料学初稿》，上海：上海人民出版社 1962 年版。

冯友兰：《中国哲学史史料学讲义》，北京：北京大学哲学系 1962 年版。

冯友兰：《中国哲学史史料学》，南京：江苏教育出版社 2006 年版。

张岱年：《中国哲学史史料学》，北京：三联书店 1982 年版。

朱谦之：《中国哲学史史料学》，北京：中华书局 2012 年版。

萧萐父：《中国哲学史史料源流举要》，武汉：武汉大学出版社 1998 年版。

刘文英：《中国哲学史史料学》，北京：高等教育出版社 2002 年版。

刘建国：《中国哲学史史料学概要》，长春：吉林人民出版社 1983 年版。

季甄馥、高振农：《中国近代哲学史史料学简编》，上海：华东师范大学出版社 1992 年版。

商聚德、韩进军：《中国哲学史史料学论稿》，石家庄：河北教育出版社 2004 年版。

北京大学哲学系：《中国哲学史史料学参考资料》，北京：北京大学哲学系 1962 年版。

后　记

本书是国家社会科学基金、黑龙江省哲学社会科学规划项目结项成果。在申请课题时，我远远低估了"中国哲学史学史"的庞大工作量。尽管遇到了不少困难，但我们还是砥砺前行，尽心尽力坚持了下来。

需要说明的是，本书是我和我的团队的集体成果。早在 20 多年前，我和我的研究生们就着手这一课题的研究，日积月累，初见规模。各位毕业的或在读的研究生所做的贡献已在各章节标注出来，衷心地感谢大家！还要特别感谢张圆圆、杨辉，她们不仅分别撰写了 10 余万的文字，还做了不少修订工作。本书还特邀郑秋月、王秋、胡慧莲等撰写了部分内容，一并感谢！

"中国哲学史学史"是一个新课题、大课题，我可以怀疑我们能力的有限，但我丝毫不怀疑这一课题的开拓性。我和学界的一些朋友都在作这一课题的研究，乔清举教授已经先我们出版了洋洋洒洒的《当代中国哲学史学史》，可喜可贺。相比较而言，我们的研究时间跨度更大一些，包括前史、近现当代、还包括港台著名哲学史家的中国哲学史研究，有着自身的特色。我们也期待田文军教授的"中国哲学史学史"研究成果早日面世，共同繁荣这一领域的学术研究。

感谢同行专家对本课题的支持、帮助、批评和建议，我们会再接再厉，进一步提升研究成果的质量，但在政治方向、理论原则、逻辑结构等方面我们也会坚持自己的学术操守。感谢国家社科规划办、黑龙江省社科规划办的支持，感谢丁立群教授、陆杰荣教授的帮助，感谢张凛凛、张收、张灵馨的校读，感谢李之美女士的辛劳，谢谢！

柴文华

2017 年于哈尔滨

责任编辑:李之美

图书在版编目(CIP)数据

中国哲学史学史/柴文华 主编. —北京:人民出版社,2018.6
ISBN 978 - 7 - 01 - 019162 - 1

Ⅰ. ①中… Ⅱ. ①柴… Ⅲ. ①哲学史-中国-现代 Ⅳ. ①B261

中国版本图书馆 CIP 数据核字(2018)第 071250 号

中国哲学史学史

ZHONGGUO ZHEXUESHIXUESHI

柴文华 主编

张圆圆 杨 辉 副主编

人民出版社 出版发行
(100706 北京市东城区隆福寺街 99 号)

中煤(北京)印务有限公司印刷 新华书店经销

2018 年 6 月第 1 版 2018 年 6 月北京第 1 次印刷
开本:710 毫米×1000 毫米 1/16 印张:49.25
字数:750 千字

ISBN 978 - 7 - 01 - 019162 - 1 定价:169.00 元

邮购地址 100706 北京市东城区隆福寺街 99 号
人民东方图书销售中心 电话 (010)65250042 65289539